Levi Herzfeld

Geschichte des Volkes Jisrael

von der Zerstörung des ersten Tempels bis zur Einsetzung des Mackabäers

Schimon zum hohen Priester und Fürsten, aus seinem dreibändigen Werke des

gleichen Titels kürzer dargestellt und überarbeitet

Levi Herzfeld

Geschichte des Volkes Jisrael
von der Zerstörung des ersten Tempels bis zur Einsetzung des Mackabäers Schimon
zum hohen Priester und Fürsten, aus seinem dreibändigen Werke des gleichen Titels
kürzer dargestellt und überarbeitet

ISBN/EAN: 9783742890252

Hergestellt in Europa, USA, Kanada, Australien, Japan

Cover: Foto ©ninafisch / pixelio.de

Manufactured and distributed by brebook publishing software
(www.brebook.com)

Levi Herzfeld

Geschichte des Volkes Jisrael

Schriften

herausgegeben

vom

Institut zur Förderung der israelitischen Literatur

unter Leitung

von

Dr. Ludwig Philippson in Bonn.
Dr. A. M. Goldschmidt in Leipzig.
Dr. L. Herzfeld in Braunschweig.

Fünfzehntes Jahr 1869 — 1870.

Dr. L. Herzfeld, Geschichte des Volkes Israel.

Leipzig,
Oskar Leiner
1870.

Geschichte

des

Volkes Jisrael

von

der Zerstörung des ersten Tempels

bis

zur Einsetzung des Maccabäers Schimon zum hohen Priester und Fürsten,

aus seinem dreibändigen Werke des gleichen Titels
kürzer dargestellt und überarbeitet

von

Dr. L. Herzfeld,

Braunschweigischem Landesrabbiner.

Leipzig,
Oskar Leiner.
1870.

Vorwort.

Für mein dem gegenwärtigen Buche zu Grunde gelegtes
dreibändiges Geschichtswerk hatte ich bei seiner Ausarbeitung einen
zwiefachen Kreis von Lesern ins Auge gefaßt: die eigentliche
geschichtliche Darstellung in ihm sollte vorwiegend für gebildete Leser
überhaupt sein, solche freilich, welche auch für das Detail der
Vorgänge und Entwickelungen unserer Vorzeit Sinn hätten; und
nur Einzelnes, das hierüber hinausging, wurde, selten in besonderen
Kapiteln, öfter in bloß weiteren Ausführungen, für Solche, die
tiefer eindringen möchten, in diese geschichtliche Darstellung eingefügt. Dagegen für Fachmänner und zur Rechtfertigung meiner
Darstellung, welche vielfach theils von den bisherigen Annahmen
abwich, theils aus bis dahin noch nicht ausgebeuteten alten Angaben
und übersehenen zulässigen Combinationen erflossen war, wurden
die sehr zahlreichen Anmerkungen unter und hinter dem Texte sowie
umfangsreiche Excurse bestimmt. Diese ganze Einrichtung des erwähnten
Werkes aber, wiesehr auch das noch ziemlich elementare Studium der
geschichtlichen Erforschung jenes Zeitraumes sie nothwendig erscheinen
ließ, hat dasselbe für schlichte Leser von Bildung schwerfällig, auch
wohl zu gelehrt, und zu umfänglich gemacht: weshalb ich bereits
vor zehn Jahren von competentesten Männern ersucht wurde, für
das Niveau eines größeren Leserkreises es umzuarbeiten. Lange
indessen unterblieb dies, weil ich von liebgewordenen Original-

arbeiten in Anspruch genommen war, und erst die Mußestunden der letzten vier Jahre habe ich darauf verwendet. Hierbei aber begnügte ich mich nicht, die Anmerkungen und Excurse sowie in der geschichtlichen Darstellung alles Entbehrliche fortzulassen, desgleichen überall, wo es nöthig erschien, dieselbe zu vereinfachen und populär zu machen, sondern habe auch die stichhaltigen Ergebnisse der neueren fremden wie fortgesetzten eigenen Forschung hineinverarbeitet. Indem aber dieses Werk fast durchgängig auf jenem größeren beruhet, verweise ich schlechthin für Alles, was hier unbewiesen hingestellt ist, auf die dortigen Nachweise und Ausführungen; nur da, wo gegen eine Auffassung oder Angabe in ihm eine Beanstandung gelehrter Leser zu besorgen war, ist auf die rechtfertigende Stelle des größeren Werkes noch besonders verwiesen.

Geschichte

des

Volkes Israel.

Die Geschichte unseres Volkes von der Zerstörung des ersten Tempels bis zur Einsetzung jüdischer Fürsten aus dem Priestergeschlechte der Makkabäer will ich in dem vorliegenden Werke darzustellen versuchen; Sirmeja auf den Trümmern von Jeruschalem und der erste Makkabäerfürst Schimon sind die beiden großen Persönlichkeiten, durch welche ich mein Gemälde einzurahmen unternahm. Innerhalb der 450 Jahre, welche zwischen ihnen lagen, erreichte und überschritt Israel einen der wichtigsten Wendepunkte in seiner Geschichte, in ihnen kam der allmälige Uebergang des Ibräerthums in das Judenthum zu Stande; wenn auch letzteres bis zu den Makkabäern noch in seiner Kindheit erscheint, so war doch alles an ihm Wesentliche damals schon in sehr kenntlichen Keimen vorhanden, und ihre Entfaltung konnte nur noch so oder anders gewendet, beschleunigt oder verzögert, aber nicht mehr verhindert werden. Ich hebe dieses gleich im Eingange hervor, weil darin die Berechtigung zu der Art und Weise liegt, in welcher ich diese Geschichte schreiben werde, daß ich nämlich die Profangeschichte der Juden in dieser Epoche zwar ausführlich, aber doch immer nur als einen breiten Unterbau für die religiöse Geschichte jener Zeit gebe. Diese oder den Uebergang des Ibräerthums in das Judenthum darzustellen, ist der letzte Zweck meines Werkes, und demgemäß nehme ich auch dafür einen größeren Raum in Anspruch, als sonst in der Geschichte eines Volkes der Darstellung seiner religiösen Zustände zugewiesen wird; denn Israel als das Volk der Religion ist von welthistori-

1

scher Bedeutung, in sonstiger Beziehung aber nur von untergeord=
netem Interesse. Wenn ich indessen meine Darstellung der Profan=
geschichte in diesem Zeitraume einen Unterbau für ihre religiöse
Geschichte nannte, so erwarte der Leser nur nicht hiernach in dieser
einen Ausbau, der mit seiner Unterlage durchweg einen inneren
Zusammenhang habe. Ein voller Zusammenhang von beiden kann
nur da stattfinden, wo ein Volk einerseits soviel politische Selbst=
ständigkeit behielt, daß seine sittlichen Mächte wenigstens mithelfen
durften, seine äußere Lage zu gestalten, und dasselbe andererseits
sich für berechtigt hält, den göttlichen Geist in sich für autonom
anzusehen und mithin seinen veränderten Anschauungen wie Lebens=
umständen ihr volles Recht unumwunden zuzugestehen. Nun ent=
sagten zwar die damaligen Juden nicht ganz diesem Rechte, wir
werden sehen, daß sie auf dem religiösen Gebiete viel freier sich
bewegten, als gewöhnlich angenommen wurde; aber gleichwohl ließen
sie früh durch die Annahme, daß ihr Gesetz für ewige Zeiten gegeben
sei, und durch Alles, was wir mit ihr werden zusammenhängen
sehen, sich in solchem Grade für eine aus dem Leben quellende Fort= .
bildung ihrer Religion den Boden rauben, zweitens wurde ihre
äußere Lage fast fortwährend so sehr von fremden, zum Theil bru=
talen Gewalten bestimmt, daß ihre profane und ihre religiöse Ge=
schichte weit öfter neben einander zu erzählen, als aus einander
zu erklären sein werden.

Eine geographische Uebersicht der zahlreichen Länder zu geben,
welche die Schauplätze der vorzuführenden Geschichte gewesen sind,
muß ich mir zwar versagen; doch möchte es für manche Leser nicht
überflüssig sein, rücksichtlich des Hauptschauplatzes Palästina an fol=
gendes Wenige erinnert zu werden. Dieses Gebirgsland von etwa
450 Quadrat=Meilen bildet den südlichen Theil von Syrien, und
wird durch den Jarden, welcher nach einem durchweg südwärts
gerichteten Laufe von 23 Meilen in das todte Meer fällt, in zwei
Hälften getheilt. Häufig nannte man Dan und Beer=scheba,
welche 31 Meilen von einander lagen, als nördliche und südliche
Grenzstadt des viel wichtigeren Landes diesseits des Jarden, welches
im S. an 13 Meilen breit ist, kann aber von W. her immer mehr
und bis zu einer Breite von kaum 8 Meilen zurückweicht. Das
Reich Juda nahm den Süden dieser westlichen Hälfte ein, und un=

faßte wenig über ein Viertel von ganz Palästina; alles übrige Land, mit Einschluß der östlich vom Jorden gelegenen Provinzen Basan und Gilead, hatte zum Reiche Israel gehört. Von den kleinen Nachbarstaaten Palästina's lag der ammonitische südöstlich von Gilead, der moabitische östlich vom todten Meere, der edomitische südlich vom Reiche Juda, die Philistäer wohnten westlich von letzterem in der Niederung am Mittelmeere, und die durch ihren Welthandel berühmten Phönicier auf der nordwestlichen Küste bis weit nach Norden hinauf.

Und nun wollen wir unverweilt in unsere Aufgabe eintreten.

Erster Abschnitt.

Eingang in die Geschichte dieses Zeitraumes, bis unmittelbar zum Exil.

Erstes Kapitel.

Auflösung des Reiches Juda.

Einsichtlicher diese darstellen zu können, muß ich ein Wenig in die Zeit der assyrischen Eroberer zurückgehen. Phul, der erste assyrische König, welcher in Palästina erschien, ließ sich vom Reiche Israel durch eine große Summe Geldes den Frieden abkaufen. Als nicht lange darauf die Reiche Israel und Aram Achas, den König von Juda, mit Krieg überzogen, rief dieser den assyrischen König Tiglatpilésser zu Hilfe; derselbe kam auch und führte um das Jahr 740 viele Bewohner Syriens und des östlichen Galiläa's sowie die israelitischen Stämme jenseits des Jarden gefangen mit sich fort. Wieder nach mehreren Jahren drang der assyrische König Schalmanésser nach Westen vor, und König Hoschea von Israel unterwarf sich ihm, knüpfte aber später eine Verbindung gegen ihn mit dem Könige von Aegypten an; als Schalmanésser dieses erfuhr, überzog er von Neuem das Reich Israel mit Krieg, löste es im Jahre 720 auf, und führte seine Bewohner gefangen fort. Die Bestrafung Aegyptens scheint erst sein Nachfolger Sargon beabsichtigt zu haben: wir sehen einen seiner Feldherren auf dem Wege dahin Aschdod erobern. Nach seinem baldigen Tode zog Sancherib gegen Aegypten, und wollte auf dem Zuge dahin auch das Reich Juda ganz auflösen: eine Pest aber raffte in wunderbar kurzer Zeit sein ganzes Heer hin. Die Chronik berichtet auch, doch nicht das Buch der Könige, daß nachmals der judäische König Menascheh von assyrischen Feldherren gefangen abgeführt und nach einiger Zeit wieder entlassen worden sei. — Später trat Aegypten eine Zeit lang offensiv auf. Zuerst finden wir, daß Pfammetich das wahrscheinlich noch von den Assyrern besetzte Aschdod nach 29jähriger Belagerung eroberte. Sein Sohn Necho, von 616 bis 600, gab seinen Waffen die nämliche Richtung, nur war inzwischen an die Stelle des aufgelösten assyrischen Reiches Babylonien getreten, und er scheint 609 bei Acko gelandet zu sein, um gegen letzteres zu marschiren. Allein bei Megiddo stellte sich ihm der judäische König Joschija entgegen, welcher vermuthlich Anfangs gegen die Babylonier einen Bund mit Aegypten geschlossen hatte, jetzt aber mehr Heil in dem Anschlusse an Jene erblickte, wie sehr auch die Politik des Propheten Jirmeja den Vorzug verdiente, daß das Reich Juda ganz neutral bleiben solle. Joschija verlor Schlacht und Leben. Während hierauf Necho nach dem Euphrat zog, setzte das judäische Volk Schallum, den jüngsten Sohn des Joschija, auf den Thron, wobei derselbe den Namen Joachas annahm. Aber Necho, welchem dieser Zug den Besitz von Syrien eintrug, war mit jener Einsetzung unzufrieden, wahrscheinlich weil er Joachas weniger dem ägyptischen Interesse zugethan erachtete, als einen von ihm selbst eingesetzten König; auch mochte der übergangene ältere Sohn des Joschija, Jojakim, sich an ihn gewendet haben. Er ließ daher Joachas drei Monate nach seiner Thronbesteigung zu sich holen, und führte ihn, nachdem er (608) Jojakim zum judäischen König eingesetzt, auf seinem Heimzuge gefangen mit fort nach Aegypten.

Kurz darauf (605) sehen wir zum ersten Male Nebuchadnezar auf den Schauplatz treten. Um Syrien zu unterwerfen, sendet ihn sein greiser Vater dahin ab; aber Necho ziehet ihm rasch entgegen an den Euphrat, Jojakim muß ihn dabei unterstützen, und es kommt zur Schlacht bei Karchemisch, in welcher jedoch Necho vollständig geschlagen wird. Grade in dieser Zeit starb Nabopolassar, und auf die Nachricht hiervon kehrte Nebuchadnezar eilig heim. Erst 602 sehen wir ihn in Syrien erscheinen, und Jojakim unterwirft sich ihm, fällt aber nach 3 Jahren wieder ab. Da ziehet ein babylonisches Heer, welchem Aramäer, Moabiter und Ammoniten sich anzuschließen genöthigt wurden, rächend gegen das judäische Reich heran; Jojakim zieht ihnen entgegen, kämpft mit ihnen und fällt, im Spätsommer 598; sein Sohn Jojachin besteigt seinen Thron. Das feindliche Heer rückt aber vor Jerusalem, Nebuchadnezar kommt ebenfalls dahin, und ihm ergiebt sich Jojachin ohne Widerstand, nachdem er nur drei Monat regiert hatte; er wird mit vielen jüdäischen Edelen und Kriegern gefangen nach Babylonien abgeführt, auch wurden die kostbarsten Tempelgeräthe jetzt von dem Feinde geraubt; und an Jojachin's Stelle setzte Nebuchadnezar Zidkija, einen Oheim desselben, zum jüdäischen Könige ein. Nach drei Jahren aber scheint die babylonische Herrschaft in eine so bedenkliche Lage gerathen zu sein, daß falsche Propheten den Sturz derselben, sowie die baldige Rückkehr der jüdischen Exulanten verhießen und Zidkija geneigt war, mit den Königen von Edom, Moab, Ammon, Thrus und Sidon eine Ligue gegen Nebuchadnezar zu bilden. Auf die Vorstellung des Jirmeja aber ließ er wieder hiervon ab, und reiste sogar nach Babylon, wohl um jeden Verdacht zu entkräften, welchen ein Gerücht von diesen Umtrieben dort erzeugt haben konnte. Unmittelbar darauf aber erhob sich Aegypten wieder unter seinem kriegerischen Könige Chofra (Apries), und es gelang diesem, sich Phönicien zu unterwerfen. Deshalb schloß Zidkija mit ihm einen Bund, und fiel im Vertrauen auf seinen Beistand von Babylonien ab. Nebuchadnezar, anderweitig in Anspruch genommen, konnte ihn nicht sogleich für diesen Treuebruch züchtigen; erst im Herbste 589 zog er nach Palästina und belagerte Jerusalem. Die Belagerung zog sich in die Länge, und Apries rückte während dessen aus, Jerusalem zu entsetzen; allein die Chaldäer zogen ihm entgegen und schlugen ihn, kehrten sodann vor Jerusalem zurück und setzten die Belagerung fort. Nachdem diese im Ganzen 18 Monate gewährt und am Ende die schrecklichste Hungersnoth unter den Eingeschlossenen gewüthet hatte, wurde die Stadt am 9. Tammus (im Anfang des Juli) 587 erobert und allen Schrecken eines solchen Looses, der Rache, der Habsucht, dem Uebermuth, preisgegeben; die Idumäer, obwohl stammverwandt, hatten sich den Chaldäern angeschlossen und leisteten ihnen hierbei sowie später allen Vorschub.

Noch ehe aber die Stadt völlig in Feindes Hand war, entfloh König Zidkija unter dem Schutze der Nacht mit einem Theile seiner Familie und den ihm noch zu Gebote stehenden Kriegern, und schlug den Weg nach der Ebene von Jericho ein, vermuthlich um über den Jarden zu setzen und ein Versteck bei dem befreundeten Könige von Ammon zu suchen. In der Ebene von Jericho holten ihn aber die nachsetzenden Chaldäer ein, nahmen ihn ohne Kampf gefangen, da bei ihrem Herannahen alle seine Truppen feige auseinander gingen, und führten ihn vor Nebuchadnezer, welcher in Ribla sich befand. Hier wurde er wegen seines Abfalls dazu verurtheilt, daß seine Söhne in seiner Gegenwart hingerichtet und ihm selbst alsdann die Augen ausgestochen wurden; nach Vollziehung dieses schrecklichen Strafur=theils würde er gefesselt nach Babylon abgeführt, und wir hören später nichts wieder von ihm. Er war ein schwacher Fürst, sowie ohne allen eigenen politischen Blick und selbst unvermögend, den helleren Blick Jirmeja's zu benutzen. Nachdem einmal von den ba=bylonischen Herren Palästina überschwemmt und Jerusalem ein=geschlossen war, hätte er auf den Rath dieses Propheten hören und dem Nebuchadnezer sich unterwerfen sollen: hierdurch würde er so viel Freiheit seinem Reiche haben retten können, als dieser stolze Krieger gern zugestanden hätte, dem es weit mehr um demüthige Unterwerfung als um gründliche Eroberung zu thun war; dabei durfte Zidkija hoffen, daß die Stöße von Babylonien her nur vor=übergehend seien. Um aber eine solche zeitgemäße Unterwerfung zu bewerkstelligen, hätte er den Großen seines Landes, welche davon nichts hören wollten, zu imponiren verstehen müssen, und hierzu fehlte es ihm an Kraft, ja er wagte nicht einmal, Jirmeja offen um Rath zu fragen, und ließ sich hierbei zu sehr unköniglicher Feigheit herab. Hätte er sich Nebuchadnezar unterworfen, so wäre bei dem bald eingetretenen Verfall des babylonischen Reiches den Juden wahrscheinlich das Exil erspart worden, dann freilich aber auch viel=leicht niemals der durch das Exil und in demselben empfangene Geistesumschwung erfolgt.

Bei der Eroberung Jerusalems scheint Nebuchadnezar nicht zu=gegen gewesen zu sein, nach einigen Wochen aber sich dahin begeben zu haben, und nachdem er dort Nebusaraban, dem Obersten seiner Leibwache, die Zerstörung der Stadt, die Bestrafung der Schuldigen und die Abführung der angeseheneren Einwohner übertragen hatte, zog er selbst zu seinen ferneren Plänen ab. Nebusaraban ließ die noch übrigen Tempelgeräthe und sonstigen Schätze zusammentragen und abführen, sowie dann die ganze Stadt sammt dem Tempel nie=derbrennen und ihre Mauern einreißen; letzteres geschah auch allen übrigen festen Städten des Landes. Hierauf ließ er alle Einwohner Jerusalems, welche diese Katastrophe überlebt hatten, ferner diejenigen Juden, welche freiwillig zu Nebuchadnezar übergegangen waren, und von dem noch übrigen Volke alle Angeseheneren nach Babylonien abführen. Bloß die unterste, nicht mehr zahlreiche Volksschicht ließ er im Lande, gab ihr Weinberge und Aecker gegen eine Abgabe, und setzte über sie im Auftrage des Nebuchadnezar einen jüdischen Statthalter Namens Gedalja. Sodann nahm er den hohen Priester Seraja und vier andere Prälaten, desgleichen einen Kriegsanführer und den Kriegskanzler, sieben Herren aus dem näheren Umgange des Zidkija und noch 60 vom Lande, wahrscheinlich lauter Männer, die er besonders schuldig glaubte, und führte sie dem Nebuchadnezar zu, welcher sie hinrichten ließ.

Zweites Kapitel.
Das Schicksal der in der Heimath gelassenen Juden.

Der jüdische Statthalter nahm seinen Sitz in Mizpa, nördlich von Jeruschalem, und hieher kam Jirmeja zu ihm. Dieser hatte Anfangs mit den übrigen Exulanten gefesselt den Weg nach Babylon schon angetreten; aber der König von Babylonien muß Nachricht davon erhalten haben, daß er zur Unterwerfung gerathen hatte, denn als Jirmeja bis nach Rama gekommen war, nahm auf Befehl des Nebuchadnezar Nebusaraban ihm die Fesseln ab, und stellte ihm frei, entweder nach Babylonien mitzugehen, wo für ihn gesorgt werden solle, oder im jüdischen Lande zu bleiben, wo es ihm beliebe. Als jedoch Jirmeja ferner von ihm vernahm, daß Nebuchadnezar einen Rest des Volkes im Lande gelassen und über denselben einen jüdischen Statthalter gesetzt habe, zog er es vor, zu diesem sich zu begeben: wir sehen, Jirmeja war noch nicht gesonnen, seine patriotische Wirksamkeit einzustellen. Nebusaraban entließ ihn mit Geschenken, und ließ ihm auf seine Bitte auch seinen Schreiber Baruch. Nun waren aber noch jüdische Heerhaufen im Lande zerstreut, und von den Anführern derselben sind Jischmaël und Jochanan hervorzuheben; der Erstere war aus königlichem Geblüt und zu den Großen des Zidkija gehörig. Als diese Anführer davon hörten, daß Nebuchadnezar einen Theil der Einwohner im Lande gelassen und über sie Gedalja gesetzt habe, gingen sie mit ihren Leuten zu ihm nach Mizpa, wo ihnen Derselbe eidlich versicherte, daß sie von einer

Unterwerfung unter die Chaldäer nichts Böses zu fürchten hätten. Mahnend fügte er hinzu, sie möchten nur im Lande bleiben und, zu ihren gewohnten Geschäften des Ackerbaues zurückkehrend, dem Könige von Babylonien gehorsam sein, dann werde es ihnen noch gut ergehen. Diese Männer nun mochten wohl dem Gedalja, aber nicht den Chaldäern gute Absichten zutrauen, denn trotz seiner Ver=sicherungen hielten sie ihre Truppen noch eine Zeitlang beisammen. Dagegen alle Judäer, welche während des Krieges nach Moab, Am=mon, Edom und in andere Nachbarländer sich geflüchtet hatten, kamen auf die Kunde, daß unter Gedalja noch eine Hoffnung für Juda aufblühe, zu ihm nach Mizza, und kehrten mit ähnlichen Versicher=ungen desselben in ihre Heimath zurück, wo sie noch einer guten Ernte an Obst und Wein sich erfreuten.

Schnell indessen erlosch diese Hoffnung für Juda wieder. Näm=lich der erwähnte Jischmaël glaubte vermuthlich wegen seiner Ver=wandtschaft mit der königlichen Familie ein näheres Anrecht als Gedalja auf die Statthalterwürde zu haben; er faßte deshalb gegen Diesen eine tödtliche Feindschaft, und ließ sich daher von dem schein=bar befreundeten Ammoniterkönige Balis leicht dafür gewinnen, Gedalja zu ermorden. Was für Ziele dieser König bei dem blutigen Anschlage verfolgte, ist nirgend gesagt, vermuthlich aber hoffte er, nach dem Tode des Statthalters leichter Stücke von Paläftina an sich reißen zu können, wie dies auch früher von Ammon im Oft=jardenlande geschehen war. Jischmaël aber erschien ihm als ein taugliches Werkzeug zu jener That, sowohl wegen seines Hasses auf Gedalja, der ihm bekannt geworden sein muß, als auch wegen seines unverdächtigen Zutrittes bei dem Statthalter; dabei durfte er hoffen, indem er Jischmaël für sich handeln ließ, die mögliche Rache der Chaldäer wegen der Ermordung des Gedalja im Voraus von sich auf einen Mann gelenkt zu haben, dessen Verwandtschaft mit dem davidischen Hause seine That als eine selbstständige erscheinen lassen mußte. Daß Furcht vor den Chaldäern nicht über=haupt von dem Plane, sich auszudehnen, den Balis abzuschrecken vermochte, lag in der ganzen Weise ihrer Invasionen, welche zwischen den überflutheten Ländern und ihrem Eroberer ein so lockeres Band schufen, daß nach seiner Entfernung Stücke von ihnen abzureißen nicht bloß gewagt werden durfte, sondern selbst mit Aussicht, daß der Raub unbemerkt bleibe. Von dem blutigen Plane der Beiden erhielten aber die noch an der Spitze ihrer wenigen Truppen gebliebenen jüdischen Anführer zeitige Nachricht. Sie verfügten sich nach Mizpa und theilten ihn dem Gedalja mit, der aber zu gut= müthig war, um ihrer Anzeige Glauben zu schenken. Einer der= selben, Jochanan, erbot sich hierauf in einer geheimen Zusammen= kunft mit Gedalja, Jischmaël umzubringen, ohne daß irgend Jemand davon erfahren sollte, daß der Statthalter darum wisse; er fügte hinzu: „Warum soll er dich umbringen, worauf der ganze Ueber= rest Juda's, der sich um dich gesammelt hat, sich zerstreuen und untergehen würde." Gedalja aber untersagte es ihm, und erklärte seine Aussage über Jischmaël für unwahr. Allein am dritten Tage des siebenten Monats, etwa sieben Wochen nach der Zerstörung Jerusalem's, kam Jischmaël mit zehn ihm ergebenen Männern zu Gedalja, der arglos ihnen ein Gastmahl bereiten ließ; nach dem= selben fielen sie über ihn her und erschlugen ihn, desgleichen alle Krieger jüdischer und chaldäischer Nation, welche sich in Mizpa fanden. Um dies begreiflich zu finden, ist wohl anzunehmen, daß Jischmaël die Truppe, welche ihm noch zu Gebote stand, in einem Versteck aufgestellt und mit ihr verabredet hatte, auf ein unmittelbar nach Gedalja's Ermordung zu gebendes Zeichen in Mizpa einzudringen und ihn in seinem Mordgeschäfte zu unterstützen. Die Einwohner= schaft des Städtchens scheint hierbei kein Lebenszeichen von sich ge= geben zu haben, vermuthlich weil sie durch diese Truppe in Zaum gehalten wurde.

Den Tag darauf kamen aus Schechem, Schilo und Schom= ron achtzig Mann im Traueraufzuge, dem Jahwehglauben dort Wiedergewonnene wie es scheint, Speiseopfer und Weihrauch auf der Brandstätte des Gotteshauses niederzulegen. Jischmaël hörte von ihrer Annäherung, und machte fürchten, daß wenn diese Wall= fahrer seine Gewaltthat erführen und weiter erzählten, die Nachricht von derselben früher, als für ihn gut wäre, den Weg zu den Chal= däern finden könnte, die noch im Norden standen. Diese Gefahr abzuwenden, beging er eine zweite unerhörte Schandthat. Er ging ihnen entgegen, vergoß, sobald sie seiner ansichtig werden konnten, heuchlerische Thränen über das große Unglück, welches die ganze Nation betroffen habe, und forderte sie dann auf, sich zu Gedalja zu begeben. Sie waren hierzu bereit; sowie sie aber in Mizpa an= langten, tödtete Jischmaël und seine Leute sie alle bis auf zehn von ihnen, welche ihn flehentlichst gebeten hatten, sie am Leben zu lassen, sie hätten große Vorräthe von Waizen, Gerste, Oel und Honig im Felde vergraben, die sie ihm dafür geben wollten. Jisch=maël, der Proviant sehr nöthig haben mochte, ließ sie am Leben, behielt sie aber gewiß bei sich. Die Nachricht von seinen Schand=thaten gelangte dennoch zu Jochanan und den übrigen Anführern: sie zogen deshalb mit allen ihnen zu Gebote stehenden Mannschaften aus, um Jischmaël zu bekriegen. Als dieser von ihrem feindlichen Anzuge hörte, nahm er, weil ihnen sich entgegenzustellen zu schwach, alles Volk von Mizpa, desgleichen die Töchter des Königs Zidkija, welche Nebusaradan dem Gedalja übergeben hatte, und verließ mit ihnen Mizpa, um zu den Ammoniten überzugehen; durch Mitnahme des ersteren wollte er wohl die Zeugen seiner Unthaten entfernen. Als er aber erst eine gute Meile vorwärts gezogen war, holte östlich von Gibon Jochanan mit seinen Leuten ihn ein. Diejenigen, welche Jischmaël wider ihren Willen mit sich fortgeführt hatte, waren sehr erfreuet, als sie Jochanan heranziehen sahen, und gingen insgesammt zu ihm über; dasselbe thaten Jischmaël's eigene Anhänger, und nur mit acht Mann entkam er zu den Ammoniten. Die Töchter des Königs wären vielleicht lieber bei diesem ihrem Verwandten ge=blieben, doch wurden sie von den Uebrigen gezwungen, mit zu Jochanan überzugehen, damit man die letzten Ueberreste der Dawi=dischen Familie bei sich hätte, und zugleich wohl, weil die Nähe ihrer königlichen Personen auch allen Anderen mehr Beachtung zu sichern schien. Jochanan und die übrigen Anführer fürchteten jetzt aber, daß die Chaldäer die Ermordung Gedalja's ohne hinlängliche Unterscheidung der Schuldigen von den Unschuldigen an den Juden rächen würden: sie flohen deshalb mit ihren Leuten und allen denen, welche sie Jischmaël abgenommen hatten, nach dem befreundeten Aegyp=ten; doch wollten sie dort nur so lange sich aufhalten, bis diese Ge=fahr vorüber wäre. Aus allen jüdischen Ortschaften, an welchen vorbei ihr Weg sie führte, schlossen sich, bald freiwillig, bald ge=zwungen, noch Viele ihnen an; und als der ganze Haufen bei Bet=lechem ankam, hielt man nicht weit davon eine Rast. Während derselben wandte sich alles Volk an Jirmeja, welcher nebst seinem Schreiber Baruch unter den Fortgeführten war, mit der Bitte, zu seinem Gotte zu beten, daß er ihnen anzeige, welchen Weg sie zu gehen und was sie zu thun hätten. Jirmeja antwortete ihnen:

„Wohl, ich will zu eurem Gotte beten und Alles euch eröffnen, was er antwortet, ohne Rückhalt." Worauf Jene hinzufügten: „Der Ewige sei unser Zeuge, daß wir ganz thun wollen, wie er uns durch dich wird auftragen lassen; gefalle es uns oder nicht, wir wollen dem Ausspruche unseres Gottes gehorchen, damit es uns wohl ergehe." Es scheint, daß dieses feierliche Gelöbniß dem Drange entsprungen war, das erste Mal nach der traurigen Katastrophe, daß sie wegen ihrer Zukunft sich wieder an Gott wendeten, ihm aufrichtige Besserung anzugeloben; doch werden wir aus dem als= baldigen und späteren Benehmen dieser Flüchtlinge ersehen, daß der empfangene Eindruck nicht nachhaltig war. Denn nach zehn Tagen rief Jirmeja alles Volk zusammen und verkündete ihm von dem Herrn: Wenn sie im Lande blieben, so werde er sie von Neuem aufbauen; sie sollten ihre Furcht vor dem Könige von Babel fahren lassen, denn der Herr wolle machen, daß sie Gnade bei ihm fänden und derselbe sie zurückkehren lasse, Jeden in sein Erbtheil. Wenn sie dagegen sprächen: „Nein, in das Aegypterland wollen wir, da= mit wir keinen Krieg sehen und nicht den Ton der Trompete hören und nicht nach Brod hungern", so solle das Schwert, welches sie hier fürchteten, auch in Aegypten sie erreichen, und der Hunger dort sie einholen; Alle, die sich nach Aegypten wenden würden, sollten daselbst durch Schwert, Hunger und Pest umkommen, und Juda niemals wiedersehen. Der Prophet hatte vollkommen Recht, es war wohl eine übertriebene Furcht, daß Nebuchadnezar für die Ermordung des Gedalja den ganzen Rest des Volkes bestrafen werde, auch die sogar, welche seinen Mörder aus dem Lande gedrängt hätten. Gäben sie aber einer solchen ungegründeten Furcht Raum, oder wollten sie überhaupt dem Kriegsgetümmel aus dem Wege gehen, so war Aegypten, gegen welches Nebuchadnezar's kriegerische Pläne vorzüglich gerichtet waren, gewiß keine passende Zuflucht hierfür; und falls Nebuchadnezar die Ermordung des Gedalja rächen wollte, hatten sie dort seine Rache noch mehr als in Judäa zu fürchten, da sie durch ihre Flucht um so mehr an dem Morde betheiligt er= scheinen mußten. Aber man rief dem Jirmeja zu, er rede Unwahr= heit, Gott habe ihn nicht gesendet, sie von dem Zuge nach Aegypten abzumahnen, sondern sein Schreiber Baruch hätte ihn wider sie aufgereizt, um sie den Chaldäern in die Hände zu liefern. Daß Baruch irgend eine Veranlassung zu diesem schmählichen Verdachte gegeben habe, ist nicht zu glauben; aber nur ihm wagte man das Ersinnen eines ihrer Meinung nach so verderblichen Rathes zuzuschreiben, weil Jirmeja's reine Absichten hinlänglich anerkannt waren. Hierauf nahmen Jochanan und die anderen Anführer Alle, die bei ihnen versammelt waren, auch den Jirmeja und Baruch, und zogen nach Aegypten. Sowie sie die Grenze überschritten hatten und in die erste ägyptische Stadt Tachpanches eingezogen waren, wurde dem Jirmeja folgendes Wort Gottes: „Nimm große Steine, und lege sie in Mörtel hier vor dem Hause Pharao's Angesichts aller jüdischen Männer, und sage ihnen, der Herr werde seinen Knecht Nebuchadnezar senden, daß er seinen Thron über diesen Steinen aufrichte und seinen Teppich darüber breite; Nebuchadnezar werde kommen und das Aegypterland strenge züchtigen und es ausleeren, wie der Hirt sein Kleid ausschüttelt, und glücklich wieder von 'dannen gehen; auch die Bildsäulen der Sonnenstadt (Heliopolis) im Aegypterlande werde er zerschlagen und die Tempel der ägyptischen Götzen verbrennen". Jirmeja wird wohl wirklich vor diesem königlichen Schlosse die ersten Steine zu einem Sitze für den kommenden Eroberer gelegt haben, um die Gewißheit seines Kommens symbolisch noch kräftiger auszudrücken; allein auch das fruchtete nichts, dieser Haufen blieb in Aegypten, und das Wenige, was wir über seine Schicksale daselbst wissen, soll später mitgetheilt werden.

Drittes Kapitel.

Beschaffenheit des jüdischen Volkes, als das babylonische Exil anfing.

Jetzt ist es wohl am Orte, die damalige Beschaffenheit des jüdischen Volkes nach seinen wesentlichsten Bezügen anzugeben. Von versprengten Splittern desselben abgesehen, befanden sich Theile unseres Volkes jetzt in vier verschiedenen Umgebungen und Lagen. Ein erster Theil desselben, dem Reiche Jisrael entstammt, lebte in den Ländern des einstigen assyrischen Reiches und mit Heiden stark gemischt in der nördlichen Hälfte von Palästina; er war der israelitischen Nationalität fast entfremdet, und wir wollen zwar trotzdem alles auf ihn Bezügliche geeigneten Ortes berichten, sehen ihn aber von vorn herein für einen beinahe verlorenen Posten an, und wenden uns deshalb jetzt schließlich zu Denen, welche das Reich Juda zum Vaterlande hatten. Der bei Weitem größte Theil von Diesen wurde in den Deportationen des Jojachin und des Zidkija nach Babylonien versetzt, einen Theil haben wir nach Aegypten begleitet, und einen sehr schwachen Rest müssen wir in Judäa zurückgeblieben annehmen. An denjenigen Momenten, welche den Fortbestand ihrer Nationalität bedingten und eine künftige Wiedererhebung des Volkes hätten in Aussicht stellen können, waren diese drei Volkstheile sehr verschieden. Nämlich die Zukunft eines Volkes liegt in ihm selbst, nicht in seinem Boden, und hiernach gewannen für eine künftige Restauration die nach Babylonien Abgeführten eine unendlich größere Wichtigkeit, als die in Judäa Zurückgebliebenen, obwohl gemeinhin zu erwarten steht, daß einem unterjochten Volke am leichtesten noch auf seinem heimischen Boden eine Wiedererhebung möglich werden dürfte. Und von noch geringerem Belang hiefür war der nach Aegypten gelangte Bruchtheil.

Von materiellen Gütern, in deren Besitz Israel sich beim Beginn unserer Periode befand, kann sowohl bei den Deportirten, als auch bei den nach Aegypten Gelangten kaum die Rede sein, zumal der Hauptbesitz des jüdischen Volkes ein agrarischer war; hinsichtlich dieses Punktes war die zurückgebliebene Hefe in unberechenbarem Vortheil. Von Talenten, welche ihr Unglück ihnen hätte lassen müssen, läßt sich ebenfalls nicht reden: es findet sich keine Spur von höheren technischen Fertigkeiten bei den vorexilischen Juden; als ein auf Ackerbau und Viehzucht fast ausschließlich angewiesenes Volk hatten sie nicht einmal die Gelegenheit, den Gewerbfleiß zu einer mäßigen Kunsthöhe heraufzuführen. Zwar scheint ihr Luxus, dessen Ausdehnung schon Jeschaja rügt, für das Gegentheil zu sprechen: allein wir haben guten Grund anzunehmen, daß die Gegenstände desselben größtentheils aus den Nachbarländern Phönicien und Aegypten ihnen zugeführt wurden. — Und welche geistigen Güter besaß Israel damals? Vertrauen zu sich selbst, Vertrauen zu der in ihm schlummernden Kraft war es auch nicht, was dasselbe als Unterpfand einer selbstständigen Zukunft mit in die Fremde nahm. Es wird später von Hoffnungen zu reden sein, die es dahin begleiteten, aber wir werden sehen, daß sie weit mehr einem Zehrpfennig

glichen, der ihnen auf den Weg gegeben wurde, als einem aus-
stehenden Kapital, für dessen Einzahlung das Volk selbst, das sich
fühlt, schon zu sorgen gedenkt. Denn in dieser Beziehung selbst-
thätig oder gar kriegerisch war dieses Volk niemals; und was zuweilen auch für passive Völker ein kräftiges Auftreten herbeiführt,
irgend eine belebende, fruchtbare Idee, das war für Israel einzig
und allein sein Glaube, dieser aber, wenn auch nochmals wiederholentlich ein wunderbar mächtiger Hebel der jüdischen Tapferkeit,
hatte doch jetzt die Masse des Volkes noch gar wenig durchdrungen.
Liebe zur Heimath dürfen wir zwar den damaligen Juden nicht absprechen, und sie könnte vielleicht Manchem als Etwas erscheinen,
woraus ihnen hätte eine bessere Zukunft erblühen können, sobald
eine günstige Gelegenheit winkte. Allein ihre Liebe zur Heimath
war damals noch eine ziemlich unthätige. Wollte man dies in Ab-
rede stellen, weil Jeruschalem achtzehn Monate lang den Schaaren
des Nebuchadnezar zu widerstehen vermochte, ehe es fiel, sowie daß
trotz der unter höherer Autorität vorgetragenen und jedenfalls ent-
muthigenden Reden des Sirmeja, die jüdischen Großen Zirkija genöthigt hatten, so lange den Widerstand fortzusetzen: so erwäge man,
daß ein großer Theil des also bewiesenen Muthes aus der Sicherheit erwuchs, mit welcher damals die Bewohner fester Städte auf
einen Belagerer herabsehen durften, denn feste Plätze zu nehmen
verstand das ganze höhere Alterthum nicht. Als Apries heranzog,
Jeruschalem zu entsetzen, zeigte sich weder in der Hauptstadt noch
im Lande irgend eine Bewegung, diese Diversion zu unterstützen,
statt dessen begnügten sich jene Großen damit, Sirmeja zu mißhandeln. Und sobald Jeruschalem gefallen war, war der Krieg völlig
zu Ende, ein ganzes Volk ließ sich, ohne weitern Widerstand zu versuchen, aus seinem so leicht zu vertheidigenden Gebirgsländchen wie
eine Heerde forttreiben. Wie ganz anders wurde gegen Vespasian
und Titus gekämpft! und es waren die Ueberwinder der Welt,
welche in jener späteren Zeit den Juden gegenüberstanden! Nein,
die Liebe der vorexilischen Juden zu ihrem Vaterlande war noch
viel zu schläfrig, um für ein geistiges Gut gelten zu können, das
im Besitze der Exulanten an der Gestaltung ihrer Zukunft wesentlich mitzuwirken versprochen hätte.

Als die beiden Hauptgüter, in deren Besitz Israel zu Anfange
des Exils war, sind dagegen seine Religion und seine religiöse

Literatur zu nennen. Sehen wir nach, welchen Gehalt und Umfang beide in jener Epoche hatten. Unter Religion verstehe ich hier nur so viel, als damals religiöses Gemeingut des Volkes oder doch eines namhaften Theiles desselben war; was dagegen von ihr zwar in den vorexilischen heiligen Schriften niedergelegt, aber noch nicht in die Denkart und Lebensweise Vieler im Volke übergegangen war, das war freilich ein kostbarer Schatz, den künftige Zeiten heben würden, aber unter den Besitzthümern der Auswanderer dürfen wir es nicht aufzählen. Die im Pentateuch enthaltenen Lehren und Religionsvorschriften sind nämlich als ein organisch gegliedertes Ganzes vor der Zerstörung des ersten Tempels niemals in das jisraelitische Leben eingedrungen.

Wurde doch 36 Jahr vor der babylonischen Katastrophe das Buch des Gesetzes im Tempel gefunden, und war selbst dem fromm erzogenen Könige Joschija völlig fremd. Und wenn auch Dieser einen kräftigen Anlauf nahm, den Vorschriften dieses Buches Ansehen und Geltung zu verschaffen: so muß doch der Erfolg seiner frommen Absichten wenig entsprochen haben, wie die späteren Schil= derungen des Jirmeja und Jecheskel zeigen. Wir werden daher um jene Zeit von einem religiösen Leben im Sinne des Pentateuchs nur Bruchstücke im Volke finden.

Daß es nur einen Gott giebt, der Alles erschaffen habe und erhalte, und daß dieser Gott übersinnlich, ewig, allmächtig, heilig und gerecht sei, diese Grundlehre des Mosaismus ist bis zum Exil herab jederzeit nur von wenigen auserlesenen Geistern hinlänglich erfaßt und nachhaltig beherzigt worden; der Masse des Volkes er= schien bis dahin Jahweh bloß als ein Gott neben anderen Göttern, und bei ihr war noch beim Eintritt in die babylonische Katastrophe die Herrschaft des Götzendienstes überaus verbreitet. Die Götter, welche in Juda damals verehrt wurden, waren theils die zabischen, namentlich der Sonnengott Baal nebst seinen Modificationen Tammus (Adonis) und Molech, als welchem ihm Rinder geopfert wurden, dann die Mondgöttin Aschera oder Aschtoret als Königin des Himmels, und der Mars vermuthlich unter dem Namen Kamosch; theils ägyptische, deren Cult geheimnißvoll in Zellen stattfand, welche an den Wänden mit „Abbildungen von Gewürm und Thieren" bedeckt gewesen seien; und selbst aus der magischen Religion scheinen (nach Jech. 8, 16. 17.) Gebräuche dahin gelangt

zu sein, vielleicht vermittelst der Kutäer. Dieser vielgestaltige Götzen=
dienst herrschte in allen Städten des Landes, hatte seine Altäre auf
allen Märkten Jerusalem's, und war sogar in den Nationaltempel
eingedrungen. Wie sehr aber auch dieser Polytheismus den reinen
Jahwehglauben beeinträchtigte, so war er doch seiner Natur nach
so friedlich, neben sich auch Elemente des letzteren fortbestehen zu
lassen. Verstanden es nun nur einflußreiche Gottesmänner, allmählig
das Volk immer mehr im jahwistischen Sinne zu umspinnen, immer
mehr jahwistisches Blut durch seine Adern zu treiben, immer mehr
Institutionen zu schaffen und zu beleben, welche das Volk unver=
merkt von seinen Idolen ab= und Jahweh zuführen mußten: so war
die Zukunft der reinen Lehre geborgen, und ihre endliche Aner=
kennung unzweifelhaft, mochte sie auch sehr lange jene traurige
Nachbarschaft zu ertragen haben. Und trefflich verstanden dies jene
von einer unbilligen Nachwelt oft getadelten Männer, welche das
Volk, dessen Geist noch nicht unmittelbar für das Richtige zu ge=
winnen war, auf dem Umwege wohlberechneter Satzungen seinem
hohen Ziele zuführten. Da nämlich leichter als die Idee das
Gewand festzuhalten ist, in welchem sie dem Auge erscheint, sind für
das sinnliche Volk religiöse Ceremonien die besten Gefäße religiöser
Ideen; ihre Schädlichkeit tritt erst dann ein, wenn diese Gefäße
nicht zur rechten Zeit wieder zerschlagen werden. Deshalb haben
die stillen Verbreiter mancher pentateuchischen Ceremonie dem Jahweh=
thum mehr genützt als Elija mit all seinem Feuereifer; und bei
allem Betrübenden, was den religiösen Zuständen vor dem Exil
nachzusagen ist, ging doch in Israel der Mosaismus auch schon
damals, zwar schwerfällig, aber sicher seiner dereinstigen allgemeinen
Anerkennung entgegen.

Bei der Untersuchung aber, inwieweit dieses Volk sich vor dem
Exil in seine Institutionen und Satzungen eingelebt hatte, werden
wir sehen, daß früher und auch verbreiteter die Gebote als die Ver=
bote des Pentateuch's beobachtet wurden, und müssen dies sehr
natürlich finden. So oft nämlich Vorschriften einer Religion in
dem Leben keine rechte Beachtung finden, hat man den Grund da=
für am ehesten in den tiefeingewurzelten Neigungen und Ansichten
aufzusuchen, welche vielleicht jenen Vorschriften widerstreben. Ein
solches Widerstreben wird aber weit öfter gegen Verbote als gegen
Gebote stattfinden, indem jene bloß aus einer theilweisen Miß=

billigung der bisherigen Lebensweise der Religionsangehörigen erlassen sein konnten, also um eine Aenderung herbeizuführen, was
schwer ist, wogegen Gebote meistens die alte Lebensweise unangetastet lassen und nur noch ein Ferneres verlangen. Zuerst nenne
ich den Tempelcultus, welcher allein schon damals hinreichende
Entfaltung und Pflege gefunden hatte. Jes. 1, 11 beweist, daß sehr
viel geopfert wurde, und der folgende Vers spricht von häufigem
Tempelbesuch; aus Worten des Amos läßt sich auf längst eingeführte
Musik und Gesänge im Tempel schließen; schon wurde der Vorabend der Festtage durch heilige Lieder eingeweiht; König Chiskija
hat Gesänge verfertigt und im Tempel absingen zu lassen gelobt;
aus Jes. 29, 13 ist vielleicht sogar auf schon eingeführte vorschrift-
liche Gebete zu schließen. Eine ewig wiederkehrende Klage der damaligen Propheten ist jene über Werkheiligkeit von Priester und
Volk in Betreff des Tempelcultus: das Volk glaubte durch fleißigen
Tempelbesuch, Opfer und gedankenloses Hersagen von Gebeten alle
Missethaten sühnen zu können; die Priester aber waren zu sehr bei
dem Opferdienste betheiligt, als daß sie ihn nicht auf alle Weise
hätten fördern sollen. Und noch genau ebenso stand es um den
gesammten Tempelcultus zur Zeit der babylonischen Invasionen: der
Tempel wird fleißig besucht, vielleicht sogar in außerfestlichen Wallfahrten; zur Zeit der Festversammlungen waren die Straßen von
Zion stark besucht, dann ging es im Tempel laut her, dann war
Jerusalem voll von Opferthieren. Auch die große Zahl der später
mit Serubabel aus dem Exil zurückkehrenden Sänger, Thorwächter
und Tempelknechte setzt einen umfangsreichen Tempeldienst der
letzten vorexilischen Zeit voraus. Und so wird es uns erklärlich,
wie das Volk schon damals dem Tempel eine Art magischen Schutzes
zuschreiben, oder Jecheskel ihn „ihren mächtigen Stolz, die Lust ihrer
Augen" nennen konnte [1]. Was hier indessen über den Tempelcultus gesagt ist, kann zur Kenntniß der religiösen Zustände bei
Eintritt des Exils erst dann wesentlich beitragen, wenn wir wissen,
welchen wahrhaft jahwistischen Gehalt dieser Cultus gehabt habe.
Zwei Dinge nehmen hier vorzugsweise unsere Aufmerksamkeit in
Anspruch, die Opfer und die Tempelgesänge. Fast sämmtliche pentateuchische Opfer lassen sich nämlich auf drei Hauptklassen zurück-

---

[1] Die Belegstellen zu Allem, was hier unbewiesen angeführt ist, sind in
dem größeren Werke 1, 48, 49 angegeben.

führen. Das sogenannte Ganzopfer wurde in der Absicht dar=
gebracht, Gott bloß sich geneigt zu machen; in Zeiten der Noth oder
der Gefahr sollte es ihn zur Hilfe bewegen, in friedlichen Tagen
ihm den Dank für diese ausdrücken und seinen ferneren Segen
sichern; doch auch ihn versöhnen, falls er durch Etwas beleidigt sei,
was der Opfernde unbewußt oder sonst in verzeihlicher Weise be=
gangen habe. Eine zweite Classe von Opfern sollte zu Opfermahl=
zeiten dienen: sie wurden bei freudigen Anlässen gebracht, nament=
lich wenn ein größerer Zeitabschnitt, der so manches Trübe hätte
einschließen können, glücklich zurückgelegt war, und daher Opfer der
Unversehrtheit genannt. Der sie brachte, hatte die doppelte
Absicht, Gott seinen Dank abzustatten, und seine Freunde, denen
er von seinem Glück und von der Gnade Gottes erzählen wollte, zu
frohem Mal sich zu versammeln; zu diesem Zwecke wurden von dem
Opferthiere bloß die Fettstücke auf dem Altar verbrannt, einige
andere Stücke den Priestern gegeben, und das Uebrige zu den
Opfermahlzeiten genommen. Endlich war eine dritte Classe von
Opfern theils zur Sühne, theils einige nothwendige Reinigungen
nachdrücklicher einzuschärfen bestimmt; und zwar wurde, mit einer
einzigen wohlberechneten Ausnahme, bloß jede unvorsätzliche Sünde
für sühnbar erklärt. Für völlig unvorsätzliche Uebertretungen und
bei Reinigungen war ein bloßes Sühnopfer darzubringen; wenn
die Uebertretung weniger verzeihlich war, ein Schuldopfer, letzteres
ausnahmsweise auch für ein Vergreifen an dem Gut des Nächsten,
um durch die Hinweisung auf mögliche Entsündigung zum Wieder=
erstatten geneigter zu machen. Ein abweichendes Opferritual sollte
den Unterschied zwischen diesen beiden Arten von Sünde veranschau=
lichen; und von dieser Art Opfer wurden die besten Stücke auf dem
Altar verbrannt, die Priester erhielten das Uebrige: das Eine und
Andere geschah nur bei jenen Sündopfern nicht, welche schwerer sühnbare
Sünden z. B. weitverbreitete oder eines in der theokratischen Verfassung
hochstehenden tilgen sollten. Die Institution der Sühnopfer scheint
besonders gut darauf berechnet gewesen, die Sitten zu läutern. Denn
trotz alles Schädlichen, was Sühnopfer auf jener höheren Stufe der
religiösen Bildung haben, wo schon mehr oder weniger klar das
Sündliche dessen, was man sühnen will, eingesehen wird: war da=
zumal, als das Volk für diese Einsicht erst erzogen werden mußte,
das Sühnopfer kein ungeeignetes Mittel dieser Erziehung, indem

es einstweilen dem Sinn und Gedächtniß das Sündhafte des Ge=
thanen·veranschaulichte und wiederholentlich einprägte.

Noch ist besonders zu betonen, daß alles Polytheistische aus
den Opferriten verbannt, sowie alles Unsittliche und zum Theil
Schauderhafte, was mit dem Opfercultus der benachbarten Heiden
verbunden erscheint, hier untersagt und auf das Strengste verpönt
war. Der pentateuchische Opfercultus, soweit er hier skizzirt ist,
hat mithin nicht Weniges enthalten, was dem so tief eingewur=
zelten Heidenthum Abbruch thun, und dagegen für die allmälige
Ausbreitung jahwistischer Lehren von der äußersten Wichtigkeit
werden konnte; er hat auch noch manche andere religiöse Idee sym=
bolisch in die vorgeschriebenen Riten verflochten, doch können wir
hier dies nicht verfolgen. Die häufigen Klagen der Propheten hin=
sichtlich der Opfer sind nichtsdestoweniger gerechtfertigt, sie wollten
zu der höheren Anschauung führen, daß ein tugendhafter Wandel
Gott besser als Opfer gefalle, und derselbe durch Bußopfer ohne
Aenderung der sündigen Lebensweise nicht versöhnt werden könne.
Auch waren jene Rügen häufig gegen die Priester gerichtet, welche
aus Eigennutz die Häufung der Opfer beförderten, aber dem Volke
nicht den gottgefälligen Weg zeigten, auf welchem es der Opfer
gar nicht bedürfe. — Endlich waren die religiösen Gesänge,
von welchen die Opfer in dem Jeruschalemer Tempel begleitet
wurden, das natürlichste Mittel, allgemein religiöse wie specifisch
jahwistische Ideen unter den Besuchern dieses Gotteshauses zu ver=
breiten; und da die vorexilischen Psalmen dieselbe Religiosität
athmen wie die nachexilischen, zugleich aber einen Schwung besitzen,
der vielen von diesen fehlt, so kann ihr Vortrag nicht ohne Wirkung
geblieben sein. Alles dies zusammengenommen zeigt aber, daß
der Cultus des Jeruschalemer Tempels allerdings geeignet war,
dem Jahwehthum wesentlich zu nützen, so lange es noch danach
zu ringen hatte, nur erst seine Grundbegriffe zu allgemeiner An=
erkennung zu bringen. Und eben darum dürfen wir mit Recht den
oben nachgewiesenen fleißigen Besuch dieses Tempels als einen
Beweis ansehen, daß bei allem Umfang, welchen der Götzendienst
damals noch innerhalb Jisraels hatte, dennoch ein sehr ansehnlicher
Kern von Jahwehdienern, freilich auch auf gar verschiedenen Stufen
der religiösen Erkenntniß befindlich, in dem Volke vorhanden sein
mußte, als es in das Exil ging.

Eine Förderung des Jahwehthums haben wir im Allgemeinen
auch sämmtlichen pentateuchischen Satzungen und zunächst den Festen
zuzuerkennen. Wir haben gesehen, daß zu Ehren der letzteren bereits
vor dem Exil Wallfahrten nach Jerusalem sehr üblich waren; es
scheint indessen, daß das Succotfest weit mehr Wallfahrer dahin zog
als das Peßach, und dieses Fest immer noch mehr als Schabuot,
vermuthlich weil Israel vorzugsweise dem Ackerbau oblag, und die
Ernte um Succot gänzlich zu Ende war, an Peßach aber erst hie
und da begann, dagegen um Schabuot grade mitten im Gange
war; und wirklich soll nach 2. Kön. 23, 22 Peßach nicht eben sehr
gefeiert worden sein, während über Schabuot keine einzige geschicht=
liche Notiz bis auf 2. Makk. 12, 31 herab vorkommt. Anders
ist es mit dem Versöhnungstage, auf dessen seltene Feier wir nicht
aus einem gleichen tiefen Schweigen der Schrift über ihn schließen
dürfen; sie bestand ihrer pentateuchischen Anlage nach bloß in einer
ausgedehnten Sühneordnung, die dem hohen Priester allein über=
tragen war, und darum geräuschlos vorüberging. Die Neumonde
wurden längst und mehr sogar als nach dem Exil gefeiert; sie er=
freuten sich selbst einer Art gesetzlicher Ruhe von Geschäften gleich
dem Sabbat. Hiernach kann nicht zweifelhaft sein, daß auch der
siebente Neumond seine erhöhete Feier gefunden hat; und es scheint,
daß neben dem Jahresanfange mit Nissan der Gebrauch in Vorder=
asien, das Jahr mit der Herbstnachtgleiche anzufangen, von den
Zibräern für landbauliche Beziehungen beibehalten wurde, und daß
durch das Blasen am siebenten Neumond der baldige Eintritt dieses
agrarischen Neujahrs angekündigt werden sollte [1]). Die Feier des
Sabbats muß schon zu Amos' Zeiten ziemlich verbreitet gewesen
sein; wahrscheinlich wurde darunter vor dem Exil bloß die Ein=
stellung des Feldbaues und was mit ihm zusammenhing, z. B. Lasten
ein= und auszufahren, desgleichen die Enthaltung von Kauf und
Verkauf verstanden. Von einer geistigen Sabbatfeier findet sich bis
auf die erweiterte Opferordnung vor dem Exil fast keine Spur.
Nun aber ist, neben dem Monotheismus und den Gesetzen der
Sittlichkeit, die Feier des Sabbats das einzige pentateuchische Ge=
bot, welches Jirmeja einschärft; und auch Jecheskel zeichnet in K. 20
für die uralte Zeit des Aufenthaltes in der Wüste den Sabbat vor

---

[1]) Vergl. 1, 324 des größeren Werkes.

allen übrigen Satzungen dadurch aus, daß er ihn allein namentlich aufführt. Zwei Gründe dieses Vorzuges lassen sich denken, daß nämlich die Propheten entweder dem Sabbat als einem Theil des Dekalogs besondere Pflege schuldig zu sein glaubten, oder aber schon einsahen, daß er fähig sei, in der geistigen Oekonomie ihres Volkes eine sehr hohe Stelle einzunehmen, und nur wegen der allgemeinen Rohheit und Verwilderung sich damit begnügen mußten, ihn nach seiner nächsten Tendenz vorläufig bloß als Ruhetag anzuempfehlen, die im Ideal ihnen vorschwebende Ausbildung desselben einer besseren Zukunft überlassend.

Jedoch innerlicher als der solenne Cultus war das Zusammen= kommen des Volkes in dem Tempel zu Gebet und Fasten in Zeiten der Noth. Gebet in solchen Zeiten kann nicht Lippenwerk sein, und schließt die lebendige Vorstellung eines hilfreichen und nahen Gottes in sich; und Fasten, umgehend zwar den kürzesten Weg Gott zu ge= fallen, bethätigen aber immerhin ein intensiveres religiöses Gefühl als Opfer. Eine solche Zusammenkunft zu Gebet und Fasten wurde in Joël's Tagen bei Gelegenheit einer großen Heuschreckenplage ver= anstaltet; unserer Epoche näher liegt es, daß im fünften Jahre des Jojakim ein solches Fasten ausgerufen wurde, und nach Jirm. 36, 6 muß dies damals nichts Ungewöhnliches gewesen sein.

Ferner haben wir jetzt nachzusehen, inwieweit andere Partien der pentateuchischen Gesetzgebung vor dem Exil Eingang gefunden hatten.[1]). Die Beschneidung war allgemein eingeführt. Die penta= teuchischen Speisegesetze waren nicht ganz unbekannt, doch scheint es, daß sie bloß von wenigen Priestern und noch wenigeren Laien, die dann beinahe wie Nasiräer erschienen, beobachtet wurden; Jechesel sagt 44, 31: „Alles Gefallene und Zerrissene von Vogel und Vieh sollen die Priester nicht essen", als leiste er halb darauf Verzicht, daß auch die Laien jemals diesem Speisegesetz sich unterwerfen würden. — Manche sexuelle Vorschriften des Pentateuchs lebten tiefer im Volke, man enthielt sich des Umganges mit der Menstrua, es ge= schieht Erwähnung des Bades nach der Menstruation, und in einer Weise, wonach man dasselbe als eine religiöse Vorschrift betrachtet haben muß; die geschlechtlichen Umgang gepflogen, galten für unrein, bis sie gebadet hatten, und selbst profanes Geräth, das sie inzwischen

---

[1]) Die Belege zu den folgenden Angaben sind 1, 58, 59 des größeren Werkes zu finden.

berührten, wurde als verunreinigt angesehen, wie bei den Arabern und Babyloniern. Die Ehe war als heilig anerkannt, und hatte weiter keinen Feind als die Leidenschaft; ihre Auflösung mußte ein Scheidebrief bekräftigen. Die Leviratsehe war in Gebrauch und wahr= scheinlich sogar auf entferntere Verwandte ausgedehnt. Weiter jedoch lassen sich keine pentateuchischen Satzungen nachweisen, die einiger= maßen schon vor dem Exil in das Volksleben übergegangen wären; und wenn auch noch manche derselben Wurzel gefaßt haben mögen, so wiederfuhr dies doch gewiß nicht vielen, weil sonst die gar nicht einseitige ältere Literatur uns hätte fernere Notizen dazu bieten müssen. Um so erklärlicher ist dies aber, als es an eigentlichen Lehrern dieser Satzungen fehlte. Die Priester hätten als solche auftreten können, indessen der größte Theil derselben lebte selbst nicht nach ihnen, und lehrte sie daher noch weniger. Die Propheten aber waren ihrer Zeit zu sehr vorausgeeilt, sie hatten fast alle schon eine höhere Auffassung des Jahwehthums, als worauf vorläufig das pentateuchische Ceremoniell hinarbeitete, und waren zu lebhaft, zu ungeduldig, um diesen künstlichen Erziehungsplan bedächtig zu verfolgen; in ihren Reden herrscht daher ein tiefes Schweigen über die pentateuchischen Satzungen, bloß bei Jecheskel, der zugleich Priester und ein Freund von religiösem Gepränge war, finden sich über sie einige dürftige Aeußerungen. Die Propheten haben in anderer Weise mächtig dem Jahwehthum aufgeholfen. Nämlich wie oft auch bisher die Masse des Volkes von ihm zum Götzendienst und von diesem zu jenem sich gewandt hatte, so ging doch der Polytheismus in Israel jetzt seinem Ende entgegen; es war ihm beschieden, grade durch den Untergang des Staates, zu welchem er stark mitgewirkt hatte, den mächtigsten Stoß zu erleiden; und dieses Schicksal desselben hatten die Propheten vorbereitet. Denn sie hatten immer die Ver= ehrung ihres Gottes als die Hauptstütze, sowie den Götzendienst als den gefährlichsten Feind des jüdischen Staates dargestellt; und sie hatten vollkommen Recht hierin. Die Jahwehreligion drang auf Sittlichkeit, die ein Volk in sich stark macht; den Heiden gegenüber predigten sie die Idee des auserwählten Volkes, und diese mußte Selbstbewußtsein wie großes Gottvertrauen wecken, Dinge, welche die Vertheidigung politischer Selbstständigkeit mächtig unterstützen; auch indem sie den Umgang mit Heiden erschwerte, verminderte sie die Berührungen mit dem Auslande, und konnte dadurch bewirken, daß Israel in viele Verwickelungen nicht hineingezogen würde. Hätte es diesen heilsamen Einwirkungen sich hingegeben, so würde es auf seinen Bergen vermuthlich dem Andrange der ungeregelten asiatischen Horden widerstanden haben; es that das nicht, und unterlag dem selbstverschuldeten Schicksal. Aber die Worte der Propheten waren, wenn auch nicht befolgt worden, doch jetzt nicht vergessen, und wer ihrer nicht mehr gedachte, dem riefen Jirmeja und Jecheskel sie unablässlich ins Gedächtniß zurück. Die Erkenntniß, daß Israels Heil in der Anhänglichkeit an Gott bestehe, drängte sich gewaltsam auf, sobald das von den Propheten so vielfältig ver= kündigte Unglück nun wirklich da war; und bei wem dies nicht vollen Glauben wirkte, der mußte wenigstens aus dem bisherigen Leicht= sinn aufgerüttelt sein und sich geneigt fühlen, den Propheten ein aufmerksameres Ohr zu leihen. Eine solche fast allgemeine Sinnes= änderung bewirkte darum noch nicht vollständige Befreiung von allem Heidnischen, wir werden noch in Babylonien dem Götzendienst unter den Juden begegnen: aber der feste Boden war ihm in den Gemüthern der Auswandernden genommen, und sobald neue Streiche gegen ihn geführt wurden, konnte sein Erlöschen nicht ausbleiben.

. Aber nicht bloß den Vorsatz, der Lehre Moscheh's nun mehr anzuhangen und treulicher nachzukommen, nahmen die Bessern und Gebesserten im Volke jetzt mit, sondern auch Verheißungen einer besseren Zukunft. Jirmeja hatte gesagt: Freilich müßten sie für ihre Missethat büßen, aber sie blieben dennoch das Volk Gottes in Ewigkeit. Siebenzig Jahre (d. h. lange Zeit) werde ihre Verbannung währen, doch der Herr habe Gutes mit ihnen vor, zu ihm würden sie sich in der Fremde wenden, und er werde sich von ihnen finden lassen und sie in das Land ihrer Väter zurückführen, um ein frommes und glückliches Volk zu bilden. Diese Wiederherstellung sollte nicht bloß Juda, sondern auch das verschollene Israel treffen; Jeruschalem aber werde nach allen Seiten hin zunehmen, und von überall her den Zuruf hören: Gott segne dich, Wohnung des Rechts, heiliger Berg. Einen neuen Bund wolle dann der Herr mit ihnen schließen, er wolle sein Gesetz in ihr Herz schreiben [1]). Dies alles solle sich erfüllen unter einem Sprößling aus David's Stamme, der weise herrschen und Gerechtigkeit im Lande üben werde, und nach ihm

---

[1]) Daß er natürlich hierbei nicht an eine Abrogation des alten Gesetzes dachte, wurde 1, 63 des größeren Werkes gezeigt.

werde David's Geschlecht ewig blühen. Diese und ähnliche Worte
hatte Jirmeja schon früher oft dem Volke zugerufen, und wieder=
holte sie ihm jetzt als Scheidegruß; sie genügten, die Auswandernden
aufzurichten und von einem massenhaften Aufgehen in die Völker
abzuhalten.

Der religiöse Standpunkt des Volkes, als es das Exil antrat,
dürfte im Wesentlichen hier dargestellt sein. Aber es versteht sich
von selbst, daß noch manche andere religiöse Ideen es nach Baby=
lonien begleiteten, und wenn von diesen später einige durch inneren
Trieb zu solcher Bedeutung sich entwickelt, desgleichen andere, von
exotischem Samen befruchtet, so eigenthümliche Früchte getragen
haben werden, daß ihre Betrachtung mehr als jetzt unsere Aufmerk=
samkeit belohnt, so wollen wir uns, jedesmal am geeigneten Orte,
zu ihnen wenden.

Wir wollten aber hier auch nachsehen, wie viel von den bibli=
schen Schriften beim Anfang des Exils schon da war und dahin
mitgenommen wurde. Die Tora steht hier obenan. Nur eine sich
selbst überstürzende Kritik, ausgehend von vermeintlichen Hindeut=
ungen in ihr auf persische Anschauungen, die aber dem altasiatischen
Gesichtskreise angehören, oder von pentateuchischen Stellen, welche
ein Exil im Auge haben, während Versetzungen ganzer Volksstämme
eine sehr alte Maßregel des asiatischen Despotismus waren — nur
eine solche unkritische Kritik setzt die Abfassung des Pentateuchs
nach der babylonischen Deportation an; mag eine besonnene Forsch=
ung gegen das Alter ganz einzelner Stellen in ihm Zweifel er=
heben und sie für Einschiebsel, Glossen und dergleichen erklären:
für unsere jetzige Betrachtung ist dies gleichgiltig. — Von historischen
Schriften wurden in das Exil mitgenommen: das Buch Jehoschua,
jedoch noch frei von seinen vielen Zuthaten im lewitischen und
deuteronomischen Sinne; das Buch.der Richter, das Büchlein Rut
und „das Buch Schmuël," sämmtlich schon in ihrer jetzigen Ge=
stalt; ferner ein Buch der Geschichte Schlomo's und die getrennten
Chroniken der Könige von Israel und von Juda,
welche unserem „Buche der Könige" zu Grunde liegen; endlich wahr=
scheinlich noch jene größtentheils von Prophetenhand herrührenden
Schriftchen, auf welche der Chronist so häufig verwiesen hat. — Von
prophetischen Schriften wurden mitgenommen: Hoschea, Joël,
Amos, Micha, die echten Stücke des Jeschaja, die älteren

Stücke im Secharja (K. 9—14), ferner Nachums, Zefanja und Chabakuk, auch Jirmeja fast ganz. Die einzelnen Reden jedes dieser Propheten befanden sich aber damals wahrscheinlich weder in der Reihenfolge, noch auch schon ganz so redigirt, wie sie uns jetzt vorliegen. — Von sonstigen Schriften endlich: viele Psal= men, die Sprüche, das noch ganz junge Buch Job, und die vier ersten Klagelieder. Das hohe Lied war vorhanden, aber wahrscheinlich in einer noch loseren Form als der jetzigen. Zweifel= haft bleibt es, ob das 4. Mos. 21, 12 genannte Buch der Kriege Gottes und das zweimal erwähnte Buch Hajaschar damals oder später verloren gingen. — Es mag sein, daß noch andere schrift= stellerische Erzeugnisse der vorexilischen Zeit mit nach Babylonien wanderten, doch können sie nicht von Belang gewesen sein; wenig= stens war für ein damals noch so ungelehrtes Volk diese Literatur umfangsreich genug, um sie für sein gesammtes literarisches Eigen= thum halten zu dürfen. Die, welche diese Schriften mitnahmen, waren nicht gerade die Priester, sondern Jeder, der zufällig im Be= sitze des einen oder des anderen Stückes davon war, nahm es mit, wenn er es dessen werth hielt: nur der Pentateuch mag wohl mit größerer Sorgfalt aus dem Schiffbruche gerettet worden sein. Im Besitze dieser ganzen Literatur oder ihres größten Theiles dürfen wir uns aber nur die nach Babylonien Abgeführten denken. Die, welche in Judäa zurückblieben, gehörten der untersten Hefe des Volkes an und konnten wohl größtentheils kaum lesen; doch mögen immer= hin einzelne Rollen im Lande geblieben sein, welche nachmals Leser fanden. Gar nun die nach Egypten Entflohenen hatten den Weg dahin unter Umständen angetreten, welche sehr bezweifeln lassen, daß sie religiöse Schriften mitnahmen; indessen wird wohl Jirmeja eine Abschrift seiner Prophetien bei sich zu behalten gewußt haben.

Nachdem wir aber gesehen haben, wie Israel bei seinem Ein= tritt in das Exil beschaffen war, wollen wir die Exulanten in ihre neuen Wohnsitze begleiten und ihre dortige Lage kennen lernen.

Zweiter Abschnitt.

Die Länder des Exils, Aufnahme und Lage der Exulanten in ihnen.

Da die Lage der babylonischen Exulanten zu einem großen Theile von der natürlichen Beschaffenheit ihrer neuen Sitze und dem volksthümlichen Leben der Eingeborenen abhing, so erscheint es rathsam, eine gedrängte Schilderung von beiden voranzuschicken. Sodann halte ich es für unerläßlich, die geistige Atmosphäre anzudeuten, in welche die Exulanten eintreten sollten: nur wenn wir mit jener bekannt sind, werden wir die Umwandelung begreifen, welche der jüdische Geist im Exil erfuhr. Endlich kann ich nicht umhin, auf die politische Geschichte Babylonien's einzugehen: ein Geschichtschreiber der Juden wird Solchem niemals entgehen können, wenn er den Zusammenhang ihrer Schicksale mit der jedesmaligen Weltlage nachweisen will. Der Leser wird daher entschuldigen, daß ihm erst in einem späteren Kapitel die babylonischen Exulanten vorgeführt werden. Viel weniger gilt dies von jenem Volkshaufen, welcher sich nach Aegypten wendete, weil derselbe nicht zahlreich war, und die Geschichte sehr wenig von ihm zu berichten weiß. Allein gerade deshalb dürfte es gut sein, von ihm zuerst zu handeln, damit wir uns dann Babylonien und den dahin versetzten Exulanten ungestört zuwenden können

Erstes Kapitel.

Die nach Aegypten gelangten Juden.

Eine allgemeine Kenntniß von dem Wunderlande des alten Aegyptens darf ich wohl bei meinen Lesern voraussetzen, und diese wird vorläufig genügen, da bis zum Tode Alexander's des Großen die Berührungen Israel's mit diesem Lande ohne Belang waren; von ganz ungleich größerer Wichtigkeit für die jüdische Geschichte wurde dasselbe in der dann folgenden hellenistischen Zeit, und bis zu dieser will ich daher Orientirungen über Aegypten verschieben. Hier sei nur erwähnt, daß nicht das „hundertthorige" Theben in Oberägypten, und nicht Memphis, die kolossale Hauptstadt von Mittelägypten, sondern Sais im Delta der Sitz jener Dynastie war, welche zu der Zeit, von der wir handeln, Aegypten beherrschte. Die ihr entstammten Könige Necho und dessen Enkel Apries wurden oben schon erwähnt. Die Juden, welche unter diesem Apries nach Aegypten kamen, waren nicht die ersten ihres Stammes, welche dahin gelangten. Nach Jes. 11, 11 müssen schon vor dem Jahre 712 Juden dort und sogar in Oberägypten (Patrôs) gewesen sein; dies wird durch Hosch. 11, 11 und Sech. 10, 10 bestätigt. Aus allen drei Stellen erhellt zugleich, daß es nicht etwa Einzelne waren, die sich dahin verirrt hatten, sondern so viele, daß ihre einstige Rückkehr einen stehenden Zug in einem damaligen messianischen Gemälde abgeben konnte. Eine Anzahl derselben mag schon 970 durch den ägyptischen König Schischak dahin abgeführt[1]), ein anderer Haufen von dem Aethiopenkönige Serach, welcher an 20 Jahr später in Judäa einfiel, nach dem Süden geschleppt worden sein. Ferner erzählt Aristeas, daß zur Vertreibung der Aethiopen aus Aegypten dem Psammetich jüdische Hilfsvölker geschickt worden, und diese dann im Lande geblieben seien. Kurze Zeit nachdem Jojachin das Exil angetreten hatte, verkündigt Jirmeja (24, 8) den Juden in Aegypten großes Unheil, und er scheint neuerdings dahin Ausgewanderte gemeint zu haben, die entweder wegen des Kriegsgetümmels oder angelockt von Necho's Begünstigungen die Heimath ver-

---

[1]) Es befindet sich unter den Sculpturen auf den thebischen Ruinen eine Abbildung von Gefangenen dreißig verschiedener Nationen, welche dieser Sesonchis besiegt habe, und unter ihnen eine unverkennbar jüdische Physiognomie.

lassen hatten. An eine Verschmelzung dieser Juden mit den Ein=
geborenen darf man zufolge der ägyptischen Scheu vor Fremden
nicht denken. Die als Kriegsgefangene Fortgeführten mochten zu
Sklavendiensten verwendet worden und einzeln untergegangen sein.
Dagegen die unter Psammetich nach Aegypten Gekommenen scheinen
gleich den ionischen und karischen Hilfsvölkern dieses Königs Orte
angewiesen erhalten zu haben, in welchen sie jüdische Colonien bil=
deten; und ebenso mochten die erst jüngst dahin Ausgewanderten
wohl beisammen geblieben sein. Jener Haufen endlich, welcher mit
Jirmeja nach Aegypten kam, wurde wegen des Bündnisses zwischen
Zidkija und Apries ohne Zweifel nicht schlecht empfangen, und ließ
sich theils unfern der Grenze, in Migdol und Tachpanches, theils
in Nof (Memphis) und selbst in Oberägypten nieder. Ihnen allen
blieb in Aegypten wohl nichts übrig, um ihren Lebensunterhalt zu
verdienen, als die Viehzucht, welches dort ein verachtetes Gewerbe
war, und das Krämergeschäft; andere Beschäftigungen konnten sie
in diesem Lande der Kasten nicht ergreifen, und an Handwerksarbeit
war überdies wegen der großen technischen Ueberlegenheit der Ein=
geborenen nicht zu denken.

In religiöser Beziehung stand es um sie sehr schlecht. In den
zuletzt Ausgewanderten erweckte der Untergang ihres Vaterlandes
keine nachhaltige Regung zum Besseren, und ihre etwaige Bekannt=
schaft mit jenen Juden, welche sie in Aegypten vorfanden, konnte
bei der wahrscheinlich gänzlichen Entfremdung derselben von Israel's
Religion ihnen nur schaden. So überließen sie sich denn allen
Arten des mitgebrachten Götzendienstes, namentlich dem liebgewor=
denen Dienste der Astarte. Jirmeja versuchte sie vom Götzendienst
abzubringen, indem er diesem das erlittene Unglück zuschrieb, und
ihnen für den Fall fortgesetzter Abtrünnigkeit verkündigte, daß sie,
die nur eine einstweilige Zuflucht in Aegypten gesucht hätten, da=
selbst zu Grunde gehen würden. Allein sie erklärten dem Propheten
offen, daß sie im Gegentheil das Unglück ihres Volkes dem Zorne
jener „Himmelskönigin" beimäßen, deren Dienst in der letzten Zeit
von ihnen vernachlässigt worden sei. Was sollte da fernere Ver=
mahnung fruchten? Daher antwortete ihnen Jirmeja bloß:„ Hören
möge ganz Juda, soviel davon in Aegypten wohne, der Herr schwöre
bei seinem großen Namen, daß er sie in diesem Lande durch Schwert
und Hunger hinraffen werde bisauf Wenige, die nach Judäa zu=

rückflüchten würden. Als Wahrzeichen möge ihnen dienen, daß König Apries selbst in die Hand seiner Feinde fallen werde." Von ägyptischen Juden ist es hierauf wieder ganz still bis in die Zeiten Alexander's des Großen herab: da kommen neue jüdische Colonien nach Aegypten, und wenn wir dahin gelangen, sollen sowohl über das Schicksal jener Verschollenen in den dazwischen liegenden dritthalbhundert Jahren, als auch über den Zustand, in welchem die neuen Colonien die alten antreffen mußten, einige Vermuthungen eingestreut werden.

Doch verstatte ich mir, noch einige Worte über Jirmeja zu sagen, den wir hier aus den Augen verlieren. Dieser gemüthvollste aller Propheten hatte schon als Jüngling seine prophetische Thätigkeit begonnen. Beim Anblick des allgemein eingerissenen Götzendienstes und Sittenverfalles sah er früh den staatlichen Untergang seines Volkes voraus, und zwar durch Feinde aus dem Norden, von woher gewöhnlich die Völkerstöße kamen; bald aber ließ ihn die aufstrebende babylonische Macht den Eroberer näher erkennen und bezeichnen. Falsche Propheten beruhigten das Volk über diese Gefahr, daher richtete er oft gegen sie seine heftige Rede, und zog sich dadurch ihre Feindschaft zu. Schon von seinen Heimathsgenossen und Verwandten, Priestern, deren Wandel er gerügt haben mochte, viel und heftig angefeindet, wurde er unter König Jojakim, als er einmal wieder eine starke Strafrede im Vorhofe des Tempels gehalten hatte, aufgegriffen und sollte hingerichtet werden: allein die Großen retteten ihn. Späterhin wurde er mehrmals gefangen gesetzt, freilich für bewunderswürdig kühne Reden. Aus dem Gefängnisse noch schickte er seinen Freund und Schreiber Baruch mit einer Rolle geschriebener Strafreden, sie an einem Versammlungstage dem Volke im Gotteshause vorzulesen. Der hiervon benachrichtigte König Jojakim ließ die Rolle holen und verbrannte sie; Jirmeja aber schrieb ihren Inhalt noch einmal nieder, und erweiterte ihn. Ihm selbst war am wehesten dabei, fortwährend Unglück verkündigen zu müssen, und er flucht deshalb dem Tage seiner Geburt: aber unter Noth und Gefahr fuhr er gleichwohl fort, zu mahnen und zu bessern. Während der letzten Belagerung forderte er staatsklug zur Unterwerfung unter die Babylonier auf, und mahnte von dem Vertrauen auf die Hilfe Aegyptens ab, welches einem zerbrechlichen Rohre gleiche. Als dieses Juda zur Hilfe ausrückte, und

hierdurch das babylonische Heer genöthigt war, einstweilen die Be=
lagerung aufzuheben, jubelten Alle, am lautesten die Lügenpropheten;
aber Jirmeja sagte, die Babylonier würden sehr bald wieder kommen,
und dies traf schnell genug ein. Während die Belagerung aufge=
hoben war, wollte er, da man ja doch nicht auf ihn hörte, Jeru=
schalem verlassen und sich in seine Heimath begeben, wurde jedoch
im Thore ergriffen und unter der Beschuldigung, daß er zu den
Chaldäern übergehen wolle, gemißhandelt und wieder in's Gefäng=
niß geworfen. König Zidkija war ihm zugethan, indessen zu furcht=
sam, dieses zu bekennen, weil die zu hartnäckiger Vertheidigung ent=
schlossenen Großen seine Reden nachtheilig auf den Muth der Ver=
theidiger einwirken sahen. Unter diesen Umständen ließ der König
ihn heimlich um eine Prophetie angehen, Jirmeja aber gab die alte
Antwort. Man warf ihn in eine Lehmgrube, in welcher er beinahe
versank; als von da ihn der König unbemerkt zu sich holen ließ,
gab Jirmeja die alte Antwort, und blieb im Gewahrsam, bis Je=
ruschalem erobert war. Seine ferneren Schicksale wurden schon be=
richtet. Zuletzt sehen wir ihn in Oberägypten, vielleicht nicht frei=
willig, denn viel hat die Vermuthung für sich, daß die, welche sich
bewogen gefühlt hatten, ihn gewaltsam mit nach Aegypten zu nehmen,
ihn auch so weit als möglich von der jüdischen Grenze wegführten,
damit er nicht so leicht in die geliebte Heimath zurückfliehen könnte.
Die beglaubigte Geschichte weiß nichts über sein ferneres Schicksal
zu berichten; aber einer grundlosen Sage zufolge hätte Nebuchad=
nezar später Aegypten erobert und ihn mit Baruch nach Babylon
abgeführt, und nach einer anderen Sage wäre er wegen seiner hef=
tigen Reden an die Juden in Aegypten von diesen gesteinigt worden.

Zweites Kapitel.
Babylonien.

Unter Babylonien verstehe ich hier das Reich des Nebuchad=
nezar mit Ausschluß von dessen westlichen Eroberungen und eines
Landstriches im Nordosten, wo derselbe einigen wilden Stämmen
eine lose Abhängigkeit aufgedrungen hatte. Seine Grenze lief hier=

nach vom persischen Meerbusen herauf an dem Saum des wüsten Arabiens hin, dann im Nordwesten unter dem Taurus hinweg, streifte die hohen armenischen Gebirge, bog hierauf zum oberen Tigris um, der es von der Landschaft Assyrien trennte, überschritt ihn später, Susiana noch zu umschließen, und lief wieder an den persischen Meerbusen aus, welcher seinen ganzen schmalen Süden bespülte. An den Abhängen des armenischen Gebirges entspringen der Euphrat und der Tigris, die größten Ströme Vorderasiens, und gehen anfangs weit auseinander. Der erstere nähert sich in südwestlicher Richtung allmälig dem Mittelmeer, dann fließt er süd= lich und endlich entschieden südöstlich; bei Karchemisch (Circesium) nimmt er den großen Fluß Kehâr (Chaboras) auf, geht vom Nord= osten her durch Babylon, und fällt zuletzt in den Tigris. Dieser aber hat fast während seines ganzen Laufes eine. südöstliche Richtung, und ergießt sich durch mehrere Mündungen in den persischen Meer= busen. Beide Ströme bilden durch diesen ihren Lauf eine Art Insel, von den Juden Aram der beiden Flüsse, von den Griechen Mesopo= tamien genannt. Der nördliche, besonders der nordöstliche Theil derselben ist gebirgig, hat aber die reizendsten Hochflächen, und ist reich an fetten Triften; Strecken desselben liefern doppelte Ernten. Südlich von ihm ist aber eine durchaus ebene, wüste und wasser= arme, von räuberischen Horden durchzogene Steppe, die man als eine Fortsetzung des wüsten Arabiens ansehen muß; nur an den Ufern der beiden Ströme findet sich frische Vegetation und guter Anbau. Erst wo Euphrat und Tigris anfangen, sich einander be= deutend zu nähern, waren Kanäle von dem einen in den anderen und nach allen möglichen Richtungen gezogen. Dieses Netz von Bewässerungskanälen hatte dem südlichen Theile von Mesopotamien eine unglaubliche Fruchtbarkeit verschafft, sodaß der Ernteertrag in der Regel 200, zuweilen sogar 300fältig gewesen sein soll. Ganz dieselbe Beschaffenheit hatte auch die Landschaft bis zum Meerbusen hin und der westliche Theil von Susiana; beide bieten zwar in neuerer Zeit nur den Anblick schilfreicher Kanäle und weitläufiger Lagunen dar, so sehr liegt aus Furcht vor den Arabern der nahen Wüste der Anbau darnieder: allein in unserer Periode hatte die nahe, kräftige Regierung sie und ihren Einfluß fern gehalten. Der Osten von Susiana aber ist gebirgig und wild.

Sehen wir uns jetzt auch die Bewohner dieser Gegenden an. Die Urbewohner der beiden Stromgebiete des Euphrat und Tigris, also auch der Landschaft Assyrien, welche damals zu Medien geschlagen war, hatten gleiche Abstammung, nämlich semitische, gleiche Sprache, die aramäische, und gleiche Religion, die zabische. Aber sehr früh stiegen zu den Bewohnern Assyriens medische Stämme von ihren Bergen herab, und eröffneten hierdurch der Sprache und Religion ihrer Heimath den Eingang dahin. Dasselbe geschah später in Babylonien durch die den Medern stammverwandten Chaldäer. Die aramäische Sprache der Urbewohner ist noch zu erkennen theils aus der syrischen, welche fast bloß dunklere Vokale hat, theils aus jener, die heutzutage mißbräuchlich die chaldäische genannt wird, aber jene aramäische selbst ist, nur stark ibraisirt, indem die Schriften, in welchen sie uns erhalten ist, von Juden verfaßt wurden. Dagegen waren es Dialekte des Pehlvi, wie man das Altpersische zu nennen pflegt, welche die Chaldäer und die medischen Einwanderer mitbrachten. — Die einheimische zabische Religion verordnete Verehrung der Gestirne, vornehmlich der Sonne, des Mondes und derjenigen Sterne, welche für die einflußreichsten auf die irdischen Verhältnisse gehalten wurden. Diese Anbetung wurde hier aber nicht sowohl an die Himmelskörper selbst, als vielmehr an Götzenbilder gerichtet, welche ihnen entsprechen sollten. Die Sonne als lichtspendend und als der Urquell der männlichen Kraft in der Natur vertrat der Götze Bel; gleichwohl wurden diesem in manchen Städten des Landes Kinder geopfert. Neben ihm stand häufig das Bild seiner Genossin Mylitta; sie repräsentirte das weibliche Princip in der Natur, und darum zugleich den Mond, welchem der größte Einfluß auf den weiblichen Körper zugeschrieben wurde; in ihrem Cultus stand der abscheuliche Brauch, daß jedes Weib im Lande einmal im Leben sich einem Fremden ergeben mußte. Ferner wurden, wahrscheinlich ebenfalls in Bildern, die fünf alten Planeten göttlich verehrt, nämlich Jupiter (Gad) und Venus (vielleicht Meni) als heilbringend, Saturn (Nebu) und Mars (Merodach) als unheilbringend, und Merkur (Nergal); eine geringere Verehrung fanden auch noch manche andere Gestirne. Und hiermit war bei den Babyloniern ein ausgedehntes astrologisches System verbunden, in welchem jene 5 Planeten Dolmetscher hießen, weil während die anderen Sterne einen bestimmten Gang hatten, diese allein abirrten und dadurch

das Zukünftige anzeigten; doch gäben sie Aufschlüsse auch durch
ihre Farbe. Viel achtungswerther war die Astronomie der Baby=
lonier: bei der Ankunft des Alexander fand Kallisthenes in Babylon
astronomische Berechnungen von 1903 Jahren, die er Aristoteles zu=
sandte, und ein anderer Grieche (Epigenes) fand dort astronomische
Beobachtungen von 720 Jahren auf Ziegeln eingebrannt; bei den
ältesten Mondfinsternissen, welche Ptolemäus nach den Beobachtungen
der Babylonier anführt, sollen diese von unseren neueren Berech=
nungen größtentheils nur um Minuten abweichen Ihnen wird auch
die Erfindung des Gnomon und eines anderen Instrumentes zuge=
schrieben, welches die Stunden angab, wie denn die Abtheilung des
Tages in zwölf Stunden ebenfalls von den Babyloniern herrühren
soll. Ihre Astronomie und Astrologie waren beide in dem aus=
schließlichen Besitz der Priester, und man befragte diese bei allen
wichtigeren Gelegenheiten; ihr Priesterthum war erblich, und ihre
Kenntnisse daher Standesgeheimnisse und Familienvermächtnisse zu=
gleich; auch waren sie im Lande reich botirt. — Aus der eingewan=
derten Religion der Magier sind mehrere Erscheinungen im Exil zu
erklären: gleichwohl erscheint es räthlicher, dieselbe erst später dar=
zustellen, in der Beschreibung des persischen Reiches und wenn wir
die religiöse Entwickelung der im Exil zurückgebliebenen Juden zu
ergründen suchen; vorläufig darf ich eine ungefähre Kenntniß von
dieser Religion bei dem Leser voraussetzen, und werde, wo es Noth
thun sollte, ein Streiflicht geben. Sie nun wurde, wie schon gesagt,
durch medische und chaldäische Einwanderer auch nach Assyrien und
Babylonien gebracht, und diese Einwanderer bemächtigten sich zwar
in beiden Ländern der Herrschaft, konnten aber oder wollten nicht
den Ureinwohnern die mitgebrachte Religion aufdrängen, sondern
ließen neben ihr die zabische bestehen, wobei es in Vielen zu einer
Verschmelzung beider Systeme kam, welche manche völlig zwitterhafte
Gestaltungen hervortrieb.

Die eingeborenen Babylonier waren durch ihren Kunstfleiß be=
rühmt, sie hatten sehr geschätzte Webereien in Leinen, Wolle, Baum=
wolle und Seide, und verfertigten namentlich kostbare Teppiche, in
welche sie die Gestalten phantastischer Wunderthiere zu sticken oder
einzuwirken pflegten; auch ihre Färbereien wurden gerühmt. Der
innere Handel muß sehr bedeutend gewesen sein, der auswärtige da=
gegen war großentheils in den Händen der Phönizier; diese führten

ihnen aus Arabien und Indien kostbare Produkte zu, und nahmen dafür babylonische Fabrikate an, zum Vertrieb im Abendlande. — Die Babylonier waren von sanften Sitten, jedoch wegen ihres Luxus und ihrer Schwelgerei berüchtigt, dem Wein wie den Frauen über= mäßig zugethan; und die eingewanderten Chaldäer nahmen sehr schnell die Lebensweise der Eingeborenen an.

Schließlich verdient Babylon, die Hauptstadt dieses Reiches, eine kurze Beschreibung. Es lag auf beiden Seiten des Euphrat, und bildete ein Viereck, von dessen Seiten jede drei Meilen lang gewesen sein soll. Den äußersten Umfang nahm ein breiter und tiefer Graben voll Wassers ein, innerhalb dessen eine Mauer aus Backsteinen, funfzig Ellen breit und zweihundert Ellen hoch, herum= lief: auf ihr ringsherum standen eine äußere und eine innere Reihe von je 250 Thürmchen; die Mauer selbst hatte hundert Thore von Erz. Da der breite Euphrat die Stadt von N. nach S. durchströmte und auch beide Wasserseiten eine Mauer erhielten, so bildete Baby= lon zwei längliche Vierecke, welche in der Mitte durch eine steinerne Brücke verbunden waren. Ringsum an der inneren Seite der Mauer war ein Raum von bedeutender Breite gelassen, dann kam eine zweite Mauer, nicht viel schwächer als die erste, und jetzt das Häuser= meer; von den sehr breiten Straßen führten viele durch die Ufer= mauern an den Fluß, hatten aber dort eherne Thore für Zeiten der Gefahr. In der Mitte jedes der beiden Stadttheile, da wo die Brücke auslief, lag ein für sich stehendes, wohl ummauertes Quartier von Prachtgebäuden; das auf der Westseite hatte anderthalb Meilen im Umfange, das östliche war halb so groß. In jenem waren das alte und ein von Nebuchadnezar erbautes neues Schloß, sowie die sogenannten hängenden Gärten, welche für seine Gemahlin angelegt und vermittelst Wasserkünste aus dem Flusse gespeist wurden. In dem östlichen Quartier befand sich das weltberühmte Heiligthum des Bel, in dessen Mitte ein Gebäude von 600 Fuß im Quadrat, pyra= midalisch abnehmend, zu einer Höhe von ebenfalls 600 Fuß sich erhob; von außen lief eine Wendeltreppe so vielmal um diesen Thurm hinan, daß er in acht Absätzen gebauet erschien, und auf ihm be= sonders stellten die Priester ihre astronomischen Beobachtungen an. Die Wände vieler von diesen Prachtgebäuden waren mit Sculpturen und Gemälden bedeckt, welche vorzugsweise die Jagd betrafen. Baby= lon verfiel erst in der Seleukidenzeit; seine Ruinen sind noch jetzt

höchst imposant, zeugen aber nicht von einstiger Schönheit, auch die
an ihnen noch vorhandenen Zierrathen sind plump und geschmacklos.
— Susa, die Hauptstadt der Landschaft Susiana, hatte drei Meilen
im Umfange, und auch über Niniveh, die Hauptstadt des kurz
vorher aufgelösten assyrischen Reiches, mögen hier einige Worte stehen.
Es lag am östlichen Ufer des Tigris, und soll so groß wie Babylon
gewesen sein; hohe und außerordentlich breite Mauern, besetzt mit
1500 Thürmen, sowie der reißende Strom gaben ihm eine unbe=
zwingliche Festigkeit. Niniveh scheint nicht, wie man gewöhnlich an=
nimmt, durch Cyaxares I. zerstört, sondern von ihm bloß arg ver=
wüstet worden und erst in einem viel späteren Zeitalter gänzlich
verschwunden zu sein. Bis vor Kurzem waren nur noch formlose
Schutthügel von ihm übrig, allein neuerlich sind in diesen Hügeln
fünfzehn zusammenhängende Säle zu Tage gelegt worden, welche
sehr zahlreiche Sculpturen und ungemein viel Keilschrift enthalten,
jene von einer Feinheit und Sorfalt in der Ausführung, welche Stau=
nen erregen.

Auch empfiehlt es sich, eine kurze Geschichte des Chaldäerreiches,
vorläufig bis zum Tode des Nebuchadnezar, folgen zu lassen. Im
achten Jahrhundert v. Chr. gehörte die Herrschaft Mittelasiens den
Assyrern: Babylonien und Medien waren Satrapien derselben. In
die nämliche Zeit fällt die erwähnte Einwanderung der Chaldäer in
Babylonien; sie rissen als der kräftigere Stamm dort alsbald die
Herrschaft an sich, und wenn auch einstweilen die Oberherrlichkeit
Assyriens noch anerkennend, suchten sie doch schon nach der großen
Niederlage des assyrischen Königs Sancherib in Palästina (712)
Verbindungen mit diesem Lande anzuknüpfen. Medien aber riß sich
schon völlig von Assyrien los, und 625 verband sein König Cyaxares
sich mit dem babylonischen Satrapen Nabopolassar, Beide vereint
zogen wer Niniveh und eroberten es im dritten Jahre, worauf sie
sich in die assyrischen Lande theilten, Nabopolassar erhielt Babylonien,
Cyaxares alle übrigen. Doch trat der Erstere auch in die Ansprüche
ein, welche Assyrien auf die Lande diesseits des Euphrat errungen
hatte, und wir haben schon oben gesehen, wie hierdurch er und sein
Sohn Nebuchadnezar in Kämpfe mit Aegypten und Juda verwickelt
wurden, welche dahin führten, daß 587 der judäische Staat unter=
ging. Aus der Zwischenzeit ist für unseren Zweck bloß nachzutragen,
daß Nebuchadnezar auch Kedar im wüsten Arabien und die kleinen

Reiche von Chazer unfern der Jardenquellen, Stämme reich an
Schafen und Kameelen, um 598 besiegte; und daß ihm nach einigen
Jahren der schwache medische König Asthages Susiana abtreten
mußte. Nach der Auflösung des Reiches Juda wäre es für Nebuchadnezar Zeit gewesen, gegen Aegypten zu ziehen, welches während
der Belagerung Jeruschalems ein Heer ausgeschickt hatte, diese Stadt
zu entsetzen. Allein erst 585 finden wir ihn auf dem Wege dahin,
und jetzt stellte ein neues Hinderniß sich ihm entgegen: Tyrus war
noch in ägyptischen Händen, und hier konnte von Aegypten her ein
starkes Heer ans Land gesetzt werden, ihm den Rückzug abzuschneiden;
dazu kam wohl, daß die tyrischen Schätze seine Habsucht reizten. Er
belagerte daher Tyrus: da das höhere Alterthum ohne Mittel war,
feste Plätze zu nehmen, auch Tyrus als See- und zum Theil Insel-
stadt nicht ganz eingeschlossen und ausgehungert werden konnte, und
trotzdem, je beharrlicher die Tyrer widerstanden, um so hartnäckiger
Nebuchadnezar darauf bestand, sie zu unterwerfen, so verlor er darüber am Ende Aegypten ganz aus den Augen, und erst nach dreizehn Jahren kam Tyrus in seine Hand, wahrscheinlich durch einen
Vertrag, vermittelst dessen die Kaufherrn ihre Schätze vor Plünderung sicherten; ihren König ließ er nach Babylon abführen und
setzte statt seiner einen anderen ein. Während der Belagerung,
582, schickte aber Nebuchadnezar ein Corps unter Nebusaradan gegen
Ammon und die wenigen Juden, welche noch vereinzelt in Judäa
geblieben waren. Letztere mochte er wohl noch für die Ermordung
des Gedalja züchtigen wollen, und seinen schon früheren Zorn gegen
Ammon wird es gesteigert haben, wenn er davon in Kenntniß gesetzt war, daß dessen König den Mörder des Gedalja zu seiner Unthat angefeuert und später gastlich aufgenommen, auch vielleicht schon
angefangen hatte, sich in dem herrenlosen Judäa auszubreiten. Die
Ammoniten nun unterwarf ihm Nebusaradan, und von den Juden,
welche derselbe noch in ihrer Heimath vorfand, ließ er nach Babylonien
abführen, so viele er deren habhaft werden konnte. Dagegen den Edo-
miten, welche sich bei dem letzten Zuge gegen Jeruschalem den Chaldäern
angeschlossen hatten, wurde jetzt nachgesehen, Stücke von Judäa an
sich zu reißen. Mit der Unterwerfung von Tyrus scheint Nebuchadnezar den Lauf seiner auswärtigen Thaten geschlossen zu haben.
Die Sage, daß er nun noch Aegypten erobert habe, verdankt wohl
ihre Entstehung dem Glauben, daß alle Verkündigungen der Pro-

pheten in Erfüllung gegangen sein müßten; die ungeschwächte Kraft jenes Landes wird den 70jährigen Mann mit einem Heere, in welchem „jeder Kopf kahl und jede Schulter wund gerieben war", wohl bestimmt haben, endlich heimzukehren. In seinen Zwischen= zeiten der Ruhe hatte er in Babylon viel bauen, namentlich aber diese Stadt stark befestigen lassen, und noch nach seinem Tode wurden diese Bauten von einer hinterbliebenen Gemahlin fortgesetzt. Am Ende seiner Tage aber verfiel Nebuchadnezar in eine Art Wahnsinn, wovon sich die Sage bei Juden und Babyloniern sehr verschieden gestaltete: die Ersteren haben (in der bekannten herrlichen Darstellung Dan. 3, 31 — 4, 34) eine Verherrlichung ihres Gottes und eine glühende Anerkennung desselben von diesem Könige hineingetragen, dagegen die Babylonier sie zu Nebuchadnezar's Verherrlichung ausgeschmückt. Abydenus erzählt nämlich ihnen nach, auf sein Schloß steigend, sei Derselbe von einem Gott in Verzückung versetzt worden, in welcher er ausgerufen habe: „Ich Nabukodrosor verkün= dige euch, o Babylonier, ein bevorstehendes Unglück, welches abzu= wenden mein Ahnherr Bel und die Königin Beltis zu schwach sind. Ein persischer Maulesel (Cyrus) wird kommen, im Bunde mit euren Göttern, und von dem Meder unterstützt Sclaverei über die assyrische Herrlichkeit bringen. O möchte doch zuvor ein Abgrund oder das Meer ihn aufnehmen und vertilgen" u. w. Hierauf sei er augen= blicklich verschwunden [1]. — Er starb 561 nach einer Regierung von 43 Jahren, und ihm folgte sein Sohn Ewilmerodach auf den Thron.

Drittes Kapitel.

Die babylonischen Exulanten.

Nunmehr müssen wir von den verschiedenen Haufen jüdi= scher Exulanten, welche nach Babylonien gebracht wurden, der Reihe nach reden. Zum ersten Male wurden im Jahre 605 Juden dahin geführt: sie gehörten einem Hilfscorps an, welches Jojakim dem Necho gegeben hatte, und waren bei Karchemisch in die Hände des

---

[1] Berosus läßt ihn jedoch vor seinem Tode bloß in ein Siechthum ver= fallen.

Nebuchadnezar gefallen; unbekannt wie ihre Zahl ist das Schicksal, welches sie erfuhren. Dann im Jahre 602, als Nebuchadnezar zum ersten Male Jojakim mit Krieg überzogen und unterworfen hatte, soll er befohlen haben, aus den besten jüdischen Familien eine Anzahl schöner Knaben von gelehrigem Geiste nach Babylon abzuführen und ihnen dort drei Jahre lang sorgfältigen Unterricht ertheilen zu lassen, damit sie zur königlichen Bedienung tauglich würden; wahrscheinlich wollte er in diesen Pagen zugleich Geißeln für die Unterwürfigkeit der Juden haben. Unter diesen Knaben waren vier, deren Leben die Sage mannichfach ausgeschmückt hat sie hießen Danijel, Chananja, Mischaël und Asarja, erhielten aber in Babylon chaldäische Namen, Danijel wurde Beltschazar genannt. Wegen der jüdischen Speisegesetze wollten diese vier die ihnen gereichte Kost nicht genießen, und baten sich dafür bloß Gemüse aus. Anfangs wollte ihr Verpfleger nicht hierauf eingehen, er fürchtete, daß sie abmagern würden und dies ihm den Unwillen des Königs zuziehen könnte. Allein auf Danijels inständige Bitte versuchte er es mit ihnen zehn Tage lang, und als sich diese Kost ihrem guten Aussehen nicht nachtheilig erwies, erhielten sie sie ferner. Dabei machten die vier Knaben gute Fortschritte in allen Zweigen ihres Unterrichtes, und Danijel außerdem in der Kunst der Traumdeutung. Nach Ablauf ihrer Lehrzeit wurden sämmtliche jüdische Knaben dem Könige vorgestellt, welcher die genannten vier einsichtsvoller als alle übrigen fand. Wir kehren später zu ihnen zurück, inzwischen betrachten wir die Deportation des Jojachin, welche gegen Ende des Jahres 598 erfolgt. Es wurden damals abgeführt Jojachin selbst, seine Mutter und Frauen, seine Diener und die angesehensten Männer von Juda, ferner 7000 Krieger, aus welchen vielleicht damals seine ganze militärische Macht bestand, und 1000 Arbeiter, welche Städte zu befestigen und Waffen anzufertigen verstanden, im Ganzen 10,023 Mann. Die asiatischen Deportationen gestatteten in der Regel, daß die Männer ihre Familien mit in ihre neuen Wohnsitze nahmen: dies war auch jetzt bei denen der Fall, welche nicht zum Militär gehörten, wonach sich die Zahl derselben ungefähr auf 15,000, und mit Einschluß der Krieger auf 22,000 Seelen belaufen mochte. Jojachin selbst und ein Theil seiner Leidensgefährten wurden nach der Hauptstadt gebracht, und Ersterer sogar auf eine lange Reihe von Jahren in ein

Gefängniß gesetzt. Die Uebrigen aber wurden auf Tel=Abib, einer Stadt an dem Flusse Chaboras, und in deren Umgegend, also in die nordwestliche Gegend des Reiches versetzt; einer apokryphischen, jedoch nicht unwahrscheinlichen Angabe zufolge sollen sie auch an dem Flusse Sud (Soaib) gewohnt haben, der unterhalb der Mündung des Chaboras von Südwesten her in den Euphrat fiel.

Die Behandlung, welche die Exulanten in ihren neuen Wohn= sitzen erfuhren, wollen wir besprechen, wenn erst die folgende viel größere Deportation miteinbegriffen werden kann; vorläufig sei erklärt, daß ihr Loos nicht gar so arg war. Gleichwohl mußten sie, bei den schnellen Wechseln der Staatenverhältnisse im Orient, die Möglichkeit einer baldigen Rückkehr oft im Sinne haben. Als daher nach einigen Jahren Nebuchadnezar nahe daran war, in einen bedenklichen Krieg mit Medien verwickelt zu werden, faßten nicht allein die Politiker in Juda, sondern auch diese Exulanten neue Hoffnung. Und wie dieserhalb dort Lügenpropheten einen baldigen Umsturz des Chaldäerreiches verkündigt hatten, so traten auch hier deren mehrere mit den nämlichen Verkündigungen auf; ein gewisser Schemaja ging noch weiter. Der Prophet Jirmeja hatte nämlich in einem Schreiben an die Juden in Babylon gesagt, ihr Aufenthalt daselbst werde von langer Dauer sein, sie möchten daher nur sich völlig dort ansässig machen; in einem Gegenschreiben an die Juden in Jerusalem klagte ihn aber dieser Schemaja deswegen an, und erlaubte sich sogar, einem Oberpriester Zefanja, welcher das für die damaligen Zustände sehr bezeichnende Amt hatte, Jeden einzusperren, der im Tempel „unsinnige und ekstatische Reden" führe — Vorwürfe darüber zu machen, daß er dem Jirmeja nicht Einhalt thue, der so trostlose Reden halte und ebenso schreibe. Wir haben oben gesehen, daß es nicht erst der Aufforderung von Babylon her bedurfte, um Jirmeja zu verfolgen. Gleichwohl ließ Dieser sich nicht abhalten, noch ferner den Exulanten in demselben Sinne zu schreiben: sie sollten sich in Babylon häuslich niederlassen und das Wohl der Stadt fördern, dahin sie abgeführt wären, dadurch werde es ihnen selbst wohl ergehen. Sie sollten sich nicht von falschen Propheten, Wahrsagern und Träumern irreführen lassen; erst nach langen Jahren werde der Herr sie wieder heimführen, aber dies werde sicher geschehen, wenn sie sich zu ihm wendeten. Auch möchten sie ihre im Vater= lande verbliebenen Brüder nicht beneiden, über diese werde das

Schwert, der Hunger und die Pest kommen. Die Lügenpropheten aber werde ihre verdiente Strafe durch den König von Babylonien schon treffen.

Nach der Sage hatte inzwischen der erwähnte Danijel Gelegenheit gefunden, dem Nebuchadnezar auf sehr vortheilhafte Weise bekannt zu werden [1]. Nämlich dieser König hätte einen Traum gehabt, wegen dessen er seine Weisen befragte. Als diese ihn nicht befriedigten, ließ sich Danijel ihm zuführen, und legte den Traum ihm so sehr zu seiner Zufriedenheit aus, daß ihn der König reich beschenkte, in ein ansehnliches Hofamt einsetzte und an die Spitze der babylonischen Weisen gestellt haben soll, sowie auf seine Bitte auch dessen drei jungen Freunden ein Amt ertheilte [2].

Später aber regte sich die Eifersucht einiger Chaldäer auf die zu Ehren erhobenen Juden, und versuchte folgende Gelegenheit, sie zu verderben. Nebuchadnezar hatte ein kolossales Götterbild anfertigen und zu dessen Einweihung sehr viele Große und Beamten seines Reiches zusammenkommen lassen. Unter den Erschienenen waren auch die drei Freunde des Danijel, diese aber versagten als fromme Juden dem Götzenbilde ihre Verehrung, und wurden deshalb von jenen Mißgünstigen bei dem Könige angeklagt.

Der Despot forderte sie jetzt persönlich zur Verehrung des Bildes auf, und da sie beharrlich sich dessen weigerten, verurtheilte er sie zum Feuertode; allein irgend ein Umstand, welcher dem Könige wunderbar erschien, rettete ihnen das Leben, und Nebuchadnezar

[1] Aus einem noch etwas früheren Lebensalter des Danijel geben die Apokryphen eine Sage, und nichts zwingt folgenden Kern derselben als ungeschichtlich zu verwerfen. Zwei jüdische Richter in Babylon hätten Schoschanna, der schönen Gattin eines angesehenen Juden daselbst, verbrecherische Anträge gemacht, und als die tugendhafte Frau diese zurückwies, die Schändlichkeit begangen, Zeugniß abzulegen, daß sie dieselbe mit einem jungen Manne in Ehebruch ertappt hätten. Sie sei deshalb zum Tode verurtheilt worden, aber Danijel (welcher ohne Zweifel mit den dortigen Exulanten sich bekannt gemacht hatte und, ungeachtet seiner großen Jugend, wegen seiner Stellung am Hofe schon jetzt in einigem Ansehn bei ihnen gestanden haben wird) habe die Zeugen für falsch erklärt und durch einige Fragen wirklich dahin gebracht, sich zu widersprechen, worauf Schoschanna freigesprochen und den falschen Zeugen der Tod zuerkannt worden sei. — Richtig ist jedenfalls, daß die Juden im Exil ihre eigene Gerichtsbarkeit behielten.

[2] Hierauf reducire ich den Inhalt von Dan. 2; und das Nächstfolgende möchte der geschichtliche Kern von Dan. 3, 1 — 30 sein.

faßte hierdurch eine hohe Achtung vor dem Gott der Juden, welchem er ihre Rettung zuschrieb.

Inzwischen war aber unter den Juden am Chaboras ein Mann von hoher Bedeutung aufgetreten, der Prophet Jechesfel; er war aus priesterlichem Geschlecht, und noch sehr jung zugleich mit Jojachin nach Babylonien abgeführt worden. Seine prophetische Thätigkeit begann im fünften Jahre seines Exils, und zeigt uns seine bekümmerte Seele weit mehr auf die zurückgelassenen Brüder im Westen als auf seine Leidensgefährten in der Nähe gerichtet; diese sind ihm nicht gleichgiltig, bald ermahnt er sie zu einem besseren Lebens= wandel, bald sucht auch er ihren Neid auf das Loos der in der Heimath Gebliebenen zu beschwichtigen: aber beides immer nur bei= läufig, indem er niemals das Thema verläßt, daß Jerusalem wegen seiner Verbrechen untergehen werde. Wir errathen, indem wir ihn lesen, den Schmerz und die Angst eines Mannes, der nach dem Schauplatz hinstiert, auf welchem das Schicksal seines Volkes jetzt der Entscheidung zudränge; der zu ihm reden, es aufrütteln, zur Besserung es rufen und zwingen möchte, und dann verzweifelnd fühlt, daß er in der Verbannung lebt, daß man ihn nicht hören könne, selbst wenn das Wunder geschähe, daß man ihn nicht hören wolle. Doch dieses Bewußtsein klingt bloß hie und da durch, und entschwindet ihm meistens vor dem brennenden Verlangen, zu pre= digen, zu donnern in der verhängnißvollen Zeit, immerwährend sieht er sich im Geiste nach Jerusalem versetzt, und redet und handelt, als wandle er leiblich unter den Entfernten [1]. Um sie von dem zu überzeugen, was ihnen bevorstehe, habe Gott ihm befohlen, erzählt er, vor ihren Augen mehrere symbolische Handlungen vorzunehmen, in der Hoffnung, daß diesen die Achtlosen mehr Aufmerksamkeit als seinen bloßen Worten schenken würden. Ein Mal z. B. auf einen Ziegelstein das Bild Jerusalem's einzuprägen, und Belagerungs= anstalten um es herum, zum Zeichen, daß es werde belagert werden dann wieder, eine symbolische Anzahl von Tagen eine schlechte und ekelhaft bereitete Kost zu sich zu nehmen, zum Zeichen, daß Israel die Leiden der Belagerung aushalten und dann unreines Brod essen müsse. Wieder einmal erschien er in dem Aufzuge eines in die

---

[1] Hingeschrieben nach Jerusalem hat er trotz 16, 2 schwerlich, weil er dies sonst wohl berichtet haben würde.

Gefangenschaft Abzuführenden wiederholentlich vor dem Volke mit dem Bedeuten, bald werde die Einwohnerschaft von Jeruschalem in solchem Aufzuge aus der Heimath geführt werden. Diese Ver= kündigungen aber und die feurigen Reden, welche sie begleiteten, waren nicht bloß für die Zuhörer, an welche sein Geist sie richtete, sondern lange Zeit auch für die Exulanten verloren; die falschen Propheten unter ihnen arbeiteten ihm entgegen, und seine Art, die Prophetien einzukleiden, zog ihm sogar den spöttischen Beinamen des Gleichnißredners zu. Erst allmälig, als der Horizont Judäa's immer mehr sich verfinsterte, fand Jecheskel bei seinen Leidens= gefährten mehr Eingang, und es wurden dann unter ihnen Fragen aufgeworfen und erörtert, die wir später betrachten müssen. Die Nachricht von der Zerstörung Jeruschalem's wurde dieser Colonie am Chaboras erst am 5. Tebet, beinahe fünf Monat später, durch einen jüdischen Flüchtling überbracht. Durch denselben scheint Jecheskel auch über die Fortsetzung eines jüdischen Gemeindewesens unter Gedalja Nachricht erhalten zu haben. Die Zurückgebliebenen sollten gesagt haben, Abraham war nur ein Einzelner, und erhielt dieses Land: um wieviel mehr dürften sie, deren immer noch viele wären, es zu behalten hoffen. Jecheskel aber, unvermögend zu glauben, daß aus diesem entsittlichten Ueberreste Gedeihliches hervor= gehen könne, verkündigt ihnen den Untergang, der inzwischen schon erfolgt war, wie wir gesehen.

Viel größer jedoch als die Gola des Jojachin war die Zahl der mit Zidkija im Herbst 587 Deportirten, wir dürfen sie auf viermalhunderttausend Seelen und vielleicht noch höher anschlagen [1]). Diese Deportation hatte theilweise einen anderen Charakter als die des Jojachin. Mit letzterem Könige waren bloß Krieger und Solche abgeführt worden, welche in der Heimath die chaldäische Herrschaft daselbst schädigen konnten: sie alle hatten den Sieger noch nicht in dem Maße gereizt, um, als sie in Feindesland und unschädlich waren, noch fernere Unbilden fürchten zu müssen; auch sind Spuren einer harten Behandlung, die sie in Babylonien gefunden hätten, wirklich nicht vorhanden.

Anders verhielt es sich mit der Gola des Zidkija. Einerseits mußten die gefangenen Krieger, an welchen es auch jetzt nicht gefehlt

---

[1]) Vgl. 1, 450 des größeren Werkes.

haben kann, und die mitabgeführten Männer von Einfluß dieses
Mal als hartnäckig Widersetzliche viel strafwürdiger erscheinen; das
ersehen wir auch aus der grausamen Strafe, welche Zidkija selbst
und die Anstifter des letzten Widerstandes traf. Andererseits ließ
Nebuchadnezar dem jüdischen Völkchen nicht zur Strafe andere Sitze
anweisen, sondern bloß um in ihm die Liebe zur Selbstständigkeit
zu ertödten, welche der heimathliche Boden aufrecht erhalten hätte:
in solchem Falle aber pflegten die altasiatischen Despoten mit dem
Exil keine ferneren Bedrückungen zu verknüpfen, und die Exulanten
theilten dann so ziemlich das Loos ihrer übrigen Unterthanen.
Endlich gab es in dieser Gola des Zidkija auch Solche, welche frei=
willig zu den Chaldäern übergegangen waren und dafür sogar auf
Vergünstigungen rechnen konnten. Wir dürfen uns also die Lage der
Exulanten von vorn herein nicht durchweg so düster ausmalen, wie
sie nach den Klageliedern erwartet wurde. Auch aus den Gegenden,
in welche diese Exulanten geführt wurden, werden sich einige Schlüsse
auf ihre Lage ziehen lassen. Vieles spricht dafür[1]), daß ein bedeu=
tender Theil derselben in die Hauptstadt und in die Provinz
Babylon kam, die viel größere Hälfte aber an den mittleren Euphrat
und in das östliche Susiana geführt wurde; über die Gegend jedoch,
in welche fünf Jahre später noch 745 jüdische Familien abgeführt
wurden, kann nicht einmal eine Vermuthung gegeben werden.

Das Loos der Exulanten muß hiernach sehr verschieden gewesen
sein. Zunächst dürfen wir annehmen, daß sie, die in der Heimath
fast ausschließlich dem Ackerbau ergeben waren, auch hier sich dem=
selben werden zugewendet haben, so weit es irgend anging. Die=
jenigen nun, welche durch ihren Uebertritt zu den Chaldäern die
Gunst des Siegers erworben hatten, erhielten ohne Zweifel Aecker
angewiesen oder sonstigen Vorschub, ihren Lebensunterhalt zu finden;
und ein guter Theil derselben mag um und in Babylon Aufenthalt
gefunden haben. Dagegen die Exulanten am Chaboras und am
Euphrat erhielten wohl einen Landstrich angewiesen, der erst urbar
gemacht werden mußte, Nebuchadnezar wird nicht diesen zu Liebe
seine bisherigen Unterthanen ihrer Aecker beraubt haben; ihre erste
Ansiedelung muß daher mit großen Schwierigkeiten verknüpft ge=
wesen sein. Noch schwieriger war gewiß die Niederlassung jener

---

[1]) Vgl. 1, 451 — 454 desselben.

Exulanten, welche in das östliche Susiana und vielleicht auch in das nordöstliche Mesopotamien gewiesen wurden; denn diese Gegenden waren noch dazu gebirgig, und die erstere nicht einmal zum Acker= bau geeignet, weßhalb die dortigen Exulanten wahrscheinlich wie die benachbarten persischen Stämme sich nur von Viehzucht zu nähren suchten. Diejenigen in allen angegebenen Gegenden, welche früher Handwerker waren, konnten leichter die alte Beschäftigung fortsetzen, allein ihre Zahl kann nicht groß gewesen sein; später wendeten sich wohl die, welche nicht in den Besitz von Aeckern oder Herden ge= langen konnten, in größerer Anzahl den Handwerken zu, oder traten in Lohndienst nah und fern. Auch kann es nicht gefehlt haben, daß auch eine Anzahl von Exulanten theils den dort blühenden Künsten sich zuwandte, theils zum Handel greifend über alle Ge= genden des Reiches sich verbreitete. Im Allgemeinen müssen die Exulanten zu einigem Wohlstande gelangt sein[1]; ja es gab bald unter ihnen Besitzer von Sclaven und selbst Viele, welche über ihre ärmeren Brüder Herrenrechte erlangt hatten, die sie mißbrauchten. Endlich aber gab es noch eine Schicht von Exulanten, welche das harte Loos des Sclavendienstes traf, und vermuthlich wurden hierzu Diejenigen verurtheilt, welche schon vorhin als dem Zorne des Siegers verfallen bezeichnet wurden; an die Anführer des siegreichen Heeres und an andere Große vertheilt, mußten sie diese bedienen oder ihre Aecker bauen, und nicht Wenige von ihnen mochten auf diese Weise durch das ganze Reich zerstreuet werden, die Meisten aber scheinen in Babylon und dessen Nähe ihre Herren gefunden zu haben. Zu ihrem Glücke pflegten die Babylonier ihre Sclaven nicht allzu hart zu behandeln.

Die Exulanten, welche ihre persönliche Freiheit behielten, er= fuhren von Seiten der Machthaber wahrscheinlich keine größere Härte, als überhaupt die Unterthanen in Despotenländern zu er= dulden haben. Und diese Härte selbst müssen wir uns ebenfalls nicht so arg vorstellen. Denn erstlich liegt eine grausame Behand= lung der Massen gar nicht im Charakter des Despotismus; dieser erlaubt sich zwar Alles gegen Diejenigen, welche seinem blinden Willen im Wege stehen: als solche Opfer werden aber nach der Natur der Sache immer nur Wenige fallen, die große Masse der

---

[1] Citate dafür sind 1, 118 des größeren Werkes gegeben.

Unterthanen erfreuet sich unter despotischen Herrschern in der Regel einer leidlichen physischen Existenz. Zweitens fanden die Exulanten überall, wo sie nur nicht gar zu zersplittert waren, einigen Schutz durch die in ihrem Ansehen belassenen heimischen Oberhäupter und die ihnen verstatteten eigenen Magistrate.

Von einer Abneigung des babylonischen Volkes gegen sie fehlt jede Spur. Vollends aber die nach dem östlichen Susiana und, wie gesagt, vielleicht auch in den gebirgigen Nordosten von Meso= potamien geschickt worden waren, lebten wie andere den Babyloniern unterworfene Stämme in sehr loser Verbindung mit der herrschenden Macht. Ueberdies muß die Gunst, in welcher Danijel bei Nebu= chadnezar stand, von gutem Einflusse auf die Lage der Exulanten gewesen sein. Ferner entließ Ewilmerodach, sobald er zur Regierung kam, den König Jojachin aus seinem Gefängniß, wies ihm ein an= ständiges Einkommen an, und gab ihm vor allen übrigen bis dahin gefangen gehaltenen Königen und Fürsten den Vortritt; die Stellung aber, welche hierdurch Jojachin erlangte und wahrscheinlich über Ewilmerodach's baldiges Ende hinaus behielt, muß ebenfalls beige= tragen haben, manche Unbill von den Häuptern der Exulanten abzuwenden. Hiernach mußte den Meisten derselben ihre Lage ziemlich erträglich erscheinen, besonders wenn sie erwogen, daß sie während der letzten zwanzig Jahre in der Heimath fortwährend der Spiel= ball zwei mächtiger Reiche gewesen, zwischen welchen sie standen, sowie von Invasionen, Blutscenen und gewaltsamen Wechseln ihrer Könige oft heimgesucht waren. Allein gleichwohl fanden und bildeten sich in ihnen einige Gefühle, welche den Aufenthalt in ihren neuen Wohnsitzen für sie schmerzlich machten. Die Liebe zu dem verlorenen Vaterlande beseelte sie lebhaft, besonders in der ersten Zeit. Dazu kam, daß sie als Ackerbauende bei ihrer Versetzung in ein fremdes Land gerade den werthvollsten Theil ihrer Habe eingebüßt hatten, und jetzt gewiß nicht ohne die größten Schwierigkeiten sich darin ansiedeln konnten. Ferner waren die letzten Zeiten so blutig gewesen, daß wohl kaum eine Familie in der Gola sich befand, welche nicht geliebte Todte zu beweinen hatte: dies zusammen erklärt uns hin= länglich die Empfindungen des Hasses gegen die Babylonier, welche in den Schriften aus dieser Periode häufig ausgesprochen sind, ohne daß wir nöthig hätten, gegen die sonstigen Anzeichen auf fortgesetzte Grausamkeiten gegen die Exulanten zu schließen. Ein sehr gemischtes

Gefühl endlich wurde in ihnen noch erhalten durch die Hoffnung einer dereinstigen Rückkehr in das Vaterland, welche schon von Jir= meja ihnen in die Verbannung mitgegeben, im Exil selbst aber von Jecheskel und einigen anderen Gottesmännern immer vom Neuen und je später desto zuversichtlicher ausgesprochen wurde. Einerseits nämlich konnte diese Hoffnung sie über die Mühseligkeiten ihrer gegenwärtigen Lage als einer vorübergehenden trösten, andererseits aber mußte sie die Exulanten verhindern, sich mit ihrem Loose all= mälig auszusöhnen.

Viertes Kapitel.

Fortsetzung:
Ihre allmälige religiöse Erhebung.

Der religiöse Zustand der Exulanten war mit der zuletzt er= wähnten Hoffnung derselben auf das Engste verknüpft; und wir haben auf ihn sorgfältig einzugehen, da wir uns mit der Geschichte eines Volkes beschäftigen, dessen Religion und religiöse Entwickelung das Bedeutungsvollste an ihm ist. Den Standpunkt der Juden, als sie in das Exil abgeführt wurden, haben wir oben kennen ge= lernt. Nun finden wir zuförderst einige religiöse Fragen von den Exulanten am Chaboras erhoben. Sie begriffen nicht, warum Juda so hart büßen mußte, da es doch sicherlich in ihm auch nicht an Guten gefehlt haben könne, um deren Willen die Uebrigen hätten Schonung finden sollen. Jecheskel antwortete ihnen hierauf (gegen 1. Mos. 18, 26): Aus solchem Grunde könne nicht Schonung er= gehen, der Gute könne nicht den Bösen von der Strafe erlösen. Wenn der Herr über ein sündiges Land Plagen verhängt habe, und selbst Fromme wie Noah, Danijel, Job sich in ihm fänden, so würden sie allein, aber Niemand um ihretwillen Schonung finden: um wie viel weniger könne das geschehen bei so vollem Sündenmaß, wie mit den Judäern der Fall wäre; daß Diese ihre Strafe verdienten, werde man auch an den sauberen Ueberresten sehen, welche bald zu ihnen in die Gefangenschaft kommen würden [1]. — Ferner in

_____

[1] Wenn es bei ihm 22, 30 heißt, Gott habe einen Mann gesucht, der vor den Riß trete, aber keinen gefunden, so meint daher Jecheskel nicht einen Stell= vertreter, sondern einen Verbesserer der Sitten und Zustände, wie die Priester, Fürsten, Propheten hätten sein können, von welchen vorher die Rede ist.

Jerujchalem war eingejehen worden, daß der unglückjelige Zuftand
des Volkes durch die Verkehrtheit der Vorjahren verjchuldet worden
jei, bitter jagte man: „Die Väter haben unreife Trauben gegejjen,
und die Zähne der Kinder find ftumpf davon“. Jirmeja hatte nicht
hierauf geantwortet, vielleicht weil diejelbe Lehre in den Zehn=
geboten fteht; er verhieß bloß, daß in einer mejjianijchen Zeit dies
nicht mehr jein, jondern dann jeder nur für die eigene Sünde
büßen werde. Jecheskel dagegen giebt jchon für die Gegenwart eine
Löjung, er jagt in Widerjpruch mit jener mojaijchen Lehre [1]):
Die Seele, welche jündigt, ftirbt; der Sohn leide nicht für den
Vater, der Vater nicht für den Sohn, dem jchlechten Sohne eines
tugendhaften Vaters werde es jchlecht, dem tugendhaften Sohne eines
jchlechten Vaters gut ergehen. Hätte das jüngere Israel nicht jelbft
den jchlechten Weg der Väter betreten, jo wäre das Unglück noch
abzuwenden gewejen; aber es betrat ihn, und büße daher nur die
eigene Schuld. Jene Wirkjamkeit der Bejjerung — Jecheskel pre=
digt jie jo nachdrücklich, wie Keiner jonft in der Bibel — erftrecke
jich aber noch weiter: auch wer jelber gejündigt habe, jo er nur es
bereue und umkehre, jolle leben, dagegen der früher Tugendhafte,
wenn er wieder abtrünnig werde, verderben. Er jagt dies, um die
Exulanten zu bejjern, und wiederholt es jpäter, um auch wohl jie
zu ermuthigen. Denn allmälig, bejonders als jie die eitle Hoffnung,
ganz in Kurzem in die Heimath zurückkehren zu können, völlig
jchwinden jahen, waren viele Exulanten am Chaboras dahin ge=
kommen, ihre Sündhaftigkeit zu erkennen und im Bewußtjein der=
jelben jich verloren zu geben. Das brauchten jie aber nicht, jagt
er ihnen, wer wieder zu dem Herrn zurückkehre, den nehme diejer
zu Gnaden auf. Eine etwas frühere Erjcheinung in jeiner Gola
veranlaßte ihn zu mehr theokratijch gehaltenen Ausjprüchen. Näm=
lich der alte Wahn, daß der Dienjt des Jahweh und Götzendienft
friedlich neben einander beftehen könnten, beherrjchte auch noch die
meiften Exulanten am Chaboras, und zuweilen kamen deren Einige
zu Jecheskel, von ihm Ausjprüche jeines Gottes zu vernehmen, waren
aber dabei entjchlojjen, da jie einmal in Heidenländern lebten, „wie
die übrigen Völker der Erde Holz und Stein anzubeten“ und die
Schickjale diejer Länder fortan in Ergebung zu theilen. Auf diefe

---

[1]) Schon Macket 24, a ift dies anerkannt.

Weise kannte das Exil, welches wie alle übrigen Leiden des Volkes und der Einzelnen den Propheten als göttliches Strafgericht und Besserungsmittel erschien, diesen seinen letzten Zweck gänzlich verfehlen. Jecheskel sagt daher, das werde nicht geschehen! wider ihren Willen bleibe Gott ihr König, der „Fessel des Bundes" könnten sie sich nicht entschlagen; eine Wiederherstellung ihres Reiches werde auf jeden Fall stattfinden, doch nur für seine Treuen, die Abtrünnigen werde Gott in Feindeslanden untergehen lassen. Zu anderen Malen sagt er: Sie seien zwar der Erlösung unwerth, ja sie hätten sogar die Entweihung des göttlichen Namens unter den Heiden bewirkt, indem diese sie, die sich für Jahweh's Volk ausgäben, so sittenlos leben sahen. Aber um seinen heiligen Namen zu retten, wolle er sie erlösen, indem er ihnen zugleich einen reinen Sinn gebe, daß sie von nun an in seinen Wegen wandelten. Sie sollten bald wieder in die Heimath zurück, und dort es noch besser haben als früher; die Berge Israels würden dann nicht mehr die Beute der Nachbarvölker sein, sondern den wahren Eigenthümern Früchte tragen. Auch keine „Hirten" wie bisher, die nur sich selbst, nicht die Schafe weideten, sollten sie künftig haben, sondern ein echter Sproß seines Knechtes David werde sie weiden in Frömmigkeit und Gottesfurcht. Nur würden hiervon Jene ausgeschlossen bleiben, welche mit Seite und Schulter um sich stießen, und die Schwächeren mit den Hörnern verfolgten; dafür sollten selbst Fremde, so sie nur mit ganzem Herzen Gott anerkännten, in Israel's Gemeinschaft aufgenommen werden und sogar Antheil an dem heiligen Boden erhalten.

Einige fernere Angaben über das Maschiachreich, wie Jecheskel es sich denkt, verspare ich für den Ort, wo auf dieses Dogma ausführlich eingegangen werden soll, lasse jedoch über dasselbe auch hier schon noch einige Ansichten dieses Propheten folgen, weil sie uns zeigen, wie er über das Ceremoniell gedacht hat. Später nämlich hatte oder gab er über die Wiederherstellung des jüdischen Reiches eine sehr ausgedehnte Vision, in welcher das priesterliche Element über die Maßen vorherrscht. Er beginnt mit einer Beschreibung des künftigen Tempels, welche durch ihre außerordentliche Ausführlichkeit fast peinlich ist. Die Opfer sollen bleiben, auch solle der Stamm Levi die früheren Tempelverrichtungen behalten, aber nicht mehr im Lande zerstreut, sondern in der Nähe des Heiligthums wohnen. Seine rituellen Vorschriften weichen zum Theil von den

pentateuchischen ab ¹), und man thut Unrecht, seine Ausdrücke zu
zerren, um sie mit den pentateuchischen Vorschriften in Uebereinstim=
mung zu bringen: er schonete es nicht, wie wir sahen, selbst von
Lehren des Pentateuchs abzuweichen. Seine hohe Meinung von
dem segensreichen Einflusse des Tempelcultus, braucht man nicht
aus seiner priesterlichen Abkunft zu erklären, sondern mit Recht er=
scheinen ihm die Ceremonien als Hebel der Religiosität sehr heilsam;
er kannte den Werth der Formen, aber als Formen, und schaltete
darum frei mit ihnen, er hielt sie für nothwendig, aber nicht grade
die pentateuchischen in allen ihren Verästelungen. Daß er von diesen
abwich, geschah mit klarem Bewußtsein wohl nur da, wo er seine
eigenen Anordnungen für zweckmäßiger hielt, z. B. wenn er den
Fürsten an die jüdische Religion zu fesseln suchte, indem er ihm
innerhalb des Cultus eine würdige Stellung anwies, dafür aber,
um möglichen Conflicten zu begegnen, gar keinen hohen Priester
haben wollte; in anderen Punkten änderte er wohl nur unabsichtlich,
er nahm schwerlich einen Pentateuch zur Hand, als er den künftigen
Cultus ausmalte, in der Ueberzeugung, daß es nichts verschlage, ob
derselbe so oder ein wenig anders gestaltet werde.

Ich theile hier noch Einiges über Jecheskel mit, wozu später
keine passende Stelle sich finden würde. Seine letzten Worte in der
Bibel sind vom 1. Nissan im 27. Jahre seines Exils, also aus dem
Frühjahr 571. Er mag, da er damals noch keine fünfzig Jahr alt
sein konnte, hinterher noch geraume Zeit gelebt haben, und scheint
vor seinem Ende zu den Exulanten in der Provinz Babylon ge=
wandert zu sein; die Sage, daß er von einem Stammgenossen er=
mordet worden sei, möchte ebenso unbegründet wie die von dem ge=
waltsamen Tode des Jirmeja sein. — An Jecheskel lag es nicht,
daß er nicht gleich von Anfang an auf seine Hörer den außerordent=
lichsten Eindruck machte. Ihn, der (sagt Görres) „wie eine Flamme
vom Himmel dunkel glühend auflodert, eine große, kräftige Natur,
seine Einbildungskraft ein Ofen kochenden Metalls, und der sich
fühlt zum Wächter gesetzt über Israel", sehen wir seinen Unwillen
wegen der Abtrünnigkeit und Verworfenheit seines Volkes in Worte
ausströmen, welche dahin fliegen kantig und voll Wucht wie geschleu=
derte Felsen. Und wirklich haben wir gesehen, daß bei den Exulanten

am Chaboras sein Einfluß allmälig wuchs; ja wir dürfen annehmen, daß er nach der erfolgten Zerstörung Jeruschalem's noch mehr Eingang gefunden, und auch unter der größeren Gola nicht ganz vergebens versucht haben wird, die Masse durch gelegentliche Anreden wenigstens vor dem völligen Aufgeben ihrer angestammten Religion und Nationalität zu schützen, die Empfänglicheren aber oft um sich zu versammeln und zu jüdischem Wandel zu bewegen. Versammlungen bei ihm als einem Propheten, aus dessen Munde das Wort Gottes zu vernehmen sei, hatten schon früher stattgefunden.

Von wohlthätigem Einflusse auf den religiösen Zustand der Exulanten müssen auch Danijel und seine drei Freunde gewesen sein. Sie waren begeisterte Bekenner des Monotheismus, sowie strenge Beobachter des religiösen Ceremoniels; und wie der Ruf von der großen Frömmigkeit des Ersteren früh zu der Gola am Chaboras gedrungen war (vgl. Jes. 14, 14), so wird derselbe ohne Zweifel späterhin auch unter den übrigen Exulanten sich verbreitet haben. Wer aber es weiß, wieviel zu allen Zeiten auch in religiösen Dingen das Beispiel der Hochstehenden bei dem Volke, der Mächtigen bei den Hülfebedürftigen vermag, wird zugeben, daß der jüdische Wandel des hochgestiegenen Danijel und seiner auch nicht einflußlosen Freunde bestärkend auf die Schwankenden, ermuthigend auf die Anhänglichen, und anregend selbst auf die gedankenlose Masse der Exulanten eingewirkt haben muß. Noch größer wird dieser wohlthätige Einfluß gewesen sein, wenn der Sage von der wunderbaren Rettung der drei Letzteren etwas Geschichtliches zu Grunde lag. — Ferner ersehen wir aus Sacharja, daß seit dem Anfange des Exils der 10. Tebet, an welchem Jahrestage die letzte Belagerung Jeruschalems eröffnet wurden, der 9. Tammus, an welchem dasselbe erobert, derjenige Tag im Monat Ab, an welchem Stadt und Tempel zerstört, endlich der 3. Tischri, an welchem Gedalja ermordet worden war, alljährlich als Trauer- und Festtage begangen wurden. Ihre Feier war schon insofern dem Judenthum von Nutzen, als sie durch Wacherhalten jener schmerzlichen Erinnerungen einer gedankenlosen Verschmelzung mit den Heiden entgegenarbeitete. Allein alle Frömmeren im Volke, welche den Untergang des Staates als Strafe des verbreitet gewesenen religiösen Abfalls ansahen, scheinen diese Trauertage zugleich als Bußtage begangen zu haben; und dies konnte auch auf die übrigen Exulanten nicht ohne Einwirkung bleiben, indem ihre Theilnahme an der Feier dieser Tage sie allen den religiösen Ideen zugänglich machte, welche an diesen Bußtagen zur Aussprache kamen. Es ist nämlich nicht zu bezweifeln, daß an diesen Tagen Versammlungen gehalten und nach vorexilischem Vorgange in ihnen sowohl aus den älteren heiligen Schriften passende Stücke, als auch exilische Erzeugnisse vorgelesen wurden. Mir scheinen sogar die meisten jener Stücke im Jeschaja, welche erst damals verfaßt wurden, namentlich K. 40—66 und viele Psalmen aus dieser Zeit zunächst angefertigt worden zu sein, um in solchen Versammlungen vorgetragen zu werden; älteren Psalmen wurde auch wohl hierbei ein zeitgemäßes Stoßgebet angehängt, wie ein solches am Schlusse von Psalm 14 und 51 sich noch erhalten hat. Es scheint übrigens auch schon im Exil nicht an Solchen gefehlt zu haben, welche für äußerliche Bußübungen, bei sonst verwerflichem Lebenswandel, Erlösung von Gott fordern zu dürfen glaubten; doch möchte hierin nicht sowohl Scheinheiligkeit als vielmehr Mangel an richtiger Erkenntniß zu erblicken sein. — Weniger zahlreiche Versammlungen werden auch, zunächst als Ersatz des fehlenden Tempeldienstes, an den Festtagen und Sabbaten stattgefunden haben, und letztere, welche vor dem Exil fast nur durch vermehrte Opfer und als Ruhetage sich auszeichneten, wurden durch solche Versammlungen und Vorlesungen einen ersten großen Schritt zu ihrer späteren Vergeistigung hingeführt [1].

Gleichwohl war es vorläufig nur ein kleiner Theil der Exulanten, welcher durch die bisher erwähnten Einwirkungen der Jahwehreligion treu erhalten oder für sie gewonnen wurde; und hierzu kam, daß auf so Viele von ihnen das Beispiel der Heiden und die jetzt erlangte Bekanntschaft mit den nicht viel besseren assyrischen Exulanten die schädlichste Gegenwirkung ausübten. Der Götzendienst, welchem die Juden vor dem Exil am meisten ergeben waren, war der zabische; versetzt nun in ein Land, wo gerade dieser in vollster Blüthe stand, waren die Exulanten mehr versucht, ihm noch entschiedener sich hinzugeben, als ihn einzustellen; und wirklich hatte er in der Gola, selbst noch gegen das Ende des Exils hin, zahlreiche Anhänger [2]. Desgleichen fand die magische Religion, welche in

---

[1] Man lese nur nach, in welcher höheren Weise als früher Jes. 56, 2—6. 58, 13 von dem Sabbat gesprochen ist.

[2] Die Belegstellen hiefür und für das Folgende sind in dem größeren Werke 1, 133 u. w. angegeben.

diese Länder eingedrungen und im östlichen Susiana vielleicht vor=
herrschend war, Verehrer unter den Exulanten. Wie Jecheskel, drohet
später auch der sogenannte jüngere Jeschaja diesen Abtrünnigen den
Untergang, sie sollten die Herrlichkeit nicht schauen, welche Gott für
Israel herbeiführen werde; denn dessen frühere Sünden seien durch
die bisherigen Leiden gesühnt, sagt er, und der Herr werde wegen
der hohen Sendung, zu welcher Israel berufen sei, alle weniger
Verschuldeten in die Heimath zurückgeleiten.

Die Aufgabe Israel's, durch Aufnahme, Bewahrung und Ver=
breitung einer reinen Gotteserkenntniß ein Licht der Völker zu sein,
hatten fast alle früheren Propheten ausgesprochen: jetzt aber erscheint
sie unserem Redner der Erfüllung nahe. Der erste Schritt hierzu
wäre geschehen, sobald nur Isral selbst sie begriffen habe und ihrer
sich würdig erzeige. Bisher habe es das nicht gethan, indem es
den „Knecht Gottes", nämlich seine Propheten und Lehrer, verkannt
und verfolgt hätte, ja dies zum Theil noch thue. Doch werde es
wohl nun zur Einsicht kommen, wenn es bedenke, daß seine bis=
herigen Leiden ein göttliches Strafgericht gewesen seien, und die
bevorstehende Erlösung einzig und allein von Gott komme; ihretwegen
habe er Cyrus gegen Babylon geschickt und siegreich gemacht, was
daraus erhelle, daß ja ihnen so klar vorausverkündigt sei, was jetzt
vor sich gehe. Noch vollkommener werde das Volk zu Gott bekehrt
werden, wenn es seine ehrenvolle Heimkehr aus allen Landen seiner
Zerstreuung und die Herrlichkeiten sehen werde, welche ihm zugedacht
seien. Letztere schildert er in den herrlichsten Bildern: die Völker
würden auf einen Wink von Gott die verstoßenen Söhne und Töchter
ihnen zutragen, ein ewiger Friede solle ihnen lächeln, ihre Mauern
und Grenzsteine aus Saphir und Rubinen bestehen, ihr Leben werde
die Dauer von Eichen haben, und kein Wasser, kein Feuer Macht
über sie besitzen. Alle Völker aber, wenn sie Israel's Wohlergehen
als den Lohn seiner Erkenntniß und Verehrung Gottes erkennen
müßten, würden ebenfalls sich zu diesem bekehren und in ununter=
brochenen Zügen nach Jerusalem wallen, das Lob Jahweh's ver=
kündigend und Israel als seinen Priestern alle Schätze ihrer Länder
zuführend, beschämt darüber, daß sie ihm für seine gottselige Sendung
bis dahin nur Schmach und Verachtung zugefügt hätten. Auch könne
von den Völkern, wer nur wolle, gänzlich in den Bund Israel's
eintreten und dafür an seinen Satzungen Theil nehmen.

Der Unterschied zwischen diesen schwunghaften Anschauungen und den nüchternen Erwartungen des Jecheskel kehrt auch darin wieder, daß im Gegensatze zu Letzterem der „jüngere Jeschaja" den Ceremonien eine äußerst untergeordnete Bedeutung zuschreibt; höchst selten streift sie seine Rede, nirgend empfiehlt er sie [1]). Diejenigen Stücke des Ceremonialdienstes aber, welche zu besonderem Ansehen gelangt waren, will er vergeistigt haben, so den Tempeldienst, indem er zwar die Opfer nicht ganz verwirft, jedoch die höhere Bestimmung des Tempels, ein Bethaus zu sein, stark hervorhebt; desgleichen den Sabbat und die Bußtage, welche letztere nicht durch Fasten, Kopf= hängen und überlautes Bußgebet, sondern durch Werke der Mild= thätigkeit und echter Menschenliebe würdig begangen würden. Selbst die Priesterkaste will er sprengen, weil er nicht übersehen haben konnte, daß diese im Ganzen sehr wenig zum Guten eingewirkt hatte, und wegen häufigen Mangels an innerem Beruf, der nicht forterbt, auch wirklich dies nicht wohl konnte: aus ganz Israel, sagte er daher, werde künftig der Herr seine Priester und Leviten nehmen. — Für diese höheren Ansichten scheint nun zwar unser Prophet keine Anhänger unter den Exulanten erworben zu haben, aber gleich= wohl war sein Einfluß auf sie mächtig und segensreich. Seine scharfe Geißelung der Unvernunft des Götzendienstes, sein Hinweisen auf das Schicksal der Babylonier, welchen ihre Götter nicht gegen Cyrus zu helfen vermöchten, sein fortwährendes Erinnern daran, daß die sichtlich herannahende Erlösung von den Propheten voraus= gesagt sei und hiernach als alleiniges Werk des Jahweh angesehen werden müsse: dies zusammen mußte dem Monotheismus immer mehr Anhänger zuwenden, je gewisser allmälig der Untergang Baby= loniens und die eigene Erlösung wurde, und sein Sieg war entschieden, als Beides bald wirklich eintrat. Mit dem Monotheismus kamen diejenigen jüdischen Satzungen, welche bis zum Exil hin sich zu einiger Geltung durchgearbeitet hatten, nothwendig jetzt ebenfalls in größere Aufnahme; doch wird es sich uns später zeigen, daß diese vorläufig bloß mehr Beobachter fanden, aber keinen innern Ausbau, und daß eine stärkere Beobachtung der bisher vernachlässigten Satzungen jetzt noch nicht eintrat.

---

[1]) Vgl. hierüber 1, 136 des größeren Werkes.

<hr style="width:20%" />

Fünftes Kapitel.

Die Bekanntschaft der babylonischen Exulanten mit den assyrischen.

Auf viele babylonische Exulanten muß es auch von Einfluß gewesen sein, daß sie mit jenen ihren halbverschollenen Brüdern Bekanntschaft machten, welche von den assyrischen Königen abgeführt worden waren. Um aber diesen Einfluß einigermaßen abschätzen zu können, müssen wir zuvor die assyrischen Exulanten selbst kennen zu lernen trachten, soweit dies noch möglich ist. Um 740 wurden die Bewohner des östlichen Galiläa sowie die Stämme jenseits des Jarden nach Assyrien geführt, und dasselbe Schicksal hatten zwanzig Jahre später die Bewohner des übrigen Reiches Israel; wie zahlreich diese zweimalige Gola gewesen sei, läßt sich nicht abschätzen. Eine von beiden wurde nach Elam, die andere nach Schinar geführt. Elam war das Land nördlich von Susiana, und von einem sehr kriegerischen Volke bewohnt, welchem die Ankömmlinge nicht willkommen sein mußten. Wir finden daher später die Meisten der hieher geschickten Exulanten etwas nördlicher gedrängt, in dem sehr gebirgigen Distrikt Hara; doch blieben einzelne Haufen in Elam zurück, und wir werden später von einem solchen zu reden haben; andere endlich zerstreuten sich über die Ufer des unteren Tigris. Die nach Schinar Abgeführten erhielten Wohnsitze in den Landschaften Chalach und Chabor angewiesen: jene befand sich auf dem östlichen Ufer des oberen Tigris, Chabor nordöstlich von ihr, und beide sind von ansehnlichen Bergen bedeckt.

Ein Volk der Sambater setzt der alte Geograph Ptolemäus ein klein Wenig südlicher an, und sein Name klingt so stark an eine bekannte jüdische Sage über die zehn Stämme an, daß darunter assyrische Exulanten selbst gemeint sein können [1], welche dahin gedrängt worden waren. Ferner kam eine zahlreiche Colonie dieser Exulanten an die Ufer des Gosan (oder Kisil-Osan, welcher durch Aderbidschan fließt und in das kaspische Meer fällt); endlich ist es wahrscheinlich, selbst wenn wir dem Buche Tobija keinerlei historischen Kern zugestehen wollen, daß bald israelitische Exulanten auch nach

---

[1] Einige Argumente hiefür wurden 1, 140 des größeren Werkes gegeben.

Niniveh kamen. Ziemlich alle Landschaften, welche diesen deportirten Israeliten angewiesen waren, boten gute Weideplätze dar, und es ist anzunehmen, daß sehr Viele von ihnen einer nomadischen Lebensweise sich zuwandten, wie mehrere dort einheimische Stämme sie führten; besonders wahrscheinlich ist dies von den aus dem Ostjardenlande weggeführten dritthalb Stämmen, welche mehr an Viehzucht gewöhnt waren. Andere von diesen Exulanten, namentlich die zu Niniveh, mögen sich dem Handel zugewendet haben, und vermittelst desselben theilweise in benachbarte Länder gelangt sein, so z. B. sollen sehr bald Israeliten in Ekbatana, und in der noch viel nordöstlicher gelegenen medischen Stadt Ragä gewohnt haben, und nicht viel später aber einzelne sogar bis in das „Land der Snien" gedrungen sein [1]. — Was das erwähnte Buch Tobija von den assyrischen Exulanten berichtet, ist völlig sagenhaft, und etwas glaublicher nur folgendes wenige daran: Es sei unter Schalmanesser nicht selten vorgekommen, daß in Niniveh Juden ermordet und ihre Leichen hinter die Mauer geworfen wurden; der König Sancherib hätte sogar, als er von Palästina zurückkam, im Zorn über sein dortiges Verhängniß viele Exulanten in seiner Hauptstadt getödtet und ihre Beerdigung bei Todesstrafe verboten; jedoch sein Nachfolger Essarchaddon hätte einen Israeliten Achiachar zu hohen Ehren erhoben.

Es ist aber von Interesse für uns, von dem religiösen Standpunkte dieser assyrischen Exulanten uns eine Vorstellung zu bilden. Nach der Constituirung des Reiches Israel hatte dort die Politik den Cultus zu Jerusalem widerrathen, und es war statt desselben der Kälberdienst eingeführt worden, welcher nur durch einige dünne Fäden noch mit dem Jahwethum zusammenhing, für die Masse des Volkes aber ein wahrer Götzendienst war. In Folge dessen waren die Priester und Leviten nach Judäa ausgewandert, und Viele vom Volke, welche noch Sinn für Jahweh hatten, sollen später ihnen dahin nachgefolgt sein. Ueberdies wird uns von der Herrschaft des Zabaismus im Reiche Israel bezüglich jeder Generation berichtet. Gegen diesen Zustand hatten zwar Propheten, eingeborene wie aus Juda dahingekommene, anzukämpfen versucht, aber meist ohne allen Erfolg. Allerdings war auch hier eine kleine Anzahl von Jahwehgläubigen über das Land zerstreut, die zum Theil Sabbat und Neumond feierten, und gewöhnlich auf Höhen opferten, jedoch in seltenen

[1] Ueber diese Angaben vgl. 1, 141 desselben.

Fällen Jerusalem besuchen mochten; von Beobachtung pentateuchi=
scher Sitten kann indessen auch bei ihnen nicht die Rede sein. In
den Uebrigen insgesammt aber war alles bessere religiöse Element
darauf beschränkt, wie es scheint, daß sie neben ihren Idolen eine
unklare Vorstellung von einem heiligen Gotte behielten, der ihren
Götzendienst verdamme; und ihre geschichtlichen Erinnerungen waren
dieser Anschauung günstig; ihr Gemüth mußte es daher wenigstens
für möglich halten, daß ihre jetzigen Ueberzeugungen irrig wären und
ihr Cultus nicht der rechte — immerhin noch ein guter Keim.

In dieser religiösen Verfassung nun waren die Bewohner des
Reiches Israel, als sie in das assyrische Exil abgeführt wurden,
und es kann nicht gefehlt haben, daß auch unter ihnen Einzelne
dieses Schicksal des Volkes als eine Strafe seines Abfalls von
Jahweh ansahen; allein dies blieb um so wirkungsloser, als es sehr
zweifelhaft erscheint, ob die assyrischen Exulanten Hoffnungen auf
einstige Rückkehr mit in die Fremde nahmen. Bis auf sehr Wenige
scheinen sie vielmehr theils der zabischen, theils der magischen
Religion, welche in ihren neuen Wohnsitzen blüheten, völlig sich
hingegeben zu haben; die, welche schon von der Heimath her der
ersteren anhingen, brauchten ja bloß bei ihr zu verbleiben, und die
Uebrigen werden, namentlich in Elam und Medien, wo die magische
Religion fast ausschließlich herrschte, dieser letzteren zugefallen sein.
Verheirathungen mit den Eingeborenen mögen vorgekommen sein,
aber nicht allzu häufig, weil ihre abweichende Volksthümlichkeit Jene
nicht eben geneigt dazu machen mußte. Sie behielten daher das
Gefühl, daß sie unter Fremden seien, desgleichen ihre geschichtlichen
Erinnerungen und hier und da auch einige getrübte Ideen einer
reineren Religion, welche auf dem freien vaterländischen Boden von
Bruderstämmen erbliche Pflege finde.

Als nun die Judäer ganz in die Nähe dieser assyrischen Exu=
lanten theils sogleich, theils späterhin kamen, wenn Einzelne eine
bessere Niederlassung suchend oder auf Handelswegen herumwanderten:
mußte die uns soeben wahrscheinlich gewordene Gemüthsverfassung
der älteren Exulanten bewirken, daß sie den Ankömmlingen überall
herzlich entgegentraten; und da sie nun schon so lange hierherum
hausten und die Natur des Landes kannten, werden sie ohne Zweifel
Diesen bei ihren Ansiedelungen und in jeder sonstigen Beziehung
Vorschub geleistet haben, wo sie konnten. Es ist daher auch wahr=

scheinlich, daß beiderlei Exulanten überall, wo sie zusammenstießen, sehr bald in einander verschmolzen; denn einen Unterschied zwischen ihnen bildete bloß ihr religiöser Standpunkt, und auch dieser, wie wir sahen, war ein nur dem Grade nach verschiedener. Hinsichtlich seiner muß sehr bald die Wechselwirkung eingetreten sein, daß in vielen älteren Exulanten ihre fast erstorbenen jahwistischen Ideen wieder ein Wenig belebt, mit Hoffnungen auf eine nicht ferne Rückkehr in die Heimath in Verbindung gebracht wurden; dagegen von den babylonischen Exulanten viele in dem Umgange mit ihnen völlig dem Jahwehthum entsagten, und andere, welche sich noch gescheut hätten, grabezu das Heidenthum zu umfassen, mit viel geringerer Scheu zu den immer noch ein Wenig jahwistisch gefärbten religiösen Begriffen der älteren Exulanten übertraten.

Wir irren übrigens schwerlich, wenn wir diese gegenseitigen Einwirkungen auch danach bemessen, wie die beiderseitigen Exulanten gruppirt waren. Nach dem mittleren Euphrat und der Provinz Babylon waren wohl die meisten späteren Exulanten gekommen, dagegen hatten sich hierhin gewiß nur äußerst Wenige aus der ältern Gola gezogen, diese mußten ganz und gar judaisirt werden. Dagegen an der Nordgrenze von Susiana waren wohl die beiderseitigen Exulanten gleich zahlreich, am mittleren und unteren Tigris gleich gering an Zahl, hier mußten die gegenseitigen Einwirkungen einander das Gleichgewicht halten. Endlich fast ganz paralysirt mußte vorläufig der judäische Einfluß in den medischen Städten und an dem Flusse Gosan sein, weil dahin gewiß nur sehr wenige Judäer kamen, indem ihre Hoffnung auf eine baldige Rückkehr sie von freiwilligen Wanderungen in noch größere Ferne stark abhalten mußte.

Dritter Abschnitt.

Die Herrschaft in Vorderasien geht in die Hände der Perser über.

Erstes Kapitel.

Der Untergang des babylonischen Reiches.

Wir müssen uns nunmehr auf einige Zeit zu den politischen Begebenheiten wenden, welche jetzt eintraten und auf das fernere Schicksal der Exulanten von so mächtigem Einflusse waren. Nebuchadnezar war 561 gestorben und ihm folgte sein Sohn Ewil= merodach, doch schon nach zwei Jahren ermordete ihn sein Schwager Nerigliffar. Dieser war ein kriegerischer Fürst, und würde das babylonische Reich sehr erweitert haben, wenn nicht sein Unstern ihm einen Feind entgegengestellt hätte, der sein Meister war. Wir kommen zu Cyrus, müssen aber, ehe wir seine Angriffe auf die Herrschaft der Chaldäer berichten, ein Wenig das medische Reich betrachten, vermittelst dessen hauptsächlich er seinen Siegeslauf bewerkstelligte. Das eigentliche Medien bildete einst den östlichen Theil des assyrischen Reiches, riß sich aber um 710 unter Dejokes von diesem los, und schon dessen Sohn vergrößerte es durch die Eroberung der Landschaft Persis, welche östlich von Susiana bis zum persischen Meerbusen hinabreichte, sowie später durch Unterwerfung einiger nordöstlicher Völkerschaften. Oben wurde aber schon erwähnt, daß Cyaxares, der folgende medische König, im Verein mit Nabopolaffar das assyrische Reich völlig auflöste: hierdurch dehnte er seine Herrschaft westlich bis zum Tigris sowie südwärts über Elam und Susiana aus, und später gewann er auch Armenien und Stücke von Kleinasien. Mediens Hauptstadt Ekbatana (Achmata) soll sechs Meilen im Umfange und einen überaus prächtigen Palast gehabt haben. Die alten Meder galten für ein kriegerisches Volk; doch hatten frühzeitig bei ihnen Gewerbfleiß und Künste, später auch viel Luxus und Weichlichkeit Eingang gefunden. Sie waren der magischen Religion zugethan. Dem Cyaxares folgte Astyages auf den Thron, der aber unkriegerisch war und durch seine Härte und Grausamkeit den gänzlichen Verfall seines Reiches herbeiführte. Er hatte nämlich dem Vasallenkönige von Persis eine Tochter zur Ehe gegeben, und ihren Sohn Cyrus [1]), dessen Jugend die Sage wundersam ausgeschmückt hat, auf längere Zeit an den medischen Hof gezogen. Hier lernten die Großen des Reiches diesen sehr begabten und durch kriegerischen Muth wie durch liebenswürdige Sitten ausgezeichneten Jüngling kennen und schätzen. Längst unzufrieden mit ihrem Könige, munterten sie Cyrus auf, seinen Großvater zu entthronen. Cyrus reist in seine Heimath zurück, und bringt es zunächst dahin, daß die Landschaft Persis sich vom medischen Reiche losreißt. Um sie zum Gehorsam zurückzubringen, schickt Astyages ein Heer gegen Cyrus, Dieser aber besiegt es; und als hierauf Astyages ein zweites Heer gegen ihn heranführt, gelang es dem Cyrus ebenfalls, es zu besiegen und gefangen zu nehmen im Jahre 560. Trotzdem war aber noch lange nicht dessen Krone für ihn gewonnen: die medischen Großen mochten zwar gern den ihnen verhaßten Astyages entfernt sehen, aber nicht sich einem Perser unterwerfen; er soll auch noch Kämpfe mit den Medern gehabt haben am oberen Tigris, wohin eine Gemahlin des Astyages sich geflüchtet habe. Nach dem bald erfolgten Tode des Letzteren übergab daher Cyrus dem Sohne desselben (Cyaxares II.) eine Schattenherrschaft, und zog es vor, vorläufig nur Regent zu sein, dagegen seine Ansprüche auf einstigen Besitz des medischen Thrones durch Ehelichung einer spätgeborenen Tochter des Astyages und durch fernere Großthaten zu verstärken.

Als dies in Medien vorging, hatte den chaldäischen Thron der schon erwähnte kriegerische König Neriglissar bestiegen. Eroberungslustig wendete er seine Waffen nordwärts gegen Hyrkanien, und ließ sich nach dessen Unterwerfung sogar mit den noch viel östlicher wohnenden Baktriern in eine Fehde ein. Jetzt aber bewog Cyrus den Cyaxares zum Kriege gegen Babylonien; ihn trieb hierzu sein

---

[1]) Diesen Namen, welcher „Sonne" bedeutet, nahm er erst später an; er hieß ursprünglich Agradates.

kriegerischer Muth und auch wohl die Besorgniß, daß Neriglissar
Baktrien erobern und dann sowohl vom Nordosten als vom Westen
her Medien angreifen werde. Als Medien rüstete, kehrte Neriglissar
in seine Heimath zurück, noch besser sich vorzubereiten, sowie gegen
die kolossale Macht, mit welcher ihm jetzt der Krieg bevorstand,
Vasallen und Verbündete aufzurufen. Zu den ersteren gehörten der
König des unter babylonische Hoheit gekommenen Susiana und der
König der Idumäer, welche durch Vergünstigung der Chaldäer jetzt
einen ansehnlichen Staat bildeten [1]); der mächtigste unter den Verbündeten, welche Neriglissar gewann, war Krösus, der König des
lydischen Reiches, im westlichen Kleinasien. Der Krieg wurde eröffnet, Nachrichten über ihn besitzen wir jedoch erst aus jener Zeit,
da er sich schon nach dem westlichen Babylonien gewälzt hatte: dort
kam es nämlich im Frühjahr 555 zu einer Schlacht, Cyrus besiegte
den dreimal stärkeren Feind, und jagte ihn in seine Verschanzungen
zurück, wobei der chaldäische König fiel. Die Nacht darauf verließen
die Feinde ihr Lager, Cyrus aber holte sie wieder ein und richtete
eine große Niederlage unter ihnen an, wobei auch der idumäische
König bleibt; Krösus ziehet sich nach Kleinasien zurück. Dem Neriglissar folgte jetzt sein Sohn Laborosoarchod, noch ein Knabe,
auf den Thron. Das böse Naturell aber, welches er zeigte, und
auch wohl die Erwägung, wie wenig in diesen schwierigen Zeiten
ein Knabe zur Regierung tauge, bewirkten einen Aufstand gegen ihn,
in welchem er getödtet und ein Anderer Namens Nabonid auf
den chaldäischen Thron gesetzt wurde. Dieser wird zwar von Berosus
für einen schlichten Babylonier ausgegeben, doch ist es viel glaublicher, daß er ein Sohn des Nebuchadnezar war, der in das Serail
verwiesen, jetzt aber wieder hervorgezogen und auf den Thron seines
Vaters gesetzt wurde; in der Bibel führt er den Namen Belschazar.
Cyrus zog jetzt gegen Babylon, in der Hoffnung, daß der König
zum Kampfe herausrücken werde. Dies geschah aber nicht, und weil
ihm Chaxares aus Eifersucht und Furcht keine hinlängliche Macht
anvertraute, Babylon förmlich zu belagern, wendete er sich nach
dem Norden, wo er einen babylonischen Vasallen und einige wehr-
hafte Stämme in sein Interesse zog. Nabonid aber erkannte, welche
Gefahr noch über ihm schwebe, er begab sich daher persönlich nach

[1]) Vgl. 1, 153 des größeren Werkes.

Lydien, und bewog Krösus durch vieles Geld, vom Neuen die Waffen zu ergreifen; er selbst jedoch, unkriegerisch, hielt sich fern von dem Feuer, das er anschürte. Als nun die Nachricht von den neuen Rüstungen des lydischen Königs einlief, erhielt Cyrus diesmal von Cyaxares die nöthige Verstärkung; hierauf eilt er nach Kleinasien und findet Krösus mit sehr bedeutenden Streitkräften schon nach Kappadokien vorgedrungen. Hier kommt es zwischen ihnen zu einer großen Schlacht, die zwar unentschieden blieb; aber gleichwohl fühlte Krösus, daß ihm für jetzt Cyrus überlegen sei; er zog sich daher nach seiner Hauptstadt Sardes zurück, um während des herannahenden Winters Verstärkungen heranzuziehen. Doch hatte er noch nicht seine ganze Macht beisammen, als Cyrus heranzog, und unfern Sardes kam es zu einer ungeheuren Schlacht, in welcher Cyrus siegte; dieser rückte alsdann vor Sardes selbst, und eroberte es sogleich. Nachdem er die politischen Verhältnisse Kleinasiens in seinem Interesse geordnet hatte, zog er wieder von Sardes ab, indem er Krösus mit sich führte, unterwarf sich auf seinem Marsche noch einige kleinasiatische Gebiete, auch seitwärts sich wendend Syrien, wo sich ihm die Phönizier freiwillig ergaben, und glaubte schon, nun nicht länger die Auflösung des babylonischen Reiches aufschieben zu müssen. Allein das Schicksal hatte letzterem noch eine Frist beschieden. Als nämlich Medien von Streitkräften sich entblößt hatte, um der Expedition nach Kleinasien mehr Nachdruck zu geben, und Cyrus längere Zeit im fernen Westen beschäftigt war, benutzte der König von Baktrien diese günstigen Umstände zu einem Einfall in Medien; und die nordöstlichen Vasallenländer des letzteren scheinen bei dieser Gelegenheit versucht zu haben, das ihnen aufgelegte Joch abzuschütteln. Cyrus verschonte daher Babylon noch einmal, und wir finden ihn erst nach vielleicht zwölf Jahren in Vorderasien wieder. In dieser langen Zwischenzeit unterwarf er dem Zepter Medien's nicht nur die abgefallenen Stämme wieder, sondern auch die blühenden Reiche Baktrien und Sogdiana, sowie alsdann südlicher gewendet alle Völkerschaften des ungeheuren Flächenraumes bis zum erythräischen Meere hinab und ostwärts bis zum oberen Indus. Erst alsdann suchte Cyrus wieder den alten Feind auf. Seine lange Abwesenheit hatte der unkriegerische Nabonid nicht benutzt, und als jetzt Cyrus wieder gegen ihn heranzog, blieb ihm nichts übrig, als seine mäßigen Streitkräfte hinter guten Bollwerken aufzustellen. Aus

diesen drängte Cyrus sie in ihre Hauptstadt zurück, und da eine
Bestürmung ihrer hohen und starken Mauern keinen Erfolg verhieß,
so wollte er sie aushungern. Allein die Babylonier waren auf lange
Jahre mit Lebensmitteln versehen, während in Cyrus' Heer der
Mangel daran immer empfindlicher wurde; er faßte daher einen
wohldurchdachten Eroberungsplan, und wartete mit dessen Ausführung
nur, bis die Babylonier ein gewisses Fest feierten, dessen Freuden
die Aufmerksamkeit der schwelgenden Einwohner von seinem Unter=
nehmen ablenken würde. Er ließ nämlich den Damm des Euphrat
oberhalb Babylon's durchstechen, und als das Wasser aus dessen
Bette soweit abgelaufen war, daß dieses gangbar wurde, mußten
seine Leute in demselben vorrücken und in Babylon eindringen.

Da nun die Festgelage wirklich die ganze Aufmerksamkeit der
Einwohner gefesselt hielten, so standen die Perser unversehens in
allen Straßen und nahmen die Stadt, im Jahre 538. Die biblische
Sage über die letzten Stunden des Belschazar (Dan. 5.) kann recht
wohl einen geschichtlichen Kern haben. Nämlich während Belschazar
sich ganz sorglos den Freuden des erwähnten Festes hingab, mochte
seine bejahrte Mutter es gerathen finden, ihn aus seinen Schwel=
gereien aufzuschrecken und seine Aufmerksamkeit auf die Belagerer
zu lenken; daher läßt sie einige dunkele Worte an die Wand des
Speisesaales schreiben und ziehet Danijel in das Geheimniß, der
seit Nebuchadnezar's Tode wohl in den Hintergrund geschoben war.
Der König erblickt die räthselhaften Worte, und läßt seine Weisen
rufen, sie ihm zu deuten, die Königin Mutter aber empfiehlt hierzu
Danijel, dessen Weisheit längst erprobt sei. Von ihm fordert nun
der König die Deutung der Schrift an der Wand, und Danijel
legt sie nach früherer Verabredung ihm aus, fügt auch vielleicht aus
eigenem Antriebe einige Worte in jüdischem Sinne hinzu. Nur
war es für beide Zwecke schon zu spät: während derselben Nacht
noch wird die Stadt erobert und in dieser Katastrophe Belschazar
getödtet [1].

Die Wendung in dem Schicksale der Exulanten war hiermit
schon entschieden, doch vor Darstellung derselben wollen wir erst
noch in aller Kürze die persische Geschichte bis zu den Kriegen mit

---

[1] Eine abweichende Nachricht über sein Schicksal wurde 1, 163 des größeren
Werkes gegeben, doch ist sie weniger verbürgt.

den Hellenen verfolgen; ebenso möchte es räthlich sein, über die Beschaffenheit des persischen Volkes und Reiches das Wesentlichste mitzutheilen, ehe wir erzählen, wie es unter deren vielseitigem Einflusse den Juden erging.

———

Zweites Kapitel.
Das persische Reich bis zu den Kriegen mit den Hellenen.

Cyrus hatte seinem schwachen Oheim Chaxares die Regierung aller von ihm eroberten Länder, wenn auch fast nur dem Namen nach, übertragen, und dies geschah auch jetzt hinsichtlich Babyloniens. Chaxares II. oder, wie ihn die Bibel nennt, Darius der Meder, soll 62 Jahr alt gewesen sein, als Babylon erobert wurde; er muß wohl keine männlichen Nachkommen gehabt haben, sodaß Cyrus nicht blos wegen seiner Thaten, sondern auch als Enkel und Schwiegersohn des Astyages die Thronfolge sich gesichert sah, und hiermit sowie mit der Organisirung des zusammeneroberten großen Reiches begnügte er sich vorläufig, obwohl er damals selbst schon das Mannesalter überschritten haben mußte. Indessen starb wohl Chaxares bald darauf, und auch Cyrus erfreute sich der nun vollständig ihm zugefallenen Herrschaft nur bis 529, wo er in einem Kriege mit den Massageten einen blutigen Tod fand. Die Perser nannten ihn in späterer Zeit ihren Vater, weil er so sanft gewesen sei und ihnen alles Gute verschafft habe; seinem Andenken wurde sogar in Pasargada allmonatlich ein Opfer dargebracht. — Ihm folgte sein Sohn Kambyses auf den Thron, und wendete nach kurzer Frist seine Waffen gegen Aegypten. Dieses Land hatten wir aus dem Auge gelassen seit jener Zeit, da Jirmeja und Jecheskel verkündigt hatten, es werde durch Nebucharnezar erobert werden. Ihre Verkündigung war jetzt in Erfüllung gegangen, doch den Apries, nachdem er lange glücklich regiert hatte, traf ein anderes hartes Loos. Er führte nämlich mit Kyrene einen so unglücklichen Krieg, daß die Aegypter von ihm abfielen und einen zu ihrer Begütigung ihnen zugeschickten Mann Namens Amasis zu ihrem Könige erhoben; in einem hierauf erfolgten Kampfe mit Diesem wurde er besiegt und gefangen, etwa im Jahre 569. Der neue König war ein treff=

licher Fürst, unter welchem sich Aegypten sehr glücklich fühlte, jedoch nach einer langen Regierung desselben sollte jetzt der Glanz der Pharaonen auf immer verlöschen. Denn Kambyses sammelte ein großes Heer, und ließ auch von den Phöniciern und Cypriern, die sich den Persern beide freiwillig ergeben hatten, eine ansehnliche Flotte gegen Aegypten ausrüsten. Mit dem Landheere schlug er sodann den Weg durch Syrien ein, kam durch die Niederungen von Samarien und Juda, durchschnitt die wasserlose Wüste, welche letzteres von Aegypten trennt, mit Hilfe des idumäischen Königs, welcher ihm weither auf zahllosen Kameelen Wasser in ledernen Schläuchen zuführen ließ, und kam 525 in Aegypten an. Gerade als er gegen dasselbe heranzog, starb Amasis, und sein Sohn Psammenit folgte ihm auf den wankenden Thron. Er erwartete mit einem großen Heere den Kambyses an der pelusischen Mündung des Nil, und hier kam es zu einer ungeheuren Schlacht, nach deren Verlust die Aegypter in wilder Unordnung flohen und sich erst wieder hinter den Mauern von Memphis sammelten. Nach der baldigen Eroberung dieses letzteren geschah dem Psammenit Anfangs nichts Leides; doch als er sein Volk gegen die Perser aufzureizen versuchte, mußte er den Tod erleiden. Gleichwohl war jetzt Kambyses genöthigt, auch Theben im Sturm zu erobern, worauf er es plün= dern und verwüsten ließ, dann kehrte er nach Unterägypten zurück; und als die Bewohner von Kyrene, Barka und Lybien die Erober= ung Aegypten's vernahmen, unterwarfen sie sich ihm freiwillig.

Nun beschloß Kambyses eine doppelte Expedition, gegen die Ammonier und gegen die Aethiopen. Nach Aethiopien sandte er einige Männer ab, welche unter dem Vorwande, dem dortigen Könige Ge= schenke von ihm zu bringen, das Land auskundschaften sollten; doch der Aethiopenkönig errieth diese Absicht, und schickte die Gesandten mit schimpflicher Botschaft zurück. Hierüber ergrimmt, trat Kambyses mit seinem ganzen Heere den Zug gegen Aethiopien an; bloß die asiatischen Griechen, welche in seinem Heere dienten, ließ er zur Bewachung Aegypten's zurück. Als er nach Theben kam, detachirte er 50,000 Mann gegen die Ammonier, mit dem übrigen Heere zog er weiter. Er hatte aber noch nicht den fünften Theil des Weges zurückgelegt, als ihm die Lebensmittel zu Ende gingen, und nach unsäg= lichen Leiden seines Heeres kehrte Kambyses wieder um. Der Expe= dition gegen die Ammonier erging es nicht besser. Diese, wohnhaft auf

einer Oase in der großen Sandwüste westlich von Aegypten, besaßen
ein berühmtes Heiligthum und Orakel des ägyptischen Gottes Ammon:
und dieses zu zerstören war der unvernünftige Zweck dieses Zuges,
welcher weder zurück noch zu den Ammoniern kam; letztere erzählten
später, nicht mehr fern von ihrem Ziele seien die Perser vom
Sande, den ein furchtbarer Südwind aufgetrieben habe, sämmtlich
verschüttet worden. Als Kambyses nach Memphis zurückkam, un=
muthig wegen des unglücklichen Ausganges beider Expeditionen,
wüthete er gegen die ägyptischen Heiligthümer, drang in die Tempel
ein, verbrannte die Götterbilder, zerstörte auch vielfach die Tempel
selbst und andere alte Monumente, und hob sogar mehrere Priester=
schaften auf. Wir dürfen dies nicht auf Rechnung des persischen
Fanatismus allein setzen, sondern haben anzunehmen, daß die
ägyptischen Priester, als höchste Kaste des Landes, gegen das persische
Joch sich beharrlich gesträubt und hierdurch seine Rache entflammt
haben werden. Ueberhaupt aber entwickelte jetzt Kambyses ein über=
aus blutdürstiges Naturell, worunter, da er sich dem Trunk über=
ließ, so ohne Unterschied Freund und Feind litten, daß die Aegypter
ihn für wahnsinnig hielten. Auch seinen jüngeren Bruder Smerdis,
der in Medien zurückgeblieben war und ihm verdächtig wurde, ließ
er jetzt heimlich umbringen. Nach einiger Zeit aber gab ein Magier,
welcher diesem Smerdis sehr ähnlich sah, sich für ihn aus, und suchte
die persische Krone an sich zu reißen. Die Nachricht davon drang zu
Kambyses, als er eben den Rückzug aus Aegypten angetreten hatte;
allein es war ihm nicht vergönnt, den Kronräuber zu züchtigen: eine
Wunde, die er sich selbst zufällig beigebracht hatte, raubte ihm nach
wenigen Tagen das Leben, um 521. Da er keine Kinder hinterließ,
nahm jetzt der Magier den Thron ruhig in Besitz; und um nicht
erkannt zu werden, ließ er sich weder sprechen noch öffentlich sehen.
Als aber dennoch die Wahrheit ans Licht kam, traten sieben persische
Große zu einer Verschwörung gegen ihn zusammen, und ermordeten
ihn in seinem Palaste, nachdem er nur sieben Monate regiert hatte.
Einer der gegen ihn Verschworenen war Darius, Sohn des
Hystaspes, Satrapen von Persis; und da er als ein Abkömmling
des Achämenes (Dsemschid) mehr Anspruch als die Uebrigen auf
den erledigten Thron hatte, wußte er es dahin zu bringen, daß man
ihm denselben überließ.

Um seine Herrschaft mehr zu befestigen, heirathete er die Atossa, eine Schwester und Gemahlin des Kambyses, desgleichen eine Tochter des echten Smerdis. Bald nach seinem Regierungsantritte wendete Darius seine Waffen gegen die Babylonier, welche bei des Magiers Tode abgefallen waren. Mit Lebensmitteln hinreichend versehen, sahen sie furchtlos zu, wie Darius mit seiner ganzen Macht gegen Babylon vorrückte; und wirklich lag Dieser 19 Monate vergebens davor. Endlich jedoch wurde durch eine List den Persern die Stadt geöffnet, worauf Darius breitausend der angesehensten Einwohner aufknüpfen und die Mauern bis auf eine geringe Höhe niederreißen ließ. Mehrere Jahre später versuchte er seine Herrschaft über den Westen und Norden des schwarzen Meeres auszudehnen. Mit siebenzig Myriaden setzte er nach Thracien über, und drang, die Donau überschreitend, bis zum Don vor, aber nachdem er durch die damalige Unwirthlichkeit dieser Gegenden und durch Kämpfe mit ihren kriegerischen Bewohnern acht Myriaden verloren hatte, kehrte er über den Hellespont nach Asien zurück, ließ jedoch unter Megabazos ein großes Heer in Thracien, mit welchem derselbe die Anwohner des ägäischen Meeres bis zur Grenze Makedoniens hin unter das persische Scepter brachte; Makedonien selbst unterwarf sich ihm auf gütlichem Wege. Noch später dehnte Darius seine Herrschaft auch über viele indische Stämme und über die Ostküste Arabien's aus.

Drittes Kapitel.
Beschaffenheit der Perser und ihrer Herrschaft.

Ihr Stammland war Persis am erythräischen Meere, und die Bewohner desselben, Stammverwandte der Meder, zerfielen ursprünglich in mehrere Stämme, die theils in den Gebirgen nomadisirten, theils den Acker bauten, im Ganzen aber roh und ungebildet waren; ihre Sprache, das Pehlwi, war ebenfalls der medischen sehr nahe verwandt. Ueber die Religion der Perser, die magische, muß ich aber ausführlich reden, da sie dem Judenthum Spuren eingedrückt hat, welche noch heute nicht ganz verwischt sind. Von diesen Eindrücken werde ich zwar erst am Ende unserer Periode sprechen, weil sie erst dann recht sichtbar zu werden anfingen: durch das Gepräge aber, welches sie dem persischen Geiste gegeben hatte, übte diese Religion schon die nächsten zwei Jahrhunderte hindurch weniger auf das Judenthum als auf die Juden selbst einen großen Einfluß aus. Die religiösen Anschauungen eines herrschenden Volkes wirken auf das beherrschte gar mannichfach ein, das wissen wir ja aus eigener Erfahrung; und wenn sich auch nicht alle solche Einwirkungen deutlich nachweisen lassen, so verstehen wir doch Vieles erst recht, wenn wir wissen, was alles gleichsam wie Lichter und Wolken in die Atmosphäre der Machtinhaber herabhing.

Jene sogenannte Lichtreligion also bestand ursprünglich vielleicht nur darin, daß man das Feuer oder das Licht als das gute Princip verehrte, und ihm die Finsterniß als böses Princip entgegensetzte. Sie fand schon in frühester Zeit einen feurigen Propheten an Djemschid, einem Könige von Iran, wie Medien mit den im Süden und Osten angrenzenden Ländern genannt wurde; dieser entfaltete sie weiter, breitete sie dann über sein Reich aus, und schuf zu ihrer Wahrung die Priesterkaste der Magier.

Viel später, doch schon geraume Zeit vor unserer Periode, trat in Baktrien der Magier Zerduscht (Zoroaster) auf, läuterte diese Religion, arbeitete sie auch wohl mehr durch, und ordnete besser und erweiterte ihren Cultus. Vielfache Fortbildung erfuhr dieselbe auch noch nach der Zeit, in welcher wir hier stehen: doch fehlt es nicht an Belegen, daß sie in allem Wesentlichen damals schon so beschaffen war, wie wir sie aus dem Zend-Avesta kennen lernen. Nach diesem nahm man als erstes Wesen ein Urlicht an, welches zwei Lichtwesen, Ormuzd und Ahriman, aus sich heraus entließ. Nach dreitausend Jahren faßte aber Ahriman Neid und Haß gegen Ormuzd, verlor deshalb sein Licht, verwandelte sich in den Urquell alles Bösen, und zog gegen Ormuzd zum Kampfe aus. Dieser schuf jetzt ein Reich des Lichtes, zuerst sechs Himmelsfürsten (Amschaspand's), dann Genien (Ized's) in großer Anzahl, zu Vorstehern je eines Elementes, einer Klasse von Dingen, eines Geschäftes oder einer Tugend; einige von diesen waren weiblichen Geschlechtes. Mithra, der Genius der Sonne, sei über diese himmlischen Wesen als Oberhaupt gesetzt, und ihr Versammlungsort sowie der Thron des Ormuzd sei auf dem Berge Alberdsch, welcher im Norden der Erde weit über die Sonnensphäre hinaus bis zum

Urlichte aufrage. Ferner schuf Ormuzd die Fervers, Urbilder aller ins Leben zu rufenden irdischen Wesen; man dachte sie sich diesen Nachbildern völlig gleich an Gestalt, nur herrlicher, rein und unvergänglich; und alle Fervers zusammen machten „das reine Volk des Ormuzd" aus. Ursprünglich bestehe der Ferver für sich, vereinige sich aber im Mutterleibe mit dem ihm bestimmten Körper als sein und seiner Seele Schutzgeist. Ahriman seinerseits, in den dunkelen Tiefen des Abgrundes, schuf sechs Erz = Dews, Fürsten der Finsterniß, und unzählige Dews niederen Ranges, welche im Reiche der Finsterniß dasselbe wären, was die Jzed's im Lichtreiche. Jetzt erst wurde die Körperwelt in sechs Zeitfolgen hervorgerufen, zuerst das Feuer, dann das Wasser, die Erde, die Pflanzen, die Thiere, und zuletzt die Menschen in einem Urpaar Meschia und Meschiana.

Das irdische Feuer, jenes reinste irdische Wesen und mächtigsten Verzehrer alles Unreinen, schuf Ormuzd allein. An Erschaffung der vier folgenden Klassen hatte aber auch Ahriman Theil: dem Ormuzd verdankt sein Entstehen, was in diesen Klassen gut, rein und nützlich, dem Ahriman dagegen, was in ihnen böse, unrein oder schädlich ist. Endlich die Menschen schuf wieder Ormuzd allein, je= doch mit dem freien Willen, welchem der beiden Reiche ein jeder Einzelne angehören wolle, dem des Ormuzd durch Weisheit und Tugend, oder dem des Ahriman durch Thorheit und Laster; im ersteren Falle habe man sich der „Reinheit in Gedanken, Wort und That" zu befleißigen, das Reich des Ormuzd durch Erzeugung und Erziehung guter Kinder, durch Pflege nützlicher Thiere und Gewächse durch Verbesserung des Bodens u. s. w. auszubreiten, sowie durch Vertilgung alles Schädlichen und Unreinen das Reich seines Feindes Ahriman zu schmälern. Ahriman ist es aber gelungen, schon den ersten Menschen von diesem Pfade abzubringen; hat dadurch den Tod in die Welt gebracht, und heißt daher der Todes= schwangere oder auch die Schlange. Je nachdem der Mensch nun mehr Diener des Einen oder des Anderen ist, gelangt er nach dem Tode zu einem seligen oder unseligen Leben. Drei Tage lang taumelt die abgeschiedene Seele noch um den verlassenen Körper herum, um zu versuchen, ob sie nicht vielleicht sich wieder mit ihm vereinigen könne; am vierten Tage gelangt sie zu der Brücke Tschinevad, welche Erde und Himmel verbindet. Dort stehen Ormuzd und der Jzed Mithra, welcher von Jenem zum Mittler der

Menschen bestellt ist [1]), und untersuchen ihre irdischen Handlungen; sind diese zu billigen, so führen andere Izeds sie über jene Brücke in ein Land der Freuden, wo sie der Auferstehung harret; sind sie aber nicht zu billigen, so wird die Seele nicht über die Brücke ge= lassen, sondern muß bis zur Auferstehung in die Hölle. Nach drei= tausend Jahren des Kampfes zwischen Ormuzd und Ahriman werde Letzterer der Sieger sein; nachdem er aber dreitausend Jahre un= umschränkt geherrscht, sammle das zurückgedrängte Reich des Lichtes wieder Kräfte und erlange, wenn hierüber abermals dreitausend Jahre vergangen seien, den Sieg für alle Ewigkeit; alles Böse ver= schwinde dann, und die Todten stehen auf, indem Ormuzd neubelebe Alle, die vor ihm ihre Sünden bekannt haben; auch Ahriman und seine Dews werden dann wieder Fürsten des Lichts [2]).

Von den Priestern dieser Religion, den Magiern, gab es drei Klassen, Oberpriester, deren einer für einen Nachfolger des Zoroaster galt und stets in Baktrien residirte, dann Meister und Lehrlinge. Gewöhnlich trugen sie weiße Gewänder, und beflissen sich der körper= lichen Reinheit mit großem Eifer. Sie waren ungemein zahlreich, hatten Macht und Würden, und bekamen reiche Spenden. Die Opfer und die bei diesen üblichen Gebete verrichteten sie allein, sie behaupteten, ihre Gebete allein würden erhört, und maßten sich die Entscheidung an, was gerecht sei. Sie deuteten die Zukunft aus

---

[1]) Zufolge einer anderen Stelle der erste Amschaspand Bahman und der Ized der Wahrheit.

[2]) Im Zendavesta sagt einmal Ormuzd zu Zoroaster: „Sicher und gewiß sollen deine Augen einst durch Auferstehung Alles neubelebt sehen.... Alsdann wird eine Scheidung erfolgen zwischen Gerechten und Ungerechten; Jene werden in das Paradies eingehen, aber alle Ungerechten müssen von Neuem in den Abgrund. Drei Tage und drei Nächte hindurch werden da Leib und Seele büßen, während der Gerechte in Himmelswohnung die Lieblichkeiten der Seligen schmecken wird.... Da wird der Vater von seinen Geliebten, die Schwester vom Bruder, der Freund vom Freunde geschieden sein; Jeder wird nehmen nach seinen Werken, Unbefleckte werden weinen über Befleckte, und diese über sich selbst.... Hierauf werden durch Feuers Hitze große und kleine Berge mit ihren Metallen zerfließen; das geschmolzene Erz bildet einen großen Strom, und Alles, was Mensch heißt, muß hindurch zur Reinigung: der Reine durchschreitet ihn wie einen Fluß warmer Milch, die Sünder gezwungen..... Wenn nun die Seelen also gereinigt worden sind, werden alle sich zu Einem Volke vereinigen und dem Ormuzd und den Amschaspands mit lebendigem Eifer ein großes Lob= lied singen.“

mancherlei Dingen, und gaben auch vor, die Zeiten zu kennen, wann dieser, wann jener gute oder böse Geist herrsche, sowie daß sie allein Auskunft von Ormuzd empfingen. Bei den gläubigen Königen mußten sie daher in hoher Achtung stehen, und um sie noch mehr zu gewinnen, ließen sie dieselben zu einer der magischen Weihen zu. Tempel hatte man nicht, sondern opferte auf offenen Höhen oder in abgesteckten Räumen, auch keine Bilder der himmlischen Wesen: beides gemäß der Lichtnatur dieser letzteren; doch hatte man tragbare Altäre, mit heiligem Feuer darauf, als Symbol des Ur= lichtes und der Reinheit. Während des Opferns sagte ein anderer Magier die rituellen Gebete her, in welchem Ormuzd, die Amschas= pands und die Jzeds angerufen wurden, und sinnig selbst der eigene Ferver als ebenfalls der Lichtnatur theilhaftig: gewissermaßen fanden auf diese Weise alle geschaffenen guten Wesen eine Art von An= betung, nämlich die Menschen und besonders die Heroen als frei= willige Theilnehmer an Ormuzd's Geschäft, den Sieg des Lichtes wie alles Reinen und Guten herbeizuführen, alle übrigen wohlthätigen Dinge aber (die Erde, Flüsse, Winde u. s. w.) als eingekleidete Genien. Zwei oder drei Magier mußten Tag und Nacht bei dem Altarfeuer wachen, daß es nicht verlösche, und zu diesem Ende fünf= mal an jedem Tage auserlesenes Holz in dasselbe werfen. — Feste waren: das Neujahrsfest, im Frühlingsäquinoctium, und man glaubte, daß der Neujahrstag der Jahrestag der Schöpfung sei; dann kam im Juli ein Fest dem erquickenden Wasser zu Ehren, ein anderes im Herbstäquinoctium zur Feier der scheidenden Sonne, und mitten im Winter ein dem wärmenden Feuer geweihetes; endlich die fünf letzten Tage des letzten Monats wurden zu Ehren der Abgeschie= denen gefeiert, auf deren Gräber man dann Speisen trug. Die Woche war unbekannt; dafür wurde jedem Tage des Monats und jedem Monat der Name eines besonderen Jzed gegeben, unter dessen Schutze man den Monatstag und den Monat stehend glaubte; außer= dem wurde das Jahr in sechs Doppelmonate getheilt, deren jeder einen Amschaspand zum Vorsteher erhielt. Allmorgens, wenn die Sonne aufging, betete man zu ihr gewendet, weil sie die Finsterniß verscheuche; und es gab Priesterinnen der Sonne, welche das Gebet der Keuschheit zu bewahren hatten. Auch dreimal monatlich, wenn der Mond aufging, verrichtete man ein besonderes Gebet, am ersten Tage seines Erscheinens, am Vollmond und gegen Ende des letzten

Viertels. — Der Reinheit des Stammes wegen war die Verhei=
rathung mit Fremden verboten; für die empfohlenste Verbindung
jedoch galt die zwischen Geschwisterkindern; erlaubt war, Mutter und
Schwester zu heirathen. Eine Wöchnerin mußte 40 Tage lang ohne
allen menschlichen Umgang leben, und ihr Ehemann durfte erst nach
anderen 40 Tagen sie sehen. Wenn ein Mann kinderlos starb, so
wurde von einem Mädchen, welches für ihn die Strafe der Kinder=
losigkeit aufheben wollte, nämlich nicht über die Brücke Tschinevad
zu kommen, eine mystische Ehe mit diesem Verstorbenen eingegangen;
und heirathete es später wirklich, so wurde das erste Kind dem Ver=
storbenen angerechnet. — Man glaubte, es gäbe männliche und weib=
liche Dews, die sich begatten und wieder Dews zeugen; sie suchen
alles Unreine auf, auf den Todtenäckern laufen sie in Schaaren
zusammen; sie befeinden und schwächen die Menschen, verursachen
ihnen Krankheiten u. s. w.

Man kannte zwei Arten von Unreinigkeit: die erste verursachte
die Berührung eines an sich unreinen Wesens z. B. eines Menschen=
leichnams, die zweite entstand durch die Mittheilung eines Un=
reinen ersten Grades. Nach jeder Verunreinigung waren weitläufige
Waschungen vorzunehmen, wobei man sich unter Anderem eines so=
genannten Ochsenwassers bediente, dessen Zubereitung und Verwen=
dung stark an die „Asche der rothen Kuh" erinnert. Ein Aussätziger
durfte nicht in die Stadt kommen und mit Niemandem umgehen;
man glaubte, der Aussatz entstehe in Folge einer Sünde gegen die
Sonne. Die Flüsse galten für heilig, in sie durfte nichts Unreines
geworfen und nicht gespieen werden. — Man durfte nichts essen,
was von Ahriman geschaffen ist z. B. Ratten, Katzen, Schlangen,
Wölfe, Frösche. Rein seien die Thiere mit gespaltenen Klauen,
und im Ganzen zählte man 282 besondere Arten reiner Thiere, von
allen übrigen war jeder Genuß verboten. Auf die Beobachtung der
religiösen Vorschriften wurde sehr strenge gehalten, auf Vieles stan=
den 200, auf Manches bis 1000 Riemenschläge! — Die Todten
zu verbrennen hielt man für unrecht, weil das Feuer dadurch ver=
unreinigt werde; man setzte sie den Vögeln und Hunden aus, daß
sie davon fräßen, und begrub die Ueberreste. Es herrschte der Glau=
ben, daß der Hauptdew der Unreinheit den Gestorbenen drei Nächte
lang besitze, und dann sich ein anderer Dew einfinde, die Seelen
der Sünder zu vernichten. Um die Seele hiergegen zu schützen,

wurde für sie die ersten drei Tage und Nächte gebetet; nach dem Tode des Vaters mußte für ihn der Sohn, nach dem Tode der Mutter die Tochter für sie Gebete verrichten, und wenn der Sohn oder die Tochter starb, mußte für jenen der Vater, für diese die Mutter beten; manche dieser Gebete wurden ein ganzes Jahr fort= gesetzt, manche an jedem Jahrestage des Todes wiederholt. Dieses mag vorläufig hinreichen, um von der magischen Religion eine etwas genauere Vorstellung zu geben; Anderes werde ich nachtragen, wenn später von dem Einflusse dieser Religion auf die jüdische zu reden sein wird; übrigens wird der kundige Leser auch schon unter dem Mitgetheilten nicht Weniges wiedererkannt haben, was in den jüdi= schen Glaubenskreis und Usus eingedrungen ist.

Die Erziehung der persischen Knaben, obwohl ebenso merkwürdig wie die von Lykurg eingeführte, muß ich hier zu schildern mir ver= sagen. Es mag die Angabe genügen, daß sie in den Residenzen der Könige und Satrapen in der Nähe des Palastes öffentlich er= theilt wurde und zum Reiten, zum Gebrauch der Waffen, sowie zu Allem, was außerdem Kraft und Schnelligkeit erforderte, aber auch zur Aneignung von Gerechtigkeit, Gehorsam und Mäßigkeit that= sächlich anleitete. Nur scheint sie bald wieder in Verfall gerathen zu sein; die innige Vereinigung mit den Medern und die gewonnene Bekanntschaft mit den Genüssen anderer üppiger Länder verweich= lichte die Perser bald wieder.

Zu ihrem Reiche gehörte unter Cyrus ganz Vorderasien bis zum Indus, bloß die große arabische Halbinsel hatte ihre Unzu= gänglichkeit gerettet; und dieses ganze Ländergebiet, 120 Provinzen umfassend, vertheilte Cyaxares unter gleich viele Statthalter. Außer= dem soll er drei Männer erwählt und jedem derselben die Ober= aufsicht über ein Drittel des Reiches gegeben haben. Dieses zerfiel nämlich jetzt vermöge seiner natürlichen Beschaffenheit und seiner Bewohner wirklich in drei Theile: vom südlichen Armenien gehet ein Gebirge bis nach Persis hinab, zwischen ihm und dem Indus wohnten lauter Zendvölker; die Länder westlich von diesem Gebirgs= zuge bis zu den Küsten des Mittelmeeres bilden ein natürliches Ganzes, das von semitischen Stämmen bewohnt war; den dritten Theil bildete Kleinasien. Die letztere Administration muß indessen bald wieder aufgehoben worden sein, da sich später keine Spur von ihr wiederfindet. Dafür wurde die in Asien gewöhnlichere wieder her=

vergesucht, überall mehrere kleinere Statthalter oder Pascha's unter einen Satrapen zu stellen. Jene sollten die obersten Civilbehörden ihrer Provinzen sein, und um ihren Anordnungen Nachdruck geben zu können, war eine kleine militärische Macht ihnen beigegeben. Die Satrapen hatten, wie es scheint, dieselbe unmittelbare Verwaltung der Hauptprovinz ihrer Satrapie, außerdem aber die Aufsicht über die ihnen untergebenen Pascha's und für den Unterhalt des in der Satrapie befindlichen Militärs Sorge zu tragen. Unabhängig von den Satrapen waren die Befehlshaber der festen Plätze und der in den besiegten Ländern cantonirenden Truppen, um nicht nur diese Länder, sondern auch ihre Statthalter im Gehorsam zu erhalten. In späterer Zeit übertrugen die Könige zuweilen die Satrapenwürde und den Befehl der Truppen demselben Manne, hatten aber fast jedesmal es zu bereuen. Ueberdies zog von Zeit zu Zeit ein Mann mit einer Heeresmacht im Reiche umher, um die in demselben vertheilten Truppen zu mustern und die verschiedenen Befehlshaber zu unterstützen, wo es nöthig war, aber auch gegen ihre Uebergriffe die Einwohner in Schutz zu nehmen; man nannte ihn das Auge des Königs. Um zwischen dem Könige und den Befehlshabern in den Provinzen die Verbindung zu erleichtern, wurden durch das ganze Reich in bestimmten Stationen Pferde und Reiter unterhalten, welche den Befehl oder die Nachricht auf das Schnellste weiter befördern mußten; auch die Erfindung, durch Feuerzeichen schnell Nachrichten weithin zu verbreiten, kannte und benützte man.

Ueber die Abgaben war bis auf Darius Hystaspis nichts festgestellt; es wurden Geschenke und Contributionen anbefohlen, wobei sich Cyrus mild, Kambyses hart zeigte, Darius aber theilte sein Reich in 20 große Districte und setzte für jeden derselben eine mäßige Abgabe baaren Geldes fest. Außer dieser Geldsteuer waren aber auch Naturalien zu liefern, namentlich von jeder Provinz die Lebensmittel für die Beamten und das Militär derselben; bedeutend vergrößert wurden diese Lieferungen durch die glänzenden Hofhaltungen der Satrapen und indem alle Provinzen zu der ebenso ausgedehnten[1] wie verschwenderischen Hofhaltung des Königs bei-

---

[1] Nach Ktesias wurden täglich an 15,000 Menschen aus der Küche des Königs gespeist.

tragen mußten. Die Geldsteuer mag nicht selten erhöhet worden sein und wurde mehr den Seeprovinzen, die Lieferung der Naturalien mehr den Binnenländern aufgelegt.

In den persischen Heeren bildeten die Perser selbst den Kern, doch auch die Meder, Parther und Hyrkanier standen in dem Rufe großer Tapferkeit; man bot jedoch zu großen Kriegen auch andere, oder gar alle Völkerschaften des Reiches auf, und sie sämmtlich zogen nicht blos, sondern fochten auch zuweilen nicht in kriegesgemäßen Abtheilungen, sondern jede Nation getrennt von der anderen. Nach=dem man die Tapferkeit der Hellenen kennen gelernt hatte, wurden auch von ihnen gern Hilfstruppen in Sold genommen. Vielen von den in den Krieg Ziehenden folgten ihre Frauen in langen Wagen=zügen, und die Vornehmen nahmen auch eine zahlreiche Dienerschaft mit, so daß der Heereszug oft beinahe einer Völkerwanderung glich; zum Theil wurden die mitgenommenen Frauen dazu gebraucht, die Küche zu besorgen. Eine eigene Seemacht konnten die Perser auf dem Mittelmeere nicht wohl haben; so oft sie einer solchen bedurften, mußten die Phönicier, die Kleinasiaten und die Inselbewohner Schiffe stellen; die Aegypter konnten hierzu selten herangezogen werden, da sie meistens abgefallen waren.

Die persischen Könige waren fast unzugänglich; wer nach vieler Mühe vorgelassen wurde, mußte sich niederwerfen und die Erde be=rühren: dies sollte nicht blos Unterwerfung ausdrücken, sondern zugleich eine Art göttlicher Verehrung des Königs sein, der für einen irdischen Vertreter des Ormuzd galt, daher auch sein Ferver im Gebet angerufen wurde, und vor seinem Throne zwei heilige Feuer brannten. Blos sieben Große des Reiches waren berechtigt, zu jeder Zeit vor dem Könige zu erscheinen; jeder Andere, der un=gerufen vor ihm erschien, hatte das Leben verwirkt. Er hatte aber, wohin er ging, Schreiber um sich, die alles irgend Bemerkenswerthe aufzeichneten und dergestalt eine fortlaufende Reichschronik lieferten. Der Wille des Königs war höchstes Gesetz, und seine Befehle galten für so unverbrüchlich, daß er selbst sie nicht zurücknehmen konnte. Die persischen Könige residirten abwechselnd in Babylon, Susa und Ekbatana. Die Hauptstadt des Stammlandes, Persepolis, war schon gleich von Cyrus an nicht mehr Residenz derselben, jedoch zum Antritt ihrer Regierung begaben sie sich dahin, um mit dem dort aufbewahrten Gewande des Cyrus sich bekleiden zu lassen und eine magische Weihe zu empfangen; auch besuchten sie zu gewissen Zeiten den Ort, um auf den Gipfeln der nahen Berge feierliche Opfer zu bringen, und ihre Leichen wurden dort beigesetzt.

Blos einige persische Könige waren wirkliche Despoten; auch darf man zum Maßstabe der Lage der Völker weniger die Härte ihrer Herrscher als deren Strenge gegen ungerechte Statthalter und Beamten annehmen, und in dieser Beziehung waren die Rundreisen jenes Mannes, den man das Auge des Königs nannte, von sehr wohlthätigem Einflusse. Sodann hat die magische Religion das Loos der Völker im persischen Reiche bedeutend gemildert, indem nach Vorschrift derselben die Satrapen und sonstigen Beamten den Ackerbau zu begünstigen hatten; die Vorgesetzten gut angebauter Provinzen wurden belobt und belohnt, die von schlecht angebauten getadelt und auch wohl bestraft. Und wenn wir das Wüthen des Kambyses und später noch eines anderen persischen Königs gegen die ägyptischen Priester und Heiligthümer abrechnen, sehen wir die Perser niemals im Kampfe mit den geistigen Richtungen oder gegen die Volksthümlichkeiten der unterworfenen Nationen; das Letztere unterblieb freilich blos, weil die Perser noch nicht die modern= despotische Idee eines nivellirten Gesammtstaates erfaßt hatten. So blieb das persische Reich ein Aggregat von eroberten Ländern, es gedieh niemals zu einem lebendigen staatlichen Organismus, offenbar zu seinem Verderben, und vielleicht sogar zum Nachtheil der unter= worfenen Völker, aber in jedem Falle zu ihrer Zufriedenheit. Gleich= wohl drückte die persische Herrschaft sehr schwer auf die Völker, theils weil die Perser bald ausarteten und manche gute Einrichtung verfallen ließen, theils wegen der vielen Kriege, welche sie führten, und der unabläßigen Empörungen, die sie blutig unterdrückten, ohne an die Abstellung der Anlässe dazu nur zu denken.

Von dieser langen aber hoffentlich zweckdienlichen Abschweifung kehren wir nunmehr zu den babylonischen Exulanten zurück.

Vierter Abschnitt.

Judäa unter persischer Herrschaft wird wieder ein jüdisches Land.

Erstes Kapitel.
Ein Theil der Exulanten kehrt in die Heimath zurück.

Was die Propheten vorausverkündigt hatten, war eingetroffen: Babel war erobert und seine Herrschaft aufgelöst. Wir sind berechtigt anzunehmen, daß die Juden im babylonischen Reiche die Perser als die Feinde ihrer Zwingherren nicht blos werden mit Jubel begrüßt, sondern auch, wo Gelegenheit dazu war, in ihren Unternehmungen unterstützt haben. Auch mußte die Aehnlichkeit der magischen und jüdischen Religion, welche freilich für den tieferen Forscher nur eine geringe ist, den ungebildeten Persern und Exulanten, zumal im Vergleich zu dem groben Götzendienste der Babylonier, sehr groß erscheinen; und diese Wahrnehmung mußte die Perser nothwendig für die Juden günstig stimmen, sowie hinwiederum diese veranlassen, die Perser gewissermaßen als Religionsverwandte, Cyrus aber als einen Boten ihres Gottes, als seinen „Gesalbten", und was sie für ihn thun konnten, als ein frommes Werk anzusehen. Von welcher Art die von ihnen den Persern geleisteten Dienste gewesen sein mögen, ist nirgend angegeben; doch unterliegt es keinem Zweifel, daß einem Eroberer diese überaus günstige Stimmung von Hunderttausenden, die in Feindesland zerstreuet lebten, von wesentlichem Nutzen gewesen sein muß. Eine bessere Lage der Exulanten trat daher auch ohne Zweifel nicht erst nach der Eroberung Babylons ein, sondern begann wohl in den entfernteren Provinzen gleich mit deren Unterwerfung unter die persischen

Waffen; aus Stellen im Jeschajah vermuthe ich sogar, daß Cyrus, die Wünsche dieser Exulanten errathend, schon geraume Zeit vor der Eroberung Babylons ihnen staatsklug hatte Hoffnung auf die Erlaubniß zu ihrer Rückkehr machen lassen. Freilich mag hierdurch die Lage der in und um Babylon ansässigen Juden vorläufig bedrohlicher geworden sein, daher wir auch jüdische Stimmen in Babylonien vernehmen, welche die dort befindlichen Exulanten zur Vorsicht und Zurückhaltung ermahnten. Als nun Babylon erobert war, und die darin befindlichen Juden die Sieger als ihre Befreier begrüßten, war es natürlich, daß der damals Angesehenste unter ihnen, Danijel, die Bekanntschaft des Cyrus und Cyaxares aufsuchte, und Diese von dem Rufe großer Weisheit, in welchem er stand, Kenntniß erhielten. Als dieser Cyaxares über jeden der drei Haupt= theile seines Reiches einen besonderen Vezier anstellte, soll er Danijel zu einem dieser hohen Posten gewählt haben; wahrscheinlich ist dies nicht, Danijel mußte viel zu alt hierzu erscheinen, da er 64 Jahr vorher, wenn auch als Knabe, nach Babylon gekommen war! Irgend eine andere angesehene Stellung aber mag dem Greise allerdings zu Theil geworden sein. Durch ihn vielleicht erging noch im ersten Jahre nach der Eroberung Babylons an Cyaxares und Cyrus die Bitte, daß von seinen Mitbrüdern im Exil alle diejenigen welche noch Sehnsucht nach ihrem Heimathlande hätten, in dasselbe zurückkehren dürften. Die Stimmung der Sieger für die Juden war so günstig, daß schon darum ihnen diese Erlaubniß nun wirk= lich ertheilt worden wäre; es kamen aber, vermuthe ich, noch poli= tische Gründe hinzu, die Bitte der Juden zu unterstützen. Nämlich auf dem früher erwähnten Zuge des Cyrus nach Syrien fiel dieses zwar ohne allen Kampf ihm zu; aber gleichwohl mußte es ihm lieb sein, einen Theil dieses wegen der Phönicier wichtigen Landes von einem vollkommen ergebenen Völkchen bewohnt zu sehen. Ferner mußte es Cyrus nützlich erscheinen, daß an der Grenze Aegyptens eine treue Wache postirt sei, auch lag ein Versuch auf dasselbe gewiß nicht so außerhalb seines Gesichtskreises, um nicht für den Fall einer Expedition dahin gern einen sicheren Stützpunkt zu besitzen. Endlich wird Danijel nicht verfehlt haben, die magische und jüdische Religion als verwandt darzustellen. Cyrus ertheilte daher den Juden die Erlaubniß zur Rückkehr, und ließ ein Edikt hierüber in dem ganzen Reiche bekannt machen; zugleich versprach er ihnen, die

Koften eines Tempels, den sie in Jerufalem aufbauen wollten, aus dem königlichen Schatze zu beftreiten[1]).

In Folge deffen traten unter Serubabel oder Schesch= bazar, wie er bei den Chaldäern hieß, 42,360 Männer zusammen, um mit ihren Familien in die Heimath zurückzukehren. Viele von den zu Wohlhabenheit gelangten Exulanten hatten sich zwar den Sitten und dem Cultus der Babylonier zugewendet, wie wir fahen, und sich behaglich fühlend, die von den Frommen erfehnte Rückkehr als eine phantaftifche Träumerei der Unbemittelten angefehen: jetzt aber, da Cyrus sie begünftigte, und die Eroberung Babylons auch Solche, die in ihren religiöfen Ueberzeugungen fchwankend gewefen, dem Gott der Väter wieder zurückgeführt hatte, fchloffen sich fo Viele an, auch von den Wohlhabenderen, daß sie insgefammt einen Volks= haufen von wohl 200,000 Seelen bildeten[2]). Ihr Führer Serubabel wird ein Fürft Juda's genannt, entweder weil ihn Cyrus zum Pafcha der zurückkehrenden Juden erhob, oder weil er zuvor fchon unter den Exulanten die Würde eines judäifchen Stammfürften befaß; über seine nächfte Abftammung fchwanken die Nachrichten, doch jedenfalls war er ein Abkömmling des David. Neben ihm trat an die Spitze der Heimkehrenden Jehofchua oder Jefchua, deffen Großvater, der hohe Priefter Seraja, nach der Zerftörung Jeru= fchalems war auf Befehl des Nebuchadnezar hingerichtet worden; da vor dem Exil das Amt des hohen Priefters erblich war, so waren auch wohl an diefen Jefchua fromme Hoffnungen geknüpft, die ihn jetzt in den Vordergrund brachten. Außer ihnen sind noch zehn Männer von geringerem Anfehen namhaft gemacht, welche sich der Heimkehrenden befonders angenommen hätten; durch diefe Zahl von zwölf Häuptern follte vielleicht den zwölf Stammfürften ent= fprochen werden, welche in den alten Zeiten die öffentlichen Angelegen= heiten beforgten. Unter den Heimkehrenden befanden sich 4289 Priefter, und eine Anzahl folcher·Priefter, welche fpäter ihre Ge= fchlechtsregifter nicht vorbringen konnten und deshalb zu dem

---

[1]) Wahrfcheinlich bloß weil die Größe der Koften davon abhing, erhielt seine Zufage nähere Beftimmungen für den Bau diefes Tempels; doch haben vielleicht Juden diefelben an die Hand gegeben.

[2]) Wenn indeffen Pfeudo=Esra 5, 41 Recht hat, daß zu den Männern alle Knaben über 12 Jahr gezählt waren, so dürfte wohl die Gefammtzahl nur 160,000 Seelen betragen haben.

Priesterdienste nicht zugelassen wurden; dagegen auffallend wenig
Lewiten, nur 360 oder 341: vermuthlich kehrten von ihnen deshalb
so wenig zurück, weil ihnen noch in Andenken sein mochte, wie
schlecht die Lewiten vor dem Exil gestellt waren, als der jahwistische
Cultus so darniederlag, und sie wohl besorgten, daß, wenn auch
dieser jetzt sich wieder heben sollte, doch die besten Einkünfte des=
selben der ihnen übergeordneten Priesterschaft zufließen würden.
Ferner hatten sich 392 Netinim angeschlossen; die Netinim waren
wie die zu ihnen gerechneten Gibeoniten ursprünglich heidnischer
Abkunft, aber von Dawid, Schlomo und Anderen dem Tempel ge=
schenkt worden, und ihre Nachkommen waren im Dienste des Tempels
verblieben. Alle Uebrigen gehörten meistentheils den Stämmen
Jehuda und Binjamin an, doch soll auch eine nicht ganz unbedeu=
tende Anzahl assyrischer Exulanten, mit welchen sie in Verbindung
gekommen waren, ihnen sich angeschlossen haben.

Dieser Volkshaufen brachte über 7500 Sklaven beiderlei Ge=
schlechts und einiges Lastvieh mit; mit Geld scheinen sie ziemlich
gut versehen gewesen zu sein, doch war dieses zum Theil ihnen erst
von zurückbleibenden Juden und wohlwollenden Eingeborenen geschenkt
worden. Auch die goldenen und silbernen Geräthe, welche Nebu=
chadnezar aus dem alten Tempel mitgenommen und einem Götzen=
tempel zu Babylon überwiesen hatte, erhielten sie auf Befehl des
Cyrus zurück, und nahmen sie nebst den Spenden Anderer für den
neu zu erbauenden Tempel mit in die Heimath.

Vergegenwärtigen wir uns indessen auch, welche geistige Schätze
diese Colonie aus dem Exil mitgebracht hat. Obenan ist der
Monotheismus zu stellen, da wir unter den Zurückgekehrten keine
Spur von Götzendienst jemals wiederfinden; und was zu diesem
Siege desselben verholfen habe, wurde in zerstreuten Stellen schon
besprochen, doch scheint es, daß die Heimkehrenden grade diejenigen
Exulanten waren, welche für den vaterländischen Boden und die auf
ihm einzurichtende Theokratie am meisten Liebe besaßen, wogegen
unter den Zurückbleibenden der Monotheismus für jetzt noch nicht
so allgemein herrschend sein mochte. Daß Jene auch große Bereit=
willigkeit besessen hätten, die pentateuchischen Satzungen zu beobachten,
ist stark zu bezweifeln, doch jedenfalls war jetzt mehr Bereitwilligkeit
dazu als vor dem Exil vorhanden, insbesondere zu einer sorgfältigen
Pflege des Tempeldienstes und zur Unterlassung alles dessen, was

mit dem Götzendienst zusammenhing. Ferner brachten sie ihre heilige Literatur vielfach bereichert zurück; zu den in's Exil mitgenommenen Schriften waren dort hinzugekommen: Jecheskel, mehrere Stücke in Jirmeja und Jeschaja, welche von diesen Propheten nicht sein können, Obadja, viele Psalmen, das fünfte der Klagelieder, sowie eine Redaktion der mitgenommenen Schriften über Joschua, die Richter, Schmuël und die Könige. Eine gedrängte Beurtheilung dieser schriftstellerischen Erzeugnisse wird noch einige Einblicke in den Geist der Exulanten gewähren. Die Prophetien des Jecheskel haben einen hohen literarischen Werth als treue Abdrücke eines Geistes von seltener Kraft und Originalität. Diese letztere zeigt sich besonders in seinem unerschöpflichen Reichthum an Bildern, die zwar häufig überladen und zuweilen selbst abstoßend erscheinen, aber wieder durch ihre Riesenhaftigkeit, durch ein wahrhaft Kyklopisches in ihnen unwiderstehlich fesseln. Er ist als Strafredner rauh und heftig, ihm fehlt der Adel des Jeschaja wie das tiefe Gemüth des Jirmeja; auch läßt er die Ergüsse der feurigsten Phantasie sehr oft in die breiteste Prosa auslaufen. Seine Symbolik ging von dem eifrigen Bestreben aus, nur erst die Aufmerksamkeit des gedankenlosen Volkes auf seine Vorträge zu lenken; sie war also natürlich, sowie leicht verständlich, und stehet darum viel höher als die des Secharja. Eine andere mittelasische Symbolik sehen wir in seinen Gotteserscheinungen, und werden später Gelegenheit erhalten, auf sie einzugehen. Seine Sprache ist nicht frei von einer babylonischen Färbung und von zahlreichen incorrecten Ausdrücken.

Die exilischen Stücke im Jeschaja haben einen verschiedenen Stil, und dürfen darum nicht einem und demselben Verfasser beigelegt werden. 13, 2 bis 14, 23 und die weichen Verse 21, 1 — 10 gehören durch Inhalt und Form zu dem Schönsten in der heiligen Schrift; sie haben echte Poesie, Lebendigkeit, ansprechende Kürze und eine gewählte reine Sprache. K. 23 und 24 haben Etwas von der gelegentlichen Eintönigkeit des Jirmeja, dem auch vielleicht das letztere Kapitel zuzuschreiben ist. 25 — 27 erinnern durch ihre ungelenke Diction und ein häufiges Ueberspringen auf neue Ideengänge lebhaft an die Schreibart des alten Hoschea. Die Redeweise in K. 40—66 ist klar, leicht, fließend, meistentheils lebendig und eindringlich, doch auch zuweilen gedehnt, zuweilen spielend; die vielfachen Wiederholungen darin müßten wir rügen, wenn es nicht höchst wahrscheinlich wäre, daß diese Kapitel eine Reihe ursprünglich einzelner und in bedeutenden Zwischenräumen, jedoch von Einem abgefaßter Aufsätze sind. Ihnen am verwandtesten im Stil sind K. 34 und 35, desgleichen das unechte Stück Jirm. 50, 1 bis 51, 58. — Obadja's Stil ist matt und sklavisch von Früherem abhängig; auch seine Sprache ist nicht correct genug. Psalmen wurden ohne Zweifel in Menge im Exil geschrieben; die Empfindungen, von welchen die besseren Exulanten durchdrungen sein mußten, konnten keinen passenderen Ausdruck finden, als ihn diese Dichtungsart gewährte. Von den damals verfaßten werden viele untergegangen sein, und viele in unserer Psalmensammlung unerkannt sich befinden; die wenigen, welche mit Entschiedenheit für exilische zu erklären sind, Ps. 61, 69, 79, zeigen eine schöne, kräftige und reine Sprache: man hört ihnen nicht an, daß die Harfen schweigend „an den Weiden Babylons hingen". — Von geringem dichterischen Werth und bloß eine matte Nachahmung der Klagelieder des Jirmeja ist das fünfte Klagelied.

Von gleichfalls geringem Werthe war die Geschichtschreibung im Exil. Statt uns eine authentische Erzählung der erlebten großen Katastrophe zu geben, ließ man die Feder, wie freilich schon vor dem Exil, dem bedenklichen Zwecke, die alte Geschichte vom derzeitigen religiösen Standpunkte allein aus darzustellen, wie nämlich allezeit die Anhänglichkeit an Jahweh Glück, der Abfall von ihm Unglück dem Volke gebracht hätte. Dieses hat die zwei Nachtheile herbeigeführt, daß wir ohne Zweifel manche alte Begebenheiten und Persönlichkeiten in einem bald zu vortheilhaften, bald zu schlimmen Lichte erblicken, und wieder andere vielleicht sehr wissenswerthe, aber für jenen didaktischen Zweck unbrauchbar erschienene Begebenheiten gar nicht mitgetheilt erhalten haben. Es ist dies um so bedauerlicher, da die benutzten Quellen untergegangen sind; und es ist nur noch ein Glück, daß entweder aus Pietät für alte Geistesprodukte oder aus Mangel an schriftstellerischer Gewandtheit viele alte Schriften und Fragmente offenbar ziemlich unverarbeitet aufgenommen wurden. Hierbei wollen wir indessen nicht verkennen, daß diese eigenthümliche Art von Geschichtschreibung dem Streben aller exilischer Gottesmänner, das Volk für Jahweh zu gewinnen, großen Vorschub geleistet haben muß, und wenn auch nicht den Dank der Wissenschaft, dafür aber den wärmsten Dank des erstarkenden Judenthums sich verdient hat. Ich meine hier das große Werk der sogenannten „ersten Propheten". Ein exilischer Schriftsteller hat es in folgender Weise theils zusammengestellt, theils verfaßt: er begann damit, das Buch Joschua, welches längst geschrieben war, in dem besagten Sinne zu überarbeiten, und ließ ihm das Buch der Richter folgen, welches geraume Zeit vor dem Exil schon nach einem ähnlichen religiösen Gesichtspunkte verfaßt worden war und jetzt keiner solchen Ueberarbeitung bedurfte. Sodann nahm er in diese Sammlung das Büchlein Rut und Schmuël auf, in welchem letzteren, ungefähr ein Jahrhundert nach David, die Schriften der Propheten Schmuël, Natan und Gad verarbeitet worden waren; auch diese Compilation blieb jetzt ziemlich unverändert, vermuthlich weil sie wie ihre Quellen gleich Anfangs in jahwistischen Sinne niedergeschrieben war. Hieran endlich hing unser exilischer Schriftsteller, unter Benutzung eines älteren „Buches der Geschichte Schlomo's", seine eigene Erzählung von diesem Könige, und führte dann die Geschichte der beiden Reiche bis zu ihrem beiderseitigen Ende fort, wobei er zwei noch junge Werke, die „Annalen der Könige von Jehuda" und die „Annalen der Könige von Israel" theils abschrieb, theils blos auszog. Wo sein eigener Stil erkennbar wird, ist dieser trocken und dürr, die Sprache etwas unbeholfen, auch nicht ganz correct; die Episode von den beiden Propheten Elija und Elischa gehört wohl bis auf einige Zusätze seinen Quellen an. Einige kleine Abänderungen, welche diese umfangreiche Sammlung nachmals noch erfuhr, sollen später mitgetheilt werden.

Was im Exil und zum Theil erst zu Ende desselben geschrieben worden ist, zeigt aber klar, daß im Ganzen die ibräische Schriftsprache durch das Exil weder an Gewandtheit und Frische, noch an Reinheit und Correctheit verloren hatte, und ihre Verschiedenheit von der vorexilischen, welche dennoch durchzufühlen ist, von der eingetretenen Aenderung in der Stimmung und Ideenrichtung der Schreibenden abgeleitet werden muß. Ferner drängt diese exilische Literatur zu der Annahme, daß die Masse der Zurückkehrenden noch im vollständigen Besitze der ibräischen Sprache gewesen sei. Die entgegengesetzte Annahme ist sehr verbreitet, aber kein beachtenswerthes Zeugniß und kein sonstiger Umstand macht sie nothwendig oder nur wahrscheinlich; die meisten Exulanten waren in hinlänglicher Anzahl beisammengeblieben, um die vaterländische Sprache üben zu können, und das Exil selbst war nicht von so langer Dauer, um sie trotzdem zu verdrängen. Kenntniß des Aramäischen hatten die Juden allerdings jetzt erlangt, und es ist unzweifelhaft, daß hierdurch das Ibräische in dem Munde Vieler eine aramäische Färbung bekommen haben wird; bei Denjenigen, in deren Familien das Aramäische stärker eingedrungen sein mochte, geschah dies wohl nur in Folge ihrer größeren Hinneigung zu den Babyloniern und von Ehen mit heidnischen Frauen: grade dies aber macht wahrscheinlich, daß sie zu Jenen gehörten, welche in ihren exilischen Wohnsitzen zurückblieben.

Von ausländischen Ideen, welche die Juden aus dem Exil mitbrachten, will ich jetzt nicht reden, weil es fast nur der magischen Religion angehörige waren, und diese im Exil das Volk nicht nachhaltig ergriffen haben müssen, da sich kein merklicher Einfluß derselben auf die religiösen Anschauungen der Zurückgekehrten in den ersten Jahrhunderten nachweisen läßt; den Geistern erst flüchtig eingedrückt, scheinen sie Denjenigen bald wieder entschwunden zu sein, welche durch die Uebersiedelung nach Judäa ihrer fortgesetzten Einwirkung ziemlich entzogen waren. Die Versetzung der jüdischen Religion selbst in Palästina mit magischen Bestandtheilen ist nicht vom Exil abzuleiten, sondern bedeutend jüngeren Datums. — Dies jedoch verdient noch bemerkt zu werden, daß das Exil die Gewandtheit und Rüstigkeit des jüdischen Geistes geweckt haben muß, ihm konnte man vor der babylonischen Katastrophe diese Eigenschaften nicht zuschreiben, von jetzt an aber entwickelte er sie, wenn auch vorläufig noch nicht in einem bedeutenden Grade. Hieher ziehe ich ich auch, daß die Heimkehrenden von den gewerbthätigen und kunstfertigen Völkern, unter welchen sie gelebt hatten, ohne Zweifel manche nützliche Kenntniß mitbrachten, weniger wohl auch schon Neigung zum Handel, weil die, welche im Exil sich ihm zugewendet hatten, vermuthlich gern auf dem bisherigen Terrain verblieben.

Zweites Kapitel.

Der Zustand Judäa's und seiner Nachbarschaft zur Zeit dieser Rückkehr.

Wir haben jetzt auf den Boden, welcher die Colonie aufnehmen wird, und auf das übrige Syrien, zu welchem fortan Judäa in einem näheren Verhältnisse stand, einen Blick zu werfen.

In der Mitte Syriens erheben sich mit ziemlich nördlicher Richtung zwei parallele Gebirgszüge, der Libanon und östlich von ihm der Antilibanus. Jener kommt bald mehr bald weniger dem Meere nahe und reicht bis gegen Sidon hin; hinter seinen ange= baueten Vorstufen ragt der eigentliche Kamm desselben als ein nackter Felsenzug hervor, dessen größte Höhe man auf 8900 Fuß schätzt. Weniger in die Augen fallend ist der ungefähr eben so hohe Antilibanus mit seinem mehrere Stunden breiten Felsenrücken. Auf den höchsten Gipfeln beider Gebirgszüge bleibt der Schnee das ganze Jahr über liegen; die Thäler von beiden aber sind zum Theil sehr reizend, die von ihren Wänden herabstürzenden Wasser= fälle prächtig, die Aussichten großartig. Zwischen den zwei Zügen ist das fruchtbare Thal Cölesyrien eingesenkt; oft indessen wurde unter Cölesyrien der ganze mittlere Theil Syriens verstanden. Von Städten sind in Syrien bemerkenswerth: Damaskus, eine uralte und durch alle Zeiten berühmte Stadt östlich vom Antilibanus, 43 Meilen von Jerusalem entfernt, in einem so anmuthigen und fruchtbaren Landstriche, daß ihn die Einwohner für das Paradies erklären. In dem Thale Cölesyrien lag das berühmte Heliopolis (Balbeck), von welchem noch Ruinen einiger Tempel zu sehen sind, die sich ebenso durch ihre ungeheure Größe wie durch die Vortreff= lichkeit der Arbeit auszeichnen; ihre Verhältnisse und Zierrathen weisen jedoch auf erst späteren, griechischen Ursprung hin. Nord= östlich von Damaskus, noch eine Tagereise vom Euphrat entfernt, lag Tadmor (Palmyra) in einer wohlbewässerten und palmenreichen, aber von großen Sandwüsten umgebenen Ebene; seit uralten Zeiten war es durch die Karavanenstraße wichtig, welche vom Euphrat über dasselbe nach Damaskus führte; doch folgte seine eigentliche Glanzperiode, aus welcher noch prächtige Ruinen übrig sind, erst lange nach unserer Zeit. Auch die Städte Antiochia und Seleucia gehören erst in die Periode der Seleukiden. Dieses obere Syrien war durch Nebuchadnezar zu dem chaldäischen Reiche geschlagen worden, und hatte seitdem Statthalter von Babylon erhalten. — Und dasselbe Schicksal hatte Phönicien. Bloß Tyrus machte hiervon eine Ausnahme. Von seiner dreizehnjährigen Belagerung und deren leiblichem Ausgange wurde oben berichtet, sowie daß damals ein anderer König als babylonischer Vasall in Tyrus eingesetzt wurde. Derselbe versuchte aber später, sich unabhängig zu machen, und als dieses mißlang, erlaubten die Chaldäer den Tyriern bloß, sich von Sufeten regieren zu lassen; doch schon nach Kurzem wurde ihnen wieder verstattet, unter einem Könige der angestammten Dynastie zu stehen.

Das Ostjardenland blieb nach der Unterwerfung der Ammoniten durch Nebusaraban ruhig unter der chaldäischen Herrschaft bis zu deren allmäliger Auflösung durch Cyrus. Die Idumäer hatten, wie schon mitgetheilt wurde, für ihren Anschluß an die Chaldäer verstattet erhalten, sich in Judäa auszubreiten, und sie thaten dies besonders wegen der schönen Triften dieses Landes; hiermit aber nicht zufrieden, scheinen sie sowohl in das philistäische Gebiet hinein, als auch südlich von demselben bis zum Meere hin sich festgesetzt zu haben, und wie zum Ersatze hiefür breiteten sich die Philistäer die nördlichere Meeresküste hinauf aus.

Etwas ausführlicher muß ich über Samarien sein, wo sich längst Zustände vorbereitet hatten, welche in die folgende jüdische Geschichte stark eingriffen. Als um 740 Tiglatpilésser die Bewohner des nordöstlichen Palästina's, und zwanzig Jahr später Schalmanésser die Bewohner des übrigen Reiches Israel hatte nach Assyrien abführen lassen, blieb eine dünne Schicht der Bevölkerung im Lande zurück. Und nach ungefähr 25 Jahren schickte der assyrische König Essar-Chaddon aus mehreren Provinzen seines Reiches Colonisten in diese menschenarme Gegend, nämlich Babylonier, Kutäer (Susier), ferner Bewohner von Sefarwajim am mittleren Euphrat, von Chamat in Syrien und von einer Stadt oder Provinz Awa, die nicht sicher nachzuweisen ist; auch ein sidonisches Element fand sich zu ihnen, nur ist nicht zu ermitteln, wann dieses dahin kam. Diese Colonisten scheinen dem Anschluß der Eingeborenen an Juda hinderlich gewesen zu sein, und brachten die Götter ihrer Heimath, vornehmlich zabische, mit dahin, wodurch dem unter den zurück-

gebliebenen Israeliten ohnehin herrschenden Zabaismus neuer Vor=
schub geleistet wurde. Doch half ein eigenthümlicher Vorfall dem
hier gänzlich darniederliegenden Jahwehthum wieder ein klein Wenig
auf. In dem sehr veröbeten Lande hatten nämlich Löwen [1] über=
hand genommen, und diese Plage sahen die Colonisten für eine
Strafe dafür an, daß sie nicht wüßten, den Landesgott zu verehren.
Hiervon benachrichtigt, schickte ihnen der König von Assyrien einen
der Priester, welche in Bet=el und Dan dem mit einigen beibehal=
tenen jahwistischen Elementen versetzten Kälbercultus vorgestanden
hatten und wahrscheinlich sämmtlich deportirt worden waren, um sie
in dem Dienst des Landesgottes zu unterweisen. Dieser Priester
nahm seinen Sitz in Bet=el, woher er wahrscheinlich war, und seine
Unterweisung bestand wohl nur darin, daß er daselbst den Kälber=
dienst wieder herstellte; jedoch der anderweitige Götzendienst der zu=
rückgebliebenen Israeliten und der Einwanderer blieb neben ihm
bestehen. Der jahwistische Beisatz in dieser gemischten Religion mochte
Anfangs bei den Eingeborenen von etwas größerem Umfange als
bei den Colonisten sein; doch mußte Gleichförmigkeit eintreten, als
beide allmälig sich verschwägerten und zuletzt ganz in einander ver=
schmolzen; indessen war dort für den Dienst des Jahweh wenigstens
dies vorläufig gewonnen, daß Letzterer als Landesgott anerkannt
wurde. Um 620 zerstörte König Joschija auf einem Streifzuge nach
Israel, den alten Altar des Jerobeam in Bet=el und alle heidni=
schen Tempel im Lande, welche von den israelitischen Königen her=
rührten; doch zur Aufnahme der Jahwehreligion in dortiger Gegend
scheint dieser Zug nicht beigetragen zu haben, hierzu war er zu vor=
übergehend. In allen dann folgenden Kriegen mag dieses Misch=
völkchen völlig theilnahmlos geblieben und die kaum beachtete Beute
jedes Stärkeren geworden sein, zuletzt der Chaldäer. Und als in
dem letzten Kriege unter Zidkija viele Juden zu allen benachbarten
Völkern flohen, kamen auch in diese Gegend nicht wenige, verließen
sie jedoch wieder, sobald die Gefahr vorüber war. Dem Herkommen
mich anschließend, werde ich, so oft von nun an die Rede von diesem
Völkchen sein muß, es „die Samaritaner" nennen, doch sind während

[1] 2. Kön. 17, 25 — 28. Dagegen die Samaritaner erzählten, Baltnezar
habe auch sie vertrieben und ihr Land mit Anderen bevölkert, welche aber die
göttliche Strafe traf, daß die Früchte zu Gift für sie wurden. Und Josephus
spricht von einer damaligen Pest. Es ist nicht zu entscheiden, wer Recht hat.

unserer ganzen Periode auch die Bewohner von Galiläa darunter
zu verstehen; erst für die Zeiten von den Makkabäern an, als mehr
und mehr Juden sich nach Galiläa zogen und allmälig dort die
Mehrzahl bildeten, ist die Benennung Samaritaner bloß auf die
Bewohner der mittleren Provinz von Palästina zu beziehen.

Judäa endlich muß, selbst nach der Entfernung Jener, welche
nach Gedalja's Ermordung Aegypten aufgesucht hatten, noch eine
ganz dünne Bevölkerung behalten haben: nur so wird es erklärlich,
daß fünf Jahr später wieder ein nicht ganz unbedeutender Haufen
durch Nebusaraban nach Babylonien abgeführt werden konnte; und
auch dann noch müssen Einzelne in nicht allzu geringer Anzahl zurückgeblieben sein, eine erfolgte vollkommene Ausleerung des Landes
ist beinahe undenkbar [1]). Die zugänglichen Ortschaften aber lagen
nicht bloß alle öde, sondern auch großentheils verwüstet, und es wurde
schon erwähnt, daß die Idumäer in dem herrenlose Lande sich ausgebreitet hatten.

So nun sah es in allen diesen Gegenden aus bis zu der Zeit,
da Cyrus Kleinasien unterworfen hatte. Als er aber von da nach
Syrien zog, widerstand hier ihm Niemand, die Phönicier übergaben
sich ihm freiwillig, und die Idumäer zogen bei seiner Annäherung
sich von dem usurpirten Boden Judäa's zurück. Die chaldäische
Botmäßigkeit über Syrien mußte jetzt schon aufhören; doch konnte
dieses erst nach der Eroberung Babyloniens völlig für eine persische
Besitzung gelten. Seine nunmehrige politische Einrichtung, welcher
Judäa und ganz Palästina naturgemäß eingefügt wurde, war im
Allgemeinen diese: Von Cyrus erhielt ganz Abar-nahra oder die
Landschaft „diesseits des Euphrat" einen Satrapen, unter welchem
kleinere Statthalter der einzelnen Provinzen und Distrikte sowie die
kleinen Könige standen, welchen eine Vasallenherrschaft gelassen wurde,
namentlich die von Sidon und Thyrus. Nach Artaxerxes I. aber erhielt der Norden von Syrien und Mesopotamien einen gemeinschaftlichen Statthalter, und das südliche Syrien einen andern, der seinen
Sitz in Schomrom nahm; doch scheint diese Theilung Syriens in
zwei Statthalterschaften zuweilen auch wieder, besonders in der

---

[1]) Schlecht verbürgt ist die Sage, daß der Prophet Chabackuk im Lande
geblieben, sowie eine andere, daß er bei der Zerstörung Jerusalems nach einer
ägyptischen Grenzstadt geflohen, nachher wieder ins Land zurückgekehrt, und dort
zwei Jahre vor der Rückkehr des Volkes gestorben sei.

spätesten Zeit, nicht stattgefunden zu haben. Sowohl in diesem Falle der Statthalter von ganz Syrien, als auch, wenn dasselbe ge= theilt war, der des südlichen Syriens hatte, wie es scheint, noch die unmittelbare Verwaltung von Cölesyrien und einiger südlicheren Distrikte.

Drittes Kapitel.
Die Niederlassung der Juden und ihre Begegnisse bis zur Vollendung des Tempels.

Die zurückkehrenden Juden fanden bei ihrer Ankunft, auf dem heimischen Boden, im Jahre 536, die Idumäer wie gesagt nicht mehr im Besitz desselben; und wenn noch andere Nachbarn Strecken des menschenleeren Ländchens besetzt haben sollten, so räumten auch sie bei dem Herannahen der von den Persern begünstigten Juden gewiß diese schleunig. Von den Zurückkehrenden aber stammten bei weitem die meisten aus dem Reiche Juda, und diese zerstreuten sich alsbald, indem ein Jeder von ihnen den Ort seiner Abstammung aufsuchte; die Priester, Lewiten und Netinim thaten das Nämliche, doch mochte wohl ein ansehnlicher Theil derselben sich sogleich nach Jerusalem wenden. Die wenigen Nachkommen der altassyrischen Gefangenen, welche sich den Judäern angeschlossen hatten, scheinen nicht in die Heimath ihrer Vorfahren zurückgekehrt zu sein, da ein Geschlecht mehr heidnischen als israelitischen Ursprunges diese im Besitz hatte, sondern bei den Judäern verblieben zu sein, unter welchen es ihnen auf dem anfänglich schwach bevölkerten Boden nicht an Raum gefehlt haben kann. Endlich jene wenigen Judäer, welche die Ankömmlinge in der Heimath vorfanden, wurden von diesen ohne Zweifel freudig begrüßt; doch waren sie zu gering an Zahl und wahrscheinlich an Sinnesweise den Heimkehrenden zu ähnlich, als daß sie diesen eine neue Färbung hätten geben können. Die wenigen Heiden aber, welche im Lande noch zurückgeblieben sein mochten, verschmolzen allmälig mit den Juden, theils indem sie das Judenthum annahmen, theils durch Verschwägerungen. Diese neue Niederlassung nun reichte im Süden bis an die idumäischen Berge, im Westen umschloß sie die Abhänge des Gebirges, und griff sogar in das philistäische Gebiet ein, ohne aber auf irgend einem Punkte bis an das Meer zu reichen; im Nordwesten umfaßte sie noch Lod östlich von Joppe, eine Linie aber, von da bis zum Jarden gezogen, bezeichnet ihre Nordgrenze; die Ostgrenze bildeten dieser Fluß und das todte Meer. So ziemlich hatte sie also den Umfang des einstigen Reiches Juda; und wie dieses wegen seiner Nordgrenze oft mit dem Reiche Israel in Kampf war, so wurde das Nämliche für spätere Zeiten vorbereitet, indem der nördlichste von Juden jetzt besetzte Streifen Landes nicht bei dem Paschalik von Judäa belassen, sondern „zu dem Stuhl des Pascha von Abar-nahra" geschlagen wurde. Diesen schmalen Streifen mitgerechnet, war Judäa zehn bis zwölf Meilen breit wie lang, und erhielt jetzt auf ungefähr 120 Quadrat= meilen eine Bevölkerung von etwa 200,000 Seelen, die also im Vergleich zu der vorexilischen und spätern Bevölkerung dieses Länd= chens allerdings eine sehr geringe war, aber immerhin für die Qua= dratmeile durchschnittlich über 1600 Seelen betrug.

In dem ersten und zweiten Jahre muß es den Colonisten schwer geworden sein, sich zu ernähren, da der Boden unbebauet lag und Ackergeräth angeschafft werden mußte, ehe sie ihn nur erst bestellen konnten; daher ging wohl das meiste Gold und Silber, welches sie mitbrachten, in Anschaffung von Lebensmitteln und Ge= räth gleich Anfangs darauf: das Andenken der damaligen Noth erhielt sich bis in sehr späte Zeiten herab. Um so mehr Anerken= nung verdient es, daß gleichwohl bald nach der Ankunft in Judäa 41,000 Dareiken Goldes und 4200 Minen Silbers für die Er= richtung des Tempels zusammengelegt wurden [1]). Nachdem aber das Volk nothdürftig eingerichtet war, versammelte es sich gegen Ende des Monats Elul in sehr großer Anzahl in Jerusalem; Joschua und Serubabel baueten mit Hilfe der Priester und Anderer aus dem Volke den Altar auf seiner alten Unterlage wieder auf, und man opferte zum ersten Male wieder am ersten Tage des Tischri, und von nun an regelmäßig Morgens und Abends sowie die besonderen Opfer an den Neumonden und Festen. Hierauf

---

[1]) Im ersten Hefte meiner „metrologischen Voruntersuchungen" wurde ge= zeigt, daß der Golddareikus 6 Thlr. 17 Sgr., die babylonische Mine 30³/₅ Thlr. die persische 32³/₄ Thlr. werth war. Und außerdem soll damals der jüdische Pascha 50 Opferschaalen und 350 Priesterröcke, das Volk 67 solcher Röcke ge= liefert haben.

wurden zum Bau des Tempels Steinhauer und Zimmerleute in
Lohn genommen, auch wurde mit den Sidoniern und Tyriern ein
Vertrag abgeschlossen, wonach diese gegen eine spätere Lieferung
von Getreide, Wein und Oel, Cedern zum Tempelbau auf dem
Libanon fällen und zu Wasser nach Joppe bringen sollten, wo die
Juden sie in Empfang nehmen wollten, um sie noch über fünf
Meilen weit nach Jerusalem zu schaffen. Als dann der Frühling
herankam, wurde — im Monat Ijar 535 — der Bau begonnen;
unter Absingungen davidischer Psalmen und Musikbegleitung wurde
der Grundstein gelegt, und alles Volk jubelte laut; doch befanden
sich unter ihm viele Greise, welche als Kinder den ersten Tempel
noch gesehen hatten: diese mischten die Thränen trüber Erinnerung
in das allgemeine Jauchzen. Eine Abtheilung der Leviten erhielt
die Aufsicht über den Bau.

Als aber die Kunde hiervon zu jenem Völkchen gemischter Ab=
kunft und Religion gelangte, welches im Norden von Judäa wohnte[1]),
schickte es eine Botschaft an Serubabel und die übrigen Häupter
der Juden mit dem Erbieten, an diesem Tempelbau Theil nehmen
zu wollen, da sie ja seit alten Zeiten denselben Gott verehrten.
Es ist sehr wahrscheinlich, daß sie zugleich werden auf ihre israeli=
tische Abkunft hingewiesen haben, und daß sie es ziemlich aufrichtig
meinten, wenn auch klar ist, daß die Hoffnung, alsdann an den
Vergünstigungen Theil zu nehmen, welche die Juden von Cyrus
erwarten durften, ihre Bereitwilligkeit erhöhet haben werde. Allein

---

[1]) Die Samaritaner erzählen: Der König von Assyrien führte die zehn
Stämme und ihren hohen Priester Abdia gefangen fort. Aber im 35. Jahre
des hohen Priesters Abdel kehrten die Samaritaner auf Erlaubniß des Königs
Sauredius (?) aus der Gefangenschaft in das heilige Land zurück; es waren
300,000 Mann mit ihren Familien, und Abus, Sohn des Schimon, führte sie
an. Bei der Rückkehr entstand Streit zwischen ihnen und den Juden, indem
diese nach Jerusalem, sie aber nach dem Berge Gerisim wollten; für jene
sprach Serubabel, für die Samaritaner Sanballat. Und als Beide für die
Rechtmäßigkeit ihres Verlangens Beweise aus ihrer heiligen Schrift brachten,
warf man zur Probe beiderlei Schrift ins Feuer, und die des Serubabel ver=
brannte, die des Sanballat aber blieb unversehrt. Sie erzählten auch, daß bei
der Rückkehr aus dem Exil ein Theil der Israeliten sich auf dem Berge Zion
niederließ, und ein anderer Theil den Gerisim vorzog: dies sei der Anfang ihrer
Trennung gewesen. Diese Sagen, deren erstere Sanballat ein' ganzes Jahr=
hundert zu früh ansetzt, wurden wohl späterhin von den Samaritanern gradezu
erdichtet, um ihre israelitische Abkunft zu erhärten.

die Häupter der Juden lehnten diesen Antrag unter dem Vorgeben
ab, Cyrus habe befohlen, daß sie allein den Bau vornehmen sollten.
Diese Ablehnung kann ihnen wohl bloß von der Scheu eingegeben
worden sein, durch die Verbindung mit dem Mischvölkchen wieder
dem Götzendienste den Eingang zu eröffnen, denn in jeder anderen
Beziehung hätte ein solcher Zuwachs an Kräften ihnen sehr erwünscht
sein müssen, und es ist in hohem Grade anerkennenswerth, daß die
junge und schwache Colonie den Muth hatte, für die Reinheit ihres
Glaubens gleich Anfangs die Feindschaft eines Nachbarvolkes auf
sich zu laden. Die Folgen dieser Zurückweisung traten auch schnell
genug ein, die darüber erbitterten Samaritaner waren von jetzt an
die geschworenen Feinde der Juden, und suchten durch verdächtigende
Einflüsterungen bei den persischen Beamten den Bau zu hintertreiben,
— Ein Umstand, den wir in dieselbe Zeit zu setzen haben, mußte sich ebenfalls für die Juden nachtheilig erweisen. Osnappar, ein persischer
Großer, führte zahlreiche Colonien, aus bekannten und unbekannten
östlichen Völkerschaften, nach Schomron und in andere benachbarte
Gegenden; ohne Zweifel wurden sie dahin aus ähnlichen politischen
Gründen, wie die Juden in ihre Heimath, von Cyrus geschickt.
Diese Uebersiedelung mußte aber den benachbarten kleinen Völkerschaften die Meinung benehmen, welche für die Juden sehr vortheilhaft gewesen wäre, daß sich diese der besonderen Gunst des
Cyrus erfreueten; denn nun erschien ihre Entlassung in die Heimath,
entkleidet jedes schimmernden Vorzuges, als Theil einer nüchternen
politischen Maßregel des persischen Königs. Und weil diese neuen
Ankömmlinge zum Theil verwandt mit den Stämmen waren, unter
welche sie jetzt versetzt wurden [1]), so werden sie auch sehr bald die
feindselige Stimmung der letzteren gegen das jüdische Völkchen ein-
geimpft erhalten haben. — Auch geschah es jetzt, daß die hohe
Achtung, deren der im Exil zurückgebliebene Danijel genoß, ihm
mächtige Neider erweckte, die ihn zu stürzen suchten. Um dies zu
erreichen, wählten sie ein seltsames aber sicheres Mittel. Es war
nämlich eine Vorschrift der magischen Religion, den Ferver des Königs,
als Stellvertreter des Ormuzd, im Gebet anzurufen. Sie hatten
nun wohl erfahren, wie streng Danijel dem Glauben seiner Väter
anhing, und in der Voraussetzung, daß er deshalb diese Anrufung

[1]) Vgl. 1, 225 des größeren Werkes.

unterlassen werde, stellten sie dem Chaxares vor, wie räthlich es sein würde, diese Adoration den Babyloniern anzubefehlen. Es geschah, und Danijel gehorchte nicht; diese beharrliche Unterlassung stellten sie hierauf dem Könige als eine Geringschätzung seiner Person dar oder vielleicht gar als daraus hervorgegangen, daß Danijel ihn nicht für den König ansehe. Chaxares, im hohen Grade auf seine königliche Würde eifersüchtig, wie ihn uns Xenophon schildert, ließ deshalb Danijel in eine Löwengrube werfen; allein glücklicherweise schonte ihn der darin befindliche Löwe, wozu sich mancherlei Parallelen finden [1].

Ein Ereigniß, das nachtheiliger für die Juden gewesen sein muß, war der bald hierauf (im Jahre 525) erfolgte große Heereszug des Kambyses gegen Aegypten. Derselbe ging dem Meere entlang hart an Judäa vorbei, berührte sogar die jüdischen Städte in der Niederung, und natürlich ist, daß von so mächtigen Heersäulen, die keine Disciplin kannten, bald größere, bald kleinere Trupps sich über die Seiten ihres Weges ergossen und plünderten oder doch starke Contributionen forderten. Und kaum konnte sich die junge Colonie hiervon erholt haben, als 521 das persische Heer, freilich gewaltig zusammengeschmolzen, auf demselben Wege sich zurückwälzte. — Da endlich noch berichtet wird, daß die Juden in diesen ersten Jahren ihrer Ansiedlung von Dürre, Mißwachs und Hagelschlag vielfach heimgesucht wurden, so werden wir ganz erklärlich finden, daß sie, so heruntergedrückt, den Bau des Tempels bald wieder einstellten. Mittel dazu mochten sie wohl noch besitzen, aber ihr Eifer war erkaltet; es scheint, daß die magere und selbst unfreund= liche Wirklichkeit, welche die glänzenden Verkündigungen der exilischen Propheten Lügen zu strafen schien, sie auch gegen den Dienst ihres Gottes gleichgiltiger gestimmt hatte.

Deshalb trat im zweiten Jahre des Darius Hystaspis (520) der Prophet Chaggaj auf, ihren Eifer wieder zu beleben, und rief ihnen ungefähr Folgendes zu: „So spricht der Herr Zebaot, dieses Volk sagt, es sei nicht Zeit, ein Gotteshaus zu bauen; habet

---

[1] Hierauf reducire ich die Sage Dan. 6, 1—28. Eine andere, aber sehr undichterische Version derselben findet sich in den Apokryphen unter der Ueber= schrift: Bel und der Drache. Ueber Danijels Lebensende und Grab sind abweichende Relationen vorhanden, über welche 1, 229 und 480 des größeren Werkes nachgesehen werden kann.

ihr doch Zeit, wohlverwahrt in euren Häusern zu wohnen, und dieses Haus soll öde liegen? Denket nach über eure Wege, ihr säet viel aus und erntet wenig, der Segen fehlt euch in Allem, und wer etwas erwirbt, legt es in einen durchlöcherten Beutel: das geschiehet, weil ihr mein Haus öde liegen lasset". Seine Ermahnung wirkte: schon nach wenigen Wochen ging man daran, den lange unterbrochenen Bau fortzusetzen. Einen Monat später hören wir denselben Propheten den Bauenden zurufen, Diejenigen von ihnen, welche noch den ersten Tempel gesehen hätten, und im Vergleich mit ihm den jetzigen Bau sehr geringfügig fänden, möchten nur getrosten Muthes sein; der Herr werde diesem Tempel die Kostbarkeiten aller Nationen zufließen lassen, und ihn zu größeren Ehren als den ersten erheben. Wieder zwei Monate später verkündete er in dunkelen Ausdrücken den Untergang der bestehenden Ordnung der Dinge, vielleicht gaben ihm die gleichzeitigen Wirren in Babylon Veranlassung dazu, — dem Serubabel aber die besondere Gunst des Ewigen, worunter er eine unabhängige Herrschaft verstehen mochte. Allein auch jetzt rückte der Bau nicht ohne Anfechtung vorwärts. Als nämlich die Kunde von seiner Wiederaufnahme sich verbreitete, verfügte sich Tatnaj, der Pascha "diesseits des Stromes", welchem wie gesagt auch über Judäa eine Oberaufsicht oblag, mit einigen persischen Beamten nach Jerusalem, die Juden zu fragen, wer ihnen die Erlaubniß zu diesem Bau gegeben habe, und wer die Unternehmer desselben seien. Sie scheinen nicht aus Feindseligkeit sich hineingemischt zu haben, sondern wirklich aus Besorgniß, daß die Juden auf Abfall sinnen möchten; weshalb sie auch auf die beruhigende Antwort derselben den Bau vorläufig fortsetzen ließen, jedoch den König Darius von ihm in Kenntniß setzten. Der Bericht, von welchem sich die Juden eine Abschrift ausgebeten haben müssen, war für sie nicht ungünstig[1]); indessen schickten die Juden auch

---

[1]) Er lautete: "Dem Könige Darius alles Heil! Der König wisse, daß wir nach der Provinz Jehud, nach dem Hause des großen Gottes gegangen sind; dasselbe wird aus großen Steinen erbauet, zu den Wänden wird Holz genommen, und das Werk schreitet rasch vor und gelingt ihnen. Wir fragten nun die Aeltesten, wer ihnen die Erlaubniß zu diesem Bau gegeben habe, auch wie sie selbst hießen, um dir nämlich die Namen ihrer Oberen mitzutheilen. Sie aber antworteten uns: „Wir sind Diener des Gottes des Himmels und der Erde, und bauen einen Tempel (wieder), der schon vormals lange gestanden, ein großer König von Israel hatte ihn gebaut und vollendet. Als aber unsere Väter den

Serubabel an den persischen Hof, um persönlich diese Angelegenheit zu betreiben [1]).

In der Zwischenzeit belebte ein anderer Prophet, Secharja, den Muth der Bauenden durch eine Reihe von Vorträgen, deren Inhalt, soweit er hierher gehört, im Wesentlichen dieser ist: Der Herr zürne jenen Völkern, welche Israel so viel Böses zugefügt hätten, denn er liebe es wie seinen Augapfel, und werde daher jene durch andere Völker züchtigen lassen, ja an Babel sei dieses Strafgericht soeben schon vollzogen worden [2]). Jeruschalem aber solle wieder aufblühen und seinen Tempel erhalten, Serubabel werde ihn trotz aller Hindernisse vollenden; auch die übrigen Städte Judäa's würden wieder überströmen von jedem Gut, und viele Völker dadurch für den Dienst Jahweh's gewonnen werden. Auch waren um dieselbe Zeit einige Juden aus Babylonien gekommen, und hatten von den dort Zurückgebliebenen eine Spende an Silber und Gold für den Tempelbau mitgebracht. Secharja sagte hierzu, der Herr habe ihm befohlen, von diesem Silber und Golde Kronen anfertigen zu lassen und auf das Haupt des Joschua (wie des Serubabel) zu setzen, denn Israel werde zwei einträchtige Fürsten haben, den davidischen Sprößling, welcher den Tempel vollenden werde, und diesen hohen Priester [3]), die Kronen aber dann zum Andenken im Tempel aufheben zu lassen; im Uebrigen verheiße er, daß wenn sie nur dem Herrn

Gott des Himmels erzürnten, gab er sie in die Hand des Chaldäers Nebuchadnezar, des Königs von Babel; dieser zerstörte den Tempel und führte das Volk nach Babel. Doch als Cyrus König von Babel geworden war, gab er gleich im ersten Jahre Befehl, dieses Gotteshaus wieder aufzubauen, und auch die goldenen und silbernen Geräthe, welche Nebuchadnezar aus dem Tempel in Jeruschalem genommen und in einen Tempel in Babel geschenkt hatte, ließ Cyrus von da wieder wegnehmen und dem Scheschbazar einhändigen, welchen er zum Pascha erhob, und sagte zu Diesem: „Diese Geräthe bringe in den Tempel zu Jeruschalem, er selbst aber soll auf seinem alten Platze wiedererbauet werden". Da kam dieser Scheschbazar und legte den Grund zu diesem Gotteshause; und von damals an bis jetzt wurde gebaut, aber man kam noch nicht zu Ende damit. Wenn es nun dem Könige gefällt, so möge in dem königlichen Archiv zu Babel nachgesucht werden, ob es wahr sei, daß König Cyrus diesen Befehl ertheilt habe; und das Belieben des Königs in dieser Sache werde uns zugeschickt".

[1]) Vgl. 1, 321 des größeren Werkes.
[2]) Vgl. oben S. 61.
[3]) Schon früher hatte er diese Beiden „die zwei Söhne des Oels (die Gesalbten), die vor dem Herrn der ganzen Erde aufwarteten" genannt.

gehorsam blieben, noch Entferntere kommen würden, an dem Tempel mitzuarbeiten.

Serubabel aber betrieb am persischen Hofe den Gegenstand seiner Sendung mit Einsicht und Glück; in Folge seiner Darstellung und des von dem syrischen Statthalter eingesandten Berichtes ließ Darius in dem Archiv zu Babylon nach der Akte suchen, welche die Erlaubniß des Cyrus zum Bau des Tempels enthalten sollte, und fand sie zwar nicht dort, wohl aber in Ekbatana. Eine Abschrift derselben wurde hierauf den Berichterstattern zugeschickt, und ihr in Darius' Namen ein sehr gnädiger Bescheid angehängt, welcher ebenfalls unter dem Texte ein Plätzchen finden möge[1]). Der darin enthaltene Befehl wurde sorgfältig befolgt, die Juden wurden nicht ferner beunruhigt, und erhielten auch zu dem Tempelbau eine jährliche Beisteuer von 20 Talenten; und nun endlich wurde das Werk ohne weitere Unterbrechung betrieben. Gegen den Frühling des Jahres 515 wurde der Tempel fertig und dann feierlich eingeweihet. Wir besitzen über ihn nur wenige Nachrichten, und dazu mischen diese Manches ein, was erst in späteren Zeiten ihm muß angefügt worden sein; doch will ich versuchen, ein Bild desselben zu liefern[2]).

Schon vor dem Exil hatte der Hügel Morija durch Substructionen, welche an einigen Stellen drei- bis vierhundert jüdische Ellen[3]) hoch gewesen sein sollen, eine Scheitelfläche von etwa 416

---

[1] „Mithin, Tatnaj u. s. w., haltet euch fern von da, lasset den Pascha und die Aeltesten der Juden jenes Gotteshaus auf seiner alten Stelle erbauen, und aus der königlichen Kasse, in welche der Tribut eurer Provinz fließt, werde ohne Zögern jenen Männern eine Beisteuer verabreicht, damit der Bau keine Zögerung finde; auch was sie sonst nöthig haben, und insbesondere junge Rinder, Widder und Lämmer zu Opfern für den Gott des Himmels, Waizen, Salz, Wein und Oel, werde nach Angabe der Priester in Jerusalem ihnen Tag für Tag verabreicht, damit sie wohlgefällige Opfer dem Gott des Himmels darbringen und für das Leben des Königs und seiner Kinder beten. Zugleich befehle ich, daß Jedem, der von diesem Erlasse abweicht, das Holz aus seinem Hause gerissen und er daran aufgehängt, das Haus aber zerstört werde; der Gott, welcher dort verehrt wird, möge Jeden stürzen, König oder Volk, der wieder diesen Tempel in Jerusalem würde zerstören wollen: ich Darius habe dies befohlen, unverzüglich geschehe es."

[2] Eine Begründung der folgenden Angaben ist in den Anmerkungen zu 1, 236 — 240 und 1, 483 — 494 des größeren Werkes zu finden.

[3] Die mittlere jüdische Elle, nach welcher ich alle Dimensionen dieses Tempels angeben werde, betrug 6 Handbreiten, nur ungefähr 17, 3 Zoll.

Ellen Länge und Breite erhalten. Man konnte in unserer Zeit von drei Seiten hinaufkommen, blos noch nicht von der nördlichen, am bequemsten aber auf der Westseite. Auf dem Rande jener Fläche lief ringsum eine starke Mauer, mit weiten Thoren versehen. In dem nordwestlichen Theile des Quadrats aber fand man innerhalb einer niedrigen Einfassung von Stein, durch die man schritt, ein längliches Viereck durch eine hohe Mauer eingeschlossen, welche an 333 Ellen von Osten nach Westen und 100 Ellen von Süden nach Norden maß, und auf der nördlichen wie südlichen Seite je vier Thore, sowie ein Thor auf der Ostseite hatte. Durch dieses letztere führte eine breite Treppe hinan in den „äußeren" oder „unteren" Vorhof, der in seinen Winkeln mit Zellen besetzt war[1]; weiter als bis zu seinem westlichen Ende durften die Frauen sich nicht dem Heiligthume nähern, daher er auch „der Vorhof der Frauen" genannt wurde. Ein dem östlichen entsprechendes Thor auf der Westseite dieses Vorhofes, größer als alle übrigen Tempelthore, führte aber= mals mehrere Stufen hinan, in den „inneren" oder „oberen" Vor= hof, welcher ebenfalls im Nordosten und Südosten mit Zellen besetzt war. Der östliche Theil dieses Vorhofes, von geringer Tiefe, war den Laien zugewiesen, und diese von den Priestern zu scheiden, lief durch die ganze Breite desselben ein Mauerwerk, nur eine Elle hoch, dessen obere Fläche dazu eingerichtet war, die levitischen Sänger aufzunehmen, während sie sangen. In dem westlichen Theil dieses Vorhofes stand der Altar, von unbehauenen aber erlesenen Steinen erbauet, zwanzig Ellen lang wie breit und zehn Ellen hoch, auf einem noch breiteren Unterbau; der Aufgang war auf der Südseite, nicht in Form einer Treppe, sondern in ununterbrochener Linie ansteigend. Auf diesem „äußeren" Altar wurden sämmtliche Opfer mit alleiniger Ausnahme des Räucherwerkes gebracht, und zu dem Ende wurde auf ihm Tag und Nacht ein Feuer unterhalten. Nun erst, westlich vom Altar, gelangte man zu dem eigentlichen Tempel= gebäude; es wurde einer Anweisung des Cyrus gemäß sechzig Ellen breit und in seinem mittleren Theile auch sechzig Ellen hoch gebauet,

[1] In einer dieser Zellen wäre, wie man später sich erzählte, die Bundes= lade vergraben worden, als sie in Gefahr stand, von den Chaldäern geraubt zu werden; auch habe dort einst in der nachexilischen Zeit ein Priester beim Aus= lesen des Holzes eine abweichende Pflasterung des Fußbodens bemerkt, sei aber gestorben, ehe er seine Entdeckung habe gehörig mittheilen können.

hinsichtlich seiner Länge von Ost nach West aber mußte man dessen
Vorschrift überschreiten und über zwanzig Ellen zugeben, als man
für den jetzigen Bau den salomonischen Tempel zum Muster zu
nehmen passend fand. Das Gebäude hatte folgende Form: ein
Raum von sechzig Ellen Länge und zwanzig Ellen Breite, umgeben
von breiten und sechzig Ellen hohen Mauern, bildete das Innere
des eigentlichen Heiligthums. In ihm befanden sich auf einem
ansehnlichen Unterbau bloß zwei Säle hinter einander, ein östlicher
von vierzig, und ein westlicher von zwanzig Ellen Tiefe, beide vierzig
Ellen hoch, wie es scheint: es waren der Hechal und das Allerheiligste, geschieden durch ein dünnes Fachwerk mit einer geräumigen
Pforte; über beide lief eine Decke, welche die oberen Baulichkeiten
trug, von denen wir aber keine weiteren Nachrichten besitzen. Der
Hechal hatte auf seiner östlichen Seite ein hohes und breites
Portal mit Flügelthüren, und vor ihm war auf gleich hohem Unterbau
eine Vorhalle, zu der man auf steinernen Stufen hinanstieg. Um
die drei übrigen Wände dieses Gebäudes lief eine dreistöckige Gallerie,
jedes ihrer Stockwerke in viele Zellen getheilt; doch war dieses
Seitengebäude bedeutend niedriger, und oberhalb desselben waren
in den Wänden des Hechal Fenster angebracht. Eine Fortsetzung
des inneren Vorhofes umgab beide Seiten dieses Gebäudes, und
die Hinterseite desselben zwanzig Ellen breit. Von den vier Portalen
in der südlichen wie in der nördlichen Mauer führten je drei in
diesen inneren Vorhof, und je eins in den äußeren; die Westseite
hatte keinen Eingang. Säulengänge, wie solche den salomonischen
und herodianischen Tempel schmückten, hat ohne Zweifel auch der
des Serubabel erhalten. — Noch erwähne ich, daß in dem Hechal
nach Süden zu der siebenarmige Leuchter, und nordwärts der Tisch
der Schaubrode und in der Mitte der Räucheraltar stand, diese
beiden mit Goldblech überzogen, jener von gediegenem Golde. Vor
dem Hechal stand später auf einem Gerüst ein goldener Weinstock,
ein Weihgeschenk, vielleicht von einem persischen Könige; es kam
vor, daß fromme Seelen ein Weinblatt, eine Beere oder auch wohl
eine ganze Traube von Gold anfertigen ließen und an diesen Weinstock
hängten, der hierdurch immer voller wurde. Vor dem Allerheiligsten,
dessen Thüren stets offen standen, hing ein reicher Vorhang herab.
Es selbst war jetzt völlig leer, denn die heilige Lade war mit den
in ihr befindlichen Gesetztafeln bei der Zerstörung des salomonischen

Tempels, wenn nicht schon früher, geraubt worden oder sonstwie abhanden gekommen, und es war natürlich, daß, weil jene Tafeln fehlten, auch keine Lade jetzt wieder angefertigt wurde. Wo sie einst gestanden, war in dem Tempel des Serubabel eine nur drei Finger breit höhere Steinplatte, welche der Sage zufolge schon in dem salomonischen Tempel dort lag und vielleicht einst sie trug. — Zwischen dem äußeren Altar und der Vorhalle, stand ein großes ehernes Becken, an welchem sich die Priester vor ihren heiligen Verrichtungen zu waschen hatten; andere auf den Opferdienst bezügliche Vorrichtungen muß ich übergehen. Die vorhin erwähnten mancherlei Zellen um den Tempel und in den Vorhöfen waren zur Aufbewahrung der zum Tempeldienst nöthigen Geräthschaften und Vorräthe sowie zur Aufnahme der dienstthuenden Priester und Lewiten bestimmt; als im Laufe unserer Periode der Tempeldienst sich mehr entwickelte und umfangreicher wurde, erfolgten von Zeit zu Zeit noch fernere Ausbaue. Die Lage des Tempels auf einem Berge brachte es aber mit sich, daß er Mangel an Wasser litt; zwar hatte man in die Tiefe gegraben und dort eine starke Quelle gefunden, allein sie reichte für den Bedarf nicht hin. Diesem Uebelstande wurde daher schon vor dem Exil durch eine Wasserleitung abgeholfen, welche von dem hochgelegenen Städtchen Etan her in einen großen Behälter unter dem Tempelberge reichlichen Vorrath führte; und natürlich wurde sie jetzt wieder sorgsam hergestellt, doch mögen die Beschreibungen derselben, welche wir noch besitzen, auf viel spätere Vervollkommnungen sich beziehen. Im inneren Vorhofe war eine eigene Zelle, in welcher vermittelst eines Räderwerkes das Wasser aus der Tiefe heraufgewunden wurde; alles Weggegossene führte ein ebenfalls unterirdischer Kanal ostwärts in den Bach Kidron.

Wiewohl der Tempel ein Gebäude von mäßigen Dimensionen war, muß doch der Anblick desselben auf den Beschauer einen erhebenden Eindruck ausgeübt haben. Unten in der Stadt hatte man einen Hügel vor sich, der an vierhundert Ellen in die Höhe ragte, und auf dessen Platte die mancherlei Bauten in vierseitigen Terrassen über einander gethürmt waren, bis, nicht völlig im Mittelpunkte des Ganzen, das eigentliche Tempelgebäude sich erhob, das Auge im Thal aufforbernd, an siebenhundert Fuß hoch zu blicken, ehe es seinen stolzen Gipfel erreichte. Die aus weißem Stein aufgeführten Wände ließen diesen wie schneebedeckt erscheinen; sie waren es wohl,

7*

welche dem Berge den dichterischen Beinamen des Libanon ver=
schafften. Ebenso majestätisch muß der Anblick von oben herab ge=
wesen sein. Hatte der Besucher nur erst die ummauerte Stirn des
Berges erreicht, und blickte über diese hinab, so gähnten stellenweise
schwindelerregende Tiefen ihn an, namentlich auf der Südseite; nach
Südwesten erblickte er den Berg Zion mit Allem, was ihn bedeckte,
nach Nordosten über den Bach Kidron hinweg den Oelberg. Je
höher er hinanstieg, desto mehr erweiterte sich sein Gesichtskreis, und
von den Obergemächern des Tempels hinabschauend sah er ostwärts
in Arabien hinein, nach Westen auf die blinkende Fläche des mittel=
ländischen Meeres, unter sich die uralte Gottesstadt; kein Laut aber
weder der Freude noch des Schmerzes, welche beide so oft durch ihre
Straßen zogen, drang bis zu ihm hinauf. Doch besaß dieser zweite
Tempel in den Augen des Volkes nicht so große Heiligkeit, wie
man jetzt dem vorexilischen zuschrieb. Dieses kam zum Theil daher,
daß das menschliche Gemüth alle Vorzeit idealisirt, und daß dem
zweiten Tempel nicht allein die Bundeslade mit den Gesetztafeln
fehlte, sondern auch die Urim wetummim, der räthselhafte Inhalt
von Ahron's kostbarem Brustschilde, vermittelst dessen jeder hohe
Priester die magische Kraft besaß, Orakel zu ertheilen; sie waren
mit diesem uralten Brustschilde die Beute eines Feindes geworden,
und es fehlte die Kenntniß neue anzufertigen. Auch beklagte man
nachmals den Mangel jenes Feuers, das in Moscheh's oder Schlomo's
Tagen vom Himmel herabgekommen, die Opfer zu verzehren, und
bis zum Exil fortwährend unterhalten worden sein soll [1]). Es war
daher ziemlich folgerecht, daß man bald auch die „Schechina", die
unsichtbare Anwesenheit des Herrn, diesem zweiten Tempel absprach.

Indessen wurde nach Vollendung desselben auch der Anfang
gemacht, den Priestern und Lewiten eine Eintheilung zu geben, die
wir jedoch erst später betrachten wollen, wenn wir sie mehr ent=
wickelt finden werden. Vermuthlich erhielt jetzt der Opferdienst auch
mehr äußeren Glanz, indem für ihn auf königlichen Befehl von
den persischen Einnehmern jährlich zehn Talente verabreicht wurden;
doch soll schon nach kurzer Zeit von den persischen Beamten in
Samarien diese Lieferung wieder zurückgehalten werden, und daher

---

[1]) Spätere Dichtungen über den Ersatz dieses einen Verlustes wurden
1, 242, 243 des größeren Werkes mitgetheilt.

Serubabel mit einigen anderen Juden von Ansehen zu Darius gereist sein, hierüber Klage zu führen, worauf an Jene ein nochmaliger strenger Befehl, dieses Gnadengeschenk pünktlich abzuliefern, von dem Könige erlassen worden sei.

Viertes Kapitel.

Lebensweise und Lage der Heimgekehrten in dem ersten Jahrhundert der persischen Herrschaft.

Betrachten wir zuvörderst das Heimathland der Colonisten. Judäa war wie ganz Palästina, einzelne Landstriche abgerechnet, von vorzüglicher Fruchtbarkeit. Doch war diese mehr der Lohn des Fleißes als ein bloßes Geschenk der Natur, denn Judäa und Samarien sind wasserarm, weshalb man dem Landbau durch Kanäle, dem häuslichen Bedarf durch Cisternen zum Auffangen des Regenwassers zu Hilfe kommen mußte; die vielen Berge, welche das Land bedecken, bearbeitete man terrassenförmig. Man baute Weizen von vorzüglicher Güte und in solcher Menge [1], um davon den Phöniciern ablassen zu können, auch Spelt und Gerste, von welcher die Armen ihr Brod bereiteten; die Getreideernte begann schon im April, und dauerte, durch das Ausdreschen auf dem Felde verlängert, bis Pfingsten. Unverwerfliche Nachrichten von fünfzigfältigen und noch reicheren Ernten lassen vermuthen, daß man zuweilen Reihenweise und in bedeutenden Zwischenräumen säete; besonders mag dies in unserer Periode geschehen sein, nachdem man diese Art des Säens in Babylonien als sehr vortheilhaft kennen gelernt hatte. Ferner baute man Bohnen, Erbsen, Linsen, Hirse, Wicken, Gurken und Knoblauch, beide dort von lieblichem Geschmack, wurden in Menge gezogen und gern gegessen. Der Oelbaum wurde in besonderen Gärten gezogen, und die Oliven wurden roh und eingemacht verspeist; ihr Oel ist besser als das Provencer, und wurde statt Butter gebraucht; man gewann es in solcher Menge, daß davon nach Aegypten und Phönicien ausgeführt werden konnte. Von gleicher Wichtigkeit für das Land war der Weinbau, indem er über ganz Palästina verbreitet

[1] Auf maccabäischen Münzen kommt der Waizen als Sinnbild des Landes vor.

war, und die dortigen Reben sich noch jetzt durch ihre Höhe und Stärke auszeichnen [1]); am See von Tiberias hatte man Trauben und Feigen jährlich zehn Monate lang. Man bereitete aus den Weintrauben auch einen Honig, den man statt des Zuckers genoß und in Menge nach Aegypten ausführte. Obst verschiedenster Art hatte man gleichfalls in Ueberfluß, sowie die edelsten Südfrüchte, Citronen, Pomeranzen, Datteln, Granaten, Mandeln und Feigen, welche letztere man entweder frisch aß oder gedörrt in kuchenartige Massen formte, um sie besser aufbewahren zu können.

Eine Abart der Feige, die Sykomore, bot den Armen eine reich= liche Nahrung, indem der Baum zuweilen siebenmal des Jahres trägt; auch wurde sein Holz, das außerordentlich dauerhaft ist, vor= zugsweise zum Bauen verwendet. Die Palme [2]) wuchs am häu= figsten und schönsten um Jericho, woselbst ein Palmenwald von dritte= halb Meilen Länge gewesen sein soll, aber auch am See von Tiberias und bei Engedi; etwas auffällig ist die Nachricht, daß auf mehr Distrikte die Juden geflissentlich die Palmenpflanzungen nicht aus= gedehnt hätten, um die Datteln in größerem Werthe zu erhalten. Dieselben werden theils frisch genossen, theils zu Dattelwein aus= gepreßt; die Palmzweige trug und schwenkte man nicht bloß am Laubhüttenfeste, sondern auch als Siegeszeichen nur bei dem fried= lichen Empfange von Fürsten und Heerführern. Eine noch edlere Gabe des Pflanzenreiches besaß man an der Balfamstaude, die in der Umgegend von Jericho und von Engedi in besonderen Gärten gezogen wurde, doch lieferte auch Gilad Balsam; er diente als Parfüm, aber auch gegen Kopfschmerzen und stumpfe Augen. Außer= dem lieferte der Boden Hanf, Flachs und etwas Baumwolle; die Berge trugen Waldungen von Eichen, Terebinthen, Kiefern u. s. w. Bei einer so gesegneten Vegetation konnte es nicht fehlen, daß die von Uralters her an den Landbau gewöhnten Juden diesem lohnen= den Erwerbszweige jetzt sich mit erneuter Liebe zuwandten.' Die Viehzucht wurde jetzt weniger betrieben, weil die herrlichen Weiden im Ostjordanlande und am Karmel nicht mehr ihnen gehörten; doch

---

[1]) Nach Schulz sind die Trauben auf dem südlichen Libanon zuweilen 10 — 12 Pfund schwer, und ihre Beeren unseren kleinen Pflaumen vergleichbar; es sollen an einer solchen oft ellenlangen Traube Mehrere vollauf zu essen haben.

[2]) Auch sie kommt auf römischen und jüdischen Münzen als ein Sinnbild Palästina's vor.

gab es auch in Judäa viele Triften, die judäischen Waldgebirge
boten sogar recht schöne Weiden. Man zog Rindvieh, Schafe, Ziegen,
zum Transport auch Esel und Kameele, Pferde weniger, wegen der
gebirgigen Beschaffenheit des Bodens; die dort ziemlich stattlichen
Esel waren auch, wegen ihres sicheren Trittes auf gebirgigem Boden,
in Palästina das gewöhnliche Reitthier. Eßbares Wild boten die
Forsten, als Hirsche, Rehe, Gazellen, vielerlei Geflügel: man zog
Tauben und Hühner, jedoch Fische hatte man spärlich, da die Westküste und die Gestade des fischreichen See's von Tiberias jetzt nicht
im Besitze der Juden waren, das todte Meer aber keine nährte.
Doch lebten die Juden weit mehr von vegetabilischen als von ani-
malischen Stoffen. Die Bienenzucht war wenig gepflegt, da man
sich meistens des schon erwähnten Traubenhonigs bediente. Noch
muß bei dem palästinischen Thierreiche erwähnt werden, daß aber
auch Löwen, Bären, Parder, Wölfe, Schakale, desgleichen große und
giftige Schlangen sich fanden. Das Mineralreich lieferte besonders
viel Salz, Schwefel und Asphalt. Letzterer schwamm auf dem todten
Meere in großen Schollen, wurde aber auf der westlichen Seite
desselben auch gegraben; er diente besonders als Mörtel, sowie zum
Verpichen, auch seinen medicinischen Nutzen kannte man; der Asphalt
des jüdischen Landes galt für den besten, und ging häufig in's Aus-
land, besonders nach Aegypten, wo man ihn zum Einbalsamiren
verwendete. Von Metallen wurde früher einiges Eisen und Kupfer
in den Bergen auf der Grenze von Idumäa gewonnen, doch soll
selbst dieser geringfügige Bergbau unter den Persern in Verfall
gerathen sein.

Die judäische Industrie hätte durch das Exil eine neue Stufe
ersteigen können, wenn man von den technischen Fertigkeiten, welche
im babylonischen Reiche zu erlernen waren und von nicht wenigen
Exulanten wohl auch erlernt wurden, in der Heimath gleich Anfangs
fleißig Gebrauch gemacht hätte. Allein die Rückkehrenden zogen die
alte Lebensweise des Ackerbaues dem Betriebe von Kunstfertigkeiten
vor, in welchen sie ja doch am Ende noch unbeholfen sein mußten:
daher ging diese Gelegenheit zu einem industriellen Fortschritte un-
genützt vorüber, und die kaum erst erlangten Fertigkeiten, nicht weiter
geübt, gingen schnell wieder verloren. Man arbeitete daher bloß,
und beinahe noch eben so roh wie vor dem Exil, in den niedrigen
Gewerken des alltäglichen Bedürfnisses, diese aber waren wohl auf

die wenigen eingeschränkt, mit deren Hilfe die kunstlose Wohnung und das einfache Geräth für Acker und Haus angefertigt wurden. Die Meisten waren ihre eigenen Weber, Schneider und Schuster; einige Kleinigkeiten weiblichen Putzes und die Prachtgewänder der Wenigen, welche sie anschaffen konnten, überhaupt die Gegenstände ihres Luxus, der jetzt nicht bedeutend war, ließen die Juden wieder von den Pöniciern sich zuführen, doch sind Nech. 3, 32 die Gold=schmiede von Jerusalem erwähnt.

Betrachten wir aber jetzt auch die bürgerliche Lage der Colonie. Letztere bestand sehr überwiegend aus Nachkommen der Stämme Jehuda [1]), Binjamin und Lewi; sie hatten schon vor dem Exil als Diejenigen, aus welchen das Reich Juda bestand, den gemeinschaft=lichen Namen der Juden geführt, und theilten ihn jetzt der ganzen Colonie mit. Doch finden sich auch nach dem Exil noch Spuren davon, daß die Stammesunterschiede nicht ganz aufgegeben wurden, namentlich indem die Individuen das Andenken ihrer Abkunft von diesem oder jenem Stamme noch in viel spätere Zeiten herab fort=pflanzten. Bei den Priestern und Lewiten war dies unumgänglich nothwendig, weil ihre Functionen erblich waren, bei den Angehörigen der Stämme Jehuda und Binjamin aber schon darum sehr natürlich, weil sie nach dem Exil in ihre alten getrennten Wohnsitze zurück=kehrten. Dagegen die Nachkommen der assyrischen Exulanten, welche mit zurückgekehrt waren, mögen schon vorher sich ihrer Stammes=abkunft weniger bewußt geblieben sein; und da sie nicht zahlreich waren, sowie zerstreute Wohnsitze mitten unter den Judäern und Binja=miniten erhielten, so war es nicht bloß leicht, sondern ihnen gewiß auch lieb, allmälig ganz mit diesen zu verschmelzen. In Jerusalem, das auf der Grenze der Territorien von Jehuda und Binjamin lag und eine aus beiden Stämmen gemischte Bevölkerung erhielt, gab es etwas später zwei höchste Communalbeamte, einen judäischen und einen binjaminitischen.

Wie wir aber bereits gesehen, erhielt Judäa von Persien einen eigenen Pascha, der unter dem Statthalter von Syrien oder des unteren Syriens stand. Zwei von diesen judäischen Pascha's waren Juden, Zerubabel und später Nechemja, vielleicht aber auch unter den übrigen, welche uns nicht genannt sind, noch einige jüdi=

---

[1]) Mit welchem schon lange vor dem Exil der kleine Stamm Schimeon beinahe ganz verschmolzen war.

schen Stammes. In militärischer Beziehung gehörte aber Judäa zum Rayon von Samarien. — Zwischen dem Pascha und dem Volke stand ein Verwaltungspersonal: nämlich ganz Judäa zerfiel jetzt in Kreise, und jedem derselben war ein Beamter vorgesetzt; erschien er für die Verwaltung eines Mannes zu groß, so erhielt er zwei Kreishauptleute, die jedoch vielleicht bloß ihren gemeinschaft= lichen Sitz in dem Hauptorte des Kreises, aber besondere Hälften des letzteren zu verwalten hatten. Die Kreishauptleute waren wohl jedesmal Juden, und mögen von den Paschas ernannt worden sein. Ob die zwei Hauptleute „des Kreises Jerusalem" von den schon erwähnten beiden Vorgesetzten dieser Stadt verschieden waren, bleibt zweifelhaft.

Neben diesen eigentlichen Beamten hatten jedoch die Juden während unserer ganzen Periode und über dieselbe hinaus noch eine eigenthümliche Art von Machtinhabern, ihre Aeltesten. In Staaten nämlich, welche noch in der Kindheit ihrer Entwickelung sich befanden, war es natürlich, daß die ältesten Männer jedes Dorfes und jeder Stadt wegen ihrer größeren Erfahrung gewissermaßen unwillkürlich einige Functionen übertragen erhielten: man wählte sie zu Schieds= richtern, befragte sie um Rath, wenn ihre Ortschaft einen gemein= schaftlichen Schritt zu thun hatte, überließ ihnen auch wohl die einfache Verwaltung ihres städtischen oder dörflichen Gemeinwesens. So war es vielleicht überall im höheren Alterthum; im jüdischen Volke behielten die Ortsältesten diesen halbamtlichen Einfluß bis in die spätesten Zeiten. Ein erster Schritt aus dieser Natürlichkeit heraus ist es aber, wenn zuweilen die angesehensten Aeltesten eines ganzen Distriktes oder Volkes vorübergehend zu Berathung und Beschlußnahme zusammentreten; und ein fernerer Schritt ist es, wenn gemeinsame Angelegenheiten von längerer Dauer den Aeltesten der Hauptstadt anvertrauet werden, mit der Aufgabe etwa, über die wichtigsten Maßnahmen auch den Rath erfahrener Provinzialen ein= zuholen. Bis dahin gediehen finden wir in Jerusalem das Institut der Aeltesten unmittelbar nach dem Exil; so wird uns berichtet, daß sie neben Serubabel an der Spitze des Tempelbaues standen, und daß der Statthalter von Syrien an sie sich wendete, als er den Bau für eigenmächtig hielt. Wir dürfen hierin einen schon damals von der Provinz zugestandenen Einfluß der Aeltesten von Jerusalem

auf das Land erblicken, jedoch ihre Conſtituirung zu einem förmlichen
Senat des Landes erfolgte erſt ſpäter.

Die hohen Prieſter ſcheinen während der ganzen perſiſchen
Zeit bloß in Angelegenheiten des Cultus, und auch in dieſen nicht
einmal viel gegolten zu haben; mit ſchuld an letzterem war zuweilen
der Mangel religiöſen Sinnes von Seiten eines hohen Prieſters,
wie namentlich mit Eljaſchib der Fall war. In bürgerliche An=
gelegenheiten einzugreifen, erlaubte ihnen die Eiferſucht der perſiſchen
Statthalter nicht; erſt unter Alexander dem Großen ſehen wir zum
erſten Male den hohen Prieſter in den Vordergrund treten. —
Auch ſind hier über die Stellung, welche die Nachkommen des
David nach dem Exil einnahmen, einige Worte zu ſagen. David's
Dynaſtie hatte beinahe ein halbes Jahrtauſend geblühet, und war
durch dieſelbe ausländiſche Hand vom Throne geſtoßen worden,
welche ſo unſägliches Elend über das geſammte Volk gebracht hatte:
hiernach war es an ſich ſchon natürlich, daß ſeine Nachkommen die
Sympathien des Volkes mit in das Exil nahmen. Hierzu kam, daß
dem David ein „ewiges Haus‟ verheißen worden war, und daß
noch Jirmeja und Jecheskel dieſe Verheißung beſtätigt hatten, ſo daß
allgemein mit den Hoffnungen auf eine dereinſtige Wiederherſtellung
in Herrlichkeit das Wiederaufſtehen einer davidiſchen Regentenfolge
eng verknüpft wurde. Neuen Vorſchub erhielt dieſe Erwartung, als
Serubabel, ein Nachkomme des David, zum perſiſchen Statthalter
von Judäa erhoben wurde: die Propheten Chaggaj und Secharja
ſahen dieſes als einen erſten Schritt zu ſeiner und ſeines Geſchlechtes
künftigen Größe an; und obwohl dies nicht eintraf, wurden doch
ähnliche meſſianiſche Hoffnungen niemals wieder ganz aufgegeben.
Wegen ihrer und der immer zunehmenden Pietät gegen David's
Andenken ward ſeinen nachexiliſchen Abkömmlingen von der öffent=
lichen Meinung eine Art Abel zugeſtanden, ſowie dem jedesmaligen
Aelteſten oder Angeſehenſten dieſer allmälig weitverzweigten Familie
ein Principat von ſehr ſchwankender und keinenfalls officieller
Autorität [1]).

Betreffs der damaligen Leiſtungen hatten die Juden erſtlich
von der Zeit an, als Darius ſein Steuerſyſtem einführte, eine
jährliche Abgabe in baarem Gelde zu entrichten; und obwohl ſie

---

[1]) Ueber dieſe mag 1, 257 und weiter des größeren Werkes nachgeleſen
werden.

Anfangs mäßig war, muß sie doch später stark erhöht worden sein, denn da soll sie auf nicht wenigen Juden zuweilen so hart gelastet haben, daß diese ihre Felder und Weinberge verpfänden mußten, um sie aufzubringen. Hierzu kamen die Requisitionen für den Staats= dienst, welche in den so häufigen Kriegen mit Aegypten gewiß oft sehr drückend waren. Und zum Unterhalt der stehenden Truppen in Samarien mußte man gleichfalls Naturalien beisteuern, sowie endlich den eigenen Pascha und seine Dienerschaft erhalten [1]). Der Tempelcultus kostete dem Volke wenig, so lange die königliche Kasse in Schomrom angewiesen war, ihn zu bestreiten, und man diesem Befehle nachkam; indessen scheint das Erstere nur unter Darius Hystaspis und unter Artaxerxes I., Letzteres aber auch da nicht ein= mal längere Zeit hindurch geschehen zu sein. Die Abgaben an die Priester und Leviten, von welchen wir später besonders zu reden haben, waren bedeutend, wurden jedoch vorläufig selten entrichtet.

Nach allem hier Gesagten sehen wir jetzt die Juden zwar wieder im Besitz ihrer geliebten, schönen Heimath, ein verhältnißmäßig geräumiger und fruchtbarer Boden lohnt ihren Fleiß, das Heilig= thum ist aus seinen Trümmern wieder erstanden, und zuweilen leuchtet ihnen selbst der Gnadenblick ihres Herrschers. Anderentheils aber erblicken wir sie doch immerhin Fremden unterthan, beladen mit schweren Abgaben, ausgesetzt den rücksichtslosen und raubsüchtigen persischen Beamten, in Feindschaft mit einem bösen Nachbar, scheel angesehen von den übrigen Völkchen ringsum, und wenn Heereszüge an ihnen vorbei sich wälzten, was später noch viel öfter geschah, gesetzlichen wie ungesetzlichen Gewaltthaten preisgegeben. Ihre Lage zeigt weit mehr Schatten als Licht, so daß später Esra einmal aus= ruft: „Wir sind Knechte auf dem Boden, welchen du unsern Vätern gegeben hast; er trägt viel, aber für die Könige, welche du über uns gesetzt hast wegen unserer Sünden, über unsere Leiber und über unser Vieh herrschen sie nach ihrem Wohlgefallen, und in großer Drangsal sind wir" — welchen mächtigen Abstand von den schwung= vollen Verheißungen ihrer Gottesmänner im Exil bekundet diese rührend einfache Klage!

---

[1]) Nach Nech. 5, 15 ließen die Pascha's vor Nechemja sich bloß an Brod und Wein täglich zum Betrage von mehr als 40 Schekel (jährlich über 4300 Thlr.) geben.

Fünfter Abschnitt.

Von der Zeit kurz nach Vollendung des zweiten Tempels bis Judäa 332 unter makedonische Herrschaft gelangte.

Vom Exil an zunächst bis zur macedonischen Periode konnte Judäa, als eine friedliche Provinz des großen Perserreiches, keine eigene politische Geschichte haben: dieser Umstand würde gestatten, sogleich die in sich abgeschlossene Periode des Esra und Nechemja darzustellen, dann aber etwas zurückgehend, die persische Geschichte da wieder aufzunehmen, wo wir S. 67 ihren Faden fallen ließen, und sie in Einem Zuge zu Ende zu führen, um für die gleichzeitigen jüdischen Begebenheiten den nöthigen Hintergrund zu gewinnen. Doch scheint es räthlich, vorweg von der großen Gefahr zu erzählen, welche ein Günstling des Xerxes über die Juden heraufbeschwor: denn war auch von ihr Judäa anscheinend wenig betroffen, so erstreckten sich doch gerade auf dieses ihre Hauptfolgen, wenn die Vermuthung richtig ist, daß sie gerade zu der Einwanderung des Esra den Hauptanstoß gegeben hat.

Erstes Kapitel.

Die durch Mordechaj und Ester abgewendete Verfolgung.

Der milde und weise Darius Hystaspis, der mächtigste und zugleich der beste von Cyrus' Nachfolgern, starb 485, und ihm folgt sein Sohn Xerxes auf den Thron, von dessen schändlichem Charakter und Aberwitz später geredet werden wird. Unter diesem vernehmen wir zum ersten Male wieder von den Juden, welche in den exilischen Ländern zurückgeblieben waren. Ihre Lage in der Zwischenzeit kann im Wesentlichsten nicht zweifelhaft sein. Ihrer Verbreitung über alle Länder des persischen Reiches stand nichts im Wege, doch kamen vorläufig wohl nur Wenige, auf Handelswegen, in die entfernteren Provinzen desselben: in größerer Zahl verbreiteten sie sich wahrscheinlich nur über das Ländergebiet von Armenien bis zum persischen Meerbusen und von der östlichen Grenze Großmediens bis zum wüsten Arabien; dessen ihre compacten Massen blieben ohne Zweifel in den ursprünglich ihnen angewiesenen Sitzen am mittleren Euphrat, in und um Babylon, in Susiana, am oberen Tigris. Ueberall in dem weiten Reiche, wo bloß eine dünne jüdische Bevölkerung vorhanden war, hatte diese fast nur das freudige oder leidige Loos ihrer Mitbürger zu theilen, denn da vorläufig die jüdische Eigenthümlichkeit erst sehr wenig ausgeprägt war, darf hier wenigstens an eine bedeutende Absonderung der Juden von den übrigen Landesbewohnern oder an eine feindliche Spannung zwischen ihnen und diesen noch nicht gedacht werden. Mehr allerdings mußte eine solche Spannung in jenen Gegenden hervortreten, wo die jüdische Bevölkerung massenhaft war, sonst wäre jenes Blutvergießen, welches trotz Esther's Dazwischenkunft stattfand, rein unerklärlich; doch wurde dieser Uebelstand gewiß von dem Vortheil, inmitten zahlreicher Glaubensgenossen zu leben, hinlänglich aufgewogen. Theilnahme an dem, was in Juda vorging, kann ihnen nicht fremd geblieben sein, wir hatten schon S. 64 ein Beispiel davon, und von Zeit zu Zeit zogen auch wohl Einzelne und selbst kleine Häufchen dahin, auf dem Boden ihrer alten Erinnerungen sich anzusiedeln und unter dem Schirm des wieder erstandenen Heiligthums zu leben; ihre Ankunft war geräuschlos und ohne Bedeutung, weshalb uns keine Nachrichten davon überliefert sind. Ihre innere Verwaltung durch Aelteste und Familienhäupter blieb wohl die nämliche wie im Exil. Ueber diese östlichen Juden zog aber plötzlich ein Ungewitter herauf, welches sie mit völligem Untergange bedrohte. In Darstellung desselben folge ich natürlich der biblischen Erzählung, werde aber [1]) davon ausscheiden, was in dieser ungeschichtlich zu sein scheint.

[1]) Auf Grund des 1ⁿ Excurses in meinem größeren Werke.

Mordechaj, ein Nachkomme der babylonischen Exulanten, der nebst vielen anderen Juden in Susa wohnte, hatte eine junge Base Namens 'Ester[1]) nach dem Tode ihrer Eltern an Kindes Statt angenommen, und diese gefiel wegen ihrer ausgezeichneten Schönheit dem Könige Xerxes (Achaschwerosch) so sehr, daß er sie in seinen Harem aufnahm, etwa um 478, und vielfach seinen übrigen Frauen vorzog. Auf den Rath ihres Pflegevaters verheimlichte sie ihre Abkunft, entweder weil die magische Religion die Ehe mit Fremden untersagte, oder um nicht durch Bekenntniß ihrer hier mißachteten Nationalität ihrer Stellung zu schaden; wahrscheinlich aber wäre ohne diese Verheimlichung der ganze Vorfall, den wir hier erzählen wollen, den Juden erspart worden, Niemand wohl hätte gewagt, den Untergang eines Volksstammes in Anregung zu bringen, welcher eine so einflußreiche Beschützerin hatte.

Nach einiger Zeit nämlich erhob der König einen Günstling Haman zu seinem Großvezier. Diesem wurde einst hinterbracht, daß der allgemeine Brauch, voll Ehrfurcht vor ihm niederzuknieen, von Mordechaj nicht beobachtet werde, angeblich weil ihm seine Religion verbiete, Menschen solche göttliche Ehre zu erweisen. Es scheint aber, daß Mordechaj bei Unterlassung dieser sklavischen Adoration von der Meinung ausging, einem bloßen Günstlinge gegenüber werde das keine ernste Gefahren nach sich ziehen für Einen, der äußersten Falles den Schutz der Ester anrufen könne; denn undenkbar ist, daß er bei seinem späteren nahen Verhältnisse zum Könige auch Diesem sie versagt habe. Dem Haman indessen galt dies für ein todeswürdiges Verbrechen, und dieselbe Mißachtung bei allen Juden voraussetzend, beschloß er, an dem ganzen Stamme blutige Rache zu nehmen. Er stellte daher dem Könige vor, es gebe in seinem Reiche ein über alle Provinzen zerstreutes Völkchen, das jederzeit gegen die königlichen Gesetze hartnäckigen Ungehorsam zeige, so daß es gerathen sei, es zu vernichten. Der Sage nach hätte er zugleich die Habsucht des Königs durch die Vorstellung zu erregen gesucht, daß bei Ausrottung der Juden die Einziehung ihres Vermögens ihm große Summen eintragen werde. Xerxes willigte in ihren Untergang und überließ es Haman, ihn zu bewerkstelligen, ein so ausgedehntes Gemetzel, wie das hier beabsichtigte, ist leider

---

[1]) Diesen Namen hatte sie neben ihrem jüdischen, Hadassa, wohl schon als Mädchen angenommen.

nicht ohne Parallelen in der Geschichte: man erinnere sich nur, daß Mithridates vermittelst geheimen Befehls an alle Obrigkeiten in Kleinasien an einem und demselben Tage 80,000 oder gar 150,000 Römer umbringen ließ. Auf die erhaltene Erlaubniß ließ Haman 473 im Namen des Königs Befehle an alle Satrapen, Paschah's und sonstigen Machthaber im ganzen Reiche ausfertigen, am nächsten 13. Adar, welchen Tag ihm das Loos als einen zu diesem schwarzen Unternehmen günstigen bezeichnet hatte, alle Juden im Reiche mit ihren Frauen und Kindern umzubringen. Diese Befehle waren wohl nicht bestimmt, frühzeitig bekannt zu werden; doch blieben sie nicht geheim, und als Mordechaj von ihnen Kenntniß erhielt, theilte er sie durch eine Botschaft der Ester mit, mit der dringenden Auf= forderung ihren Einfluß auf den König dahin zu benutzen, daß sie zurückgenommen würden. Anfangs lehnte Ester dies als gefahrvoll ab, doch Mordechaj ließ ihr zurücksagen: wenn sie bei so überaus dringender Gelegenheit für ihr Leben so besorgt sei, so möge sie nur nicht glauben, daß dieses etwa im Palaste des Königs sicher wäre; jene höhere Macht, welche nur darum scheine sie dem Throne nahe gebracht zu haben, damit sie ihr Volk erretten könne, werde, wenn sie schweige, auf andere Weise den Juden Hilfe zu bringen wissen, sie aber dann wegen dieser Schuld ihren verdienten Unter= gang finden. Diese Vorstellung wirkte, Ester begab sich zum Könige, der sie freundlich aufnahm und in sehr gnädigen Ausdrücken nach ihrem Begehr fragte. Anstatt dieses aber ihm sogleich zu eröffnen, bat sie, daß er an diesem Tage mit Haman zu einem Mahle kommen möge, welches sie ihnen veranstalten wolle: vielleicht fürchtete sie, daß der König, wenn er sie jetzt anhöre, hinterdrein von Haman wieder umgestimmt werden könnte, und beschloß deshalb, erst in dessen Gegenwart ihre Bitte und die damit verbundene Anklage desselben vorzubringen; denn auf diese Weise konnte sie die Gegen= rede ihm abschneiden und war in der ungleich vortheilhafteren Lage einer freimüthigen Anklägerin. Der König nahm die seltsame Ein= ladung für sich und seinen Vezier an, und weil ihm nicht entgehen konnte, daß sie hierbei Etwas auf dem Herzen haben müsse, fragte er sie bei der Tafel nochmals in sehr gnädigen Ausdrücken, ob sie irgend eine Bitte erfüllt zu haben wünsche.

Da nun [1]) kam sie mit der sehr geschickten Bitte um ihr eigenes
Leben und um Schonung ihres Volksstammes hervor, sie sagte:
hätte man ihre Stammgenossen als Sklaven verkaufen wollen, so
würde sie vielleicht noch geschwiegen haben, aber ihrer aller Feind
hätte die Absicht, sie ganz auszurotten, unbekümmert darum, mit
welchem Schaden auch für das Reich das verbunden sei, da müsse
sie reden. Der König fragte sie, wer denn dies beabsichtige. Daß
er bei Ester's Worten nicht alsbald an die vorbereitete Ausrottung
der Juden dachte, läßt sich daraus erklären, daß er vielleicht das
Völkchen gar nicht sich hatte nennen lassen, um welches es sich hier
handelte, und sollte dies doch stattgefunden haben, wenigstens die
jüdische Abkunft der Ester ihm immer noch unbekannt war. Auf
jene Frage desselben nannte Ester Haman als den Anstifter. Jetzt
nothwendig mußte ihm wieder erinnerlich werden, was Dieser erst
vor wenigen Wochen mit ihm gesprochen hatte: er verließ daher
hastig die Tafel und begab sich in den Schloßgarten, um mit sich
zu Rathe zu gehen, ob er Haman die unverzeihliche Kenntniß zutrauen müsse, daß zu dem von ihm dem Untergange geweihten Völkchen
sein eigenes geliebtes Weib gehöre, auch wie er jetzt zu verfahren
habe. Während seiner kurzen Abwesenheit warf Haman sich vor
der Königin nieder, um für sein Leben zu bitten, zufällig aber so,
daß seine Stellung sich mißdeuten ließ. Als der König wieder
eintrat und ihn in dieser Stellung erblickte, rief er daher voll
Wuth aus, ob er etwa auch noch der Königin Gewalt anthun wolle.
Der Augenblick war offenbar zu ungeeignet zu Liebesabenteuern,
als daß wir nicht diese plötzliche Eifersucht des Königs für einen
bloßen Vorwand halten müßten, um auf die leichteste Art den Knoten
zu durchhauen. Auf seinen Befehl wurde sofort Haman hingerichtet,
und nachdem Ester ihm auch eröffnet hatte, daß sie einen ihr verwandten Pflegevater Mordechaj in Susa habe, erhob Xerxes Diesen
an Haman's Stelle zu seinem Großvezier. Nun aber wurde über-
legt, auf welche Weise das Edikt zur Ausrottung der Juden unwirksam
gemacht werden könne: dasselbe ohne Weiteres zurückzunehmen ging
nicht, da bei den Persern Befehle, welche unter dem Namen und
mit dem Siegel des Königs erlassen worden waren, für unwiderruflich galten. Man fand und wählte den Ausweg, für alle Juden

[1]) Warum ich hier von der biblischen Darstellung stark abweichen zu müssen
geglaubt habe, ist in dem erwähnten 10. Excurs § 8 entwickelt worden.

im perſiſchen Reiche die Erlaubniß auszuſprechen, am nächſten 13. Adar, dem zu ihrer Ausrottung beſtimmten Tage, bewaffnet zuſammen= zutreten und Jeden, der ſie angreifen werde, ungeſtraft zu tödten; allen Satrapen, Paſchah's und ſonſtigen Machthabern wurde die Erlaſſung dieſes zweiten Ediktes angezeigt. Eine Loſung zu allgemeinem Bürgerkriege war dies nicht, Xerxes durfte erwarten, daß dieſe Kundgebung ſeines Willens alle ſeine Unterthanen beſtimmen werde dem erſten Edikte keine Folge zu geben. Als die Eilboten dieſes zweite königliche Schreiben überallhin gebracht hatten, und mit gleicher Schnelligkeit die Nachricht von der Erhebung des Juden Mordechaj ſich verbreitete[1]), waren aller Orten die Juden höchlich erfreuet, und Alle im Dienſte des Königs ſowie Viele vom Volke ſuchten ein freundliches Vernehmen mit ihnen herzuſtellen. Doch muß die Abneigung der Völker gegen die Juden unter ihnen groß geweſen ſein, denn theils angegriffen, theils um frühere Feinde bei dieſer Gelegenheit für die Zukunft unſchädlich zu machen, tödteten am 13. Adar die ortweiſe bewaffnet zuſammengetretenen Juden in Suſa 500 Mann und die zehn Söhne des Haman, im übrigen Reiche nach ſpäter eingegangenen Berichten 15,000 Mann, und Eſter hielt es für nöthig, die Erlaubniß auszuwirken, daß alle in Suſa noch übrigen Judenfeinde am folgenden Tage aufgeſucht werden dürften, ſo daß hier am 14. Adar noch 300 derſelben niedergemetzelt wurden; doch enthielten ſich die Juden hierbei überall jeder Plünderung. Den Tag nach dem Kampfe, in Suſa am 15., in allen übrigen Orten ſchon am 14. Adar, feierten die Juden ein Rettungsfeſt; und Mordechaj erließ an ſie nach nah und fern ein Sendſchreiben, welches eine kurze Darſtellung des Hergangs und die Aufforderung enthielt, alljährlich an den angegebenen Tagen dieſes Feſt zu wiederholen. Purim ſoll daſſelbe genannt worden ſein, weil Pur im Perſiſchen „Loos" bedeute, und das Loos Haman bewogen hätte, den 13. Adar zu dem allgemeinen Blutbade anzuſetzen[2]).

---

[1]) Weniger mag es bekannt geworden ſein, daß auch eine einflußreiche Gemahlin des Königs jüdiſchen Geſchlechtes ſei: das war eine Serailan= gelegenheit.

[2]) Die angeblichen Grabmäler der Eſter und des Mordechaj werden noch jetzt in Hamadan gezeigt und die Juden aller Nachbarländer wallfahrten zu ihnen.

Der anfängliche Befehl, die Juden zu vertilgen, mag wohl auch nach Syrien abgesendet worden sein; doch da in Judäa die Juden zahlreich waren, unvermischt wohnten und ein eigenes Gemeinwesen besaßen, so hätte eine vorzeitige Veröffentlichung desselben sicherlich einen Aufstand erzeugt, die Judäer erfuhren daher in der kurzen Zeit zwischen dem Eingehen des ersten und zweiten Befehles schwerlich Etwas von der ihnen drohenden Gefahr, und am 13. Adar konnten blutige Scenen wie im Osten hier nicht vorkommen, denn in ihrer Mitte hatten eben die Judäer keine heidnischen Judenfeinde, welche auf die erhaltene Erlaubniß hin hätten sie angreifen oder von ihnen wegen früherer Unbilden gezüchtigt werden können.

Zweites Kapitel.

Esra's Heimkehr und Wirksamkeit.

Die damalige Lage der Bewohner von Judäa haben wir bereits kennen gelernt, und bis zur Auflösung des persischen Reiches blieb dieselbe im Wesentlichen unverändert. Die religiösen Zustände des Volkes waren aber vom Exil an in einer unablässigen Entwickelung begriffen, von welcher jeder einzelne Punkt immer erst zu einem Abschlusse gediehen sein muß, ehe er nach den Stadien, welche er durchlief, genetisch dargestellt werden kann. Deshalb übergehe ich jetzt Einiges, was auf diesem Felde noch vor Esra geschah, und selbst eine Besprechung des Propheten Malachi, welcher nach allem Anschein in diese Zeit gehört, um erst zu berichten, was von Esra und später von Nechemja gethan worden ist, dann aber, weil gerade durch diese Männer in jenem religiösen Gährungsprocesse ein erster bedeutender Niederschlag erfolgt ist, wollen wir diesen letzteren darzustellen versuchen.

Wir treten also jetzt zu Esra heran, einem Manne, den wir schon aus dem Wenigen, was über ihn in der Bibel zu lesen ist, so hochachten lernen, daß wir besonders wegen seiner die Lückenhaftigkeit der uns aus jenen Zeiten überkommenen Nachrichten schmerzlich bedauern müssen. Die talmudische Sage stellt ihn als einen zweiten Moscheh hin, und wie sehr sie auch übertrieben und selbst gedichtet hat, sodaß wir genöthigt sein werden, nach reiflicher Erwägung Stücke des Esra aufzugeben: so muß er doch ein wahrhaft großer Mann gewesen sein, nimmermehr hätte sonst das Andenken unseres Volkes ihm einen so hohen Ehrenplatz angewiesen.

Nämlich Xerxes war 464 ermordet worden, und nach einigen blutigen Vorgängen in Folge hiervon war sein jüngster rechtmäßiger Sohn Artaxerxes ihm auf den Thron gefolgt, dessen Regierung bald Kraft und Weisheit, Milde und Großmuth verrieth. Ungefähr im sechsten Jahre dieses Königs faßte Esra, ein Abkömmling des letzten vorexilischen hohen Priesters Seraja, den Entschluß, aus dem mittleren und östlichen Susiana¹), wo zahlreiche Juden lebten, und auch er selbst wohl zu Hause war, wieder einen Theil derselben nach Judäa zu führen. Einzelne von diesen östlichen Juden mögen, wie bereits gesagt, seit Cyrus Zeiten unausgesetzt dahin gewandert sein, aber daß jetzt mehrere Tausend zugleich zu diesem Entschlusse kamen, scheint noch eine Nachwirkung der Anfeindungen gewesen zu sein, welche durch Haman's Anstiften zu einem weitverbreiteten Blutbade geführt hatten: denn daß kaum vierzehn Jahr nach diesem und gerade aus der Nähe von Susa diese bedeutende Auswanderung erfolgte, war schwerlich rein zufällig; durch eine glückliche Wendung des Geschickes waren für jenes Mal die dortigen Juden dem Verderben entgangen, aber Viele von ihnen mußten geneigt sein, ein Land zu verlassen, in welchem nicht immer die Fürsprache einer Ester ähnliche Gefahren von ihren Häuptern abwenden würde. Solche Betrachtungen müssen, sobald ihr und des Mordechaj Einfluß aufhörte, ihnen oft wiedergekehrt sein, blieben aber ohne Folge, bis Esra, ermuthigt von seinem hohen Ansehen unter ihnen als Schriftgelehrter, sich der Sache annahm, aber mit Absichten, welche über die ihrigen weit hinauslagen. Zuvörderst knüpfte er, um das beabsichtigte Unternehmen zu sichern, zugleich aber auch der ihm bekannt gewordenen judäischen Verhältnisse wegen, Unterhandlungen mit Artaxerxes an, deren Inhalt wir aus einem königlichen Schreiben entnehmen können, das uns aufbewahrt worden ist und so lautete:

„Artachschasta, König der Könige, an Esra den Priester, den Gesetzeskundigen des Gottes des Himmels, den Vollkommenen u. s. w. Von mir ist Erlaubniß gegeben, daß wer in meinem Reiche von dem Volke Israel und seinen Priestern und Lewiten nach Jerusalem mit

¹) Vgl. 2, 123 — 125 des größeren Werkes.

dir zu gehen begehrt, gehen kann", weil du von dem Könige und seinen sieben Räthen entsendet bist, Judäa und Jerufchalem nach dem Gefetze deines Gottes, welches du in Händen haft, zu unterfuchen;' und das Gold und Silber hinzubringen, welches der König und feine Räthe dem Gotte Israels gefpendet haben, der in Jerufchalem thront; auch alles Gold und Silber, welches du in der ganzen Landfchaft Babel erhalten wirft vermittelft einer Spende, zu welcher das Volk und die Priefter für ihr Gotteshaus in Jerufchalem bereit fein werden. Daher kaufe mit Sorgfalt für diefes Geld Stiere, Widder, Lämmer und die Speife= und Traukopfer dazu, und bringe fie dar auf dem Altar eures Gottes= haufes in Jerufchalem. Und was du mit deinen Brüdern für gut findeft, mit dem übrigen Silber und Golde zu thun, das thuet nach dem Gefallen eures Gottes; und die Geräthe, welche dir zum Dienfte deines Gotteshaufes übergeben werden, liefere ab vor dem Gotte Jerufchalems. Und was fonft ein Bedürfniß deines Gotteshaufes ift und dir zu beftreiten zufällt, das beftreite aus der Schatzkammer des Königs. Und ich, König Artachfchafta, befehle allen Schatzmeiftern in Abar-nahra, daß Alles, was Esra, der Priefter (und) Gefetzeskundige des Gottes des Himmels, von euch fordern wird, forgfältig geliefert werde bis zum Belauf von hundert Kiffar Silbers, hundert Kor Weizen, hundert Bat Oel und Salz ohne Einfchränkung. Alles, was für den Gott des Himmels erforderlich ift, gefchehe ungefäumt für das Haus des Gottes des Himmels, damit nicht (fein) Zorn komme über die Herrfchaft des Königs und feiner Söhne. Auch thun wir euch kund, daß allen Prieftern und Lewiten, Mufikern, Thorwächtern, gewöhnlichen und außer= gewöhnlichen Knechten diefes Gotteshaufes weder Lieferungen an Geld und Nahrungsmitteln, noch was außerdem zum königlichen Dienfte gehört, aufgelegt werden darf. Und du, Esra, nach der Kenntniß deines Gottes, die du befitzeft, fetze zu Richtern und Rechtsverwefern, die alles Volk in Abar-nahra richten follen, Männer ein, welche die Gefetze deines Gottes kennen, und die fie nicht kennen, unterweife darin. Und wer nicht das Gefetz deines Gottes und das Gefetz des Königs befolgt, an dem foll alsbald die Strafe vollzogen werden, fei es zum Tode oder zur Aus= rottung (feiner ganzen Familie) oder zur Beftrafung an Gütern und durch Gefängniß."

Es fcheint, daß dem Schreiber des Königs, welcher diefes Akten= ftück anfertigte, eine fchriftliche Eingabe des Esra an Artaxerxes dabei vorlag, und das Judaifirende darin von dem jüdifchen Ueber= fetzer herrühre. Bei der Geldfumme, bis zu deren Belauf Esra follte den königlichen Schatz in Anfpruch nehmen dürfen, fcheint jedoch ein Fehler eingefchlichen zu fein, da die königliche Unterftützung ohne Zweifel eine jährliche fein follte, in diefem Falle aber hundert babylonifche Talente Silbers eine unwahrfcheinlich große Beifteuer

gewesen wären. Nach diesem Akte nun scheint Esra neben dem
Wunsche einer Uebersiedelung in größerem Maßstabe dem Könige
vorgestellt zu haben, daß in Judäa aus Armuth der Einwohner der
Cultus darniederliege, und die Rechtspflege, welche den Juden wie
allen untergebenen Völkern gelassen war, meistens in den Händen
von Männern sei, die des jüdischen Gesetzes ganz unkundig wären;
auch wird er nicht unterlassen haben, auf des Cyrus Gunst gegen
die Juden sowie auf die genossene Freigebigkeit des Darius hin=
zuweisen. Eine solche Eingabe war ganz geeignet, bei dem milden
und um Ordnung in seinem Reiche bemüheten Artaxerxes eine gute
Aufnahme zu finden; vielleicht kam dazu noch der Umstand, daß
gerade jetzt aus allen Kräften gegen das abgefallene Aegypten gerüstet
wurde, in einer solchen Zeit nämlich mußte eine Begünstigung des
benachbarten Judäa's, so unbedeutend dieses war, gut angebracht
erscheinen. Es ist sogar möglich, daß Artaxerxes die zahlreichen
Juden in seinem Reiche auf diese Weise zu einer größeren Anhäng=
lichkeit anfeuern wollte. Esra erhielt daher die mitgetheilte Akte
ausgefertigt: dieselbe war von höchster Wichtigkeit für die Juden
wegen des amtlichen Charakters, mit welchem sie den Esra bekleidete;
ihm wurde zwar weder die Paschawürde noch irgend ein anderes
Amt übertragen, aber der ausdrückliche Auftrag des Königs, Judäa
nach jüdischen Gesetzen einzurichten, war für einen Mann von Esra's
Gesinnung und Thatkraft hinreichend, um zu der ganzen Richtung,
welche seitdem das Judenthum genommen hat, den festen Grund zu
legen.

Jetzt wendete er sich mit diesem königlichen Schreiben an die
Häupter seiner Glaubensbrüder in Susiana, und bei der oben=
erwähnten damaligen Stimmung der jüdischen Bevölkerung bewog
dessen Inhalt zwei Häupter der Priester und eine gute Anzahl von
Volkshäuptern sich mit ihren Geschlechtern Esra anzuschließen; bei=
läufig ersehen wir hieraus, daß die Angehörigen der einzelnen
Geschlechter im Osten möglichst beisammen und zu deren Häuptern
in jenem Verhältnisse geblieben waren, welches im Stammlande
zwischen ihnen bestanden hatte. Die Zahl der Laien betrug 1496
oder (nach dem apokryphischen Esra) 1690 Mann; die Zahl der
Priester ist nicht angegeben, doch soll sie nicht unbedeutend gewesen
sein; auch schlossen sich 220 Netinim und ein Davide dem Zuge
an, so daß mit Einschluß von 38 Lewiten, welche später noch hinzu=

traten, derselbe mit den Frauen und Kindern an 9000 bis 10,000 Seelen stark gewesen zu sein scheint. Der gemeinsame Antritt des Zuges wurde auf den 1. Nissan (des Jahres 458) festgesetzt. Man zog auch diesmal nicht mit leeren Händen nach Judäa, alles trag= bare Eigenthum wurde mitgenommen, was nicht gut mitgeführt werden konnte, zu Gelde gemacht, und außerdem von dem Könige und seinen Räthen wie von den zurückbleibenden Brüdern dem Esra für den Tempel eine reiche Spende mitgegeben: 650 Talente Silbers und 100 Talente Goldes [1]), ferner 20 goldene Becher, tausend Dareiken werth, 100 silberne Geräthe und deren noch zwei von einer kostbaren Metallmischung. Den aus ihren verschiedenen Wohnsitzen Aufbrechenden hatte Esra zum Sammelplatze die Ufer des Flusses Ahwa im mittleren Susiana bezeichnet: hier trafen die einzelnen Häuflein bis zum 9. des Monats nach und nach ein, und als sie beisammen waren, hielt er eine Musterung derselben. Zu seinem Kummer fand er, daß keine Lewiten sich dem Zuge angeschlossen hatten. Von diesen war schon mit Serubabel nur eine auffallend geringe Zahl nach Judäa gewandert, und die oben vermutheten Gründe dieser Erscheinung konnten durch die Nachrichten aus Judäa über das Siechthum des Cultus keineswegs entkräftigt sein. Um aber nicht ganz ohne Lewiten dahin zu kommen, schickte Esra nach Kasifja, welches nicht weit von dem Sammelplatze nördlich von Susa lag, eine Botschaft an zwei Häupter der dortigen Juden, mit der Bitte, dort wohnende Lewiten zum Anschlusse zu bewegen: und wirk= lich gelang es ihnen, daß 38 derselben mit ihm zogen. Auch ließ Esra jetzt einen allgemeinen Fasttag halten, um den göttlichen Schutz auf dem nicht gefahrlosen Wege zu erflehen, denn vom Könige eine Deckung zu begehren schämte er sich, weil die Juden früher zuversichtlich geäußert hätten, daß ihr Gott alle seine Verehrer beschützen werde. Sodann suchte er zwölf angesehene Priester und eben so viele Lewiten aus, welchen er die Spende für den Tempel zuwog, mit dem Auftrage, sie sorgfältig in Verwahrung zu halten, bis sie dieselbe in Jerusalem in die Zellen des Gotteshauses ab= liefern könnten.

---

[1]) Das babylonische Silbertalent war an 1834 Thlr. werth, vielleicht aber ist das persische im Werthe von etwa 1965 Thlr. gemeint; das Goldtalent betrug an 13 mal mehr.

Endlich am 12. Nissan brach der ganze Haufen von dem Flusse Ahwa auf, und langte nach einem ungefährdeten Zuge am 1. Ab in Jerusalem an. Nach einer Rast von drei Tagen wurde zuerst die heilige Spende in den Tempelschatz abgeliefert, hierauf ein gemeinsames Dankopfer gebracht, und von Esra die königliche Akte allen Betheiligten kundgethan. Zunächst nun scheint Esra die Organisation des noch gar sehr im Argen liegenden Tempel= gottesdienstes in Angriff genommen zu haben; doch gehe ich für jetzt nicht hierauf ein, da ich später versuchen will, die Entwickelung des Cultus in ihrem Zusammenhange zu schildern. Hierüber aber vergingen einige Monate, und der Winter war schon eingetreten, als Esra den ersten großen Schritt auf jener Bahn that, welche das Judenthum zu seinem strengen Separatismus geführt hat. Nämlich die Ehe mit den chanaanitischen Stämmen war den Israe= liten schon im Pentateuch untersagt, um nicht durch Verwandtschaften mit Heiden dem Götzendienst den Eingang zu erleichtern; und offen= bar mißbilligte der Gesetzgeber auch die Ehe mit anderen heidnischen Stämmen, besonders der Nachbarschaft, da hiergegen derselbe Grund obwaltete (vgl. Kiddushin 68, b). Nun war aber dieses Eheverbot von der ältesten Zeit an wenig beobachtet worden, und im Exil nahm, bei ungleich größerer Gelegenheit dazu, dieses Uebel wahrscheinlich noch mehr überhand. Desgleichen als Judäa wieder in Besitz genommen war, und die junge Colonie bei aller Zerrüttung ihrer religiösen Zustände doch vom Götzendienste sich fern hielt, kamen gleichwohl Verheirathungen mit Heidinnen noch recht häufig vor, und schon der Prophet Malachi, im vollen Bewußtsein, welche Gefahr für den Monotheismus hierin lag, ruft 2, 11. 12 den Untergang auf Die= jenigen herab, welche „treulos diesen Gräuel begingen"; aber es fehlte im der Muth oder die Macht, thätig hiergegen einzuschreiten: Esra zuerst unternahm dies. Einige angesehene Juden traten vor den mit diesem Uebelstande noch unbekannten mit der Klage, das Volk lebe vielfach in ehelicher Verbindung mit Frauen aus den benachbarten heidnischen Stämmen, und gerade die Hochgestellten seien mit beklagenswerthem Beispiele hierin vorangegangen. Als Esra dies vernahm, zerriß er in unbändigem Schmerz seine Kleider, raufte sich das Haar aus, und saß dann lange in sich versunken; als aber im Tempel das Abendopfer gebracht wurde, eilte er dahin, in feurigem Gebet sein Herz vor Gott auszuschütten. Während er weinend und zur Erde gestreckt vor dem Gotteshause betete, sammelte sich um ihn ein sehr großer Haufen von Männern, Frauen und Kindern, und Alles weinte, in Furcht, daß der göttliche Zorn auf ihnen ruhe. Dann trat zu Esra ein Mann Namens Schechanja und sprach: Es sei wahr, man habe durch Ehen mit fremden Frauen sich versündigt, doch sei für Israel noch eine Hoffnung vorhanden, wenn der einmüthige Beschluß gefaßt werde, die fremden Frauen und die mit ihnen erzeugten Kinder fortzuschicken; Esra solle muthig hierzu schreiten, er werde kräftige Unterstützung finden. Bereitwillig hierauf eingehend, forderte sogleich Esra alle anwesenden Häupter der Priester, Lewiten und des Volkes zu dem eidlichen Versprechen auf, also zu thun: und sie schwuren. Sodann, ohne die geringste Speise zu sich zu nehmen, so sehr erfüllte ihn die Wichtigkeit des Gegenstandes, berathschlagte er in einer Zelle des Heiligthums bis tief in die Nacht hinein mit den Oberen und Aeltesten, auf welche Weise weiter zu verfahren sei.

Man kam überein, durch ganz Judäa einen Aufruf zu erlassen, daß nach drei Tagen alle Männer des Landes sich nach Jerusalem versammeln sollten; wer nicht käme, dessen Vermögen solle dem Banne verfallen sein, und er selbst aus der „Gemeinde der Gola" ausgestoßen werden. Was dem Banne verfiel, war nach älterer Sitte dem Heiligthum zugewiesen; und unter Ausstoßung aus der Gemeinde verstand man eine Verweisung aus dem jüdischen Gebiet: die Oberen und Aeltesten in Jerusalem erscheinen hier im Besitze einer sehr ausgedehnten Gewalt. Und wirklich kam auf diesen Aufruf eine sehr große Anzahl von Männern Judäa's an dem anberaumten Tage, am 20. Kislew, nach Jerusalem; es war nicht wohl ausführbar, daß Alle ohne Ausnahme dahin sich versammelten, wie anbefohlen worden war, und die das Decret erlassen hatten, müssen dies auch hinterher eingesehen haben, da wir nicht lesen, daß gegen die Ausgebliebenen irgendwie verfahren worden wäre. Diejenigen aber, welche Folge geleistet hatten, begaben sich auf den großen freien Raum vor den Tempel, in Besorgniß über den ihnen wohl noch unbekannten Grund ihrer Berufung, und zitternd vor Regen und Frost. Hier sprach Esra zu ihnen über die Sünde der Mischehen, und forderte sie auf, ihre heidnischen Frauen zu entlassen und von den Heiden sich getrennt zu halten. Die Versammelten aber riefen ihm zu: Wie er sage, solle es geschehen, nur sei die Versammlung so zahlreich, und in dieser Regenzeit könne man nicht lange im Freien zubringen, zudem sei das kein Geschäft für einen oder zwei Tage, denn das Uebel habe weit um sich gegriffen. Die Oberen möchten für die ganze jüdische Gemeinde beisammen bleiben, und die mit Fremden verheirathet seien, sollten vor ihnen an Tagen erscheinen, die sie festsetzen möchten, begleitet von den Aeltesten und Richtern ihrer Stadt (Letzteres wohl, um die Ausführung zu über- wachen). Gegen diesen sehr verständigen Vorschlag erhoben sich zwar einige Eiferer, welche auf der Stelle gehandelt haben wollten: allein er drang gleichwohl durch, Esra und die Häupter der Geschlechter erhielten den Auftrag, alle derart Verschuldete im Lande ausfindig zu machen und zur Vollziehung des gefaßten Beschlusses anzuhalten. Sie begannen ihr Geschäft am 1. des folgenden Monats, und waren nach drei Monaten damit zu Ende. Es fand sich, daß selbst von den Verwandten des hohen Priesters vier Männer heidnische Frauen hatten, was auch wohl der Grund war, weßhalb bei der ganzen Verhandlung der hohe Priester (der greise Jojakim, welcher seinem Vater Jehoschua um 500 [1]) im Amte gefolgt war und darin bis 452 blieb) in keiner Weise thätig erscheint; gegen seine Verwandten mochte er aufzutreten zu schwach sein, und dem Religionseifer des Esra in den Weg treten wollte oder durfte er als hoher Priester nicht; ferner fanden sich 13 andere Priester, 10 Lewiten und 86 Laien, insgesammt also 113 Männer mit heidnischen Frauen ver- heirathet. Es wird nicht ausdrücklich berichtet, daß Diese sämmtlich ihre Frauen und die mit ihnen erzeugten Kinder wirklich weggeschickt haben, doch ist kein Grund vorhanden, daran zu zweifeln.

Man hat wegen dieser allerdings sehr harten Maßregel viel- fach Esra getadelt. Allein wo Vielweiberei zugelassen wird, haben an sich die Familienbande geringere Stärke, und hierzu kam, daß die Ehen mit Heidinnen, weil jedenfalls nicht in den üblichen reli- giösen oder nationalen Formen geschlossen, dem Volke ziemlich als ein bloßes Concubinat erschienen; ohne dieses unnachsichtliche Durch- greifen war aber das Jahwehthum in Israel wieder allen den Einflüssen ausgesetzt, welche vor dem Exil es beeinträchtigt hatten: dieser Gefahr gegenüber hat Esra ganz gehandelt wie die hohe Auf- gabe es verlangte, welche er sich gestellt hatte. Nun wird sich bald

---

[1]) Ueber die Amtsjahre der hohen Priester verweise ich ein für alle Mal auf den 11. Excurs des größeren Werkes.

zeigen, daß dem Uebel dadurch nur auf sehr kurze Zeit Einhalt gethan wurde.

Ferner bethätigte sich Esra's Wirksamkeit in der Einsetzung von regelmäßigen Gerichten. Vor dem Exil gab es zwei Arten von Untergerichten: war zwischen zwei Personen ein Streit über Mein und Dein, so wählten sie einige Männer von Vertrauen zu ihren Schiedsrichtern; Diese urtheilten nach ihrem schlichten Ermessen, und wenn der Verurtheilte sich weigerte, ihrem Ausspruche zu gehorchen, so konnte man an den König oder an das eigentliche Ortsgericht sich wenden. Letzteres war zunächst für die Pflege der Criminaljustiz bestimmt, konnte aber wohl auch im besagten Falle angerufen werden, und bestand aus Aeltesten des Ortes, welchen, wo es sich thun ließ, zwei Leviten oder Priester beigeordnet waren, dahin zu wirken, daß die Urtheile dem jüdischen Gesetze conform gestellt würden. Ihren Sitz hatten diese Ortsgerichte in der Regel auf den öffentlichen Plätzen an den Thoren. Eine Appellation im modernen Sinne fand nicht Statt; waren aber die Richter zu sehr getheilt in ihrer Ansicht, oder selber schwankend, so hatten sie das Urtheil eines Obergerichtes einzuholen, welches in Jeruschalem seinen Sitz hatte und aus dortigen Aeltesten, Priestern und Leviten zusammengesetzt war, vielleicht in der Zahl von 70 oder 71. Während des Exils und auch nach demselben wurden jene Untergerichte den Exulanten gelassen, aber ihre Zerstreuung verursachte, daß ihnen Leviten oder Priester selten beigeordnet werden konnten, und auch zu der Bildung eines Obergerichtes kam es nicht. Als hierauf Judäa wieder in Besitz genommen wurde, wäre das Letztere leicht zu erzielen gewesen, doch findet sich nicht die leiseste Spur, daß es dazu gekommen sei. Noch schlimmer war aber der Umstand, daß die meisten Untergerichte des Beirathes von Kundigen des jüdischen Gesetzes entbehren mußten: die Aeltesten kannten dieses sehr wenig, von Leviten kam nur eine sehr geringe Anzahl aus dem Exil zurück, und die Priester kehrten in die von ihren Ahnen bewohnten wenigen Städte zurück oder häuften sich gleich den Leviten in Jeruschalem an, sodaß in den meisten Ortschaften des Landes keine von Beiden ansässig waren. Den Uebelstand, welcher hieraus für eine specifisch jüdische Rechtspflege entstehen mußte, scheint Esra, als er noch in Susiana war, erfahren oder richtig vorausgesetzt zu haben, und eben deshalb hatte er von Artaxerxes die Vollmacht sich ausgewirkt, überall Richter einzusetzen, welche des jüdischen Gesetzes kundig wären.

Nun findet sich zwar, vermöge der Lückenhaftigkeit der aus jener Zeit uns erhaltenen Nachrichten, bloß berichtet [1]), er habe angeordnet, daß die Richter des Ortes jeden Montag und Donnerstag von selbst sich versammelten, um etwaige Streitsachen sich vortragen zu lassen und zu entscheiden; früher wären sie nur dann zusammengetreten, wenn sie von den Parteien dazu aufgefordert wurden. Allein jene königliche Vollmacht und sein thatkräftiger Eifer bürgen dafür, daß Esra auch für die Rechtspflege nach jüdischem Gesetz Sorge trug. Und da dies vermittelst der Priester und Leviten nach Obigem sich nicht thun ließ, so scheint es, daß er von Ort zu Ort reisend, überall eine Anzahl von Aeltesten zu Richtern ausersah, Kundigen des jüdischen Gesetzes, wenn es solche im Orte gab, und wo dies nicht der Fall war, er selbst sie nothdürftig im Gesetz unterwies. Auch ist wohl auf ihn die Bestimmung zurückzuführen, daß dieses Richtercollegium aus zehn und mindestens aus sieben Mitgliedern bestehe [2]), bei Aburtheilung von Capitalverbrechen aber sich aus seinen Mitbürgern zu einem Collegium von 23 erweitere. Hinsichtlich der Strafen wollte er natürlich die pentateuchischen Bestimmungen beobachtet haben; wo diese jedoch fehlten, kamen wohl persische und nachmals griechische Strafarten in Anwendung, wie denn namentlich die aufgekommene Sitte, geringere religiöse Vergehen durch Geißelung zu bestrafen, sich nicht aus dem Pentateuch, wohl aber aus der magischen Religion erklären läßt.

Wer indessen fragen wollte, inwiefern es damals von Werth gewesen sei, Richter zu erhalten, welche das jüdische Recht ihren Entscheidungen zu Grunde legten, dem läßt sich antworten: Erstlich, das persische Recht war so wenig in Judäa wie in den übrigen von den Persern erworbenen Ländern eingeführt, die Bestrafung aller bürgerlichen Vergehen vielmehr überall den Eingeborenen überlassen. Durch die Einschärfung daher, nach jüdischem Recht zu entscheiden, wurde hier überhaupt erst ein positives Recht an die Stelle der ziemlich willkührlichen, schwankenden Justiz gesetzt, welche die Aeltesten bis dahin geübt haben müssen; denn was von dem jüdischen Rechte vor dem Exil in das Bewußtsein des Volkes eingedrungen war, mußte in

---

1) Näheres hierüber siehe 2, 20 Abg. 4 des größeren Werkes.
2) Vgl. hierüber den 12. Excurs § 3 desselben Werkes.

ren fünfzig Jahren, welche es in Ländern von abweichender Juris-
diktion zugebracht hatte, und in den darauf folgenden achtzig Jahren
eines noch ganz ungeordneten eigenen Gemeinwesens fast ganz in
Vergessenheit gerathen sein.

Die Wohlthat eines positiven Rechtes wurde hier aber noch
bedeutend dadurch vermehrt, daß das pentateuchische Recht, welches
eigentlich jetzt erst zur Geltung kam, menschlich und milde war wie
kein anderes des Alterthums, dabei aber trotzdem für die Grundlagen der menschlichen Gesellschaft, die Sicherheit des Lebens und
Eigenthums und die Sittlichkeit, die stärksten Schutzwehren aufgestellt hatte. Eine fernere Wohlthat der verschärften Einführung des
pentateuchischen Rechtes bestand in dem engen Zusammenhange desselben mit der Religion: unter seinem Scepter mußten die letzten
Spuren des Götzendienstes und seiner Auswüchse getilgt werden;
und ähnlichen Vorschub muß hieraus die Institution des Sabbats
sowie manche andere religiöse Vorschrift erhalten haben. Unser
heutiges Gefühl freilich sträubt sich, und mit Recht, gegen die Stellung des Religiösen unter den Waffenschutz des bürgerlichen Gesetzes,
aber für jene Zeiten, in welchen immer noch die wichtigsten Grundlagen der jüdischen Religion um Sein oder Nichtsein zu kämpfen
hatten, war diese Unterstellung nothwendig und heilsam. Freilich
als sie selbst auf die unwesentlichsten Vorschriften des Pentateuchs
ausgedehnt wurde, war sie, eben weil nicht durchaus nothwendig,
auch zu mißbilligen; allein dazu kam es vorläufig noch lange nicht,
da die bürgerlichen Richter, welche hierüber hätten erkennen müssen,
sich in alle diese Satzungen selber erst langsam einlebten.

Eine weitere Einrichtung, welche wir Esra zuschreiben müssen,
hängt mit seinen Bemühungen um die jüdische Rechtspflege zusammen, die Bildung der sogenannten großen Synagoge. Es ist
nachgewiesen worden [1]), daß letztere bloß der ältere Ausdruck für
Synedrium und also der jüdische Senat war, nur daß dieser nach
den Stürmen, aus welchen die Makkabäer siegreich hervorgingen,
einige bedeutende Veränderungen erfuhr. Seiner ersten Anlage
nach sollte dieser Senat ohne Zweifel den obersten Gerichtshof des
Landes bilden: Esra's Bemühungen um die Einsetzung von Orts-
gerichten mußten ihn von selbst auf die Errichtung eines solchen

---

[1]) Im 12. Excurs § 5 meines größeren Werkes.

führen, wozu kam, daß die Bibel sie vorschrieb und das vorexilische
Beispiel sie empfahl. Allein diese Behörde wurde noch ungleich
heilsamer für das Volk durch anderweitige Wirksamkeit, welche sie
theils von Anfang an mit ihrer Bestimmung verband, theils im
Laufe der Zeit sich eröffnete. Wir wollen dieselbe hier nur an=
deuten, das Nähere für eine passendere Stelle versparend. Ihr
Hinausschreiten über die Grenzen eines obersten Gerichtshofes ge=
schah nicht durch Anmaßung, was nothwendig Reibungen veranlaßt
hätte, sondern in völlig organischer Weise aus dem Wesen ihrer
ursprünglichen Zusammensetzung heraus. Das Richteramt war im
jüdischen Alterthum von Anfang an nicht auf die bloße Handhabung
des Rechts eingeschränkt wie heutzutage. Die unteren Richter, die
Ortsältesten, waren zugleich die Verweser der Gemeindeangelegen=
heiten; die richterliche Thätigkeit der Priester und Lewiten war schon
mehr im modernen Sinne, dafür aber verbanden sie mit selbiger
ihre geistliche Wirksamkeit und Autorität; die höheren Richter gar
hatten eine noch einflußreichere anderweitige Sphäre, einige Jahr=
hunderte suchte man Recht bei den Schoftim, kühnen Männern,
welche sich um die Befreiung des Volkes Verdienste erworben hatten,
später bei den Königen; und ein Obergericht in Jeruschalem unter
Joschafat war ganz aus Priestern, Lewiten und Volkshäuptern zu=
sammengesetzt. Es ist unzweifelhaft, daß Esra das seinige ebenso
zusammensetzte, nur daß er denjenigen Priestern und Lewiten den
Vorzug gegeben haben wird, welche die meiste Kenntniß des Penta=
teuchs besaßen, und auch schriftgelehrte Laien darin aufgenommen
haben mag, wenn es deren schon gab, wie es später sicher geschehen
ist. Bestand aber dieser Gerichtshof aus angesehenen Priestern und
Lewiten, namentlich höheren Tempelbeamten, sowie aus Häuptern
der Volksgeschlechter und Schriftgelehrten: so war es unausbleiblich,
daß derselbe, sobald er sich zu fühlen begann, zu einem Senat wurde,
der in weltlichen Dingen legislative und beschließende Gewalt aus=
übte, soweit die herrschende Macht ihm Spielraum ließ, aber auch
in lewitischen und sonstigen religiösen Dingen die höchste lebende
Autorität darstellte. Daß in letzteren Angelegenheiten die Laien in
diesem Senat mitsprächen, mag freilich Anfangs Widerspruch ge=
funden haben; doch war es günstig für sie, daß sehr wichtige An=
ordnungen im Cultus von dem Laien Nechemja ausgingen, und daß
es nicht wenig Lewitisches gab, wobei das Volk sehr stark betheiligt

war, wie namentlich die Erhebung der Zehnten und sonstiger Ab=
gaben zur Erhaltung des Stammes Lewi und zur Bestreitung der
Cultuskosten. Vollends aber als allmälig die Schriftgelehrsamkeit
zu immer größerem Ansehen gelangte, und in Folge dessen nicht bloß
der Tempelcultus nach gelehrter Deutung modificirt wurde, sondern
auch eine Emancipation der ganzen Auffassung und Uebung der
jüdischen Religion von dem Lewitenthum sich verbreitete, wurde die
große Synagoge, ungeachtet ihrer Zusammensetzung auch aus Laien,
immermehr competent in allen religiösen Dingen. Und das war
ein segensreicher Fortschritt! In der uralten Zeit mochte es nöthig
gewesen sein, einen bestimmten Stamm zum besonderen Träger der
Religion zu machen; aber schon die Prophetenschulen strebten über
diesen Standpunkt hinaus, und in Babylonien hörten wir bereits
die Ueberzeugung aussprechen, daß einst die Priesterkaste gesprengt
werden und der Herr aus allem Volk seine Diener wählen werde.
Ein kräftiger Schritt zu diesem Ziele war geschehen, als die Schrift=
gelehrsamkeit in das Volk drang. Doch hätte es mit der Zeit zwi=
schen dieser schriftgelehrten Entwickelung und dem Lewitenthum zu
einem Kampfe kommen müssen, dessen Ausgang ungewiß war, wenn
nicht durch die Zusammensetzung der großen Synagoge und auch
später des Synedriums den schriftgelehrten Männern aus dem Volke
der Eintritt in die höchste Religionsbehörde offen gestanden hätte.
Nicht unmittelbar durch letztere, aber jedenfalls begünstigt von ihr,
tauchten bald überall Synagogen auf, die Pflanzstätten eines ganz
anderen als lewitischen Geistes, welche den Opfercultus bereits unter=
graben hatten, noch ehe jener römische Krieger den Feuerbrand in
den Tempel schleuderte; diese kleinen Synagogen mit ihrer großen
Zukunft hätten sich vielleicht niemals verbreitet, wenn die höchste
Religionsbehörde des Landes bloß aus Priestern und Lewiten zu=
sammengesetzt gewesen wäre.

Wir müssen aber den zuletzt berührten Punkt einer umfassen=
deren Betrachtung unterziehen. Nämlich die jüdische Sage erzählt
Succa 20, a: „als die Tora vergessen war von Israel, kam Esra
aus Babel und gründete sie wieder;" wunderlich ist dies im soge=
nannten 4. Esra ausgemalt, und von Aehnlichem hallen die Kirchen=
väter wieder. Ohne allen geschichtlichen Anlaß entstehen solche Sagen
niemals, und der Anlaß zu den erwähnten ist nicht schwer zu ent=
decken, wenn wir Esra's stehenden Beinamen Sofer gehörig wür=

tigen. Sofer (von sefer) ist Einer, der sich mit Schriften und Büchern beschäftigt. Vor dem Exil hießen so insbesondere Diejenigen, welche die königlichen Befehle und die zur Verwaltung des Staates nöthigen Verzeichnisse anzufertigen hatten, natürlich aber auch Jene, welche von dem Pentateuch oder Stücken desselben Abschriften machten; diese Schreiber zu religiösen Zwecken waren wohl meistens aus dem Stamme Lewi, und also zugleich die Lehrer des Volkes, nur haben wir schon gesehen, daß damals das Gesetz ebenso spärlich gelehrt wie abgeschrieben wurde. Jedoch in Babylonien kamen an den Trauertagen sowie an den Sabbaten und Festen religiöse Versamm=lungen in Aufnahme, deren Hauptzweck freilich war, die Nieder=gebeugten mit Hoffnung auf die göttlichen Verheißungen zu erfüllen, in welchen aber ohne Zweifel auch aphoristische Vorlesungen aus dem Pentateuch, begleitet von Erklärungen seiner Vorschriften und von Ermahnungen, ihnen nachzuleben, häufig stattfanden. Und nach dem Exil können unter den östlichen Juden diese Versammlungen nicht eingegangen sein; nur lag es in den Umständen, daß ihr In=halt jetzt ein anderer wurde. Denn Tröstungen und die Unter=haltung von Hoffnungen waren jetzt nicht mehr nöthig, desgleichen die sehnsüchtigen Gebete um Erlösung nicht mehr an der Zeit, und die eigene Lage sowie die von Judäa war zwar keine erfreuliche, aber doch nicht derart, daß sie einen stehenden Gegenstand religiöser Betrachtungen hätte bilden können.

Zu diesen Versammlungen müssen daher nach dem Exil die Vorlesungen aus dem Pentateuch nebst angehängten Erklärungen und Ermahnungen das Vorwiegende gewesen, und insbesondere die Erklärungen in dem Maße nothwendiger geworden sein, als hier einestheils die Sprache des Pentateuchs bei der Menge immer mehr in Vergessenheit kommen, anderntheils die pentateuchische Gesetzgebung den östlichen Juden immer undurchsichtiger werden mußte. Wir finden demgemäß, schon als Esra nach Judäa zog, im Exil Männer erwähnt, welche unter der Benennung Mebinim bereits fast amtlich solche Erklärungen ertheilten. Vorzugsweise mögen Priester und Lewiten diesen Functionen sich unterzogen haben, jedoch gewiß auch Laien, namentlich solche, welche auch zu prophetischer Rede etwas befähigt waren; es soll an einer besonderen Stelle von dem Auf=hören der Prophetie in Israel gesprochen werden, an diesem Orte genüge es, von dem Uebergange des Prophetismus in die soferische

Wirksamkeit einige erhaltene Spuren nachzuweisen. Die ersten finden wir bei Jecheskel: nachdem er den künftigen Tempel beschrieben hat, zeichnet er 43, 18—46, 24 den künftigen Opfercultus, die Feste und die Pflichten der Priester zwar noch dem Pentateuch gegenüber mit ziemlich vieler Selbständigkeit [1], aber doch schon mit ungleich größerer Bezugnahme auf ihn, als jemals früher geschehen ist. Chaggai geht 2, 11 u. w. in die pentateuchische Theorie von Rein und Unrein ein, und Malachi fordert 3, 22 zu sorgfältiger Beobachtung aller Vorschriften in der Lehre Moscheh's auf. Sehr erklärlich wird uns diese Richtung aus der im Exil ziemlich allgemein gewordenen Ueberzeugung, daß alles Unglück des Volkes wegen seiner Vernach=läßigung der göttlichen Vorschriften verhängt worden wäre; und obwohl nicht schwer ist, in den Worten der Propheten zu entdecken, an welche göttliche Vorschriften insbesondere hierbei zu denken sei, so ist doch auch begreiflich, daß in jener zunehmenden Sinnesbesse=rung der Unterschied übersehen und Alles, was für göttliches Gebot galt, für gleich heilig angesehen wurde. Außerdem kam dieser Rich=tung noch zu Hilfe, daß diejenigen pentateuchischen Vorschriften, welche die Abhaltung des Heidenthums zum Zwecke hatten, nach dem Exil immer noch von großem Nutzen waren, zumal für die zer=streueten östlichen Juden, auf welche jenes mit vollen Kräften wirken konnte: und es konnten daher dort selbst Männer sehr freien Blickes für die Beobachtung von Vorschriften dieser Art eifrig reden und wirken. — Esra nun, der schon in seiner Heimath einer jener besprochenen Medinim (Volkslehrer) war, und sogar unter ihnen eine sehr hervorragende Stellung eingenommen haben muß, hätte zwar einfach als Solcher für Gesetzeskunde in Judäa wenig zu wirken vermocht, denn hier wurden jene Versammlungen der exilischen Zeit schwerlich fortgesetzt; dem unentwickelten religiösen Bedürfniß genügte der Tempelbesuch. Allein voll Eifers und in sehr einflußreicher Stellung, wußte er das Bedürfniß der Gesetzes=kunde wirksam dadurch zu wecken, daß er bei seiner Anstellung von Richtern Gesetzeskundigen den Vorzug gab, auf das pentateuchische Recht sie verpflichtete, und durch Schaffung der „großen Synagoge" den ausgezeichneteren Gesetzeskundigen den Eintritt in die höchste Behörde des Landes eröffnete: man sucht bereitwilliger das Löbliche

---

[1] Vgl. 1, 126 — 128 meines größeren Werkes.

auf, wenn der Ehrgeiz eben dahin ziehet. Wir sahen nun oben schon, daß er scheine persönlich die Richter im Gesetz unterwiesen zu haben; mir ist aber unzweifelhaft, daß auch er es war, welcher die Fest- und Sabbatversammlungen zur Vorlesung und Erklärung der Tora nach Judäa verpflanzt hat [1]. Die Tradition sagt dies nicht, aber wohl nur, weil sie die Toravorlesungen naiv genug schon in die mosaische Zeit verlegte, und Esra nur eine Vermehrung derselben zuschrieb. Nur müssen wir dieser Einrichtung eine naturgemäße Entwickelung zugestehen. Wahrscheinlich hielten Esra und auf seine Veranlassung die wenigen Gesetzeskundigen, welche er mitbrachte und etwa vorfand, anfänglich bloß in Jerusalem und wenigen anderen Hauptorten des Landes solche Vorlesungen, aber nicht sogleich regelmäßig an jedem Festtage und Sabbat, auch noch nicht nach der Folge des Pentateuchs, und zwar bald in den Umgebungen des Tempels, wie vordem die Propheten ihre Reden, bald in ihren eigenen Wohnungen, wenn diese eine Zuhörerschaft fassen konnten, oder in sonstigen dazu geeigneten Lokalen, namentlich wo jetzt die Richter ihre Sitzungen hielten. Denn es kam nunmehr auf, daß die Gerichtssitzungen von den Stadtthoren in Häuser verlegt wurden, wahrscheinlich weil bei der neuen Einrichtung, daß sie jahraus jahrein wöchentlich zweimal stattfänden, im Winter dies nicht im Freien geschehen konnte; auch mochte hierzu noch mitreden, daß der hohe Rath ebenfalls seine Sitzungen im Tempel hielt. Zum Anhören jener religiösen Vorträge kamen wohl am Fleißigsten die Richter und die nach der Richterehre verlangten, aber auch die sonstigen Frommen: und erst als allmählich die Gesetzeskundigen an Zahl zunahmen und der religiöse Sinn, zum Theil gerade in Folge dieser Conventikel, sich im Volke ausbreitete, wurden sie in mehr und mehr Orten eingeführt, fleißiger besucht und öfter gehalten, bis dies am Ende an jedem Sabbat und Festtage geschah. Die fernere Entwickelung dieser Institution betrachten wir später, die Erklärungen aber, welche den Vorlesungen angehängt oder eingestreut wurden, waren vorläufig höchst selten sprachliche, denn das Ibräische wurde damals in Judäa noch verstanden und gesprochen, wie wir unten

---

[1] Es spricht hiefür der Umstand mit, daß ihre Spuren bis in das vierte vorchristliche Jahrhundert hinauf sich verfolgen lassen, vgl. 2, 127 des größeren Werkes.

sehen werden; erst viel später, als die aramäische Sprache die
ibräische mehr und mehr verdrängte, gab der Erklärer auch die
nöthigen sprachlichen Erläuterungen, und dies hat die Annahme
erzeugt, die Uebersetzungen beizufügen sei schon von Esra eingeführt
worden, sowie dann die Sage, die Tora sei durch ihn in aramäischer
Sprache gegeben worden, und diese Sage wieder hat zu der unge=
schichtlichen Annahme verleitet, daß die Juden im Exil die ibräische
Sprache fast ganz verlernt hätten. Wegen Mangels an direkten
Daten aus jener Zeit läßt sich aber nur zu einer nothdürftigen
Anschauung der damaligen Schrifterklärung gelangen, jedoch auf
zwei Wegen. Auf den einen führt uns die Nachfrage, was in dem
pentateuchischen Gesetz der Erklärung bedürfen mußte. Dieses ent=
hält Widersprüche, welche ausgeglichen werden mußten, und das
geschah wohl alsbald ganz wie in späterer Zeit durch Beziehung
der sich widersprechenden Stellen auf abweichende Fälle. Ferner
enthielt es auch wohl schon für die damals Lebenden nicht wenige
Dunkelheiten und diese aufzuhellen wurde natürlich mit Hilfe von
Vermuthungen versucht, welche das Richtige oft trafen, oft ver=
fehlten, in letzterem Falle aber das Uebel erzeugten, daß die bloßen
Vermuthungen mit der Zeit das Ansehen von alten geschichtlichen
Ueberlieferungen erlangten, wodurch die Nachwelt irre geführt wurde.
Dann enthalten diese Gesetze Lücken in Menge, insofern bei den
meisten nicht näher angegeben ist, auf welche Weise sie geübt werden
sollten. Dieser Uebelstand wäre nicht eingetreten, wenn die ein=
zelnen Vorschriften gleich nach ihrer Erlassung Geltung gefunden
und diese ununterbrochen behalten hätten, denn ursprünglich war
wohl allerdings die Weise ihrer Ausübung mündlich hinzugefügt
worden; allein dies mußte jetzt durch neue Anweisungen ersetzt
werden, die von der zeitigen Auffassung der jedesmal in Rede
stehenden Vorschrift abhingen. Endlich wurde, bei aller Pietät für
die pentateuchische Gesetzgebung, manche Abweichung von derselben
dadurch unabweislich, daß von den vielen fremden Eindrücken im
Exil und vermöge der allmälig milder gewordenen Sitten das Privat=
leben ein anderes geworden war. Alle diese Dinge nun dürfen wir
unbedenklich für Stoffe erklären, welche jene Bibelerklärer wirklich
behandelten, denn sie mußten zur Sprache kommen, und die sie
besprechen konnten, waren vorhanden. Daß ferner ein und derselbe
Punkt oft von verschiedenen Männern verschieden erklärt wurde, war

nicht zu vermeiden, denn die Soferim waren unabhängig von ein=
ander; doch gab es für sie einen moralischen Einigungspunkt, den
Ausspruch der großen Synagoge: über die wichtigeren Dinge gab
diese wohl aus eigenem Antrieb, über manche andere von Soferim
aufgefordert ihre Entscheidung ab, und diese wurde angenommen
oder doch maßgebend. Ueber einen anderen Weg, auf welchem die
damalige Weise der Schrifterklärung etwas zu erkennen ist, kann ich
für jetzt nur die Andeutung geben, daß viele Anordnungen, welche
nachmals in die alte und selbst älteste Zeit verlegt wurden, und
selbst eine bedeutende Anzahl der sogenannten Halachot l'Moscheh
mi Sinaj nachweislich [1]) theils unzweifelhaft, theils wahrscheinlich
in Esra's Schule entstanden sind.

Von Esra läßt sich hiernach sagen, daß er der jüdischen Reli=
gion eine unübersehliche Entwickelung eröffnet hat, gerade indem er
alle Entwickelung ihr absprach und abzuschneiden versuchte. Die
unübersehliche Entwickelung liegt vor uns, er verpflanzte das Insti=
tut der Soferim nach Judäa und hauchte ihm ein Jahrhunderte
langes Leben ein, die treuen Schüler der Soferim aber waren die
Talmudisten, und dieser wieder die Rabbinen: ein neues Princip
der Thätigkeit irgend einer Lehrerschichte ist nirgend zu erkennen.
Von Esra geschah dies aber aus dem festen Glauben heraus, daß
die pentateuchische Gesetzgebung die ewige und unantastbare all unseres
Handelns, Denkens und Fühlens sein müsse, weshalb Abänderungen
derselben nur insoweit zulässig seien, als sie in einzelnen Fällen
unbedingt nicht könne beobachtet werden: nur sozusagen der Natur=
nothwendigkeit, nicht der Nothwendigkeit des Geistes habe sie, und
alsdann immer nur Schritt vor Schritt zu weichen. Die ganze
Unendlichkeit des sich entfaltenden menschlichen Lebens, dazu die große
Mannigfaltigkeit der späteren jüdischen Zustände unter geschichtlichen
Einflüssen, beide mußten, sobald ein für alle Mal die religiöse Norm
für sie feststand und grade deshalb natürlich zu eng, zu lückenhaft
für sie war, unausbleiblich zu einem Dehnen und Zerren und
Deuteln und Umdeuteln dieser Gesetze führen, das immer weiter
sich verzweigte, bis die entgegengesetzte Anschauung, daß dem Geist
und nicht dem Buchstaben der Schrift die Herrschaft gebühre, erst
in unserer Zeit wieder durchbrach). Die von Esra angebahnte Ent=

---

[1]) Vgl. 3, 226 — 245 des größeren Werkes.

wickelung war bloß eine äußerliche, die Formen, welche der Pentateuch zur Verbreitung und Wahrung seiner Ideen für nöthig erachtet hat, ausbauende und vervielfältigende, und selbst dies fast durchweg nicht einmal autonomisch und frei, sondern auf dem Wege der ängstlichen Deutung, bloß in den „Umzäunungen" hat ein Rest von Selbst= ständigkeit sich bethätigt. Abgeschnitten aber wurde fast jede Ent= wickelung des Judenthums in Allem, was seinen Geist angehet. Wir dürfen Esra nicht dafür verantwortlich machen, daß die Deutung der Schrift bald zu einer meistens herkömmlichen wurde, wohl aber ging am Stärksten von ihm der Anstoß aus, daß einestheils der Geist der Schrift in keine neue Formen gegossen werden durfte, welche unter veränderten Umständen tauglicher gewesen wären, an= derntheils derjenige Standpunkt des Geistes, welchen der Pentateuch einnimmt, als der gedenkbar höchste und als unüberschreitbar aner= kannt wurde, sodaß selbst so zahme Betrachtungen wie die des zweiten und dritten Moscheh als „außer dem Gesetz" von Männern befehdet werden konnten, die in ihrem Rechte waren. Der Richtung, welche Esra nahm und gab, ist es auch größtentheils beizumessen, daß gleichzeitig die Propheten verstummten. Der Prophet nimmt das Werthvollste von dem, was er spricht, aus der eigenen Brust, er weiß die Gottheit in ihr gegenwärtig, und wenn sie Neues ihm eingiebt, so verkündet er das Neue unverzagt, denn er hat die Bürg= schaft der Wahrheit desselben in der Festigkeit seines Herzens, er fühlt, daß der Kern seines Glaubens ungefährdet ist, wenn ihm neue Wahrheiten entquellen oder die längst ausgesprochenen eine abwei= chende Fassung erhalten. Was konnte aber seit Esra ein Prophet sagen? wir werden freilich später noch andere Gründe finden, welche gleichzeitig an dem Aufhören des Prophetenthums mitarbeiteten, aber es genügte hierzu schon vollkommen der sich ausbreitende Glau= ben, daß die Gottheit dem menschlichen Geiste nicht immanent sei: er machte den Prophetischbegabten irre an sich selbst und entzog ihm auch im Voraus die Theilnahme seiner Zuhörer, es fehlte an innerer und äußerer Anregung, und die Prophetie verlosch wieder oder sank vielmehr bald auf die Stufe abergläubischer Wahrsagung zurück, von welcher Schmuël sie emporgehoben hatte.

Hätte doch Esra wenn auch nur die Ansicht des Jecheskel vom Pentateuch gehabt! Die Entwicklung des Judenthums, und wahr= scheinlich auch die Geschichte der Juden wäre dann eine ganz andere geworden. Mir scheint nämlich, daß für Israel in dem langen Laufe seiner Geschichte niemals ein so glückliches Zusammentreffen von Umständen wiederkam, welche die Ersteigung eines höheren Standpunktes begünstigen konnten, wie bei der Rückkehr aus dem Exil. Denn erstens fing Israel damals in gewissem Grade wieder ein ganz neues Volksleben an. Die Geschichte lehrt unzählige Male, wie schwer es sei, in alten Verhältnissen eine geistige Umwälzung durchzuführen: es fallen von dem Bestehenden zu viele Hemmungen in ihre Räder, ihre Lenker können auch nicht umhin, Manches von dem Vorgefundenen zu schonen, und werden gleichwohl viele Interessen verletzen, viele Wunden hinter sich lassen. Dies aber war damals für Israel nach fast keiner Richtung hin zu fürchten, es war durch die Verkettung seines Schicksals gleichsam ein zweites Mal an den Anfang seiner Bahn gestellt; namentlich gilt dies von dem über ein halbes Jahrhundert unterbrochenen Opfercultus und daß die Priester wie Leviten im Exil gelernt hatten, selbst sich zu ernähren, auch von den letzteren so Wenige zurückkamen. Zweitens die religiöse Begeisterung der unter Serubabel nach Judäa Zurückgekehrten hatte zwar noch nicht die Nachhaltigkeit und Tiefe, welche die Frömmigkeit der späteren Juden auszeichnete, aber dafür auch noch nicht jene Zähigkeit und Befangenheit derselben, welche einem geistigen Umschwunge so schwere Gewichte an die Fersen gehängt hätte.

Von den pentateuchischen Gesetzen war erst ein Theil in das Volk gedrungen, sowie das Leben nach ihnen noch neu: wiederum Gründe, welche eine Abänderung derselben begünstigten. Ferner war man noch hinlänglich an das Auftreten von Propheten gewöhnt, um einem in prophetischer Weise auftretenden Reformator voll Zutrauens sich hinzugeben. Und wir brauchen weder in Phantasien uns zu ergehen, noch auch die Nothwendigkeit geschichtlicher Entwickelungen zu übersehen, um den Umriß einer damals möglichen Reformation zu geben. Ein damaliger Reformator konnte nicht verfahren wie etwa ein heutiger, hierzu würden ihm die Evolutionen des Geistes von 2300 Jahren, sowie seinem Volke das Verständniß und die Empfänglichkeit gefehlt haben. Aber er konnte, als ein treuer Jünger der früheren Propheten, den Opfercultus bedeutend schmälern und umgestalten, nachdem die vorzüglichsten Ideen, welche dieser pflegen sollte, Gemeingut geworden waren. Er konnte auch die Hoffnung des Deuterojeschaja verwirklichen, daß der Herr aus

allem Volke seine Priester wählen werde: das nicht an lewitische
Abkunft geknüpfte Prophetenthum und der exilische Cultus hätten
ihm diesen Schritt erleichtert, und er geschah ja später zu unserm
Heile, aber wie viel größer wäre der Erfolg gewesen, wenn das
allgemeine Priesterthum nicht sich hätte noch viele Jahrhunderte
neben dem lewitischen erst zur Geltung heraufarbeiten müssen, sodaß
es leider, die volle Herrschaft erst erhielt, als das Volk aufhörte,
ein Volk zu sein.

Er konnte endlich den Pentateuch wie Jechesfel auffassen,
nämlich seine Vorschriften im Ganzen und Großen für noch ver-
bindlich erklären, ohne darum den Buchstaben derselben zu vergött-
lichen: auf diese Weise würde er haben das Nichtmehrnöthige ausscheiden, dem noch Brauchbaren zeitentsprechendere Formen geben,
und alle Lücken aus der frischen Quelle seines Geistes ausfüllen
können. Ebenso viel wie seiner Gegenwart hätte er dadurch den
kommenden Geschlechtern genützt, seine That wäre ein leuchtend
Beispiel in Israel dafür gewesen, daß sein Gesetz wie seine Lehre
der Entwickelung angehöre, und den Zeiten und Verhältnissen Rechnung trage, ehrlich, offen, aus dem innersten Geiste des Judenthums
heraus, nicht — wie es in Wirklichkeit geschah — mit zähem Widerstreben und erbarmungslos feilschend oder vor siegreichen fremden
Einflüssen, denen hinterher ein jüdischer Ursprung angetüncht wurde.
Aber es fehlte der jungen Colonie Anfangs an einer Persönlichkeit
für dieses große Werk, dagegen Esra wäre der Mann dafür gewesen.
Die geschilderten Umstände waren zwar inzwischen schon wieder
etwas ungünstiger geworden, indem unter den Leiden und Ent-
behrungen der ersten Zeit die mitgebrachte religiöse Begeisterung
sich abgekühlt und einer gefährlichen Gleichgültigfeit Platz gemacht
hatte. (Mal. 1, 7—14). Aber seine Thatkraft hätte dies aufgewogen, und der Hauptfeind eines solchen Unternehmens, eine mächtige
Priesterschaft, war noch nicht wieder erstanden, „verachtet und niedrig“,
wenig gesucht und habsüchtig aus Mangel an Unterhalt, fristeten
bis auf ihn herab die Priester ein dunkeles, einflußloses Dasein.
Esra folgte diesem Rufe nicht. Er wurde dafür der Schöpfer einer
anderen Richtung, und wer dürfte läugnen, daß auch innerhalb ihrer
viel Hohes und Treffliches zu Tage kam. Auch ist Esra nicht dafür
anzuklagen, daß er eben Esra war und nicht ein Prophet: in ihm
schweige die Gottesstimme, meinte er, und so suchte er denn sie da

auf, wo er sie zu finden gelehrt worden war: seine Ansicht vom
Pentateuch ist älter als er, sie hat ohne Zweifel schon in den religiösen Zusammenkünften der im Exil Zurückgebliebenen geherrscht,
und aus einem schlichten Lehrer in diesen war er ein Mann geworden,
welcher durch die Verkettung der Verhältnisse die Wiedergeburt des
Judenthums in Händen hatte: nothwendig mußte er diese, sobald
er sich dazu befähigt fühlte, in seinem Sinne bewerkstelligen, und
er that's, kräftig und unermüdlich, in reinster Ueberzeugung und mit
voller Hingebung. Auf die Schultern von 23 Jahrhunderten gestellt,
sehen wir vielleicht weiter als er, darum mögen wir doch Pygmäen
sein und er war ein Riese: nachdem der Geschichtschreiber seiner
herben Pflicht nachgekommen ist, beugt er sich vor dem hohen Schatten
in aufrichtiger Demuth.

Zu erwähnen ist hier von Esra noch, daß er der Verbreitung
des Pentateuchs im Volke auch durch gewandte Anfertigung von
Abschriften desselben zu Hilfe kam: es ist dies um so höher anzu-
schlagen, als solche bis dahin ohne Zweifel äußerst selten waren.
Zweifelhaft ist die Sage[1], daß er die im Pentateuch ihm verdächtigen
Wörter und Buchstaben durch Punkte über ihnen bezeichnet habe;
und wieviel an der bekannten anderen Sage sei, daß er anstatt
der bis dahin üblichen ibräischen Schrift die „assyrische" oder
Quadratschrift eingeführt habe, soll bei Besprechung dieser eingetretenen Schriftveränderung angegeben werden. Seine schriftstellerische
Thätigkeit wurde nicht blos in alter, sondern selbst noch in neuerer
Zeit, z. B. von Spinoza für eine sehr ausgedehnte gehalten; nüchterne
Forschung kann aber nur zugestehen, daß er seine Denkwürdigkeiten
geschrieben, und von diesen uns in Esra 7—10 einige Stücke
erhalten sind. Eine Anordnung, den Zehnten betreffend, welche ihm
zwar mit Recht, jedoch mit entstellenden Nebenumständen beigelegt
worden ist, muß ebenfalls erst später mitgetheilt werden. Die übrigen
von der Tradition dem Esra zugeschriebenen Anordnungen sind
meistentheils entschieden ihm abzusprechen[2]. Unverdächtig gehört
von ihnen blos noch jene ihm an, daß er den Krämern erlaubt
habe, herumziehend ihre Waaren auch in solchen Orten feil zu bieten,
welche schon ihre eigenen Krämer hatten, damit die Verkaufsgegen-
stände desto billiger seien: vermuthlich gestattete er dieses auch

---

[1] Vgl. 2, 128 des größeren Werkes.
[2] Vgl. 3, 242 — 244 desselben.

Ausländern, wenigstens finden wir etwas später Tyrier mit ihren
Waaren im Lande herumziehen, und möge verstattet sein, hieran
einige weitere Bemerkungen über den Handel der nachexilischen
Judäer zu knüpfen. Für auswärtigen Handel war Palästina günstig
gelegen, indem es an der Seeküste einige Häfen besaß und durch
mehrere Karawanenstraßen den Osten offen hatte. Allein vor dem
Exil benutzten die Ibräer dies nicht, theils weil die Philistäer und
Phönizier im Besitz fast der ganzen Küste blieben, theils aus einer
Abneigung gegen den Handel, welche von ihrer auf Ackerbau basirten
Religion stark genährt wurde. Diese Abneigung wurde nun zwar
im Exil von der Noth überwunden, und wir werden noch sehen,
wie seitdem der Handel sogar der Haupterwerbszweig aller übrigen
Juden wurde, allein die nach Judäa Zurückgekehrten zogen ihm
wieder den Ackerbau vor, zumal da die zunehmende Strenge in der
Lebensweise ihnen wie allen übrigen nachexilischen Juden den
Umgang mit Heiden sowie das Reisen durch Heidenland erschwerte,
und sie überdies nicht blos vom Meere wieder, sondern nunmehr
auch von allen Handelsstraßen abgeschnitten waren, selbst von jener,
welche durch die judäische Niederung nach Aegypten führte, da in
einem ansehnlichen Theile ihres Südwesten die Idumäer sich jetzt
festgesetzt hatten. Judäa's Handel mit dem Auslande mußte sich
daher fast ganz in ausländischen Händen befinden: die Phönizier
führten ihnen Seefische und vielerlei Luxusgegenstände, auch Silber,
geprägtes wie ungeprägtes, die Araber Gewürze, Edelsteine und
Gold zu, und nahmen dafür Waizen, Gerste, Oel, Wein, natürlichen
und Trauben-Honig, Balsam, Asphalt tauschweise an, oder wurden
mit ausländischem Gelde bezahlt, denn bis zum Ende unserer ganzen
Periode hatte Judäa keine eigenen Münzen. Und der Binnenhandel
kann wegen der Dürftigkeit und Sitteneinfachheit der damaligen
Juden ebenfalls nicht bedeutend gewesen sein; am meisten natürlich
noch blühete er in Jerusalem, schon in Nechemja's Zeit finden
wir einmal die dortigen Krämer in vortheilhafter Weise sowie einen
Bazar daselbst erwähnt, und einen wenigstens periodischen Vorschub
müssen dem Verkehr die Festwallfahrten geleistet haben.

Noch ist jetzt ein Ereigniß mitzutheilen, welches in eines der
Jahre nach Esra's Ankunft gehört[1]). Jerusalem nämlich war

---

[1]) Vgl. 1, 303 des größeren Werkes.

noch immer erst sehr mangelhaft aus seinen Ruinen wieder erstan=
den, es lagen noch die meisten Häuser so verwüstet, wie die Bab=
ylonier sie zugerichtet hatten; im Morgenlande beeilt man sich nicht
sehr, einen solchen Anblick fortzuschaffen, und bauet sehr oft unter
Trümmern ringsum sich an, noch weniger hatte man bis dahin
dazu gelangen können, die eingerissenen Mauern von Jerusalem
wieder aufzuführen. Der wohlthätige Anstoß aber, welchen Esra
den jüdischen Angelegenheiten gab, und die Zunahme der Bevölkerung
von Jerusalem veranlaßten, daß man zu dem Aufbau vieler Häuser
daselbst und auch seiner Mauern schritt. Doch für jetzt scheiterte
dies Unternehmen durch die Mißgunst der Nachbarn. Diese Miß=
gunst war, wie wir früher sahen, fast so alt wie die judäische Colonie,
und hatte in der ersten Zeit des Achaschwerosch (Xerxes) dazu geführt,
in einem Schreiben an die persische Regierung die Juden zu ver=
läumden; nur wird uns nicht berichtet, welche Folgen dies gehabt
habe. Als nun von Esra die fremden Frauen nebst den mit ihnen
erzeugten Kindern heimgeschickt wurden, stachelte dies natürlich die
alte Feindschaft von Neuem auf, und um sich zu rächen, bewogen die
Beleidigten den persischen Commandanten Rechum und den königs
lichen Schreiber Schimschaj in Schomrom, für sich und im Namen
der nach Syrien versetzten Colonisten einen Brief an Artaxerxes
abzusenden, dessen wesentlicher Inhalt war: die Juden bauten Jeru=
schalem aus und stellten dessen Mauern wieder her; wenn aber dies
ausgeführt wäre, würden sie keinerlei Abgaben und Lieferungen
weiter leisten, wie man denn in den Denkwürdigkeiten aus älterer
Zeit verzeichnet finden könne, daß diese Stadt von Ewigkeit her
eine aufrührerische sei, und der König würde dann gar keinen Theil
an dem Lande diesseits des Stromes behalten. Zur Antwort hier=
auf ließ der König den Briefstellern das schriftliche Gebot zugehen,
die Juden an dem Bau der Stadt zu verhindern, bis von ihm der
Befehl dazu ergehe. Daß er den Bau nur vorläufig untersagte,
erklärt sich aus einer vermuthlichen Erwägung desselben, daß die
Juden durch die Gunstbezeigungen des Cyrus und Darius, von
welchen ihn wohl Esra in Kenntniß gesetzt hatte, sowie durch die
Gnaden, welche er selbst erst vor Kurzem ihnen hatte angedeihen
lassen, ja auch könnten für das persische Interesse gewonnen sein,
in welchem Falle es von Nutzen sein mußte, den Nachbaren des
soeben erst wieder unterworfenen Egypten's zu Willen zu sein; der

Aufbau Jeruschalem's sollte daher unterbleiben, bis die jetzige Ge=
sinnung der Juden gründlicher ermittelt sein werde, und wurde
wirklich bald darauf freigegeben. Die Gegner aber hielten sich
natürlich an den vorläufigen Befehl seiner Einstellung, und kaum
war dieser ergangen, als Rechum und seine Leute — nicht etwa
den Juden ihn eröffneten, sondern mit einer Kriegsmacht eilig nach
Jeruschalem zogen, die Fortsetzung des Baues zu verhindern. Es
führen sogar Spuren darauf, daß die Juden ihrem feindseligen An=
drange gewaffnet entgegentraten, aber geschlagen und Viele von
ihnen gefangen abgeführt wurden: doch sind sie unsicher.

Drittes Kapitel.
Nechemja's Heimkehr und erste Wirksamkeit.

Indessen kam nach einigen Jahren der erwähnte Bau durch
Nechemja zu Stande. Dieser war von sehr lebhaftem Gefühl für
sein Stammland und seine dortigen Mitbrüder, dabei unternehmend,
thätig und ehrgeizig: Eigenschaften, welche es ihm möglich machten,
eine hervorragende und interessante Stellung unter den Heroen des
zweiten Tempels einzunehmen. Im 20 Jahre des Artaxerxes, dessen
Mundschenk er war, gegen Ende des Jahres 445, kamen zu ihm
nach Susa sein Bruder Chanani und einige andere Männer aus
Judäa. Diese fragte er nach den jetzigen Umständen der dortigen
Brüder, und erfuhr von ihnen, daß deren Lage schlimm und schmach=
voll sei, insbesondere dadurch, daß die Mauern von Jeruschalem
noch immer zerstört lägen: denn dies war bei der feindseligen
Stimmung der Nachbarn gegen sie natürlich auch ferner bedenklich
und obenein ein Gegenstand des Spottes. Diese Nachrichten rührten
Nechemja bis zu Thränen, und er trauerte längere Zeit: endlich
faßte er den Entschluß, den König um Abhilfe anzugehen, und
bereitete sich durch Fasten und Gebet hierzu vor. Doch erst vier
Monate später, als er die Nachrichten erhalten hatte, fand sich eine
günstige Gelegenheit, sein Anliegen vorzubringen. Er wartete eines
Tages dem Könige mit trüber Miene auf, und derselbe sagte zu
ihm: Warum ist dein Gesicht so trübe? Du bist nicht krank, es

kommt daher wohl aus einem bösen Herzen! Diese Worte setzten
ihn in große Furcht, doch er nahm sich zusammen und antwortete:
Der König lebe ewig! wie sollte ich nicht trübe aussehen, da die
Stadt, in welcher meine Väter begraben liegen, verwüstet ist und
ihre Thore vom Feuer verzehrt sind.

Artaxerxes fragte ihn jetzt, was er denn begehre. Nach einem
stummen Gebet zu Gott antwortete Nechemja: Wenn es dem Könige
gut erscheint und dein Knecht Gnade vor ihm findet, so laß mich
nach Judäa in die Stadt meiner Väter ziehen, daß ich sie wieder
aufbaue. Der König, in guter Laune, fragte ihn hierauf, wieviel
Zeit dies hinnehmen, und wann er zurückkehren würde; Nechemja
sagte ihm dies, und erhielt die Erlaubniß des Königs, zugleich aber
auch die damals grade unbesetzte Stelle eines Pascha von Judäa,
mit der Aufgabe indessen, gleich nach Vollendung des Baues ihm
mündlichen Bericht über denselben abzustatten[1]): dies mochte eine
Nachwirkung jener samaritanischen Verdächtigung sein, wenn selbige
auch im Ganzen sich in der Zwischenzeit als unbegründet heraus=
gestellt haben mußte. Ein Gefolge von Fußkriegern unter mehreren
Hauptleuten und von Reitern, das er mitbekam, sollte wohl seinen
amtlichen Anordnungen Nachdruck verleihen. Auf sein Ansuchen
wurden ihm auch Briefe an die Pascha's am Euphrat gegeben, mit
dem Befehl, ihn unbehelligt durch ihre Gebiete nach Judäa ziehen
zu lassen, sowie die Anweisung an den Aufseher eines dort angeleg=
ten königlichen Paradieses, ihm aus demselben alles Holz zu liefern,
welches zu den Thoren des Tempelberges und der Stadtmauer,
sowie zu einem Hause für ihn selbst nöthig sein würde.

Dann reiste Nechemja ab, übergab die erhaltenen Schreiben an
die Pascha's am Euphrat und an den ihm vorgesetzten Statthalter
von Syrien, Abäes, und gelangte wohlbehalten nach Jerusalem.
Aber als die Nachricht hiervon sich verbreitete, erwachte, von Neid
gestachelt, die feindselige Stimmung der Nachbarn mit erneuter
Stärke, es verdroß sie, daß Jemand komme, Israel Gutes zu thun,
wie Nechemja sich hierüber ausdrückt. Namentlich waren es drei
Männer von Ansehen und Einfluß — Sanballat, der Vorgesetzte von
Betchoron, das nur 5 Stunden Weges nordwestlich von Jerusalem,
aber schon im samaritanischen Gebiete lag, dann Tobija, ein

---

[1]) Vgl. 1, 310 des größeren Werkes.

Ammonite, und Geschem, ein Häuptling der Araber, an der Südost-
grenze —, welche auf die Juden erbittert waren. Vielleicht hatten
sie unter den schroffen Maßregeln des Esra, dem heidnischen Einflusse zu begegnen, persönlich gelitten, wenigstens von Tobija [1]), der
eine jüdische Frau und von ihr einen Sohn hatte, welchen er hatte
im Judenthum erziehen und ebenfalls eine Jüdin heirathen lassen,
ist es höchst wahrscheinlich, daß er geraume Zeit vor Esra in Judäa
sich angesiedelt und die jüdische Religion angenommen hatte, aber
als ammonitischer Proselyt nebst Anderen der nämlichen und jeder
ähnlichen Kategorie von Esra nach der Strenge des biblischen
Gesetzes ausgewiesen worden war.

Nechemja muß gleich nach seiner Ankunft, wenn nicht schon in
Susa, von dieser Lage der Dinge in Kenntniß gesetzt worden sein,
und er faßte hiernach den Entschluß, den beabsichtigten Bau möglichst geheim und schnell zu betreiben, damit er vollendet sei noch
ehe die feindseligen Nachbarn demselben neue Hindernisse in den
Weg legen könnten oder von dem Könige ein Gegenbefehl käme.
Schon nach drei Tagen machte er sich mit einigen Männern Nachts
auf, die Trümmer zu besichtigen: da lagen sie vor ihm, die nieder-
gerissenen Mauern und Reste der verbrannten Thore, und an einigen Stellen versperrten die Ruinen dem Berittenen den Weg dermaßen, daß er nur in einem Gießbach seinen Ritt fortsetzen konnte.
Niemandem hatte er gesagt, was er in dieser Nacht wolle oder für
Jerusalem vorhabe, damit seine Absicht nicht zu früh ruchbar werde;
denn in Folge der wieder vielfach angeknüpften Verbindungen mit
den heidnischen Nachbaren hatte er selbst Verrath zu besorgen. Die
Besichtigung indessen muß ihn ermuthigt haben, mit seinem Plane
hervorzutreten: er stellte daher alsbald den Bewohnern Jerusalem's
und der nächsten Ortschaften lebhaft vor, in welcher traurigen Lage
sie dadurch wären, daß ihre Hauptstadt noch immer wüst und offen
läge, und wie dies sie zu einem Spott der Nachbaren gemacht habe;
er habe vor, die Mauern wieder aufzurichten, Gott habe sich ihm
gnädig erwiesen, auch der König billige es, und wenn nun auch sie
ihn kräftig unterstützten, werde sicher das Werk auszuführen sein.
Seine Worte wurden mit Beifall aufgenommen, und schnell und
begeistert wurden die nöthigen Vorarbeiten zum Bau begonnen.

---

[1]) Vgl. 2, 39 Afg. 3 desselben.

Als Sanballat und seine beiden Haſſesgefährten dies vernahmen, verspotteten sie die Juden wegen eines Unternehmens, das ihre Kräfte zu übersteigen schien, sprachen aber auch, was viel schlimmer war, wieder den Verdacht aus, daß sie mit Abfall von dem Könige umgingen. Nechemja aber ließ ihnen sagen, der Gott des Himmels werde schon ihr Werk gelingen laſſen, ihre Gegner aber sollten keinen Theil und kein Andenken in Jeruschalem haben!

Nachdem die Vorarbeiten hierzu nur wenige Wochen hin= genommen hatten, begann der Mauerbau. Nechemja hat uns ein Verzeichniß Derjenigen aufbewahrt, die sich an ihm betheiligten, und eine gekürzte Mittheilung deſſelben wird nicht ohne Intereſſe sein. Zuerst führt er Eljaschib, der seit 452 hoher Priester war, und die Priester in Jeruschalem auf, dann die Einwohner von Jericho und fünf wohlhabende Privaten, unter denen ein Meschullam vorkommt, welcher das damalige Haupt der Nachkommen Dawid's gewesen zu sein scheint[1]). Jetzt folgen die Einwohner von Tekoa, wobei Nechemja angemerkt hat, daß aber grade die Angesehensten der Stadt zurück= blieben, eine häufige Erscheinung auch unserer Zeit. Dann nach wieder sechs Privaten der Hauptmann des ersten halben Kreises von Jeruschalem, und nach abermals vier Privaten der Hauptmann des zweiten halben Kreises von Jeruschalem mit seinen Töchtern. Hier= auf nennt er die Einwohner von Sanoach, welche allein ein Thor und tausend Ellen Mauer gebauet hätten, sowie die Hauptleute des Kreises von Bet=kerem, des Kreises von Mizpa und eines halben Kreises von Bezur; nach ihnen Lewiten unter drei Häuptern, deren zwei die Hauptleute der beiden halben Kreise von Keïla waren; auch den Hauptmann der Stadt Mizpa, der vielleicht viel wagte, da seine Stadt sich zu Samarien geschlagen und er also wohl direkt von dem syrischen Statthalter abhängig war. Nach wieder zwei Privaten folgen die Priester aus der Umgegend von Jeruschalem und aber= mals sechs Privaten, sodann die erblichen Tempelknechte und noch einmal die Einwohner von Tekoa, wie denn auch unter den Privaten Mehrere waren, welche zweimal eintraten, hierauf viele einzelne Priester, deren ein Jeder seinem Hause entlang gebauet habe, nach ihnen noch einmal sechs Privaten, schließlich die Goldschmiede und Krämer von Jeruschalem.

---

[1]) Vgl. 1, 384 des größeren Werkes.

Der Eifer der Juden für dieses patriotische Werk war hiernach mehr in einzelnen Männern und Städten groß, als über das Land verbreitet, denn als betheiligt daran werden außer Jeruschalem nur die Städte Jericho, Tekoa, Sanoach und der Kreis Keïla erwähnt [1]); von den Privaten mögen mehrere gleich den erwähnten Hauptleuten den verschiedensten Städten des Landes angehört haben, aber sie baueten weder auf Kosten noch an der Spitze derselben. Bei so schwachen Kräften würde der Bau daher, wenigstens in so außer= ordentlich kurzer Zeit, wie nachher sich zeigen wird, nicht haben zu Stande kommen können, wenn nicht an zahlreichen Stellen zugleich gearbeitet worden wäre und viele große Stücke der Mauer noch gestanden hätten, die nur verbunden und ausgebessert zu werden brauchten. Als aber Sanballat erfuhr, daß man an die Ausführung gegangen sei, ergoß er sich vor seinen Genossen und den Truppen von Schomron in Schmähungen auf die Juden und ihr Unternehmen. Und Tobija, der zufällig anwesend war, setzte hinzu: „der Bau sei übrigens danach! ein Schakal, der dagegen renne, werde ihre Stein= mauer wieder umreißen." Auch fehlte es nicht an Verhöhnungen vor den eigenen Ohren der Bauenden, und es blieb nicht bei müßigen Spöttereien. Denn als diese Beiden sowie die Araber im Südosten und die Einwohner von Aschdod vernahmen, daß mehr und mehr die Lücken der Mauer sich schlössen und die Hälfte der= selben schon in gutem Zustande sei, ging ihr Grimm so weit, daß sie beschlossen, gradezu Jeruschalem zu bekriegen.

Es läßt uns dies in die traurige Lage der den Persern unter= worfenen Völker einen Einblick thun: ein kräftiger König saß auf dem Throne, auch das Reich war noch ziemlich auf dem Gipfel seiner Macht, und doch wagten es einige armselige Stämme, ein Völkchen mit Krieg zu überziehen, wegen eines Unternehmens, welches eben erst der König gebilligt hatte und unterstützte; und der Befehls= haber der persischen Garnison im nahen Samarien schritt nicht ein, obwohl Judäa zu seinem Rayon gehörte.

Als nun die Juden von den Absichten dieses im Verhältniß zu ihnen nicht unansehnlichen Bundes Nachricht erhielten, stellten sie Tag und Nacht Wachen aus, wurden aber hierdurch des Baues bald müde. Die Feinde wollten jetzt die Bauenden heimlich über=

---

[1]) Ueber Senaa Nech. 3, 3 vgl. 2, 46 Alg. 1 des größeren Werkes.

fallen und tödten: doch glücklicher Weise wurde ihr Plan durch Juden, welche in der Nähe wohnten, früh genug in Jerusalem bekannt, und Nechemja entschloß sich, sie außerhalb der Stadt zu erwarten: nicht weit von der Mauer stellte er nach Geschlechtern alle ihm zu Gebote Stehenden auf, und ermahnte sie, ihres Gottes eingedenk furchtlos für ihre Brüder und alle ihnen Theuern zu kämpfen.

Als die Feinde dies vernahmen, gaben sie ihr Vorhaben auf, und Jene kehrten zu ihrem Bau zurück, hatten aber dabei von jetzt an die vorsichtigen Anordnungen, daß erstlich von Nechemja's mitgebrachten Kriegern die eine Hälfte gewaffnet um ihn versammelt war, wogegen die andere mitarbeitete; sodann daß diese und die Juden selbst, so viele deren baueten oder Lasten trugen, sämmtlich mit einem Schwert umgürtet waren und außerdem mit der einen Hand arbeiteten, in der anderen eine Waffe hielten, während ihre Oberen kampfbereit hinter ihnen standen; endlich, weil sie bei der ausgedehnten Arbeit weithin zerstreut waren, hatte Nechemja einen Trompeter neben sich, dessen Blasen das Zeichen sein sollte, sogleich sich insgesammt um ihn zu versammeln. Auf diese Weise arbeiteten sie von Tagesanbruch bis zur Nacht und überdies hatte Nechemja anbefohlen, daß in Jerusalem jeder Mann oder sein Diener allnächtlich aufbleiben sollte. Er selbst und seine Leute und Freunde gingen mit dem besten Beispiele voran: fast während der ganzen Zeit, welche der Bau hinnahm, legten sie nicht die Kleider ab oder die Waffe aus der Hand. Unter diesen Vorsichtsmaßregeln wurde der noch übrige Theil der Mauer vollendet, aber die Feinde gaben sich selbst jetzt noch nicht zufrieden: die Thorflügel waren noch nicht angefertigt, und dies ließ sie hoffen, die vollständige Schließung der Stadt immer noch hintertreiben zu können; doch wählten sie hiefür jetzt ein anderes Verfahren.

Sanballat und Geschem ließen Nechemja zu einer Zusammenkunft mit ihnen in dem Zwischenorte Kefirim einladen, in der Absicht, ihn bei dieser Gelegenheit zu ergreifen oder gar zu tödten. Nechemja aber ließ ihnen zurücksagen, er sei mit einem großen Unternehmen beschäftigt und könne deshalb vorläufig nicht kommen. Noch dreimal erging an ihn dieselbe Einladung, und jedesmal war seine Antwort die nämliche. Endlich schickte ihm Sanballat ein offenes Schreiben zu, in welchem gesagt war: „Unter den benachbarten

Völkerschaften heiße es und auch der Araberhäuptling Geschem sage es, daß Nechemja und die Juden sich zu empören gedächten, deshalb befestige er Jeruschalem, und daß er auch zu ihrem Könige sich auf= werfen wolle, ja sogar Propheten angestiftet habe, ihn als König von Judäa auszurufen. Das werde dem persischen Könige hinterbracht werden und natürlich Unglück über sie bringen: wolle er dieses ver= hüten, so möchte er kommen und sich mit ihnen darüber berathen."

Man muß finden, daß nach den bisherigen Vorgängen diese Schlinge gar zu plump gelegt war. Nechemja schickte ihm die frei= müthige Antwort: „Unwahr sei, was er geschrieben habe, und von ihm selbst ersonnen. Man wolle nur von allen Seiten ihm Furcht einflößen, damit das Werk eingestellt werde. Wenn er es wirklich gut meine, so solle er lieber ihn darin unterstützen." Gleichzeitig versuchten Tobija und Sanballat noch auf andere Weise, Nechemja zu schaden: sie bedienten sich dazu eines angesehenen Mannes in Jeruschalem, Namens Schemaja, den sie gedungen hatten. Dieser mußte sich eingeschlossen halten, als wäre er krank; und als Nechemja ihn besuchte, rieth Derselbe ihm, mit ihm in den inneren Tempel zu eilen und dessen Thore schließen zu lassen, denn Gott habe ihm offenbart, daß die Feinde Nachts eindringen wollten, ihn zu ermorden. Nechemja erkannte sogleich, daß beabsichtigt wurde, hierdurch ihm, der als Laie das innere Heiligthum nicht betreten durfte, ein böses Geschrei zuzuziehen; es mag wohl Schemaja überlassen worden sein, die passendste Weise zu ersinnen, in welcher dem Nechemja zu schaden wäre. Dieser lehnte den erhaltenen falschen Rath mit den Worten ab: „Ein Mann wie ich soll fliehen? und darf ein Mann wie ich das Heiligthum betreten, ohne sein Leben zu verwirken?" Noch andere falsche Propheten, unter ihnen sogar eine Frau Noadja, hatten schon früher Nechemja einzuschüchtern versucht. Auch kamen und gingen häufig jetzt und später, Briefe zwischen den Edelen von Jehuda und Tobija, denn viele Judäer waren seine geschworenen Freunde, und wie schon gesagt, er selbst und sein Sohn Jochanan hatten Frauen aus den angesehensten jüdischen Familien, daher man denn oft gegen Nechemja ihn lobte und ihm Nechemja's Aeußer= ungen hinterbrachte: die Briefe aber, welche auf diesem Wege Tobija schickte, waren sämmtlich darauf berechnet, Nechemja von seinem Vorhaben abzuschrecken. Daß die Feinde unter den Juden selbst vielen Anhang hatten, kam zum Theil von den Verschwäger=

ungen mit ihnen her, doch lag ihm noch ein Tieferes zu Grunde.
Offenbar nämlich war die alte Hinneigung Israel's zu den „Völkern
ringsum" in Religion und Sitte noch nicht völlig überwunden, und
wir sehen sogar die edelsten Familien sich ihr überlassen: wir hatten
oben einen Bruder des hohen Priesters Jojakim mit einer
Heidin verheirathet gefunden, desgleichen war der als damaliges
Haupt der Nachkommen Dawid's schon erwähnte Meschullam mit
Tobija verschwägert, ein Wenig später werden wir einen Ober-
priester Eljaschib eine zweideutige Rolle spielen, sowie einen Sohn
des hohen Priesters Jojada mit der Tochter des Sanballat verbunden sehen, und natürlich standen diese Beispiele nicht vereinzelt.
Damit soll nicht behauptet sein, daß in den Häuptern der damaligen
Juden der väterliche Glauben erschüttert war: sondern bloß das
üppige Leben der Syrer ringsum stach verführerisch ab gegen ein
Leben nach den keuschen und sonst noch einengenden Vorschriften des
Pentateuchs, wie es seit dem Exil und namentlich durch Esra eingeschärft wurde.

Es scheint daher, daß wir in den Verwandten und Freunden
des Tobija, sowie in den falschen Propheten, deren Nechemja gedenkt,
die Häupter einer jüdischen Fraction zu erblicken haben, welche mit
Esra's Richtung unzufrieden war. Aber weder diese inneren noch
jene äußeren Entgegenwirkungen hatten bei Nechemja's Einfluß,
Eifer und Umsicht die schnelle Vollendung der Mauer hintertreiben
können, diese wurde vielmehr schon nach 52 Tagen fertig; und
nachdem die Thorflügel eingehängt waren, konnte man in Jerusalem
zum ersten Male wieder nach 143 Jahren im Gefühl der Sicherheit die nächste Stunde erwarten. Indessen sowohl diese kurze
Dauer des Baues als auch die beschränkten Mittel der Juden
lassen nicht entfernt daran denken, daß diese Befestigung andern
Schutz als gegen den Anlauf der schwachen Nachbarvölkchen gewähren
konnte: dies aber genügte für die gegenwärtige Lage.

Es dürfte jedoch hier der passendste Ort sein, eine kurze
Beschreibung des nachexilischen Jerusalems einzuschalten. Dasselbe
lag beinahe in der Mitte von Judäa, ziemlich hoch auf einem steinigen
Kalkboden, der in den nächsten Umgebungen der Stadt durch Kunst
in blühende Gärten verwandelt werden, aber dann mehrere Stunden
weit ringsum unfruchtbar und wasserlos war. Sie war damals
auf und zwischen vier Bergen erbaut. Ihren Südwesten bildete

die Oberstadt auf einem Berge, welcher die übrigen an Breite wie Höhe übertraf und nach drei Seiten mehr oder weniger steil abfiel, nur nordwärts stieg er amphitheatralisch in ein Thal nieder, das bis zu seinem Südosten sich fortsetzte. Nördlich von ihm, auf einer kleineren Anhöhe und um dieselbe, stand die eigentliche Dawids=stadt: dieser Name war auch jetzt noch beibehalten worden, während ihr älterer Name Zijon zuerst auf die ganze Stadt ausgedehnt, später aber, nachdem er den Nebenbegriff des Heiligen erhalten hatte, auf den Tempelberg eingeschränkt wurde. Im Nordosten dieser Anhöhe war eine andere, auf welcher das spätere zu Jerusalem gezogene Dorf Bezeth lag. Südöstlich aber von der Dawidsstadt lag der Hügel Morija, auf welchem der Tempel stand; sein nord=westlicher Theil bestand aus einem breiten, jähabfallenden Felsen, der aber noch nicht die später so berühmt gewordene Burg trug; die Brücke, welche vor dem Exil von der Oberstadt auf den Morija führte, wird jetzt wohl schon wieder hergestellt gewesen sein. Ein sanftes, krystallhelles Bächlein Schiloach floß vom Nordwesten der Dawidsstadt her, zwischen dieser und der Oberstadt sowie unter jener Bergbrücke hindurch —, und fiel dann nach kurzem südöstlichen Lauf in den Bach Kidron, welcher vom Norden kommend den Morija und eine hügelige Vorstadt Ofel rechts liegen ließ, um ebenfalls in südöstlicher Richtung dem todten Meere zuzueilen. Die Mauern der Stadt erhielten, wie wir sahen, größtentheils wieder ihre alte Richtung, eben so blieben die zahlreichen Thore[1]), deren Namen gelegentlich erwähnt sind. Die Straßen waren wie überall im Morgenlande sehr enge, vielleicht um den lästigen Sonnen=schein abzuhalten, und nicht gepflastert, obwohl die Wege zur Stadt seit alten Zeiten es gewesen sein sollen. Wasser hatten die Tief=wohnenden hinlänglich, sowohl in Brunnen und Teichen als aus dem Schiloach und Kidron; die an und auf den Bergen wohnten, hatten dafür fast in allen Häusern Cisternen. Der Umfang der Stadt betrug nicht volle anderthalb Stunden, schloß aber noch in Nechemja's Zeit mehr Ruinen als Häuser und ohne Zweifel auch Gärten ein, wie denn die „aus der Prophetenzeit stammenden" Rosengärten in Jerusalem noch sehr spät erwähnt werden.

---

[1]) Wenigstens 18, von 5 anderen ist zweifelhaft, ob Stadt= oder Tempel=thore gemeint seien.

Von der nächsten Umgebung der Stadt sind erwähnenswerth das angenehme und fruchtbare Thal Hinnom südöstlich von der Oberstadt, welches aber durch die dort belegene einstige Hauptstätte des Molochdienstes jetzt so verrufen war, daß es allmälig die traurige Auszeichnung erhielt, die Hölle zu bezeichnen, deren Begriff sich hervorzuarbeiten angefangen hatte; ferner nordöstlich von der Stadt, nur durch das Thal des Kidron von ihr geschieden, der hohe Oelberg, von welchem aus das Mittelmeer, die Kuppen des Ebal und Gerisim, das todte Meer und die jenseitigen Berge gesehen werden können: seinen Namen hatte er von Oelbaumpflanzungen an seinem westlichen Abhange, aber auf ihm wuchsen auch Citronen, Pomeranzen, Feigen, Datteln und viel Wein.

Als nun der Mauerbau vollendet war, bildete Nechemja eine Schaar von Thorwächtern, sodann setzte er seinen Bruder Chanani, der mit ihm aus Susa zurückgekommen war, und den Tempel= hauptmann Chananja über die Stadt mit dem Befehl, die Thore nicht zu öffnen, bis die Sonne hoch am Himmel stehe, und selbst dann die Thüren derselben stets angelehnt zu halten, sowie sorg= fältig darauf zu sehen, daß alle Wachen auf ihren Posten seien, indem er noch immer von den Feinden einen Ueberfall Jerschalems besorgte. Es scheint, daß er hierauf eine Reise zu dem persischen Könige unternahm, um ihm mündlichen Bericht von dem Bau zu erstatten, und jeden Verdacht zu zerstreuen, welcher über denselben vom Neuen oder möglicherweise über ihn selbst den Weg nach Susa gefunden haben konnte. Nachdem er hiervon zurückgekehrt war, ließ er die Thore des Tempelberges mit Hallen versehen, und ver= anstaltete dann eine Mauerweihe. Es wurden zu diesem Zwecke vorerst die lewitischen Musiker im ganzen Lande aufgefordert, nach Jerschalem zu kommen, und wirklich fand sich eine große Anzahl derselben ein; sodann ward eine ceremonielle Reinigung aller anwesenden Priester, Lewiten und des Volkes, sowie der Thore und der neuen Mauer veranstaltet. Zur Feier selbst wurden die Häupter Jehuda's, die Priester und die lewitischen Musiker im Westen der Stadt in zwei Hälften gestellt: die eine geleitet von Esra zog in Prozession um die rechte Hälfte der Stadt, voran eine Dankheka= tombe, die andere, geleitet von Nechemja, ebenso um die linke Hälfte derselben, während viel Volk die Mauern bedeckte und dem Schau= spiele zusah. Auf der Ostseite angekommen, lenkten beide Züge in

den Tempel ein und brachten unter Musik und Psalmengesang die
mitgeführten Opfer dar. Bei dieser Gelegenheit wurde auch das
versammelte Volk aufgefordert, für den Cultus an so feierlichem
Tage freigebig zu spenden und der begüterte Nechemja ging hierin
mit 1000 Goldbareifen, 50 Opferschaalen und 350 Priesterröcken
Allen voran; ihm folgten die Familienhäupter mit zusammen
20,000 Dareifen und 2200 Minen Silbers, und das übrige Volk
spendete gleichviele Dareifen und 2000 Minen Silbers nebst 67
Priesterröcken ¹).

Es ist möglich, daß die Mauerweihe in der beschriebenen Weise
auf Betreiben Esra's begangen wurde, doch muß auch Nechemja,
aus dessen Feder die uns, erhaltene Beschreibung der Weihe' ist,
lebhaften Antheil an jüdischen Ceremonien genommen haben; und
dies erklärt die sonst etwas befremdliche Erscheinung, daß ein Pascha,
wenn auch jüdischer Religion, bei der nun erfolgenden Organisation
des Tempelcultus so große Thätigkeit entfaltet hat.

.

Viertes Kapitel.

Des Esra und Nechemja gemeinschaftliche Wirksamkeit.

Zunächst wendeten Beide ihre Sorgfalt der Organisation
des Tempelpersonals zu; dieses hatte jedoch seit dem Exil
schon mehrfache Veränderungen erfahren. Mit Serubabel waren
nämlich 4289 Priester, 341 oder 360 Lewiten und 392 erbliche
Tempelknechte nach Judäa gekommen und Diese hatten sich bald
überallhin zerstreuet, wo ihre Aeltervätter ansässig waren. Während
der ersten 21 Jahre, bis zur Vollendung des Tempels, beschränkte
sich ihre Betheiligung am Cultus wohl bloß darauf, daß die in
Jerusalem wohnhaften Priesterfamilien die Opfer reihum je eine
Woche lang besorgt, und die dortigen lewitischen Sänger aus den
alten Familien des Asaf, Jedutun und Heman je nach dieser ihrer

¹) Der Werth des Dareifos und der babylonischen wie der persischen Mine
Silbers, welche letztere möglicherweise hier gemeint ist, wurde schon S. 95
angegeben.

Abstammung an bestimmten Wochentagen die heiligen Verrichtungen mit Musik und Psalmen begleitet haben. Es gab von den Zeiten vor dem Exil her zwar noch zwei Klassen von Lewiten, die in Folge der eingeführten Erblichkeit der Functionen eigene Geschlechter bildeten, nämlich die Lewiten im ältesten Sinne oder der ersten Klasse, wie ich sie hinfort nennen will, welche in allen Tempelgeschäften vorbereitender Art sowie in der Eintreibung und Vertheilung der für den Stamm Lewi bestimmten Einkünfte den Priestern an die Hand zu gehen hatten, und die Tempelwächter sowie die sogenannten Netinim, erbliche Tempelknechte heidnischer Abkunft, welche den Priestern und jener ersten Lewitenklasse zur Verrichtung aller niedrigen Arbeiten beigegeben waren.

Diese Letzteren und jene beiden Lewitenklassen waren aber damals von ihren Obliegenheiten sehr wenig in Anspruch genommen: zu bewachen gab es fast noch nichts, und die zahlreichen Priester bedurften vorläufig keiner Beihilfe, zumal da die Einziehung der Deputate wegen der Unbereitwilligkeit des Volkes, diese zu liefern, noch außerordentlich im Argen lag; die Aufsicht über den Tempelbau, welche die erste Lewitenklasse erhalten, wird diese freilich geführt haben. — Als aber der Tempel vollendet war, kam es bereits zu einer besseren Gliederung in diesen Dingen. Die Aussicht auf jetzt größere Theilnahme des Volkes am Cultus und auf bereitwilligere Lieferung der Deputate in Folge derselben bewog viele Priester und Lewiten, theils nach Jerusalem zu ziehen, theils in dessen Nähe in eigenen kleinen Gehöften sich anzubauen; und ihre Functionen scheinen sie von jetzt an in dieser Weise verrichtet zu haben. Von Priestern waren aus dem Exil 22 größere Familien gekommen [1]), diese bildeten jetzt vermöge allsabbatlicher Ablösung einen Turnus von 22 Wochen. Die Lewitenklasse der Musiker spaltete sich in 14 Abtheilungen, jedoch so, daß keine Abtheilung Mitglieder verschiedener Familien enthielt, und diese fungirten reihum wohl in einem Turnus von 7 Tagen, eine Abtheilung Morgens und eine zur Vesper [2]). Die Lewiten der ersten Klasse erhielten weder jetzt noch später einen Turnus, ihm widerstrebten die Obliegenheiten dieser Klasse; sie standen vielmehr zu Handen einiger Oberbeamten aus ihrer Mitte, und wurden nach ihrer Gewandtheit im Tempel, in der Hauptstadt

[1]) Vgl. 1, 397, 398, des größeren Werkes.
[2]) Vgl. 1, 411 — 413 desselben.

und auf dem Lande verwendet. Die Wächter endlich, von drei Geschlechtern stammend, die schon vor dem Exil bestimmte erbliche Wachtposten am Tempel hatten, nahmen diese jetzt wieder ein, und spalteten sich den vorhandenen Posten entsprechend, in 19 Unterabtheilungen, welche für die Nacht je einen Mann stellten, denn während derselben fand keine Ablösung Statt, und am Tage wurden die Thore nicht bewacht. In welcher Weise die Netinim sich ablösten, ist nicht zu ermitteln.

Aber bald gerieth der Tempelcultus wieder in Verfall. Die Zuschüsse aus der königlichen Kasse blieben nach Darius' Tode ohne Zweifel aus; und die Theilnahme des Volkes am Cultus erlosch nach kurzer Zeit wieder, hier aus Kaltsinn, dort aus Geiz, anderswo gar „weil man nicht sehe, daß es den Frommen besser gehe“, häufig auch vermöge eingegangener enger Verbindung mit Heiden: es nahm eine Gleichgiltigkeit überhand, die sich in den erbärmlichsten Opfern und Vorenthaltung der Zehnten aussprach. Dieses hatte zur Folge, daß von den sehr schmal ernährten Priestern und Lewiten ein großer Theil von Jerusalem wieder in die Provinz sich zog, um selbst das Land zu bauen, ein anderer Theil aber aus Noth habsüchtig, aus Habsucht parteilich, und wegen beider so verächtlich wurde, daß die Gleichgiltigkeit noch mehr um sich griff, und unter dieser Wechselwirkung der Cultus immer mehr zerrüttet wurde. Der in dieser Zeit aufgestandene Prophet Malachi geißelte neben anderen damaligen Sünden des Volkes[1]) diesen Zustand mit strengen Worten, jedoch vergeblich: ihm wurde erst durch Esra etwas abgeholfen. Dieser brachte, wie wir sahen, eine große Geldspende aus dem Osten mit, die in den Tempelschatz gelegt wurde und nöthigenfalls auf lange Jahre hin zu allem Bedarf ausreichte; desgleichen die Anweisung auf einen jährlichen Zuschuß aus der königlichen Kasse in Syrien und die völlige Abgabenfreiheit des gesammten Tempelpersonals; endlich werden wohl auch seine eifrigen Bemühungen um die Hebung der jüdischen Religion die Theilnahme für den Cultus und die Bereitwilligkeit, seine Beamten zu ernähren, in einem großen Theile des Volkes wieder belebt haben.

In den beschriebenen Einrichtungen scheint unter ihm keine weitere Veränderung eingetreten zu sein, als daß die zwei mit ihm

---

[1]) Zauberei, Ehebruch, leichtfertige Scheidungen, Meineid, Härte — ein böses Register!

gekommenen Priestergeschlechter sich dem priesterlichen Turnus anschlossen, und dieser also zu einem 24 wöchigen wurde. So blieb es bis Nechemja kam. Dieser aber, ein, an Lust und Fähigkeit zu organisiren, Esra überlegener Geist, traf jetzt, jedoch wahrschein= lich in Verbindung mit ihm, eine Reihe von Abänderungen und neuen Einrichtungen, welche auf diesem Gebiete die nachexilische Entwickelung fast ganz zum Abschluß brachten. Um Wiederholungen zu vermeiden, erscheint es räthlich, die Aufzählung derselben in die Darstellung zu verweben, wie in den ersten Jahrhunderten nach dem Exil sich Alles gestaltete, was die Cultuspersonen betraf, und diese partielle Darstellung schon jetzt zu geben, obwohl von der nach= exilischen Entwickelung des Cultus überhaupt erst viel später gesprochen werden soll.   .

Was nun zuerst die Priester betrifft, so mußten sie, um fungiren zu dürfen, ohne Leibesgebrechen und von unbescholtener Abkunft sein: letztere wurde später auch den nachgeborenen Söhnen einer in Gefangenschaft Gerathenen abgesprochen; und Alle von nicht völlig bekannter Abkunft mußten daher erst vor dem Obergericht in einer Halle des Tempels sich einer Ahnenprobe unterwerfen oder ihren Stammbaum vorzeigen. Ein bestimmtes Alter zur Uebernahme ihrer Functionen war nicht vorgeschrieben, doch sollen später die Priester von selbst Niemanden vor seinem 20. Jahre zu denselben zugelassen haben. Von den 24 Priesterabtheilungen hatte reiheum jede eine Woche zu fungiren; und wenn später Priester aus noch anderen Geschlechtern in Judäa einwanderten, hatten sie wohl einer von diesen Abtheilungen sich anzuschließen; während der Festversammlungen wurde jener Turnus nicht unterbrochen, jedoch konnten Priester aus anderen Abtheilungen an den Festopfern sich betheiligen. Jede Abtheilung spaltete sich nochmals für die einzelnen Tage ihrer Dienstwoche, und die Verrichtungen der einzelnen Priester wurden diesen Anfangs durch freiwillige Theilung, später durch einen eigenen Beamten überwiesen, welcher zugleich der Leiter des ganzen Opfer= cultus war. Diese Verrichtungen sind aus dem Pentateuch bekannt, später aber kam zu ihnen auch noch die nächtliche Wache auf einigen inneren Posten des Tempels; die Bereitung des Räucherwerks wurde mit der Zeit in der Familie Abtinas erblich. Bis auf die beiden zuletzt erwähnten Dienste mußten sie alles ihnen Obliegende in ihrer vom Pentateuch angegebenen Amtskleidung verrichten: die

Vorschrift, dabei auf dem Steinpflaster barfuß zu gehen, zog ihnen oft Unterleibskrankheiten zu. Die Abtheilungen der Priester und Leviten, welche den Dienst der Woche hatten, erhielten ihre Wohnung in Tempelzellen. Zum Unterhalt der Priester waren bestimmt: Opferantheile mannigfacher Art, welche nur die grade Diensttheuenden erhielten, ferner die Erstlinge [1]) und eine besondere Hebe von allen Feld- und Baumfrüchten, die männlichen Erstgeborenen der reinen Hausthiere [2]), die Löse für die Erstgeborenen von Menschen und unreinen [3]) Thieren, ein Weniges von jeder Schur und jedem Teige, einige Stücke von jedem geschlachteten Thiere von Rind- und kleinem Vieh, alles Gebannte, die Felder, welche angelobt und nicht aus= gelöst wurden, auch alles Veruntreute, welches dem Eigenthümer nicht wieder zugestellt werden konnte; endlich mußten ihnen die Leviten den Zehnten ihres Zehnten abgeben, und es kam ihnen zu Gute, daß mit der Zeit auch Juden des Auslandes die Hebe oder deren Werth in Gelde in den Tempel schickten. Hiernach könnte es nun scheinen, daß die Priester überreich bedacht waren: das war aber keineswegs der Fall, und die Schuld hieran lag in der ganz unverhältnißmäßig großen Anzahl der aus dem Exil zurückgekehrten Priester. Ihrer waren nämlich 4289 gegen 37319 Laien, und im Ganzen mußte bis in viel spätere Zeiten herab dieses Verhältniß fortdauern, so daß durchschnittlich auf 9 Producenten ein Priester kam, und mithin die Hebe und der von den Leviten abzugebende Zehnte, ihre Haupteinkünfte, noch nicht einmal ein Drittel dessen, was ein Laie behielt, auf den Antheil jeder einzelnen Priesterfamilie brachten; die Priester mußten daher in der größten Noth sein, selbst wenn ihre Deputate regelmäßiger eingegangen wären, als wir fanden und noch sehen werden.

Diesen Uebelständen aber half Esra folgendermaßen ab. Er mußte wahrnehmen, daß andererseits verhältnißmäßig überaus wenige Leviten aus dem Exil gekommen waren, nämlich unter Serubabel und später mit ihm selbst zusammen nur 398 gegen 38815 Laien, so daß in Judäa 97 Producenten auf einen Leviten kamen, und dieser daher trotz seiner Abgaben an den Priester immer noch fast

---

[1]) Später bezog man die desfallsige Vorschrift bloß auf die 5 Mos. 8, 8 erwähnten sieben Fruchtarten.

[2]) Natürlich unter Beobachtung von 4 Mos. 18, 17

[3]) Doch schränkte man diese nachmals auf den Esel allein ein.

zehnmal mehr als ein Laie gehabt hätte. Er verordnete daher, daß auch die Priester und wahrscheinlich sogar die Netinim von den überschüssigen Zehnten erhalten sollten, und diese Verordnung blieb in Geltung bis in die spätesten Zeiten, selbst nachdem jenes Miß= verhältniß schon ausgeglichen war. — Hinsichtlich der Erhebung und Vertheilung galten folgende, zum Theil auf vorexilischer Grund= lage beruhende Bestimmungen: Alle obigen Gefälle von Opfern fielen theils den gerade fungirenden Priestern, theils der Wochen= abtheilung zu. Dagegen die Zehnten wurden von den Lewiten erster Klasse unter Aufsicht eines Priesters im Lande erhoben und nach Jeruschalem in Tempelniederlagen gebracht, um vertheilt zu werden, nachdem ein Zehntel derselben für den allgemeinen Gebrauch der Priester davon genommen war. Für letzteres und für die Hebe, welche der Laie selbst nach Jeruschalem zu bringen hatte, waren andere besondere Niederlagen in den Nebengebäuden des Tempels bestimmt. Eine beständige Commission, zusammengesetzt aus Priestern und Lewiten, hatte die Aufsicht über diese Vorräthe, sowie ihre Vertheilung zu besorgen. Etwas unklar ist die Nachricht, daß es aber gegen das Ende unseres Zeitraumes Sitte geworden sei, ein Drittel des Zehnten den Priestern und Lewiten, ein Drittel in das Schatzhaus und ein Drittel den Armen und Schriftgelehrten in Jeruschalem zu geben.

Die Priester standen unter einem Vorgesetzten (pakid), welcher von dem hohen Priester noch verschieden war. Letzterer wurde von David oder Schlomo an bis in die syrische Periode herab stets aus dem Geschlechte des Elasar und aus derselben Familie genom= men, meistentheils nach dem Vater der Sohn; er wurde in sein Amt durch eine siebentägige Ceremonie eingeweihet, aber eine Salbung desselben wie vor dem Exil soll jetzt nicht mehr stattgefunden haben, weil das Fläschchen heiligen Salböls aus Moscheh's Zeit gefehlt habe. Seine Amtstracht ist aus dem Pentateuch bekannt, und hinsichtlich derselben ist hier nur zu erwähnen, daß auf den Edelsteinen der beiden Schulterspangen und des Brustlatzes auch jetzt noch die zwölf Namen der Stämme Israel's eingegraben waren, und daß in einer Tasche dieses Brustlatzes vor dem Exil die Urim wetummim lagen, man aber aus Unkenntniß, woraus diese bestanden, jetzt darauf hatte verzichten müssen, sie nachzubilden. In dieser Amtskleidung erschien der hohe Priester, so oft er fungirte, auch an gewöhnlichen Tagen: außer dem Dienst trug er bürgerliche Kleidung. Sein obligater Dienst bestand nur in Verrichtung einer großen Sühne am Versöhnungstage, das ihm vorgeschriebene Opfer aus Backwerk jeden Morgen und jeden Abend ließ er meistens durch einen gemeinen Priester darbringen; von den sonstigen Opfern konnte er verrichten, welches und so oft er wollte. Außerdem führte er die Oberaufsicht über den Tempeldienst und Tempelschatz, und scheint bis zu den makkabäischen Zeiten herab dem Senat präsidirt zu haben [1]. Besondere Einkünfte hatte er nicht, doch muß er ohne Zweifel einen weit größeren Theil von den Heben und Zehnten erhalten haben.

Gehen wir nun zu den Leviten über. Auch sie hatten später die Reinheit ihrer Abkunft prüfen zu lassen, jetzt wohl noch nicht; und weil vorläufig ihre Anzahl in Judäa nur klein war, scheint man auch von der pentateuchischen Vorschrift, daß die Leviten erst nach zurückgelegtem 25. Lebensjahre zugelassen werden sollten, jetzt abgesehen zu haben. Sie hatten keine Amtskleidung, nicht einmal die Sänger [2]. — Der Wirkungskreis der ersten Levitenklasse ist, nachdem von ihrer Betheiligung an dem Einziehen, Aufspeichern und Vertheilen der Zehnten schon die Rede war, hier weiter anzugeben. Es gab in ihr eine Familie, welcher für immer übertragen war, die Schaubrode anzufertigen; Einzelne hatten auf Lebenszeit die Aufsicht über Anfertigung des übrigen Backwerks, über das Holz, über das Salz, über die Anfertigung der kolossalen Tempelvorhänge, oder Dieser die Amtskleidungen, Jener die heiligen Geräthe zu verabreichen und wieder unter Verschluß zu nehmen, und ebenso war die Anschaffung dieser wie jener, der Ankauf der Opfervorräthe (Vieh, Mehl, Wein, Oel, Weihrauch, Spezereien), die Ablieferung derselben an die Priester, nach Maßgabe des jedesmaligen Bedarfes je einem Einzelnen übertragen, jedoch in allen diesen Geschäften standen ihnen wohl nach Erforderniß die übrigen Leviten dieser Klasse und die Nethinim zur Verfügung; desgleichen hatten sie die Niederlagen, sowie gemeinschaftlich mit den Priestern den Tempelschatz zu bewachen, und mit Hülfe der Nethinim für die Reinerhaltung des Tempels zu sorgen. Nach unserer Periode wurde

[1] Vgl. 2, 389 des größeren Werkes.
[2] 2 Chron. 5, 12 bildet bloß eine Ausnahme, welche wegen der seltenen Feierlichkeit stattfand.

es im Allgemeinen, besonders aber innerhalb dieser Klasse noch
gewöhnlicher, an Einzelne bestimmte Functionen auf Lebenszeit zu
übertragen.

Die zweite Klasse der Lewiten hatte, während die Opfer
verbrannt wurden, Psalmen vorzutragen, und wurde hiefür jetzt
gleich den Priestern in 24 Abtheilungen gebracht, welche je eine
Woche fungirten; auch kam es nun auf, daß dieser lewitische Chor
selbst an Wochentagen wenigstens zwölf Mann stark sein sollte, um
gewissermaßen sämmtliche Stämme Israels zu vertreten. Diese
Lewiten waren aber Sänger und Musiker miteins, ihre gewöhnlichsten
Instrumente waren nämlich metallene Becken, Zithern und noch ein
anderes Saiteninstrument, Nebel genannt. Alle drei gestatteten
es den sie Spielenden, zu ihrem Spiele selbst zu singen. Sie
standen auf einer breiten Treppe von wenigen Stufen (duchan),
welche aus dem Vorhofe der Laien in den der Priester hinaufführte.
Es wurde mit der Zeit Sitte, daß von den 12 jedesmal an den
Wochentagen Fungirenden Einer ein Becken hatte, zwei ein Nebel
und die neun Uebrigen Zithern, der Beckenschläger aber zugleich
der Dirigent war und für gewöhnlich mit seinem Instrumente das
Zeichen zum Anfangen gab, zuweilen auch den ersten Vers intonirte;
er wurde Rosch-hatehilla (Haupt des Psalmengesanges) genannt.

Häufig indessen kamen Psalmen an die Reihe, deren Inhalt
geeigneter zu einem Alleinvortrage war: dieser erfolgte fast durch=
gängig in deklamatorischer oder recitativischer Weise, und wurde von
Musik selten begleitet, aber wohl an passenden Stellen von ihr
abgelöst. An den Sabbaten war ohne Zweifel der Chor stärker
besetzt, und an Festen oder bei festlichen Gelegenheiten sehr zahlreich;
alsdann wurden auch kunstvollere Gesänge ausgeführt, die Instru=
mentirung war zusammengesetzter, und ein Musikverständiger von
höherer Kenntniß hatte dann die Ausführung zu leiten. Einer der
angesehensten Musiker war zugleich das Oberhaupt nicht allein seiner,
sondern auch der ersten Lewitenklasse, gewöhnlich aus der Familie
Asaf. Hinsichtlich der Wächter wurde jetzt eine kleine Veränderung
vorgenommen, welche uns eine bewegende Idee dieser Zeit in einem
neuen Lichte zeigt. Nämlich Alles nach den Vorschriften des Penta=
teuchs einzurichten, war jetzt das eifrigste Bestreben; und da man
als die Blüthenzeit desselben den vierzigjährigen Zug durch die
Wüste ansah, so gefiel man sich jetzt darin, jener idealisirten Zeit

Manches zu entlehnen. Dahin gehörte, daß man Jerusalem mit dem Tempel ähnlich dem Lager fand, welches in der Wüste das Stiftszelt umgeben hatte, und es auch wohl grabezu „Lager Israel's" nannte; wie jenes rein und heilig gehalten werden sollte, so wurden vor der Mauerweihe alle Todtengebeine aus Jerusalem entfernt und dasselbe mit Weihwasser lustrirt; die früher nur sehr seltene und dichterische Bezeichnung desselben als „heilige Stadt" und ebenso die des Tempels durch „Zelt" wurden nun geläufige Ausdrücke. Aber wie man bei solchen romantischen Versuchen in der Regel über das vorschwebende Urbild noch hinausgeht, so kam es auch hier: um die Pyramidenspitze des Lewitismus noch eine Stufe höher zu haben, wurde der alte Unterschied zwischen dem Tempel und seinen Umgebungen dahin festgestellt, daß man die Bezeichnung des „Lewiten= lagers" auf die Oertlichkeiten zwischen dem inneren Vorhofe und der Mauer des Tempelberges übertrug, dagegen für das eigentliche Heiligthum sammt jenem Vorhofe, auf welchem der Altar stand, den ganz neuen Namen des „Lagers des Jahweh" bildete, und bald auch entsprechend für dasselbe eine höhere Art von Wächtern aus= schied, indem die Wächterfamilie Schallum, welche schon in der Wüste den Tempel unter Aufsicht des Pinchas bewacht haben wollte, jetzt von ihren äußeren Posten an die Thore zum inneren Vorhof ver= setzt wurde. Theilweise noch zu den Wächtern gehörte der Tempel= commandant; derselbe hatte die Aufsicht über das Schließen der Thore, Nachts die Posten zu visitiren, sowie die Ruhe und Ordnung im Tempel zu überwachen, zu welchem Behuf ihm ein Büttel bei= gegeben war, dessen Peitsche er indessen zuweilen auch selbst hand= habte; in die Aufsicht über die regelmäßige Besetzung der Posten und über die Wächter theilten sich wohl mit ihm die Häupter der Wächterfamilien, welche ihren beständigen Sitz auf dem Tempel= berge hatten.

Endlich die Netinim standen unter zwei Oberhäuptern eigenen Standes, und bezogen ihren Unterhalt wahrscheinlich theils ebenfalls aus den Niederlagen der Zehnten, theils von der Mildthätigkeit frommer Seelen. Als erbliche Tempelknechte, welche aber allmälig den jüdischen Glauben angenommen hatten, wurden sie zwar nicht gern in Blutsverwandtschaft mit unbescholtenen Juden gesehen, waren aber für jetzt doch wohl noch nicht von selbiger ganz aus= geschlossen wie nachmals. Ferner wurde, damit es nicht an Geld zum Ankauf der Opfervorräthe fehle, jetzt die Anordnung getroffen, daß hinfort jeder erwachsene Jude jährlich den dritten Theil eines Schekel entrichten solle. Eine jährliche Abgabe von einem halben Schekel, ungefähr 4⅗ Sgr., bestand seit uralter Zeit; Esra und Nechemja führten sie wieder ein, um den Cultus unabhängig von der Großmuth der persischen Könige zu machen, aber weil der cursirende persische Schekel (der Silberdareikos) etwas schwerer als der altibräische war, sowie aus Rücksicht auf die Armen setzten sie fest, daß bloß ein Drittel desselben (kaum 3⅓ Sgr.) entrichtet werden sollte; doch scheint man später als die pentateuchischen Vorschriften immermehr buchstäblich befolgt wurden, wieder den vollen halben Schekel oder vielmehr einen halben Silberdareikos (fast 5 Sgr.) entrichtet zu haben; ja in der griechischen Zeit wurden die 20 Gera des alten Schekel auf 20 Obolen bezogen, und man entrichtete 10 Obolen, die an 12½ Sgr. betrugen. Auch die ausländischen Juden entrichteten diese Abgabe mit der Zeit. — Eine andere Anordnung jener beiden Männer betraf das Holz, welches im Tempel zu den Opfern und zu dem ewigen Feuer auf dem Altar verbraucht wurde. Da nämlich auch in der magischen Religion, welche man üben sah, ein heiliges Feuer unterhalten wurde und Spenden auserlesenen Holzes für dasselbe selbst als Sühnmittel vorgeschrieben waren: so war es jetzt um so leichter, an den nöthigen Holzspenden Viele freiwillig zu betheiligen, und es wurde eine Ver= loosung der Zeiten vorgenommen, zu welchen acht hierzu erbötige Geschlechter die Lieferung zu besorgen hätten. Bald wurde auch eingeführt, das eingelieferte Holz von dienstunfähigen Priestern sorg= fältig aussuchen zu lassen, daß kein wurmstichiges auf den Altar komme. — Desgleichen traf Nechemja Anordnungen darüber, wie die Erstlinge in den Tempel gebracht werden sollten, und es dauerte gewiß nicht lange, daß hieraus eine Reihe von Festzügen entstand, die in einer späteren Stelle geschildert werden sollen.

Wie gesagt, bloß um nicht das Zusammengehörige zu zerreißen, wurde im Voranstehenden gleich zusammengestellt, wie diese Seite des Cultus bis über Nechemja's Lebensende herab sich fortentwickelt habe. Wir müssen aber nunmehr in die Zeit unmittelbar nach der beschriebenen Mauerweihe zurückgehen. Damals nämlich war es, daß Esra und Nechemja anfingen, die Cultusangelegenheiten in Erwägung zu ziehen und zu ordnen. Ein weiterer Gegenstand ihrer Besprechungen waren die schon wieder häufigen Ehen mit den benach=

harten Heiden; außer der Gefahr für den jüdischen Glauben, den sie in sich bargen, war durch den sträflichen Verkehr, welchen im vorigen Jahre die angesehensten Juden mit dem ihnen verwandten Tobija unterhalten hatten, die Schädlichkeit dieser Verschwägerungen auch in Bezug auf patriotische Gesinnung in ein helles Licht getreten. Esra hatte schon einmal die gemischten Ehen schonungslos getrennt: bei Nechemja's Thatkraft war es natürlich, daß jetzt beschlossen wurde, diese Maßregel ein zweites Mal durchzusetzen. Auch reiften in dieser Zeit ihre Absichten für die Hebung Jeruschalem's. Aber um alle diese Gegenstände zu erledigen, war es wünschenswerth, sie in einer möglichst zahlreichen Versammlung des Volkes zur Sprache zu bringen, und man beschloß, dies am nächsten Laubhüttenfeste zu thun, zu welchem das Volk nach Jeruschalem zu strömen pflegte. Noch vor diesem Feste aber fand ein Vorfall Statt [1], welcher für die bevor= stehenden Verhandlungen neuen Stoff hinzufügte. Nämlich Nechemja berichtet uns, es seien von den ärmeren Juden, Männern und Frauen, große Klagen über ihre reicheren Brüder erhoben worden: sie müßten ihre Söhne und Töchter, ihre Felder, Weinberge und Häuser verpfänden, um nur Korn kaufen zu können, daß sie nicht Hungers stürben, oder Geld zu erhalten für den Zins des Königs, und „ist nicht unser Leib gleich dem Leibe unserer Brüder, sind nicht unsere Kinder gleich den ihrigen? und doch müssen wir unsere Söhne und Töchter zu Sklaven hingeben, und unsere Felder und Wein= berge gehören Fremden!" Diese Klagen versetzten Nechemja in großen Zorn über die Reichen, und er schalt mit ihnen wegen dieses Verfahrens gegen Stammverwandte. Hierauf veranstaltete er eine große Versammlung, in welcher er ihnen zurief: Wir haben unsere jüdischen Brüder, die an Heiden verkauft waren, ausgelöst soweit unsere Mittel reichten, nun verkaufet ihr sie wieder, auf daß sie nochmals loszukaufen sind! Beschämt hörten sie diese Worte an und schwiegen. Nechemja fuhr daher fort: Nicht gut ist, was ihr thuet! solltet ihr nicht schon aus Scham vor den Völkern, die uns feind sind, in der Furcht unseres Gottes wandeln? Auch ich, meine Brüder und meine Leute haben ihnen Korn und Geld geliehen: erlassen wir doch den Armen dieses Darlehn! gebet ihnen ihre Felder, ihre Wein=, ihre Oelpflanzungen und ihre Häuser zurück, erlasset

---

[1] Daß er in diese Zeit gehöre, wurde 2, 130 und 145 des größeren Werkes nachgewiesen.

ihnen den Zins von dem vorgestreckten Gelde, Korn, Most und Oel.
Seine Worte wirkten, man erklärte sich bereit, danach zu thun,
worauf er durch die Priester Jene auf ihr Versprechen beeidigen
ließ. Zugleich ergriff er sein faltiges Obergewand, schüttelte es aus
und rief: Also schüttele der Herr Jeden, der nicht sein Wort halten
wird, aus seinem Hause und aus seinem Besitze, daß er dastehe
entblößt und ausgeleert! Die ganze Versammlung sagte hierzu Amen
und ging auseinander, hielt aber auch Wort, wie uns Nechemja
versichert.

Vermuthlich kurz darauf fanden einige religiöse Feierlichkeiten
statt, die ebenfalls unsere Aufmerksamkeit verdienen. Der 1. Tischri
war schon von der ältesten Zeit her ein Festtag, obwohl noch nicht
als Jahresanfang wie späterhin. Als jetzt dieser Tag herankam,
ließ Esra, der die Vorlesungen aus der Tora in Aufnahme zu
bringen bemüht war, auf dem freien Platze vor dem Wasserthore
eine Tribüne aufschlagen und am frühen Morgen des Festtags alle
in Jerusalem befindlichen Juden nebst ihren Frauen dort sich ver=
sammeln.

Als dies erfolgt war, bestieg er mit dreizehn angesehenen Männern
das Gerüst, und öffnete das Buch der Schrift, worauf sogleich alles
Volk stillstand und schwieg. Sodann sprach er einen Segen, nach
welchem alle Anwesenden mit erhobenen Händen ein zweimaliges
Amen sprachen und auf die Kniee fielen. Als sie sich wieder erhoben
hatten, begann Esra vorzulesen, und Lewiten erklärten in den
häufigen Pausen den Zuhörern alles Vorgelesene. Vermuthlich
waren dies Schriftstellen, in welchen von den wichtigsten religiösen
Vorschriften und den göttlichen Strafen für ihre Uebertretung die
Rede war, denn das Volk weinte beim Anhören derselben; aber
Esra und der ebenfalls anwesende Nechemja ermahnte es, nicht zu
trauern, denn dieser Tag sei heilig dem Herrn, forderten es viel=
mehr auf, als der Mittag kam, fröhlich nun zu essen und zu trinken
und dabei die Dürstigen zu bedenken, „die Freude im Herrn werde
sie stark machen.“ Sie thaten so. Im folgenden Tage aber ver=
sammelten sich die Häupter des Volkes sammt den Priestern und
Lewiten wiederum, sich von ihm im Gesetz unterweisen zu lassen.
Hierbei kam man auch an die Stelle von dem Feste der Laubhütten,
und da dieses gerade herannahete, so erließ man einen Aufruf durch
das ganze Land, zu dem Feste recht zahlreich nach Jerusalem zu

kommen und sich daselbst „nach Vorschrift" Laubhütten zu bauen. Dieses geschah, und man bauete Hütten auf den platten Dächern, in den Höfen, in den Tempelvorhöfen, auf freien Plätzen in der Stadt, und feierte ein Fest, wie es seit uralter Zeit nicht so allgemein und fröhlich begangen worden war; Esra aber setzte das Vorlesen aus der heiligen Schrift an allen acht Tagen desselben fort.

Sogleich nach dem Feste wurden die Angelegenheiten vorgenommen, welche Esra und Nechemja jetzt zu ordnen versuchen wollten. Auf sie zielende Besprechungen mit den Häuptern der Betheiligten werden ohne Zweifel vorausgegangen sein, auch mag man nicht unterlassen haben, durch die Bibelvorlesungen und hinzugefügte Erklärungen auf die Entschließungen, welche nöthig waren, vorzubereiten.

Was hinsichtlich des Dienstes der Priester und aller drei Lewitenklassen jetzt fester als bisher geordnet oder geändert werden sollte, konnte leichter geschehen und geschah auch wohl schon in den abgelaufenen Wochen. Einen größeren Anlauf mußte man hinsichtlich dessen nehmen, was man von dem Volke verlangte, und es wurde daher vermuthlich der Tag nach dem Feste verwendet, alle betreffenden Dinge dem Volke vorzutragen und warm ans Herz zu legen: und als dasselbe sich zu dem, was verlangt wurde, bereit erklärte, beschloß man, den folgenden Tag zu einem allgemeinen Buß= und Bettage zu machen, an welchem Einiges sofort ausgeführt werde, und andere Entschließungen nach uraltem Herkommen in Israel durch einen förmlichen Bundesschluß zwischen dem Volke und seinem Gott bekräftigt werden sollten. Als dieser Tag anbrach, versammelte sich alles Volk in den Vorhöfen des Tempels fastend und in Trauergewand, Erde auf das Haupt gestreuet, und begann mit dem Ernstesten, von ihren heidnischen Frauen sich loszusagen und auf alle engere Verbindung mit den Fremden zu verzichten: die Dieses anging, traten hierauf hin und bekannten ihre Schuld. Jetzt wurde die Feier allgemeiner, zunächst wurde mehrere Stunden abermals aus dem Buche Gottes vorgelesen, sodann längere Zeit kniend in Bußgebeten verbracht, und hierauf von acht Lewiten auf ihrer Balustrade ebenfalls ein Bußgebet mit lauter Stimme gesprochen. Nachdem in solcher Weise die Hälfte des Tages hingegangen war, wurde noch ein eigenthümliches Gebet vorgetragen, das uns erhalten worden ist und die damalige Lage des Volkes wie seine jetzigen

Entschließungen so klar vorführt, daß es eine theilweise Mit=
theilung verdient. Nämlich nach einem Rückblick in die früheren
Zeiten, wendet es sich in die Gegenwart in diesen Worten:

Wir sind heute Knechte auf dem Boden, welchen du unsern Vätern
gegeben hast, seine Frucht und sein Gut zu genießen; er trägt viel,
aber für die Könige, welche du über uns gesetzt hast wegen unserer
Sünden, über unsere Leiber herrschen sie und über unser Vieh nach ihrem
Wohlgefallen, und in großer Drangsal sind wir. Und gleichwohl schließen
und zeichnen wir einen Bund, unterschrieben von unseren Edeln, Lewiten,
Priestern; und alles übrige Volk, (sowie) Priester, Lewiten, Wächter,
Sänger, Tempelknechte und wer von den Völkern dieser Lande der
Gotteslehre sich zugewendet hat, ihre Frauen, Söhne und Töchter, wer
nur zur Erkenntniß herangewachsen ist, unterstützen (hierin) ihre mächtigeren
Brüder und treten in Eid und Schwur: zu wandeln nach der Gottes=
lehre, welche durch Moscheh, den Knecht Gottes, gegeben wurde, und zu
halten und zu thun alle Gebote und Rechte und Satzungen des Ewigen
unseres Herrn; sowie daß wir nicht wollen geben unsere Töchter den
Völkern des Landes, und ihre Töchter nicht nehmen für unsere Söhne;
und wenn die Völker des Landes Waaren und allerlei Nahrung am
Sabbat zum Verkauf bringen, wir ihnen nichts abkaufen wollen am
Sabbat und an heiligen Tagen, auch im siebenten Jahr unser Feld nicht
bestellen und jedes Darlehn erlassen wollen. Und wir legten uns den
Satz auf, einen drittel Schekel jährlich zum Dienst unseres Gotteshauses
zu geben..... Und Loose warfen wir über die Holzspende, sie in
unser Gotteshaus zu bringen nach Geschlechtern zu bestimmten Fristen
Jahr für Jahr, um Feuer zu unterhalten auf dem Altar unseres Gottes,
wie in der Lehre geschrieben ist. Auch daß wir wollen die Erstlinge
unseres Feldes und aller Baumfrucht jährlich in das Gotteshaus
bringen, mit den Erstgeborenen unserer Söhne und unseres Lastviehes
verfahren nach Vorschrift, und die Erstlinge unserer Rinder und
Schaafe in das Gotteshaus zu den Priestern, welche in ihm den
Dienst verrichten, ferner das Erste unserer Backtröge, unsere Heben und
von aller Baumfrucht, von Most und Oel den Priestern in die Ge=
mächer unseres Gotteshauses bringen und den Zehnten unseres Boden=
ertrages den Lewiten geben. Die Lewiten sollen den Zehnten erheben
in allen unseren Ackerstädten im Beisein eines Priesters, und ein Zehntel
des Zehnten hinaufbringen in unser Gotteshaus, in die Gemächer des
Schatzhauses. In diese Gemächer sollen bringen Israel und die Lewiten
die Hebe von Korn, Most und Oel, daselbst sind die Geräthe des
Heiligthums und die dienstthuenden Priester und Wächter und Sänger,
und daß wir nicht wollen verlassen das Haus unseres Gottes".

Dem Gebete wurde also die Vorlesung einer Akte angehängt,
und diese wurde von Nechemja und einem Zidkija, der vermuthlich
sie hatte schreiben müssen, sodann von 20 oder 21 Priestern, 17 oder

18 Lewiten und 44 Laien unterzeichnet, lauter Häuptern ihrer Geschlechter, welche für diese die besagten Gründe ablegten. Es fehlen aber neben manchen andern Häuptern, deren Unterschrift erwartet werden durfte, besonders Esra und der damalige hohe Priester Eljaschib: allein Ersterer war kein Haupt eines Geschlechtes, der genannte hohe Priester aber war vielleicht mit der Ablobung jeder Verbindung mit den Heiden nicht zufrieden, wie denn schon erwähnt worden ist, daß wir zweimal in seiner Familie solchen Verbindungen begegnen; andere Häupter mochten aus demselben Grunde oder in Folge ihrer Abwesenheit nicht unterzeichnet haben. — Die in ihr erwähnten Gelöbnisse, das Sabbatjahr zu beobachten und in ihm jedes Darlehn zu erlassen, hatten durch den S. 158 berichteten Vorfall, wonach eben erst gewissermaßen aus dem Stegreif eine Art Fabelhaftes begangen worden war, einen besonderen Nachdruck erlangt, und empfahlen zugleich es sehr, mit diesem Herbste eine Schmitta=Zählung zu beginnen, also, da man im Herbste 443 sich befand, das Jahr vom Herbste 437 an und jedes folgende siebente Jahr durch Brache und Erlaß der Schulden zu feiern: wirklich aber stimmt die aus den späteren Jahrhunderten mehrmals berichtete Feier des Erlaßjahres genau mit diesem Zeitpunkte überein [1]).

Wohl erst am Schlusse der ganzen Feierlichkeit des 24. Tischri ermahnte aber Nechemja noch zu einer weiteren wichtigen Maßregel. Nämlich innerhalb der Mauern von Jeruschalem, welche von ihm theils durch Benützung der vorgefundenen Reste, theils aus frommem Vertrauen auf glänzendere Zeiten die vorexilische Ausdehnung erhalten hatten, sah er die Stadt, die weltliche und religiöse Metropole von Judäa, noch sehr öde liegen, von den Häusern waren verhältnißmäßig erst wenige wieder aufgebauet, und die Bevölkerung der Stadt war sehr gering an Zahl. Diesem Uebelstande abzuhelfen, erschien es ihm als das Zweckdienlichste, von dem Volke des Landes und dessen Häuptern so viele nach Jeruschalem zu ziehen, als die eben so nöthige Rücksicht auf Erhaltung einer ländlichen Bevölkerung erlauben würde. Er schilderte daher jetzt noch der Versammlung den traurigen Anblick, welchen Jeruschalem immer noch gewähre, sowie die Nothwendigkeit, daß ihre heilige Stadt und einzige Schutz=

---

[1]) Vgl. 2, 465 des größeren Werkes.

mauer gegen Angriffe der feindlichen Nachbaren eine zahlreiche Einwohnerschaft habe, und forderte schließlich die Häupter des Volkes, sowie die Priester und vielleicht auch die Lewiten auf, nach Jerusalem überzusiedeln, und dem Volke machte er den Vorschlag, daß von ihm je der zehnte Mann das Gleiche thue, nach einer Loosung, die es zu diesem Zwecke veranstalten möchte.

Wäre dieser Vorschlag durchgreifend ausgeführt worden, so würde Jerusalem in kurzer Zeit eine sehr bedeutende Stadt geworden sein. Allein es wurde bloß von den Volkshäuptern bereitwillig, auch von den Priestern und Lewiten ziemlich befriedigend, von dem übrigen Volke aber nur in einem sehr geringen Maße ausgeführt. Die von ihm Anwesenden gingen zwar darauf ein und loosten, wer als zehnter Mann in die Hauptstadt ziehen sollte, und segneten Alle, welche vom Loose hierzu bezeichnet wurden, für das wiederholte Angelöbniß ihrer Uebersiedelung: jedoch war entweder die Zahl der noch Anwesenden nicht so gar groß, oder Viele derselben gereuete bald ihr Versprechen, genug, uns zeigen zwei in der Bibel erhaltene Verzeichnisse der Einwohner von Jerusalem aus jener Zeit, daß kurz nach dem gegenwärtigen Zeitpunkte einmal, ohne die Netinim, die als Unfreie sämmtlich dahin versetzt und in die Vorstadt Ofel gewiesen wurden, 3044 Familien in dieser Stadt waren, nämlich 1396 vom Volke, 1192 Priester und 456 Lewiten; und ungefähr zwanzig Jahr später ohne die Lewiten und Netinim 3406 Familien, nämlich 1646 Laien und 1760 Priester. Bei diesem Zahlenverhältnisse, nach welchem damals in Jerusalem ungefähr 1²/₃ mal so viele Cultusbeamte als Laien waren, dürfen wir jedoch nicht vergessen, daß es im Grunde jetzt mehr eine Priesterstadt als eine Hauptstadt, und letztere nur insofern war, als seit dem Exil die Juden keinen Staat, sondern gewissermaßen bloß eine Religionsgemeinde bildeten, deren Mittelpunkt Jerusalem war. Gleichwohl soll [1] ungefähr 130 Jahr später Jerusalem 120,000 Einwohner gehabt haben.

Diejenigen, welche unter Nechemja dahin zogen, fanden bei ihm bereitwillige Unterstützung bei ihrer Niederlassung, und er selbst wird wohl viel gebauet haben: die spätere Sage (Sirach 49, 13) rühmt von ihm, auch die Häuser Jerusalems aufgeführt zu haben,

[1] Nach Hekatäus bei Josephus.

und ein Felsenbrunnen südöstlich von der Stadt von so alterthüm=
lichem wie großartigem Stil trägt noch heute seinen Namen. Des
Josephus Nachricht, daß er die Kosten der Häuserbauten aus eigenen
Mitteln bestritten habe, wird wohl auf gelegentliche Zuschüsse ein=
zuschränken sein.

Die nöthigsten Cultusverhältnisse waren also jetzt geordnet,
und der religiöse Zustand des Volkes versprach in Folge dessen und
jener feierlichen Bundesschließung, mehr aber noch durch die fort=
gesetzte Sorgfalt des Esra und Nechemja sich wesentlich zu heben;
ferner war für den Augenblick jeder jüdische Sklave entlassen, Jeru=
schalem war befestigt und hatte Aussicht auf eine bescheidene Blüthe,
die Nachbaren waren in die Schranken zurückgewiesen, und an der
Spitze der Verwaltung stand ein Statthalter jüdischer Nation, ebenso
thatkräftig wie vaterländisch gesinnt und voll Schonung gegen das
Volk. Die Pascha's vor ihm hatten es ausgesogen, ihre Diener
und die persische Mannschaft unter ihrem Befehl hatten es gedrang=
salt, die fettesten Ländereien wurden von ihnen um ein Geringes
angekauft oder auf ärgeren Wegen den jüdischen Eigenthümern ent=
zogen: unter Nechemja kam nichts derart vor, ja er ließ nicht einmal,
so lange er Pascha war, die ihm als Solchem zustehenden Einkünfte
erheben, und hatte noch außerdem stets offene Tafel für arme und
angesehene Juden, von welchen zuweilen an 150 auf einmal bei
ihm einsprachen, sowie für die auswärtigen Herren, die ihn besuchten.
Unter diesen vereinigten Umständen hätte jetzt das Volk glücklich
leben können wie seit Jahrhunderten nicht: allein gleichwohl drückten
die Steuern und Lieferungen an den Staat sowie für den Cultus,
namentlich bei zuweiligem Mißwachs, schwer auf die Bewohner von
Judäa. Zudem blieb die Verwaltung nicht sehr lange in Nechemja's
Händen, nach zwölf Jahren (432) wurde er von Artaxerxes wieder
nach Persien abberufen, und alsbald kehrte nicht bloß die Tyrannei
eines neuen Statthalters, sondern auch die größte Verwirrung im
Cultus zurück, letztere um so leichter, als die getroffenen Einrichtungen
noch nicht recht Zeit gehabt hatten, sich zu befestigen, und jetzt auch
oder schon etwas früher Esra starb. Dieser scheint schon von reifen
Jahren gewesen zu sein, als er nach Judäa kam, und von da bis
zu Nechemja's Rückkehr nach Persien waren 26 Jahr verflossen.
Nach Josephus wurde er in Jeruschalem sehr ehrenvoll begraben:
dies ist glaublicher als eine Sage, nach welcher auch er zu Artaxerxes

zurückgekehrt und 120 Jahr alt am Flusse Semura auf der Westgrenze von Kuschistan gestorben sei, wo freilich im Mittelalter und noch in neuerer Zeit sein angebliches Grab gezeigt wurde.

Fünftes Kapitel.

Nechemja's spätere Wirksamkeit.

Als Nechemja jetzt längere Zeit wieder am persischen Hofe verweilt hatte, wir wissen nicht in welcher Stellung, hörte er von der neu einreißenden Unordnung, und erbat sich deshalb um 425 von dem Könige die Erlaubniß, dahin wieder zurückzukehren. Er erhielt sie, kam zurück, und fand ein zweites Feld für seine Thätigkeit: ihm erleichterte diese zwar die Paschahwürde nicht mehr, wohl aber sein früheres Wirken in Judäa und sein fortdauerndes Ansehen am persischen Hofe. Er begann damit, das Gotteshaus zu säubern. Jener Tobija nämlich, von welchem oben schon vielfach die Rede war, hatte während Nechemja's Abwesenheit wieder mit Erfolg versucht, mit den Juden in Verbindung zu treten. Da er in früherer Zeit den jüdischen Glauben angenommen hatte und vielleicht die Scheidewand, welche den jüdischen Laien von allem Tempeldienste ausschloß, nicht für durchaus unübersteiglich hielt, so scheint er vermöge seiner hohen Familienverbindungen sogar zu irgend einer angesehenen Stellung im Tempel seinen Sinn erhoben zu haben, und hatte sich vorläufig von einem über die Tempelzellen gesetzten Eljaschib, mit welchem er verwandt war, ein Absteigequartier in einem Tempelhofe einräumen lassen; dieser hatte hierzu sogar eine Halle hergegeben, in welcher Opfervorräthe und heilige Geräthe aufbewahrt wurden.

Als dies jetzt Nechemja sah, ließ er das sämmtliche Hausgeräth des Tobija hinauswerfen, alle Zellen, die er betreten haben mochte, wieder weihen, und die verdrängten heiligen Gegenstände an ihren Ort zurückbringen. Aber den Tempel fand er auch zugleich ziemlich veröbet: die Zehnten waren sparsam eingegangen, und deshalb hatten namentlich die Leviten wieder Jerusalem verlassen, um das Land zu bauen. Nechemja schalt hierüber mit den lässigen Landbesitzern von Einfluß und brachte es dahin, daß die Abgaben wieder eingingen und die Leviten zu ihrem Dienste zurückkehrten. Auch nahm er wahr, daß am Sabbat Juden die Kelter traten, Getreide einfuhren, Wein, Trauben, Feigen und Anderes auf Eseln nach Jeruschalem zu Markte brachten, desgleichen daß Thyrier am Sabbat auf den Märkten saßen mit Fischen und allerlei sonstiger Waare. Hierüber setzte er die Juden zur Rede, und drohete ihnen mit dem göttlichen Zorne wegen dieser Entweihung, befahl auch am nächsten Freitagabend, die Thore Jeruschalems zu schließen und vor dem Ausgange des Ruhetages gar nicht zu öffnen, zugleich stellte er von seinen Leuten Einige an den Thoren auf, daß keinerlei Last am Sabbat hereingebracht werde. Allein nun blieben die Krämer und sonstigen Marktleute mit ihren Waaren am Sabbat dicht vor Jeru= schalem, was immer noch Gelegenheit zum Verkehr geben konnte: da drohete ihnen Nechemja, Gewalt gegen sie zu gebrauchen, wenn sie nicht wegblieben, und dies half. Zugleich wies er die Tempel= wächter an, inskünftige ihre Wache Freitagabends zeitig zu beziehen: wie es scheint, begann die Sabbatruhe mit dem Schließen der Tempelthore.

Endlich waren in Nechemja's Abwesenheit schon wieder Ehen mit heidnischen Frauen aus Philistäa, Ammon und Moab geschlossen worden. Es ist ein schönes Zeugniß seiner Einsicht und patriarcha= lischen Gesinnung, daß Nechemja nicht bloß den jüdischen Glauben hierdurch für gefährdet hielt, sondern auch mit Schmerz es in seinen Denkwürdigkeiten hervorhob, daß die Kinder aus diesen Ehen zum Theil nur die Sprachen ihrer Mütter erlernten und das Jüdische nicht zu reden verstünden: die vaterländische Sprache ist eine treff= liche Bewahrerin der vaterländischen Gesinnung, und die fremde Sprache, welcher gestattet wird, sie zu verdrängen, flößt kaum weniger fremde Anschauungen ein als das fremde Blut. Nechemja schalt daher heftig mit den Schuldigen, fluchte Denen, welche diesmal ihre fremden Frauen nicht entlassen wollten, schlug und raufte sie: vermuthlich unterstützte ihn bei diesem gewaltsamen Verfahren die erstarkende Macht des Senates. Es gelang ihm noch einmal, die gemischten Ehen zu unterdrücken, jedoch nicht so gut wie das erste Mal: ein Sohn des Jojada, welcher Letztere um 432 seinem Vater Eljaschib im hohenpriesterlichen Amte gefolgt war, hatte eine Tochter des obenerwähnten Sanballat geheirathet und wollte sich durchaus nicht von ihr trennen; dieses Beispiel ermunterte viele Andere zum Widerstande, und Nechemja sah sich dadurch genöthigt, alle diese Widerspenstigen aus dem Lande zu vertreiben; wir werden bald sehen, von welchen erheblichen Folgen dies war.

Doch war wenigstens innerhalb Judäa's dem Uebel gesteuert, und mit Hinweisung auf den alten König Schlomo, welchen seine Frauen zum Abfall verleitet hätten, legte Nechemja dem Volke einen Eid auf, keine Mischehe wieder einzugehen. Wie lange nach diesen Vorgängen Nechemja's Einfluß noch fortgedauert habe, ist nirgends angegeben, doch scheint es, daß unter diesem thatkräftigen Manne die getroffenen Einrichtungen ziemliche Festigkeit gewonnen. Auch wird uns 2. Makk. 2, 13 berichtet, daß er eine Büchersammlung veranstaltet habe, indem er „die Schriften über die Könige und der Propheten und Dawids, sowie die Briefe von Königen über Tempel= geschenke zusammenbrachte." Wir werden auf diese Nachricht später noch einmal zurückkommen müssen.

Indem wir hier nun auch von Nechemja zu scheiden haben, sei mir ein kurzer Rückblick vergönnt. Vermittelst der unermüdlichen Thätigkeit des Esra und Nechemja wurde von Israel die zweite Stufe von den dreien erstiegen, welche aus dem Ibräerthum in das Judenthum führten. Jenes zeigte uns eine reine Lehre von Gott und Sittlichkeit im Besitze weniger, ganz einzeln wie lichte Sterne aus ihrer dunkeln Zeit hervorgetretenen Männer, der Propheten im engeren und weiteren Sinne: von der ersteren Art waren Jene, welche durch die bloße Macht ihrer feurigen Rede das träge, sinn= liche, am Heidenthum klebende Volk hinauf in ihre eigene Höhe zu reißen versuchten, von der zweiten Art jene glanzlosen Männer, die Nachwelt kennt ihre Namen nicht, welche mit richtiger Würdigung der schwachen menschlichen Natur durch gutberechnete religiöse Vor= schriften allmälig das Heidenthum in Israel besiegen und das Jahwehthum an seine Stelle bringen wollten.

Beide hatten erst kleine Häufchen von Anhängern gewonnen, als die Abführung nach Babylonien erfolgte; dort aber wurde, unter den früher betrachteten Einwirkungen, die reine Gotteslehre Eigen= thum der jüdischen Masse. Bildete nun der Kampf des Jahweh= thums mit dem Heidenthum und jener Versuch von zwei Seiten her, dem ersteren den Sieg zu verschaffen, das Wesen des Ibräer= thums: so war dieses am Schlusse des Exils sozusagen an seinem

Ziele, und die errungene Anerkennung der Gotteslehre vom Volke
mußte hinfort mit Nothwendigkeit die Grundlage jeder weiteren
Entwickelung werden. Wäre nun, wie oben bereits gesagt wurde,
in die erste nachexilische Zeit eine große prophetische Persönlichkeit
von der Richtung des zweiten Jeschaja gefallen, so würde von dem
erfüllten Ibräerthum eine religiöse Entwickelung ausgegangen sein,
die wir noch heute als die Religionsphase der Zukunft anzusehen
gedrungen sind. Aber der erforderliche Prophet blieb aus, und so
wurde denn die exilische Eroberung, die erste Stufe — nicht der
prophetischen zur Weltherrschaft berufenen, sondern der jüdischen
Religion, des Judenthums. Dieses sah die überlieferten religiösen
Ideen nicht für bestimmt an, das Heidenthum nach außen hin abzu=
halten, im Innern zu zerstören, und jahwistischen wie reinsittlichen
Ideen zum Siege zu verhelfen, sondern für Handlungen von abso=
lutem Werthe und von unbedingter, ewiger Verbindlichkeit: diese
Grundanschauung beherrschte die Soferim, die Lehrer der Mischna
und Gemara, die Rabbinen der früheren und späteren Zeit, die
ganze breite Halacha mit allen ihren Verästelungen ist auf ihr auf=
gebauet; und dieser Grundanschauung gegenüber wurde allen sonst
noch im Laufe der Zeiten auftauchenden Anschauungen nur ein
haggadischer Werth zugestanden, nämlich man duldete sie, pflegte
sie auch wohl für einige Zeit, so lange sie harmlos und folgenlos
neben jener herliefen, ächtete sie aber augenblicklich, sobald sie jene
Grundanschauung und ihre Folgerungen beeinträchtigten, selbst noch
Mendelssohn verlangte für die Aufhebung von biblischen Geboten
eine andere Offenbarung als die des Geistes dem Geiste. Hiernach
wird es klar sein, daß die zweite Stufe zum Judenthum von Esra
und Nechemja erstiegen wurde: durch sie wurde das pentateuchische
Gesetz zu unbedingter unwandelbarer Geltung erhoben; das Juden=
thum wäre schon fertig gewesen, wenn auch noch unentfaltet, wenn
das bloße Eröffnen einer Richtung schon die Bürgschaft einschlösse,
daß sie mitten durch die Gunst und Ungunst der Zeiten werde kräftig
verfolgt werden. Dies aber ist nicht der Fall, Esra's Richtung
mußte erst während der soferischen Periode ihre Lebensfähigkeit
bewähren, und sodann erst durch den Glühofen der syrischen Ver=
folgungen gehen: mit dem Einzuge des Jehuda Makkabäus in das
wiedereroberte Jerusalem hatte das Judenthum die Feuerprobe
überstanden, auf dieser dritten Stufe angelangt, ging es sicheren

Schrittes seine Riesenbahn vorwärts, alle nachfolgenden religiösen Parteiungen waren nur Kämpfe innerhalb seiner oder nur Wellen= schläge zu seinen Füßen.

Sechstes Kapitel.

Von den Samaritanern.

Zu diesen, welche gerade in Nechemja's letzten Jahren einen mächtigen Schritt zu ihrer Entwickelung zurücklegten, wende ich jetzt mich, um nicht später in die früheren Zeiten zurückgehen zu müssen. Wir haben eben gesehen, wie die assyrischen Colonisten in Mittel= und Nordpalästina nicht ganz und gar dort alle jah= wistischen Ideen verdrängten, und daß bei ihnen ein dem jahwistischen nachgebildeter Cultus als der des Landesgottes anerkannt wurde, Dem König Joschija gelang es sogar durch Zerstörung des Altars in Betel und aller Tempel in den Städten von Samarien, daß von den dortigen Ueberresten Israels Viele sich wieder dem judäischen Cultus zuwandten. Ein jahwistisches Element muß es auch gewesen sein, was die dortige Bevölkerung zu dem Antrage veranlaßte, an dem Tempelbau des Serubabel Theil nehmen zu dürfen: sie selbst sahen wir diesen Antrag durch die Aeußerung unterstützen, daß sie ja seit alten Zeiten denselben Gott verehrten; die Hoffnung, als= dann auch an den Vergünstigungen des Cyrus Theil zu nehmen, wird ihre Bereitwilligkeit zu einer solchen Vereinigung erhöhet, kann aber nicht ganz allein den Wunsch danach hervorgerufen haben. Sie wurden zurückgewiesen, doch dies konnte sie bloß in Feinde der Juden umwandeln, nicht aber zugleich ihre geschichtlichen Erinner= ungen und ihre jahwistischen Ideen auslöschen.

Jetzt kamen die persischen Colonisten in diese Gegenden, und ein Theil derselben hatte die magische Religion, was zur ferneren Schwächung wenigstens alles grobheidnischen Elementes dort bei= getragen haben muß. Eine weitere Annäherung zum Jahwismus mußte durch die gemischten Ehen herbeigeführt werden, welche in dem ersten Jahrhundert nach dem Exil häufig zwischen Juden und ihren Nachbaren geschlossen wurden. Fügen wir noch hinzu,

daß auf der Grenze von Judäa und Samarien ein Austausch der
Anschauungen stattfinden mußte, so erscheint es unzweifelhaft, daß
wenigstens die Samaritaner jetzt bereits eine ziemlich starke
jahwistische Färbung hatten, und es nur eines glücklichen
Anlasses bedurfte, um sie ganz für das Jahwethum zu gewinnen.
Diesen aber gab Nechemja, indem er alle Diejenigen, welche ihre
fremden Frauen nicht entlassen wollten, einen ansehnlichen Haufen
von Priestern und Laien, aus Judäa wies. Der Angesehenste unter
Diesen war Menascheh, des hohen Priesters Jojada ältester Sohn,
welcher mit einer Tochter des Sanballat verheirathet war. Letzteren
schmerzte es eben so sehr wie seinen Schwiegersohn, daß Derselbe
auf diese Weise die Aussicht verlor, dereinst in Judäa die hohepriesterliche Würde zu erlangen, und er entschloß sich, ihm zum Ersatz
dafür eine ähnliche Stelle zu schaffen. Zu diesem Ende wußte er
die Samaritaner zunächst dafür zu gewinnen, daß sie den wegen der
Verbindung mit ihnen Ausgewiesenen eine Niederlassung in ihrer
Mitte gestatteten; alsdann verabredete er mit Menascheh, aus den
Verwiesenen ein eigenes kleines Gemeinwesen zu bilden und in
demselben einen Cultus ähnlich dem Jerusalemer einzurichten,
dessen Oberhaupt er sei.

Beiden konnte es nicht entgehen, daß aus diesem geringfügigen
Anfange etwas Größeres und vielleicht Großes werden könne. Die
Samaritaner waren nämlich berichtetermaßen schon halb für den
Jahwismus gewonnen, und wie leicht konnte daher ihr vollständiger
Uebertritt zu demselben erfolgen, in Masse oder allmälig, wenn dicht
unter ihren Augen eine jüdische Colonie aufblühte und ein jüdischer
Tempel sich erhob! und dem Sanballat wie dem Menascheh war es
wohlbekannt, daß noch gar Viele im jüdischen Volke unzufrieden mit
dem Verbote der gemischten Ehen waren, mithin die Hoffnung durchaus nicht ungegründet sei, daß bei fortgesetzter Aufrechterhaltung
desselben noch zahlreiche und angesehene Juden dieses Asyl aufsuchen
würden. Beide Umstände vereinigt konnten gar wohl dahin führen,
in Samarien eine Religionsgemeinde erblühen zu lassen, welche nicht
nur die Eifersucht Judäa's, sondern auch Zweifel darüber erwecken
könnte, wo denn das eigentliche Israel sei, im südlichen oder in
Mittelpalästina. In späterer Zeit hatte bekanntlich der Samaritanismus diese Richtung, wir brauchen aber nicht anzunehmen, daß
selbige erst durch den günstigen Erfolg sich entwickelte, vielmehr spricht

die Wahl des Ortes, wo die Exilirten sich niederließen und einen
Tempel errichteten, für die sofortige Erfassung dieses hochfliegenden
Planes. Es kann nämlich nicht wohl zufällig geschehen sein, daß
(nach Josephus) die Ausgewanderten sich nach Sichem wandten, das
schon durch Jehoschua den Frommen in Israel heilig geworden,
und auch nach dem Tode des Königs Schlomo der erste Sitz des
neugeschaffenen Königthums von Israel gewesen war; oder, sollte
dem „Hause Jehuda" wieder ein „Haus Josefs" gegenüberstehen,
welcher Ausgangs= und Mittelpunkt dafür wäre schicklicher als die
Stadt gewesen, welche schon Jakob dem Josef geschenkt habe und in
welcher dieser Ahnherr begraben liege? und noch weniger zufällig
war es nach allem Anschein, daß jetzt die Dissidenten ihren Tempel
auf dem südwestlich von Sichem belegenen Gerisim erbaueten, jenem
Berge, auf welchem bald nach dem Einzuge Israels in Chanaan
der feierliche Segen über das Volk ausgesprochen wurde.

Unter der Voraussetzung nämlich, daß Menascheh und San=
ballat einen Plan wie den angegebenen verfolgten, war es für das
Gelingen desselben vor Allem nöthig, für den neuen Cultus starke
Anhaltspunkte in der vaterländischen Geschichte zu gewinnen: in
diesem Falle aber gab es augenscheinlich keine besseren als die aus
der Wahl Sichem's und des Gerisim ungezwungen hervorgingen.
Wie sich der Samaritanismus innerhalb unserer Periode gestaltete,
werden wir später betrachten; für jetzt genüge es, nur noch hinzu=
zufügen: Menascheh richtete in dem neuerbauten Tempel einen
Opfercultus entsprechend dem in Jeruschalem ein, und der ihm und
seinen Genossen von Hause aus bekannte, bald auch nachträglich
herübergeholte Pentateuch blieb die religiöse Norm für diese jüdische
Colonie. Beides aber, Cultus und übrige Religionsübung, nahmen
von ihr allmälig, in immer weiteren Kreisen, die umwohnenden
Samaritaner an: vereint wirkten dahin sowohl die jahwistischen
Ideen, welche schon vor diesem Ereignisse unter ihnen verbreitet
waren, als auch die Sagen von ihrer theilweise jisraelitischen
Abkunft, die jetzt stärker wieder auflebten und von den herüber=
gekommenen Juden natürlich im Umlauf erhalten wurden.

Siebentes Kapitel.

Mittheilungen aus der ferneren Geschichte des persischen Reiches bis zu seinem Untergange.

Wie S. 67. berichtet wurde, hatte Darius Hystaspis seine Oberherrschaft über das südliche Thrakien und Makedonien ausgedehnt. Hierdurch auf der Schwelle von Griechenland angelangt, konnten die Perser feindliche Berührungen mit diesem nicht vermeiden. Solche hatten aber schon auf der Westküste von Kleinasien stattgefunden, und weil in dieselben sich die Athener zu Gunsten der ihnen stammverwandten Joner einmischten, wurde hauptsächlich zu ihrer Bestrafung 493 Mardonius mit einer großen Flotte und einem furchtbaren Landheere ausgeschickt. Da diese Expedition gänzlich verunglückte, wuchs noch Darius' Erbitterung gegen Griechenland, und er ließ 490 von Datis und Artaphernes abermals ein großes Heer dahin führen; dieses landete bei Marathon unweit von Athen, wurde aber daselbst von nur 10,000 Athenern und 1000 Platäern unter Miltiades vollständig geschlagen. Jetzt eilten die Perser auf ihre Schiffe und wollten Athen wegnehmen: weil ihnen aber auch dieses nicht gelang, fuhren sie schmachbeladen nach Asien zurück. Sogleich begann hierauf Darius, zu einem noch weit massenhafteren Zuge rüsten zu lassen; noch ehe aber diese Rüstungen beendigt waren, ward es nöthig, den persischen Waffen vorläufig eine andere Richtung zu geben. In Aegypten hatten unter Kambyses die Perser zu arg gewüthet, als daß nicht die Eingeborenen jederzeit bereit gewesen wären, das persische Joch abzuschütteln. Nun war zwar Darius leutselig gegen sie, aber bejahrt und trotzdem persönlich gegen Griechenland zu ziehen entschlossen, erklärte er seinen Sohn Xerxes zu seinem Nachfolger, und diese schlimme Aussicht bewog die Aegypter zu einer Empörung. Ehe jedoch Darius ein Heer gegen sie absenden konnte, starb er 485. Xerxes' erste Sorge war jetzt, Aegypten wieder zu unterwerfen und zu züchtigen; ein Feldzug dahin im folgenden Jahre brachte es wieder in seine Gewalt, und sein Bruder Achämenes erhielt als Statthalter den Auftrag, dessen Joch stark zu erschweren. Nachdem dann auch er für den Zug gegen Griechenland die Zurüstungen noch mehrere Jahre hatte fortsetzen lassen, wurden Brücken über den Hellespont geschlagen, aber ein Sturm zertrümmerte sie wieder. Xerxes ließ die Baumeister töbten, sowie — das Meer geißeln und brandmarken, und hierauf bei Abydos zwei neue dauerhaftere Schiffbrücken nebeneinander herrichten. Endlich, im Frühjahr 480, trat er über dieselben den Zug mit einem Heere an, welches an Zahl vielleicht alle jemals gewesenen übertraf; eine Flotte von 1200 Kriegs- und 3000 Transportschiffen begleitete es die Küste entlang. Es ist aber allbekannt, daß jetzt die Athener vermocht wurden, hinter „die hölzerne Mauer" ihrer Schiffe zu flüchten, und die griechische Flotte zunächst mit der von Stürmen stark gelichteten persischen ein ehrenvolles Treffen bei Artemision bestand; desgleichen wie das Heldenhäuflein des Leonidas focht und starb, und die nunmehr unaufgehalten sich heranwälzenden asiatischen Massen das verlassene Athen verbrannten; ferner durch welche Doppellist Themistokles den Xerxes bewog, in das Seetreffen bei Salamis sich einzulassen, und nach vollständigster Niederlage eiligst mit Landheer und Flotte nach Asien zurückzukehren. Bloß den Mardonius hatte Xerxes mit 300,000 Mann zurückgelassen, die Eroberung Griechenlands zu vollenden; er selbst suchte in Sardes durch Schwelgereien und Wollüste die Erinnerung an seine Schmach zu verbannen; doch im folgenden Jahre wurde das Heer des Mardonius bei Platää fast aufgerieben. Zufällig an demselben Tage ernteten die Griechen noch an einem andern Orte Lorbeeren ein, nämlich ihre Flotte suchte die persische an der kleinasiatischen Küste auf, und bei ihrer Annäherung zogen die Perser bei Mykale ihre Schiffe auf das Land, aber die Griechen stiegen aus, schlugen sie vollständig und verbrannten ihre Schiffe. Nunmehr nahm der Krieg eine andere Gestalt an, die Perser beschränkten sich auf die Vertheidigung, und die Griechen versuchten bloß gelegentlich ihre Kräfte gegen einzelne vorgeschobene Positionen der Feinde. Den nächsten bedeutenden Sieg über diese gewann der Athener Kimon, indem er um 465 an der Mündung des Eurymedon eine große persische Flotte schlug, dann an's Land steigend ein Heer der Perser in die Flucht trieb, und schließlich eine phönicische Hilfsflotte derselben bei Kypros vernichtete. Kurz darauf (464) wurde Xerxes ermordet; er war weibisch, üppig, launenhaft, kalt in seinen Grausamkeiten und völlig rücksichtslos gegen seine Völker. Nach einer schauerlichen Familientragödie folgte ihm sein jüngster Sohn Artaxerxes auf den Thron, trug aber Sorge für größere Ordnung im Reiche, desgleichen verfuhr er bei allen Regierungsangelegenheiten mit vieler Milde und Großmuth, weshalb er bei seinen Völkern sehr beliebt war. Er soll auch der schönste Mann seiner Zeit gewesen sein; die Sage, seine rechte Hand jedoch hätte ihm bis an die Knie gereicht, beruhet auf falscher Deutung seines Beinamens „Langhand", der seine weithin reichende Macht bezeichnen sollte. Um 462 empörten sich die Aegypter wieder, und wählten Jnaros, der Libyen beherrschte, zu ihrem Könige. Dieser bildete aus ihnen und libyschen Söldnern ein bedeutendes Heer, und bewog eine große athenische Flotte, welche gerade bei Kypros stand, nach Aegypten zu kommen, um ihm gegen die Perser beizustehen, wenn diese das Land wieder überziehen wollten. Wirklich schickte zwei Jahr später Artaxerxes 400,000 Mann und eine Flotte dahin ab; und als letztere geschlagen, das Heer aber von den an's Land gestiegenen Athenern und ihren Verbündeten halb aufgerieben wurde, sendete er 458 ein neues Heer von 300,000 Mann und eine inzwischen an der Küste ausgerüstete große Flotte gegen sie, worauf von jenen die Aegypter vor Memphis so blutig besiegt wurden, daß sie sich den Persern wieder unterwarfen; doch ein kühner Abenteurer Amyrtäos hielt sich noch sehr lange in den sumpfigen Niederungen am Meere, die Athener aber erhielten nach langer tapferster Gegen= wehr freien Abzug aus Aegypten bewilligt. Ihr Staat empfand diesen Ausgang sehr schmerzlich, konnte aber erst 450 Kimon mit einer großen Flotte gegen die Perser abschicken; und als er vor Kypros ankam, ließ jener Amyrtäos ihn um Unterstützung bitten, um dann aus seinen Schlupfwinkeln hervorzutreten. Kimon sendete ihm 60 Schiffe, und er selbst zwar starb, ehe er Erfolge erntete, aber seine Flotte besiegte die persische, und als deren Mannschaft theilweise sich auf die Küste von Phönicien flüchtete, stiegen auch die Griechen an's Land und trieben sie sowie mit wunderbarer Tapfer= keit ein unfern davon unter dem phönicischen Satrapen Megabyzos aufgestelltes großes Landheer in die Flucht. Das Geschwader jedoch, welches den Amyrtäos unterstützen sollte, führte in den ägyptischen Angelegenheiten keine Wendung herbei und nach einiger Zeit gelang es den Persern, Amyrtäos zu besiegen; um aber in Aegypten Ruhe zu haben, wurde seinem Sohne Pausiris eine Vasallenherrschaft über dasselbe zugestanden.

Der erwähnte Megabyzos jedoch, ohnehin der Königin Mutter längst verhaßt, fürchtete umsomehr wegen der erlittenen Niederlage

den Zorn des Artaxerxes, und suchte seinem Untergange zuvor=
zukommen, indem er in seiner Satrapie 150,000 Mann zusammen=
brachte und sich empörte. Ein gegen ihn abgeschicktes großes Heer
besiegte er, sowie das Jahr darauf ein zweites, und der Friede kam
erst zu Stande, als der König darum nachsuchte. Doch trat jetzt
in Persien's Beziehungen zu Griechenland, die wohl seine wichtigsten
waren, die große Wendung ein, daß dessen Hauptstaaten bei ihren
häufigen Kriegen unter einander wechselsweise um seine Verbindung
oder gar um seine Vermittelung nachsuchten. Namentlich als 431
der peloponnesische Krieg ausgebrochen war, suchten sie wieder=
holentlich Artaxerxes zu thätiger Theilnahme zu bewegen; dieser
jedoch fand es viel vortheilhafter, daß die griechischen Staaten ein=
ander schwächten, als Waffen zu unterstützen, die nächstens gegen
ihn gekehrt werden konnten.. Er starb indessen 424 nach einer
Regierung von vierzig Jahren und hinterließ von seiner rechtmäßigen
Gemahlin einen Sohn Xerxes, von Concubinen aber noch viele
Söhne, unter welchen Sogdianus, Ochus und Arsites sich bald her=
vorthaten. Xerxes nämlich folgte ihm auf den Thron, wurde aber
schon nach 45 Tagen von Sogdianus ermordet, welcher wieder nach
kaum sieben Monaten dem mit einem gesammelten mächtigen Heere
gegen ihn anrückenden Ochus weichen und den Aschentod erleiden
mußte; Ochus nahm jetzt den Namen Darius an, doch hat ihm
die Geschichte den Beinamen Nothus (des Unehelichen) zugelegt.
Nach kurzer Zeit empörte sich gegen ihn Arsites in Verbindung mit
dem Satrapen von Syrien, und besiegte zwar ein gegen ihn entsendetes
Heer in zwei Schlachten, wurde aber in einer dritten vollständig
geschlagen; ihn hätte der König gern am Leben gelassen, allein auf
Andringen seiner Gemahlin, der blutgierigen Parhsatis, wurde auch
Diesem der Aschentod zuerkannt. Neben ihr waren noch drei Ver=
schnittene, von welchen dieser schwache König sich in allen Reichs=
geschäften ganz und gar abhängig gemacht hatte.

Einer von ihnen, Artoxares, fand es aber bald zu umständlich,
ihn zu beherrschen, und faßte daher den Plan, sich lieber gleich selbst
zum Könige aufzuwerfen. Damit er als Eunuch den Persern keinen
Anstoß gebe, heirathete er zum Schein und trug einen falschen Bart:
aber seine betrogene Frau verrieth seinen Plan der Königin, worauf
diese ihn auf eine abscheuliche Weise hinrichten ließ. Allein in
einem morschen Staate schrecken grausame Strafen nicht von kühnen

Unternehmungen ab. Pisuthnes, der Satrap von Lydien, pflanzte um 415 die Fahne der Empörung auf, unterstützt von griechischen Hilfsvölkern, die nun selten mehr in dem Heere eines persischen Rebellen fehlten; und er selbst wurde zwar zur Unterwerfung gezwungen, jedoch sein Sohn Amorges setzte in Karien die Auf= lehnung fort, und wurde erst 411 unterworfen, nachdem die Perser gegen ihn ein Heer der Spartaner zu Hilfe gerufen und bereit= willigst erhalten hatten. Zum Lohn hiefür wurde verabredet, daß im nächsten Sommer 150 phönicische Schiffe zu der peloponnesischen Flotte stoßen sollten: und dies kam zwar nicht zur Ausführung, angeblich wegen der Nachricht, daß die Vasallenkönige von Aegypten und Arabien Absichten auf Phönicien hätten: doch ließen die Perser späterhin den Spartanern reiche Subsidien zufließen, von welchen deren Admiral Lysander eine große Flotte ausrüstete, und nachdem er mit dieser die ganze athenische Seemacht bei Aegospotamoi ver= nichtet hatte, mußte Athen sich im Frühjahr 404 ergeben.

In derselben Zeit starb Darius, und ihm folgte sein Sohn Arsakes auf den Thron; er ließ sich Artaxerxes nennen, und bei den Griechen erscheint er mit dem Beinamen Mnemon. Sein jüngerer Bruder Cyrus aber, welcher schon lange Statthalter von Lydien war, faßte den Entschluß, ihn zu ermorden, und als der König Kunde hiervon erhielt, sollte er mit dem Tode bestraft werden, jedoch seine Mutter wirkte ihm Verzeihung aus. Nunmehr beschloß Cyrus, seinen Bruder vom Throne zu stoßen; dieser erhielt jedoch auch hiervon Kenntniß, und rüstete gegen ihn ein furchtbares Heer aus. Um ihm zuvorzukommen, marschirte Cyrus alsbald (im Jahre 401) mit 70,000 Asiaten und 13,000 Griechen nach Kilikien, wo noch einige spartanische Truppen zu ihm stießen, und von da über den Euphrat. Erst bei Kunaxa, neun Meilen von Babylon, trafen die Heere auf einander: es kommt zur Schlacht, und die Griechen siegen zwar und verfolgen den Feind, aber Cyrus fällt, worauf sein Heer die Flucht ergreift.

Der Rückzug der „zehntausend“ Griechen ist allbekannt, er hat den Griechen über die Schwäche des persischen Reiches die Augen geöffnet, und nur ihre eigenen Streitigkeiten ließen sie nicht dazu kommen, dies zu verfolgen. Nach kurzer Zeit trübte sich das gute Einvernehmen zwischen Persien und Sparta, weshalb 396 der spartanische König Agesilaos Truppen nach Kleinasien führte und

sich mit Aegypten in Verbindung setzte, wo inzwischen an die Stelle
des saitischen Vasallenkönigs Psammitich sich, wahrscheinlich auf
blutigem Wege, ein Mendesier Nephereus gesetzt hatte und im Ver=
trauen auf die jüngsthin so stark hervorgetretene Schwäche Persiens
offen von diesem abzufallen wagte. Im nächsten Jahre brachte
Agesilaos am Paktolus den Persern eine solche Niederlage bei, daß
Artaxerxes ihm Friedensvorschläge machen ließ. Jener will hierüber
nach Sparta berichten, zieht aber vorläufig verheerend und plündernd
in den dortigen Provinzen herum, und sammelt endlich Truppen,
um sich in das höhere Asien zu begeben. Als der lydische Satrap
diese hochfliegenden Pläne desselben erkannte, schickte er nach Griechen=
land, für Gold dort Sparta Feinde zu erkaufen, welche es nöthigen
würden, ihn heimzuberufen: dieser Kunstgriff gelang vollkommen,
und schon im Frühjahr 394 mußte Agesilaos schleunig zurück=
kehren.

Nach empfindlichen Verlusten fertigten die Spartaner den
Antalkidas ab, zu versuchen, ob er nicht die Perser wieder für sie
gewinnen könnte; und obwohl während mehrerer Jahre all sein Bemühen
hierum vergeblich war, kam es 387 in dem nach ihm benannten
Frieden zu einem Ausgleiche zwischen Athen und Sparta wie
zwischen diesem und Persien. Inzwischen hatte ein gewisser Euagoras
sich zum Herrscher der den Persern unterworfenen Insel Kypros auf=
geworfen und zu ihrer Behauptung bedeutende Verbündete gewonnen,
darunter den König Achoris von Aegypten, einen König von Idumäa,
und Tyrus nebst anderen Städten Phöniciens; Artaxerxes schickte
wegen ihrer Wichtigkeit als Seestation jetzt eine ungeheure Land=
und Seemacht gegen ihn ab, welche aber nur theilweise die Insel
ihm wieder zu unterwerfen vermochte. Gleichwohl sollte die lange
Nachsicht gegen Aegypten nunmehr aufhören. Dort war 379 Achoris
gestorben und ihm nach zwei unbedeutenden Zwischenkönigen von
sehr kurzer Regierung der tapfere Nektanebus, aus einem ganz
anderen Geschlechte, auf den Thron gefolgt. Alsbald zog dieser zahl=
reiche griechische Truppen in seinen Sold, und rüstete sich gegen
Persien so angestrengt und herausfordernd, daß Artaxerxes ein sehr
großes Heer gegen ihn ausrüsten und ebenfalls 20,000 Griechen
hierzu anwerben ließ. Im Jahre 373 drang dasselbe in Aegypten
ein, erzielte aber keinerlei Erfolg, indem die Aegypter es mit
kleineren und größeren Gefechten so lange hinhielten, bis die Ueber=

schwemmung des Nil eintrat und die Perser nöthigte, nach Asien
zurückzukehren.

Dem Nektanebus folgte später Tachos auf den ägyptischen
Thron. Der Anblick aber, wie ruhig ihn Artaxerxes darauf lasse,
erweckte in vielen Satrapen den Wunsch nach gleicher Unabhängig=
keit; und weil diese nur zu erreichen war, wenn sie ziemlich gleich=
zeitig und gemeinschaftlich dafür sich erhöben, so empörten sich um
362 die von Phönicien, Syrien und von ziemlich ganz Kleinasien,
und setzten sich unter einander sowie mit Aegypten in Verbindung.
Kleinasien wurde zwar nach mancherlei Wechselfällen unter die Bot=
mäßigkeit des Artaxerxes zurückgebracht, doch weil nur mäßige persische
Streitkräfte die syrischen und phönicischen Städte besetzt hielten, fiel
Tachos mit einem großen ägyptischen Heere und ansehnlichen
griechischen Hilfstruppen, deren Führung er dem alten Spartaner=
könige Agesilaos übertragen hatte, gegen des Letzteren Rath in Phö=
nicien ein, und sandte den größten Theil desselben unter seinem
Sohne Nektanebus ab, die syrischen Städte zu erobern. Dieser
jedoch gewinnt das ihm anvertraute Heer dafür, seinen Vater vom
Throne zu stoßen, und da auch Agesilaos zu ihm übertritt, fliehet
Tachos zu Artaxerxes, um durch Angelobung seiner Treue für die
Zukunft von ihm Beistand gegen seinen unnatürlichen Sohn zu
erlangen, stirbt aber schon kurz darauf, und Nektanebus wird König
von Aegypten.

Artaxerxes hatte drei rechtmäßige Söhne: Darius, Ariaspes
und Ochus, sowie noch 115 von Concubinen. Er erklärte Darius
zum künftigen Könige, Dieser aber wollte einst von ihm eine Geliebte
abgetreten haben, und als Artaxerxes nicht hierein willigte, faßte
Darius einen Anschlag auf dessen Leben, und verband sich hierzu
mit fünfzig seiner Brüder. Justin, der uns diese Nachricht auf=
bewahrt hat, bemerkt hierbei treffend, daß noch mehr als aus dem
beabsichtigten Vatermorde der grenzenlose sittliche Verfall des persi=
schen Volkes daraus hervorgeht, daß von fünfzig Söhnen nicht einer
das entsetzliche Geheimniß offenbarte. Allein es kam doch zu des
Königs Ohren, und Darius wurde nebst allen Verschworenen am
Leben gestraft. Jetzt aber fingen über die Thronfolge Parteiungen
an, und Ochus wußte seine Mitbewerber auf die Seite zu schaffen,
worüber der hochbejahrte Artaxerxes vor Gram starb (358). Er
hatte Anfangs die Mäßigung und Zugänglichkeit des ersten Arta=

xerxes zu zeigen sich bestrebt, und war überhaupt nicht böse von Natur; vergleichen wir ihn mit seinem Nachfolger, so war es ein Glück für Persien, daß er fast ein halbes Jahrhundert dessen Thron einnahm. Ochus ließ sich wie sein Vater jetzt Artaxerxes nennen; er war grausam und gewaltthätig, und ließ gleich bei seinem Regierungsantritte, aus Furcht vor Verschwörungen seiner Verwandten, diese insgesammt ermorden. Kurz darauf schickte auch er ein großes Heer ab, Aegypten zu unterwerfen, doch wiederum ohne Erfolg. Günstiger fiel eine spätere Expedition dahin aus. Nämlich die persischen Beamten in Sidon hatten in letzter Zeit die Einwohner so übermüthig behandelt, daß diese mit den übrigen Phöniciern abfielen, nachdem sie den König von Aegypten für die Unterstützung ihres Planes gewonnen hatten; ihrem Beispiel folgten zum ersten Male nach so langen Jahren stumm erlittenen Druckes auch die Juden.

Jetzt beschloß Ochus, persönlich gegen Aegypten zu ziehen; die wenig gefürchteten Phönicier und Judäer sollten auf dem Wege dahin gezüchtigt werden. Er rückte im Jahre 350 mit 300,000 Mann zu Fuß und 30,000 Reitern gegen Phönicien heran, und der König von Sidon läßt die Perser ein, worauf die verrathenen Einwohner ihre Häuser anzündeten, es sollen hierbei über 40,000 Seelen in den Flammen umgekommen sein. Die übrigen phönicischen Städte unterwarfen sich jetzt sämmtlich ungesäumt; und wie Ochus mit Judäa verfuhr, werden wir später sehen. Nach Heranziehung starker griechischer Hilfstruppen unter Mentor dringt er hierauf in Aegypten ein, und Nektanebus fühlt sich bald bewogen, nach Aethiopien zu entfliehen. Ochus ließ dort die Mauern der bedeutendsten Städte niederreißen, und plünderte die Tempel; die aus ihnen mitgenommenen alten Urkunden lösten die ägyptischen Priester später von einem Günstling desselben, dem Eunuchen Bagoas, um große Summen wieder ein. Nachdem er durch Grausamkeit und durch seine Wuth gegen die Heiligthümer seinem Namen in Aegypten ein Andenken voll Abscheues gestiftet hatte, kehrte er mit dem Heere nach Babylon zurück. Zuvor noch hatte er Mentor für seine Dienste zum Oberfeldherrn aller Küstenländer von Kleinasien ernannt, und Dieser leistete ihm hinfort die wichtigsten Dienste; dem Bagoas aber übertrug Ochus die Oberverwaltung aller seiner oberasiatischen Länder, und that nichts ohne seinen Rath. Allein trotzdem ließ Bagoas, vermuthlich weil

er Anzeichen seiner bevorstehenden Ungunst wahrnahm, 337 ihn
vergiften, und setzte dessen jüngsten Sohn Arses auf den Thron,
ließ aber gleichzeitig sämmtliche Brüder desselben umbringen, damit
er ganz allein stehe und umsomehr ihm gehorchen müsse. Da jedoch
nach zwei Jahren Arses merken ließ, daß er für diese Frevelthaten
Bagoas gelegentlich zur Strafe ziehen wolle, kam Dieser ihm zuvor
und ließ auch ihn nebst seinen Kindern tödten.

Er wollte indessen bei all' seiner Herrschsucht nicht selbst den
Thron besteigen, weil die persischen Edeln dies einem Eunuchen nicht
gestattet haben würden, und erhob auf ihn daher einen seiner Freunde,
Kodoman, der der Großneffe des zweiten Artaxerxes war. Dieser
nahm den Beinamen Darius an, und soll sehr tapfer, milde und
freigebig gewesen sein, so daß er wahrscheinlich das persische Reich
auf seine Kinder vererbt hätte, wenn nicht jetzt der Stern des
Alexander aufgegangen wäre. Der abscheuliche „Königsmacher"
Bagoas war übrigens nach kurzer Zeit auch schon wieder mit
Darius unzufrieden, und wollte ihn vergiften: aber auf die Kunde
hiervon nöthigte Dieser ihm selbst den Giftbecher auf.

Den zweifelhaften Ruhm, das persische Reich umgestürzt zu
haben, verdankt Alexander von Makedonien wesentlich den Vorarbeiten
seines Vaters Philipp; auch erklärte schon Dieser den von ihm
besiegten Griechen sich bereit zu einem gemeinschaftlichen Zuge gegen
Persien, und wurde natürlich zum Oberfeldherrn desselben erwählt,
worauf er alsbald anfing, große Rüstungen zu veranstalten, mitten
in diesen Entwürfen jedoch ermordet wurde. Jetzt bestieg Alexander,
erst zwanzig Jahr alt, den makedonischen Thron. Proben eines
guten Feldherrn hatte er schon abgelegt, und deshalb anstatt seines
Vaters von den Griechen zum Oberfeldherrn gegen Persien ernannt,
tritt er im Frühjahr 334 jenen großen Zug an, welcher der Welt
auf Jahrhunderte hin eine andere Gestalt gab. Ueber den Hellespont
läßt er seine Truppen nach Troas übersetzen, und mit nur 32,000
Mann Fußvolkes und 4,500 Reitern eilt er den dreimal stärkeren
Persern entgegen, und bringt ihnen am Granikos eine furchtbare
Niederlage bei. Hierauf unterwirft er, ohne selbst im Winter zu
rasten, bis zum Herbste des nächsten Jahres sich alle Hauptländer
von Kleinasien. Jetzt beschloß Darius, selbst in den Krieg zu ziehen.
Er läßt an 220,000 Mann Fußvolkes und über 60,000 Reiter sowie
30,000 angeworbene Griechen in Babylon zusammenkommen, und

ziehet mit ihnen langsam dem Feinde entgegen; in Syrien ange=
kommen, will er durch die kilikischen Engpässe nach Kleinasien: aber
unweit derselben, bei Issos, kommt es im November 333 zu einer
zweiten, ungeheueren Schlacht, in welcher beide Theile sehr tapfer
fochten, endlich aber die Flucht des Darius den Makedoniern den
Sieg verschaffte. Neben einer unermeßlichen Beute fiel ihnen des
Darius Familie in die Hände, welche aber von Alexander eine sehr
edelmüthige Behandlung erfuhr. Da jetzt die Hauptmacht der Perser
vorläufig gebrochen war, beschloß Alexander einen Zug nach Aegypten.
In Syrien fand er eine sehr geringe Gegenwehr, und in Phönicien
wurde er bereitwillig aufgenommen; bloß Tyrus widerstand ihm,
und wurde erst nach sieben Monaten erobert. Während dieser
Belagerung berührte Alexander auf einem Streifzuge Palästina,
worauf wir später zurückkommen. Auch ließ ihm damals Darius
2000 Talente als Lösegeld für seine Familie und die Herrschaft bis
zum Halys anbieten, wenn er von nun an sein Freund sein wolle:
beide Anerbieten wies Alexander zurück. Von Tyrus zog er nach
Gaza, das eine persische Besatzung hatte, nahm es nach zwei Monaten
blutiger Anstrengungen mit Sturm, und eilte dann gegen Ende des
Jahres 332 nach Aegypten. Hier waren die Einwohner den Persern
abgeneigt und nahmen ihn mit Freuden auf. Staatsklug trug
Alexander gegen die Religion dieses hartnäckigen Volkes viel Auf=
merksamkeit zur Schau, und ersann auch einen Kunstgriff, welcher
ihn — nicht in den Augen seiner nüchternen Makedonier und der
spottlustigen Griechen, wohl aber bei den besiegten und noch zu
besiegenden Völkerschaften mit einem überirdischen Nimbus umgab.
Nämlich es wurde oben schon erwähnt, daß auf einer Oase westlich
von Mittelägypten ein berühmtes Heiligthum des ägyptischen Gottes
Ammon war: zu diesem unternahm er eine Wallfahrt mit einer
Abtheilung seines Heeres, und wurde von den bestochenen Priestern
für den Sohn ihres Gottes erklärt. Nach Aegypten zurückgekehrt
läßt er den Bau von Alexandrien beginnen, doch der erneute Kampf
mit Darius, welcher ihm bevorstand, und eine Nachricht von Unruhen
in Cölesyrien bestimmten ihn, schon im Frühjahr Aegypten zu ver=
lassen. Schnell waren diese Unruhen beigelegt, und nun eilte
Alexander zum letzten entscheidenden Kampf mit den Persern. Darius
hatte jetzt ein ungeheures Heer beisammen, zog aber gleichwohl sich
hinter den Tigris und ließ dem Alexander für seine Freundschaft

alles Land bis zum Euphrat, 3000 Talente und eine seiner Töchter zur Ehe anbieten: jedoch auch hierauf ging Dieser nicht ein, überschritt vielmehr gleichfalls den Tigris, und bei Gaugamela kam es zu einer gräßlichen Schlacht, im Oktober 331, deren Verlust Darius zur Flucht nöthigte. Während hierauf dieser in den östlicheren Gegenden eine neue Heeresmacht sammelte, zog Alexander nach Babylon, dessen Einwohner bereitwillig ihn aufnahmen, und von da nach Susa, wo er an Gold und Silber 50,000 Talente erbeutet haben soll. Sodann gelangte er unter großen Beschwerden nach Persis, dessen Befehlshaber verrätherisch ihm Persepolis überlieferte, und gab seinen Kriegern diese Stadt, „die reichste unter der Sonne", zum Plündern Preis; er selbst nahm auf ihrer Burg 120,000 Talente an sich, denn von Cyrus' Zeiten an wurde der Ueberschuß der königlichen Einkünfte dort aufgesammelt. Bei einem üppigen Siegesfeste, welches er hierauf in dieser Burg hielt, ließ er auf einen Vorschlag der berüchtigten Buhlerin Thais sie anzünden und zerstören — eine Barbarei, welche die Wissenschaft noch heute beklagt. Nach kurzer Rast brach Alexander wieder gegen Darius auf, der aber vor ihm weiter nach Nordosten zurückwich und hier von dem baktrischen Statthalter Bessus nach kurzer Haft ermordet wurde, im August 330. Als Alexander an den Ort kam, wo der Mörder ihn hatte liegen lassen, ließ er ihn mit allen königlichen Ehren bestatten, und verfolgte dann Bessus, den unglücklichen Darius an ihm zu rächen, was ihm jedoch erst später gelang. Weil seine Leute mit dem Tode des Darius den Krieg für beendigt hielten und in ihre Heimath zurück wollten, entließ er dahin die, welche es am eifrigsten wünschten, mit den Uebrigen aber unterwarf er jetzt Hyrkanien und die angrenzenden kleinen Völkerschaften, fing jedoch nunmehr an, zum Theil aus Politik, der persischen Ueppigkeit und Prachtliebe sich hinzugeben sowie sich persisch zu kleiden, was ihm von Seiten der Makedonier häufige Vorwürfe zuzog. Nachdem er hierauf eine ganze Anzahl fernerer Völkerschaften sich unterworfen, darunter jenseits des schneebedeckten Paropamisus die Baktrer und Sogden, die gebildetsten und mächtigsten jenes Ländergebietes, desgleichen zwei skythische Stämme, will der unermüdliche Eroberer, wie einst Bakchos und Herakles, seine Waffen nach Indien tragen, auch er sei ja ein Göttersohn, zeigt aber gelegentlich seine menschliche Natur von einer sehr unvortheilhaften Seite. Zuvor heirathete er Roxane, die Tochter eines persischen Satrapen, und veranlaßte viele Makedonier, eben= falls Perserinnen zu ehelichen, sowohl um beide Nationen an ein= ander zu ketten, als auch um in den Seinigen das Verlangen nach der Heimkehr zu schwächen. Anstößiger erschien es Diesen, daß er jetzt auch gleich den persischen Königen eine sklavische Adoration ver= langte. Hierauf brachte er sein Heer auf 120,000 Mann, und drang von Baktrien aus, über die Alpenhöhen des Hindu=Kusch, in das Flußgebiet des Indus ein, wo er theils gütlich theils mit den Waffen abermals viele Völkerschaften in seine Gewalt brachte und am Flusse Akesines zahllose Schiffe erbauen ließ, um, wenn Indien besiegt wäre, dessen weiten Umfang er nicht ahnte, den Indus hinab in den Ocean zu schiffen. Als er aber weiterziehend sich anschickte, wieder ein mächtiges Volk zu befriegen, wollten trotz aller seiner Geschenke und Versprechungen diesmal die Makedonier nicht weiter, indem sie sagten, „er solle nur das Alter seiner Soldaten erwägen, welchen die noch übrigen Jahre ihres Lebens kaum zureichen würden, den Rückweg zu vollenden." Gezwungen daher, seinem Siegeszuge hier eine Grenze zu setzen, fuhr er nur noch den Akesines und Indus hinab bis zum Ocean, dem er Opfer brachte, und dann wieder eine Strecke den Indus hinauf. Hier übergab er die Flotte truppenbeladen dem Nearch mit dem Auftrage, längs der Küste hin westwärts zu segeln und in den Euphrat einzulaufen, er selbst zog mit dem größeren Theile des Heeres zu Lande nach Westen, verlor aber durch die Unwirthlichkeit und Hitze der Wüsten, welche er diesmal durchschritt, drei Viertel seiner Leute. Endlich kam er nach Susa, und bald nach ihm ebendahin Nearch mit der Flotte: man war schon im Jahre 324.

Das jetzt also umgestürzte persische Reich hat, von dem Siege des Cyrus über Astyages bis zum Tode des letzten Darius, 230 Jahr bestanden. Die Stelle, welche es in der Geschichte der Mensch= heit einnimmt, ist keine unwürdige. Sein Joch hat zwar sehr schwer auf den ihm unterworfenen Völkern gelastet, und seine unbeholfene Weise Krieg zu führen haben diese unablässig decimirt: aber es hat in Vorderasien auf Kosten der zabischen Weltanschauung die viel edelere magische verbreitet und dadurch auch Nüchternheit und Arbeit= samkeit vielen Völkern eingeflößt, in welchen Ueppigkeit und geweihte Sittenverderbniß gewuchert hatten. Und was durch Persien für Israel geschah, soll etwas weiter unten zusammengefaßt werden.

Achtes Kapitel.

Was bis zum Umsturze des persischen Reiches in Judäa noch geschah.

Es war natürlich, daß Judäa die allgemeinen Schicksale des persischen Reiches theilte, also namentlich unter den Unholden mitlitt, welche mehrmals dessen Thron innehatten, und unter dessen besseren Königen freier aufathmete, sowie von den Statthaltern gleich allen übrigen Provinzen ausgesogen wurde, oder gleich ihnen zuweilen ein Contingent zu den vielen Kriegen stellen mußte. Ferner mußte Judäa, so oft die Perser gegen Aegypten zogen, seine Lage dicht am Wege dahin durch die Drangsale büßen, welche ein langsames Vorbeifluthen von Hunderttausenden uncivilisirter Krieger und eines gewöhnlich fast ebenso unübersehlichen Trosses von Frauen und Dienern aller Art mit sich führte; und schiffte sich, wie es häufig geschah, ein großer Theil des persischen Heeres bei Akko ein, so ging dieser Vortheil für das jüdische Ländchen wieder dadurch verloren, daß dann das Heer entweder erst um Akko sich versammelte oder doch längere Zeit dort verweilte, und aus dem weizenreichen Palästina Mundvorräthe an die hungrige Küste zu schicken waren. Ein solcher Zug hatte 525 unter Kambyses stattgefunden, und sein Rückzug kann wie jeder solche Rückzug kaum kleinere Nachtheile herbeigeführt haben. Ein zweiter Zug dahin erfolgte 484, kurz nachdem Xerxes den Thron bestiegen hatte; ein dritter 460 und ein vierter 458, beide gegen Inaros. Ebenso nachtheilig mußte es für Judäa sein, daß Megabyzos, der Satrap von ganz Syrien, um 450 von dem persischen Könige abfiel, in seiner Satrapie ein großes Heer zusammenbrachte und mit demselben nach einander zwei gegen ihn entsendete Armeen besiegte. Judäa sollte aber noch viel Ernsteres erleiden. In ihm nämlich scheint nach Nechemja's Tode eine allmälige Umwandlung seiner Beziehungen zu Persien vor sich gegangen zu sein.

Wir sahen einige persische Könige den Juden ihre Gewogenheit bezeigen, es kam aber auch oft vor, daß sie und noch mehr ihre Statthalter dieselben feindselig behandelten. So wird uns von Hekatäus berichtet, daß verläumdet von ihren Nachbarn, unter welchen wir nach früher erzählten Vorgängen die Samaritaner verstehen müssen, sowie von Anderen, die in ihr Land kamen und an ihrer vielfach abweichenden Lebensweise Anstoß nahmen, die Juden nicht bloß häufige Mißhandelungen, sondern auch wegen der Zähig= keit, mit welcher sie schon jetzt an ihren Satzungen hingen, zuweilen die schrecklichsten Todesarten erleiden mußten. Die geringe Aehn= lichkeit zwischen der magischen Religion und der jüdischen, welche ihnen in der ersten Zeit vortheilhaft gewesen war, konnte bei näherer Bekanntschaft die weit größere Verschiedenheit von beiden nicht ver= decken, und unter der Herrschaft der fanatischen Perser über ein in religiösen Dingen so wenig nachgiebiges Volk, wie das jüdische seit dem Exil war, mußten hieraus um so ärgere Reibungen erfolgen, als die Juden es sogar wagten, die Altäre und sonstigen religiösen Vorrichtungen zu zerstören, welche ihre persischen Herren, Beamtete und Krieger, für sich selbst auf jüdischem Boden aufgestellt und getroffen hatten. Solche Ausschreitungen von der einen und andern Seite waren nun zwar bloß örtliche, allein gleichwohl konnten sie nicht verfehlen, die Juden gegen die persische Herrschaft noch mehr einzunehmen, als der harte Druck derselben schon gethan. An einen Aufstand gegen diese Herrschaft konnte für sich allein dieses kleine unkriegerische Völkchen nicht denken; anders aber wurde es hierin, als die wiedererstandenen Könige von Aegypten anfingen, ihr Vasallen= verhältniß zu Persien aufzulösen. Schon 410, als ein ägyptischer König darauf sann, im Bunde mit Idumäa die phönicische Küste in Besitz zu nehmen, mag er versucht haben, Judäa und Samarien in sein Interesse zu ziehen; die Ausführung seines Planes unter= blieb aber vorläufig, wogegen nicht lange darauf Judäa einen neuen Grund der Unzufriedenheit mit der persischen Herrschaft erhielt. Als nämlich der hohe Priester Jojada um 409 starb, folgte ihm, dessen ältester Sohn Menasche von Nechemja ausgewiesen worden war, nicht sein folgender, jetzt noch zu junger Sohn Jonatan im Amte, sondern ein Bruder des Jojada, Namens Jochanan. Dieser Umstand ermuthigte einen andern Bruder desselben, Jeschua, darauf zu sinnen, wie er Jochanan wieder verdrängen könnte. Längere Zeit fand sich hierzu keine günstige Gelegenheit; als es ihm aber gelungen war, sich die Freundschaft des Bagoses zu erwerben, welcher die in der Nähe cantonirenden persischen Truppen befehligte, theilte er diesem seine Wünsche mit, und erhielt von ihm das Versprechen, die hohe= priesterliche Würde ihm zu verschaffen. Im Vertrauen hierauf fing er einst im Tempel mit seinem Bruder Streit an und brachte ihn so sehr in Zorn, daß dieser auf der Stelle ihn erschlug. Als Bagoses dies vernahm, begab er sich alsobald nach Jerusalem, an Jochanan Strafe zu nehmen, und wollte bei dieser Gelegenheit das Heiligthum betreten. Da nun aber nach dem jüdischen Gesetz ein Heide dies nicht betreten durfte, so verwehrte man ihm den Eintritt, worauf er den Umstehenden zurief, ob er denn nicht reiner sei als Einer, der im Tempel gemordet habe? und ohne Weiteres in denselben hineinging. Statt aber den Schuldigen zu bestrafen, legte er hab= süchtig dem Volke auf, für jedes der beiden täglichen Opferlämmer jahraus jahrein eine halbe persische Mine zu entrichten¹). Diese Buße war für ein kleines und armes Völkchen um so empfindlicher, als dasselbe in manchen früheren Zeiten, gerade umgekehrt, die Kosten des Opferdienstes aus der königlichen Kasse erhalten hatte; sie soll sieben Jahr lang entrichtet worden sein, indem wohl nach Ablauf derselben Bagoses aus dortiger Gegend abberufen wurde und sein Nachfolger sie nicht weiter forderte. Wegen der hierdurch noch un= günstiger gewordenen Stimmung der Juden gegen Persien ist es wahrscheinlich, daß sie nicht ganz unbetheiligt blieben, als um 388 der erwähnte König Euagoras von Kypros, nachdem er Tyrus und einige andere Städte Phöniciens für sich gewonnen hatte, von den Königen von Aegypten und Idumäa sowie von „einigen Anderen, welchen der König von Persien nicht recht mehr traute", Hilfs= truppen gegen einen Angriff des Letzteren zugesendet erhielt. Mag aber auch Persien nichts in Judäa zu strafen gefunden haben, als es dessen Nachbaren bald darauf wieder unterwarf, so litt doch dieses Ländchen wieder unter den gewöhnlichen Beschwerden, als hierauf sehr langsam in Akko ein großes persisches Heer gesammelt und mit ihm 373 ein erfolgloser Feldzug gegen Aegypten unternommen wurde. Als um 362 jene S. 178. erwähnte weitverzweigte Em= pörung ausbrach, in welche auch Syrien und Phönicien sich ver= wickeln ließen, kann Judäa nicht unbetheiligt daran geblieben sein, schon wegen seiner Lage zwischen lauter aufständischen Völkerschaften, indem das mit den Empörern verbündete Aegypten vom Süden her= auf operiren sollte. Um den Aufstand in Syrien zu erdrücken und gegen Aegypten wurden sehr zahlreiche persische Truppen gesendet, die wieder in Akko sich sammelten; doch eine dringendere Gefahr

---

¹) Vgl. 2, 148 des größeren Werkes, es betrug an 12,000 Thlr. jährlich.

rief diese großentheils nach Kleinasien ab, nur ein Rest derselben besetzte hierauf die syrischen und phönicischen Städte, vielleicht auch die judäischen; und diese fast gänzliche Wiederentblößung Syrien's benutzend, dringt der ägyptische König Tachos in dasselbe ein, und entsendet den größten Theil seines Heeres, die von den Persern besetzten Städte zu nehmen. Hierdurch muß Judäa, auch wenn es nicht zuvor schon sich dem Aufstande angeschlossen haben sollte, unter ägyptische Botmäßigkeit gerathen sein, doch nur vorübergehend, denn wir sahen, daß der Sohn des Tachos noch in Syrien seinem Vater den Thron entriß und nach Aegypten zurückkehrte. Indessen die größten Leiden während der persischen Periode kamen über Judäa unter Ochus. Dieser hatte gleich nach seiner Thronbesteigung 358 ebenfalls ein großes Heer gegen Aegypten abgeschickt, welches nach vielen Niederlagen wieder heimzog. Die Unzufriedenheit mit dem persischen Regiment steigerte sich aber etwas später in Sidon bis zu dem Punkte, daß es ganz Phönicien und Judäa bewog, sich zu empören: es ermuthigte sie hierzu die Zusage Aegyptens, ihnen beizustehen. Allein wir sahen schon, daß 350 Ochus mit einem ungeheueren Heere rächend heranzog und Sidon zerstörte, worauf die übrigen phönicischen Städte sich ihm unterwarfen, dann aber nach Aegypten zog und es in der That wieder eroberte. Um Judäa für seinen Abfall zu züchtigen, scheint Ochus, als er gegen Phönicien zog, eine Abtheilung des Heeres durch Peräa und über den Jarden gesendet zu haben, denn es wird uns bloß die damalige Eroberung und Zerstörung von Jericho berichtet, die übrigen Städte des Landes mögen hierauf sich freiwillig unterworfen haben; doch soll er eine große Anzahl wehrhafter Juden mit nach Aegypten geschleppt und später theils mit zurück nach Babylon geführt, theils nach Hyrkanien verbannt haben [1]). Diese früher ziemlich gewöhnliche, unter den Persern aber weniger gebräuchliche Maßregel setzt voraus, daß Ochus die Juden für beharrlich Mißvergnügte hielt, und bestärkt daher

---

[1]) Fast will es mich bedünken, daß der Anführer der gegen Judäa detachirten Truppen Holophernes hieß, denn ein kappadotischer Prinz dieses Namens soll auf dem Zuge des Ochus gegen Aegypten sich sehr ausgezeichnet haben, und wer weiß, ob nicht die apokryphische Sage der Judit den Namen des feindlichen Heerführers den entstellten Ueberlieferungen jener Invasion unter Ochus entlehnt hat? Schon Sulp. Severus combinirt beide Heereszüge.

unsere Vermuthung, daß ihr diesmaliger Anschluß an die Aufstän=
digen nicht der erste in der Perserzeit war.

Als endlich aber Alexander von Makedonien der persischen
Herrschaft in allen Ländern derselben ein Ende machte, trat für
Judäa diese Umwälzung im Sommer 332 ein, und zwar in folgender
Weise [1]): Während Alexander Tyrus belagerte, kam zu ihm eine
Gesandtschaft der Samaritaner, geführt von ihrem hohen Priester
Ezekias [im Ornat, ihre Unterwerfung ihm zu erklären. Als er
etwas später zur Errichtung von Maschinen gegen Tyrus Holz von
dem Antilibanon holen ließ, fielen die Bergbewohner die beim Fällen
desselben zerstreueten Makedonier an und tödteten eine Anzahl von
ihnen, Einige nahmen sie gefangen. Weil Alexander für den Augen=
blick gegen Tyrus nichts unternehmen konnte, übergab er den Befehl
seines Heeres zwei Anführern, und führte eine kleine Abtheilung
desselben an den Antilibanus, beschied aber zuvor Parmenio zu sich,
welcher von ihm über Cölesyrien gesetzt war. Schnell werden die
Bergbewohner unterworfen, und Alexander wendet sich hierauf süd=
wärts, um bei dieser Gelegenheit auch Judäa zu unterwerfen oder
Jerusalem zu sehen, von dessen Absonderlichkeit er seit seiner Ankunft
vor Tyrus oft gehört haben mußte. Der dortige hohe Priester war
damals Jaddua, ein Sohn jenes Jonatan, an dessen Statt sein
Oheim Jochanan bis 360 den Pontificat innegehabt, und der als=
dann selbst bis 337 dieses Amt bekleidet hatte.

Als nun Alexander sich Jerusalem näherte, zog Jaddua
in vollständigem Ornat an der Spitze eines langen Zuges von
Priestern in Amtstracht und vieler Edelen ihm entgegen, und wie
Alexander ihn erblickte, soll er den würdigen Greis ehrfurchtsvoll
gegrüßt und vor seinem hierüber erstaunten Gefolge dem Parmenio
zugerufen haben, er habe diesen Greis schon einmal im Traume
gesehen, als er daheim noch über die Art und Weise sann, Persien zu
erobern. Derselbe habe ihm damals zugerufen, er möge nur getrost das
große Unternehmen beginnen, es werde schon gelingen. Von Alexander,
der auch sonst vielfach danach haschte, durch ausgesprengte mystische
Anzeichen glauben zu machen, daß ihn das Schicksal zum Beherrscher
der Welt ausersehen, ist durchaus nicht unglaublich, daß er wirklich
so gesprochen habe. Hierauf hielt er seinen Einzug in Jerusalem,

---

1) Vgl. 2, 404 — 409 des größeren Werkes.

opferte in dem dortigen Tempel, und gewährte den Juden zwei
Bitten: nach ihren vaterländischen Gesetzen leben zu dürfen, und in
jedem siebenten Jahre, als in welchem ihnen aller Ackerbau von ihrer
Religion untersagt sei, frei von Abgaben zu sein; die erstere Bitte
sollen sie auch für ihre Brüder in Babylonien und Medien eingelegt
haben, und sie zu erfüllen mußte Alexander um so geneigter sein,
als sie ihm schmeicheln und ihre Gewährung zahlreiche Bewohner
des jetzt noch feindlichen Osten im Voraus für ihn einnehmen mußte.
Hierauf gedachte Alexander, diesen Streifzug noch weiter auszudehnen,
wurde aber durch die Nachricht, daß seine Anwesenheit vor Tyrus
nothwendig geworden sei, dahin zurückzueilen bewogen: seine ganze
Entfernung von dort soll nur elf Tage gewährt haben.

Als er aber Tyrus und dann Gaza erobert hatte, folgten ihm
auf seine Aufforderung jüdische und samaritanische Krieger nach
Aegypten, erstere in nicht geringer Zahl, die anderen gar werden
zu 8000 Mann angegeben. Aber die zu Hause gebliebenen Samaritaner wurden bald mit ihm unzufrieden. Nämlich nachdem er den
Juden Abgabenfreiheit für jedes siebente Jahr bewilligt hatte, trug
eine Deputation der Samaritaner, welche hiervon hörten, ihm die
nämliche Bitte vor, denn auch sie dürften im siebenten Jahre das
Feld nicht bauen; nun versprach ihnen zwar Alexander, wenn er von
Aegypten wieder in ihre Gegend zurückgekehrt sei, die Wahrheit ihres
Vorgebens untersuchen zu lassen: allein diese hinhaltende Antwort verdroß sie umsomehr, als zu ihr die Eifersucht über die Bevorzugung
der ihnen verhaßten Juden sich gesellte. Als hierauf Alexander in
Aegypten war, muß ihre Unzufriedenheit noch andere Nahrung
erhalten haben, daß sie sich konnten hinreißen lassen, den für Cölesyrien an Parmenio's Statt zurückgelassenen makedonischen Statthalter Andromachos lebendig zu verbrennen. Auf die Nachricht von
dieser tollkühnen Unthat eilte Alexander, da ohnehin in Aegypten
schon Alles nach Wunsch geordnet war, nach Samarien zurück, und
drang in die Stadt Samaria, welche aus Verzweiflung ihm Widerstand geleistet haben muß, mit Gewalt ein. Jetzt lieferte man ihm
zwar die Anstifter dieses Mordes aus, aber er begnügte sich nicht
damit, sie zu bestrafen, sondern legte eine makedonische Besatzung
hinein, und schlug vom samaritanischen Lande einige südliche Grenzmarken, die theilweise von Juden bewohnt waren, auf deren Ansuchen
zu Judäa. Hierauf übergab er Cölesyrien oder ganz Syrien

einem anderen Statthalter Memnon, und zog dann zu seinen weiteren Unternehmungen ab.

Wir haben also auch in Judäa die persische Herrschaft zu Ende gehen sehen, und blicken wir jetzt auf die ganzen 206 Jahre zurück, während welcher die Juden unter ihr standen, so haben wir diese Periode als die einer tiefgefühlten Enttäuschung zu bezeichnen. Nicht bloß blieb hinter den Schilderungen der exilischen Propheten von einer nahen und überaus herrlichen Zukunft die Wirklichkeit außerordentlich zurück, sondern auch die herabgespanntesten Hoffnungen wichen allmälig einer gründlichen und allgemeinen Muthlosigkeit. Man beklagte es, daß statt eines ganzen Volkes nur vier Myriaden den heimischen Boden wieder aufgesucht hatten; und eben so schmerzlich wurde es gefühlt, daß Israel nicht wieder zu einem selbstständigen Staate sich gestalten durfte, vielmehr sein Länd= chen als eines der geringfügigsten in den Umfang eines unüber= sehlichen Reiches eingereihet sah. Bald daher war man zu der Einsicht gelangt, daß unter Persien für sie keine Hoffnung blühe, und wir sahen, wie schon Chaggaj und Secharja ihr Seherauge nach neuen Weltbegebenheiten herumspähen ließen, aus welchen für Israel die verheißene Größe hervortauchen könnte. Aber die Dinge blieben wie sie waren, oder verschlimmerten sich noch, denn das persische Regiment war hart, und die wenigen königlichen Gnadenbeweise, welche den Juden einzelne kurze Zeiten des ersten Jahrhunderts aufhellten, wurden durch Anfeindungen und erfolgreiche Verdäch= tigungen ihrer Nachbaren, durch die erwähnten Collisionen mit den Persern selbst, durch die heuschreckenähnlichen Heereszüge nach Aegypten und durch die Erpressungen der vorgesetzten Beamten reichlich aufgewogen. Es ergriff sie in dieser Lage eine solche Muth= losigkeit, und im Hinblick auf ihre zunehmende Religiosität ein so starkes Gefühl, daß sie besser seien als ihre Unterdrücker, daß die edelgehaltenen Ergüsse davon, niedergelegt in zahlreichen Psalmen, das Rührendste sind, was uns die heilige Schrift aufbewahrt hat. Leider sollte ihnen nicht vergönnt sein, mit der Befreiung vom persischen Joche fröhlichere Töne anstimmen zu können.

Anderer Art aber als die Einwirkung der persischen Herrschaft auf die Juden war ihr Einfluß auf das Judenthum. Wir wollen es ihr nicht vergessen, daß sie durch Entlassung der Exulanten in ihre Heimath vielleicht den ganzen Fortbestand unserer Religion

gesichert hat. Denn wie diese in dem Pentateuch ausgeprägt vor=
liegt, waren ihre Formen zu sehr mit Palästina und dem „nur dort
gottgefälligen" Tempel verwachsen, als daß sie schon damals hätte
anderswo hinlänglich erhalten werden können. Ferner, wären auch
jene vier Myriaden in den östlichen Ländern geblieben, so hätte
das Judenthum nicht jenen großen moralischen Vorschub erhalten,
welcher aus der Erfüllung wenigstens der Verheißung ihrer Rückkehr
immerhin hervorging: noch ganz andere Entmuthigung und Zweifel
hätten grade Diejenigen am stärksten erfaßt, welche am feurigsten
gehofft hatten, Viele von ihnen und neben ihnen die große Masse
der Exulanten hätten dann sich leichter der Wege hingegeben, welche
unter lauter Polytheisten sie an das Gestade des Polytheismus
tragen wollte; Nechemja wäre dann Mundschenk geblieben, Esra und
seine Schule hätten ohne den über Judäa aufgegangenen Stern
entweder gar nicht erstehen können oder doch mit viel matteren
Kräften wirken müssen, und ein diesergestalt über Vorderasien zer=
streutes Israel wäre schwerlich auf die Nachwelt gekommen. Die
magische Religion der Herrschenden war unter Cyrus den Juden
und durch sie dem Judenthum von einigem Nutzen; die späteren
Verfolgungen, zu welchen sie Anlaß gab, gingen für dieses spurlos
vorüber, unter dem aber, was aus derselben in den jüdischen Usus
und in die jüdische Denkweise eindrang, war der Auferstehungs=
glauben, der so außerordentlich wohlthuend wurde. Fassen wir alles
hier Gesagte zusammen, so lastete die persische Herrschaft schwer,
aber nicht schwerer auf die Juden als ihre meisten Nachfolgerinnen,
glich jedoch diese Leiden durch Wohlthaten aus, welche unsere
Religion durch sie empfing, was wir sehr wenigen unserer späteren
Herren nachsagen können.

Von Alexander dem Großen bis zur Thronbesteigung des Antiochus Epiphanes.

Erstes Kapitel.
Bis zur schließlichen Theilung von Alexanders Reich 301.

Wir müssen unsern Blick noch einmal zu Alexander wenden, den wir zuletzt haben nach Susa zurückkehren sehen. Staatsklug heirathete er hier noch Statira, die älteste Tochter des Darius, nahm dann aus den unterworfenen Nationen an 30,000 auserlesene Jünglinge in sein Heer auf, und gab auch Persern hohe Stellen. Dies verdroß jedoch die Makedonier, und eine Meuterei derselben wurde zwar gestillt, bewog ihn aber, von seinen ungefügigen Landsleuten die ältesten, an 11,000, reichbeschenkt in ihre Heimath zu entlassen. Hierauf zog er nach Babylon, und beabsichtigend, diese uralte Königsstadt zu seiner Residenz zu machen, ließ er dort viele Bauten beginnen; daneben beschäftigten ihn immer noch die ausgedehntesten kriegerischen Pläne, und zunächst wollte er gegen Arabien ziehen. Allein mitten in seinen Vorbereitungen hierzu raffte ihn der Tod hin: auf einem Gelage fühlte er nach einem übermäßigen Trunk plötzlich sich unwohl, erkrankte und starb schon am sechsten Tage im August 323, noch nicht 33 Jahr alt.

Als er seinen Tod nahen sah, übergab er seinen königlichen Ring dem Perdikkas, einem seiner tapfersten Generale; auf die Frage aber, wem er sein Reich hinterlasse, antwortete er: dem Tüchtigsten: er sehe voraus, daß zu seiner Leichenfeier ein großer Wettkampf werde gehalten werden. Eine Beurtheilung dieses großen königlichen Jünglings läßt sich hier nicht geben, doch wollen wir ihm nachsagen, daß er vermittelst seines Zuges nach Aegypten, sowie einiger Gunstbeweise, die er den nach Alexandrien übersiedelnden

Juden zusagte, den ersten Anstoß zu jener eigenthümlichen Ent=
wickelung in Israel gegeben hat, welche unter dem Namen der
hellenistischen uns später so mannichfach beschäftigen wird. Auch
konnte eine so glänzende Erscheinung wie die seinige, in Verbindung
mit seinem freundlichen Auftreten in Judäa und den großen politi=
schen Folgen seines Wirkens auch für dieses Ländchen, nicht ermangeln,
der jüdischen Sage einen höchst anziehenden Stoff zu bieten [1]).
Sobald er aber todt war, entstand augenblicklich Streit über
seine Hinterlassenschaft, ein Reich, das vom adriatischen Meere bis
zu den Quellen des Ganges und von der Donau bis zu den
Katarakten des Nils sich erstreckte. Alexander hatte einen außerehelichen
Sohn Herakles, und Roxane war zwar bei seinem Tode hochschwanger,
hatte aber wie die Statira bis dahin ihn kinderlos gelassen. Einige
wollten daher jetzt einen blödsinnigen Halbbruder desselben, Arrhidäus,
zu seinem Nachfolger erheben; Andere wollten eine Regentschaft,
welche für das noch ungeborene Kind der Roxane die Herrschaft
bewahren sollte, und selbst für den Knaben Herakles erhoben sich
Stimmen: aber nach einigen Tagen einigten sich Alle dahin, daß
A r r h i d ä u s König und wenn Roxane einen Knaben zur Welt
bringe, dieser einst Mitkönig sein, die Regierungsgeschäfte aber
P e r d i k k a s verwalten sollte. Hierauf überwies Letzterer als Statt=
halterschaften dem P t o l e m ä u s Aegypten und was in Afrika und
Arabien zu diesem gerechnet wurde, dem L a o m e d o n Syrien mit
Phönicien, E u m e n e s A n t i g o n u s und Anderen Provinzen von
Kleinasien, L y s i m a c h u s Thrakien; in den übrigen Ländern ließ er
die bisherigen Statthalter, sowie in Makedonien den A n t i p a t e r.
Bald aber begann das blutige und langwierige Trauerspiel, in
welchem wir Alexander's Familie untergehen, seine Feldherren sich
einander würgen und die unterworfenen Völker decimiren, endlich
sein lose zusammengefügtes Reich auseinander fallen sehen. Er=
öffnet wurde es damit, daß Roxane die Statira tödtete, aus
Furcht, daß vielleicht auch sie guter Hoffnung sei! Etwas später
wollte Perdikkas mit Kleopatra, einer verwittweten Schwester des
Alexander, sich vermählen, um sich dadurch den Weg zum Throne zu
bahnen: aber hiervon benachrichtigt, beschloß Antipater, gegen ihn
nach Asien hinüberzuschiffen, und suchte auch Ptolemäus hiefür zu

---

[1]) Vgl. die im 14. Excurse des größeren Werkes §§ 1 und 4 citirten Stellen.

gewinnen. Als dieser bereitwillig darauf einging, zog Perdikkas gegen ihn nach Aegypten, während Eumenes dem Antipater die Landung verwehren sollte. Weil jedoch Perdikkas bei seinen Unterfeldherren unbeliebt war, so gingen Viele derselben zu dem milden und gefälligen Ptolemäus über, und nach einigen unglücklichen Versuchen gegen Diesen wurde er von seinen eigenen Leuten ermordet. Da aber Roxane wirklich kurz nach Alexanders Tode ein Söhnchen geboren hatte, welches den Namen seines Vaters erhielt, so wurde von dem Heere die Vormundschaft über die Könige dem Antipater übertragen. Dieser ließ Ptolemäus, Laomedon, Antigonus und Lysimachus in ihren Statthalterschaften, und bei seiner neuen Vertheilung der übrigen überwies er Babylon dem Seleukus; den Antigonus ernannte er zugleich zum Anführer des königlichen Heeres, mit dem Auftrage, den geächteten Eumenes zu bekriegen, er selbst aber zog mit den königlichen Mündeln nach Makedonien. Jetzt wandte sich Antigonus gegen Eumenes mit so vielem Erfolge, daß er keine Befehle mehr von Antipater anzunehmen gedachte. Gleichzeitig suchte auch Ptolemäus seine Herrschaft auszudehnen. Kyrene hatte er schon 322 sich unterworfen, und dasselbe Loos erfuhren im Frühjahr 320 Syrien und Phönicien. Aber 319 starb Antipater, nachdem er dem alten verdienten Polysperchon die Vormundschaft übertragen und seinen eigenen Sohn Kassander ihm beigeordnet hatte. Diese Nachricht brachte des Antigonus Pläne schnell zur Reife, und er eröffnete lockende Aussichten Allen, die ihm helfen würden, in Asien die Oberherrschaft zu erringen. Zwar kamen von Polysperchon und Alexanders Mutter Olympias jetzt Briefe an Eumenes mit der dringenden Aufforderung, dem bedrohten königlichen Hause beizustehen und Antigonus aufs Eifrigste zu bekämpfen. Allein, da Eumenes mit einigen Truppen zunächst nach Phönicien zog, um es dem Ptolemäus wieder zu entreißen, rückte Antigonus ihm nach, und als Eumenes deshalb nach dem Osten abzog, und von dortigen Statthaltern eine ansehnliche Hilfsmacht erhielt, folgte Antigonus ihm auch dorthin und überwand ihn schließlich. Vor dem jetzt völlig eigenmächtig Auftretenden fliehet Seleukus von Babylon zu Ptolemäus, erzählt ihm von den Gewaltthätigkeiten und der großen Macht des Antigonus, und beredet ihn zum Kriege wider denselben; Boten von ihm machen dieselben Vorstellungen bei Lysimachus und Kassander, welcher Letztere jetzt in sehr veränderter

Stellung war. Denn Polysperchon hatte die Vormundschaft der Olympias übertragen, und weil hiergegen die herrschsüchtige Gemahlin des Königs Arrhidäus sich mit Kassander verband, hatte Olympias sie und ihren Gemahl tödten lassen; jetzt führt Kassander ein Heer gegen sie, und ihm zu entgehen, schließt sie sich mit Roxane und deren Söhnchen in eine Festung ein, muß aber aus Hungersnoth sich ergeben und wird auf seinen Befehl getödtet, Roxane und ihr Kind erhalten ein hartes Gefängniß. Kassander trachtete jetzt nach dem Throne, aber hiermit noch zögernd, erhielt er im Herbste 315 die erwähnte Aufforderung des Seleukus, des Antigonus Anmaßungen mit Ptolemäus und Lysimachus' entgegenzutreten. Wirklich rüstete er und Ptolemäus hiefür; Antigonus aber nimmt jetzt die Miene an, als wolle er Olympias rächen sowie Roxane und ihr Kind befreien, und rückt zunächst in Phönicien ein, das von den Aegyptern besetzt war. Das wieder befestigte Thyrus schließt er ein, etwas später ziehet er mit dem größten Theile seines Heeres südlicher, erobert Joppe und Gaza, legt von seinen Truppen hinein, und kehrt vor Thyrus zurück, welches nach einer 15monatlichen Belagerung der Hunger zur Uebergabe nöthigte. In der Zwischenzeit hatte er den Kassander für einen Feind des Staates erklären lassen, wofern er nicht Roxane und ihren Sohn freilasse und ihm als nunmehrigem Reichsverweser Gehorsam leiste. Bald darauf aber wurde von Seleukus eine Flottenabtheilung und ein Landheer des Antigonus besiegt; und gleichzeitig setzt Kassander nach Karien über, weshalb Antigonus seinen jugendlichen Sohn Demetrius mit einer Heeresmacht in Syrien läßt, dem muthmaßlichen Wiedereinfalle des Ptolemäus zu begegnen: er selbst eilt mit seinen übrigen Truppen nach Kleinasien, kann aber erst im folgenden Sommer Kassander daraus vertreiben. Im Frühjahr von 311 aber dringt Ptolemäus, von Seleukus angetrieben und begleitet, über die nordöstliche Landenge hervor, schlägt südlich von Gaza den Demetrius vollständig, nimmt hierauf Phönicien wieder ein, und entläßt jetzt Seleukus mit neuntausend Mann nach Babylonien, um diese seine Satrapie sich wieder zu unterwerfen. Seleukus hoffte mit so weniger Mannschaft dies zu erreichen, weil er wegen seiner früheren Güte gegen die Babylonier ihr bereitwilliges Entgegenkommen erwartete; und wirklich eilten diese in Masse ihm zu, und halfen ihm die Burgen in Babylon den Leuten des Antigonus entreißen, worauf es allmälig ihm gelang, im Osten

seine Herrschaft weit auszudehnen. Inzwischen war auf seines
Sohnes Ansuchen Antigonus mit seinem ganzen Heere nach Syrien
geeilt, und da sich vor ihm Ptolemäus nach Aegypten zurückziehet,
sendet Antigonus, doch ohne Erfolg, einen Streifzug gegen die
Nabatäer ab, wahrscheinlich bloß aus Begierde nach den Schätzen,
welche der Zwischenhandel diesem Stamme verschafft hatte. Auf
die Nachricht von den ersten Erfolgen des Seleukus sollte hierauf
Demetrius Babylonien wieder nehmen; doch ehe dies ihm gelingt,
muß er wieder zurück, um mit seinem Vater gegen Aegypten
zu operiren, weshalb jetzt Ptolemäus sich zu einem Vergleiche
bewegen läßt, nach welchem, bis der Sohn der Roxane reif zur
Regierung wäre, Kassander Makedonien, Lysimachus Thrakien,
Ptolemäus Aegypten sammt den angrenzenden Strecken in Libyen
und Arabien, Antigonus aber ganz Asien verwalten sollte. Seleukus
war anscheinend aufgeopfert, allein als jetzt Antigonus sich gegen
ihn wandte, widerstand er seinem Angriffe mit Glück. Der junge
Alexander war aber nur zwölf Jahre alt, und da viele Makedonier
verlangten, daß ihm die Herrschaft übergeben werde, ließ Kassander
ihn und seine Mutter tödten, etwa ihm Frühjahr 310, worauf jetzt
alle Statthalter anfingen, ihre Länder als selbstständige Reiche
anzusehen. Doch sollte erst noch viel Blut fließen, ehe diese
neue Ordnung der Dinge zur fertigen Thatsache wurde. Poly=
sperchon nämlich wollte jetzt den unehelichen Sohn des
Alexander, Herakles, auf den Thron setzen: allein Kassander be=
rückt ihn durch Versprechungen, daß er diesen letzten Sprößling
des Alexander tödtete. Etwas später fanden zwischen Demetrius
und Ptolemäus Kämpfe um den Besitz von Kypros statt, und nach
einem großen Siege, welchen hierbei der Erstere schließlich erfocht,
nahm Antigonus ungefähr im Sommer 306 den Königstitel an,
und ertheilte ihn auch seinem Sohne. Dagegen sein längst beabsich=
tigter und nach sorgfältiger Vorbereitung jetzt ausgeführter Heeres=
zug gegen Aegypten lief ganz erfolglos ab, weshalb bald darauf
auch Ptolemäus den Königstitel annahm, und ihm folgten hierin
Lysimachus, Kassander und Seleukus, welcher Letztere inzwischen alle
östlichen Statthalterschaften unter seine Oberherrschaft gebracht hatte.
Später suchte Demetrius Griechenland sich zu unterwerfen, und
seine langsamen zwar, aber bedeutenden Fortschritte hierin be=
unruhigen Kassander so, daß er dem Antigonus Friedensunter=

handlungen anbieten läßt; da jedoch Dieser seine völlige Unter
werfung verlangt, so bewegen Kassanders Boten Lysimachus, Ptole
mäus und selbst Seleukus, durch Darstellung seiner Gefahr als
eine ihnen allen gemeinsame, zu einem neuen Bunde gegen ihn
Lysimachus zuerst bringt im Sommer 302 tief in Kleinasien
ein, und auf die Nachricht, daß auch Seleukus mit vielen Truppen
aus Oberasien herabkomme, ruft Antigonus aus Griechenland
Demetrius zu sich. Hierauf rückte auch Ptolemäus in das südliche
Syrien ein, und gewann bis zum Frühjahr fast alle Städte desselben:
legte aber bloß Besatzungen in dieselben und kehrte nach Aegypten
zurück. Inzwischen hatte Seleukus sich mit Lysimachus vereinigt,
und es kommt gegen den Sommer von 301 zu einer furchtbaren
Schlacht bei Ipsus in Phrygien, in welcher sie so vollständig siegen,
nachdem Antigonus gefallen ist, daß seine Armee sich ganz auflöst:
sein Sohn floh und schiffte sich nach Kypros ein, welches ihm nebst
Sidon und Thyrus allein noch von allen asiatischen Besitzungen
seines Vaters unterworfen war. Jetzt war der Zeitpunkt eingetreten,
daß (nach Dan. 11, 4) des Heldenkönigs „Reich nach den vier
Winden des Himmels getheilt war, aber nicht an seine Nachkommen":
die Sieger ordneten schließlich Alexanders Nachlaß dahin, daß
Ptolemäus Aegypten mit Kyrene und Cölesyrien, Kassander Make-
ronien und Hellas, Lysimachus Thrakien und den Norden von
Kleinasien, Seleukus aber alles Uebrige haben sollte. Wir haben
von diesen Reichen von jetzt an fast nur die des Ptolemäus und
des Seleukus, diese beiden aber um so sorgfältiger ins Auge zu
fassen, als ihr fortwährendes Zusammenstoßen so verhängnißvoll für
Judäa wurde, und innerhalb ihrer Grenzen auch fast sämmtliche
damalige Juden lebten.

Zweites Kapitel.

Geschichte der beiden Reiche der Ptolemäer und der Seleukiden bis zum Regierungsantritte des Antiochus Epiphanes.

Aegypten gelangte gleich nach Alexander's Tode unter die Verwaltung des Ptolemäus, und dessen nächste Sorge war, die Eingeborenen für sich zu gewinnen. Zu diesem Ende ging er weislich in den Geschmack dieses seltsamen Volkes ein, drang ihm kein griechisches Wesen auf, und vermied es sorgfältig, die Landesreligion irgendwie zu beeinträchtigen, erzeigte ihr vielmehr manche Aufmerksamkeit; und seine Nachfolger blieben diesem Grundsatze getreu. Natürlich mußte gleichwohl unter makedonischen Herrschern, die einen Hof und eine Militairmacht von Landsleuten um sich hatten, die griechische Religion, Sitte und Sprache in Aegypten Eingang finden: allein die Entwickelung, welche aus dem Zusammenstoß des ägyptischen und griechischen Elementes erzeugt wurde, drang, wie auch der Gebrauch der griechischen Sprache, nicht weit über die Ringmauern von Alexandrien hinaus, welches jetzt die Residenz wurde; und von einem Widerstreben des Volkes aus religiösen Gründen, wie unter den Persern, zeigte sich unter den Ptolemäern keine Spur. Dennoch wagte Ptolemäus Lagi es nicht, den Eingeborenen die festen Städte des Landes anzuvertrauen: hierzu nahm er Makedonier und andere Ausländer, die er anwarb, und selbst zu auswärtigen Kriegen wurden von ihm und seinen Nachfolgern sehr selten den Aegyptern Waffen in die Hände gegeben. Ueberhaupt wurde Diesen bei aller Rücksicht für ihre Eigenthümlichkeiten eine sehr abhängige Stellung angewiesen. Von Alters her waren sie bekanntlich in Kasten getheilt, deren erste die Priester und deren zweite die Krieger umfaßte. Jene nun, die völlig abgabenfrei waren und alle nichtmilitairischen Staatsämter innehatten, sowie die Richter, die Aerzte, Astronomen, Astrologen, Baumeister u. s. w. waren, behielten unter den Ptolemäern ihren Landbesitz, ihre Vorrechte und die meisten Aemter nichtpolitischer Natur; die Kriegerkaste aber, schon unter der Perserherrschaft ihrer Auflösung nahe gebracht, wurde jetzt grundsätzlich ihrer Functionen enthoben, und da bei der Zähigkeit des ägyptischen Charakters eine nunmehrige Verschmelzung derselben mit den unteren Kasten nicht anging, so widmete sie sich dem Ackerbau, welchen sie früher schon in Friedenszeiten getrieben hatte, jetzt wohl ausschließlich, wurde aber den angeworbenen und mit Parzellen Landes dotirten makedonischen und sonstigen Truppen als Frohnbauern zugewiesen, ungefähr wie später die gallischen Bauern den Franken. Die Lage der übrigen Kasten unter den Ptolemäern finden wir als eine sklavische bezeichnet [1]), und der Unterschied in der Behandlung der Makedonier und Aegypter war so durchgeführt, daß selbst ihre Verbrecher eine andere Geißelung empfingen. Die Steuern mögen damals in Aegypten ebenso wie in Cölesyrien, als dieses unter ptolemäischer Herrschaft stand, verpachtet worden sein. Von dem eigenthümlichen geistigen Leben, welches in Alexandrien sich entwickelte und für uns innerhalb dieses Werkes so überaus kennenswerth ist, wird passender an einer späteren Stelle zu sprechen sein.

Auch das von Seleukus gegründete Reich müssen wir jetzt etwas näher ansehen. Da des Seleukus zweite Besitznahme von Babylonien die erste feste Grundlage für die große Seleukidenherrschaft wurde, so wurde von ihr die berühmte Seleukidenära datirt, welche selbst nach der Auflösung des gleichnamigen Reiches noch Jahrhunderte lang weit und breit im Morgenlande, bei den Juden aber bis tief in das Mittelalter hinein in Gebrauch blieb; ihren Anfang nahm man indessen nicht im Frühling 311 an, wo Seleukus wieder siegreich in Babylonien einrückte, sondern vermöge einer in kalendarischen Dingen sehr gebräuchlichen Fiction in dem Herbste vorher, weil die Makedonier wie die Syrer das Jahr mit dem Herbste anfingen. Kurz darauf dehnte Seleukus seine Herrschaft über Susiana, Medien und dann immer weiter nach Osten aus, wovon er den Beinamen Nikator (des Siegers) erhielt; später drang er sogar nach Indien vor, hier jedoch ohne Erfolg. Bei der schließlichen Theilung von Alexander's Erbschaft erhielt Seleukus auch Kleinasien mit Ausschluß der Nordküste und Obersyrien, Armenien und Stücke von dem östlichen Arabien hatte er schon früher gelegentlich gewonnen. Bei den Mitteln, welche einem so ungeheuren Reiche zu Gebote standen, hätte dasselbe wenigstens bis zum Heranbringen der Römer gefürchtet und in Frieden bleiben können, wenn nicht zwei große Fehler

---

[1]) weshalb auch die ägyptischen Juden so großen Werth darauf legten, mit den dortigen Makedoniern gleiches Recht zu haben, und 3 Macc. 3, 23 das alexandrinische Bürgerrecht ein unschätzbares Gut genannt ist.

begangen worden wären, erstens daß in jener Theilung Seleukus
Cölesyrien seinem mächtigsten Nachbarn überließ, ohne seinen
Ansprüchen darauf zu entsagen: der Besitzer von Syrien's nördlicher
Hälfte mußte allezeit die südliche zu erwerben wünschen, um nach
dieser Seite hin eine natürliche Grenze zu erhalten, und für die
Ptolemäer war Cölesyrien unschätzbar, weil der Libanon das treff=
lichste Schiffbauholz lieferte, woran Aegypten vollständigen Mangel
leidet; zweitens daß nicht Babylon oder eine andere östliche Metro=
pole, sondern das von Seleukus neuerbaute Antiochien in Obersyrien
zur Residenz der Seleukiden erhoben wurde. Jener erste Fehler
führte häufige und mehrmals für dieses Reich äußerst gefährliche
Kämpfe herbei, der zweite verleitete seine Könige, sowohl einen
unnöthigen Antheil an den westlichen Kämpfen zu nehmen, als auch
den Osten zu sehr außer Acht zu lassen. Ferner, während Seleukus
mit größter Gerechtigkeit und Güte herrschte, lasteten später fast
beständig harter Druck und die mannigfaltigsten Steuern, von
welchen bei Gelegenheit von Judäa ein langes Verzeichniß gegeben
werden soll, auf den Völkern dieses Reiches. Auch hat dasselbe die
Hauptaufgabe, zu welcher es berufen schien, den griechischen Geist
mit dem asiatischen zu vermählen, nur in sehr geringem Maße erfüllt,
selbst für Syrien. Hier war eine makedonische Herrscherfamilie,
umgeben von einem glänzenden Hofstaat, beschirmt von zahlreichen
makedonischen und griechischen Miethstruppen: indem nun die syrische
Ueppigkeit die feineren griechischen Formen annahm, entstand eine
Sittenmischung von größerer Verbreitung als in Aegypten, weil die
Syrer von Natur viel biegsamer waren; aus demselben Grunde
wurde hier auch die zabische Religion bis zu einem gewissen Grade
hellenisirt. Zu einer weiteren geistigen Verschmelzung kam es aber
in Syrien nicht, wenn wir nicht etwa dahin die unorganische Ver=
mischung der griechischen Baustile mit den asiatischen in den Tempeln
und Palästen aus dieser Zeit, oder die Kunst rechnen wollen, schwülstig
ohne Schwerfälligkeit und selbst mit einiger Anmuth zu reden, was
asiatischer Redestil benamt und vorzugsweise in Antiochien später
ausgebildet wurde. Die griechische Sprache war am Hofe und
darum ein Wenig auch in anderen bedeutenden Städten von Syrien
in Gebrauch, die Masse des Volkes erhielt aus ihr auf diesem Wege
und vermittelst der Garnisonen eine Menge Wörter, blieb aber bei
seiner Landessprache; und obwohl Antiochien später als ein Sitz der

Wissenschaften gerühmt wurde, erhielten doch diese hier nach keiner Richtung hin ein eigenthümliches Gepräge, und zu einer der alexandrinischen analogen Entwickelung derselben wurde nicht einmal der Anfang gemacht. In jedem Falle aber konnte das griechische Element in Syrien nur wenig auf die östlicheren Provinzen einwirken, und zwar desto weniger, je entfernter sie lagen. Alexander war wie ein Meteor über Asien hingestrichen, und die griechischen Ansiedler, welche er in den östlichen Provinzen hie und da zurückließ, fanden schon ein Jahr nach ihm großentheils ihren Tod; was konnte da nachmals es helfen, daß von den 72 Satrapien des seleukidischen Reiches bald diese bald jene einen griechischen Verweser erhielt, zuweilen mit einem Fähnchen griechischer Krieger, noch öfter ohne ein solches? Wir dürfen daher die geläufige Redensart fallen lassen, daß durch Alexander und die Seleukiden sich griechische Bildung und Gesittung bis zum Indus hin verbreitet habe: die Länder östlich vom Euphrat bewahrten fast ganz ihren asiatischen Charakter, höchstens daß Seleucia am Tigris sowie einige Handelsplätze am persischen Meerbusen eine Ausnahme hiervon bildeten, und der bis zum Tigris hin verbreitete Gnosticismus einen schwachen griechischen Einfluß verräth; weder die von einem abgefallenen griechischen Statthalter in Baktrien gestiftete Dynastie, noch daß manche Städte in Asien damals griechische Namen erhielten, noch die vielen Münzen mit griechischem Gepräge, welche in neuerer Zeit in Kabul aufgefunden wurden, erweisen das Gegentheil.

Einige Zeit nach der Schlacht bei Ipsus näherte sich Seleukus dem flüchtigen Demetrius wieder, indem er dessen Tochter Stratonike heirathete. Auch scheint sich Demetrius jetzt von Phönicien aus in Palästina hinein ausgedehnt zu haben; aber von Ptolemäus von hier wieder vertrieben, bahnt er durch Mord sich den Weg auf den makedonischen Thron, und nunmehr gesonnen, seines Vaters ausgedehnte Herrschaft wieder zu erobern, bringt er hierzu nach einigen Jahren eine große Land- und Seemacht zusammen; jedoch von Lysimachus aus Makedonien verdrängt, schifft er mit einem Rest seiner Truppen nach Kleinasien, und wird später genöthigt, sich nach Syrien durchzuschlagen, wo er sich ergeben mußte und in der Haft seines greisen Schwiegersohnes nach einigen Jahren starb. — Kurz vorher war auch Ptolemäus vom Schauplatze abgetreten, denn schon über achtzig Jahr alt, überließ er noch bei seinen Lebzeiten (284)

die Krone seinem Sohn Philadelphus, und starb zwei Jahr
darauf. Er hat den Ruf eines gerechten und gütigen Herrschers
hinterlassen, auch wurde durch seine Prachtliebe Alexandrien mit
schönen Bauten erfüllt; von seiner Liebe für die Wissenschaften
reden wir an einer anderen Stelle. — Lysimachus aber hatte auch
Makedonien an sich gebracht, weshalb jetzt Seleukus dessen Besitzungen
in Kleinasien mit einem großen Heere überziehet, und es kommt 281 zu
einer Schlacht zwischen ihnen, in welcher Lysimachus fällt; Seleukus
bemächtigt sich hierauf seines Reiches, wird aber schon nach sieben
Monaten ermordet, und ihm folgt sein Sohn Antiochus (Soter)
auf den Thron. Unter ihm zuerst sehen wir die Reiche der Seleukiden
und Ptolemäer gegen einander feindselig auftreten, wenn auch für
jetzt nur ganz vorübergehend. Aber nachdem diesem Antiochus sein
Sohn Antiochus Theos gefolgt war, reizte Letzteren seine nach
Kyrene verheirathet gewesene Schwester so eindringlich zum Kriege
gegen Philadelphus, daß er hiefür um 256 seine ganze Macht aus
dem Orient zusammenzog; und es kommt zwischen ihnen zu einem
langwierigen Kriege, doch endlich desselben müde, schließen sie 249
einen Frieden unter folgenden Feststellungen: Antiochus hatte bisher
seine Halbschwester Laodike zur Gemahlin und von ihr zwei Söhne,
selbige sollte er entlassen und dafür Philadelphus' Tochter Berenike
heirathen, den ältesten Sohn aus dieser Ehe aber dereinst zu seinem
Thronfolger haben. Philadelphus selbst führte sie ihm zu, starb
aber schon 246. Er that viel für Schiffahrt und Handel, begünstigte
die Wissenschaften sehr, und auch unter ihm kamen viele herrliche
Bauwerke zu Stande; ebenso zeigte sich seine friedliche Ruhmbegierde
in kostbaren Geschenken an auswärtige Städte und Tempel. Ihm
folgte sein Sohn Euergetes auf den Thron. Der syrische König
hatte schon ein Söhnchen von seiner zweiten Gemahlin, aber mehr
als diese liebte er die verstoßene Laodike, und rief daher sie und
ihre beiden Söhne jetzt wieder zurück. Dieselbe besorgte jedoch, daß
er sie ein zweites Mal entlassen könnte, und ließ ihn daher noch
in demselben Jahre vergiften, ihren ältesten Sohn Seleukus
(Kallinikus) aber den Thron besteigen und zur Sicherung seiner
Herrschaft die Berenike sammt ihrem Söhnchen ermorden. Der
Letzteren Bruder, der König von Aegypten, eilte zwar, sobald er
von den Absichten gegen sie Kunde erhielt, mit einem großen Heere
ihr zu Hilfe, kam aber zu spät, worauf er ganz Syrien und Kilikien

einnahm und die in seine Gewalt gerathene Laodike tödten ließ,
während Seleukus in den Schluchten des Antilibanns· eine Zuflucht
gefunden zu haben scheint; dann gewann er Babylonien fast ohne
Schwertschlag, und würde das Reich der Seleukiden ganz aufgelöst
haben, wenn nicht Unruhen in Aegypten ihn heimgerufen hätten.
Er übergab daher Zweien seiner Feldherren Kilikien und den Osten,
ließ an zahlreichen Punkten Syriens Besatzungen, und eilte mit
großer Beute nach Aegypten zurück, wo der Aufruhr schnell wieder
gestillt wurde. Gleich nach seinem Abzuge kam aber Seleukus aus
seinem Versteck hervor, brachte fast ganz Syrien wieder an sich, und
fiel mit einem großen Heere in das ägyptische Gebiet ein; doch in
einer Schlacht wurde er vollständig besiegt, weshalb er seinen Bruder
Antiochus (Hierax) zu Hilfe rief. Dieser war Statthalter seiner
Provinzen in Kleinasien, und Seleukus versprach ihm für seinen
Beistand die Abtretung aller seiner Besitzungen jenseits des Taurus:
hiefür erklärte Antiochus sich bereit zur Hilfe, und als Energetes
dies vernahm, schloß er um 243 mit Seleukus auf zehn Jahr
einen Frieden, wonach Letzterer alle seine früheren Besitzungen zurück=
erhielt, nur nicht Seleukia, den Schlüssel zum nördlichen Syrien von
der See her. Jetzt aber wollte Seleukus seinem Bruder die ver=
sprochenen Lande nicht abtreten, weshalb es es zwischen ihnen zu einem
Kriege kommt, und nach Mesopotamien gedrängt, wird Antiochus von
zwei nachrückenden Heerführern des Seleukus geschlagen. Jetzt läßt Jener
aussprengen, er sei gefallen, sowie die Seinigen erklären, sie wollten
sich ergeben: es werden daher 4000 Makedonier abgesendet ihnen
die Waffen abzunehmen, aber plötzlich überfällt Antiochus sie, und
würde sie aufgerieben haben, wenn nicht ein Corps von 8000 Juden
im Heere des Seleukus' ihnen zu Hilfe geeilt wäre; mit Jenen
zusammen halten sie den Feind so lange auf, bis die ganze Armee
nachrückt und den Antiochus besiegt. Inzwischen aber hatte ein ent=
standenes Gerücht von Seleukus, Tode den Stabthalter von Baktrien
zum Abfall bewogen, und seinem Beispiele folgten mit reißender
Schnelligkeit viele östliche Völker, darunter das kriegerische und zu
einer weltgeschichtlichen Größe berufene der Parther unter Arschag.
Als nun Dieser kurz darauf Hyrkanien wegnahm, wendete gegen·
ihn Seleukus seine Waffen, ward aber geschlagen (240', und die
Parther datirten hiervon die Gründung ihres ·Weltreiches. Später
versuchte Seleukus ein zweites Mal, die Parther wieder zu unter=

werfen, gerieth aber in ihre Gefangenschaft, und in dieser raffte ihn
226 ein Sturz vom Pferde dahin. Ihm folgte sein Sohn Seleukus
Keraunus auf den Thron, und zog gegen Aegypten ein großes
Heer zusammen, für die Verluste im Osten sich im Süden zu ent=
schädigen; allein schon auf einem nöthig gewordenen vorherigen
Zuge nach Kleinasien wurde er vergiftet. Er hatte noch keine
Kinder, und sein Bruder Antiochus war erst fünfzehn Jahr
alt, weshalb die Armee die Krone seinem Vetter Achäus an=
trug, doch großmüthig überließ Letzterer sie ihm (223). Dieser
Antiochus wurde später der Große genannt, obwohl seine
Thaten viel kleiner waren als der Wechsel von Glück und Un=
glück, welche seine lange Regierung ausfüllten. — Inzwischen soll
Ptol. Euergetes die ganze Küste von Aethiopien sowie die gegen=
überliegende des glücklichen Arabiens sich unterworfen haben. Aber
er starb 221, und mit ihm hatte die Trefflichkeit wie die Blüthe
der Ptolemäerherrschaft ihr Ende, seine Nachfolger waren fast
sämmtlich Ungeheuer oder Schwächlinge. Gleich der nächste Philo=
pator, war einer der Nichtswürdigsten, die jemals einen Thron
geschändet haben. Seine Mutter hatte Anfangs den kaum zwanzig=
jährigen Jüngling zu leiten versucht, aber ein nichtswürdiger Hof=
mann Sosibius räth dem Sohne, der ihrer lobenswerthen Leitung
schnell überdrüssig war, sie umzubringen; sie wird verhaftet, und
außer Zweifel darüber, was ihr bevorstehe, vergiftet sie sich selbst.
Jetzt gab sich Philopator allen Lüsten und kindischen Spielen hin,
schloß sich gegen das Volk ab, und ließ in die Regierungssorgen
jenen Sosibius sich mit einigen ebenso verruchten Geschöpfen theilen
sowie etwas später seinen Bruder Magas, der ihm verdächtig
geworden war, und dessen ganzen Anhang tödten. Ein Krieg
zwischen ihm und Syrien war schon gleich nach seiner Thron=
besteigung wieder ausgebrochen. Antiochus wollte nämlich gegen
die abgefallenen Statthalter von Medien und Persis ziehen, aber ein
Hofbeamter rieth ihm, gegen sie einen Anderen zu senden, er selbst
möge, da jetzt die Zügel von Aegypten in so ungeschickten Händen
wären, Cölesyrien wieder davon abzureißen suchen. Antiochus sendet
deshalb nach dem Osten einige Heerführer, die aber schnell zurück=
gedrängt werden, und nachdem er dorthin Verstärkung abgeschickt
hatte, bricht er in Cölesyrien ein, wird aber von dem ägyptischen
Statthalter Theodotus ebenfalls zum Rückzuge genöthigt. In=

zwischen jedoch schlug der medische Rebell auch sein zweites
Heer, und bemächtigte sich Babyloniens sowie des größten Theils
von Mesopotamien: daher bricht jetzt Antiochus selbst nach dem
Osten auf, wird im folgenden Jahre Herr der Aufständischen, ordnet
sodann die östlichen Angelegenheiten, und kehrt nach Syrien zurück.
Jetzt gelangt zu ihm von dem erwähnten Theodotus das Anerbieten,
ihm Tyrus und andere Städte dieser Gegend zu übergeben, und er
ziehet daher wieder nach Cölesyrien, erfährt aber hier, daß der Ver=
rath des Theodotus den Aegyptern bekannt geworden sei und
Derselbe von ihnen in Ptolemais belagert werde: er eilt dorthin,
schlägt das ihm entgegenrückende Belagerungsheer, nimmt Ptolemais
und Tyrus, ja selbst Pelusium und gewinnt hierauf theils mit den
Waffen, theils auf gütlichem Wege alle cölesyrischen Städte. Philo=
pator's Räthe unterhandeln hierauf mit Antiochus längere Zeit,
doch ohne Erfolg, da beide Theile nur Zeit zu neuen Rüstungen
gewinnen wollten. Im nächsten Frühling schlägt Antiochus oberhalb
Sidons die ägyptischen Truppen, nimmt darauf Philoteria am See
von Tiberias und Skythopolis, besetzt auch den befestigten Berg
Tabor; und als jetzt Schaaren von Aegyptern zu ihm übergehen,
sowie benachbarte Städte und Stämme jenseits des Jarden ihm
ihre Unterwerfung senden, überschreitet er diesen Fluß, bemäch=
tigt sich des Ländchens Gilad, desgleichen der sehr festen
Städte Gabara und der Hauptstadt der Ammoniten, sendet hierauf
ein Corps nach Samarien, Diejenigen zu schützen, welche seine Herr=
schaft anerkennen würden, und beziehet Winterquartiere in Ptolemais.
Jetzt endlich ermannt sich Philopator, und ziehet im Frühling 217
mit einem großen Heere nach Raphia, der ersten syrischen
Stadt von Aegypten her. Antiochus hatte inzwischen ein noch etwas
größeres Heer, darunter 10,000 Mann aus dem unterworfenen
Gebiete zu beiden Seiten des Jarden zusammengebracht: mit ihm
rückt er dem Feinde entgegen, und es kommt zu einer Schlacht, in
welcher schließlich die Aegypter siegten. In Folge hiervon verlor
Antiochus wieder ganz Cölesyrien, da nun alle Städte desselben sich
beeilten zu Philopator überzutreten; einen noch weiteren Erfolg der
ägyptischen Waffen fürchtend, schickte er jetzt Friedensunterhändler
ab, und Philopator liebte wegen seiner Ausschweifungen die Ruhe
zu sehr, um ihm nicht gegen Verzichtleistung auf Cölesyrien Frieden
zu gewähren. Während dieser Kriege hatten aber die Parther Medien

an sich gerissen, weshalb Antiochus 213 einen Zug gegen sie unternahm und Medien zwar wieder gewann, doch wehrte der Partherkönig sich so tapfer gegen ihn, daß Antiochus zufrieden war, ein Bündniß mit ihm zu schließen, wonach sie gemeinschaftlich gegen Baktrien ziehen wollten, dessen Abfall noch nicht verschmerzt war. Nach leidlicher Beendigung dieses neuen Krieges drang er in Indien ein, erneuerte das Bündniß seiner Vorfahren mit einem dortigen Fürsten, und durchzog dann die Länder südwestlich hiervon: dieser ausgedehnte Zug befestigte seine Herrschaft in Oberasien vollständig wieder, verschaffte ihm den erwähnten Beinamen des Großen, und ließ seinen Ruf bis nach Europa dringen. Später will Antiochus noch einmal gegen Aegypten das Glück der Waffen versuchen, und versammelt hierzu ein gewaltiges Heer; doch waren die Feindseligkeiten noch nicht eröffnet, als plötzlich (204) Philopator starb, und ein Söhnchen von vier oder fünf Jahren Namens Epiphanes hinterließ. Die Aegypter gaben diesem Kinde einen Vormund; Philopator hatte aber, ehe er starb, das jetzt mächtig aufstrebende römische Volk um den Schutz seines Kindes angerufen, und die Nachricht hiervon bewog Antiochus, sich mit Philipp II. von Macedonien gegen Aegypten zu verbinden. Hierauf fällt er 203 in Cölesyrien ein und bemächtigt sich desselben, Philipp aber nimmt das den Aegyptern gehörende Karien weg, weshalb Letztere nach Rom um Beistand senden; allein die Römer konnten für jetzt bloß eine Aufforderung an Beide erlassen, aller Feindseligkeiten gegen das mit ihnen befreundete ägyptische Reich sich zu enthalten. Antiochus gehorcht auch insofern, daß er nicht weiter vordringt; aber Philipp reizt aus Ländergier die Römer noch weiter, worauf sie ihn mit Krieg überziehen und im dritten Jahre (197) bei Kynoskephalä dermaßen besiegen, daß er um Frieden bitten muß. Inzwischen hatte ein römischer Botschafter sich nach Aegypten begeben und dort mit römischer Dreistigkeit dem königlichen Knaben einen neuen Vormund gesetzt, auf dessen Befehl aber Skopas in dem Winter von 199 auf 198 mit einem großen ägyptischen Heere viele Städte von Cölesyrien und ganz Judäa weggenommen. Antiochus eilt deshalb herbei und schlägt Skopas vollständig, da wo der Jarden entspringt. Dieser flüchtet nach Siden, wird darin von Antiochus belagert, und drei zu seiner Entsetzung nachgeschickte Heerführer richten nichts aus, endlich nöthigt ihn der Hunger, gegen freien

Abzug mit den Seinigen die Stadt zu übergeben; hierauf belagert und verwüstet Antiochus Gaza, und gewinnt dann in kurzer Zeit ganz Cölesyrien wieder. Um aber bei seinen ferneren Plänen von dieser Seite her Ruhe zu haben, sendet er eine Botschaft nach Aegypten mit dem Antrage einer Verlobung des jungen Epiphanes mit seiner Tochter Kleopatra; als Mitgift solle diese ihrem Gemahl das streitige Cölesyrien zubringen, was er freilich nie zu erfüllen gedachte. Dieser Antrag wurde bereitwillig angenommen. Etwas später nimmt Antiochus viele Städte in Karien, Jonien und Thrakien weg. Als die Römer gegen diese Uebergriffe immer drohenderen Einspruch erhoben, kommt Hannibal zu ihm, und gewinnt ihn nach mehrjährigen Bemühungen für den Krieg mit den Römern, jedoch nicht für seinen Vorschlag, den Krieg nach Italien zu spielen; im Sommer 192 setzt vielmehr Antiochus mit einer unbedeutenden Macht nach Thessalien über, vergeudet auch die Zeit, bis im nächsten Frühjahr die Römer herangekommen sind, und wird in den Thermo= pylen von ihnen so vollständig geschlagen, daß er nach Kleinasien zurückeilt. Es gelingt ihm auch nicht, den Uebergang dahin den Römern zu verwehren, und es kommt bei Magnesia 190 zu einer Schlacht, in welcher trotz des Antiochus großer Uebermacht diese siegen, ihre Herrschaft in Asien war nun unwiderruflich entschieden. Antiochus mußte Kleinasien bis zum Taurus abtreten, alle seine Elephanten und Schiffe ausliefern, desgleichen Geißeln stellen, darunter seinen gleichnamigen Sohn, und versprechen, 15,000 Talente zu entrichten. Einige Jahre später (187) fand er seinen Tod im Lande der Elymäer. Dort befand sich ein reicher Tempel des Bel, und bei einem Zuge durch die östlichen Provinzen plünderte er diesen, um seine geleerten Kassen wieder etwas zu füllen, wurde hiefür aber von den benachbarten Eingebornen kurz darauf sammt allen seinen Begleitern niedergemacht. Er war menschlich, gerecht, gütig, überhaupt der Beste unter den Seleukiden nächst ihrem Ahnherrn. Ihm folgte sein ältester Sohn Seleukus Philopator auf den Thron. Der inzwischen heran= gewachsene Ptol. Epiphanes regierte Anfangs gut, verfiel aber allmälig in die Ueppigkeit und Grausamkeit seines Vaters, und starb schon 180 an erhaltenem Gift, gerade als er wegen des ihm vorenthaltenen Cölesyriens einen Krieg beginnen wollte; ihm folgte unter der Vormundschaft seiner Gemahlin Kleopatra sein Sohn Philometor ein Knabe von sechs Jahren. Auch der syrische

König fand schon 175 seinen Tod. Er hatte nämlich kurz vorher seinen Sohn Demetrius nach Rom geschickt, damit er dort eine römische Erziehung erhalte, und für ihn vom Senat seinen Bruder Antiochus sich ausgebeten, welcher noch immer als Geißel sich dort befand; die augenblickliche Abwesenheit jedes Thronerben benutzte aber Heliodor, der Vorsteher des Schatzes, Seleukus zu vergiften und nach der Krone zu greifen. Die Nachricht hiervon erhielt Antiochus unterweges, er begab sich daher nach Pergamum, die königlichen Brüder Eumenes und Attalus um Beistand gegen den Räuber zu bitten: Diese verjagen Heliodor, und helfen ihm, nachdem er die Syrer für sich gewonnen, auch auf den Thron.

Drittes Kapitel.

Die Judäer unter der Ptolemäerherrschaft.

Wir sahen oben, daß Alexander, als er 332 auch nach Palästina gekommen war, den Juden und Samaritanern zugestand, nach ihren vaterländischen Gesetzen zu leben, bei seiner Rückkehr aus Aegypten aber von dem Lande der Samaritaner, welche inzwischen sich erhoben und seinen Statthalter ermordet hatten, einige Grenzmarken von gemischter Bevölkerung den Juden schenkte. Der neue Statthalter von Cölesyrien und dessen Nachfolger verwalteten auf Judäa und Samarien. Gleich nach Alexanders Tode fiel Syrien dem Laomedon zu, einem stillen und friedlichen Manne, der auf Geheiß des Perdikkas das durch Alexander verwüstete Samaria wiederherstellte und durch milde Herrschaft schnell die Anhänglichkeit der Eingeborenen sich erwarb. Doch schon 320 nahm Ptolemäus Syrien weg, und als hierbei die Juden und Samaritaner ihn nicht aufnehmen wollten, wurden sie überwältigt, die Einwohner des stark befestigten Jerusalems durch einen Umstand, der später noch mehrmals den

— 209 —

Juden verderblich wurde. Diese beobachteten nämlich schon damals den Sabbat so übergewissenhaft, daß sie an ihm nicht kämpfen wollten, und, als jetzt der Feind, zufällig oder nach erlangter Kenntniß hiervon, am Sabbat die Stadt angriff, keinerlei Wider=stand ihm entgegensetzten. Er ließ hierauf die Mauern von Jerusalem niederreißen und aus beiden Provinzen sehr viele Einwohner (nach einer übertriebenen Nachricht aus Judäa allein hunderttausend Seelen) gefangen nach Aegypten führen, weshalb wir diesen sonst so menschenfreundlichen Fürsten in Judäa einen „herben" Herrn genannt finden. Nach Samarien schickte er kurz darauf einen gewissen Orobes, den Tempel auf dem Berge Gerisim zu plündern und von den Einwohnern Sichem's einen großen Tribut einzufordern: allein die Samaritaner erlangten, daß dieser Befehl zurückgenommen wurde. Noch aber war Ptolemäus nicht im sicheren Besitz dieser Gegenden, denn 314 zog Antigonus nach Phönizien, eroberte Joppe, Gaza und Tyrus, und bei seinem Wiederabzuge mußte sein Sohn Demetrius zur Behauptung dieser Gegend zurückbleiben. Zwar kam zu Anfang von 311 Ptolemäus mit einem Heere, besiegte südlich von Gaza Demetrius vollständig, und nahm das südliche Syrien wieder ein: aber vor dem herbeieilenden Antigonus wich er nach Aegypten zurück, nachdem er zuvor die Mauern von Acko, Joppe, Samaria und Gaza hatte schleifen lassen, und in dem Frieden, der noch in demselben Jahre geschlossen wurde, verblieben diese Gegenden dem Antigonus. Daß sie unter der Herrschaft dieses habsüchtigen Mannes von Neuem gelitten haben müssen, ist außer Zweifel; und oben sahen wir, wie er inzwischen, noch über Judäa hinweg, nach Petra seine räuberische Hand ausstreckte. Der dahin gesendete Demetrius war übrigens auf dem Wege westlich vom tobten Meere zurückgekehrt, und berichtete ihm von dem Asphalt auf diesem See, welchen die Anwohner gewännen: worauf Antigonus zahlreiche Leute dahin schickt, diesen Fund für ihn auszubeuten; aber nach Kurzem fällt ein Haufen von 6000 Arabern über sie her und tödtet sie fast insgesammt. Neue Beschwerden für die uns hier interessirenden Ländchen muß der große und gleichwohl vergebliche Heereszug des Antigonus nach Aegypten 306 mit sich geführt haben, nicht bloß durch Abnöthigung von Getreidelieferungen und beiläufige Gewaltthaten, sondern auch weil in den damaligen Heeren ein jüdisches Contingent keineswegs verschmäht wurde. Erst als die letzte große Ligue gegen

Herzfeld, Geschichte.   14

Antigonus diesen abgezogen hatte, rückte Ptolemäus wieder in Cöle=
syrien ein, und nach der Schlacht bei Ipsus 301 behielt er es,
obwohl alle übrigen Könige es dem Seleukus zuerkannt hatten, durch
des Letzteren „einstweilige" Nachgiebigkeit. So waren denn Judäa und
Samarien, nachdem sie von Alexander's Tode an 22 Jahr lang blutige
Unterwerfungen, Verwüstungen, Beraubungen und Bedrückungen
erlitten hatten, endlich unter ägyptische Herrschaft gelangt, und diese
war ein Jahrhundert hindurch eine menschenfreundliche. Der erste
Ptolemäus war ein weiser, wohlthuender Fürst, und nachdem er
endlich in dem ruhigen Besitz von Cölesyrien war, empfand auch
dieses Land sowie innerhalb seiner Judäa und Samarien die Regie=
rungen eines mit Güte und Einsicht geführten Zepters. In diesen
beiden Distrikten waren die früher von Ptolemäus erfahrenen Unbil=
den schon unter Antigonus vergessen; und da sich hierzu Betrachtungen
gesellten, einerseits über die ungleich größere Fruchtbarkeit des Nil=
landes und wie sehr dort Ptolemäus die Juden begünstigte, anderer=
seits über die unablässigen Leiden, welchen man in Syrien vermöge
seiner Lage mitten zwischen den kriegführenden Mächten nicht entrinnen
konnte, so siedelten nach und nach „nicht wenige Myriaden" von Juden,
wahrscheinlich auch Samaritaner, freiwillig nach Aegypten über, deren
Loos daselbst wir später betrachten werden. Desgleichen sollen damals
viele Juden nach Phönicien ausgewandert sein.

Das ptolemäische Regiment über Judäa und Samarien war
folgender Art. Was man damals unter Cölesyrien verstand, nicht
wie ursprünglich bloß den Thalzug zwischen dem Libanon und Anti=
libanus, sondern auch den Süden von Phönicien und jenes Berg=
ländchen, welches immer noch hätte mit Recht „Galil der Heiden"
heißen können, ferner Samarien und Judäa, sowie links davon den
Küstensaum, auf welchem die Philistäer sich nordwärts mehr ausgedehnt,
dafür aber südlich Boden an die Idumäer verloren hatten, endlich
den paradiesischen District von Damaskus und die ganze Ostseite
des Jordan wie des todten Meeres bis zu der unsicheren Linie, wo
die Wüste der Cultur Schranken setzte: alle diese Ländchen erhielten
von den Ptolemäern einen gemeinschaftlichen Vorgesetzten, dem aber
nur die militärische Sicherung derselben oblag. Besatzungen wurden in
alle Ortschaften gelegt, welche bei Angriffen von außen oder für den
Fall innerer Auflehnungen von Wichtigkeit waren, namentlich nach
Damaskus, Sidon, Tyrus, Acko, Dor unter dem Karmel, Joppe

Gaza, Samaria, vielleicht auch in der ersten Zeit nach Jerusalem. Es fand hier nicht wie in Aegypten eine Vertheilung von kleinen Frohngütern an die Soldaten statt, sondern diese empfingen Sold von den Königen. Die cölesyrischen Abgaben bestanden in Steuern, welche an einen begüterten Mann in jedem Kreisorte verpachtet wurden, indem die Pachtlustigen jährlich auf einen anberaumten Tag sich nach Alexandrien begaben und die Meistbietenden den Vorzug erhielten. Eine solche Steuerverpachtung kann schon an sich überall, wo die Beschwerden der Steuerpflichtigen nicht leicht an die Regierung gelangen können, zu einer wahren Landplage werden, und hier kam noch der große Uebelstand dazu, daß in die Pachtung zugleich die Geldstrafen und Confiscationen eingeschlossen waren, was die habsüchtigen Pächter verleiten mußte, durch Bestechungen zu bewirken, daß in recht vielen Handlungen geldsträfliche Vergehen erblickt wurden. Es wird uns daher auch berichtet, daß später der Jahrestag festlich begangen wurde, an welchem „die Steuerpächter aus Jehuda und Jerusalem entfernt wurden": es geschah dies wahrscheinlich zur Zeit des Josef ben Tobija, von welchem wir bald zu erzählen haben werden. Zu seiner Zeit sollen einmal die Pacht= lustigen aus ganz Cölesyrien zusammen die Summe von 8000 Talenten [1]) angeboten haben, und vermöge ihrer Erhebungsweise wurde für die Taschen der Pflichtigen diese Steuerlast noch sehr erhöhet; dabei war noch eine Anzahl von Communalbeamten zu erhalten, und in Judäa wurden auch die Zehnten wie sonstigen heiligen Gefälle jetzt schon von Vielen gewissenhaft abgetragen. Für die Civilverwaltung war ein Netz von ägyptischen „Epitropen" über ganz Cölesyrien ausgebreitet, jedoch die bisher monarchisch regierten Stämme und Städte behielten ihre eingeborenen Oberhäupter und Könige, nur daß die Ptolemäer die mißliebigen entfernten oder in der Nachfolge nicht bestätigten und, wenn von Judäa weiter zu schließen erlaubt ist, den zugelassenen für diese Zulassung eine jähr= liche Steuer auflegten. In Judäa gab es jetzt zwar keinen solchen Regenten, doch hatte als Präses des Senats der h o h e P r i e s t e r schon vor Auflösung des persischen Reiches ein überwiegendes An= sehen, dieses aber wurde gewiß noch durch die Ehrfurcht gesteigert,

---

[1]) Das ptolemäische Talent möchte an 1270, das tyrisch=syrische aber, welches gemeint sein kann, an 1325 Thlr. damals werth gewesen sein.

welche Alexander dem Jaddua zu bezeigen für gut gefunden; in den wildbewegten Zeiten nach seinem Tode war es daher schon der hohe Priester ohne Zweifel, auf welchen die Juden wie auf ihr Oberhaupt hinsahen, und so kam es denn ganz naturgemäß, daß die Ptolemäer oder deren cölesyrische Statthalter als Denjenigen, welcher ihnen gegenüber die Juden vertrete, den jedesmaligen hohen Priester anerkannten. Er erhielt in dieser Eigenschaft von ihnen den solennen Titel des „Volksvorstehers“. Natürlich wurde hierdurch der Pontificat selbst ein von der ägyptischen Regierung abhängiges Amt, doch findet sich während der ganzen 98 Jahre der Ptolemäerherrschaft über Judäa kein Beispiel einer Entsetzung davon. Für die Belassung beider vereinigten Stellen in der Nachkommenschaft des Jaddua ließen sich die Herrscher von den hohen Priestern jährlich zwanzig Talente zahlen, eine für die nicht besonders dotirten Priester sehr ansehnliche Summe. Es kann aber nicht gefehlt haben, daß diese königliche Anerkennung derselben als zugleich weltliche Volksvorsteher ihnen noch höheren Einfluß auf Judäa verschaffte, was namentlich dem Tempeldienste zu Gute kommen sowie die für diesen und für den Unterhalt des levitischen Stammes getroffenen Anordnungen kräftig unterstützen mußte.

Den Einwohnern von Judäa war hiernach von den Ptolemäern fast volle bürgerliche Freiheit und unbeschränkter Spielraum zu innerer Entwickelung gelassen: mehr aber verlangten sie vorläufig nicht, denn wenn einmal die Weltlage ihnen einen auswärtigen Herrn aufnöthigte, so mochten sie lieber unter den milden Ptole= mäern als unter den schnell zu Tyrannen ausgearteten syrischen Königen stehen. Zudem beherrschte die damaligen Juden eine Weltanschauung, welche sie über das volle Gefühl ihrer Lage ziemlich hinweg hob. Die messianischen Verheißungen der Propheten waren immer noch nicht in Erfüllung gegangen, aber die Juden hatten darum nicht ihre Hoffnung auf ein dereinstiges Reich der Herrlich= keit fallen lassen, zumal nachdem das ähnliche magische Dogma von einem Weltgericht und einer dann neuen, höheren Ordnung der Dinge durch den zweihundertjährigen Aufenthalt der Perser in Judäa Wurzel in ihnen gefaßt hatte. Diese Erwartung eines Messiasreiches wurde nun zwar in der persischen Zeit noch häufig von ungeduldigen Klagen über die elende Gegenwart unterbrochen, wie so viele Psalmen aus dieser Zeit uns vorführen; aber sein

Verziehen führte nothwendig zu einer Ansicht, welche die Gesetzes=
lehrer mit Begierde aufgegriffen haben müssen, daß nämlich Israel
dieses glänzenden Umschwunges noch nicht würdig sei und durch
Heiligkeit des Wandels, namentlich durch die pünktlichste Beobachtung
der göttlichen Vorschriften ihn erst verdienen müsse. Es leuchtet
ein, wie sehr diese Ansicht dem Pentateuch Vorschub leisten mußte,
sowohl was die Beobachtung und den angefangenen Ausbau seiner
Einzelnheiten, als auch was seine Anerkennung in immer weiteren
Kreisen betrifft. Diese Richtung erzeugte Geduld in den Harrenden
und versöhnte sie mit der unscheinbaren Stellung, welche sie als
Volk einnahmen, sowie mit den ihnen aufgelegten Lasten, so lange
diese irgend erträglich waren: man betrachtete diese Zeit als eine
keineswegs endlose und als eine solche vielmehr, die man wohl
anwenden müsse, um die Erfüllung der alten Verheißungen zu
sichern. Von diesem Gesichtspunkte aus betrachtet war die Periode,
in welcher die Ptolemäer Judäa beherrschten, eine der leidlichsten
und friedlichsten in dem ganzen Laufe unserer langen Geschichte.
Deswegen aber ist aus dieser Periode zwar ziemlich Vieles von
der Entwickelung des Judenthums zu erzählen (ich werde dies in
einer späteren Stelle thun), dagegen überaus wenig von den äußer=
lichen Erlebnissen des Volkes; es fehlen uns nicht etwa die Berichte
hierüber, sondern seiner Lage gemäß geschah nichts Erhebliches in
jener Zeit. — Samarien, dessen magere Geschichte wir immer bei=
läufig mit einschieben, gewährte damals so ziemlich dasselbe Bild.
Die Sichemiten consolidirten sich, unter immer weiterer Verbreitung
ihrer Ueberzeugungen und Gebräuche über Samarien, zu einer
israelitischen Sekte, deren Eigenthümlichkeit ebenfalls später unser
Interesse in Anspruch nehmen wird; ihre Erlebnisse aber waren
damals womöglich noch farbloser als die der Juden, mit welchen
ihre früheren Reibungen fortbestanden. Von beiden Ländchen ist
aus dieser Periode nur Folgendes zu erzählen.

Samarien hatte um 298 eine arge Verwüstung von Demetrius
zu erleiden, welcher damals von dem verlorenen Reiche seines Vaters
wieder zu gewinnen suchte, was irgend möglich war, und hiefür in
Cölesyrien eindrang; doch vertrieb ihn Ptolemäus alsbald wieder aus
diesem. In dem jüdischen Pontificat war dem Jaddua um 327 sein
Sohn Onias, und Diesem um 300 sein Sohn Schimon gefolgt;

bei des Letzteren Tode im Jahre 287 war sein Sohn Onias noch
unmündig, weshalb statt seiner Schimon's Bruder Elasar hoher
Priester wurde. Während seines Pontificats schickte Philadelphus,
der gern durch Freigebigkeit gegen auswärtige Staaten und Städte
seinen Namen verherrlichte, kostbare Geschenke in den Tempel zu
Jeruschalem, deren Pracht durch Sage und Dichtung maßlos über=
trieben worden ist; jedoch die Angabe, daß die Veranlassung zu
diesem Geschenke die Bitte an den hohen Priester um Uebersetzer
des Pentateuchs in das Griechische gewesen sei, hat schwerlich geschicht=
lichen Grund. Um 267 starb Elasar, ihm aber folgte immer noch
nicht der inzwischen zum Manne herangereifte Onias, sondern sein
zweiter Oheim Menascheh: der Grund hiervon war vielleicht bloß,
daß Dieser sich bei Philadelphus, von welchem die Bestätigung
abhing, mehr einzuschmeicheln verstanden hatte. Jedenfalls bewies
er sich ihm dankbar, denn die einsilbigen Nachrichten, daß er ein
Feind des Seleukiden Antiochus Theos gewesen sei, und daß Dieser
nach einem erlangten Siege den Jeruschalemer Tempel besetzt habe,
führen auf eine thätliche Betheiligung des Menascheh zu Gunsten
des Philadelphus an dem schweren Kriege, welchen wir zwischen
Diesem und Antiochus Theos von 256 bis 249 führen sahen. Das
zwischen beiden Reichen eingekeilte Judäa kann ohnehin hiervon nicht
verschont geblieben sein, und für solche Leiden konnte es nur wenig
entschädigen, daß Euergetes, als er 245 aus dem unterworfenen
Syrien heimkehrte, seinen Rückweg über Jeruschalem nahm, in dem
dortigen Tempel opferte, und in ihm wieder ansehnliche Weihgeschenke
spendete. Erst dem Menascheh folgte 240 der inzwischen fast schon
gealterte Onias, Sohn des Schimon. Er soll ein Freund des
Seleukus Kallinikus gewesen sein: vermuthlich konnte er der ägyp=
tischen Regierung noch nicht es vergessen, daß sie Menascheh ihm
vorgezogen hatte, und mochte deshalb in dem Kampfe beider Reiche
um Cölesyrien sich zu den Seleukiden hinneigen. Es wird erzählt,
daß in seiner Zeit die Samaritaner vielfache Uebel den Juden zuge=
fügt haben, indem sie Stücke ihres Landes an sich rissen, wahr=
scheinlich jene Grenzdistrikte, welche mit Bewilligung Alexander's
waren zu Judäa geschlagen worden, und selbst Menschen raubten,
die sie zu Sklaven verwendeten oder verkauften. Schlimmeres aber
noch für die Juden hätte Onias in seinen letzten Jahren leicht da=
durch herbeiführen können, daß er mehrere Jahre hintereinander die

erwähnten zwanzig Talente nicht entrichtete, indem der hierüber
erzürnte Euergetes um 227 einen Abgeordneten Athenion nach Jeru=
schalem sendete, Onias Vorwürfe zu machen und zu drohen, daß
wenn er noch länger im Rückstande bleibe, Strafsoldaten geschickt
und ihnen jüdische Ländereien angewiesen werden sollten. Die Juden
setzte dies in Schrecken, Onias aber beachtete es nicht. Hiervon
hörte jedoch auch ein Schwestersohn desselben, ein gewisser Josef
des Tobija Sohn, der wegen seiner Ehrsamkeit und Einsicht in
großem Ansehen stand und das zeitige Oberhaupt der Nachkommen
David's gewesen zu sein scheint. Er begab sich daher zu seinem
Oheim, und stellte ihm sein Unrecht vor, wegen eines Tributes, für
welchen er im Besitz so hoher Stellen sei, das Volk in Gefahr zu
bringen; lieber sollte er zum Könige sich begeben und ihn um Er=
lassung des ganzen oder eines Theiles davon bitten. Onias aber
antwortete ihm mürrisch, er wolle gar nicht Volksvorsteher bleiben,
und würde gern auch sein oberpriesterliches Amt niederlegen, wenn
es ginge, zum Könige aber würde er in keinem Falle reisen. Wir
dürfen einem Greise, dem seine hohen Erbämter 47 Jahre hindurch
waren vorenthalten worden, solche Antwort nicht zu hoch anrechnen.
Jetzt aber fragte ihn Josef, ob er ihm selbst gestatten wolle, zum
Könige zu reisen; und als Onias hierein willigte, ließ Josef das
Volk vor dem Tempel zusammenkommen und beruhigte es, indem
er sein Vorhaben ihm eröffnete. Hierauf nahm er den königlichen
Abgesandten gastlich auf, verehrte ihm kostbare Geschenke, und entließ
ihn mit der Anzeige an seinen Herrn, daß er alsbald nachfolgen
werde; bestärkt wurde er hierin durch den Gesandten selbst, welcher
dahin zu wirken versprach, daß er Alles erreichen werde, worum erden König bitten würde. Und in der That schilderte Derselbe
nach seiner Rückkehr zunächst zwar das trotzige Benehmen des Onias,
dann aber auch die Biederkeit des Josef, der in der beregten An=
gelegenheit an den Hof kommen werde, dem Euergetes mit solcher
Lebhaftigkeit, daß Dieser schon im Voraus für ihn eingenommen
war. Ungesäumt aber ließ nun Josef bei Freunden in Samaria
eine Summe Geldes aufborgen, um davon die Kosten seiner Reise
zu bestreiten, und begab sich dann nach Alexandrien. Zufällig zogen
gleichzeitig aus allen Städten Cölesyrien's und Phönicien's die ange=
sehensten Einwohner ebendahin, um die Steuern vom ägyptischen
Könige zu pachten: als Diese auf dem Wege mit Josef zusammen=

trafen, verspotteten sie ihn wegen seiner Armuth und Einfachheit;
es muß unter diesen Leuten ein ungemeiner Aufwand geherrscht
haben, da Josef's Ausrüstung zur Hoffahrt 20,000 Drachmen gekostet
haben soll. Nach einem sehr freundlichen Empfange sprach nun
Euergetes seinen Unwillen auf Onias aus, Josef aber entschuldigte
ihn damit, daß er vor Alter kindisch sei. Der König ging hierauf
ein und faßte nebenbei gegen Josef wegen seiner Anmuth großes
Wohlwollen. Als hierauf die Steuerverpachtung stattfand, stieg die
Summe sämmtlicher für die Abgaben von Cölesyrien und Phönicien
angebotenen Pachtgelder angeblich auf 8000 Talente; Josef aber,
der zugegen war, schalt die Bietenden, daß sie sich verabredet hätten,
kleine Gebote zu thun, er wolle dem Könige das Doppelte geben
und überdies noch den Betrag aller vorfallenden Vermögensein=
ziehungen, welche bislang in die Steuerpacht mit einbegriffen waren,
ihm zusenden [1]). Euergetes war natürlich hiermit sehr zufrieden,
und übertrug ihm die Pacht ohne Bürgen, gab ihm auch auf sein
Verlangen 2000 Soldaten mit, um steuerverweigernde Ortschaften
nachdrücklich zu ihrer Pflicht anhalten zu können. Jetzt borgte sich
Josef von Hofleuten des Königs 500 Talente, um daheim würdig
auftreten zu können, und brach dann nach Syrien auf. Als er in
Aschkalon von den Einwohnern die Steuern verlangte, weigerten
sich Diese und verhöhnten ihn noch: sogleich aber ließ er an zwanzig
von den Ersten in dieser Stadt aufgreifen und tödten, nahm auch
ihr Vermögen in Beschlag und sendete dieses dem Könige zu mit
der Anzeige des Geschehenen. Euergetes billigte sein Verfahren, die
Cölesyrier aber waren davon so eingeschüchtert, daß sie dem Josef
ihre Abgaben pünktlich entrichteten; bloß die Einwohner von Skytho=
polis befolgten das Beispiel Derer von Aschkalon und erfuhren
deshalb eine ebenso strenge Behandlung. Diese Steuerpacht brachte
Josef großen Gewinn, von einem Theile desselben sendete er dem
Königspaare und den Einflußreichsten am Hofe Geschenke, um sich
in ihrer Gunst zu befestigen, und das Uebrige machte ihn bald zu
einem schwerreichen Manne; doch hatten sich seiner Stellung auch
die Juden zu erfreuen wegen seiner Freigebigkeit und großen Milde

---

[1]) In jener Zahl von 8000 Talenten liegt wohl an sich schon eine starke
Uebertreibung, und dies wird noch evidenter dadurch, daß sonst Josef's Anerbieten,
das Doppelte zahlen zu wollen, kaum denkbar wäre.

gegen sie beim Eintreiben der Steuern. Im Besitz derselben verblieb er 22 Jahr, indem auch Philopator ihn darin beließ.

Dem Onias folgte schon 226 sein vortrefflicher Sohn Schimon II., der Gerechte zubenannt, in seiner Doppelwürde nach, und der verhältnißmäßig jetzt glückliche Zustand des Volkes wurde auch in den Kriegesjahren von 219 bis 217 nicht sehr getrübt. Wie wir zum Theil oben schon gesehen haben, nahm Antiochus 219 den nördlichen Theil von Cölesyrien weg und belagerte zuletzt Dor unter dem Karmel; im folgenden Jahre drängte er das wieder vor=geschobene ägyptische Heer zurück, und eroberte dann Galiläa, Gilad und Ammonitis, während eine Abtheilung seines Heeres in Samarien eindrang, um eine etwaige Schilderhebung zu seinen Gunsten zu unterstützen; doch scheint es zu einer solchen nicht gekommen zu sein. Endlich im Frühjahr 217 zog Philopator mit einem großen Heere an die Grenze, Antiochus mit einer nicht kleineren Macht eilt eben dahin, und während die beiden Heere einige Tage ganz nahe ein=ander gegenüberstanden, ereignete sich der folgende kleine Vorfall. Wir sahen nämlich früher auch, daß zwei Jahr vorher ein ägyptischer Anführer Theodotus zu Antiochus übergetreten war: Dieser wollte jetzt aus persönlicher Feindschaft gegen Philopator die Nähe desselben benutzen, ihn meuchlings zu ermorden, und zwang einen Juden Dositheus, Sohn des Drimylus, der in der Nähe der Lager wohnen mochte, auf Umwegen ihn in das ägyptische Lager zu führen. Doch dieser Dositheus, der zwar das jüdische Gesetz aufgegeben, aber die Sympathien seines Stammes noch bewahrt hatte, wußte es so zu wenden, daß anstatt des Königs ein Anderer den Stoß empfing. Wenige Tage darauf kam es zu der blutigen Schlacht bei Raphia, welche Antiochus verlor: in Folge dessen mußte er aus Cölesyrien abziehen, und die kriegführenden Könige schlossen bald darauf Frieden. Jetzt beeilten sich alle Städte in Cölesyrien, an Philopator Kronen zu senden und in der ungemessenen Weise des Morgenlandes ihm ihre Unterwürfigkeit durch Altäre und Opfer zu beweisen; auch der jüdische Senat, obwohl weit entfernt von solcher heidnischen Ver=götterung, sendete an ihn einige Männer mit Glückwünschen und Geschenken. Ueber diese allgemeine Theilnahme erfreuet, besuchte Philopator viele cölesyrische Städte, beschenkte ihre Tempel, und befestigte durch freundlichen Zuspruch ihre Anhänglichkeit an Aegypten. Auf diesem Umzuge kam er auch nach Jerusalem, und opferte in dem Tempel, gerieth aber hierbei unglücklicherweise auf den Einfall, das Innere desselben sehen zu wollen. Man stellte ihm vor, dies könne nicht geschehen, indem nicht einmal die Juden oder selbst ihre Priester es dürften, sondern bloß der hohe Priester einmal im Jahre; er aber wollte nicht hiervon sich abbringen lassen, worauf die Priester, an ihrer Spitze Schimon, auf die Erde niederfielen, Gott anflehend um Abwendung der vermeintlichen Entweihung, und das Heiligthum mit Geschrei und Weinen erfüllend. Die Einwohner von Jerusalem, noch nicht wissend, was der vernommene Tumult im Tempel bedeute, liefen dahin in wildester Unordnung und schlossen sich hier den Betenden an; ja die Kühneren unter ihnen riefen, man solle zu den Waffen greifen, und wurden nur mit Mühe von den Aelteren und dem Rathe hiervon abgebracht. Nun ergoß sich Alles in ein un= beschreibliches Wehklagen, und von dem makkabäischen Berichterstatter wird hierbei dem hohen Priester ein so schönes Gebet in den Mund gelegt, daß man bedauern kann, es für erdichtet halten zu müssen. Philopator aber ließ von seinem eigensinnigen Vorhaben nicht ab, und schritt auf das Heiligthum zu: kaum jedoch hatte er es betreten, als er wie durchgeschüttelt zu Boden sank, sprachlos und gelähmt an allen Gliedern. Voll Schrecken brachten seine Leute ihn heraus, und nachdem er sich wieder erholt hatte, zog er ab unter Androhung seiner Rache. Wir werden in der Geschichte der ägyptischen Juden sehen, daß er kurz darauf sie an diesen noch weniger daran Schuldigen wahrzumachen suchte: von sofortigen Feindseligkeiten gegen die Judäer mochten ihn die Scheu vor dem eben anscheinend bethä= tigten jüdischen Gotte und politische Rücksichten abhalten; wir haben vielmehr anzunehmen, daß dieser Vorfall in der leiblichen Lage von Judäa nichts verschlimmerte, wenn auch die Vorliebe der Juden für die ägyptische Herrschaft ohne Zweifel hierdurch den ersten nach= haltigen Stoß erlitt. Die Pacht der cölesyrischen Steuern blieb daher in Josef's Händen, wir finden Diesen in ihrem Besitz noch zur Zeit eines Ereignisses, welches in die Jahre 210 bis 206 gehört. Er hatte nämlich Kinder von zwei Frauen, von der einen sieben Söhne, und von einer anderen, die seine Nichte war[1]), einen Sohn

---

[1]) Die seltsame Weise, wie diese Nichte seine Gattin wurde, mag hier Erwähnung finden. Wenige Jahre nach Uebernahme seiner Pacht war einmal Josef mit seinem Bruder Solymius und dessen Tochter nach Alexandrien gereist. Als er eines Tages bei dem Könige speiste, verliebte er sich in eine schöne

Hyrkanus. Als nun einst die Nachricht einging, dem Könige sei ein Sohn geboren worden, und alle Edelen von Cölesyrien einem Herkommen gemäß mit großer Zurüstung nach Alexandrien sich verfügten, um dem Könige ihren Glückwunsch hierzu abzustatten: hätte auch Josef sich gern zu ihm begeben, doch da er sich zu schwach hiefür fühlte, und alle seine älteren Söhne die Reise dahin im Bewußtsein ihrer Unfähigkeit ablehnten, so wagt er den höchstens achtzehnjährigen, aber frühreifen Hyrkan an den Hof zu schicken. Und in der That war Dieser nicht bloß dem Auftrage gewachsen, sondern beabsichtigte auch noch, hierbei sich für die Zukunft in der Gunst des Königs festzusetzen. Zu diesem Ende überredete er seinen Vater, nicht von Hause dem Könige Geschenke mitzusenden, sondern seinem Geschäftsführer Arion in Alexandrien den schriftlichen Befehl zu ertheilen, ihm soviel Geld zu verabreichen, um in Aegypten etwas recht Schönes für den König kaufen zu können. Jener Arion aber hatte gerade sehr große Summen von Josef in Händen, denn Dieser pflegte die cölesyrischen Steuern an ihn zu senden, um sie an den festgesetzten Zahltagen zu entrichten. Sobald nun Hyrkan in Alexandrien angekommen war, forderte er dem Arion tausend Talente ab: in Furcht, daß Hyrkan diese ungeheuere Summe durchbringen wolle, macht ihm jedoch Derselbe harte Vorwürfe, und will ihm nur zehn Talente verabreichen: dafür läßt ihn der Jüngling sogleich in Fesseln legen, aber Arion's Frau, welche bei der Königin in Gunst war, zeigt dies derselben an. Auf diesem Wege hört auch der König davon und läßt dem Hyrkan sagen: er wundere sich, daß Derselbe, von seinem Vater an ihn gesendet, sich ihm noch nicht vorgestellt und überdies dessen Verwalter so behandelt habe; er solle erscheinen und von Beidem den Grund ihm angeben. In seiner Wendung aber läßt Hyrkan ihm zurücksagen, es gebe bei ihnen ein Gesetz, daß Niemand eher von einem Opfer kosten dürfe, als bis er einmal

Tänzerin, welche während der Tafel eingetreten war, und entdeckte dies seinem Bruder, mit der Bitte, seiner Neigung dienen zu wollen. Solymius versprach ihm das, führte ihm aber im Dunkel der Nacht seine eigene Tochter zu. Josef merkte diese Verwechselung weder das erste Mal noch bei wiederholten Zusammenkünften; als er jedoch einst zu seinem Bruder sagte, daß er wegen der Tänzerin nicht ohne Furcht vor dem Könige sei, entdeckte ihm Solymius die Wahrheit mit dem Hinzufügen, er habe lieber die eigene Tochter preisgegeben als mit ansehen wollen, daß er sich so herabwürdige; und von dieser Großmuth gerührt, heirathete Josef das Mädchen sogleich.

selbst im Tempel geopfert habe: aus demselben Grunde hätte er nicht dürfen vor dem Könige erscheinen, so lange er noch nicht die Geschenke beisammen habe, welche er dem Wohlthäter seines Vaters überreichen sollte; den Sklaven aber habe er wegen seines Ungehorsams fesseln lassen. Diese Antwort nahm den König für ihn ein, Arion aber konnte sich nun nicht länger weigern, dem Hyrkan die geforderten tausend Talente auszuzahlen. Davon kaufte dieser zunächst kostbare Geschenke ein und erschien nun vor dem Könige, wurde auch von ihm zur Tafel eingeladen, hatte aber hier von den Mitgeladenen beißende Worte über die habsüchtige Steuererhebung seines Vaters anzuhören, nur fehlte es auch Hyrkan nicht an treffenden Antworten darauf. Als aber das wegen der Geburt des königlichen Kindes angesetzte Fest kam, und ein Jeder hierzu ein Geschenk brachte, hatte Hyrkan von Sklavenhändlern hundert blühende und unterrichtete Knaben und ebenso viele Mädchen gekauft, jedem von ihnen gab er dann ein Talent in die Hand, und führte jene dem Könige, diese der Königin zu. Nachdem er hierdurch alle Anderen überstrahlt hatte, beschenkte er auch freigebig alle Freunde und Diener des Königs, um sie für sein Interesse zu gewinnen. Jetzt ersuchte ihn Philopator, sich Etwas auszubitten: aber der Jüngling begehrte bloß, daß Derselbe günstig von ihm an seinen Vater und seine Brüder schreiben ließe. Gleichwohl empfing er glänzende Gaben, und wurde mit schmeichelhaften Briefen an Vater und Brüder in seine Heimath entlassen. Hier empfing ihn jedoch die Unzufriedenheit des Vaters und der Neid seiner Brüder, zwischen welchen und ihm es auch bald sogar zu blutigen Auftritten kam. Josef scheint nämlich um 205 gestorben zu sein, und da es ihm gelungen war, eine mächtige Partei zu bilden, welche nach ihm als einem ben-Tobija die tobijadische hieß, Hyrkan aber im Vertrauen auf seine Gunst bei Philopator für das nunmehrige Oberhaupt der Nachkommen Dawid's zu gelten suchte, obwohl er seines Vaters jüngster Sohn war: so brach zwischen ihnen ein offener Kampf aus, in welchem zwei von den älteren Brüdern blieben. Dieß entfremdete dem Hyrkan die Meisten im Volke, auch den hohen Priester Schimon, löschte aber nicht seinen Ehrgeiz, der vielmehr in Kurzem noch ein höheres Ziel sich setzte. Wir haben nämlich früher gesehen, wie nach Philopator's Tode 204 sein erst fünfjähriger Sohn Epiphanes auf den Thron gesetzt wurde, und sogleich Antiochus der Große mit dem jüngeren Philipp von

Makedonien sich verband, um das schutzlose Erbe der Ptolemäer unter sich zu theilen. Diesen Augenblick wollte nun Hyrkan, eingedenk seiner Abstammung, dazu benutzen, den Thron David's wieder aufzurichten. Dieser hochfliegende Plan war nicht ohne alle Aussicht auf Gelingen: man konnte annehmen, daß Antiochus wenig dagegen haben werde, indem er Cölesyrien's sich bemächtige, in Judäa statt eines Volksvorstehers einen Vasallenkönig herrschen zu lassen, zumal da er wohl gern die Gelegenheit ergreifen würde, die in seinem Reiche weitverbreiteten Juden zu wohlfeilem Dank zu verpflichten. Allein der hiefür bewerkstelligte Aufstand scheiterte gänzlich, vorzüglich wohl weil man damals schon glaubte, eine solche Wiederaufrichtung des Davidischen Thrones müsse durchaus auf übernatürliche Weise erfolgen, aber auch weil seine Brüder und der hohe Priester diesem Unterfangen entgegentraten: daher fand das Unternehmen mehr Widerstand als Anklang im Volke, und hatte in sich zusammenstürzend bloß die Folge, daß Hyrkan über den Jarden entweichen mußte und für lange Zeit nicht wieder nach Jeruschalem kommen durfte. Dem Schimon, der zugleich der verfassungsmäßige Volksvorsteher war, lag dieses Auftreten amtlich ob, und er war ganz der Mann dazu, seine Pflichten im vollsten Maße zu erfüllen. Jeruschalem, dessen Mauern seit 320 zerstört lagen, befestigte er wieder, setzte auch den Tempel durch Erhöhung und Verstärkung seiner äußeren Mauern in Vertheidigungszustand, und sorgte in jeder Weise für die Wohlfahrt des Volkes; im Tempel ließ er gleich dem „ehernen Meer" in dem vorexilischen einen kolossalen Wasserbehälter anfertigen, war aber zugleich von solcher Frömmigkeit und so würdevollem Auftreten als hoher Priester, daß ein jüngerer Zeitgenosse desselben, der Verfasser des Buches Sirach, in den begeistertsten Worten ihn feierte, und die folgenden Jahrhunderte, ihn durch den Beinamen des Gerechten (hazadik) auszeichnend, in buntschillernden Dichtungen sein Andenken verherrlichten. — Ganz kurz darauf nahm Antiochus Cölesyrien den Aegyptern weg, und so kam 203 Judäa auf längere Zeit an Syrien. Ob ihm die Juden hierbei behilflich gewesen seien, läßt sich nicht mit Sicherheit aus den Ehren schließen, welche von seiner Seite jetzt dem Schimon zu Theil wurden: es konnte dies sehr wohl aus bloßer Staatsklugheit erfolgt sein.

Viertes Kapitel.

Vom Uebergang der Herrschaft über Judäa auf die Seleukiden bis zur Thronbesteigung des Antiochus Epiphanes, von 203 bis 175.

Die Veränderungen, welche in der Lage von Judäa dieser Herrscherwechsel herbeiführte, konnten schon darum nicht groß sein, weil die makedonische Weise die gemeinsame Grundlage der Herrschaft in beiden Reichen bildete. Das ganze südliche Syrien erhielt wieder einen gemeinsamen Statthalter, unter welchem die Befehls= haber von Distrikten, und vermittelst ihrer jene kleineren Macht= haber standen, deren jede bedeutendere Stadt einen erhielt. Die Letzteren hatten auf Ruhe und Ordnung sowie auf Gehorsam gegen die königlichen Befehle zu halten, besonders aber die Eintreibung der Steuern zu besorgen, zu welchem Behuf ihnen einige Mannschaft beigegeben war; die Befehlshaber der Distrikte dagegen hatten den Befehl über die eigentlichen Heereskräfte, diese auch in nöthigen Fällen durch Anwerbungen zu verstärken, desgleichen bei größeren Steuerverweigerungen den Einnehmern zu Hilfe zu kommen und Diese selbst zur Ablieferung anzuhalten: ein Solcher residirte in Jerusalem, wohin bald eine Besatzung gelegt wurde; zuweilen waren auch mehrere Distrikte Einem untergeben, welcher dann Stratege oder auch, bezeichnend für das Hauptziel der syrischen Staatsverwaltung, Obrist der Steuern hieß. Doch behielten neben diesen königlichen Beamten die eingeborenen Dynasten und Communal= beamten ziemlich denselben Grad von Selbstständigkeit, welcher ihnen unter dem ägyptischen Zepter gelassen war. Die Abgaben unter den Seleukiden waren vielfacher Art und sehr bedeutend: man entrichtete ein Kopfgeld, dann ein Drittel der Feldfrüchte und die Hälfte aller Baumfrüchte; der Gewinn des Salzes am todten Meere und die Forsten scheinen für Krongut gegolten zu haben, und wenigstens war die Erlaubniß besteuert, Bauholz in ihnen zu fällen; ja selbst von den levitischen Zehnten und den Geldern, welche in die Tempelkasse flossen, mußte ein Bestimmtes abgegeben, und endlich Geld zusammengelegt werden, um davon bei feierlichen Gelegenheiten dem Könige oder sonst einem Hochgestellten eine kostbare Krone zu überreichen.

Die Aegypter aber wollten noch nicht auf Cölesyrien verzichten, und im Auftrage von des Epiphanes Vormündern fiel Skopas mit einem großen Heere in dasselbe ein: bei dieser Gelegenheit wurde, in dem Winter von 199 auf 198, auch Judäa wieder unterworfen, nachdem es ihm einen vergeblichen Widerstand zu Gunsten der bald liebgewonnenen milden Herrschaft des Antiochus entgegengesetzt hatte. Auf die Kunde hiervon kommt Antiochus ungesäumt mit einem Heere herbei, schlägt ihn bei den Quellen des Jarden, und gewinnt noch vor Ende des Sommers ganz Cölesyrien wieder. Die Juden ergaben sich ihm freiwillig, indem ohne Zweifel der wegen seiner Raub=sucht berüchtigte Skopas noch dazu beigetragen haben wird, ihre nunmehrige Hinneigung zu den Syrern zu befestigen: sie nehmen Antiochus in ihre Hauptstadt auf, liefern reichliche Lebensmittel für sein Heer, und helfen ihm die von Skopas in der Oberstadt von Jerusalem zurückgelassene Besatzung bekämpfen und verjagen. Eine Besatzung erhielt hierauf freilich Jerusalem auch von den Syrern, aber das gute Benehmen der Juden gegen Antiochus erwarb ihnen seine ganze Zuneigung: diese spricht sich in zwei Schreiben desselben aus, welche uns noch erhalten sind und mitgetheilt zu werden verdienen. Das erste ist an einen gewissen Ptolemäus gerichtet, der wohl damals Statthalter von Cölesyrien wurde, und lautete:

„König Antiochus entbietet dem Ptolemäus seinen Gruß! Da die Juden, sobald wir ihr Land betraten, sich gegen uns bereitwillig gezeigt und uns mit Glanz in ihre Stadt aufgenommen, entgegenkommend mit ihrem Senat, auch für das Heer und die Elephanten Lebensmittel voll=auf geliefert und uns geholfen haben, die ägyptische Besatzung in ihrer Burg zu vertreiben: so wollen wir ihnen dies vergelten und ihre Stadt, die viel gelitten hat, wieder heben und bevölkern, indem die Einwohner aus ihrer Zerstreuung wieder sollen dahin zurückkehren können. Zuvörderst schenken wir wegen ihrer Frömmigkeit ihnen zu Opferthieren, Wein, Oel und Räucherwerk 20,000 Drachmen [1]) sowie vom feinsten Mehl sechs heilige Artaben nach einheimischem Herkommen, 1460 Medimnen Weizen und 375 Medimnen Salz: ich will, daß ihnen dies nach meiner Vor=schrift gegeben werde. Ferner, daß die Arbeit an ihrem Tempel vollendet werden dürfe, sowohl die Säulengänge als auch wenn sonst noch Etwas aufzuführen sein sollte: das Holz dazu soll ihnen aus Judäa und anderen

---

[1]) an 5000 Thlr. Wieviel die heilige Artabe enthielt, ist unbekannt; der syrische Medimnos faßte ungefähr 1⅝, der attische nur etwa 15/16 berliner Scheffel.

Gegenden, auch vom Libanon, ohne Abgabe dafür verabfolgt werden; dasselbe geschehe mit Allem, was außerdem zum Ausbau des Heiligthums erforderlich sein möchte. Das ganze Volk soll dürfen nach seinen vater-ländischen Gesetzen leben, und der Senat, die Priester, die Tempel-gelehrten und Sänger des Tempels sollen von der Kopf- und Kronen-steuer sowie von allen übrigen Abgaben frei sein. Auch bewillige ich, damit die Bevölkerung der Stadt schneller zunehme, daß ihre jetzigen Einwohner und wer bis zum Monat Hyperberetäus¹) dahin ziehet, drei Jahr lang frei von Abgaben sein sollen; desgleichen erlassen wir ihnen für die Zukunft ein Drittel der Steuern, damit sie von ihren Leiden sich wieder erholen. Endlich schenken wir Allen, die aus der Stadt in die Sklaverei abgeführt sind, und deren Kindern die Freiheit, und befehlen, daß ihr Eigenthum ihnen wieder gegeben werde".

Ob die in diesem Schreiben berichtete Tempelspende eine einmalige sein oder jährlich wiederholt werden sollte, läßt sich nicht entscheiden, doch ist das Letztere wahrscheinlicher, zumal da die nicht runden Quantitäten der verwilligten Dinge voraussetzen lassen, daß ihrer Verwilligung ein von den Priestern eingereichtes Verzeichniß des jährlichen Bedarfes zu Grunde lag, gleichwie der Umstand, daß zwar Mehl, Weizen und Salz, aber nicht Opferthiere, Wein, Oel und Räucherwerk in natura geliefert werden sollten, auf ein aus rituellen Gründen ausdrückliches Ersuchen hierum hinweist. Der Befehl, den am Tempel unternommenen Bauten Vorschub zu leisten, ruft uns in Erinnerung, daß der hohe Priester Schimon solche begonnen hatte. — Das zweite wohl gleichzeitige Schreiben des Antiochus ist viel eigenthümlicher, zufolge desselben

„sollte keinem Fremden erlaubt sein, denjenigen Umkreis des Tempels zu betreten, welcher den Juden selbst erst nach Reinigungen und auch dann nur jenen offenstehe, welchen es nach vaterländischem Brauch zu-komme. Desgleichen sollte nicht dürfen in die Stadt gebracht werden das Fleisch von Pferden, Maulefeln, wilden und zahmen Eseln, Pardeln, Füchsen, Hasen und überhaupt von allen den Juden verbotenen Thieren, auch nicht die Häute derselben, und keines von diesen Thieren sollte in der Stadt auch nur aufgezogen werden; selbst zu eigenen Opfern (welche in Jerusalem sich aufhaltende Heiden würden verrichten wollen) sollte nur der Gebrauch solcher Thiere gestattet sein, von denen dem (jüdischen) Gotte geopfert würde. Wer gegen irgend einen dieser Punkte fehle, habe an die Priester eine Strafe von 3000 Drachmen Silbers zu entrichten".

¹) dem letzten im makedonischen Jahre.

Offenbar war von den Juden dieses Defret hervorgerufen und in seinen Grundzügen dem Könige unterbreitet worden. Unter Denjenigen aber, welche jetzt nach Jerusalem zurückkehrten, befanden sich auch Hyrkan und sein Anhang, da kurz vorher, noch im Jahre 198, der ihm abholde Schimon gestorben und ihm sein Sohn Onias im Pontificat gefolgt war. Mit diesem war Hyrkan befreundeter, und seiner Gewandtheit gelang es diesmal sehr schnell, den Dawidischen Principat sich zu erwerben, diese ideelle zwar, aber hochgeehrte und einflußreiche Stellung, welche nächst der Geburt bloß von freiwilliger Anerkennung der Menge abhing; er behauptete sich darin bis 181. Zu Aegypten waren aber von syrischer Seite inzwischen freundlichere Beziehungen angeknüpft worden. Schon im Herbste des Jahres 198 ließ Antiochus, wie wir sahen, dem königlichen Knaben Ptolemäus Epiphanes eine Verlobung mit seiner Tochter Kleopatra antragen, als Mitgift solle diese später ihrem Gemahl Cölesyrien zubringen; diese Ehe wurde auch 192 geschlossen, Cölesyrien indessen nicht ausgeliefert, sondern dafür festgestellt, daß die cölesyrischen Abgaben zur Hälfte nach Aegypten gehen sollten. Doch in keinem Falle kann dieser künstliche Zwitterzustand von langer Dauer gewesen sein, denn unter Seleukus Philopator, welcher seinem Vater Antiochus 187 auf den Thron folgte, erblicken wir die Juden in Beziehungen zu Syrien, welche hiermit unverträglich erscheinen, so z. B. soll dieser Seleukus aus seiner Privatkasse die sämmtlichen Kosten des Jerusalemer Opferdienstes geliefert haben, und einige Vorfälle, welche dasselbe erweisen, sollen später mitgetheilt werden. Zuvor ist, ungefähr aus dem Jahre 185, eine ganz eigenthümliche Verbindung zu erwähnen, welche den Juden angetragen wurde. Nämlich in Sparta war seit einer Reihe von Jahren Thrannenherrschaft und Anarchie eingerissen, Fractionen darin befehdeten und verbannten sich gegenseitig. Um diese Zeit nun stand an der Spitze einer solchen ein ränkevoller Mann Namens Areus: Dieser scheint dafür, daß der König von Aegypten mit den ihm verhaßten Achäern einen Bund schloß, ein Gegenbündniß in dessen Nähe gesucht zu haben, und schickte zu dem Ende einen Gesandten an den hohen Priester Onias mit einem Schreiben, welches lautete: „Areus, König (Oberhaupt) der Spartiaten, entbietet dem hohen Priester Onias seinen Gruß! In einer Schrift hat sich über die Spartiaten und Juden gefunden, daß sie Brüder und vom Stamme Abraham sind. Und

15

nun, da wir dies wissen, werdet ihr recht thun, uns über euer Wohlergehen zu schreiben. Dagegen schreiben wir euch: euer Hab' und Gut ist unser, und das unsrige euer. Wir beauftragen Leute, euch Botschaft hiervon zu bringen." Alles Befremdliche in diesem Schritte und Briefe erklärt sich genügend daraus, daß im Gebiet von Sparta sich schon seit längerer Zeit eine jüdische Colonie befand, welche, um den Eingeborenen Achtung abzugewinnen und ein freund= liches Verhältniß zu ihnen zu erlangen, ihnen nicht bloß von der großen Verbreitung des jüdischen Stammes erzählt, sondern auch eine gemeinsame Abstammung der Juden und Spartaner eingeredet zu haben scheint, gleichwie die Juden zu Pergamum aus demselben Grunde den dortigen Eingeborenen einredeten, daß schon in Abraham's Zeiten ihre beiderseitigen Vorfahren mit einander befreundet gewesen wären. Onias nahm den Abgesandten ehrenvoll auf, Dieser mußte sich aber an Ort und Stelle bald überzeugen, daß die Juden, wenigstens derzeit, keine brauchbaren Verbündeten der Spartaner seien.

Um 181 mußte Hyrkan, wahrscheinlich in Folge eines erneuten Streites mit seinen Brüdern, wieder über den Jarden entweichen und mit Hilfe eines Anhanges, der ihm dahin folgte, brandschatzte er Anfangs die dortigen Einwohner, eroberte sich bald aber im Ammonitischen eine kleine Herrschaft. Er baute sich dort auch unweit Cheschbon eine feste Burg, und ließ einen Vor= sprung derselben mit einem nahen Felsen in Verbindung setzen, in welchen viele Stadien weit hinein Höhlen mit schmalsten Ausgängen gegraben wurden; umfangsreiche Paradiese nahmen die entferntere Umgebung dieses Platzes ein, welchen er Thrus nannte. Nach Jerusalem kehrte er nun nicht wieder zurück, doch sein gutes Verhältniß zu dem hohen Priester Onias muß nicht getrübt worden sein, da er von jenem raubritterlichen Sitze aus ansehnliche Summen an Onias schickte, um sie für ihn im Schatzhause des Tempels aufzubewahren. Jedoch blieb Hyrkan nur sieben Jahr' im Besitze dieser kleinen Herrschaft: als Antiochus Epiphanes Anstalt machte, die Zügel der Regierung kräftiger als Seleukus zu handhaben, vermuthlich auch Feindseligkeiten gegen Hyrkan schon eröffnet hatte, entleibte Dieser sich selbst', und all sein Vermögen nahm Antiochus an sich. — Inzwischen war aber das Verhältniß der Juden zu Syrien in bedenklicher Weise erschüttert worden. Nämlich ein gewisser Schimon, da=

mals Commandant des Tempels, entzweite sich einst mit Onias, und da er gegen den hohen Priester nicht anders aufzukommen wußte, beging er die Schändlichkeit, dem cölesyrischen Statthalter Apollonius zu eröffnen, daß die Schatzkammer in Jerusalem voll von unsäglichen Schätzen sei, die zum Bedarf der Opfer gar nicht gehörten und sehr wohl in die Hand des Königs zu bringen wären. Apollonius theilte dies dem Könige mit, und Seleukus, der fort= während in Geldnoth war, sendete alsbald seinen Schatzmeister Heliodor ab, ihm die angezeigten Schätze zuzuführen. Wir dürfen uns nicht wundern, daß Seleukus denselben Tempel berauben lassen wollte, dessen Opferdienst er aus seiner Kasse bestritt: er wäre weder der Erste noch der Letzte gewesen, der mit der einen Hand zehnmal soviel nahm, als er mit der anderen gab. Seleukus fürchtete aber, daß die Jerusalemer Juden, wenn sie seine Absicht ahneten, den Heliodor gar nicht einlassen würden, weshalb Dieser den Schein annehmen mußte, auf einer Umreise durch ganz Cölesyrien am Ende auch dahin zu gelangen. Nachdem er mit seinem mäßigen Gefolge von dem hohen Priester freundlich aufgenommen worden war, erkundigte er sich nach der Wahrheit der dem Könige gewordenen Anzeige mit dem Hinzufügen, in welcher Absicht er gekommen sei. Nun hatte allerdings der Tempel ziemlich reiche Schätze, sowohl an kostbaren Opfergeräthen und Weihgeschenken als auch an Geldern, welche der größeren Sicherheit wegen dorthin in Verwahrung gegeben worden waren; gerade den letzteren Punkt aber suchte Onias zur Ab= wendung des Tempelraubes zu benutzen, und erklärte demgemäß dem Heliodor: die angeblichen Tempelschätze beständen in Depositen von Wittwen und Waisen, Einiges davon gehöre auch dem Tobijaden Hyrkan, und insgesammt betrügen sie nur 400 Talente Silbers und 200 Talente Goldes; es gehe aber durchaus nicht an, Diejenigen zu berauben, welche der Heiligkeit und Unverletzlichkeit eines in der ganzen Welt geehrten Tempels vertrauet hätten. Heliodor dagegen berief sich auf den gemessenen Befehl des Königs, und bestimmte zur Aus= führung desselben einen der nächsten Tage. Hierüber entstand in der ganzen Stadt Bestürzung und Wehklage, Onias und die Priester flehten zu Gott knieend am Altar um Abwendung dieses Frevels, und das übrige Volk, Männer und Frauen, stürzte auf die Straßen, öffentlich ebenfalls zu beten. Man zog aber auch ein Wunder zu Hilfe, das auf die Leichtgläubigkeit der Syrer berechnet war. Es

wird uns nämlich erzählt, daß als Heliobor mit seinen Lanzenträgern
schon in die Schatzkammer eingetreten war, sie plötzlich einen Reiter
furchtbar anzuschauen und in goldener Rüstung auf einem Rosse mit
prächtigem Geschirr erblickt hätten, welches mit Geräusch hervorstürzte
und mit seinen Vorderhufen auf Heliobor eindrang; desgleichen
seien zwei reichgekleidete Jünglinge von herrlichem Ansehen erschienen,
welche mit einer Geißel von beiden Seiten auf ihn losschlugen.
Unter diesen Schlägen und vor Schrecken fiel Heliobor ohnmächtig
zu Boden und wurde herausgetragen, worauf einige Leute desselben
Onias anflehten, für den noch halbtodten Heliobor seinen Gott
anzurufen. Der hohe Priester war natürlich hierzu bereit, und
während er für die Herstellung des Heliobor ein Opfer darbrachte,
erschienen Diesem jene beiden geisterhaften Jünglinge noch einmal
und forderten ihn auf, dem Onias zu danken, auf dessen Gebet
Gott ihm das Leben schenken wolle, und den ihm gewordenen Beweis
von der Macht Gottes überall zu verkündigen, worauf sie ver=
schwanden. Heliobor aber brachte, nachdem er sich erholt hatte, in
dem Tempel zu Jerusalem ein Dankopfer dar, und reiste dann
zum Könige zurück. Ein fernerer Versuch zur Erlangung der Schätze
wurde nicht gemacht. Jedoch jener Schimon errieth besser als
Heliobor den Zusammenhang dieser Begebenheit, und beschuldigte
Onias öffentlich, die Mißhandlung dieses königlichen Abgesandten
veranstaltet zu haben. Aus Furcht vor den Folgen dieser Anschul=
digung, wenn sie dem Statthalter von Cölesyrien bekannt würde,
und weil von einem von Schimon's Anhängern ungescheuet Mord=
thaten verübt wurden, begab sich hierauf Onias persönlich zum
Könige mit der Bitte, Schritte thun zu lassen, durch welche der
innere Frieden in Judäa gewahrt würde. Es wird uns nicht erzählt,
welche Folge dieses Gesuch gehabt habe, doch scheint aus den ver=
theidigenden Wendungen des Berichterstatters hervorzugehen, daß
Schimon das Opfer dieser bemäntelten Anklage wurde. Nicht lange
darauf (175) starb Seleukus durch das Gift eben jenes Heliobor,
welcher nach seiner Krone trachtete, aber wir sahen schon, daß diese
vielmehr dem aus Rom zurückgekehrten Antiochus zufiel.

Siebenter Abschnitt.

Von der Thronbesteigung des Antiochus Epiphanes 175 bis zur Wiedereinweihung des Tempels 164.

Erstes Kapitel.

Die Leiden vor Einstellung des Cultus.

Dieser Antiochus griff so gewaltig in die Geschichte der Juden ein, daß wir eine Schilderung dieses seltsamen Menschen vorausschicken müssen. Unmäßig dem Trunke und überhaupt der Völlerei ergeben, schweifte er oft mit einem oder zwei Begleitern bekränzt in der Hauptstadt herum, warf Diesen mit kleinen Steinen, Jenen mit Goldstücken, und plauderte mit Jedem aus dem Volke, der ihm begegnete; ungescheuet zeigte er sich in Gesellschaft von Schauspielern und losen Dirnen, auch besuchte er fleißig die städtischen Bäder, überließ sich dort kindischen Späßen, zechte in Garküchen mit jedem Hergelaufenen, und wenn er vernahm, daß irgendwo junge Männer zu einem Gelage beisammen waren, trat er nicht selten unangekündigt mit Sang und Klang unter sie, um mitzuschmausen. Oft vertauschte er sein königliches Gewand mit einer Toga, wie sie in Rom die Candidaten trugen, und ging so auf dem Markte umher, sich um dieses oder jenes Gemeindeamt zu bewerben, und hatte er dasselbe erhalten, so nahm er Platz auf einem elfenbeinernen Stuhl und sprach Recht mit vieler Gründlichkeit. Das eine Mal ging er an Freunden steif vorüber, und lächelte Unbekannten gnädig zu; ein anderes Mal gab er unverdienten Leuten reiche Geschenke, und dagegen den verdientesten Männern einen Kuchen oder ein Würfelspiel. Während er daher Manchen als leutselig erschien, hielten Andere mit viel größerem Rechte ihn für wahnsinnig und änderten deshalb seinen Beinamen Epiphanes treffend in Epimanes (der Unsinnige) um. Doch besaß er auch einige höhere Eigenschaften, er war muthig im Kriege, sowie thätig,

sobald es nöthig war, dabei außerordentlich freigebig, zuweilen selbst
hochherzig, ein Freund der Künste, und gab in seinen lichten Zeiten
selbst Proben von hohem Verstand. Er hat seinen Namen mit
Blutschrift in die Geschichte der Juden eingezeichnet, aber seine
Grausamkeit gegen sie entsprang weniger aus seinem Charakter
als aus einer Kette unglückseliger Umstände. Als ein erstes
Glied derselben haben wir seine Geldnoth anzusehen, denn
diese machte ihn geneigt, gegen ein vortheilhaftes Anerbieten
gleich Anfangs die innersten jüdischen Angelegenheiten anzu=
tasten. Nämlich der Bruder des hohen Priesters Onias, Je=
schua, auch Jason genannt, vermöge einer unlängst aufgekommenen
Sitte, die Namen zu gräcisiren oder mit griechischen zu vertauschen,
begab sich 174 zu dem Könige und versprach ihm statt der bisherigen
jüdischen Steuern 360 Talente jährlich sowie noch anderweitige 80,
wenn Derselbe die hohepriesterliche Würde auf ihn übertragen wollte.
Die Absetzung eines hohen Priesters war bei den Juden etwas
Unerhörtes, aber Antiochus willfahrte dem Jason, und der sanft=
müthige Onias kehrte ohne Widerstand in das Privatleben zurück.
Der neue hohe Priester war aber einer Geistesrichtung zugethan,
welche seit einiger Zeit in Judäa Eingang gefunden hatte. Die
Bekanntschaft mit griechischen Sitten wurde den Juden seit Alexander
dem Großen unausgesetzt zugeführt, und die Annehmlichkeit derselben
gegenüber den strengen Anforderungen des jüdischen Lebens war
sehr verlockend. Hierzu kam, daß unter der Herrschaft der Ptolemäer
und Seleukiden über Judäa die griechischen Sitten als die der
Herrschenden und Beamten in einem gewissen Nimbus erschienen,
und ihrer sich zu befleißigen hatte, wer mit jenen Hochgestellten
verkehren mußte. Auch konnte es, besonders im Hinblick auf
Alexandrien, wo eine geistige Verschmelzung des jüdischen und
griechischen Wesens längst begonnen hatte, vielen höhergerichteten
Gemüthern nicht entgehen, daß „die griechische Weisheit", worunter
man die griechischen Wissenschaften und Künste verstand, einen hohen
inneren Werth besäße, und die Beschäftigung mit diesen den Geist
belebe und nähre. Endlich sagten sich nicht wenige Juden, daß jene
Absonderung von den Völkern, welche unter soferischem Einflusse
immer nachdrücklicher eingeführt und verschärft wurde, sie zu denselben
in eine ebenso nachtheilige wie peinliche Stellung gebracht habe.
Diese Erwägungen öffneten den griechischen Sitten den Eingang.

und die argen Auswüchse, welche sie enthielten, wurden natürlich mit herübergenommen; wir können daher großentheils in die Klagen der damaligen Frommen hierüber einstimmen, wenn auch festzuhalten ist, daß Viele, indem sie eine heidnische Lebensweise annahmen, nicht zugleich den jüdischen Glauben mit dem Heidenthum vertauschen wollten, und nur später leichter nachgaben, als Antiochus einen förmlichen Zwang zum Götzendienste eintreten ließ. Welche Aus= breitung im Volke diese unjüdische Richtung jetzt hatte, ist nicht zu ermitteln; ihr war aber auch Jason zugethan, und indem er sie in Jerusalem auszubreiten suchte, folgte er vielleicht nicht bloß seiner Neigung, sondern mochte auch wohl gegen den verdrängten Onias, der natürlich viele Anhänger im Volke behalten würde, sich eine verläßliche Partei schaffen wollen. Deßhalb bat er, als er beim Könige war, von diesem sich die Erlaubniß aus, in Jerusalem ein Gymnasium anlegen, zugleich aber die daselbst sich aufhaltenden Antiochier in die Register eintragen zu dürfen. Ein Gymnasium war bei den Griechen ein weitläufiges und in verschiedene Räume abgetheiltes Gebäude, in welchem Männer und Jünglinge, zum Theil nackt, im Ringen und Faustkampf, im Laufen, Springen, Werfen, Schleudern, Bogenschießen, Reiten, Fahren, Schwimmen gemeinschaftlich sich übten. Die Eintragung der Antiochier aber, welche wohl des Handels wegen in Jerusalem lebten, hatte ver= muthlich ihre Besteuerung zum Zweck, welche für ihn, der nun auf eigene Rechnung die jüdischen Steuern erheben zu lassen hatte, um so wichtiger war, als die Kaufleute sehr hoch besteuert wurden. Für beide Bewilligungen versprach er dem Antiochus weitere 150 Talente, diese vermuthlich ein für alle Mal. Sobald er hierauf nach Jerusalem zurückgekehrt war und das hohepriesterliche Amt angetreten hatte, fing er an, die Juden nach den griechischen Sitten umzubilden. Er begann damit, jene von Antiochus dem Großen zur Beförderung levitischer Reinheit in Jerusalem erbetenen Gesetze, welche oben mitgetheilt wurden, außer Kraft zu erklären und verwandte Anordnungen der Schriftgelehrten abzustellen. Sodann errichtete er unter der Akropolis ein Gymnasium und sah darauf, daß die kräftigeren Jünglinge in demselben sich übten. Man fand Geschmack an diesen Uebungen, und bald waren selbst viele Priester häufiger in der Ringschule als am Altare zu finden; desgleichen ließen durch diese öffentlichen Leibesübungen, an welchen auch Nicht=

juden theilnahmen, Viele sich bestimmen, auf künstliche Weise die
Spuren der Beschneidung zu entfernen. So kam dort mehr und
mehr das griechische Wesen auf und die jüdische Sitte in Verfall,
ja es fehlte bald nicht an Vorkommnissen, die wirklich schon nahe
an Heidenthum streiften: so schickte, als zu Tyrus in Gegenwart
des Königs das fünfjährige Kampfspiel gehalten wurde, Jason Einige
von den antiochischen Juden in Jerusalem, die wahrscheinlich besser
als die heimischen der griechischen Sprache kundig waren, mit 3300
Drachmen dahin ab, dem Herakles davon ein Opfer zu besorgen;
die Ueberbringer selbst fühlten, wie unziemlich dies sei, und baten,
daß dieses Geld anders verwendet werden möge. Jetzt aber berei=
tete sich ein neuer Krieg zwischen Syrien und Aegypten vor.
In dem letzteren Lande hatte die verwittwete Königin Kleopatra
für ihren kleinen Sohn Philometor die Regierung verwaltet,
aber als Schwester des syrischen Königs ihre Ansprüche auf das
vorenthaltene Cölesyrien ruhen lassen; als sie jedoch um 173 starb,
erhielten zwei Aegypter die Vormundschaft und fingen bald darauf
an, die endliche Abtretung besagten Landes zu fordern. Antiochus,
der inzwischen den König von Großarmenien besiegt, sowie das
Bündniß mit Rom erneuert hatte, fühlte sich stark genug, nicht nur
jene Forderung als ganz unbegründet abzuschlagen, sondern auch
nach der Vormundschaft des Philometor, der ja sein Neffe war, in
eigennütziger Absicht zu angeln. Als er indessen kurz darauf erfuhr,
daß die ägyptische Regierung Feindseligkeiten gegen ihn vorbereite,
beschränkte er sich vorläufig auf die Sicherstellung Cölesyrien's, und
machte zu diesem Zwecke eine Rundreise durch dasselbe, eine unge=
wohnte Freigebigkeit überall entfaltend, wohin er kam. Bei dieser
Gelegenheit besuchte er auch Jerusalem, wurde von Jason und der
Stadt glänzend empfangen, und hielt unter Fackelschein und Freuden=
geschrei seinen Einzug: Niemand ahnete, wie schrecklich dieser Gast
bei seiner nächsten Wiederkunft sein werde. Noch früher aber als von den
Juden wurde Antiochus von ihrem Oberhaupte Jason abgewendet.
Gegen Ende des Jahres 171 nämlich sendete Dieser einen ange=
sehenen Priester Onias, welcher den Beinamen Menelaos ange=
nommen hatte, einen Bruder des obenerwähnten Verräthers Schimon,
an den König ab, um die jährlichen Gelder zu überbringen und
ihm einige dringende Angelegenheiten vorzutragen. Dieser ehrgeizige
Mann suchte aber Antiochus für sich selbst einzunehmen und, als

ihm dieses gelungen war, die hohepriesterliche Würde an sich zu bringen, indem er außer den mit Jason stipulirten Jahresgeldern noch 300 Talente zu entrichten versprach. Der König willigte hierein, und mit der hierüber ausgestellten Urkunde kehrte Menelaos nach Jerusalem zurück. Jason aber war nicht gewillt, den Pontificat ihm friedlich abzutreten; und von dem Volke, das entrüstet war, die hohepriesterliche Würde aus einer Familie, die seit uralten Zeiten sie inne hatte, auf ein ihr fremdes Haupt übertragen zu sehen, schlug sich die Mehrzahl auf seine Seite, während nur ein kleiner Theil desselben nebst den Tobijaden die Partei des Menelaos ergriff. Deshalb kehrte Menelaos zum Könige zurück und ließ sich von ihm eine Hilfsmacht ertheilen, bei deren Anzuge Jason zu den Ammoniten entfloh, wiederverdrängt, wie er seinen Bruder verdrängt hatte. Bei diesem neuen Wechsel hatten aber die Juden sehr verloren, denn obwohl an Unpriesterlichkeit und in Hinneigung zu den griechischen Sitten Jason und Menelaos einander gleich waren, soll doch Letzterer gegen sie „grimmig wie ein wildes Thier" aufgetreten sein, und in jedem Falle war sein Verhältniß zu ihnen von vornherein ein feindseliges.

Inzwischen war 170 der Krieg mit Aegypten zum Ausbruche gekommen. Gleich mit dem Frühjahr hatte ein großes ägyptisches Heer sich gegen Cölesyrien in Bewegung gesetzt, und Antiochus, der vor den Römern gern den Schein des Rechts bewahren wollte, ihnen alsobald die Anzeige gemacht, er werde ohne allen Grund von den Aegyptern mit Krieg überzogen. Hierauf rückt er diesen entgegen und schlägt sie westlich von dem Kasischen Berge, läßt jedoch dem Metzeln Einhalt thun, um ihnen als milde zu erscheinen; ihm wird Pelusium geöffnet, und bald ist er im Besitz fast des ganzen Landes. Der junge Philometor knüpft jetzt mit ihm Unterhandlungen an und begiebt schließlich sich zu ihm; Antiochus läßt ihm die Herrschaft, in Erwägung, daß er dann doch mittelbar über Aegypten herrschen werde, während eine vollständige Ansichnahme desselben nothwendig die Römer gegen ihn heranziehen würde. Nachdem er aber jetzt wieder nach Syrien abgezogen war, erhoben sich die Einwohner von Alexandrien gegen Philometor, der mit Recht ihnen nur als ein Werkzeug des Antiochus erschien: sie verjagten ihn daher, setzten für ihn seinen noch jüngeren Bruder Euergetes (Physkon) auf den Thron, und rüsteten sich, nachdem ein großer Theil von Aegypten sich zu ihnen geschlagen hatte, dem Antiochus kräftigen Widerstand zu leisten, wenn er wieder kommen wollte. Dieser erklärte nun, daß er für den rechtmäßigen König von Aegypten die Waffen ergreife, und trat 169 einen zweiten Zug dahin an. Bei Pelusium erfocht er einen Sieg über die feindliche Flotte, und rückte dann vor Alexandrien; aber als darin die Noth schon groß war, erhielt er Nachricht von Unruhen, die in Judäa ausgebrochen seien, was ihn dahin aufzubrechen nöthigte; bei seinem Abzuge ließ er Philometor in Memphis, und übergab ihm wieder ganz Aegypten, dem Physkon aber drohete er, daß er bald wieder erscheinen werde. Allein Physkon und seine Schwester Kleopatra hatten noch während der Belagerung Gesandte nach Rom geschickt, mit der demüthigsten Bitte um den Befehl an Antiochus, von Alexandrien abzuziehen und jeder ferneren Feindseligkeit gegen sie sich zu enthalten; diese Bitte wurde indessen erst im folgenden Jahre erfüllt. Nämlich Philometor, der niemals den Freundschaftsbetheuerungen des Antiochus recht getraut hatte, knüpfte im nächsten Winter mit seinem jüngeren Bruder Unterhandlungen an, welche dahin führten, daß er in Alexandrien aufgenommen wurde und mit Physkon die Regierung theilte. Antiochus ergrimmte über ihre Aussöhnung dermaßen, daß er sogleich mit größtem Nachdruck gegen sie zu rüsten begann, und mit Eintritt des Frühlings von 168 zog er nach Aegypten und eröffnete die Feindseligkeiten; doch erst um Mitte des Sommers erschien er vor Alexandrien, und bekannt ist, in welcher denkwürdigen Weise ihm hier als Botschafter des römischen Senats C. Popillius Länas entgegentrat. Nämlich als Antiochus demselben die Hand reichen will, übergiebt Dieser ihm erst den schriftlichen Befehl des Senates; Antiochus liest ihn und sagt dann, er wolle mit seinen Räthen ihn erwägen, aber Popillius zieht mit einem Stabe einen Kreis um den König und verbietet ihm, aus diesem Kreise zu treten, ehe er auf den überbrachten Befehl Antwort ertheilt habe. Bestürzt von solchem unerhörten Andringen, erklärt Antiochus sich bereit, dem Senat zu gehorchen, und führt schon nach wenigen Tagen sein Heer nach Syrien ab; die römische Gesandtschaft aber bestätigt das Uebereinkommen der beiden Brüder, gemeinschaftlich über Aegypten zu regieren.

Den Begebenheiten in Judäa sind wir im Voranstehenden um zwei Jahre vorangeeilt. Als nämlich Antiochus gegen den Herbst 170 zum ersten Male aus Aegypten zurückkehrte, fand er, daß Menelaos die ihm versprochenen Gelder noch nicht abgetragen habe:

er ließ ihn deshalb vor sich bescheiden, und Menelaos leistete dem
Folge, indem er zum einstweiligen Stellvertreter im Pontificat seinen
Bruder Lysimachos zurückließ. Als er nach Antiochien kam, war der
König nach Kilikien gezogen und als Verweser ein Andronikos zurückgelassen worden, welchen jetzt Menelaos für sich zu gewinnen suchte:
bei seiner Abreise hatte er nämlich aus dem Tempel zu Jeruschalem
heimlich eine bedeutende Anzahl von goldenen Geräthen mitgenommen
und auf dem Wege die meisten davon verkauft, um nicht ganz ohne
Geld vor dem Könige zu erscheinen, die noch übrigen schenkte er jetzt
diesem Andronikos. Der verdrängte hohe Priester Onias aber, der
vielleicht damals in Antiochien lebte, wo eine zahlreiche jüdische
Gemeinde sich gebildet hatte, erfuhr diesen Tempelraub und bezüchtigte
desselben den Menelaos laut, flüchtete aber dann seiner Sicherheit
wegen ungesäumt in ein nahes Asyl. Menelaos überredete jedoch
den Andronikos, Onias tödten zu lassen: Derselbe begab sich daher
zu ihm, beschwor ihm seine Sicherheit mit Mund und Hand, und
Onias, obwohl nicht frei von Argwohn, ließ sich von ihm aus dem
Asyl locken, wurde aber, sobald er es verlassen hatte, umgebracht.
Dieser schändliche Mord empörte nicht nur die Juden, sondern auch
alle übrigen Einwohner von Antiochien; und als der König zurückkam, erhoben Jene bei ihm Klage deswegen, unterstützt von Aeußerungen
des Abscheus, welchen die Griechen an den Tag legten. Antiochus,
hier einmal seine bessere Seite zeigend, vergoß Thränen des Mit-
leids, als man ihm von der Verständigkeit und großen Rechtschaffen-
heit des Ermordeten erzählte; hierauf ließ er Andronikos den Purpur
abnehmen und ihn an derselben Stelle hinrichten, wo Onias den
Tod erlitten hatte. Wie der König Menelaos aufgenommen habe,
wird uns nicht berichtet, doch muß Dieser sich mit ihm verständigt
haben, da er in seinem Amte blieb. Während dieser Vorgänge
hatten in Jeruschalem Unruhen stattgefunden. Im Einverständniß
mit Menelaos hatte auch sein Bruder Lysimachos aus dem Tempel
viele kostbare Geräthschaften entwendet, wahrscheinlich um davon die
dem Könige schuldige Summe zu vervollständigen; und als das
Gerücht hiervon sich verbreitete, stand das Volk wuthentbrannt gegen
ihn auf, Lysimachos aber bewaffnete an 3000 Mann, und stellte sie
den Andringenden entgegen. Diese greifen hierauf nach Steinen,
Balken, Feuerbränden, und schleudern alles dies auf die Leute des
Lysimachos: Viele von Diesen verwunden sie, die Uebrigen treiben

sie in die Flucht, und erschlagen hierbei den Tempelräuber selbst
nahe bei der Schatzkammer. Damit aber beruhigten sie sich noch
nicht, denn als bald darauf Antiochus nach Tyrus kam, verfügten
sich drei Abgeordnete des Synedriums dahin und erhoben vor ihm
eine Klage auf Tempelraub gegen Menelaos, der im Gefolge des
Königs sich befunden zu haben scheint. Schon war er unterlegen,
als er einen Ptolemäos — wahrscheinlich Denselben, welcher auch
Makron zubenamt und zum Statthalter von Cölesyrien eingesetzt
worden war — durch große Versprechungen gewann, den König zu
besänftigen, was ihm auch gelang; die Folge davon war, daß Menelaos
freigesprochen und seine Ankläger als Verläumder hingerichtet wurden,
doch die Thrier wagten es, sie ehrenvoll zu bestatten.

Der nächste Sommer und Herbst von 169 brachten aber noch
ganz neue Schrecken über Jerusalem. Zufällig zeigte sich damals
über der Stadt fast vierzig Tage lang eine meteorische Erscheinung,
in welcher die aufgeschreckten Gemüther den Angriff zweier Heere
auf einander erblickten, und man betete allgemein, daß diese Erscheinung nichts Böses bedeuten möge. Als nun kurz darauf das
falsche Gerücht sich verbreitete, daß Antiochus in Aegypten mit Tode
abgegangen sei, sammelte der zu den Ammoniten geflüchtete Jason
tausend Mann und machte plötzlich einen Angriff auf die Stadt,
welche wohl damals wegen des ägyptischen Krieges ohne syrische
Besatzung war: Jerusalem wurde eingenommen, und Menelaos
flüchtete sich in die Oberstadt, worauf Jason unter den Anhängern
desselben ein großes Blutbad anrichtete, von den übrigen Einwohnern
aber Viele, von Entsetzen ergriffen, die Stadt verließen und sich
zerstreuten, wogegen die Mehrzahl sich zu ihm schlug. Die Nachricht von diesen Unruhen drang bald zu Antiochus, der vor Alexandrien stand; und da er besorgte, Judäa wolle ganz von ihm abfallen,
was selbst seinen Rückzug gefährden konnte, so führte er eilends
aus Aegypten sein Heer heran. Bei seiner Annäherung entfloh
Jason wieder zu den Ammoniten. Die Einwohner aber verschlossen
Antiochus die Thore und waren zum Widerstande entschlossen, der
um so schwieriger war, weil Menelaos mit dem Rest seiner Anhänger
die Oberstadt innehatte: mit Hilfe desselben drang Antiochus sogleich
ein und befahl seinen Kriegern, wer von den Einwohnern ihnen
begegne, ohne Schonung niederzuhauen. Es erfolgte jetzt ein drei-
tägiges Morden, erklärlich nur durch die Vermuthung, daß in den

Straßen der Kampf fortgesetzt wurde; 40,000 jeden Alters und Ge=
schlechtes sollen da getödtet, und als die Wuth der Habgier gewichen war,
eine ebenso große Anzahl von Einwohnern zu Sklaven verkauft worden
sein. Auch betrat Antiochus den Tempel, begleitet von Menelaos,
und ließ, ohne daß Dieser eine Gegenvorstellung wagte, daraus alle
noch vorhandenen kostbaren Geräthe, die Gelder des Schatzes, die Weih=
geschenke fremder Könige und sogar die goldenen Bekleidungen an
einigen Wänden und Thüren fortnehmen[1]: dieser Raub soll einen
Werth von 1800 Talenten gehabt haben. Hierauf zog er nach Antiochien
ab, ließ aber als Aufseher von Jerusalem einen gewissen Philippos
zurück, der noch barbarischer als sein Herr war, desgleichen auf dem
Berge Gerisim einen Andronikos zur Beaufsichtigung Samariens.
In dem darauf folgenden Jahre wurde er durch die erwähnte
römische Gesandtschaft zum Abzuge aus Aegypten genöthigt, und
vielleicht erst jetzt suchte er den vor ihm entflohenen Jason in seine
Gewalt zu bekommen: Dieser entwich daher von den Ammoniten
zu dem Könige des peträischen Arabiens, und als er auch dort seine
Sicherheit gefährdet fand, eine Zeit lang von Stadt zu Stadt, kam
auf diese Weise nach Aegypten, und begab sich von da nach Sparta,
die Gastfreundschaft in Anspruch zu nehmen, auf welche er wegen
der von Areus mit seinem Bruder Onias angeknüpften seltsamen
Verbindung ein Anrecht zu haben glaubte.

[1] Einem modernen Apion wollen wir es überlassen herauszubringen, was
der Erzählung des alten Apion zu Grunde gelegen, daß Antiochus im Tempel
einen Griechen eingesperrt gefunden habe, den man fütterte, um ihn in einem
Walde zu opfern und von seinen Eingeweiden kostend, ewigen Haß gegen die
Griechen zu schwören, wie das alljährlich geschehe. Für das vorher von ihm
erzählte Mährchen, daß er dort einen Eselskopf von Gold gefunden, ist in einem
Fragment des Diodor ein verwandtes aufgetischt.

Zweites Kapitel.

Die Einstellung des Cultus und die Verfolgung der Glaubenstreuen.

Durch die erzählten Gräuelthaten war · in Judäa nothwendig die überhaupt noch junge Hinneigung zu den Seleuciden auf das Tiefste erschüttert, sowie die Erinnerung an die milde Herrschaft der Ptolemäer wieder aufgefrischt worden; und danach, daß in den Streitigkeiten zwischen Syrien und Aegypten die Römer für das letztere Partei genommen hatten, durfte man auch vermuthen, daß Cölesyrien von Antiochus wieder herausgegegeben werden müßte. Beides erklärt es uns, daß jetzt wieder in Judäa eine ägyptische Partei sich bildete, an deren Spitze ein gleichnamiger Sohn des verdrängten und ermordeten hohen Priesters Onias trat: ohne Zweifel hoffte er, wenn Judäa wieder unter die Ptolemäer käme, den ihm gebührenden Pontificat zu erhalten. Hierdurch aber bekam er nicht bloß Menelaos gegen sich, sondern auch die Tobijaden, welche mit Antiochus in Verbindung standen; und als Reibungen mit Diesen dahin führten, daß er mit Hilfe des Volkes sie aus der Stadt vertrieb, klagten sie bei dem Könige Onias und seine Anhänger der Hinneigung zu Aegypten an, weshalb im Frühjahr oder Sommer von 167 Antiochus den Apollonius, Strategen alles Landes westlich vom Jarden wie es scheint, mit 22,000 Mann in Judäa einrücken ließ, um mit der größten Strenge die Schuldigen zu bestrafen. Apollonius zog vor Jerusalem und sprach so friedlich zu den Einwohnern, daß diese sich keiner Feindseligkeit von ihm versahen; am nächsten Sabbat aber ließ er die Seinigen unter die Waffen treten, sowie zum Scheine Kriegesübungen anstellen, und als dieses Schauspiel mitanzusehen Viele arglos herausgekommen waren, mußten seine Truppen plötzlich Diese niederhauen und in die Stadt eindringen. Hierauf wütheten sie in ihr entsetzlich mit Feuer und Schwert, raubten sie aus, zerstörten Häuser und Mauern, brannten einige Thore des Tempels nieder, verwüsteten viele Zellen darin, beides vermuthlich in Folge bewaffneten Widerstandes, den die Raubenden hier fanden, und führten Frauen, Kinder und Vieh gefangen fort. Das letztere Loos soll 10,000 Seelen betroffen haben, die Zahl der Erschlagenen war vielleicht nicht kleiner; von den

übrigen Einwohnern entflohen die meisten, zum Theil zu den benach=
barten Völkerschaften', und es blieben fast nur noch Diejenigen
in Jeruschalem zurück, welche geneigt waren, gemeinsame Sache
mit dem Feinde zu machen. Onias gelang es, während des blutigen
Tumultes aus der Stadt zu entkommen, und er entwich nach
Aegypten, wo wir ihn noch eine sehr ehrenvolle Rolle werden spielen
sehen. Hierauf ließ Apollonius die nördliche oder sogenannte David=
stadt befestigen, versah sie mit Waffen und Mundvorräthen, legte
eine Besatzung von Syrern und gesetzesabtrünnigen Ueberläufern
hinein, wahrscheinlich unter jenem Philippos, der vor zwei Jahren
hierhergesetzt worden war, andere kleine Heerhaufen vertheilte er
über das Land, und kehrte dann wieder auf seinen Posten zurück.
Diese zurückgelassenen Truppen zeigten überall eine besondere Feind=
seligkeit gegen die jüdische Religion, von ihnen wurde jede Synagoge
in den Landstädten niedergebrannt, sowie im Jeruschalemer Tempel
das „Schnitzwerk mit Art und Keule zerschlagen", und wer es noch
wagte, diesen zu besuchen, ward mißhandelt, zuweilen selbst erschlagen,
und so stand er von selbst beinahe schon völlig verödet, als vom
Könige Befehle anlangten, die jüdische Religion gänzlich abzu=
stellen. Wir müssen dieses Vorgehen uns zu erklären suchen, da es
bekanntlich nicht in dem Wesen des Polytheismus lag, einen fremden
Cultus zu unterdrücken; und selbst daß Antiochus aufrichtig der
griechischen Religion zugethan war, motivirt noch nicht seine besondere
Strenge gegen das Judenthum. Auch ist die Meinung unstatthaft,
welche ihm die Absicht zuschrieb, sein Reich durch Verbreitung einer
und derselben Religion über alle Theile desselben innerlich mehr zu
consolidiren: eine solche Absicht ist zu sehr im Geschmack der modernen
Staatskünstler. Vielmehr scheint Antiochus dem Judenthum wegen
seiner seltsamen und den Umgang erschwerenden Gebräuche längst
abgeneigt gewesen zu sein; zudem hatte ohne Zweifel nicht selten
die Sprödigkeit der Juden mit den Befehlen der shrischen Beamten
in Judäa collidirt, und dies in mündlichen wie schriftlichen Berichten
an den König eine Darstellung gefunden, nach welcher ihre Religion
diese Hartnäckigkeit erzeuge, was selbst nicht unrichtig war. Eine
solche Religion abzustellen, konnte ein Despot ganz von selbst den
Gedanken fassen, doch soll seinen wirklichen Entschluß hierzu erst
Menelaos zur Reife gebracht haben. Dieser mußte nachgerade ein=
gesehen haben, daß bei dem tiefen Abscheu aller Anhänger des

Judenthums gegen ihn seine hohepriesterliche Stellung auf die
Dauer unhaltbar sei, durfte aber hoffen, wenn er sie durch Empfehlung
einer dem Sinne des Königs so zusagenden Maßregel freiwillig
aufgebe, für dieses anscheinende Opfer mit einer weltlichen Herrschaft über seine Landsleute belohnt zu werden, wonach wir ihn auch
später noch werden trachten sehen. Er war zu verworfen, als daß
wir seinen Rath aus einem verzeihlicheren Motive ableiten dürften,
welches andere gesetzesabtrünnige Juden hatten, die ebenfalls damals
für Abschaffung der väterlichen Religion auf den König eingewirkt
zu haben scheinen: sie mochten wirklich dies als das Beste für ihre
Stammesgenossen ansehen, da hierdurch die unangenehme bisherige
Ausnahmestellung derselben aufhören würde. Als aber zur Ausführung geschritten wurde und den Juden anstatt der Religion, welche
ihnen entrissen werden sollte, eine andere geboten werden mußte,
wählte Antiochus hierzu natürlich seine eigene, die griechische. Es
scheint nun, daß Antiochus diesen Plan schon vor dem Abzuge des Apollonius verlauten ließ; allein im Herbste schickte er
einen alten Athenienser ab, um mit mehr Gründlichkeit, als von
einem Feldherrn zu erwarten stand, die Unterdrückung der jüdischen
Religion zu vollziehen und statt ihrer den griechischen Cultus einzuführen. Gleichzeitig ergingen zu Gunsten des letzteren königliche
Briefe durch das ganze Reich, durchwebt mit reichen Versprechungen
an Die, welche hierin dem Willen des Königs nachkommen würden.
An die Juden aber enthielten diese Schreiben neben solchen Versprechungen umfassende Befehle und Drohungen: der jüdische Opfercultus sollte eingestellt und der Tempel in Jerusalem für den Dienst
des olympischen Zeus eingerichtet, ferner sollten in den anderen Städten
des Landes Altäre, Haine und Tempel für die griechischen Götter
errichtet, die Sabbate und Feste nicht mehr gefeiert, die Knaben
nicht beschnitten, die Speisegesetze sowie alle sonstigen Vorschriften
der jüdischen Religion nicht mehr beobachtet, und wer in irgend einem
Punkte diesen Befehlen entgegenhandele, getödtet werden. In den
übrigen Provinzen des Reiches scheinen diese Befehle keine Verwirrung erzeugt zu haben, da in ihren Eigenthümlichkeiten nichts
vorhanden war, was Antiochus zu brechen verlangt hätte, und Heiden
natürlich leichter zu bewegen waren, noch einige Gottheiten mehr
anzubeten; in ihrem Betreff mag daher das Ganze darauf hinaus-
gekommen sein, daß auf kurze Zeit der griechische Cultus in der

Hauptstadt ein friedliches Uebergewicht erhielt, und in dem übrigen Reiche bei Personen von Devotion einige äußerliche Aufnahme fand, bis diese königliche Grille durch eine andere verdrängt wäre. Strenger schon wird darauf gehalten werden sein, daß die im Reiche zerstreut wohnenden Juden ihre religiösen Gebräuche unterließen, wie denn Ptolemäus, der damalige Statthalter von Cölesyrien, für die Juden seiner g a n z e n Provinz den Befehl erließ, an den heidnischen Aufzügen und Opfern theilzunehmen. Auch sei hier erwähnt, daß die Samaritaner, als später die Feindseligkeiten gegen die Juden auf sie als eine Abart derselben ausgedehnt wurden, es läugneten, an Geschlecht und Religion mit ihnen verwandt zu sein, und um Beides zu bethätigen, feige sich die Erlaubniß ausbaten, wegen ihrer ausländischen Abkunft ihren Tempel auf dem Gerisim dem Zeus Xenios (Beschützer der Fremden) weihen zu dürfen, obwohl sie hierbei einen ernstlichen Abfall von ihrer Religion gewiß nicht im Sinne hatten. Dagegen in Judäa kam jener Sendling, welchem die zurückgelassenen Truppen wahrscheinlich zur Verfügung gestellt wurden, den Befehlen seines Herrn mit allem Eifer und mit der blutigsten Strenge nach. Am 23. Marcheschwan ließ er zuvörderst die niedrige Einfassung rings um den Tempel, bis zu welcher gesetzlich Heiden nur kommen durften, niederreißen: man wußte in späterer Zeit von dreizehn Stellen, an welchen sie jetzt niedergebrochen wurde. Dann wurde am 15. Kislew angefangen, auf dem großen Brandopferaltar einen kleineren Altar sowie um denselben Fahnen mit heidnischen Emblemen aufzurichten, besonders wohl des olympischen Zeus, welchem wirklich der Tempel geweihet wurde, und auf ihm am 25. desselben Monats zum ersten Male geopfert; desgleichen wurde in rohem Uebermuth von den Ausländern in den heiligen Räumen mit losen Dirnen gezecht und verkehrt. In allen übrigen Städten des Landes aber wurden unter dem Schutze dahin gesendeter kleiner Schaaren Altäre auf Straßen und Märkten errichtet und die Juden gezwungen, auf ihnen den heidnischen Göttern zu opfern; und regelmäßig wurde an einem bestimmten Tage jedes Monats, der als der Geburtstag des Königs festlich begangen wurde, dieser Zwang gegen alle Juden erneuert, die sich zufällig in den Städten einfanden; ebenso als das Fest des Bakchos kam, mußten sie mit Epheu bekränzt diesem Gotte zu Ehren Aufzüge halten. Außerdem wurden überall Wächter aufgestellt, darauf zu sehen, daß kein jüdischer Gebrauch vollzogen werde.

Natürlich nun gab es Viele, welche ihrer Religion das bedrohte Leben vorzogen und Folge leisteten; Solche, die lüstern nach den versprochenen Belohnungen oder schon vorher dem griechischen Wesen zugethan waren, gaben natürlich noch leichter nach, und alle Freunde ungebundener Sitten vermehrten die Zahl der Abtrünnigen. Allein es gab auch nicht Wenige, welche mit aller Innigkeit an der angestammten Religion und deren frommen Satzungen hielten: diese entflohen in Höhlen und Wälder, oder wurden für ihre Weigerung, den Götzen zu opfern, und für die Ausübung von Ceremonien, wobei sie betroffen wurden, auf das Schmählichste mißhandelt und gemartert. Es kam vor, daß man Solche halb zu Tode geißelte und dann an Pfähle schlug; Frauen, welche ihre Kinder beschnitten, wurden gehenkt und an ihren Hälsen ihre Kleinen aufgeknüpft; zwei von diesen Frauen wurden, die Kinder an ihren Brüsten festgebunden, durch die Stadt geführt und dann von der Mauer herabgestürzt; auch wo man heilige Schriften fand, wurden sie zerrissen oder Götzenbilder hineingemalt und die Eigenthümer ermordet. Einem der angesehensten Schriftgelehrten, Elasar, wurde der Mund aufgerissen und Schweinefleisch hineingestopft: er spie es aus und ließ sich dafür zum Tode führen[1]. Aehnliche Verfolgungen fanden im ganzen Lande täglich statt, und „es lag ein sehr großer Zorn auf Israel". Um gerecht zu sein, dürfen wir nicht übersehen, was die Schuld des Antiochus ein Wenig mildert,

---

[1] Ein wie es scheint späterer Zusatz der apokryphischen Quelle berichtet, ein Scherge, der ihn kannte und achtete, habe ihn bereden wollen, zulässiges Fleisch unterzuschieben: er aber wies auch den Schein der Sünde zurück und hauchte unter Geißelhieben seine edle Seele aus. Dagegen die bekannte Legende von dem Märtyrertode einer Mutter und ihrer sieben Söhne möchte wohl frei gedichtet sein. — Eine Mirjam aus dem Priestergeschlechte Bilga soll damals ihre Religion verlassen und einem griechischen Krieger sich hingegeben, als aber die Griechen in das Heiligthum eindrangen, den Altar betreten und gerufen haben: „Lykos (Wolf), Lykos! wie lange noch verzehrest du Israels Geld und stehest ihm nicht bei in der Noth!" Wenn dieserhalb, wie behauptet worden, die ganze Abtheilung Bilga später in einigen Punkten zurückgesetzt wurde, so war dies nicht bloß ungerecht, sondern beruhete auch auf einer falschen Auffassung, denn aus jenen festen Worten der Mirjam spricht doch ein löbliches Gefühl heraus. — Nicht zu entscheiden ist, wieviel an der Nachricht sein möge, daß die Griechen befohlen hätten, auf ein' Horn der Opferthiere zu schreiben, daß sie keinen Theil mehr an dem Gotte Israels hätten.

daß nämlich Derselbe, im Hinblick auf die vielen Hellenisirenden unter ihnen, Anfangs die Bekehrung der Juden zur griechischen Religion für viel leichter gehalten und erst, als er hierin einen unverhofften Widerstand fand, aus beleidigtem Despotenstolz auf der unnachläßlichen Vollziehung seiner Blutbefehle bestanden haben mag.

Drittes Kapitel.

Die Erhebung der Chaschmonäer, bis zur Tempelweihe.

Damals lebte in Modiim, einem Städtchen an der Straße von Jeruschalem nach Joppe, ein ehrwürdiger alter Priester Mattis= jahu, der fünf Söhne hatte: Jochanan, Schimon, Jehuda, Elasar und Jonatan. Vor diesen klagte er unabläſſig über die Zerrüttung seines Volkes wie über den kläglichen Zustand des Tempels, und hatte mit ihnen deshalb Trauer angelegt. Als nun auch nach Modiim Männer kamen, im Auftrage des Königs die Juden zum Abfall zu zwingen, forderten sie denselben auf, wegen seines Ansehens in dieser Stadt zuerst hinzutreten und den Göttern zu opfern, wie alle Völkerschaften und die in Jeruschalem Uebriggebliebenen und so Viele in Judäa schon gethan, er und die Seinen würden dann zu den Freunden des Königs gezählt und reich beschenkt werden. Mattisjahu aber rief ihnen zu: Wenn auch alle Nationen im Reiche des Königs von ihren väterlichen Religionen abfallen, so werden doch ich und meine Söhne und meine Brüder unwandelbar dem Bunde unserer Väter treu bleiben. Jetzt trat ein jüdischer Mann an den aufgerichteten Altar, um zu opfern: hierüber aber entrüstete sich Mattisjahu so sehr, daß er auf der Stelle ihn tödtete, sodann mit seinen Söhnen, die bewaffnet waren wie er, über die syrischen Männer herfiel, ihren Anführer erschlug und den Altar umriß. Hierauf schritt er durch die Stadt unter dem wiederholten lauten Rufe: Wer für das Gesetz eifert und fest am Bunde hält, der folge mir! und entfloh dann mit seinen Söhnen in die nahen Berge. Sehr Viele von gleicher Gesinnung folgten ihm dahin oder zogen sich in die benachbarten Wüsten mit ihren Familien und Heerden, und lebten dort zum Theil bloß von Kräutern und Wurzeln. Als die Nachricht hiervon nach Jerusalem gelangte, zog ein großer Theil der dortigen Besatzung unter ihrem Obersten Philippos gegen die Geflüchteten aus, und Diesem wurde nach einigen Hinundherzügen verrathen, daß ein ansehnlicher Haufen derselben, an tausend Seelen, in einem Gewinde von Höhlen ver= steckt sei, wie deren Palästina unzählige und mitunter überaus geräumige hat. Philippos rückte eilig davor, gerade an einem Sabbath, und forderte sie auf herauszukommen und den Willen des Königs zu vollziehen. Sie aber schlugen dies ab, und als sie hierauf sogleich angegriffen wurden, wehrten sie sich nicht, um nicht dadurch den Ruhetag zu verletzen, versperrten auch nicht einmal die Zugänge, und wurden so insgesammt getödtet. Als Mattisjahu von diesem Unglück hörte, sagte er zu den um ihn Versammelten, daß wenn man am Sabbat sich nicht wehren wolle, dieser Tag immer von den Feinden zu Angriffen benutzt werden und ihr Häuflein bald ausgerottet sein würde; und man faßte daher den Beschluß, angegriffen auch am Sabbat zu kämpfen. Inzwischen aber hatten sich zu Mattisjahu viele Schriftgelehrte und alle Die= jenigen versammelt, welche bei den hereingebrochenen Leiden ihre Heimath verlassen und sich zerstreuet hatten; und da dieser Zuzug fortdauerte, so war bald ein ansehnlicher Streithaufen beisammen, mit welchem Mattisjahu Philippos angriff und so schlug, daß nur ein kleiner Theil seiner Leute den Rückweg nach Jerusalem gefun= den haben muß, die Uebrigen aber in aufgelöster Flucht den jüdischen Boden verließen. Nun zog Mattisjahu im Lande umher, zerstörte die errichteten heidnischen Altäre, züchtigte die Abtrünnigen, ließ die unbeschnitten gebliebenen Kinder beschneiden, und vertheidigte das jüdische Gesetz gegen jeden Angriff. Allein von diesen ungewohnten Anstrengungen schnell aufgerieben, starb dieser Greis schon im Sommer (166), nachdem er seine Söhne zu fernerem beharrlichen Widerstand und zu jedem Opfer für ihre geächtete Religion auf= gefordert sowie ihnen empfohlen hatte, wo sie Rathes benöthigt wären, auf ihren einsichtsvollen Bruder Schimon zu hören, dagegen ihrem Bruder Jehuda, der schon Proben überlegener Tapferkeit gegeben hatte, in den bevorstehenden Kämpfen die Anführung zuüberlassen; er wurde in Modïm begraben und von allen Treugebliebenen in Israel be= trauert. An seine Stelle trat also jetzt sein Sohn Jehuda, und recht= fertigte bald den erhaltenen Vorzug so sehr, daß ihm der ehrende Beiname Makabi oder des Hämmerers gegeben wurde. Gleich im ersten Jahre erfocht er zwei Siege, die wegen der schwachen Kräfte, welche ihm zu Gebote standen, höchst denkwürdig sind. Näm= lich Apollonius wollte als Stratege dieses Gebietes jetzt die Niederlage des Philippus rächen und den Aufstand dämpfen, mußte aber hiefür erst Mannschaft sammeln, wobei es ihm sehr gelegen kam, daß die Samaritaner zahlreich sich unter seinen Fahnen ein= fanden, nicht blos aus angeerbter Feindschaft gegen die Juden, sondern auch wohl um dadurch ihre vorjährige Betheuerung zu bekräftigen, daß sie mit Diesen nicht verwandt wären. Als er endlich heranrückte, zog ihm Jehuda mit seinen Leuten entgegen und schlug ihn, viele Feinde fielen, die übrigen entflohen, und Apollonius selbst fand in dem Treffen seinen Tod; sein Schwert nahm Jehuda an sich und führte es in allen seinen ferneren Kämpfen. Jetzt erwachte in Seron, einem syrischen Heerführer im Norden von Palästina das Verlangen, durch Besiegung Jehuda's sich Ruhm zu erwerben: er rüstete sich daher zu einem Zuge gegen ihn, und Viele, die Israel feind oder beutelustig waren, schlossen sich frei= willig ihm an. Als er heranziehend an den sehr felsigen Engpaß kam, welcher südöstlich von Joppe von Unter=Betçoron in Judäa hinaufführt und wegen seiner militärischen Wichtigkeit mehrmals der Schauplatz blutigen Kampfes war, trat ihm Jehuda mit einer nur sehr geringen Macht entgegen, denn in diesen Kämpfen zer= streueten sich die aufständischen Juden nach jedem erfochtenen Siege, und schaarten sich, wenn eine neue Gefahr auftauchte, wieder um ihn und später um seine Nachfolger bald in größerer bald in kleinerer Zahl. Im ersten Augenblicke nun waren seine Leute zag= haft wegen der feindlichen Uebermacht und weil sie noch nichts an diesem Tage genossen hatten: aber nach einer feurigen Anrede von ihm stürzten sie sich kühn und unerwartet auf Seron's Heer, schlugen es und jagten es den Abhang hinab bis in die Ebene; 800 von diesen fanden ihren Tod, die Uebrigen flohen in das philistäische Gebiet.

König Antiochus scheint bis zu diesem Zeitpunkte entweder dem Aufstande in Judäa überhaupt nur geringe Beachtung geschenkt,

oder doch ihn zu unterdrücken seine gewöhnlichen Streitkräfte in
dieser Gegend für ausreichend gehalten zu haben. Als er aber die
Niederlage des Apollonius und kurz darauf die des Seron erfuhr,
gerieth er in Wuth gegen das jüdische Völkchen und beschloß, mit
größeren Heerkräften es angreifen zu lassen. Er hatte aber gleich=
zeitig noch eine zweite Expedition vor. Seine Kassen waren durch
seine große Freigebigkeit und seinen unvernünftigen Aufwand in
hohem Grade erschöpft, zumal da auch aus seinen östlichen Provinzen
die Steuern jetzt sparsam eingingen; außerdem schuldete er den
Römern von der seinem Vater auferlegten Kriegssteuer noch immer
2000 Talente. Er rüstete daher mit Aufwendung seiner letzten
Gelder ein großes Heer aus, um mit der Hälfte desselben persönlich
nach dem Osten abzuziehen, die rückständigen Steuern einzutreiben
und auf sonstige Weise in jenen reichen Gegenden seinen Schatz wieder
zu füllen; die andere Hälfte des Heeres aber sowie die Oberver=
waltung aller Provinzen vom Euphrat bis zu den Grenzen Aegyptens
und die Erziehung seines kleinen Sohnes übergab er dem Lysias,
einem angesehenen Manne aus dem königlichen Geschlecht, mit dem
Befehl, ein Kriegesheer nach Judäa zu senden, welches alle Kräfte
desselben aufreiben und Jerusalem ganz vom Erdboden vertilgen
sollte, sodann Fremde in dieses Land zu versetzen und unter ihnen
es zu vertheilen. Hierauf zog er (im Jahre 165) über den Euphrat
ab, und Lysias überwies bald nachher von den ihm zurückgelassenen
Truppen 40,000 Mann Fußvolkes und 7000 Reiter Ptolemäus,
dem Statthalter von Cölesyrien, um damit den Befehlen des Königs
gemäß gegen Judäa zu verfahren. Es wurde die Anordnung
getroffen, daß Nikanor und der kriegeserfahrene Gorgias voran=
gehen, Ptolemäus selbst aber mit einer größeren Abtheilung des
Heeres nachrücken sollte. Dieser Macht wären die Juden bei aller
Begeisterung unfehlbar erlegen, wenn nicht aus Lässigkeit Ptolemäus
allzusehr gezögert hätte nachzufolgen. Nikanor indessen trat unbe=
helligt in die Niederung von Judäa ein, wo noch aus Philistäa
eine Schaar zu ihm stieß, und lagerte sich bei Emmaum im nord=
östlichen Winkel derselben; von hier aus ließ er, als könne der
Sieg ihm nicht entgehen, die Sklavenhändler in den Seestädten
auffordern, zu kommen und um geringen Preis die Juden ihm
abzukaufen, welche er erbeuten werde: und wirklich fanden sich,
hiervon angelockt, alsbald Händler in Menge mit vielem Gelde in

seinem Lager ein, das jetzt 20,000 Krieger einschloß. Eine so starke
Macht war aber den aufständischen Juden noch nicht entgegengetreten;
und als Diese Nikanors Ankunft erfuhren, zogen daher alle Feig=
herzigen sich von Jehuda zurück, Andere verkauften eilig Alles, was
sie noch besaßen, und verbargen sich mit diesem elenden Gelde, so
daß nur 6000 Mann dem Jehuda zur Verfügung übrig blieben.
Diese beschlossen, einen feierlichen Bettag zu halten, ehe sie in den
ungleichen Kampf gingen, und versammelten sich hierzu in das einige
Meilen nördlich von Jerusalem gelegene Mizpa, welches auch in
uralter Zeit öfter zu religiösen Zusammenkünften gewählt worden
war. Dort hielten sie einen Fasttag, streueten Asche auf ihre Häupter,
rissen ihre Kleider ein, und breiteten eine vor den feindlichen
Händen gerettete Rolle des Gesetzes aus; desgleichen brachten sie
Priestergewänder, Erstlinge und Zehnten herbei, stellten auch Nasiräer
daneben, und riefen zu Gott: „Was sollen wir mit Diesen thun,
und wohin sie führen? dein Heiligthum ist niedergetreten und
entweihet, deine Priester sind in Trauer und Erniedrigung! die
Heiden haben sich versammelt, uns zu vertilgen, wie werden wir
vor ihnen bestehen können, wenn du uns nicht hilfst?" In diesen
und ähnlichen Worten fleheten sie unter Trauertönen der Trompete
um Rettung von Nikanor, der sie verkauft habe, noch ehe sie in
seine Hände gefallen seien. Hierauf aber richtete an sie Jehuda
eine Rede voll warmen Gottvertrauens, und nachdem alle Haupt=
leute ernannt waren, wurde selbst in diesen höchst bedrängten
Umständen der gesetzliche Ausruf durch das Lager nicht unterlassen:
wer ein neues Haus erbauet, ein junges Weib genommen, einen
Weinberg neu gepflanzt habe oder wer noch feigherzig sei, könne
nach Hause zurückkehren. Jetzt brach das kleine Heer auf, stieg die
Berge herab und lagerte sich südlich von Emmaum. Jehuda aber,
der gern den Feind angreifen wollte, ehe die langsam nachrückenden
Schaaren des Ptolemäus herangekommen wären, wählte hierzu
gleich den nächsten Tag, und diesmal erleichterte ein Zufall noch den
Sieg der Juden. Nämlich am Vorabend nahm der feindliche
Unterfeldherr Gorgias 5000 Mann Fußvolkes und 1000 Reiter,
und zog mit ihnen über die nahe heranreichenden Berge, um uner=
wartet den Juden in die Flanke oder in den Rücken zu fallen.
Jehuda, der hiervon sehr zeitig Kunde erhielt, verließ noch in der
Nacht sein Lager, und seitwärts ziehend verharrte er jetzt um so

entschiedener auf dem schleunigen Angriff, als durch des Gorgias
Seitenzug die Zahl der nächsten Gegner so ansehnlich verringert
war. Als Gorgias noch in dieser Nacht an das jüdische Lager
kam, fand er daher es leer, und kehrte in das Gebirge zurück, die
Juden aufzusuchen, die er auf der Flucht glaubte. Sowie jedoch
der Tag anbrach, gewahrten die Leute des Nikanor Jehuda mit den
Seinigen in der Ebene, und rückten 14,000 Mann stark aus ihrem
Lager, als sie Diese heranziehen sahen. Der erste Anblick des
wohlgerüsteten Feindes flößte einen Augenblick den Juden Furcht
ein, da ihre Waffen von schlechter Beschaffenheit waren, aber durch
einige Worte hob Jehuda wieder ihren Muth, ließ dann die Trompete
ertönen und führte sie, getheilt in vier Haufen von je 1500 Mann
unter einem seiner Brüder, festen Schrittes in den Kampf. Es
entstand ein Handgemenge, welches damit endigte, daß die Feinde
geschlagen wurden und flohen; man verfolgte sie weithin, und wer
erreicht wurde, ward niedergehauen, so daß mit Jenen in der Schlacht
an 3000 Mann fielen. Die Erbeutung des feindlichen Lagers
versprach um so größeren Gewinn, als die herbeigeeilten Sklavenhändler ebenfalls eilig entflohen und zum Theil ihre Baarschaft
zurückließen. Doch sagte Jehuda zu den Seinigen, als er mit ihnen
von der Verfolgung zurückkehrte, sie möchten für den Augenblick
nicht nach Beute trachten, denn es stehe ihnen noch ein Kampf bevor,
Gorgias mit seinen Leuten befinde sich in ihrer Nähe im Gebirge,
erst möchten sie gegen Diese Stand halten. Während er dies noch
sprach, sah man eine feindliche Schaar aus dem Gebirge hervor-
blinken. Als diese jedoch aus einer im Norden aufsteigenden
Rauchwolke abnahm, daß die Ihrigen fliehend ihr Lager angezündet
haben müßten, und vor sich in der Ebene Jehuda kampfgerüstet
stehen sah, verlor sie allen Muth und entwich ebenfalls nach
Philistäa. Jetzt überließ Jehuda seinen Leuten die Plünderung des
Lagers, in welchem die Flammen viele Schätze noch verschont hatten,
und fromme Loblieder singend traten alsdann die Juden den
Heimzug an. Die Freude über diesen Sieg hätte aber nur eine
sehr kurze sein können, wenn Ptolemäus, der mit der größeren
Heeresabtheilung noch zurück war, jetzt dieselbe nach Judäa geführt
hätte. Allein zu seiner bisherigen Lässigkeit gesellte sich nach Nikano's
Niederlage wohl auch Muthlosigkeit; und weil zugleich die Löwen-
herzigkeit, welche die Juden nun schon mehrmals gezeigt hatten,

sowie die ungerechte Behandlung, welche ihnen widerfuhr, seine
lebhafte Theilnahme für sie erweckte: so beschloß er als Statthalter
von Cölesyrien inskünftige ein gerechteres Verfahren gegen sie zu
beobachten und, was für den Augenblick wichtiger war, ihr Verhältniß
zu Syrien auf friedlichem Wege zu ordnen. Welche Schritte er
hiefür unternahm, ist uns unbekannt, aber sie waren nicht nur ohne
Erfolg, sondern wurden auch die Veranlassung zu seinem eigenen
Verderben. Dieser Ptolemäus hatte nämlich ursprünglich im Dienste
Philometor's gestanden, war aber zu Antiochus übergetreten und
von ihm so hoch gestellt worden, wurde jedoch überall von Neidern
für einen Verräther erklärt. Dies hatte ihm schon lange seine
Stellung verleidet, und als er jetzt wegen seiner Mäßigung gegen
die Juden geradezu bei der Regentschaft angeklagt wurde, nahm er
aus Verzweiflung Gift. Cölesyrien erhielt darauf einen neuen
Statthalter, der aber in den makabäischen Kämpfen keine Rolle
spielte, da sich nun der Reichsverweser Lysias entschloß, im
nächsten Frühjahre selbst gegen Judäa in den Krieg zu ziehen.
Indessen auch der Winter dazwischen verfloß den Juden nicht
friedlich. Erstens war der erwähnte Gorgias vor Kurzem Stratege
der westlichen Niederung geworden, hatte dort Söldner geworben,
und setzte auf jede Weise die Feindseligkeiten fort. Das Gleiche
thaten die Idumäer, welche schon seit Jahrhunderten sich tief in die
judäische Niederung hinein ausgedehnt, und später sogar einen ansehn=
lichen Theil des südlichen Judäa mit mehreren wohlgelegenen
Festungen an sich gerissen hatten. Allein nach der Niederlage des
Nikanor fühlten die Juden ihren Muth gehoben, und wagten es
schon, ihre jetzigen Grenzen überschreitend, ihren bedrängten Brüdern
in den anstoßenden Landschaften Hilfe zu bringen. Daß wir aber
hier und in den folgenden Berichten häufig Juden in der Nachbar=
schaft von Judäa ansässig finden, erklärt sich aus Folgendem. Einige
Jahrhunderte früher hatte sich vom Stamme Schimon ein kleiner Theil
nach dem Gebirge Seïr gewendet, ein größerer im Umfange des
moabitischen Gebietes niedergelassen, und beide sollen sich dort bis
in späte Zeiten herab erhalten haben. Ferner, von den Israeliten
in Galiläa und jenseits des Jarden wurden natürlich nicht Alle
nach Assyrien abgeführt, und die dort zurückgebliebene dünne Bevöl=
kerung derselben mochte so gut wie in Samarien das Bewußtsein
ihrer Abkunft bewahren. Verstärkt wurde, in Galiläa wenigstens,

dieses Element noch dadurch, daß in den drangvollen Zeiten kurz
vor dem Exil eine Menge Juden sich bis Zarfat (Sarepta, nördlich
von Thyrus) hin zerstreuete; und von selbst klar ist es, daß die letzte
babylonische Katastrophe Splitter unseres Volkes in alle benach=
barten Gegenden trieb. Als sich dann nach dem Exil viele
babylonische Juden des Handels wegen über Syrien und Kleinasien
ausbreiteten, wie wir noch sehen werden, werden deren jedenfalls
auch nach dem Ostjardenlande, welches allezeit durch lebhaften
Karawanenhandel blühete, und in andere Nachbarländer von Judäa
sich gezogen haben, da diese den Vorzug hatten, eine leichtere
Verbindung mit dem jüdischen Volke und Tempel zu gewähren.
Wir begreifen hieraus zugleich besser, daß Jason im Lande der
Ammoniten tausend Mann zusammengebracht hatte, mit deren Hilfe
er den ihm entrissenen Pontificat wieder erobern wollte. In allen
diesen Nachbarländern mochten nun die Juden mehr oder weniger
die nachexilische Entwickelung der jüdischen Religion adoptirt und
demgemäß auch das Auffällige in den Augen der Heiden sowie das
Störende im Umgange mit denselben, welches jene Entwickelung mit
sich führte, angenommen haben; es war daher natürlich, daß ihre
heidnischen Umwohner gegen sie Abneigung hegten, und daß seit der
erklärten Feindseligkeit des Antiochus gegen die Juden selbst ernst=
liche Verfolgungen der Letzteren hie und da stattfanden. Anfangs
werden diese wohl ungerochen geblieben sein; aber hierin wurde es
anders, als jetzt auf Jehuda die Blicke aller seiner Glaubensgenossen
sich voll Vertrauens richteten. Man berichtete ihm, daß die Juden,
welche in der Nähe der sogenannten Skorpionenhöhe (einige Stunden
südlich vom todten Meere) wohnten, von den Idumäern eingeschlossen
gehalten würden. Sogleich brach er mit einem Heere dahin auf,
nachdem er hatte einen Bettag abhalten lassen, und griff die Festungen
an, in welche sich die Feinde vor ihm zurückzogen, eroberte sie und
ließ die tödten, welche in seine Hand fielen. 9000 Mann derselben
aber hatten sich in zwei sehr feste Burgen geworfen, die mit allem
Nöthigen versehen waren, und ihre Belagerung mochte sich daher
etwas in die Länge ziehen: deshalb ließ Jehuda drei Oberste mit
hinlänglichem Volke davor zurück, und unternahm einen Streifzug
ins Moabitische gegen die Söhne Bäan's, welche den dort lebenden
Juden oft auflauerten und sie überfielen. Auch sie zogen sich bei
seiner Ankunft in ihre Burgen zurück, allein Jehuda nahm diese

und verbrannte sie nebst Allen, welche darin waren. Während seiner Abwesenheit hatten die in Idumäa Zurückgelassenen keine Fortschritte gemacht, und einige Leute des Obersten Schimon sogar für siebzigtausend Drachmen aus der einen Burg eine Anzahl der Belagerten entschlüpfen lassen. Als Jehuda bei seiner Rückkehr dies vernahm, klagte er in einer Versammlung der Anführer die Schuldigen des Verrathes an und ließ sie dafür hinrichten. Bald darauf nahm er die beiden Burgen ein und ließ ebenfalls umbringen, was darin lebend gefunden wurde: wir erblicken hier an dem Makkabäer eine Härte, welche nicht im Charakter der Juden lag, umsomehr aber auf die Größe der ihnen zugefügten Leiden zurückschließen läßt. Mit Beute beladen kehrt er hierauf in die Heimath zurück, aber nur zu kurzer Rast. Timotheus, ein Stratege jenseits des Jarden und zugleich ein angesehener Häuptling jener Gegend, hatte zahlreiche Fußtruppen und eine ansehnliche Reiterei zusammengebracht, um in Judäa einzufallen, und gerade jetzt ließ er seine Schaaren näher rücken: aber Jehuda wartete seinen Einfall nicht ab, sondern zog, nach einem feierlichen öffentlichen Gebet wie gewöhnlich, über den Jarden und grade auf ihn los. Es kam zwischen ihnen im Gebiet der Ammoniten zu einigen Treffen, in welchen jedesmal die Juden siegten: der allgemeine Verlauf dieser Kriege läßt keinen Zweifel daran aufkommen, daß in ihnen die Juden wiederholentlich vielfach überlegene Heere schlugen; wir werden aber später sehen, daß sie damals einen nicht bloß begeisterten, sondern selbst krankhaft abenteuerlichen Aufschwung genommen hatten, und dürfen daher über außergewöhnliche Erfolge, die sie errangen, uns nicht wundern. Hierauf rückten sie vor die benachbarte feste Stadt Jaser, in welcher eine zahlreiche Besatzung lag; und voll Vertrauens auf die Festigkeit des Ortes riefen die Belagerten ihnen die lästerlichsten Reden zu. Hierüber von Zorn entbrannt, stürmten am fünften Tage zwanzig jüdische Jünglinge auf die Mauer, stießen jeden ihnen Entgegentretenden nieder und ließen, die Thore von innen einschlagend, das übrige Heer ein, während Andere von einer zweiten Seite her hinaufstiegen und mehrere Thürme in Brand steckten: so wurde die Stadt erobert und ein großes Blutbad darin angerichtet, ein Theil der „Lästerer" aber schmählicher Weise auf schnell aufgeschichteten Scheiterhaufen verbrannt. Nach Einnahme auch der umliegenden Ortschaften kehrten die

Juden in ihre Heimath zurück, beladen wieder mit reicher Beute, von welcher auch diesmal die Armen, Wittwen und Waisen ihren Theil empfingen; Waffen aber waren in solcher Menge erbeutet worden, daß sie nicht bloß ihrem früheren Mangel daran abhelfen, sondern auch an mehreren passend gelegenen Orten Vorräthe von denselben niederlegen konnten. Als sie bei ihrer Heimkehr ein Siegesfest feierten, verübten sie auch einen Akt strenger, aber kaum ungerechter Strafe. Es wurde ihnen nämlich bekannt, daß ein gewisser Kallisthenes, auf dessen Befehl zur Zeit der Verwüstung des Tempels die Thore desselben in Brand gesteckt wurden, mit einigen Anderen in ein kleines Haus geflohen wäre: er gehörte wahrscheinlich zur Besatzung von Jeruschalem, und hatte sich jetzt zu weit hinaus gewagt und so sich überraschen lassen; sie vergalten ihm Gleiches mit Gleichem und zündeten jenes Haus an, so daß er mit seinen Begleitern darin umkam. Den Juden blieb aber wenig Zeit übrig, sich von diesen vielen Kämpfen auszuruhen: ein größerer als alle, die sie bis dahin bestanden hatten, wurde schon vorbereitet. Denn Lysias, der syrische Reichsverweser selbst, brachte im Frühjahre darauf ein Heer von 60,000 Mann Fußvolkes und 5000 Reitern zusammen, und zog mit ihm die Küste hinunter, dann durch die Niederung von Judäa, und drang von Südwesten her in das jüdische Land ein, wo er bei Bet=zur, ungefähr vier Meilen von Jeruschalem, ein Lager aufschlug. Jehuda aber zog mit 10,000 Mann, die er zusammenbrachte, unerschrocken ebendahin, und als es zur Schlacht kam, siegten die Juden wiederum, und die Syrer flohen, nachdem von ihnen 11,000 Mann Fußvolkes und 1600 Reiter gefallen waren. Lysias gab jetzt die Hoffnung auf, sein ganz entmuthigtes Heer noch in diesem Feldzuge mit besserem Erfolg den Juden entgegenstellen zu können: er kehrte deshalb nach Antiochien zurück mit dem Entschlusse, es durch neue Werbungen zu vervoll=ständigen und dann abermals nach Judäa zu führen; allein wir werden später sehen, daß dies nicht zur Ausführung kam.

Ueber die inneren Zustände Judäa's in diesen denkwürdigen Jahren sind wir fast ohne alle Nachrichten; nur ist der Schleier, welcher sie deckt, nicht undurchdringlich. Machen wir uns zuvörderst klar, von welchem Umfange der bewirkte Abfall von der jüdischen Religion und Sitte gewesen sein muß. In Judäa war, als dieser

Sturm losbrach, der Monotheismus in alle Gemüther eingewachsen, und die vorgekommene Annahme griechischer Sitten hatte ihm daher im Wesentlichen nicht geschadet. Hiernach müssen nur Wenige die erzwungenen heidnischen Opfer ohne inneren Abscheu vollzogen haben; und selbst die in Aussicht auf Belohnung es thaten, waren hierdurch ihrem Glauben innerlich noch nicht ganz entfremdet. Einen weit größeren Erfolg hatte dagegen die Abstellung der jüdischen Gebräuche, denn wie wenig auch der Unterschied zwischen Kern und Schale der Religion damals erkannt war, mußte man doch hinreichend wissen, wie hoch im Pentateuch der Monotheismus über das Ceremoniell gestellt ist; letzteres konnte daher an sich schon weit weniger zum Märtyrerthum anregen. Hierzu kam, daß seine Beobachtung ganz allgemein geächtet war, was zu einem ewigen Aufpassen und zum Aufgeben der jüdischen Satzungen auch Diejenigen führte, welche wegen ihrer Dunkelheit dem Opferzwange entgingen. Endlich hatte die vorhergegangene freiwillige Vertauschung der jüdischen Sitten mit den griechischen, wie klein auch die Zahl solcher Hellenisten war, dem jetzt verlangten Aufgeben derselben immerhin bedeutend vorgearbeitet. Hiernach dürfen wir annehmen, daß die religiösen Gebräuche damals beinahe ganz verschwanden; doch mag es auf dem Lande und überhaupt in abgelegenen Orten hierin besser ausgesehen haben. Obwohl nun, wie wir sahen, Unzählige ein heldenmüthiges Märtyrerthum bestanden sowie trotz „Schwert und Feuer, Gefangenschaft und Plünderung" immer von Neuem begeisterte Männer auftraten, welche die Menge zur Standhaftigkeit ermahnten: so wurde doch hierdurch nichts gebessert, und diese trostlosen Zustände dauerten fort bis ungefähr zu dem Siege über Nikanor. Ja die Strenge, mit welcher Mattisjahu und nach ihm Jehuda gegen die Abtrünnigen verfuhr, bewirkte sogar, daß aus ihnen Parteigänger wurden, welche ihrer Sicherheit wegen die noch im Lande befindlichen feindlichen Häuflein unterstützten und einem massenhaften Anschlusse an Jehuda entgegenarbeiteten. Und der schon erwähnte Umstand, daß immer erst bei Annäherung der mord- und raublustigen Schaaren des Apollonius, des Seron, des Nikanor die Patrioten sich aufrafften und um Jehuda versammelten, dagegen gleich nach jedem Siege die Meisten wieder auseinander und heimgingen, erkärt es uns, weshalb trotzdem daß die Entweihung des Tempels und die Einstellung des Cultus außerordentlich gefühlt wurde, gleichwohl Jehuda die Wieder-

eroberung des Tempels immer noch nicht versucht hatte: an ihm
lag die Schuld hiervon sicherlich nicht, aber mit den Wenigen, welche
noch bei ihm blieben, wenn die Gefahr von außen vorüber war,
konnte er es nicht wagen, der Besatzung von Jerusalem entgegen=
zutreten. Aber seit dem Siege über Nikanor scheint ein höherer
Geist sich im Volke ausgebreitet zu haben. Früher nämlich wurde
nachgewiesen, wie geduldig die Juden in ihrer leiblichen Lage unter
den Ptolemäern der endlichen Erfüllung ihrer alten messianischen
Verheißungen entgegenharrten; und diese Gemüthsverfassung dauerte
ungestört fort unter den Seleukiden, so lange deren Joch erträglich
war. Allein schon die unerhörten Verfolgungen unter Antiochus
Epiphanes scheuchten Manchen aus diesem schlummerähnlichen Zu=
stande auf, der Anschein, als wäre Israel dem völligen Untergange
geweihet, rief wieder Erinnerungen wach an das entgegengesetzte
Loos, welches nach den Worten seiner alten Seher ihm einst zu
Theil werden sollte, und die versuchte, ja an vielen Orten schon
durchgeführte grundsätzliche Unterdrückung alles Jahwistischen,
wie sie in seiner ganzen langen Geschichte noch nicht vorgekommen
war, schien Jahweh selbst in die Schranken zu rufen und bereitete
die frommen Gemüther auf Niedagewesenes vor. Jetzt erfolgten
die Siege über Philippus, Apollonius, Seron, erfochten von wenigen
schlechtgeordneten Rotten aus der Mitte eines Völkchens, welches
seit vier Jahrhunderten kaum jemals das Schwert gezogen hatte
und schon überrascht sein mußte, sich nur unter den Waffen zu er=
blicken: in diesem Betracht waren das höchst denkwürdige Siege,
und ohne Zweifel gab es jetzt schon zahlreiche Juden, welche in
ihnen göttliche Veranstaltungen zur Herbeiführung des Maschiach-
Reiches erblickten. Allein in Wahrheit waren doch immer erst kleine
oder ohne Auswahl zusammengeraffte Haufen geschlagen worden:
von den Lippen aller besonneneren Patrioten konnte das nicht die
beklommene Frage verscheuchen, wie es gehen würde, wenn der Feind
seine Kerntruppen gegen sie aussenden werde. Die Schlacht bei
Emmaum aber hatte ihnen zum ersten Male gezeigt, daß vor ihnen
auch ein Heer aus der Schule des großen Alexander nicht unüber=
windlich sei; und die etwas späteren siegreichen Kämpfe in Idumäa,
Moabitis und jenseits des Jarden lieferten ihnen auch in den
erbeuteten reichen Vorräthen von Waffen, an welchen sie bisher
empfindlichen Mangel gelitten hatten, eine Bürgschaft künftiger

Triumphe. Unter dem Eindruck solcher Ereignisse mußte nothwendig diese höhere Ideenrichtung sich befestigen und verbreiten, alle Sagen der Vorzeit drängten in Israel zu einer solchen Anschauung der Dinge; hatte man vom Auftreten des Mattisjahu an sich als die „Heiligen" im Kampfe mit Heiden gefühlt, so setzte sich jetzt in Vielen die fröhliche Ueberzeugung fest, daß Jahweh's Sache nicht unterliegen kön ne und darum nicht unterliegen we r de den „An= betern von Holz und Stein", und daß vielmehr die langersehnte Zeit im Anzuge sei, in welcher die Weltherrschaft übergehen werde auf die Heiligen. Solche Erwartungen aber bewirkten nicht nur, daß zu der nächsten Schlacht, gegen Lysias, schon eine fast doppelt so große Anzahl von Streitern als bisher siegesgewiß sich einfand, sondern erzeugten auch schon wirkliche Visionen. Uns wird berichtet, daß dem Jehuda und seinen Leuten, als sie gegen Lysias zogen, in der Nähe von Jeruschalem ein himmlischer Reiter in weißem Ge= wande erschienen und goldene Waffen schwingend vor ihnen hergezogen sei. Wir haben keinen Grund zu der kühlen Annahme, daß dies später hinzugedichtet worden sei [1]: eine noch weit abenteuerlichere Geistesrichtung, welche noch etwas früher auftauchte, bürgt uns dafür, daß solche Erscheinungen von den aufgeregten Sinnen jener Gottes= kämpfer wirklich geschauet wurden. Ich meine die Anschauungen in dem biblischen Buche Danijel, welches um die Zeit des Sieges über Nikanor in die entzündete Menge hineingeworfen wurde. Es waren nämlich seit den ältesten Zeiten Vorstellungen von einer mit dem Hereinbrechen des messianischen Reiches gleichzeitigen Umwandelung der ganzen natürlichen Weltordnung in Verbindung gesetzt worden, und diese hatten in vielen Juden, welche unter dem Einfluß der magischen Religion lebten, eine ihr entlehnte Färbung erhalten. Einer nun von Jenen, welche damals an die unmittelbare Nähe des messianischen Reiches, zugleich aber mit seinem Eintritt eine solche magojüdische Weltumwandelung verbunden glaubten, war der Ver=

---

[1] Eher halte ich für späteren Ursprunges die detaillirte Ausführung einer anderen Vision, daß in der Schlacht gegen Timotheus „den Feinden vom Himmel herab auf goldgezäumten Rossen fünf glänzende Männer erschienen, von welchen sich zwei an die Spitze der Juden stellten, indem sie den Maccabäer in ihre Mitte nahmen und mit ihren Rüstungen deckten, auf die Feinde aber Ge= schosse und Blitze schleuderten."

faffer des Buches Danijel. Von dem Wunsche beseelt, diese
seine feste Ueberzeugung dem Volke einzuflößen und dasselbe dadurch
für die von ihm noch erwarteten Leiden möglichst zu stählen, legte
er dem gefeierten Helden des Exils, dem Danijel, eine Reihe hierauf
bezüglicher Prophetieen in den Mund, leitete diese aber mit einigen
Sagen aus der nämlichen Periode ein, welche die Glaubwürdigkeit
dieses Propheten zu bezeugen und nebenbei eine in dieser macka=
bäischen Zeit beherzigenswerthe Lehre einzuschärfen geeignet waren.
Gegenüber den Versuchungen seiner eigenen Zeit erzählt er nämlich,
wie Danijel und seine drei Freunde mitten unter den Ueppigkeiten
eines heidnischen Hofes Jahrelang bloß von Erdgewächsen lebten,
und wie Diese den Feuertod weniger als die Anbetung eines Götzen=
bildes scheuten, Jener in eine Löwengrube sich werfen ließ für das
Gebet zu seinem Gotte, der Herr jedoch ihn und sie wunderbar errettete.
Welcher große Glauben aber den Verkündigungen dieses Danijel
zu schenken sei, bezeuge dies, daß er dem Könige Nebuchadnezar
einen vergessenen prophetischen Traum genau wieder vorzuführen
vermocht, Demselben auch seinen Wahnsinn und dem Belschazar die
Eroberung Babylons vorausverkündigt, endlich in mehreren Gesichten,
die mitgetheilt werden, den Verlauf der Weltbegebenheiten bis in
die unmittelbare Gegenwart herab so richtig vorhergesehen habe.
Er giebt damit zu verstehen, daß man deshalb auf die Erfüllung
auch dessen, was in diesen Danijel'schen Visionen noch zukünftig sei,
fest vertrauen könne. Was noch zukünftig sei, setzt er aber mit der
Vergangenheit in folgende enge Verbindung: Jirmeja habe dem
Volke verkündigt, daß Jeruschalem siebenzig Jahr wüst liegen, dann
aber Israel zu neuem und viel höherem Heil erstehen werde. Dem
Danijel jedoch, welcher diese Verheißung habe nicht in Erfüllung
gehen sehen, sei nach vielem Sinnen hierüber die Offenbarung
geworden: der Prophet habe nicht einfache Jahre, sondern Jahr=
siebente gemeint, erst nach solchen siebenzig werde die Sünde des
Volkes gänzlich abgebüßt, das letzte Jahrsiebent aber das schrecklichste
sein, zumal dessen zweite Hälfte, in welcher selbst das tägliche
Opfer eingestellt und der Tempel durch aufgepflanzte Gräuel
geschändet sein werde. Jenen ganzen Zeitraum würden nach einander
das babylonische Reich, das medopersische, das des Alexander und
das vielfach getheilte seiner Nachfolger ausfüllen, das folgende
immer ärger als das frühere; und ein frecher Sprößling dieses

vierten Reiches werde alle Gräuel des letzten Jahrsiebents über Jerusalem und den Tempel bringen. Nachdem der Verfasser hierin den Antiochus Epiphanes für zeitgenössische Leser kenntlich genug geschildert hatte, wagt er zu prophezeien, daß dieser König nach Unterwerfung aller Staaten des vierten Reiches nochmals in das heilige Land einbrechen und Leiden über dasselbe bringen werde, wie noch niemals ein Volk deren erduldet habe, aber diesmal nur für ganz kurze Zeit: das halbe Jahrsiebent der Tempelschändung und zugleich mit ihm die siebenzig Jahrsiebente des Jirmeja seien dann abgelaufen, der Verwüster werde jetzt sein Ende finden ohne menschliches Zuthun, das vierte Weltreich untergehen, viele Fromme früherer Geschlechter würden auferstehen aus ihren Gräbern, um zusammen mit den Getreuen, welche diesen Zeitpunkt erlebten, eine verjüngte und glücklichere Erde ewig zu bewohnen, und die Herrschaft über alle verschonten Völker auf immer übergehen auf diese Heiligen, deren Genius einherfahrend auf den Wolken des Himmels sie über= tragen erhalte von dem zum Weltgericht sitzenden „Alten der Tage", dem uralten Gott Israels. — Wir können uns die damalige Auf= regung der Gemüther kaum groß genug denken, wenn wir erwägen, daß solche Verkündigungen ernstlich ausgesprochen wurden und Gläubige fanden, als der Tempel schon etwa zwei Jahr entweihet stand, also kaum achtzehn Monde vor dem Zeitpunkte; für welchen diese Wunder in Aussicht gestellt wurden! Es wurde hier versucht, die allzukargen alten Berichte durch vorsichtiges Ausbeuten einiger spärlichen Andeutungen zu ergänzen. Nur darüber ist in keiner Weise das Dunkel zu lichten, welche fernere Rolle während aller dieser Vorgänge Menelaos gespielt habe; am wahrscheinlichsten ist noch, daß er seit den ersten Erfolgen der Aufständischen Judäa mied.

Nunmehr, da Lysias geschlagen und abgezogen war, hätte Jehuda endlich daran denken können, den Tempel wieder in seine Hände zu bringen: mit den 10,000 Mann, welche jetzt um ihn versammelt waren, durfte er eher als bisher es wagen, der feindlichen Besatzung in der Davidstadt die Stirn zu bieten. Gleichwohl schob er diesen Zug bis tief in den Herbst hinein auf, indem (nach einem 2 Macc. 11, 16—21 uns erhaltenen Briefe des Lysias an die Juden) diese Zwischenzeit zu dem Versuche benutzt wurde, von dem jetzt gefügigerm Feinde einen billigen Frieden zu erlangen. Es kam zu einigen Verhandlungen, welche aber nicht erfolgreich genug gewesen sein müssen, denn im Herbste trat Jehuda mit Allen, welche seiner Fahne folgten, den heiligen Zug zur Wiedererwerbung des Tempels wirklich an. Als die Juden den Tempelberg erstiegen hatten und sahen, wie sehr das Heiligthum verwüstet und daß seine Vorhöfe mit dichtem Grase bewachsen waren, zerrissen sie vor Schmerz ihre Kleider, erhoben ein lautes Wehklagen, und warfen sich nieder zum Gebet. Hierauf stellte Jehuda eine hinlängliche Mannschaft auf, um die feindliche Besatzung in der Dawidstadt zu überwachen. Sodann ließ er aus dem Heiligthum alles Heidnische und womit es sonst befleckt worden war, sorgfältig fortschaffen; was mit dem ent= weiheten Brandopferaltar anzufangen sei, war man Anfangs zweifel= haft, und entschloß sich endlich, ihn zu zerstören und die Steine desselben auf dem Tempelberge zu verwahren, „bis einst ein Prophet aufstehen werde, der sie darüber belehre;" hierauf wurde aus anderen unbehauenen Steinen, wie das Gesetz vorschrieb, ein neuer Altar erbauet. Von Anderen wurden die Thore und Zellen und was sonst noch in dem ganzen Umfange des Tempels zerstört war, nothdürftig wiederhergestellt, und dann das ganze Heiligthum feierlich geweiht. Wieder von Anderen wurden für die daraus geraubten Geräthe neue theils herbeigeschafft theils angefertigt, so gut es in der Eile und unter den sonstigen damaligen Umständen geschehen konnte:[1]) sie durch so kunstvolle und kostbare zu ersetzen, wie die früheren waren, mußte der Zukunft überlassen werden, doch lesen wir, daß man selbst anstatt der Weihgeschenke, welche mitentwendet worden waren, auf der Vorderseite des Tempels goldene Kränze und kleine Wappenschilder aufhing. Da man sich im Monat Kislew befand, an dessen 25. Tage vor drei Jahren zum ersten Male im Tempel ein heidnisches Opfer gebracht worden war, so richtete man es wohl absichtlich so ein, daß gerade bis zu diesem Tage alle Vorarbeiten beendigt waren, und so brachte man an ihm (im December 164) wieder das erste vorschriftsmäßige Opfer auf dem neuen Altar dar und feierte dessen Einweihung acht Tage lang mit Opfern, Saitenspiel und Gesängen,

---

[1]) so z. B. soll man den siebenarmigen Leuchter Anfangs von verzinnten Eisenstäben zusammengesetzt, und diesen erst später durch einen silbernen, dann durch einen goldenen ersetzt haben.

wobei man Palmzweige und sonstige immergrüne Reiser in der Hand hielt wie am Laubhüttenfeste, und flehete, daß der Herr sie nicht wieder in so großes Leid gerathen lassen, sondern, wenn sie gesündigt hätten, sie mit Milde züchtigen, nicht aber gotteslästerlichen und barbarischen Völkern überliefern möchte. Desgleichen wurde beschlossen, alljährlich vom 25. Kislew an ein achttägiges Fest zum Andenken an diese Begebenheit zu feiern.

Achter Abschnitt.

Von der Tempelweihe bis zu dem Friedensschlusse mit Antiochus Sidetes, von Ende 164 bis 133.

Erstes Kapitel.
Bis zum Tode des Jehuda Mackabäus.

Gleich nach der Tempelweihe beeilte man sich, die beschädigten Mauern des Tempelberges wieder auszubessern und durch einen Anbau von festen Thürmen, die eine ständige Besatzung erhielten, so zu verstärken, daß das Heiligthum gegen neue Angriffe geschützt schien; die übrige Stadt blieb ohne Wehr gegen Ueberfälle der aus= ländischen Besatzung, und es ließen sich daher vorläufig wohl nicht Viele wieder darin nieder. Dagegen befestigte man Betzur, um nicht wie das letzte Mal nach Südwesten hin ganz ungedeckt zu sein, und bald waren vom Neuen die Waffen zu ergreifen, da Timotheus wieder unruhig wurde und auch andere cölestrische Eparchen wie Ortschaften ihre Juden nicht in Frieden leben ließen. Zunächst begingen die Einwohner von Joppe diese Schandthat: nach gemein= samer Verabredung luden sie eines Tages die bei ihnen wohnenden Juden ein, mit ihren Frauen und Kindern ihre Kähne zu besteigen, als hätten sie eine Lustfahrt vor, an welcher Jene theilnehmen sollten, und als die Eingeladenen arglos dies gethan, fuhren sie mit ihnen auf das hohe Meer hinaus und stürzten sie, an 200 (Seelen oder Familien,) in die Tiefe. Sobald Jehuda dies erfuhr, zog er gegen sie aus, und steckte in der Nacht die offenliegenden Gebäude ihres Hafens sowie die Kähne in demselben in Brand, wobei auch Viele umkamen, welche hineingeflüchtet waren. Nachdem er hierauf Joppe selbst, das befestigt war, mit einem Theile seiner Truppen umstellt hatte, zog er mit dem Rest schleunig hinab nach Jabneh, da er vernommen, daß dessen Einwohner einen ähnlichen Schlag gegen die umwohnenden Juden vorbereiteten, überfiel Nachts ihre etwas abgelegene Hafenstadt und zündete sie nebst der Flotte an: der Schein des Feuers wurde in dem sechs Meilen davon entfernten Jerusalem gesehen. Welchen Verlauf jetzt die Belagerung von Joppe nahm, wissen wir nicht wegen einer Lücke in dem alten Bericht; wir finden Jehuda zuerst wieder in Jerusalem, wohin an ihn, wahrscheinlich schon ganz kurze Zeit darauf, folgende Trauerbotschaften eingingen. Von Juden in der festen Stadt Dathema im östlichen Gilad erhielt er einen Brief des Inhaltes: „Es haben sich die Völker rings um uns her versammelt, uns zu vertilgen; sie rüsten sich, die Veste einzunehmen, in die wir uns geflüchtet haben, und Timotheus ist ihr Anführer. So komm du und rette uns aus ihrer Hand, denn Viele von uns sind schon gefallen. Auch alle unsere Brüder in den Ortschaften von Tob sind getödtet worden, man hat dort an tausend Männer umgebracht und ihre Frauen, ihre Kinder, ihre Habe fortgeführt." Die Landschaft Tob lag wahrscheinlich im Nordosten von Baschan; die Nachricht über die Tobienischen Juden war jedoch ungenau, wie wir später sehen werden. Kaum war indessen dieser Brief gelesen, als aus Galiläa Männer in zerrissenen Kleidern die ähnliche Botschaft brachten, es hätten sich Einwohner von Ptolemais, Thrus, Sidon und von ganz Galiläa zusammengethan, die unter ihnen wohnenden Juden zu vernichten. Sogleich daher versammelte man sich und berathschlagte, was für die bedrängten Stammgenossen zu thun sei. Leicht fand der Vorschlag des Jehuda Eingang, daß sein Bruder Schimon nach Galiläa ziehe, während er selbst und sein Bruder Jonatan dem Feinde in Gilad entgegenträten; mit dem Reste der Waffenfähigen sollten die Anführer Josef und Asarja in Judäa zur Bewachung desselben zurückbleiben, jedoch den Heiden keine Schlacht liefern. Hierauf wurden dem Schimon 3000 und Jehuda 8000 Mann zugethan. Jener zog nach Galiläa, bestand mit den dortigen Heiden siegreich viele Kämpfe und verfolgte sie bis zu den Thoren von Ptolemais; es fielen von diesen an 3000. Da aber zu befürchten war, daß die dortigen Juden vom Neuen angegriffen würden, sobald ihre Beschützer abgezogen wären, so führte Schimon, als er in die Heimath zurückkehrte, alle Juden in Galiläa und aus der Niederung westlich von Samarien mit ihren Frauen und Kindern und all ihrer Habe dorthin mit ab. Während dessen war auch Jehuda mit Jonatan ausgerückt. Sie gingen mit ihren Leuten über den Jarden und waren von ihm schon drei Tage= reisen ostwärts gezogen, um Dathema zu entsetzen, als sie auf nomadisirende Nabatäer stießen und von ihnen näher erfuhren, was ihren Brüdern hier im Lande theils widerfahren war, theils noch drohe. Außer Jenen, welche sich nach Dathema geworfen hatten, seien Viele von ihnen in Bozra, Bezer, Almon, Chasfon, Maker[1]) Karnajim sowie in anderen Ortschaften jener Gegend umlagert, und schon der morgende Tag sei dazu bestimmt, in allen diesen Orten über sie herzufallen und sie zu ermorden. Es scheint, daß dieser gleichzeitige Angriff sie abhalten sollte, sich gegenseitig zu unterstützen. Vor dieser dringenden Gefahr konnte Jehuda nicht Alle zumal schützen, aber wenigstens wollte er die noch übrige kurze Frist mög= lichst gut benutzen. Er bog daher augenblicklich von seinem Wege ab und zog vor Bozra, eroberte es auf der Stelle, und ließ von den Heiden darin alle Männer niederhauen sowie die Stadt aus= plündern und verbrennen. Hierauf, noch in demselben Nacht, zog er nach Dathema und kam frühmorgens vor demselben an, gerade als unter Timotheus' Befehl unzähliges Volk Leitern anlegte, die Veste einzunehmen. Sogleich fiel Jehuda mit den Seinigen unter Trom= petenschall und laut betend den Feinden in den Rücken und diese flohen, sobald sie sahen, daß der gefürchtete Mackabäer sie angreife, doch sollen von ihnen an diesem Tage bei 8000 gefallen sein. Hierauf wandte sich Jehuda nach Mizpa, wo ebenfalls die Juden hart bedrängt waren, und eroberte es, desgleichen die übrigen feind= lichen Ortschaften dortherum noch zeitig genug, um das beschlossene Blutbad zu verhüten: es scheint auf die Nachricht von seiner Nähe der von den Nabatäern erwähnte allgemeine Angriff unausgeführt geblieben zu sein. Uebrigens zog Jehuda ohne Zweifel von seinen befreiten Stammgenossen überall die Waffenfähigen an sich, sodaß die Verluste, ohne welche so viele Kämpfe nicht geführt werden, mehr als ausgefüllt wurden; und dies war bringend nöthig, denn Timotheus sammelte im Norden vom Neuen zahlreiche Truppen. Ehe aber Jehuda ihn wieder aufsuchte, sandte er einige Truppen nach der schon genannten Landschaft Tob, vermuthlich um diejenigen Juden, welche dem neulichen dortigen Blutbade entgangen wären,

---

[1]) so ist wohl für Makeb zu lesen und dabei an Machärus zu denken.

zu sich holen zu lassen. Die zu diesem Seitenzuge Abgeschickten vernahmen unterwegs, daß Timotheus in einen benachbarten festen Platz eine ansehnliche Besatzung gelegt habe, und zogen davor, um gegen sie einen Handstreich zu versuchen, der auch gelang. Während dessen hatte Jehuda erfahren, daß Timotheus sich vor Rafon nörd= lich vom Flusse Jarmuch gelagert habe: ausgesendete Kundschafter berichteten ihm, daß alle Stämme dieser Gegend und selbst gedungene Schwärme von Arabern um denselben versammelt wären und eine große Heeresmacht bildeten. Das hielt aber den Maccabäer nicht ab, auf ihn loszugehen; und als Timotheus seine Annäherung vernahm, schickte er die Frauen und Kinder, welche in einem Hordenlager, wie das seinige selten fehlten, sowie alles Gepäck nach Karnajim, welcher Ort etwas weiter zurück und schwer zu überfallen war. An das Ufer gekommen, setzte Jehuda über den Fluß, und die Feinde wurden vollständig geschlagen und entflohen nach allen Richtungen. Jehuda verfolgte sie hitzig, und da ein Theil derselben nach Karnajim flüchtete, folgte er ihnen dahin und nahm die Stadt sogleich ein; besseren Widerstand leistete ein Haufen von Diesen, der sich in einen dortigen kastellartigen Tempel geworfen hatte, Jehuda aber steckte ihn in Brand, und alle darin Befindlichen fanden ihren Tod in den Flammen. Timotheus selbst entging dem verdienten Schicksal, denn zwar fiel er den nach Tod Geschickten in die Hände, welche nach glücklichem Vollzuge ihres Auftrages jetzt auf dem Rückweg zu dem Hauptheere waren: allein da er sehr bat, ihn am Leben zu lassen, und hinzufügte, er habe viele Juden in Händen, die auch umkommen würden, wenn er sterben müsse, so gab man gegen das feierliche Versprechen, diese unverletzt zu ent= lassen, ihn wieder frei. Dies mußte Jehuda nur in dem Entschlusse bestärken, welchen er mit seinem Bruder Schimon gefaßt hatte, er versammelte alle Juden dieser östlichen Landstriche mit ihren Frauen und Kindern und all ihrer Habe, um sie, die hier nach allen seinen Siegen gleichwohl schutzlos waren, mit sich nach Judäa zu nehmen. Man trat hierauf den Heimweg an, hatte aber, ehe der Jarden wieder erreicht wurde, noch einen Kampf zu bestehen. Der ein= geschlagene Weg führte nämlich durch Efron, eine sehr feste Stadt, welche die ganze Breite eines Thales ausfüllte und daher nicht zu umgehen war; aber die Einwohner verschlossen die Thore vor ihnen und öffneten sie auch nicht, als Jehuda ihnen sagen ließ, man wolle blos hindurchziehen in die Heimath und werde Niemandem ein Leid zufügen. Da griff er die Stadt an, deren junge Mannschaft vor den Mauern aufgestellt und von zahlreichen Wurfmaschinen unterstützt sie tapfer vertheidigte; doch nachdem der Kampf diesen ganzen Tag und die Nacht darauf gewährt hatte, bemächtigte Jehuda sich ihrer und ließ alle Männer darin tödten, sowie dann sie ausplündern und zerstören. Nun zogen sie über den Jarden und kamen nach Betschean (Skythopolis). Die dort wohnenden Juden erzählten ihnen, wie wohlwollend die heidnischen Einwohner der Stadt gegen sie seien, und wie freundlich sie namentlich in den Zeiten der Verfolgung ihnen begegnet wären; Jehuda dankte ihnen dafür, und kehrte dann nach Jeruschalem zurück. Der Feldzug hatte den Juden so wenige Menschen gekostet, daß man später behauptete, es sei während desselben kein Einziger von ihnen gefallen; auch hatte er nur sehr wenige Zeit hingenommen, denn er war schwerlich vor Peßach angetreten worden, und schon einige Tage vor Pfingsten waren die Sieger wieder zu Hause. Uebrigens konnte es in dem durch vieljährige Verfolgungen und Kriege entvölkerten Ländchen nicht schwer werden, den von Jehuda und Schimon mitheimgeführten auswärtigen Juden Wohnplätze anzuweisen. In der Zwischenzeit hatten aber die zum Schutze Judäa's zurückgelassenen Obristen ihren Mannschaften eine empfindliche Niederlage zugezogen. Die Nachrichten von den ruhmvollen Thaten jener beiden Heldenbrüder erweckten in ihnen das Verlangen, sich auch einen Namen zu machen, und sie zogen daher gegen den gemessenen Befehl, die Feinde nicht anzugreifen, mit ihren Leuten gegen Jabneh, wohin jetzt Gorgias, der syrische Statthalter in der Niederung, sein Standquartier verlegt hatte. Als die Juden herankamen, zog dieser ihnen entgegen, schlug sie in die Flucht und verfolgte sie bis zu den Grenzen von Judäa, wobei an 2000 von ihnen umkamen. — Als nun Jehuda wieder in Judäa war, wollte er den ganzen Umfang desselben wieder in den Besitz der Seinigen bringen. Der südliche Theil davon war noch in den Händen der Idumäer, er zog daher mit seinen Brüdern aus und stritt wider sie, verwüstete Chebron und die kleineren Ortschaften in der Nähe, zerstörte auch die Burg in jenem und verbrannte ringsum alle Warten, deren das Land in großer Menge hatte; doch scheint er hiernach nicht die Feinde völlig aus dieser Gegend vertrieben zu haben. Sodann stieg er in die Nie-

terung hinab, um Gorgias wieder zu demüthigen, doch bei Marescha
zog dieser ihm mit 3000 Mann Fußvolkes und 400 Reitern ent=
gegen, und als es zum Kampfe kam, fielen anfänglich Einige
von den Juden. Aber ein tapferer jüdischer Reiter ergriff den
Gorgias beim Mantel und zog ihn eine ganze Strecke gewaltsam
mit sich fort, um ihn lebendig einzuliefern; erst als einer von dessen
Reitern heransprengte und ihn in die Schulter hieb, wurde Gorgias
wieder frei und floh nach Marescha. Indessen Esdris, ein Unter=
anführer desselben, setzte den Kampf fort: da stimmte Jehuda laut
einen ibräischen Psalm an und stürzte nochmals mit seinen Leuten
unerwartet auf die Feinde, daß sie die Flucht ergriffen. Es war
an einem Freitage und der Tag schon vorgerückt, daher führte
Jehuda sein Heer nach dem nahen Adullam; nachdem man dort den
Sabbat gefeiert hatte, wurden die Leichen der gefallenen Brüdern geholt
und in jüdischen Begräbnissen beigesetzt, aber hierbei fand man bei
Vielen derselben unter dem Leibrocke heidnische Amulette, und nun
erschien es Allen klar, weshalb Diese den Tod gefunden hätten.
Sie beteten, daß die begangene Sünde hierdurch vollständig getilgt
sein möchte; Jehuda aber brachte vermittelst einer Sammlung unter
ihnen 2000 Drachmen zusammen, welche er nach Jerusalem schickte,
dafür Sühnopfer bringen zu lassen. Von da zog er hierauf nach
Aschdod, zerstörte dort die Altäre, verbrannte die geschnitzten Götzen=
bilder, und führte seine Leute beutebeladen in die Heimath zurück.

Ziemlich in derselben Zeit starb Antiochus Epiphanes, der zwei
Jahre zuvor nach dem Osten abgezogen war. Einige Zeit vor seinem
Tode vernahm er nämlich, daß in Persien ein sehr reicher Tempel
der Nanäa vorhanden sei, und er zog daher heran, dessen Schätze
wegzunehmen, unter dem gewiß eigenthümlichen Vorgeben, sich mit der
Göttin vermählen zu wollen. Aber die Priester derselben bedienten sich
einer List gegen ihn: sie warfen, als Antiochus mit wenigen Leuten
in den Tempel trat, durch eine verborgene Thür in der getäfelten
Decke Steine auf ihn herab, daß er voll Entsetzen entfloh, in dem
Glauben, die beleidigte Göttin selbst habe sie herabgeschleudert.
Dieser Gedanke zog ihm eine Art Wahnsinnes zu, der ihn auf das
Krankenlager warf, und eine hinzugetretene Abzehrung machte bald

darauf (im Frühsommer 163) seinem Leben ein Ende[1]). Zuvor noch hatte Antiochus einem vertrauten Freunde Philippus Diadem und Siegelring nebst dem Auftrage übergeben, seinen noch sehr jungen Sohn zu erziehen und zu leiten: zu Lysias, dem er früher dies übertragen hatte, scheint er in Folge von dessen Mißgeschick in Judäa das Zutrauen verloren zu haben. Als die Nachricht hiervon an den syrischen Hof gelangte, setzte Lysias seinen königlichen Zögling als Antiochus Eupator auf den Thron, war aber nicht geneigt, dessen fernere Erziehung und Vormundschaft dem Philippus abzutreten. Dieser ging deshalb nach Aegypten, um Philometor, der Eupator's Vetter war, gegen die fortgesetzte Vormundschaft des Lysias anzurufen: allein jenen König beschäftigten gerade jetzt vollauf seine eigenen Angelegenheiten, und es blieb daher Philippus nichts übrig, als vorläufig in die östlichen Provinzen zurückzukehren.

In der Davidstadt lag aber noch eine starke syrische Besatzung, und diese setzte unbeirrt die Feindseligkeiten fort, überfiel die friedlichen Wallfahrer auf dem Wege zum Tempel, und mißhandelte die in der Nähe Wohnenden. So lange Jehuda mit den dringenderen auswärtigen Kämpfen beschäftigt war, mußte er das Unwesen dieser Besatzung dulden; sobald er aber mit jenen fertig war, um Sommersanfang 163, entschloß er sich, sie zu vertreiben, versammelte zu dem Ende viel Volk, und belagerte sie mit Wurfmaschinen. Aber einigen von den Belagerten gelang es, mit einer Anzahl der abtrünnigen Juden zu entschlüpfen, und zu dem jungen Könige reisend, sollen die Letzteren ihm geklagt haben: „Wann wirst du endlich Gericht halten und unsere Brüder rächen? wir haben uns willig deinem Vater unterworfen, nach seinen Befehlen zu wandeln, dafür verabscheuen uns die Söhne unseres Volkes, ja tödten die von uns, welche sie ergreifen, und plündern unsere Habe. Und nicht wider uns allein haben sie die Hand ausgestreckt, sondern auch über alle ihre Grenzen. Siehe, jetzt belagern sie die Burg in Jeruschalem, den Tempel und Betzur haben sie befestigt: wenn du ihnen nicht schnell zuvorkommst, werden sie noch größere Dinge unternehmen, und du wirst sie nicht mehr in Zaum halten können." In Folge dessen wurde beschlossen, aus allen Kräften Judäa mit Krieg zu überziehen, und wirklich hierzu

---

[1]) Dieser Ausgang des Fluchbeladenen gab unter den Juden Veranlassung zu mehreren Sagen, welche die Apokryphen (1 Macc. 6, 4 — 13. 2 Macc. 1, 13 — 16 und 9, 1 — 28) aufbewahren.

eine Streitmacht von 100,000 Mann Fußvolkes, 20,000 Reitern und 32 kampfgeübten Elephanten zusammengebracht. Als Eupator und Lysias, obwohl es schon spät im Jahre sein mußte, mit diesem großen Heere eben aufbrechen wollten gegen Judäa, kam zu ihnen der längst verschollene Menelaos, überflüssiger Weise den König in seinem Vorhaben zu bestärken, um auf diesem Wege sich wieder die Herrschaft zu erschleichen. Aber die Stunde seiner längstverdienten Züchtigung war gekommen: Lysias stellte dem Könige vor, daß dieser Menelaos der eigentliche Urheber aller der Wirren zwischen Syrien und Judäa sei; deshalb befahl der König, ihn nach Beröa zu führen und in den dortigen Aschenthurm zu stürzen. Hierauf zog das syrische Heer heran, doch in der Gegend, wo die samaritanische Niederung durch einige Hügelreihen von der jüdäischen getrennt ist, erlitt es einen kleinen Ueberfall. Auf die Nachricht von seiner Annäherung nämlich hatte Jehuda die Belagerung der Davidstadt aufgehoben und nach einem dreitägigen (?) Fasten das Volk sich bereit machen lassen, den neuen Feind zu bekämpfen; den Aeltesten aber erklärte er seinen geheimen Entschluß, zu versuchen, ob er nicht sogleich durch einen kühnen Handstreich den Kampf entscheiden könne. Als sein Plan Billigung fand, wählte er die tapfersten Jünglinge aus, und als bei Modiim das syrische Heer ein Nachtlager aufschlug, überfiel er mit ihnen in der Nacht das königliche Zelt; es gelang ihm zwar nicht, Eupator zu erreichen, doch richtete er in der Dunkelheit ein großes Blutbad an, und zog sich dann ungefährdet zurück. Hierauf zog Lysias wieder wie im vorigen Jahre an Philistäa vorbei, erstieg den südwestlichen Abhang von Judäa und belagerte Betzur, nachdem dieses es abgelehnt hatte, sich sogleich ihm zu ergeben. Nach einiger Zeit machte die jüdische Besatzung einen Ausfall, zündete die gegen sie errichteten Wurfmaschinen an, und brachte außerdem den Belagerern einen empfindlichen Verlust bei; auch gelang es Jehuda, einige Lebensmittel hineinzuschaffen, deren sie um so früher bedurfte, als man gerade wegen des Sabbatjahres nichts geerntet hatte. Fürchtend aber, daß ein Theil des zahlreichen syrischen Heeres sich nach Jeruschalem wenden möchte, lagerte sich hierauf der Makkabäer bei Betsecharja in einem Engpaß, der von Betzur dahin führte. In dem Rathe des Königs war wirklich das beschlossen, was Jehuda besorgte, und eines frühen Morgens zog der größte Theil des königlichen Heeres dahin ab in folgender Ordnung: schwächere Abtheilungen desselben erstiegen die Berge zu beiden Seiten des Passes und breiteten sich auf denselben aus, in der Niederung dagegen rückten so viele einzelne Schlachthaufen, als man Elephanten hatte, hintereinander vorwärts: jedem dieser Thiere wurden tausend Mann zu Fuß in Kettenpanzern und 500 Reiter beigeordnet, mit dem Befehl, zu gehen und zu stehen mit demselben und nicht von ihm zu weichen, auf jedem Elephanten aber war ein bedeckter hölzerner Thurm, in welchem der Führer und eine Anzahl Wurfschützen sich befanden; die übrige Reiterei rückte zu beiden Seiten dieser langen Linie vorwärts. Als die Sonne auf die ehernen Schilde schien, erglänzten die Berge rechts und links wie von Feuer. Gleichwohl scheuete Jehuda den Kampf nicht, ging vielmehr dem anrückenden Feinde entgegen, und es fielen alsbald an 600 Mann von dem Heere des Königs. Zu gleicher Zeit sah sein Bruder Elasar einen der Elephanten, welcher durch kostbarere Rüstung und an Höhe vor allen übrigen sich auszeichnete, und in der irrigen Meinung, auf ihm den König zu erblicken, rannte er sogleich tobesmuthig mitten in den Haufen hinein, welcher denselben umgab; vor seinen Streichen wich rechts und links Alles zurück, und durch diese Gasse bis zu dem Elephanten gelangt, sprang er unter ihn und erstach ihn von unten herauf, das Thier aber stürzte und begrub ihn selbst unter seiner Last. Allein die Tapferkeit der Juden konnte diesmal den ungestümen Angriff des syrischen Heeres nicht brechen, Jehuda zog sich mit seinen Leuten zurück, entweder nach Jeruschalem, um die Besatzung des Tempelberges zu verstärken, oder zufolge einer anderen Nachricht gar bis an die Grenze von Samarien, und das Heer des Königs zog hierauf vor Jeruschalem, den Tempel zu belagern. Die Besatzung von Betzur, jetzt aller Hoffnung auf Entsatz beraubt und schon wieder von Mangel an Lebensmitteln bedroht, übergab nach einer wiederholten Aufforderung die Festung gegen freien Abzug, und statt ihrer wurde eine syrische Besatzung hineingelegt. Lysias aber belagerte jetzt das Heiligthum sehr nachdrücklich, es wurden allerlei Wurfmaschinen gegen dasselbe errichtet und in Thätigkeit gesetzt, sowie Brandpfeile hineingeschleudert: allein auch die Belagerten verwendeten Maschinen zu ihrer Vertheidigung, und der Kampf währte lange Zeit. Doch auch auf dem Tempelberge waren geringe Vorräthe, sowohl in Nachwirkung des Sabbatjahres, als auch, weil die im Frühjahr aus Galiläa und Peräa mit heimgenommenen Juden die geringen Vorräthe im Lande hatten verkleinern helfen. Als daher unter den Belagerten der Hunger fühlbar wurde, suchten die Meisten von ihnen zu entkommen, und das Heiligthum wäre unfehlbar erobert wurden, wenn nicht ein ganz unerwarteter Umstand dazwischengekommen wäre. Gerade jetzt nämlich erhielt Lysias die Nachricht, daß jener Philippus, welchen Antiochus Epiphanes zum Vormund seines Sohnes bestellt hatte, aus den oberen Provinzen mit einer starken Heeresmacht nach Syrien ziehe, um die ihm verweigerte Stellung mit Gewalt einzunehmen. Lysias wollte daher schnell wieder zurück, und die erhaltene böse Kunde noch verschweigend, sagte er zu dem Könige: „Wir verlieren alle Tage Leute und unsere Lebensmittel sind gering, der Ort aber ist fest, den wir belagern, und die Angelegenheiten des ganzen Reiches liegen uns ob; darum lasset uns diesen Menschen die Hand reichen und mit ihrem Volke Frieden schließen, indem wir ihnen gestatten, nach ihren Gesetzen zu leben wie ehedem, denn bloß weil wir dies ihnen untersagt haben, haben sie alles Bisherige unternommen". Der königliche Knabe, unbekannt mit dem wahren Grunde seiner plötzlichen Friedfertigkeit, war hiermit zufrieden, man bot den Juden Frieden und freie Uebung ihrer Religion an und leistete ihnen einen Eid hierauf, als sie darein willigten. Nun kamen die Juden aus ihren Verschanzungen herab zu dem Könige und dieser erstieg den Tempelberg, um durch ein Opfer im Heiligthum die Aussöhnung zu besiegeln; als er jedoch die starken Befestigungswerke sah, brach er sogleich wieder seinen Eid, indem er sie niederzureißen befahl. Hierauf brach mit ihm Lysias eilends auf, und fand zwar Antiochien schon in der Gewalt des Philippus, entriß es ihm aber sogleich wieder und behauptete sich in seiner vormundschaftlichen Stellung, freilich nur ein Jahr noch. Nämlich schon 163, als die Nachricht von des Antiochus Epiphanes Tode nach Rom gelangte, hatte der noch immer dort zurückgehaltene Demetrius, des Seleukus Philopator Sohn, von dem Senat gefordert, daß man ihn wenigstens jetzt in sein väterliches Erbe einsetze. Im römischen Interesse lag es aber, dort lieber einen hilflosen Knaben als einen aufstrebenden Jüngling herrschen zu sehen, und er fand deshalb kein Gehör; nach geraumer Zeit wiederholte er seine Bitte, mit ebenso wenigem Erfolg. Da entfloh er im Anfang von 161 heimlich, stieg mit wenigen Leuten an der syrischen Küste an's Land und gewann die Einwohner für sich, indem

er mit dem Vorgeben auftrat, er komme mit Bewilligung des römi=
schen Senats sein Reich in Besitz zu nehmen; durch schleunige Zuzüge
immermehr verstärkt, nahm er hierauf Antiochien ein, wobei Eupator
und Lysias seinen Leuten in die Hände fielen, und sie tödten lassend,
bestieg nunmehr dieser Demetrius (später Soter zubenamt) den
syrischen Thron. Die Römer waren Anfangs sehr böse auf ihn,
aber durch das Versprechen voller Unterwürfigkeit erlangte er ihre
Anerkennung.

Aber die Partei der abtrünnigen Juden, von welcher Viele sich
schon seit Jahren vor Jehuda außer Landes begeben hatten, suchten
alsbald den neuen König für sich und für die Wiederherstellung der
früheren unjüdischen Zustände zu gewinnen. Eine große Anzahl
derselben ging nämlich zu ihm und klagte: „Jehuda und seine
Brüder haben uns theils vertilgt, theils aus unserem Lande getrieben;
schicke daher einen Mann ab, dem du vertrauest, daß er die große
Verwüstung sehe, welche sie angerichtet haben, und sie und ihre
Helfer bestrafe.“ Bald nach ihnen kam ein gewisser Eljakim oder
Alkimos, welcher früher eines der höheren Priesterämter bekleidet,
zur Zeit der Abtrünnigkeit aber freiwillig sich mit heidnischen Dingen
befleckt hatte; dieser wünschte hoher Priester zu werden, sah aber
wohl ein, daß er wegen seines früheren Wandels hierzu von den
frommen Juden, welche jetzt am Ruder waren, nicht würde zugelassen
werden, auch er begab sich daher jetzt zu dem Demetrius und über=
reichte ihm vorläufig einen goldenen Kranz, einen Palmzweig und
einen Oelzweig, als Zeichen der Huldigung und friedlichen Unter=
werfung von Seiten der unterdrückten „rechtmäßigen“ Behörden.
Jedoch kurz darauf in den Rath des Königs beschieden und gefragt,
in welcher Lage und von welcher Gesinnung die Juden wären,
antwortete er: „Die unter ihnen, welche sich die Frommen nennen
und an deren Spitze der Makkabäer Jehuda stehet, nähren Krieg
und stiften Aufruhr: daher bin ich, meines angestammten ober=
priesterlichen Amtes beraubt, hiehergekommen, zuvörderst aus gebühren=
der aufrichtiger Ergebenheit für den König, dann aber auch in
Rücksicht auf meine Mitbürger, denn durch die Unvernunft der
genannten Leute hat unser ganzes Volk nicht wenig zu leiden.
Mögest du nun, o König, dich unseres Landes und unseres bedräng=
ten Volkes nach deiner allgemeinen Menschenfreundlichkeit annehmen,
denn so lange Jehuda am Leben ist, ist es unmöglich, daß ein fried=

licher Zustand eintrete." Der mit den jüdischen Verhältnissen noch
fast ganz unbekannte König sicherte hierauf dem Alkimos die hohe=
priesterliche Würde zu, und sendete mit ihm den Bakchides nach
Judäa mit einem ansehnlichen Heere, um die Schuldigen zu züchtigen;
ihm schlossen sich rachelustig viele Heiden an, welche früher von
Jehuda aus dem Lande gejagt worden waren. Als sie auf jüdischem
Boden angekommen waren, sandten sie an Jehuda und dessen
Brüder Boten mit friedlichen Worten, um sie sicher zu machen;
allein Diese sahen ein, daß es bei friedlichen Absichten unnöthig
war, ein Heer mitzubringen, und entfernten sich daher mit ihren
Leuten von Jeruschalem, als Bakchides sich dieser Stadt näherte.
Mehr Vertrauen zeigten die Schriftgelehrten, sie sagten sich: „ein
Priester vom Geschlechte Ahrons ist mit dem Heere gekommen, der
wird uns kein Unrecht zufügen," und gingen in großer Anzahl zu
Alkimos und Bakchides, um Frieden und eine rechtliche Behandlung
von ihnen zu erbitten. Diese versprachen ihnen eidlich, ihnen wie
ihren Freunden nichts zuleide zu thun, ließen aber gleichwohl kurz
darauf sechzig derselben ergreifen und tödten, wahrscheinlich weil die
Schriftgelehrten großen Einfluß im Volke hatten. Furcht befiel da
das ganze Volk, und viele · jüdische Krieger, die nach den ersten
friedlichen Versicherungen derselben sich ihnen angeschlossen hatten,
verließen sie wieder; allein Bakchides erfuhr, daß Diese nach dem
nahen Dorfe Bezeth sich gewendet hatten, er brach daher von
Jeruschalem dahin auf und ließ sie nebst einigen Anderen aus dem
Volke aufgreifen und in eine große Cisterne dabei abschlachten.
Hierauf übergab er das Land dem Alkimos, ließ auch zu seinem
Beistande Truppen zurück, und kehrte heim zu dem Könige. Alkimos ·
war solchergestalt in den Besitz des Hohenpriesterthums gekommen,
hatte aber seine Anerkennung im Lande sich erst zu erkämpfen; und
da sich zu ihm auch viele Gleichgesinnte versammelten, gelang ihm dies
an vielen Orten. Hierbei aber verübte er so viel Böses im Lande,
daß Jehuda von seinem anfänglichen Entschlusse, ihn gewähren zu
lassen, abstand und wieder mit seinen Getreuen in ganz Judäa
herumzog, die Abtrünnigen züchtigte und den Alkimos zwang, von
seinen blutigen Streifzügen abzustehen. Als Dieser erkannte, daß
er nicht werde vor Jehuda bestehen können, kehrte er zu dem syrischen
Könige zurück und brachte bei ihm arge Beschuldigungen gegen die
Juden vor. Sogleich sendete Demetrius jetzt Nikanor (nicht den

von S. 246) mit Truppen nach Judäa ab, um Jehuda zu tödten und seine Leute zu zerstreuen; Alkimos blieb in Syrien zurück, um den Erfolg dieser Sendung abzuwarten. Auf die Nachricht von Nikanor's Annäherung stellte sich eine Abtheilung der Juden unter Schimon, dem Bruder des Maccabäers, wenige Meilen nördlich von Jeruschalem auf, litt aber von den unverhofft Anbringenden einigen Schaden. Doch wollte Nikanor, als er von der Tapferkeit und Hochherzigkeit der Juden in den früheren Kämpfen hörte, gern eine blutige Entscheidung vermeiden: er schickte daher zu ihnen drei Männer, darunter einen Mattathias, der wahrscheinlich ein Jude von der syrischen Partei war, um mit ihnen wegen Beilegung des Zerwürfnisses zu unterhandeln. Die Verhandlung dauerte lange, doch einigte man sich und zwar wie es scheint, dahin daß die Juden freie Uebung ihrer Religion und freie Wahl ihres hohen Priesters haben sollten; Nikanor konnte annehmen, daß sein Herr keine besondere Vorliebe für Alkimos hegen werde. Hierauf wurde ein Tag verabredet, an welchem Nikanor und Jehuda eine persönliche Zusammenkunft haben sollten. An dem dafür gewählten Orte wurden zwei prächtige Sessel hingestellt, Jehuda aber versäumte auch nicht an passenden Punkten in der Nähe einige Mannschaft aufzustellen für den Fall, daß Nikanor mit Verrath umginge: allein dies erwies sich unnöthig, es kam zu einer Unterredung, welche den geschlossenen Vertrag bekräftigte. Jetzt ließ Nikanor den größten Theil seines Heeres im Nordwesten des Landes, wo es stand, für längere Zeit Quartier nehmen, sowie Diejenigen heimkehren, welche sich ihm angeschlossen hatten, und zog mit wenigen Truppen in Begleitung des Jehuda nach Jeruschalem, wo er sich sehr besonnen benahm und zu dem Maccabäer eine wahre Zuneigung faßte: er behielt ihn stets um sich und ermunterte ihn, da jetzt die jüdischen Angelegenheiten dauernd geordnet seien, sich ruhig niederzulassen und zu heirathen. Jehuda that dies auch und lebte mit ihm so vertraut, daß für Judäa bessere Zeiten gekommen zu sein schienen. Allein diese Hoffnung schwand sehr bald wieder. Nämlich Alkimos ging jetzt wieder zu König Demetrius und sagte, Nikanor scheine auf Abfall zu sinnen, denn er habe den Feind des Reiches, Jehuda, zu seinem Nachfolger im Pontificat und in der damit verbundenen Herrschaft über die Juden eingesetzt. Der König nun war zwar ohne Zweifel schon durch Nikanor selbst von dem abgeschlossenen Vertrage in Kenntniß gesetzt

worden, und daher ohne Verdacht wegen seiner Treue: allein in ihm
wurde die Scham darüber, daß seine dem Alkimos ertheilte Zusage
unerfüllt bleiben sollte, noch dadurch geschärft, daß grade Der, welcher
in so vielen Schlachten die Syrer gedemüthigt hatte, in die Stellung
desselben eintreten sollte. Deshalb erklärte er dem Nikanor seine
Unzufriedenheit mit dem ganzen Vertrage, und befahl ihm, den
Maccabäer sogleich gefesselt nach Antiochien zu schicken. Als Nikanor
das desfallsige königliche Schreiben erhielt, ward er bestürzt und
zugleich unwillig, daß er die Uebereinkunft brechen sollte; weil er
jedoch dem Könige gehorchen mußte, lauerte er auf eine Gelegenheit, den
Auftrag mit List auszuführen, war aber hierbei wenigstens ehrlich
genug, sein freundschaftliches Benehmen gegen Jehuda mit einem
zurückhaltenden und strengeren zu vertauschen. Dieser erkannte bald,
daß dem nichts Gutes zu Grunde liege, versammelte daher nicht
Wenige von seinen Leuten und hielt sich mit ihnen fern von Jeru=
schalem. Als nun Nikanor merkte, daß sein Vorhaben errathen
sei, zog er mit der Schaar, die er bei sich hatte gegen ihn aus, und
es kam bei Kefar=Salama an der südwestlichen Grenze von Samarien
zu einem Treffen, in welchem er an 500 Mann verlor. Mit dem
Reste floh er in die Dawidstadt, und von da stieg er nach einigen
Tagen zu dem Tempel hinan, weshalb einige Priester und Aelteste
des Volkes hervorkamen, ihn zu begrüßen und das Opfer ihm zu
zeigen, welches für das Wohl des Königs dargebracht werde. Ein
solches mochte wohl während der kurzen Dauer von des Demetrius
Gunst an bestimmten Tagen stattgefunden haben, gewiß aber nicht
jetzt nach Wiederausbruch der Feindseligkeiten: es war daher nur
ein leeres Vorgeben, wie Nikanor auch wohl fühlte. weshalb er sie
verhöhnte und verspottete; hierauf streckte er die Hand gegen den
Tempel aus und schwor, daß wenn sie nicht sogleich Jehuda mit
seinen Kriegern zurückkommen ließen und ihm auslieferten, er, sobald
er siegreich zurückkehre, ihr Gotteshaus niederbrennen und an seiner
Stelle dem Dionysos einen prachtvollen Tempel errichten werde. Nach=
dem er sich wieder entfernt hatte, kehrten die Geängstigten in das
Heiligthum zurück, um wegen Abwendung dieser Schmach Gott inbrünstig
anzurufen, waren aber geistesstark genug, auf Nikanor's Verlangen
nicht einzugehen. Von welchem Geiste überhaupt damals, noch in der
vollen Kraft des maccabäischen Aufschwunges, die Juden beseelt waren,
zeigte unmittelbar darauf das Beispiel eines gewissen Rhazis, der

wegen seines allgemeinen Wohlwollens Vater der Juden genannt wurde und in den früheren Zeiten der Verfolgung durch nichts sich hatte abschrecken lassen, offen seine Religion zu üben. Derselbe hielt sich eben jetzt unweit Jeruschalem's in einem festen Thurme auf, und Nikanor schickte über 500 Krieger ab, ihn ergreifen zu lassen: es wird uns nicht berichtet, was ihn zu diesem in seiner jetzigen Lage etwas auffälligen Befehle veranlaßte. Als der Haufen den Eingang zu dem Vorplatze des Thurmes schon erzwungen hatte und nach Feuer rief, um die inneren Thore anzuzünden, stieß sich Rhazis sein Schwert in den Leib; da aber der Stoß in der Hast nicht recht geführt wurde, eilte er auf die Mauer und stürzte sich von derselben auf die Menge herab, diese jedoch wich schnell zurück, er fiel daher in den entstandenen Zwischenraum, und da er noch lebte, raffte er sich wieder auf und rannte mitten durch die Feinde auf einen steilen Felsen; hier aber rufend: der Herr des Lebens möchte ihm dieses wiedergeben, brach er zusammen und starb. — Inzwischen hatte Nikanor erfahren, daß Jehuda mit seinen Leuten sich an der Grenze von Samarien aufhalte, und rückte bis Betchoron vor, wo sein Heer zu ihm stieß. Trotz der großen Ueberlegenheit desselben kam aber rasch auch Jehuda heran mit 3000 Mann und lagerte sich in Adasa, anderthalb Stunden nordöstlich davon. Hier soll Nikanor ihn haben am Sabbat angreifen wollen, in der Meinung, alsdann keine Gegenwehr zu finden, und als die Juden in seinem Heere, welche gezwungen ihm folgten, ihn baten, an dem Tage rasten zu dürfen, welchen der Herr im Himmel zu ihrem Ruhetage eingesetzt hätte, geantwortet haben: und er sei ein Herr auf Erden, welcher ihnen befehle, den königlichen Dienst zu thun. Während dessen aber ermunterte Jehuda die Seinigen, indem er sie insbesondere an die übernatürliche Niederlage des Sancherib erinnerte, dessen über= müthigen Reden die Drohung des Nikanor gegen den Tempel so ähnlich sei, und zum Schluß ihnen einen Traum mittheilte. In demselben hätte er gesehen, wie der ehrwürdige Onias die Hände ausgestreckt habe zum Gebet für Israel; hierauf sei ein Greis von wunderbarer Majestät erschienen, von welchem Onias ihm zugerufen, es sei der Prophet Jirmeja, und Dieser habe ihm ein goldenes Schwert überreicht mit den Worten: „nimm das heilige Schwert als ein Geschenk von Gott, mit ihm wirst du die Feinde besiegen." Diese Worte flößten den ohnehin schwunghaft bewegten Gemüthern den größten Heldenmuth ein, und man beschloß, den Angriff des Feindes nicht erst abzuwarten. So rückten beide Theile auf einander los, die Syrer in voller Schlachtordnung, Elephanten in passenden Zwischen= räumen, Reiterei auf den Flügeln, und sich anfeuernd durch Krieges= gesang, die kleine Schaar der Juden unter Gebet. Als sie aber auf einander stießen, war Nikanor von den Ersten, welche fielen, und da seine Truppen dies sahen, warfen sie die Waffen weg und flohen in südwestlicher Richtung; man verfolgte sie eine ganze Tage= reise weit, auch die Einwohner aller Dörfer ringsum, von dem Ausfall der Schlacht durch Lärmtrompeten benachrichtigt, fielen über die aufgelösten Schaaren her, und so soll kein Einziger von ihnen dem Schwerte entgangen sein. Hierauf nahmen die Sieger ihre werthvollen Rüstungen, schnitten dem gefallenen Nikanor den Kopf und die rechte Hand ab, welche er gegen den Tempel ausgestreckt hatte, und kehrten damit nach Jerusalem zurück, wo dieselben dem Tempel gegenüber aufgesteckt wurden, nachdem man die lästerliche Zunge ausgeschnitten und stückweise den Vögeln zum Fraß hin= geworfen hatte. Sodann wurde der erfochtene Sieg fröhlich gefeiert, und beschlossen, seinen Jahrestag stets festlich zu begehen: es war der 13. Adar, an welchem schon einmal in Mordechaj's Tagen für Israel Unheil in Heil sich verkehrt hatte.

Unmittelbar hierauf unternahm Jehuda einen sehr denkwürdigen Schritt. Er hatte seit langen Jahren viel Großes erzählen hören von den Römern, die grade damals mitten in ihrem Riesengange zur Weltherrschaft begriffen waren. Von ihnen sagt ein jüdischer Geschichtschreiber der neueren Zeit: „Ohne Widerspruch kann das ganze Verfahren Roms während der ersten Hälfte des zweiten Jahr= hunderts v. Chr. angesehen werden für ein Meisterstück der Politik und der diplomatischen Kunst in Verbindung mit kriegerischer That= kraft. Man ist erstaunt und erschrocken über die Gewandtheit und Biegsamkeit, welche damals von den Römern entfaltet wurden, um Verbündete zu erwerben und ihre Feinde zu theilen, über die Schnelligkeit, mit der sie jedes Volk im passendsten Augenblick angriffen, und mit der sie der besiegten Nationen sich bedienten, um wieder andere zu verderben, mochten diese auch befreundet oder verbündet und ihre Unterstützung ihnen bis dahin noch so noth= wendig gewesen sein". Eine so richtige Anschauung von diesem Volke konnte der Maccabäer nicht haben, wollte vielmehr auch vernommen

18*

haben, daß die Römer „gegen ihre Freunde Freundſchaft bewahrten ſowie daß Neid und Eiferſucht nicht unter ihnen wären": und weil er doch wohl fühlte, daß Judäa nicht werde auf die Dauer der ſyriſchen Streitmacht widerſtehen können, ſo wollte er in Rom um ein Bündniß nachſuchen laſſen. Zu dem Ende ſchickte er jetzt Eupolemos des Jochanan [1]) und Jaſon des Elaſar Sohn nach Rom ab, wo ſie in den Senat geführt wurden und dieſen im Namen Jehuda des Maccabäers wie des jüdiſchen Volkes baten, ſie zu Bundesgenoſſen und Freunden anzunehmen. Der Senat ging bereitwilligſt hierauf ein, das Bündniß wurde geſchloſſen und eine Abſchrift deſſelben, auf eine eherne Tafel eingegraben, nach Jeruſchalem geſendet. [2])

Mit dieſem günſtigen Ergebniſſe waren aber die jüdiſchen Geſandten noch nicht aus Rom zurück, als die Angelegenheiten von Judäa die traurigſte Wendung nahmen. Nämlich als die Nachricht von Nikanor's Tode und der Vernichtung ſeiner Mannſchaft zu Demetrius gelangte, ließ er Bakchides mit einer anſehnlichen Truppenmacht ſogleich gegen Judäa vorrücken. Bei dem galiläiſchen

---

[1]) Jochanan hatte bei Antiochus dem Großen für die Juden gewirkt: es ſcheint, daß dieſe Familie durch Fertigkeit in Sprachen ſich auszeichnete, und vielleicht iſt deshalb auch anzunehmen, daß der ſpäter von Jonatan nach Rom abgeſandte Antipater Sohn des Jaſon der Sohn von Jehuda's zweitem Geſandten war.

[2]) Es lautete: „Ewig möge es den Römern und dem Volke der Juden wohlergehen zu Waſſer und zu Lande, ſowie Schwert und Feind von ihnen fernbleiben. Wenn aber ein Krieg wider Rom oder wider irgend einen ſeiner Bundesgenoſſen in ſeinem ganzen Reiche entſtehet, ſo wird das Volk der Juden Beiſtand leiſten, wie die Zeiten es ihnen gebieten, von ganzem Herzen, und den Kriegführenden Getreide, Waffen, Geld, Schiffe weder geben noch verſchaffen, wie es den Römern recht erſcheint, und ſeine Obliegenheiten unentgeltlich erfüllen. Ebenſo aber wenn gegen das Volk der Juden ein Krieg ausbricht, werden die Römer bereitwillig helfen, wie es ihnen die Zeitumſtände vorſchreiben, und den Feinden weder Getreide noch Waffen, Geld, Schiffe geben, wie es Rom recht ſcheint (!), und ihre Obliegenheiten ohne Argliſt erfüllen. Auf dieſe Beding= ungen verbinden ſich die Römer mit dem Volke der Juden. Wenn aber ſpäter Dieſe oder Jene Etwas hinzufügen oder wegnehmen wollen, ſo ſollen ſie es thun nach ihrem Gefallen, und was ſie hinzufügen oder wegnehmen, ſoll giltig ſein. Und wegen der Uebel, welche König Demetrius ihnen zufügt, haben wir ihm geſchrieben: Warum legeſt du unſern Freunden und Verbündeten, den Juden, ein ſo ſchweres Joch auf? wenn ſie nochmals über dich Klage führen, ſo werden wir ihnen Recht verſchaffen und dich zu Waſſer und zu Lande bekriegen."

Arbela war ein Hohlweg zu passiren, den ein Dorf beherrschte, und da hier viele Juden ansässig waren, so eilte er, vor ihnen dieses zu nehmen, was viele Menschenleben gekostet haben soll, und war schon im Monat Nissan bei Jerusalem. Jehuda aber stand mit 3000 Mann wieder bei Adasa, und als Bakchides dies erfuhr, lagerte er sich in geringer Entfernung von ihm bei Bersetho. Seine Truppen bestanden aus 20,000 Mann Fußvolkes und 2000 Reitern, und bei Annäherung dieser ungeheueren Uebermacht fürchteten sich Jehuda's Leute ungeachtet ihrer zahlreichen früheren Siege so sehr, daß sie bis auf 800 Mann entwichen. Gleichwohl forderte der Makkabäer die bei ihm Gebliebenen auf, mit ihm auf die Feinde loszugehen. Sie suchten zwar ihn hiervon abzubringen, indem sie vorschlugen, jetzt ihr Leben zu retten, um zurückkehrend mit ihren Brüdern den Feind anzugreifen, für den Augenblick seien ihrer hierzu gar zu Wenige; allein Jehuda rief aus: das sei fern von mir, daß ich vor ihnen fliehe! sollte unsere Zeit gekommen sein, so wollen wir als Männer für unsere Brüder sterben und unserem Ruhm keinen Flecken anhängen. Als hierauf die Feinde heranzogen, voran Schleuderer und Bogenschützen, dann in ausgedehnter Linie das schwere Fußvolk, die Reiterei vertheilt auf beide Flügel, kam ihnen Jehuda mit seinen wenigen Leuten ruhig entgegen, muthig antworteten seine Trompeten den feindlichen, und der ungleiche Kampf währte sehr lange; endlich ließ Bakchides die beiden Enden seiner Linie mehr vorgehen, Jehuda zu umzingeln. In dieser äußersten Gefahr sammelte Letzterer alle Entschlossenen dicht um sich, warf sich auf den rechten Flügel des Feindes, schlug ihn und verfolgte den fliehenden; allein der linke Flügel folgte dem heldenmüthigen Häuflein auf dem Fuße nach, es entbrannte ein neuer Kampf, und nachdem von beiden Seiten Viele verwundet worden, fiel auch Jehuda, die übrigen Juden entflohen. Seine Brüder Jonatan und Schimon brachten seine Leiche nach Modiim in das Erbbegräbniß ihrer Väter, und ganz Israel stellte eine große Trauer um ihn an. Er hatte von 166 bis zu seinem Heldentode im Frühjahr 160 an der Spitze seines Volkes gestanden, und erreichte vollständig, was er noch zuletzt als Wunsch ausgesprochen hatte: an seinem Ruhm haftet kein Flecken irgend einer Art. Männer von gleicher Tapferkeit und Vaterlandsliebe gab es Viele, auch an Solchen fehlt es nicht, welche wie er zehnfach überlegene Feinde schlugen und „zerhämmerten", aber er that es mit unkriegerischen, ungeübten Leuten, und immer von Neuem, und inmitten abholder, zum Theil verrätherischer Stammgenossen! und bei solchen Erfolgen blieb er so fern von jedem Ehrgeiz, als wollte er thatsächlich zeigen, in welcher Reinheit einer heiligen Sache gedient werden müsse. Daß für eine Zeit wie die beschriebene ein solcher Mann sich fand, ist wohl etwas Providentielles, und jedenfalls gehört Jehuda der Maccabäer zu Israels ersten Heroen.

Zweites Kapitel.
Jehuda's Bruder Jonatan Anführer des Volkes.

Der von Bakchides wieder mitgebrachte Alkimos trat jetzt von Neuem in sein hohepriesterliches Amt ein. Desgleichen tauchten die Ueberreste der hellenisirenden Partei wieder auf und wurden, von Bakchides begünstigt, in allen Communen an die Spitze gestellt: Diese rächten sich nun für die früher erlittenen Verfolgungen an den Anhängern des Maccabäers, indem sie dieselben aufspürten und vor ihn führten, der sie verhöhnte und mit blutiger Strenge bestrafte; es breitete sich auf diese Weise über das ganze Land ein Angeber= wesen aus, welches um so unerträglicher war, als es wie gewöhnlich auch den Privatleidenschaften fröhnen mußte. Gleichzeitig herrschte in Judäa eine große Hungersnoth, und wie unser Berichterstatter sich ausdrückt, war die damalige Drangsal in Israel so groß wie noch niemals seit dem Aufhören der Propheten. Nach einigen Monaten aber versammelten sich alle Freunde des Jehuda zu seinem Bruder Jonatan und boten ihm als jetzt dem Würdigsten die Stelle ihres Anführers gegen Bakchides und alle ihre inneren Feinde an. Jonatan nahm dieses Anerbieten an, und als Bakchides Kunde hiervon erhielt, trachtete er demselben nach dem Leben, um nicht einen neuen Maccabäus in ihm erstehen zu sehen; die Römer, deren Bündniß mit den Juden inzwischen bekannt geworden sein mag, hatte er nicht zu fürchten, so lange der Anschein bewahrt wurde, nicht sowohl gegen dieses Völkchen als vielmehr gewissermaßen für

daſſelbe gegen eine gewaltthätige Partei darin anzukämpfen. Als
Jonatan deſſen blutige Abſicht merkte, zog er ſich mit ſeinen noch
übrigen Brüdern und allen ſeinen Anhängern in die Wüſte von
Tekoa, welche ſüböſtlich von Jeruſchalem bis an das todte Meer
reicht, und von da an eine Lagune Asfar, welche in dem unterſten
Theile der Jardenaue weſtlich vom Fluſſe gelegen zu haben ſcheint;
in dieſer durch Sumpfboden und Geſtrüpp unwegſamen Niederung
lagerte er ſich zwiſchen dieſer Lagune und dem Jarden, da er ſich
zu ſchwach fühlte, im offenen Felde dem Feinde entgegenzutreten.
Von hier aus ſandte er unter Aufſicht ſeines Bruders Jochanan
ſeine und ſeiner Leute bewegliche Habe, ſoviel man davon in der
Eile hatte von Hauſe mitnehmen können, zu den befreundet gewordenen Nabatäern im Oſten von Peräa: allein als dieſer Zug in
die Nähe von Medeba kam, brachen aus dieſer Stadt die Söhne
Jambri hervor, erſchlugen die Bedeckung und führten die Beute
davon. Für den Augenblick war Jonatan außer Stande, dieſe
Gewaltthat zu rächen, aber als er nach einiger Zeit erfuhr, daß
dieſe Räuber eine große Hochzeit feierten und die Braut, die Tochter
eines der Angeſehenſten in dortiger Gegend, mit großem Pomp
einholten, ſtieg er mit hinreichender Mannſchaft dahin auf und ver-
barg ſich an dem beſtimmten Tage hinter einem Berge, an welchem
der Zug vorbei mußte; auch ſah man bald den Bräutigam und
ſeine Freunde unter Muſik und vielem Lärmen aus Medeba heraus-
ziehen der Braut entgegen, und ſowie ſie nahe genug herangekommen
waren, fiel Jonatan mit ſeinen Leuten über ſie her. Nach einigem
Widerſtande, denn nach dortiger Sitte waren die Theilnehmer des
Feſtzuges glänzend bewaffnet, wurden von dieſen Viele getödtet,
die Uebrigen flohen in die Berge, und beutebeladen kehrte man in
die Stellung am Jarden zurück. Von dieſer Stellung des Jonatan
ſcheint Bakchides nicht ſogleich gewußt zu haben: als er aber jetzt
ſie erfuhr, zog er mit zahlreichen Truppen dahin, und richtete es
ſo ein, daß er am Sabbat die Lagune umgehen und ihn angreifen
wollte, in der Meinung wahrſcheinlich, Derſelbe werde an dieſem
Tage ſich nicht wehren. Nun war zwar Jonatan dennoch hierzu
entſchloſſen, allein ſeine Lage war eine ſehr verzweifelte: die Uebermacht des Feindes konnte ihn auf der einen Seite in den Fluß, auf
der anderen in jene ſumpfige Untiefe drängen, und im Rücken
erſchwerte dichtes Geſtrüpp die Flucht. Jonatan, der dies erkannte,

richtete einige todesmuthige Worte an seine Leute und nahm den Kampf auf, wobei er Bakchides selbst zu treffen suchte, denn dessen Tod allein konnte eine für ihn günstige Wendung herbeiführen; als er aber sah, daß Jener ihm auswich, sprang er mit allen seinen Leuten in den Jarden, der hier über hundert Fuß breit ist, und schwamm hindurch an das östliche Ufer. Bakchides wollte seinem Gegner nicht über den Fluß nachfolgen, sondern kehrte jetzt wieder nach Jerusalem zurück, und vor der Hand jene Entwichenen aus dem Auge lassend, befestigte er viele Städte in Judäa, verstärkte auch noch Bethzur und die Davidstadt, und legte in alle diese Orte Besatzungen und Vorräthe von Lebensmitteln. Um die Ruhe des Landes noch weiter zu sichern, ließ er sich dann die Söhne der angesehensten Einwohner ausliefern, und behielt sie als Geißeln in der Burg. Um diese Zeit, es war der Monat Ijar des Jahres 159 herangekommen, hatte eben Alkimos anfangen lassen, die Mauer vor dem inneren Vorhofe des Tempels niederzureißen, als er vom Schlage gerührt wurde und den Geist aufgab: das Volk erblickte hierin die Strafe dafür, daß er Etwas angetastet hatte, was noch von den Propheten herrührte; die fernere Niederreißung unterblieb natürlich nun. Bakchides hielt sich nicht für berufen, den erledigten Pontificat wieder zu besetzen, sondern zog jetzt zum Könige zurück, nachdem er in Judäa Alles wieder den syrischen Interessen gemäß geordnet hatte.

Die Ruhe, welche jetzt eintrat, wurde nach zwei Jahren wieder unterbrochen. Jonatan nämlich war gleich nach dem Abzuge des Bakchides in das Land diesseit des Jarden zurückgekehrt und hatte dem frommen Theile des Volkes, welcher ohnehin schon der viel zahlreichere war, ein solches Uebergewicht aller Orten über die hellenisirenden Juden wiederverschafft, daß Diese den Bakchides, welcher wohl damals in Cölesyrien befehligte, wieder ins Land zu rufen beschlossen. Sie schickten in dieser Absicht zu ihm, sagten ihm ihre Unterstützung zu, und machten ihm Hoffnung, Jonatan mit seinem ganzen bewaffneten Anhange in Einer Nacht aufzuheben. Jener war hierzu bereit und kam bald darauf mit einem ansehn= lichen Heere heran, schickte aber zu gleicher Zeit Briefe an die Häupter dieser Partei, in welchen er sie ersuchte, Jonatan und seine Leute zu ergreifen. Doch wurde dieser Auftrag des Bakchides dem Jonatan bekannt und durch seine Vorsicht vereitelt; Derselbe brachte

im Gegentheil an 50 von seinen ärgsten Gegnern in seine Gewalt
und ließ sie tödten. Hierauf zog er und sein Bruder Schimon mit
Denjenigen ihrer Anhänger, welche zum Widerstande bereit waren,
in einen verfallenen Ort Betbasi in der Wüste westlich vom todten
Meere, und befestigte ihn wieder: es mag dies die später so berühmt
gewordene Bergveste Masada gewesen sein, deren Erbauung Jonatan
zugeschrieben ward. Als Bakchides dies erfuhr, zog er seine
Mannschaft zusammen, bot auch die ihm zugethanen Juden auf,
sich ihm anzuschließen, hierauf rückte er vor Betbasi und bestürmte
es längere Zeit, jedoch vergeblich. Er muß es auch nicht vollständig
eingeschlossen gehabt haben, denn jetzt übertrug Jonatan die Vertheidigung des Ortes seinem Bruder Schimon und zog mit dem
entbehrlichen Theile seiner Leute ab, um einige Horden zu züchtigen,
wir wissen nicht auf welche dringende Veranlassung hin: er überfiel sie in ihren Zelten und siegte. Während dessen machte
aber auch Schimon einen Ausfall und zündete die Belagerungs-
maschinen an; hierauf setzten Beide dem Bakchides so zu, daß er
bereit war abzuziehen, nachdem er in Unmuth eine Anzahl von
Jenen, auf deren Rath er gekommen war, hatte tödten lassen. Als
Jonatan von dieser seiner Stimmung Kenntniß erhielt, ordnete er
einige Männer an ihn ab, welche auf den früheren Grundlagen
mit ihm einen Frieden schließen und wegen Auslieferung seiner
Gefangenen unterhandeln sollten: Bakchides ging auf ihre Vorschläge
ein, lieferte die Gefangenen aus, schwor auch noch dem Jonatan,
nichts Feindliches wieder gegen Judäa zu unternehmen, wenn dasselbe
seinen Pflichten als syrische Provinz getreulich nachkomme, und zog
dann aus dem Lande ab. Auf diese Weise bekam Israel wieder
auf einige Jahre Ruhe, Jonatan aber nahm, da die Dawidstadt
noch immer in den Händen der Syrer war, seinen Sitz in Mich-
masch zwei Meilen nördlich von Jeruschalem, und begann schon
hier unter seinen Mitbürgern eine halbamtliche Stellung einzunehmen, etwa wie sie die alten Richter hatten; dabei bethätigte er
wie sein Vater und Jehuda seine religiöse Strenge in Verfolgung
aller noch vorhandenen Abtrünnigen. Nach wenigen Jahren aber
wurde, in Folge von auswärtigen Ereignissen, seine Stellung und
zugleich die Lage der Juden eine viel bessere.

Nämlich Demetrius, der jetzige König von Syrien, hatte sich
nach und nach viele mächtige Feinde erworben, darunter seinen

ägyptischen Vetter Philometor. Denn nach des Antiochus Epiphanes
Abzuge regierten in Aegypten die beiden Brüder Philometor und
Physkon gemeinschaftlich weiter, aber in größter Uneinigkeit, und
schließlich kam es zwischen ihnen zu einer Theilung der Macht, der
Erstere erhielt Aegypten und Kypros, Physkon Kyrene und Libyen;
aber einige Zeit darauf bestach Demetrius den Statthalter von
Kypros, ihm dasselbe zu übergeben, und Philometor, welcher hiervon
zeitig Kenntniß erhielt, rächte sich dafür, indem er gemeinsam
mit den unzufriedenen Antiochern es anstiftete, daß ein junger
Rhodier von unterster Herkunft Namens Balas sich für Alexander,
einen Sohn des Antiochus Epiphanes, ausgab und Ansprüche auf
den syrischen Thron erhob. Für seine Rolle abgerichtet, wurde er
mit einer wirklichen Tochter dieses Antiochus, welche ihn für ihren
Bruder anerkennen sollte, nach Rom geschickt, sich dem Senat
zu empfehlen. Dieser mag wohl den wahren Zusammenhang durch-
schaut haben, und ohnehin gehörte ja Syrien rechtmäßig dem
Demetrius: allein er sah stets lieber als den rechtmäßigen Herrn
ein so abhängiges Geschöpf auf jedem auswärtigen Throne, erklärte
daher jenen „Alexander" für einen Sohn „ihres Freundes und
Verbündeten" Antiochus Epiphanes, und erkannte ihm nicht bloß
dessen Reich zu, sondern versprach ihm auch noch Unterstützung.
Derselbe warb hierauf Truppen und kam im Frühjahre 152 vor
Ptolemais, gewann es, und nahm dann den Königstitel an. Auf
die Nachricht hiervon raffte sich Demetrius mit vielem männlichen
Sinn aus seiner üppigen Lebensweise auf, und seine beiden jungen
Söhne Demetrius und Antiochus zu einem Gastfreunde in Knidos
schickend, um den Kriegesgefahren fern zu bleiben, sammelte er zahlreiche Schaaren; inzwischen aber suchte er Jonatan für sich zu
gewinnen, da er sich sagen mußte, daß die Juden sehr viel von
seinen Heeren erlitten hatten, und ein Anschluß derselben an seinen
Gegner, der in ihrer Nähe weilte, Diesem einen mächtigen Stützpunkt verschaffen würde. Demgemäß sendete Demetrius an Jonatan
ein Schreiben voll friedfertiger Worte und Lobes, gestand ihm darin
auch die Erlaubniß zu, Truppen zu sammeln, Waffen anzuschaffen
und sich seinen Bundesgenossen zu nennen, desgleichen ermächtigte
er ihn, jene Söhne der angeseheneren Juden, welche vor sieben
Jahren von Bakchides der syrischen Besatzung in der Davidstadt
waren als Geißeln übergeben worden, sich ausliefern zu lassen. Mit

diesem Schreiben eilte Jonatan nach Jerusalem, theilte es jener
Besatzung mit, die ihm auch sogleich die Geißeln übergab, und Jonatan
schickte diese ihren Eltern zurück; hierauf nahm er seinen Wohnsitz
in Jerusalem und fing an, die Häuser und Mauern der halb=
zerstörten Stadt wiederherzustellen, sowie um den Tempelberg, dessen
Befestigung Eupator hatte niederreißen lassen, eine neue Mauer
von Quadersteinen zu ziehen. Aber auch Alexander, als er von
der Botschaft des Demetrius an Jonatan hörte, und man ihm erzählte,
welche herrliche Kriegesthaten die Juden unter Diesem wie unter
seinen Brüdern ausgeführt hätten, verlangte ihn zu seinem Bundes=
genossen zu machen, umsomehr, als schon der Herbst herangekommen
war, ohne daß sein Unterfangen einen rechten Fortgang nahm. Er
schrieb daher an Jonatan folgenden kurzen Brief:

„Der König Alexander entbietet seinem Bruder Jonatan seinen
Gruß! Wir haben vernommen, daß du ein sehr tapferer Mann und
würdig bist, unser Freund zu sein: daher setzen wir dich zum hohen
Priester deines Volkes ein, und du sollst Freund des Königs genannt
werden [1]; doch wirst du unser Bestes wahrnehmen und gegen uns treue
Freundschaft bewahren.“

Jonatan machte sich keines Treubruches gegen Demetrius schuldig,
indem er auf Alexander's Seite trat: ausdrücklich übernommen hatte
er noch keine Verpflichtungen gegen Jenen, die Wiederinempfang=
nahme von aufgegriffenen Geißeln war kein Handgeld, durch welches
er in seinen Dienst trat, endlich die freundlichen Worte in
Demetrius' Briefe waren offenbar nur von der Furcht vor dem
aufgetretenen Prätendenten eingegeben, und wären nach Beseitigung
desselben bald genug mit der gewöhnlichen Sprache der syrischen
Herrscher gegen die Juden wieder vertauscht worden. Jonatan legte
also, weil unmittelbar darauf das Laubhüttenfest eintrat, an diesem
zuerst (im Herbste 152) das hohepriesterliche Gewand an, und hiermit
kam der Pontificat für länger als ein Jahrhundert an die Familie
der Makkabäer. Um aber auch den Erwartungen des Alexander
entsprechen zu können, sammelte er hierauf wirklich Kriegsschaaren
und schaffte viele Waffen an. Demetrius erhielt bald Nachricht von
diesem Bündnisse, und es betrübte ihn sehr, daß er dem Jonatan nicht

---

[1] Daß 1 Macc. 10, 20 ungeschichtlich sei, wurde 2, 303 des größeren
Werkes gezeigt.

eben so große Zugeständnisse gemacht hatte; jetzt blieb ihm nichts
übrig, wenn er denselben zu sich herüberziehen wollte, als Alexander
zu überbieten, und er schickte daher an die Juden ein Schreiben,
welches von Zugeständnissen aller Art überfloß, und dessen Eingang
schlau so abgefaßt war, als wisse er gar nichts von der schon ein=
getretenen Hinneigung des Jonatan zu seinem Gegner, offenbar
wollte er ihm hierdurch den Rücktritt erleichtern [1]). Aber wohl

---

[1]) Dasselbe lautete: „König Demetrius entbietet dem Volke der Juden seinen
Gruß! Daß ihr die Verträge mit uns gehalten habt, sowie in Freundschaft mit
uns geblieben und nicht zu unsern Feinden übergetreten seid, haben wir ver=
nommen und uns darüber gefreut. Fahret auch jetzt fort, die Treue gegen uns
zu bewahren, und wir werden für das, was ihr uns erzeiget, euch Gutes ver=
gelten. Wir werden euch viele Auflagen erlassen und Geschenke geben. Ich
erkläre euch für frei, und erlasse allen Juden die Salzsteuer und die Kronen;
ferner das Drittel der Feld= und die Hälfte der Baumfrüchte, was zu nehmen
mir zustehet, erlasse ich von heute an dem Lande Juda sowie den drei von
Samarien dazu geschlagenen Bezirken und Galiläa für ewige Zeiten. Und
Jerusalem soll heilig und frei sein sammt seinem Gebiete, desgleichen die
Zehnten und sonstigen Tempeleinkünfte unbesteuert. Auch entsage ich dem Besitze
der Burg in Jerusalem, und gebe sie dem hohen Priester, Männer hineinzu=
legen, welche er selbst zu ihrer Bewachung auswählt. Ferner alle Juden, welche
aus ihrem Lande gefangen hinweggeführt wurden in mein ganzes Reich, lasse
ich frei ohne Lösegeld, und mit ihren Lastthieren zu frohnen sollen ebenfalls Alle
ihnen erlassen. Und an allen Festen und Sabbaten und Neumonden und aus=
gezeichneten Tagen sowie noch drei Tage vor und nach jedem Feste sollen alle
Juden in meinem Reiche frei von Herrendiensten sein, auch Niemand das Recht
haben, dann wegen irgend einer Sache Einen von ihnen zu drängen oder zu
beunruhigen. Auch sollen von den Juden an 30,000 Mann in die Heere des
Königs aufgenommen werden und Sold empfangen, wie allen königlichen Truppen
zukommt; ein Theil derselben soll in die Festungen des Königs gelegt, ein Theil
über andere Angelegenheiten des Reiches, deren Verwaltung Treue verlangt,
gesetzt werden; ihre Vorsteher und Obristen sollen aus ihrer Mitte sein, und sie
nach ihren Gesetzen aus= und einziehen, wie es der König auch im Lande Juda
angeordnet hat. Und die drei vom samaritanischen Lande zu Judäa geschlagenen
Bezirke sollen mit Judäa denselben Herrscher haben, und keinem Anderen
gehorchen als dem hohen Priester. Ptolemais und sein Gebiet schenke ich dem
Heiligthum in Jerusalem zu dem nöthigen Aufwande für die Opfer; desgleichen
gebe ich selbst hierzu jährlich 15,000 Schekel Silbers von den königlichen Ein=
künften der Orte, welchen dies zugewiesen werden soll. Und alles Ueberschüssige,
was die Steuereinnehmer noch nicht abgeliefert haben, sollen sie zu den Arbeiten
des Tempels verabreichen; überdies die 5000 Schekel Silbers, welche diese von
den Einkünften des Heiligthums jährlich nahmen, sollen erlassen sein, da sie den
dienstthuenden Priestern gehören. Auch sollen Alle, welche wegen Schuldens

schwerlich hatte Demetrius daran gedacht, alle seine Zusicherungen nach erlangtem Siege treulich zu halten: und in der That schenkten Jonatan und das Volk ihnen keinen Glauben, sondern weil sie die jetzige günstige Wendung ihres Schicksals bloß dem Auftreten des Alexander verdankten, schlossen sie sich fest an Diesen an und blieben bis an sein Ende ihm treu. Nun entbrannte der Krieg zwischen Alexander und Demetrius, doch fehlen uns die Nachrichten über die Betheiligung des Jonatan daran. In dem ersten Treffen zwischen ihnen siegte Demetrius vollständig, und später war er nahe daran, auch eine zweite Schlacht zu gewinnen: doch gerieth er hierbei mit seinem Pferde in einen tiefen Morast, und wurde darin von zahlreichen Wurfspießen der Feinde erreicht und durchbohrt (im Sommer 150). Nachdem hierauf Alexander den syrischen Thron bestiegen hatte, ließ er bei Philometor um eine Tochter desselben werben: Dieser ging bereitwillig hierauf ein und ersuchte ihn bloß,

königlicher Gelder oder aus sonst einem Grunde in den Tempel zu Jerusalem oder dessen ganzen Bezirk fliehen, frei sein sammt Allem, was sie in meinem Reiche besitzen. Und was am Heiligthume gebauet und ausgebessert werden muß, zu diesen Arbeiten sollen die Kosten aus der königlichen Kasse hergegeben werden; desgleichen zu dem Aufbau der Mauern von Jerusalem und zu den Mauern (anderer passender Städte) in Judäa. „Zum besseren Verständniß dieses Schreibens ist zu bemerken: Jene drei von Samarien zu Judäa geschlagenen Distrikte waren die auf ihrer gemeinsamen Grenze befindlichen Gebiete von Aphärema oder Efrajin, von Lod und von Ramatajim; hier wohnten seit dem Exil Samaritaner und Juden bunt unter einander, und es kam hierdurch oft zu Grenzstreitigkeiten zwischen ihnen. Als Alexander der Große aus Aegypten wieder durch Paläftina kam, ebenso gewogen den Juden wie auf die insurgirten Samaritaner erzürnt, sprach er die streitigen Marken Jenen zu; später aber mögen diese Grenzstreitigkeiten oft erneuert worden sein, und darum durfte Demetrius glauben, daß eine neue königliche Bestätigung der Juden im Besitz derselben diesen von Werth erscheinen werde. — Die Erlassung von Herrendiensten drei Tage vor und nach einem Feste beruhte wohl darauf, daß die benachbarten Heiden die drei Tage vor und nach jedem Feste halbfeiernd begingen, und deshalb mit noch größerem Rechte die Juden sich oft dagegen gesträubt haben werden, an diesen Tagen zu frohnen, welche zu den vorschriftlichen Wallfahrten nach Jerusalem und zur Rückkehr von denselben ihnen nöthig waren. — Die jüdischen Krieger, welche er in Dienst nehmen wollte, sollten „nach ihren Gesetzen marschiren" dürfen, weil es die Juden für sündlich hielten, an Sabbaten und Festtagen zu reisen. — Die Schenkung von Ptolemais an den Jerusalemer Tempel war von Demetrius schlau darauf berechnet, alle Anhänger dieses Tempels entschiedener von Alexander abzuwenden, welcher für jetzt in jener Stadt residirte.

nach Ptolemais, bis wohin er selbst seine Tochter Kleopatra geleiten
wolle, ihnen entgegenzukommen, und so wurde hier noch im Winter
diese Hochzeit gefeiert. Da Alexander dazu Jonatan eingeladen
hatte, so zog Dieser nach Ptolemais in großem Pomp, brachte auch
den beiden Königen und ihren Freunden kostbare Geschenke mit.
Aber er hatte daheim Feinde, wahrscheinlich von der Partei der
Abtrünnigen: Diese begaben sich ebenfalls dorthin und verklagten
ihn bei dem syrischen Könige. Doch Dieser achtete nicht auf sie,
ließ vielmehr Jonatan den Purpur anlegen und machte ihn zu
seinem Strategen und Statthalter von Judäa, was vermuthen
läßt, daß Jonatan in dem beendigten Kriege wirklich ihm gute
Dienste geleistet hatte; und als seine Ankläger dies sahen, ent=
flohen sie.

Da jedoch Alexander durch Schlemmerei und durch die Grau=
samkeiten eines Ammonius, welchem er die ganze Verwaltung des
Reiches übergeben, sich die Verachtung und den allgemeinen Haß
seiner Unterthanen zuzog: hielt der älteste Sohn des gefallenen
Demetrius, der ebenfalls Demetrius hieß und bei dem Ausbruche
des Krieges in Sicherheit gebracht worden war, diese Stimmung
für sehr günstig seinen rechtmäßigen Ansprüchen, sammelte daher
zahlreiche Miethstruppen, und führte im Jahre 146 diese nach
Kilikien, um von da aus sein väterliches Reich wiederzuerobern.
Als Alexander diese Nachricht erhielt, ließ er Anstalten treffen, dem
jüngern Demetrius zu begegnen. Diesem aber gelang es, Apollonius
Daus, den Statthalter von Cölesyrien, in sein Interesse zu ziehen:
Derselbe sammelte ein Heer und lagerte es in Jabneh, wahrschein=
lich um dem Könige von Aegypten den Weg zu vertreten, wenn
Dieser zum Beistande seines Schwiegersohnes herbeieilen wollte.
Allein hier kam es von einer ganz anderen Seite her zum Kampfe.
Da nämlich Jonatan seinem Bündnisse mit Alexander treu blieb,
ließ Apollonius nach einigen vergeblichen Versuchen, seinen Beitritt
zu bewirken, prahlerisch ihm sagen: „Weshalb trotzest du uns in den
Bergen? wenn du auf deine Kräfte vertrauest, so steige zu uns
herab in die Ebene, um da uns zu messen, wo kein Ort zum Fliehen
ist." Offenbar wollte er den Ehrgeiz des Jonatan reizen, hinab=
steigend von den sichern Bergen zu zeigen, daß er auch in der Ebene
siegen könne; und wirklich gab Jonatan dieser Verlockung nach, doch
das Waffenglück entschied sich für ihn. Mit 10,000 Mann zog er

zunächst nach Joppe, um daran einen Stützpunkt zu gewinnen; sein
Bruder Schimon stieß zu ihm mit noch einiger Mannschaft, ehe er
dasselbe erreichte. Eine Besatzung des Apollonius lag in dieser
Stadt, doch als Jonatan sie angriff, öffneten die Einwohner aus
Furcht die Thore, und er bemächtigte sich ihrer. Als Apollonius
dies erfuhr, zog er von Jabneh mit 3000 Reitern und vielem
Fußvolk den Weg nach Aschdod, ließ aber an einem verborgenen
Orte, wo Jonatan vorbeipassiren mußte, tausend Reiter zurück und
die übrigen mehr ostwärts ziehen, um von Rücken und Flanke her
ihn zu beunruhigen. Jonatan, der ihm nachsetzte, war daher, als
er ihn einholte, vom Feinde fast umringt: sowie er aber dies wahrnahm, ließ er die Seinigen Halt machen und, ihre Schilde dicht an
einander schließend, die feindlichen Geschosse ruhig aushalten, während
Schimon, der getrennt von ihm marschirt war, das Fußvolk angriff
und in die Flucht schlug, worauf die Reiterei sich über die Ebene
zerstreute; Viele flüchteten sich nach Aschdod und in den dortigen
Tempel des Dagon, allein Jonatan ließ Stadt und Tempel niederbrennen, ebenso die kleinen Ortschaften ringsum. Dann wandten
sich die Sieger nach Aschkalon, doch dessen Einwohner zogen ihnen
feierlich entgegen und erhielten dadurch Frieden. Mit vieler Beute
beladen, kehrten sie nach Jerusalem zurück, und natürlich ehrte
König Alexander Jonatan noch mehr, als er diese Vorgänge erfuhr:
er sandte ihm eine goldene Spange, wie sie nur Verwandten der
Könige geschenkt wurden, und gab ihm Efron mit seinem ganzen
Gebiete zum Eigenthum. — Indessen konnte trotzdem Alexander nicht
den jüngeren Demetrius bewältigen, weshalb sich jetzt Philometer
entschloß, seinem Schwiegersohn zu Hilfe zu kommen, und mit zahlreichen Kriegsschaaren in Syrien einrückte. Bei Aschdod zeigte man
ihm die Zerstörung, welche vor Kurzem dort und in der Umgegend
stattgefunden, sowie die Ueberreste der Gefallenen und Verbrannten,
welche man zur Seite seines Weges aufgeschichtet hatte, und suchte
ihn hierdurch gegen Jonatan einzunehmen: doch er schwieg hierzu,
nahm Jonatan freundlich auf, als Dieser zu ihm nach Joppe in
standesgemäßem Aufzuge kam, und ließ sich von ihm bis zur Nordgrenze Phöniciens begleiten. Inzwischen jedoch nahm Philometer's
Politik eine ganz entgegengesetze Richtung. Nämlich jener Reichsverweser Ammonius hatte aus nicht recht ersichtlichem Grunde versuchen lassen, wiewohl ohne Erfolg, Philometer zu ermorden, als

Derselbe durch Ptolemais kam; als Philometor diesen Anschlag erfuhr, verlangte er von Alexander dessen Auslieferung, und weil diese nicht erfolgte, glaubte Philometor, daß sein eigener Schwieger=sohn der Anstifter gewesen sei. Er ließ daher zuvörderst in allen Städten am Meere, durch welche er kam, ägyptische Besatzungen zurück, und zog dann nach Antiochien, dessen Einwohner den Alexander und Ammonius gleich sehr haßten und nach Ermordung des Letzteren jubelnd Philometor als ihren nunmehrigen König begrüßten. Allein Derselbe lehnte diese Ehre ab, und sendete vielmehr an Demetrius die Botschaft: Es gereue ihn, daß er seine Tochter dem Alexander gegeben, welcher ihm jetzt nach dem Leben getrachtet habe; er wolle sie jetzt ihm geben, Demetrius möge nur kommen und das Reich seines Vaters antreten. Dieser eilte auch sogleich herbei, und die verbrecherische Hochzeit fand Statt, nachdem für ihn Philometor die Syrer zu gewinnen verstanden hatte. Als aber Alexander diese Vorgänge vernahm, eilte er mit seinem Heere herbei, und es kam zwischen ihm und seinen beiden Gegnern im Sommer 145 zu einer Schlacht, in welcher zwar Philometor tödtlich verwundet, Alexander aber so vollständig besiegt wurde, daß er zu einem arabischen Häupt=ling entfloh, welchem er früher schon sein Söhnchen Antiochus zu=geschickt hatte, und hier wurde er kurz darauf ermordet. Philometor starb noch vor ihm an den erhaltenen Wunden, und weil sein Sohn noch gar zu jung war, folgte ihm sein Bruder Physkon auf den Thron; Demetrius aber nahm jetzt den Beinamen Nikator (des Siegreichen) an.

Nach einiger Zeit sammelte Jonatan ein Heer, um die Dawid=stadt zu erobern, welche noch immer in syrischer Gewalt war. Er rückte davor und hatte schon viele Maschinen gegen sie errichtet, als wieder einige Abtrünnige dies dem neuen Könige anzeigten, in welchem sie ohnehin wegen des früher Geschehenen große Abneigung gegen Jonatan voraussetzen durften. Auch gerieth Demetrius wirklich hierüber in Zorn, und begab sich nach Ptolemais, indem er dem Jonatan schrieb, die Burg nicht zu belagern und schleunigst vor ihm zu erscheinen. Dieser aber befahl den Seinigen, die Belagerung fortzusetzen, nur wollte er zu gleicher Zeit, wenn auch mit Gefahr seines Lebens, Demetrius zu beschwichtigen suchen: daher reiste er mit einigen Aeltesten und Priestern nach Ptolemais, nahm aber für den König kostbare Geschenke mit: diese wirkten, unterstützt von seinem geschmeidigen Betragen, Demetrius behandelte ihn gnädig, bestätigte ihm seine hohepriesterliche Stellung wie seine sonstigen Würden, und erklärte ihn für einen seiner ersten Freunde. Als hierauf Jonatan ihn bat, Judäa die Steuern zu erlassen und dafür von ihm 300 Talente jährlich anzunehmen, wodurch er den Nebenerpressungen der syrischen Einnehmer begegne, zugleich aber das Besteuerungs= recht an sich bringen wollte: willigte der König auch hierein, schrieb deshalb an Lasthenes, welchen er zum Statthalter von Cölesyrien ernannt zu haben scheint, und bekräftigte dies auch dem Jonatan in folgendem Schreiben:

„Der König Demetrius entbietet seinem Bruder Jonatan und dem Volke der Juden seinen Gruß! Die Abschrift eines Briefes, welchen wir unserem Verwandten Lasthenes euretwegen geschrieben, übersenden wir euch, damit ihr ihn kennet." Derselbe lautete: „Der König Demetrius entbietet Vater Lasthenes seinen Gruß! Dem Volke der Juden, unseren Freunden und die gegen uns beobachten was recht ist, haben wir beschlossen Gutes zu erzeigen wegen ihrer guten Gesinnung gegen uns. Wir erklären ihnen daher die Grenzen Judäa's und die drei Bezirke Aphärema, Lydda und Ramathem, welche von Samarien zu Judäa geschlagen sind, und was an Gefällen den Opferdienern in Jerusalem gehört, für frei von den Abgaben, welche der König von ihnen früher jährlich von den Erd= und Baumfrüchten nahm. Und was uns von den Zehnten und Gefällen gebührt, sowie die (Steuer der) Salzteiche und die uns gebührenden Kronen', alles das erlassen wir ihnen in Gnaden. Und nichts hiervon soll abgeändert werden von jetzt an und für alle Zeiten. Nun aber sorge dafür, eine Abschrift hiervon zu machen: diese soll dem Jonatan übergeben und auf dem heiligen Berge an einem angesehenen Orte niedergelegt werden."

Uebrigens wurde die Belagerung der Davidstadt hierauf denn doch eingestellt. Demetrius aber entließ jetzt alle einheimischen Kriegs= schaaren und behielt nur seine Miethstruppen im Dienst, was die entlassenen Krieger verdroß, und ihr Murren ermuthigte Diodotus, einen Mann von hohem Ansehen, zu dem Versuche, des Alexander Balas Söhnchen Antiochus, welches in Arabien erzogen wurde, auf den syrischen Thron zu bringen. Dieser Diodotus ist bekannter unter dem Beinamen Tryphon, den er später angenommen haben soll. Er reiste zu dem Häuptling, bei welchem das Kind sich befand, erlangte aber dessen Auslieferung vorläufig nicht von ihm. Bald indessen bekam Demetrius noch fernere Feinde, denn er wurde mit jedem Tage lasterhafter, und wüthete gegen alle Vornehmen, die im

Kriege es mit seinem Gegner gehalten hatten; auch wollte er den
Einwohnern der Hauptstadt, welche ihn mit ihren beißenden Witzen
verfolgten, die Waffen abnehmen lassen, und tödtete von ihnen Viele
mit Frauen und Kindern, als sie der Gewalt Gewalt entgegensetzten.
Er bediente sich hierzu seiner bisherigen Miethstruppen, zog aber jetzt
auch Juden herbei. Eben nämlich hatte Jonatan ihn bitten lassen, aus
der Burg zu Jeruschalem und den anderen jüdischen Vesten die Besatzungen zurückzuziehen, weil sie sich feindselig gegen Israel benähmen;
und Demetrius ließ ihm hierauf antworten: nicht nur dieses wolle
er ihm und seinem Volke erzeigen, sondern sie auch mit Ehre über-
häufen, sobald er in besserer Lage sei; nur möge man jetzt ihm
Leute zum Beistand schicken, er bedürfe ihrer. Und wirklich sandte
ihm Jonatan jetzt 3000 tapfere Männer. Kurz darauf aber entstand
in Antiochien ein großer Aufruhr, und man wollte Demetrius umbringen; Dieser floh in seinen Palast zurück, aber die Einwohner
fingen an, das Gebäude zu stürmen. Da rief der König die Juden
und seine übrigen Miethstruppen zu Hilfe. Diese vertheilten sich
durch Antiochien und richteten ein entsetzliches Blutbad an, der
größte Theil dieser großen und herrlichen Stadt wurde bei dieser
Gelegenheit ein Raub der Flammen. Als die Einwohner sich
unvermögend sahen, ihnen zu widerstehen, warfen sie die Waffen
weg und baten den König, seinen Leuten Einhalt zu thun, was auch
geschah. Bald darauf kehrten die Juden mit vieler Beute und
hochgeehrt von Demetrius wieder heim, doch muß die von ihnen
bewiesene Härte dazu beigetragen haben, die Abneigung der Antiochier
gegen die heimischen Juden zu steigern. Aber Demetrius betrug
sich jetzt nicht klüger als vorher. Nicht bloß fuhr er fort, in Syrien
den Haß gegen sich durch Grausamkeiten zu vermehren, sondern auch
die dem Jonatan gegebenen Versprechungen erfüllte er nicht und
schritt selbst bis zu neuen Bedrückungen der Juden fort; sogar mit
Krieg drohte er ihnen, wenn sie nicht wie früher die Steuern entrichteten. Allein er hatte dies bald zu bereuen. Eben jetzt war es
dem Tryphon endlich gelungen, den kleinen Sohn des Alexander
Balas von seinem arabischen Pfleger ausgeliefert zu erhalten: er
führte ihn nach Apameia am Orontes und setzte ihm unter der
Benennung Antiochus Theos die Krone auf, alle von Demetrius entlassenen Schaaren ergriffen seine Partei, und als ihnen
Demetrius entgegentrat, wurde Dieser geschlagen und floh, worauf

Tryphon in Antiochien einzog. Da indeſſen Demetrius vom Süden her noch den größten Theil von Syrien im Gehorſam erhielt, ſo ſuchte Tryphon, unterſtützt von der neuerwachten Feindſchaft der Juden gegen Demetrius, die Maccabäer auf ſeine Seite zu ziehen. Demzufolge mußte ſein königlicher Schützling in einem Schreiben dem Jonatan ſeine hohepriesterliche Würde beſtätigen und eine Landſchaft weſtlich von Samarien, welche theilweiſe von Juden bewohnt war, noch zuerkennen; desgleichen ihm goldenes Geſchirr zuſchicken nebſt der Erlaubniß, aus Gold zu trinken, ſich in Purpur zu kleiden und eine goldene Spange zu tragen; endlich deſſen Bruder Schimon zum Strategen von der Leiter von Thrus (ſo hieß eine felſige Poſition im Süden dieſer Stadt) bis zu den Grenzen Aegyptens erklären. Zum Dank für dieſe Gunſterweiſe beeiferte ſich Jonatan, alles Land umher für die Partei des jungen Antiochus zu gewinnen. Er bereiſte zu dieſem Zwecke das Land jenſeits des Jarden bis Damaskus und die Seeſtädte, wobei bloß Gaza zum Anſchluſſe gezwungen werden und ihm Geißeln geben mußte. Hiefür aber ſchickte Demetrius, ſtatt ſich gegen Tryphon zu kehren, jetzt gegen Jonatan ein großes Heer ab. Als Jonatan deſſen Ankunft erfuhr und daß es bei Kedeſch in Galiläa ſich gelagert habe, zog er ihm entgegen und ſtellte ſich Anfangs an dem See von Tiberias auf, rückte aber von da in die Ebene von Chazor vor. Hiervon hatten indeſſen die Feinde zeitig Nachricht erhalten und deshalb in den Bergen, an welchen Jonatan vorbei mußte, einen Hinterhalt aufgeſtellt, welcher ſeinen Leuten in den Rücken fiel, während die Hauptmacht des Feindes ihm entgegenzog. Da nahmen zum erſten Male faſt alle Seinigen die Flucht, bloß zwei kleine Abtheilungen derſelben hielten noch Stand. Als Jonatan ſie fliehen ſah, zerriß er ſeine Kleider, ſtreute ſich Erde aufs Haupt und betete; dann führte er die ihm Gebliebenen gegen den Feind, und ſeine Entſchloſſenheit zu ſterben bewirkte, daß dieſer dem erſten Stoße wich: dies gewahrend, kehrten die fliehenden Juden ſogleich um, und verfolgten ihn bis zu ſeinem Lager bei Kedeſch. Es fielen an dieſem Tage von Demetrius' Leuten an 3000. Hierauf kehrte Jonatan wieder nach Jeruſalem zurück. Sein Bruder Schimon war inzwiſchen vor Betzur gezogen, und deſſen Beſatzung hielt zwar eine Zeitlang ſeine Angriffe aus, ergab ſich ihm aber ſchließlich; nachdem ſie hatte abziehen dürfen, begleitet von den abtrünnigen Juden darin, legte Schimon eine

Abtheilung seiner eigenen Leute hinein. — Nach einiger Zeit schickte Demetrius ein zweites noch größeres Heer gegen Jonatan ab. Dieser rückte ihm aber diesmal sogar bis in die Gegend von Chamat am Antilibanus entgegen, und als die Feinde ihn trefflich gerüstet sowie gegen jeden Ueberfall auf seiner Hut sahen, gaben sie, ohne eine Waffenentscheidung zu versuchen, diese ganze Expedition auf und zogen in einer hierzu günstigen Nacht unbemerkt wieder ab; am Morgen eilte Jonatan ihnen nach, konnte sie aber nicht mehr erreichen. Hierauf wandte er sich ostwärts gegen die arabische Horde der Zababäer, welche ihn irgendwie gereizt haben mag, und schlug sie, besuchte sodann ein zweites Mal Damaskus, um es in der Treue gegen den jungen Antiochus zu bestärken, und kehrte nach Judäa zurück. Während dessen hatte in gleicher Absicht Schimon die südlichen Gegenden durchzogen, und hierbei auf die Nachricht, daß die Einwohner von Joppe ihre Festung Leuten des Demetrius übergeben wollten, rasch eine Besatzung in den Ort gelegt.

Von Neuem aber regte sich jetzt der so natürliche Wunsch, Judäa unabhängig von dem fortwährenden Wechsel der syrischen Könige und ihrer Launen zu sehen, und wie in dieser Absicht bereits Jehuda ein Schutzbündniß mit den Römern abgeschlossen hatte, so schickte jetzt auch Jonatan zwei Männer nach Rom, um in seinem, des hohen Priesters, und des jüdischen Volkes Namen den Senat um Erneuerung der Freundschaft und des Bündnisses zu ersuchen. Derselbe erfüllte ihre Bitte und gab ihnen Geleitbriefe mit an die Behörden aller Städte, welche sie auf ihrem Rückwege berühren mußten. Wie wir aber früher sahen, hatte vor mehr als vierzig Jahren eine Partei in Sparta den Juden ein Bündniß angetragen, und obgleich dasselbe ohne allen politischen Werth war, wollte doch Jonatan mit den Spartanern einen Freundschaftsbund unterhalten, weshalb er den nach Rom Abgeordneten den Auftrag ertheilte, auf ihrem Rückwege nach Sparta zu gehen und dort ein Schreiben abzugeben, welches unter dem Texte ein Plätzchen finden mag [1]). Gleichzeitig aber versammelte Jonatan die Aeltesten des

---

[1]) Es lautete: „Der hohe Priester Jonatan und der hohe Rath des Volkes und die Priester und das übrige Volk der Juden entbieten den Spartiaten, ihren Brüdern, ihren Gruß! Schon früher wurde an den hohen Priester Onias von Areus, der bei euch herrschte, geschrieben, daß ihr unsere Brüder seid, wovon die Abschrift beiliegt; und Onias nahm den (hiermit) Abgesandten ehrenvoll auf

Volkes und beschloß mit ihnen, Festungen in Judäa zu erbauen sowie die Mauern von Jeruschalem zu erhöhen und, weil die Dawid= stadt noch immer von den Ausländern besetzt war, eine Mauer zwischen ihr und der übrigen Stadt aufzuführen, um die Zufuhr von Lebensmitteln ihr abzuschneiden. Er selbst übernahm die Leitung der Arbeiten in Jeruschalem, und Schimon sollte den Bau der Festungen im Lande leiten. Aber diese nützlichen Arbeiten wurden sehr bald unterbrochen. Tryphon nämlich war es müde, bloß der Vormund des jungen Antiochus zu sein, und verlangte danach, mit Beseitigung desselben die Krone sich selbst aufzusetzen, nur hielt er Jonatan für zu treu, um dies ruhig mitanzusehen; auch muß ihr Verhältniß zu einander durch die Absperrung der Dawidstadt getrübt worden sein, mit deren Besatzung Tryphon in gutem Vernehmen stand, wie wir bald sehen werden. Derselbe zog daher durch Peräa mit einem Heere nach Skythopolis, um sich des Jonatan nöthigenfalls durch offenen Kampf zu bemächtigen; und Dieser, der zwar noch nicht seine feindliche Absicht durchschauete, aber doch sein Kommen auffallend fand, kam ihm dahin mit 40,000 Mann auserlesener Krieger entgegen. Tryphon war zum Kampfe mit einer solchen Macht zu schwach und griff daher zu einer List: er nahm ihn ehrenvoll auf, gab ihm Geschenke, und befragte ihn, weshalb er soviel Volk hieher bemüht

und die Briefe in Empfang, in welchen Bündniß und Freundschaft (mit uns) erklärt war. Obgleich wir nun dessen nicht bedürfen, indem wir die heiligen Bücher in unsern Händen zu unserm Troste haben, so fühlten wir uns doch bewogen zu schicken, um die Brüderschaft und Freundschaft mit euch zu erneuern, damit wir euch nicht fremd werden, denn viele Zeit ist vergangen, seitdem ihr zu uns schicktet. Wir gedenken eurer zu jeder Zeit unverbrüchlich an den Festen und sonstigen schicklichen Tagen bei den Opfern, welche wir bringen, und in unsern Gebeten, wie es recht und geziemend ist, der Brüder zu gedenken. Auch freuen wir uns über euern Ruhm. Uns aber haben viele Drangsale und viele Kriege umringt, die Könige ringsum haben uns befeindet: aber wir wollten euch und den übrigen Bundesgenossen nicht beschwerlich fallen in diesen Kriegen, denn wir haben den Beistand des Himmels für uns und wurden errettet von unsern Feinden, diese aber wurden erniedrigt. Jetzt haben wir Numenius des Antiochus und Antipater des Jason Sohn ausgewählt und zu den Römern gesandt, um die frühere Freundschaft und das Bündniß mit ihnen zu erneuern: Diesen haben wir aufgetragen, auch zu euch zu reisen und euch zu begrüßen und euch Briefe von uns wegen Erneuerung unserer Brüderschaft zu übergeben: und ihr werdet wohl thun, uns hierauf zu antworten". Inwiefern das Letztere geschah, werden wir später sehen.

habe, da sie doch jetzt keinen Krieg hätten; er möge sie heimschicken bis auf Wenige, und mit ihm nach Ptolemais gehen, denn er wolle ihm diese Stadt und die übrigen Festungen dieser Gegend sowie die dortigen Truppen übergeben, dann aber wieder abziehen, bloß zu diesem Zwecke sei er gekommen. Unbegreiflicher Weise glaubte Jonatan dieses alles, und schickte alle seine Schaaren nach Judäa zurück bis auf 3000 Mann, von welchen er 2000 in der Ebene von Jisrael ließ, tausend aber mit sich nach Ptolemais nahm. Sobald er jedoch dieses betreten hatte, schlossen die Einwohner gemäß einer Verabredung mit Tryphon die Thore, nahmen Jonatan gefangen und tödteten alle seine Begleiter; zugleich sandte Tryphon Fußvolk und Reiter ab, die zurückgebliebenen 2000 Mann ebenfalls niederzuhauen. Diesen aber war das Gerücht von dem blutigen Vorgange in Ptolemais schon zugekommen, mit dem Zusatze, daß auch Jonatan umgekommen wäre: sie zogen daher Jenen zum ver= zweifeltesten Kampfe entgegen und nach deren Zurückweichen nach Judäa ab, wo das Schicksal des Jonatan und der Seinigen allgemeine Trauer verursachte.

Drittes Kapitel.

Jonatans Bruder Schimon Anführer und zuletzt als Volksoberhaupt anerkannt.

Zu der Trauer gesellte sich bald auch große Furcht, da Tryphon Anstalt machte, mit einem starken Heere in Judäa einzufallen. Aber wie drohend auch plötzlich wieder Alles aussah, noch war Schimon da, der Bedächtigste von den Heldensöhnen des Mattis= jahu. Er begab sich nach Jeruschalem, versammelte das Volk und sprach zu ihm: „Ihr selbst wisset, was ich und das Haus meines Vaters gethan für das Gesetz und das Heiligthum, sowie die Kämpfe und Drangsale, welche wir erfahren haben; alle meine Brüder sind hierbei für Israel umgekommen, und ich allein bin noch übrig. Fern aber sei es von mir, in irgend einer Zeit der Bedrängniß mein Leben zu schonen, sondern ich werde auftreten

für mein Volk und für das Heiligthum wie für unsere Frauen und
Kinder, da die Völker wieder voll Hasses aufstehen, uns aufzureiben."
Als das Volk diese Worte hörte, lebte sein Muth wieder auf, und
man rief Schimon einmüthig zu: „Du seiest unser Anführer anstatt
deiner Brüder! führe unseren Krieg, und was du befiehlst, wollen
wir thun." Jetzt versammelte er alle streitbaren Männer, vollendete
schnell die Mauern von Jerusalem, und da er besorgte, daß die
jüdische Besatzung in Joppe zu schwach sein werde, dasselbe gegen
den herabrückenden Tryphon zu behaupten, so sandte er Truppen
dahin, die Einwohner zu vertreiben und die Besatzung zu verstärken,
er selbst nahm sein Quartier in dem jüngst von ihm befestigten
Chadib am Saum der judäischen Niederung. Als nun Tryphon
an der Küste herabzog, Jonatan gefangen mit sich führend, und
erfuhr, daß Schimon an dessen Stelle getreten und zum Kampfe mit
ihm bereit sei, schickte er an Diesen, der wohl schon gehört hatte, daß
Jonatan noch lebe, eine Botschaft des Inhaltes: „Wegen des Geldes,
das Jonatan dem königlichen Schatze für die erhaltenen Zugeständ=
nisse noch schuldet, halten wir ihn fest; darum sende hundert Talente
Silber und zwei seiner Söhne als Geißeln dafür, daß er nach
wiedererlangter Freiheit nicht von uns abfalle, dann wollen wir
ihn entlassen." Schimon hielt sein Anerbieten für ein arglistiges,
vermuthlich auch die Geldforderung für unberechtigt, sendete ihm
aber gleichwohl das Geld und die beiden Knaben, weil er fürchtete,
daß sonst die Juden die Schuld an Jonatan's Tode ihm zuschreiben
würden. Und wirklich entließ Tryphon Diesen nicht, sondern zog
näher heran und wählte zu seinem Einfall in Judäa den Weg durch
die Niederung und das idumäische Gebiet, bis er Adora südwestlich
von Chebron erreichte; Schimon aber hielt sich auf diesem ganzen
Zuge desselben stets zu seiner Linken und imponirte ihm durch
seine unverhoffte Uebermacht. Die in der Dawidstadt aber litten
in Folge ihrer Absperrung empfindlichen Mangel, und sandten daher
Boten an Tryphon mit der Bitte, mit Umgehung Schimon's schleunig
zu ihnen zu kommen oder wenigstens ihnen Lebensmittel zu senden: und
wirklich wollte er gleich in der folgenden Nacht mit seiner ganzen Reiterei
dahin aufbrechen, allein noch an demselben Tage machte, da der Winter
schon eingetreten war, ein tiefer Schneefall Alles unwegsam. Unter diesen
Umständen entschloß er sich, Judäa vorderhand aufzugeben, und zog
durch Gilad nach Syrien zurück; aus Unmuth gegen die Juden aber

ließ er unfern des Jarden den mitgeführten Jonatan tödten: man befand sich in den letzten Monaten von 142, so daß Dieser seine Anführerstelle über achtzehn Jahre, die hohepriesterliche Würde etwas über zehn Jahre besessen hat. Mitleidige Hände begruben ihn an der Stelle seines erlittenen Todes, und wegen seiner großen Verdienste wurde er von ganz Israel lange betrauert. Auch ließ nach einiger Zeit Schimon seine Gebeine von da abholen und führte sie nach Modiim in das Erbbegräbniß seiner Familie, welches er später durch ein Denkmal zierte, dessen noch nach 500 Jahren Erwähnung geschah: auf einem hohen Unterbau aus geglätteten Steinen ließ er sieben kleine Pyramiden errichten, rings um sie hohe Säulen, auf welchen Waffen und Schiffe von solcher Größe ausgehauen waren, daß man sie vom Meere aus sehen konnte. Die Schiffe könnten uns befremden, aber grade sie sind das Bedeutsamste an diesem Denkmal: die Juden waren bisher völlig vom Meere abgeschnitten, ohne aber zu verkennen, wie vielfältig sie dadurch im Nachtheile waren; Schimon zuerst hatte Joppe gewonnen, und gedachte daraus einen Stapelplatz zwischen Judäa und den Inseln des Mittelmeeres zu machen; jene ausgehauenen Schiffe sollten seinen Ruhm dafür und seine Hinweisung auf die See in den Nachkommen lebendig erhalten. Für den Augenblick hielt er es aber für das Ersprieß= lichste, die unterbrochene Befestigung jüdischer Städte wieder auf= zunehmen, und wirklich wurde nach und nach eine Anzahl derselben mit starken Mauern und hohen Thürmen sowie mit Niederlagen von Lebensmitteln versehen. Im nächsten Frühling zog Schimon vor Geser und belagerte es: dasselbe lag in der Niederung, und seine Einwohner hatten bisher den Juden viele Nachtheile zugefügt. Nachdem er einen Thurm genommen, ergaben sie sich ihm und wurden aus der Stadt gewiesen, worauf Schimon die Häuser von Idolen reinigen ließ und unter Psalmengesang seinen Einzug hielt, wie um den Ort zu einem jüdischen zu weihen. Die in der Dawid= stadt Abgesperrten aber hatten inzwischen mit immer größerem Mangel zu kämpfen gehabt, und schon waren Viele von ihnen dem Hunger erlegen, weshalb sie jetzt sich bereit erklärten, Schimon die Burg zu übergeben, und bloß um freien Abzug baten. Dieser wurde ihnen bewilligt, und nachdem hierauf auch dieser Platz von allem Heidnischen gereinigt worden war, zog Schimon in denselben ein „mit Lobgesang und Palmenzweigen, mit Zithern und Cymbeln, weil ein großer Feind vertilgt sei aus Israel": fast 26 Jahre war die Besatzung dieser Burg das Herzeleid aller Patrioten gewesen. Auch Schimon trat hierauf mit den Römern in Verbindung. Die Männer, welche Jonatan kurz vor seiner Gefangennehmung nach Rom geschickt hatte, hatten dieses bereits verlassen, als ihnen die Nachricht von seinem Tode zukam sowie daß Schimon an seine Stelle getreten sei; sie theilten selbige den Spartanern mit, zu welchen ihr fernerer Auftrag sie führte, und Diese entließen sie mit einem freundschaftlichen Schreiben, welches nach ihrer Rückkehr in Jerusalem dem versammelten Volke vorgelesen wurde. Um aber die ungleich wichtigere Freundschaft der Römer von Jonatan auf sich übertragen zu erhalten, sendete Schimon einen dieser Botschafter noch einmal nach Rom, und gab ihm zum Geschenk für sie einen kolossalen goldenen Schild mit; zugleich ließ er bitten, an die benach= barten Könige und überallhin, wo jüdische Gemeinden sich gebildet hatten, zu ihren Gunsten zu schreiben. Der römische Senat nahm diesen Schild an und gab dem Manne bei seiner Heimreise wirklich Briefe des gewünschten Inhalts in großer Menge mit, an die Könige von Aegypten, Syrien, Pergamum, Kappadokien, Parthien, desgleichen für Sparta, Delos, Sikyon, für Gortyna auf der Insel Kreta, nach den Inseln Samos, Kos und Rhodus, nach Karien und den südwestlich davon gelegenen Küstenstädten Myndos, Halikarnassos und Knidos, nach Lykien und noch besonders an die lykische Stadt Phaselis, ebenso nach Pamphylien und noch besonders an die pamphy= lische Stadt Side, dann für Sampsame, dessen Lage zweifelhaft ist, endlich nach Kypros, der phönicischen Insel Arados und Kyrene. Schimon mag nicht gesäumt haben, alle diese Schreiben an ihre Be= stimmungsorte abzusenden, und das Ansehen der Römer war damals schon groß genug, ihren Empfehlungen überall Nachdruck zu geben, selbst in dem Reiche der Parther. — Demetrius aber bedurfte nicht erst der Empfehlung der Römer, um zu Gunsten der Juden gestimmt zu werden. Schimon nämlich, dessen Bruch mit Tryphon unheilbar geworden war, suchte ohnehin mit Demetrius wieder auf freund= schaftlichen Fuß zu kommen, und schickte daher an ihn jetzt eine Gesandtschaft, welche zum Zeichen seiner friedlichen Gesinnung und erneuter Anerkennung ihm einen Palmzweig und eine goldene Krone überbrachte nebst der Bitte, die jüdischen Abgaben zu ermäßigen. Voll Freude ging Demetrius hierauf ein, und ließ ihm schreiben:

„König Demetrius entbietet Schimon, dem hohen Priester und Freunde von Königen, sowie den Aeltesten und dem Volke der Juden seinen Gruß! Die goldene Krone und den Palmzweig, welche ihr über= sendet habt, haben wir erhalten, und sind bereit, euch viel Gutes zu erweisen, sowie den Beamten zu schreiben, daß sie euch Nachlässe ge= währen. Auch was wir euch bestätigt haben, soll bleiben, und die Festungen, welche ihr erbaut habt, sollen euch verbleiben. Wir verzeihen eure Irrungen und Vergehen bis zum heutigen Tage, und die Krone, welche ihr (in bestimmten Zeiten) zu entrichten hattet, und jeder sonstige besondere Zoll in Jerusalem soll nicht mehr gefordert werden. Sowie wenn unter euch Taugliche zu dem Dienst um unsere Person sind, sollen sie dazu eingeschrieben werden, und Friede soll zwischen uns sein."

Jetzt widmete sich Schimon ganz der Verbesserung der jüdischen Zustände. Dahin gehört, daß er die eingenommene Dawidstadt ver= stärkte und mit einer Besatzung versah, sowie die von ihm eroberten Städte Joppe und Geser zu vollkommen jüdischen machte, indem er nach Ausweisung ihrer Einwohner zur Besatzung Männer hinein= legte, welche ihre Familien mitnehmen und sich darin völlig ansiedeln sollten. Was er hierbei in Bezug auf Joppe beabsichtigte, wurde schon erwähnt; Geser aber schuf er zu einem Waffenplatze um, so= wohl um dem benachbarten Ekron, welches mit seinem Gebiet seit Kurzem ebenfalls den Juden gehörte, zum Stützpunkt zu dienen, als auch weil sich von da aus die Bewegungen eines Feindes in der Niederung beherrschen ließen. Schimon scheint Anfangs sogar zwischen Jerusalem und Geser seinen Wohnsitz haben theilen zu wollen, und ließ sich daher dort ein Haus erbauen; doch als sein Sohn Jochanan einen mannhaften Geist zeigte, erhob er Diesen zum Anführer sämmtlicher Streitkräfte und ließ ihn in Geser resi= diren. Ueberhaupt trug er Sorge für immer bessere Befestigung der Städte sowie für ein wohlgerüstetes Heer, und wendete einen großen Theil seines eigenen Vermögens, das er wohl erst in den langjährigen Kriegen erworben hatte, auf die Bewaffnung und Unterhaltung desselben. Dabei verfolgte er Alle, die sich noch Gewaltthaten im Lande erlaubten, unterstützte die Unglücklichen, und stiftete Frieden aller Orten. Was daher seit langer Zeit nicht hatte geschehen können, trat jetzt ein: die Felder wurden fleißig bebauet und gaben reiche Frucht, es herrschte Sicherheit, und Alle sprachen von dem allgemeinen Glücke. Natürlich vergaß Schimon jetzt auch des Tempels nicht, namentlich vervollständigte er die heiligen

Geräthe, da die von Antiochus Epiphanes geraubten bei der Tempel=
weihe nur nothdürftig ersetzt worden waren; zu bewundern aber ist,
daß dieser unter den Waffen ergraute Mann Neigung behielt, das
Gesetz zu erforschen, und einen Theil seiner jetzigen Muße hierauf
verwendete. Etwas über ein Jahr hatte das Volk dieses ungewohnte
Glück genossen, als es dankerfüllt zusammentrat und dem Schimon
seine Doppelwürde des Oberanführers und hohen Priesters für
ewige Zeiten bestätigte. Es wurde hierüber eine Akte aufgenommen,
datirt vom 18. Elul des 172. Jahres (der Seleukiden, also vom
Spätsommer 140), welche nach weitläufiger Aufzählung von Schimons -
Thaten weiter lautete:

„So haben denn die Juden und die Priester bewilligt, daß
Schimon Anführer und hoher Priester sei in Ewigkeit, bis ein wahr=
hafter Prophet aufstehen wird, und daß er ihr Feldherr sei und Männer
anstelle über ihre Werke, über das Land, über die Waffen, über die
Festungen, und Sorge trage für das Heiligthum, und Gehorsam finde
bei Allen, und daß man in seinem Namen alle Urkunden im Lande aus=
stelle, und er sich in Purpur und Gold kleiden könne; und Keinem vom
Volke und von den Priestern soll es gestattet sein, hiervon Etwas umzu=
stoßen oder seinen Befehlen zu widersprechen, ohne ihn eine Versammlung
im Lande zu berufen, sich in Purpur zu kleiden und eine goldene
Spange anzulegen. Wer aber hiergegen handelt oder Etwas hiervon
umstößt, soll bestraft werden. Und das ganze Volk hat eingewilligt,
also dem Schimon zu thun und hiernach zu handeln."

Nachdem diese Akte in einer Versammlung im Vorhofe des
Tempels laut vorgelesen worden war, nahm Schimon die erhaltenen
Anerbietungen an und erklärte sich bereit, den damit verbundenen
Pflichten in allen Stücken nachzukommen. Alsbann wurde die Akte
auf eineeherne Tafel eingegraben und diese an eine Säule des Tempels
aufgehängt, ihre Urschrift aber im Schatzhause niedergelegt. In ihr
wurde Schimon's zwiefache Würde für erblich in seiner Nachkommen=
schaft erklärt, und hierdurch war für eine fernere glückliche Gestaltung
der inneren Angelegenheiten dieses seit so langen Jahren in sich
zerrissenen Volkes viel gewonnen. Seine Selbstständigkeit nach außen
hin war dadurch natürlich nicht weiter gefördert: doch fehlte zu der=
selben jetzt schon so wenig, daß bei der Fortdauer der syrischen
Wirren ihr voller Eintritt nicht lange ausbleiben konnte.

Und wirklich geschah dies schon nach zwei Jahren. Nämlich
ungefähr um dieselbe Zeit, als dem Schimon diese glänzende Aner=

tennung seines Volkes zu Theil wurde, war König Demetrius nach
dem Osten abgezogen, und hatte Anfangs die Parther in mehreren
Schlachten besiegt; doch gelang es deren Könige Arsakes, ihn durch
Friedensanträge zu täuschen und nach Einbuße seines ganzen Heeres
gefangen zu nehmen. Bald nach seinem Abzuge hatte aber Tryphon
mit Hilfe bestochener Aerzte seinen Schützling Antiochus auf die
Seite geschafft und sich selbst die Krone aufgesetzt. Da er hierauf
in Syrien gewaltig um sich griff, mußte des Demetrius Gemahlin
Kleopatra sich mit ihren Kindern in das feste Seleucia zurückziehen;
als aber die Nachricht von ihres Gatten Gefangenschaft einlief,
trug sie ebensowenig Bedenken, diesen aufzugeben, wie früher seinet=
wegen ihren ersten Gemahl Alexander Balas, und ließ daher sich
selbst wie das Reich ihrem Schwager Antiochus Sidetes an=
tragen, welcher vor Tryphon nach Rhodus entwichen war. Derselbe
ging auf diesen Antrag ein; auch gelang es ihm, gegen Tryphon
zahlreiche Truppen und die zu ihrer Ueberfahrt nöthigen Schiffe
zusammenzubringen. Ehe er aber gegen ihn aufbrach, wollte er
die Juden, von deren Freundschaft seit geraumer Zeit der Besitz des
südlichen Syriens abhing, stark an sein Interesse fesseln. Sein
Vater Demetrius hatte, vierzehn Jahre früher, durch die Kargheit
der ihnen gemachten Bewilligungen ihre Gunst seinem Gegner
zugewendet: diesen Fehler wollte er vermeiden, nur waren für sie
nach so vielen schon erlangten Zugeständnissen kaum noch neue
innerhalb des Unterthanenverbandes ausfindig zu machen, und er
entschloß sich daher, sie ganz aus demselben zu entlassen, nur daß
der syrischen Krone ein Oberhoheitsrecht über sie verbleiben sollte.
Hiernach schrieb er ihnen von seinem Inselquartier aus:

„König Antiochus entbietet dem hohen Priester und Volksoberhaupte
Schimon und dem Volke der Juden seinen Gruß! Da schlechte Männer
sich des Reiches unserer Väter bemächtigt haben, ich aber entschlossen
bin, es wieder zu erobern . . . . . : so bestätige ich dir den Erlaß aller
Abgaben und Ehrengeschenke, welchen die Könige vor mir dir bewilligt
haben, und erlaube dir, eine eigene Münze für dein Land zu prägen;
Jerusalem aber und das Heiligthum sollen frei sein, und alle Waffen,
welche du angeschafft, sowie die Festungen, welche du erbauet und im
Besitze hast, dir verbleiben. Auch alle königlichen Auflagen, (bereits
bestehende) und zukünftige, sollen dir von jetzt an und für alle Zeit erlassen
sein. Sowie wir aber unser Reich hergestellt haben, werden wir dir
und deinem Volke und dem Heiligthum große Ehre erzeigen, sodaß euer
Ruhm auf der ganzen Erde bekannt werden soll.“

Sogleich dann, im Sommer 138, setzte Antiochus mit seinen
Streitkräften nach Pamphylien über, drang von da aus in Syrien
ein, ehelichte die feile Kleopatra, und fast alle Truppen des Tryphon
traten zu ihm über: in Folge davon verlor Dieser eine Schlacht
und warf sich, fliehend vor ihm, in die Seestadt Dor südlich vom
Karmel; Antiochus folgte ihm dahin, und schloß die Stadt von der
Landseite wie von der See her ein; doch erst im folgenden Früh=
jahr griff er sie ernstlich an, und Tryphon war froh, auf einem
Schiffe unbemerkt aus derselben zu entkommen, fand aber dennoch
bald darauf seinen Tod, von Antiochus, der ihn aufsuchte, oder
durch eigene Hand. — Wegen der Zusicherungen aber, welche von
Antiochus Sidetes den Juden gegeben worden waren, hielten Diese
ihre Freiheit und Selbständigkeit für so vollständig anerkannt, daß
sie mit jenem Jahre — sie zählten 174 der Seleukiden, und hatten
dasselbe im Frühling 138 v. Chr. angefangen — eine neue Aera
begannen, ligullat Jisrael oder lechérut J. (der Erlösung, der Frei=
heit Jisrael's), wie sie sie nannten und auf die Münzen setzten,
welche sie nun schlagen durften. Bis dahin war in Jisrael noch nie=
mals Geld geprägt worden: vor dem Exil hatte man kleiner Stückchen
von Silber und Gold, welche höchstens mit einem Zeichen ihres
Gewichtes versehen waren, und nach demselben ausländischer Münzen
sich bedient. Jetzt aber schlug man selber deren aus Silber und
Erz, und von ihnen findet sich noch eine kleine Anzahl in den ver=
schiedenen europäischen Münzkabinetten; die silbernen waren ganze,
halbe und Viertelschekel, die ersten im Werthe von etwa 22 Sgr.;
ihre Legenden sind in ibräischer Sprache und altibräischer, der sama=
ritanischen sehr ähnlichen Schrift, und außerdem zeigen sie bald ein
Mannagefäß, auch wohl daneben eine Traube, bald einen Becher,
eine Palme u. s. w.

Wir sind hiermit bis zu dem Zeitpunkte gekommen, welcher
auf dem Titelblatte dieses Werkes als dessen Grenzpunkt angegeben
ist; es wurden aber jetzt auf Judäa noch einige Angriffe versucht,
deren unschädlicher Ausgang die zum Abschluß gediehenen makkabäi=
schen Errungenschaften erst sicher stellte, und diese Vorgänge mögen
daher noch mitgetheilt werden.

Viertes Kapitel.
Die Begebnisse der vier nächsten Jahre.

Als dem neuen Könige von dem eingeschlossenen Tryphon keine ernstliche Gefahr mehr drohete, bedünkte es ihn, daß die Juden sich zuviel angemaßt hätten, und er Manches davon jetzt zurücknehmen könne. Er wollte daher, als Schimon ein Hilfscorps von 2000 auserlesenen Kriegern sowie Geld und viel Kriegsgeräth ihm zuschickte, dieses alles nicht annehmen, sondern ordnete Jemanden an ihn ab mit diesen schnöden Worten: Ihr haltet Joppe, Geser und die Burg in Jerusalem sowie noch andere Orte meines Reiches besetzt, habt ihre Grenzen verwüstet und dem Lande großen Schaden zugefügt: darum gebet jetzt entweder diese Städte wieder heraus, desgleichen die Steuern, welche ihr von den Ortschaften außerhalb der Grenzen Judäa's erhoben habt, oder 500 Talente Silbers für jene und andere 500 Talente Silbers für die angerichteten Verwüstungen und erhobenen Auflagen, sonst werden wir euch mit Krieg überziehen. Schimon entgegnete ihm: Wir haben weder fremdes Land in Besitz genommen, noch uns fremden Gutes bemächtigt, sondern bloß des Erbes unserer Väter, welches unsere Feinde ungerechter Weise eine Zeitlang innehatten: dieses haben wir wiedererobert, als wir die Gelegenheit dazu erhielten. Was aber Joppe und Geser betrifft, welche du zurückverlangst, so haben diese unserem Volke großes Unheil zugefügt, doch wollen wir hundert Talente für sie geben. Der Mann antwortete nicht hierauf, sondern kehrte zum Könige zurück und berichtete ihm sowohl Schimon's Antwort, als auch von der Pracht, mit welcher er sich umgeben. Antiochus war eben im Begriff, dem aus Dor entflohenen Tryphon nachzueilen, und erzürnt über Schimon's Unfügsamkeit, befahl er dem Kendebäus, welchen er als Strategen der Seeküste mit einer hinlänglichen Macht zurück= ließ: er solle sich vor Judäa lagern und die Stadt Gederot befestigen, die östlich von Aschdod lag, um von da aus das jüdische Volk zu befehden; es scheint hierbei weniger auf eine Eroberung Judäa's als bloß darauf abgesehen gewesen zu sein, Schimon nachgiebiger zu machen. Demgemäß machte Kendebäus einen leichten Einfall in das jüdische Gebiet, wobei aber doch viele Bewohner erschlagen und andere gefangen fortgeführt wurden, dann ließ er Gederot ausbauen und legte Truppen hinein, welche die Straßen von Judäa unsicher machen sollten. Der unfern hiervon stationirte Jochanan begab sich daher jetzt hinauf nach Jerusalem und stattete seinem Vater Schimon genauen Bericht von allem Vorgefallenen ab, worauf Letzterer zu seinen Söhnen Jehuda und Jochanan sagte: Ich bin alt geworden, ihr aber seid durch die Gnade Gottes zu Männern herangereift, tretet daher an meine und meiner gefallenen Brüder Stelle, und kämpfet für unser Volk, die Hilfe des Himmels sei mit euch! In der That hatte Schimon das volle Recht, die Vertheidigung in jüngere Hände zu legen, denn schon beim Tode seines Vaters war er ein reifer Mann, und seitdem waren 29 sehr mühselige Jahre verflossen. Hierauf wurden in Judäa 20,000 Mann ausgehoben, Fußvolk und Reiter: mit diesen zogen die Jünglinge aus, und als sie in die Niederung hinabstiegen, trat ihnen ein großes Heer der Feinde entgegen. Es kam zu einem Kampf, in welchem zwar Jehuda verwundet wurde, aber Kenbebäus mit den Seinigen floh nach Geberot, und als Jochanan auf der Stelle ihm dahin folgte, zog er sich in das Gebiet von Aschdod zurück. Man zündete Geberot an, und kehrte dann wieder nach Judäa zurück. König Antiochus aber wagte es vorläufig nicht, die Feindseligkeiten fortzusetzen. Dem greisen Schimon wurde es hierdurch möglich, seine letzten Lebensjahre noch durch ein großes Werk auszuzeichnen. Der Hügel nämlich, auf welchem die Burg in der Davidstadt erbauet war, war etwas höher als der Tempelberg, und der bisherigen feindlichen Besatzung in ihr war es hierdurch leichter geworden, die Besucher des Tempels zu belästigen. Dies sollte nicht wieder geschehen können, und Schimon hatte deshalb schon vor einiger Zeit die diesem Hügel zugekehrte nordwestliche Ecke des Tempelberges mit Schutzwerken versehen und darin seinen Aufenthalt genommen; doch mochte dies ihm noch nicht genügen, er machte daher in einer Versammlung des Volkes den Vorschlag, jene Burg niederzureißen sowie den Hügel, auf welchem sie stand, ganz abzutragen. Sein Vorschlag fand Beifall, und man schritt auch sogleich zur Ausführung; doch mag die Vollendung dieses Unternehmens und der Ausbau jenes neuen Bollwerkes, welches man die Baris, in der römischen Zeit die Burg Antonia nannte, sich in etwas spätere Zeiten hineingezogen haben. Wenigstens wurde Schimon schon im Anfang von 134 aus all seiner patriotischen Thätigkeit durch einen schmählichen Frevel herausgerissen. Sein Schwiegersohn Ptolemäus, ein reichbegüterter Mann und von ihm zum Kriegesobersten in Jericho angestellt, faßte nämlich den Plan, ihn und seine Söhne zu ermorden und sich zum Herrscher von Judäa aufzuwerfen; und als jetzt Schimon auf einer Rundreise mit seinen Söhnen Jehuda und Mattisjahu nach Jericho kam, nahm Ptolemäus sie in einem benach= barten Castell auf, und gab ihnen dort ein großes Gastmahl, drang aber, als der Wein seine Gäste noch widerstandsloser gemacht hatte, mit einigen Männern bewaffnet in den Speisesaal und tödtete Schimon und seine Söhne nebst einigen jungen Sklaven desselben. So hatten denn diese Heldenbrüder insgesammt einen gewaltsamen Tod gefunden, Schimon freilich den schmählichsten, von einem Glaubens= genossen, von seinem eigenen Schwiegersohn! er hatte 7½ Jahr allein an der Spitze seines Volkes gestanden, mit seinen Brüdern in Gemeinschaft aber die Stellung, welche der sterbende Vater ihm zugewiesen, auf das Trefflichste ausgefüllt.

Jetzt berichtete der Mörder seine That dem Könige, und bat ihn zugleich, ihm das Land zu übergeben und Kriegesschaaren zu Hilfe zu senden, denn auf einen Kampf mit den Juden mußte er gefaßt sein, obwohl er zu gleicher Zeit Alles that, ihn zu verhindern. Er schickte nämlich einige Leute ab, auch Schimons Sohn Jochanan zu ermorden; desgleichen an die in ihren verschiedenen Quartieren zerstreuten jüdischen Kriegesobersten Briefe mit reichen Versprechun= gen für ihren Uebertritt zu ihm; endlich einen Heerhaufen, um Jeruschalem und den Tempelberg zu besetzen. Allein die Nachricht von dem Tode der Seinigen sowie von der Absendung einiger Männer, auch ihn zu tödten, gelangte zu Jochanan eher als Diese, und er ließ sie daher hinrichten, sobald sie ankamen; hierauf eilte er nach Jeruschalem, und kaum war er eingezogen, als auch schon Ptolemäus, seine eigenen Leute überholend, dort einrücken wollte, aber von den Einwohnern abgewiesen wurde und deshalb sich wieder in das Kastell bei Jericho zurückzog. Jetzt übernahm Jochanan zuvörderst die hohepriesterliche Würde, zog dann mit einem schnell zusammengerafften Heere gegen Ptolemäus, und würde ihn auch besiegt haben, wenn nicht das Mitleid mit seiner Mutter ihn daran verhindert hätte. Diese nämlich war Ptolemäus in die Hände ge= fallen, und als jetzt Jochanan ihn belagerte, führte der unnatürliche Eidam sie auf die Mauer, ließ sie vor ihres Sohnes Augen miß=

handeln, und drohte ihm sie hinabzustürzen, wenn er nicht vom
Angriff abstände. Jochanan war auf der Stelle hierzu bereit, aber
die heldenmüthige Mutter rief ihm zu, sich nicht erweichen zu lassen,
sondern nur um so nachdrücklicher die Belagerung fortzusetzen; gern
werde sie unter Qualen sterben, wenn nur der schreckliche Mensch
seinen Lohn empfange. Hiervon angefeuert wollte Jochanan den
Angriff erneuern, aber sein Herz schmolz wieder, als er zum zweiten
Male seine Mutter schlagen und zerren sah. Er blieb daher eine
Zeitlang unthätig vor dem Kastell stehen, und zog am Ende ganz
ab, weil das Peßachfest eintrat und er weder seine Leute von dessen
Feier in Jeruschalem abhalten, noch auch so kurz nach Uebernahme
des Pontificats selbst dabei fehlen wollte. Obwohl nun hierdurch
Ptolemäus der nächsten Gefahr enthoben war, tödtete er doch seine
Schwiegermutter und entfloh dann nach Rabbat=Ammon. Der König
von Syrien aber wollte trotzdem diese Gelegenheit, die Juden zu
züchtigen, sich nicht entschlüpfen lassen, zog vielmehr während dieses
Sommers nach Judäa, verwüstete es und zwang Jochanan, sich
nach Jeruschalem zurückzuziehen, welches er hierauf belagerte. Aber
die Belagerten machten häufige Ausfälle und zogen sich zurück,
sobald sie die Feinde wachsam fanden. Freilich in Jeruschalem
drohete neben den täglichen Angriffen von außen, die mit Tapferkeit
zurückgeschlagen wurden, am Ende noch ein ärgerer Feind, der Hun=
ger, und als deshalb Jochanan alle zur Vertheidigung Unbrauchbaren
aus der Stadt schickte, ließ Antiochus sie nicht abziehen, so daß ein
Theil von ihnen verhungerte und das Mitleid Jochanan nöthigte,
die Uebrigen wieder aufzunehmen. Demungeachtet dachte dieser noch
nicht an Uebergabe, sondern ließ, da inzwischen wieder ein Fest
herangekommen war, Antiochus bloß um einen siebentägigen Waffen=
stillstand zur ruhigen Feier desselben bitten: auch bewilligte der
syrische König nicht nur diesen, sondern schickte ihnen auch noch
zum Feste einige Stiere mit vergoldeten Hörnern sowie goldene und
silberne Becher voll mancherlei Spezereien. Die Juden gaben ihm
deshalb den Beinamen des „Frommen“, und sein gütiges Benehmen
ermuthigte Jochanan, in einer zweiten Botschaft an ihn bloß die
Bitte auszusprechen, daß er ihre väterlichen Einrichtungen ihnen
lassen möchte. Die Räthe des Königs wollten jetzt zwar ihn bewe=
gen, das jüdische Volk ganz auszurotten; allein seine Menschen=
freundlichkeit widerstand diesem Ansinnen, ja er benützte seinen Vor=

theil nicht einmal dazu, den Juden die früher erlangten Zugeständ=
nisse wieder zu entwinden, sondern antwortete den Gesandten bloß,
man solle die Waffen ausliefern, auf Joppe und die anderen Orte
außerhalb Judäa's Verzicht leisten, 500 Talente zahlen und eine
Besatzung aufnehmen, dann wolle er den Krieg einstellen. Jochanan
nahm die drei ersten Bedingungen an, bloß die letzte lehnte er mit
dem Bedeuten ab, daß ihre religiösen Satzungen ihnen eine Lebens=
weise vorschrieben, welche durch das Zusammenleben mit einer nicht=
jüdischen Besatzung zur sehr erschwert würde (dies war schwerlich
der Hauptgrund der Ablehnung); dafür aber erbot er sich, Geißeln
zu geben. Antiochus war hiermit zufrieden, nahm die Geißeln in
Empfang, unter welchen ein Bruder des Jochanan war, sowie von
dem versprochenen Gelde abschläglich 300 Talente, ließ aber doch
die Zinnen der Mauer von Jeruschalem einreißen, und zog hierauf
mit seinem Heere wieder ab. Kurz darauf ließ Jochanan, vielleicht
zufällig, das Grabgewölbe des Königs Dawid öffnen, und fand
darin einen Schatz, der Sage nach von dreitausend Talenten: der=
selbe setzte ihn in den Stand, Miethstruppen anzuwerben, weshalb
der syrische König ein Bündniß mit ihm schloß, das zu bewähren
sich auch bald Gelegenheit fand. Antiochus bekam nämlich
Anlaß, mit einem großen Heere gegen die Parther zu ziehen, und
auf diesem Zuge begleitete ihn Jochanan mit einer jüdischen Hilfs=
truppe; doch entließ ihn der König wieder, ehe dieser Krieg schließ=
lich zu seinem gänzlichen Verderben ausschlug, und jetzt eigentlich
erst erreichte die syrische Herrschaft über Judäa ihr völliges Ende.

Den Faden der politischen Geschichte müssen wir hier fallen
lassen. Wir hatten damit begonnen, den Augenblick zu schildern,
in welchem der Thron Dawid's zusammenbrach und der Tempel in
Asche sank: die Wiederaufrichtung des Tempels schloß eine erste
Unterabtheilung der darzustellenden Periode ab. Von da an bis
zur Verdrängung des dritten Onias verflossen fast fünfmal mehr
Jahre als in jenem ersten Zeitabschnitte, gleichwohl bildet das nur
eine zweite Unterabtheilung, weil während dessen, trotzdem daß die
Botmäßigkeit über die Juden von den Persern auf Alexander, von
diesem auf die Ptolemäer, von ihnen auf die Seleukiden überging,
keine wesentliche Veränderung in der Lage dieses Völkchens eintrat.

Erst nunmehr wurde dies der Fall: Antiochus Epiphanes unter=
nahm die Ausrottung der jüdischen Religion und rief dadurch
ungeahnte Kräfte wach, welche in Israel schlummerten; hierdurch
wurde nicht bloß seine Absicht vereitelt, sondern auch, weil unmittelbar
darauf das syrische Reich von den heillosesten inneren Wirren
heimgesucht wurde, den jedes Preises würdigen Mackabäern es möglich,
Schritt vor Schritt ihr Volk unabhängiger zu machen, bis zu dem
Punkte, daß Schimon neben dem Pontificat eine fürstliche Würde
erlangte, welche schon unter seinem Sohne zusehends dem König=
thum entgegenreiste. Natürlich schloß sie keine große Machtfülle ein,
gerieth auch bald in sehr unwürdige Hände, und überdies noch ehe
die Juden das makedonische Joch los waren, war schon das römische
geschmiedet, welches für sie noch viel verhängnißvoller werden sollte:
aber gleichwohl war eine große Wendung ihres Schicksals jetzt ein=
getreten, sie trugen nicht mehr „die Schmach der Völker", und war
zwar der Thron Dawid's nicht wieder aufgerichtet, so führten dafür
hohe Priester das Zepter, was ja einige Propheten für das messia=
nische Reich in Aussicht gestellt hatten. Daß sich das als ein flüch=
tiger Traum erwies, kann uns nicht abhalten, hierin den Markstein
einer neuen Epoche anzuerkennen.

In diesem Werke haben wir aber durchweg die politische
Geschichte der Juden als den Hintergrund ihrer religiösen Ent=
wickelung angesehen, und wollen uns nunmehr zur Darstellung dieser
letzteren wenden. Freilich in einigen sehr wesentlichen Punkten
mußte dies schon bei Vorführung von Esra's und Nechemja's Wirk=
samkeit geschehen, in einigen anderen bei sonstigen geeigneten
Gelegenheiten: von diesen Punkten ist jetzt nur ihre weitere Ent=
faltung bis zum Schlusse unserer Periode nachzuliefern; viele andere
Punkte aber ließen sich nicht so vertheilen, und ich habe daher, ob=
gleich sie schon viel früher von Wichtigkeit wurden, ihre Darstellung
bis hieher verschoben. Die Ausführlichkeit, welche ich ihnen an=
gedeihen lasse, werden die Kenner von Kirchengeschichten damit ent=
schuldigen, daß eine Synagogengeschichte nicht weniger Raum erheischt.

Einleitungsweise muß aber hier nochmals in einigen Worten von der Grundlage der jüdischen Religion, vom Monotheismus, die Rede sein. Wie sehr das Exil seiner Ausbreitung und Befestigung im jüdischen Volke gedient habe, wurde früher nachgewiesen, desgleichen angedeutet, daß die ohne Götzenbilder gebliebene und überhaupt an Geistigkeit nicht arme magische Religion, welche man während der zweihundertjährigen Herrschaft der Perser über Judäa stets vor Augen hatte, dem Wiedereindringen jedes Götzendienstes hinderlich und so dem Monotheismus von Nutzen war; endlich haben wir gesehen, wie die Gefahr, welche diesem aus den eingerissenen Ver= schwägerungen mit Heiden erwuchs, durch die unnachsichtliche Strenge beseitigt wurde, mit welcher Esra und nach ihm Nechemja diese gemischten Ehen trennte. Daß aber gleichwohl noch nicht allen Juden unserer Periode der Monotheismus so sehr in Fleisch und Blut eingewachsen war, wie denen der späteren Jahrhunderte, zeigte uns der Abfall so Vieler von ihnen unter Antiochus Epiphanes: eine Abtrünnigkeit von solchem Umfange zeigt die ganze spätere Geschichte der Juden nicht wieder, obwohl es zu Zeiten an eben so grausamen Verfolgungen nicht gefehlt hat, so daß sie nicht aus diesen allein, sondern auch aus theilweise noch vorhandener Lauheit erklärt werden muß. Glücklicherweise trat aber die damalige Versuchung erst gegen das Ende dieses ganzen Zeitraumes ein: während desselben hatte denn doch der Jahwehglauben in anderen Schichten des Volkes soviel Kraft gewonnen, daß Makkabäerkämpfe möglich wurden, und diese haben den jüdischen Sinn auf ewige Zeiten gegen das Heiden= thum gestählt. — Nach diesem Vorworte sollen alle wichtigeren geistigen Erscheinungen und Fortbildungen dieser Periode gruppen= weise vorgeführt werden.

Neunter Abschnitt.
Die damalige Stufe der wichtigsten Dogmen.

～～～～

Was still in den Geistern lebt, aber mächtig sie beherrscht, verdient bei dem Forschen nach dem ideellen Gehalt einer Zeit vielleicht zuerst ins Auge gefaßt zu werden, und wir wollen daher zunächst die Umgestaltung betrachten, welche in unserer Periode einige tiefeingreifende Glaubenspunkte erfuhren. Dieselbe läßt sich aber nicht darstellen, ohne vorher nachzusehen, welche Ausbildung jedes der zu besprechenden Dogmen bis zum Exil gefunden habe.

Erstes Kapitel.
Von dem Glauben an das Vorhandensein höherer Wesen.

Früh schon dachte man sich in Israel Gott auf einem Throne sitzend, und das ganze Heer des Himmels um ihn stehend zur Rechten und Linken. Jener Thron ruhe auf Kerubim, Wesen mit Adlerkopf, Löwenleib und zwei Flügeln, wie der Greif auf den Ruinen von Persepolis dargestellt gefunden wird. Das Himmelsheer aber bestehe aus verschiedenartigen Wesen: zum Theil ebenfalls aus Kerubim, wie denn einige derselben entsendet waren, mit flammendem Schwerte den Eingang zum Paradiese zu bewachen; zum Theil aus Serafim, drachenköpfigen Wesen mit Händen und sechs Flügeln; ferner aus feurigen Wagen und Rossen in großer Menge, natürlich mit Solchen, welche jene lenkten und auf diesen ritten; und wieder anderen himmlischen Wesen schrieb man, nicht erst für ihr Erscheinen auf Erden, eine menschliche, jedoch mitunter sehr furchtbare Gestalt zu. Eine Rangordnung wurde vermuthlich schon unter ihnen angenommen, doch enthalten die älteren Schriften nichts hierüber. Im Allgemeinen schrieb man diesen Wesen beinahe Allwissenheit sowie große Weisheit und Heiligkeit zu, aber nicht völlige Fehlerfreiheit. Dieses Himmelsheer nun, in Schaaren, die sich in bestimmten Zeiten ablösen, umgebe den Herrn immerwährend, ihm lobsingend und seiner Befehle gewärtig, wie denn Diejenigen von ihnen, welche als Verkündiger oder Vollstrecker des göttlichen Willens auf die Erde kämen, Boten genannt wurden; und lasse der Herr sich auf die Erde nieder, wie z. B. bei der Gesetzgebung oder am jüngsten Tage, so tragen Kerubim seinen Thron hernieder wie einen Wagen, und alle diese „Heiligen in Myriaden" begleiten ihn. Die Sterne, welche man für belebt hielt und „Söhne Gottes" wie die übrigen Engel nannte, galten ebenfalls für seine Boten, insofern sie den ihnen vorgeschriebenen Pfad gingen. Jedoch auf die Erde, um sichtbar zu werden, wurden bloß himmliche Wesen von menschenähnlicher oder doch von irdischer Gestalt entsendet. Der an Bileam entsendete Engel wurde Anfangs bloß seiner Eselin und erst später ihm selbst, die zum Schutze des Elischa abgeschickten himmlischen Reiter und Wagen erst auf des Propheten Gebet seinem Diener sichtbar; Engel, die Jemanden bloß schützen oder für ihn thätig sein sollten, ohne an ihn selbst einen Auftrag zu haben, blieben in der Regel unsichtbar. Die Engel, welche in menschlicher und dann stets in Mannesgestalt erschienen seien, sollen theils von anderen Menschen nicht zu unterscheiden, theils von furchtbarem Ansehen gewesen sein; gekleidet dachte man sie sich dann wohl meistens ganz landesüblich, doch zuweilen auch in einen langen Ueberwurf von weißem Leinen; gelegentlich setzten sie sich auch nieder und ließen sich bewirthen; und hatten sie ihren Auftrag beendigt, so verschwanden sie gewöhnlich, seltener gingen sie nach Menschenweise davon. Ziemlich allgemein, doch nicht durchweg, herrschte der Glaube, daß wer einen Engel gesehen habe, sterben müsse. Auch an böse Geister glaubte zwar das jüdische Alterthum, zählte diese aber nicht zu dem Himmelsheere. Das Jahwehthum erkennet nämlich unbedenklich Gott theils als den Urheber des physischen Uebels, theils als Solchen an, ohne dessen Zulassen Niemand es verüben könne; da es aber in beiden Fällen nur zur Strafe für begangenes Unrecht dienen

solle, so erschien der Engel, welcher ein Strafgericht ausführen oder
vorbereiten sollte, als ein heiliges Werkzeug, nicht als ein böser
oder menschenfeindlicher Geist, sodaß es bloß von der Strenge des
göttlichen Auftrages herrühren könnte, daß Spr. 17, 11 ein Engel
unerbittlich genannt ist. Ständige Dienste finden sich vor dem Exil
noch keinem einzigen einzelnen Himmelsboten zugeschrieben, sowie
überhaupt bis dahin keine Spur von Individualisirung derselben
zu entdecken ist; und selbst wo die Pest und jedes pestartige Sterben
als die Wirkung eines Engels angesehen wurde, dachte man dabei
schwerlich an ein und dasselbe jedesmal hierzu ausersehene Wesen.
Man nahm aber auch an, daß Gott zuweilen selbst erscheine, rede,
handele, auch wohl eine längere Zeit hindurch anwesend bleibe; und
weil er selbst der sinnlichen Wahrnehmung durchaus unerreichbar sei,
redete man von Manifestationen desselben, z. B. durch Rauch und
ein lohend Feuer bei einem Opfer des Abraham, durch die Feuer=
flamme, welche Mosche im Dornbusch erblickte, durch ein leises
Säuseln, worin er dem Elija erschienen sei, oder durch die Wolken=
bez. Feuersäule, welche Israel durch die ganze Wüste schützend
begleitete und, nach Errichtung der Stiftshütte über dieser gelagert,
wiederholentlich Feuer ausstrahlte. Diese Manifestationen wurden
gelegentlich ebenfalls Boten, Engel genannt, was nebst Anderem
dazu beigetragen hat, in derselben Darstellung bald von einem Engel
Gottes, bald von Gott selbst ununterschieblich zu reden. Durch diesen
Glauben an Himmelswesen so verschiedener Art wurde für die alten
Ibräer zu dem ihnen noch zu geistigen und zu kahlen Monotheismus
eine phantasiereiche Zuthat gewonnen und die Kluft zwischen Gott
und den Menschen befriedigend ausgefüllt; doch war wohl dieser
Glauben aus vorjahwistischer Anschauung herübergenommen und bloß
dem Jahwethume gemäß um = wie fortgebildet worden, in welcher
Beziehung er diesem auch unbestreitbar Dienste geleistet hat. In=
dessen schon von Davids Zeiten an verlor derselbe an Umfang,
nämlich man glaubte zwar noch, und bis in die spätesten Zeiten
herab, an jenes vielgestaltige Himmelsheer, malte es sich auch noch
weiter aus, war aber allmälig nüchtern genug geworden, keine
Erscheinungen mehr von Engeln oder Gottes zu erhalten, weshalb
von da an solche Erscheinungen nicht mehr in den Darstellungen
von gleichzeitigen und jüngstvergangenen Begebenheiten, wohl aber

noch, von der Sage geliefert, in den Darstellungen vorkommen, welche ältere Zeiten zum Gegenstande haben.

Von den bösen Geistern, an welche vor dem Exil geglaubt wurde, wissen wir viel weniger, weil sie in das Jahwehthum nicht hineinpaßten und deshalb von den biblischen Schriftstellern nur selten, außerdem aber auch als eben so unheimliche wie unheilige Wesen in scheuer Kürze erwähnt wurden. In urältester Zeit sollen Engel zu irdischen Frauen von großer Schönheit sich gesellt haben: vermuthlich nahm man an wie später, daß sie dafür in den Himmel nicht zurückkehren durften und den ersten Stamm jener Refaim oder „Gewaltigen" bildeten, welche die Unterwelt bewohnten. Ferner wurden unter dem Namen Schedim, der Mächtigen, oder Seïrim, der Gefürchteten, Dämonen angenommen, die in Ruinen oder Ein= öden hausten und den Menschen Schaden zufügten, welche in ihren Bereich kämen, Nachts aber auch wohl diese Oerter verließen und umherstreiften; ein solches Wesen in Mannesgestalt soll einst in der Nacht mit Jakob gerungen haben und, als hierüber der Morgen anbrach, beeilt gewesen sein, sich zurückzuziehen. Und da wir von einem weiblichen Nachtgespenst (Lilit) lesen, das in Ruinen „Ruhe finde", so ist vermuthlich anzunehmen, daß man das nächtliche Umgehen dieser Wesen von einer inneren peinlichen Unruhe derselben ableitete. Von ähnlichen Dämonen glaubte man auch manche Menschen besessen, die hierdurch im Stande wären, Anfragenden die Zukunft zu enthüllen; häufig waren dies Bauchredner, und die Worte, welche sie dumpf oder flüsternd wie aus der Erde hervor vernehmen ließen, wurden dem in ihnen hausenden Dämon zu= geschrieben. Ferner, sowie man die zabischen Gottheiten für Gestirn= geister hielt, ward nach allem Anschein auch vielen anderen Göttern der verschiedenen heidnischen Religionen eine wirkliche Existenz und vielleicht selbst eine schattenhafte Aehnlichkeit mit den heidnischen Darstellungen derselben zuerkannt: manche Wortführer des Jahweh= thums kämpften freilich hiergegen an, andere aber scheinen sich damit begnügt zu haben, die Götter dem Volke für solche Dämonen zu erklären, ungefähr wie im Mittelalter die christlichen Priester hin= sichtlich der altdeutschen Götter verfuhren. — Einer ganz anderen dämonologischen Sphäre gehören zahlreiche Anschauungen in der Schrift an, nach welchen sich viele alte Ebräer den Tod wie eine persön= liche Macht vorstellten, die selbstwillig Todesboten ausschicke, nur daß der Herr ihr wehre, wenn ihre feindlichen Schickungen auf gute Menschen gerichtet wären. Erinnert schon diese Vorstellung an die magische von Ahriman, noch mehr thut das der Mythus, daß das erste Weib durch eine Schlange zur Sünde verleitet und dadurch der Tod über die Menschen gebracht worden sei; die Drohung darin, daß Adam sterben werde des Tages, da er von dem verbotenen Baume äße, kann nur den Sinn haben, daß man durch Sünde sterblich werde, indem dann der menschenfeindliche Tod Gewalt über uns habe. Auch ist in den biblischen Worten, daß die Sünde an der Thür lagere und nach uns verlange, derselben offenbar eine Art ahrimanischer Existenz und Wesenheit zuerkannt, doch haben niemals die Ibräer einem solchen bösen Wesen eine Feindschaft gegen Gott zugeschrieben, oder seine Anreizungen zur Sünde als Versuche dargestellt, gute Seelen bloß von Gott abwendig zu machen, sondern erklärten sich diese Anreizungen aus einem Verlangen desselben, hierdurch sein unterirdisches Reich zu bevölkern. — Wieder einer anderen Sphäre gehört es an, daß Joël 2, 20 eine schreckliche Heu=schreckenplage Zefoni genannt ist. Nämlich die Aegypter nahmen ein böses Princip an, das sie als Seth oder Typhon in den Norden versetzten, und es scheint, daß darauf der biblische Baal=Zefon zu beziehen sowie in jenem Zefoni angespielt ist. Bekanntschaft mit dem Typhon, der bald als große Schlange von Horus durchstochen dargestellt, bald durch ein Krokodil, bald durch ein Nilpferd sym=bolisirt wurde, zeigen auch die biblischen Ausdrücke, daß Jahweh die Ringelschlange (das Krokodil) durchbohrt, das unverschämte Nilpferd gespalten und zerstoßen, die Köpfe des Liwjatan zerschmettert habe; und in der Verheißung Jes. 27, 1, daß am jüngsten Tage der Herr alle diese den Typhon symbolisirenden Ungeheuer erlegen, also das Böse völlig ausrotten werde, was die Aegypter selbst nicht annahmen, erscheint merkwürdigerweise eine auch jisraelitische, aber unter dem Einfluß der magischen Religion schärfer gefaßte Idee in ägyptischen Bildern vorgeführt. — Endlich sehen wir in dem Ijob'schen Satan eine Fortbildung dieser Idee eines Bösen, ohne aber sagen zu können, ob die ibraisirte Form des Ahriman oder des Typhon der Ausgangspunkt dafür war. Da nämlich die monotheistischen Ibräer eine Selbstständigkeit des Bösen nicht annehmen konnten, so mußten sie bestrebt sein, für ihn innerhalb des Jahwehthumes selbst eine Stelle zu finden. Ein Versuch hierzu war es, daß Joël die

Heuschrecken eine Schickung des Nordischen und zugleich 2, 11 auch „das Heer Gottes" nannte: denn offenbar erscheint hierin der Böse als Strafvollstrecker Gottes, der freilich gern übergreife. Später aber verfiel man auf eine andere Wendung: sowie man nämlich annahm, daß zuweilen Engel für einen Menschen Fürsprache bei Gott einlegen und das Gute an ihm hervorheben, wenn Gott über ihn zu Gericht sitze, ebenso wagte man zu dichten, daß in einer himmlischen Versammlung Satan erschienen sei, die Tugend des Job bei Gott zu verdächtigen, und zur Prüfung desselben die Erlaubniß erhalten habe, mit beliebigen Plagen ihn heimzusuchen.

Im Exil, wohin die Juden diesen Glauben an höhere Wesen so verschiedener Art schon mitnahmen, lernten sie aber noch andere Anschauungen von höheren Wesen kennen, und natürlich konnte dies nicht ohne Einwirkung auf ihre eigenen bleiben; andererseits war es natürlich, daß ihr Glaube in diesem Punkte wie in anderen sich ohnehin im Laufe der Zeit fortbildete. So erzählten die Magier von einem Versammlungsorte der himmlischen Wesen auf dem Albordsch, einem bis zum Urlichte hinaufreichenden Berge im Norden der Erde, und hieraus sind die Anschauungen Jech. 28, 14. 16 und Jes. 14, 13 zu erklären, doch hat diese Idee nicht weiter unter den Juden Fuß gefaßt. Ausführlicher ist darauf einzugehen, wie abweichend der in mittelasischen Anschauungen aufgewachsene Jecheskel den Thron Gottes beschrieb: denn diese Darstellung wurde vorzugsweise zu Grunde gelegt, als man viel später den „Wagen" (mercaba), wie man nachmals für den Thron Gottes sagte, zum Gegenstande und Ausgangspunkte einer ziemlich geheimgehaltenen Lehre machte. In Kap. 1 erzählt er nämlich, er habe in einer Vision vier Wesen zusammenstehen sehen, jedes einer anderen Weltgegend zugekehrt, menschenähnlich, nur daß jedes von ihnen vier Köpfe, eines Menschen, eines Löwen, eines Stieres und eines Adlers, ferner vier Flügel hatte, deren zwei ausgebreitet waren, zwei den Körper bedeckten; unter den letzteren seien Menschenhände hervorgegangen, ihre Füße aber denen eines Kalbes ähnlich und zusammengeschlossen gewesen. Diese Erscheinung habe sich nie umgedrehet, sondern wohin sie gewollt, dahin sei das dieser Seite zugekehrte Wesen gegangen, indem es die anderen mit sich zog. Die Rümpfe aller, hoch und furchtbar, seien voller Augen gewesen, Blicke wie Blitze schießend, und auch aus dem Feuer, in welches die ganze Erscheinung gehüllt

war, seien Blitze hervorgeschossen. Unter ihnen habe er ein Räder=
werk gesehen, Rad in Rad, aussehend wie Tarschischsteine. Das
Geräusch der Flügel war anzuhören wie große Wasser, wie Donner,
wie das Getümmel eines Lagers. Ueber dem Ganzen erschien ein
Gewölbe wie eine Eisdecke, und auf ihm ein Thron von Saphir,
den eine Menschengestalt einnahm, bis an die Lenden anzuschauen
wie glühend Erz im Feuer, unterwärts aber in ein Feuer gehüllt,
welches die Farben des Regenbogens säumten: diese Menschen=
gestalt sei das Ebenbild der Herrlichkeit Gottes gewesen. Vermuthlich
sollten die vier Gesichter, des Menschen, Löwen, Stiers und Adlers,
Weisheit, Großmuth, Kraft und Schnelligkeit bedeuten,
und letztere auch durch das Räderwerk und die ausgebreiteten Flügel
ausgedrückt werden. Die ganze Erscheinung besagt, daß Gott weise,
großmüthig, mächtig und schnellwirkend sei, überallhin schaue und
sein Ziel immer gradeaus verfolge. Unverkennbar aber ist, daß
diese Symbolik des Jecheskel ihre Eigenthümlichkeit seinem Aufent=
halt in Babylonien verdankt, da ähnliche Skulpturen an so vielen
Bauten in Babylon und Niniveh sich fanden; durch Thiere und
Zusammensetzungen derselben zu symbolisiren, war jedoch auch in
Medien und Persien üblich. Später hatte Jecheskel noch einmal
dieselbe Vision, nur daß er in ihrer Beschreibung K. 10 anstatt des
Stierkopfes den Kopf eines Kerub setzt und auch die Räder mit
Augen ganz bedeckt sein läßt, außerdem aber sie so einrahmt: Ein Bild,
anzusehen wie Feuer von den Lenden abwärts, aufwärts wie glänzend
Erz, habe eine Hand ausgestreckt und ihn durch die Lüfte nach
Jeruschalem in den Tempel entführt; dort habe er die beschriebene
Gotteserscheinung gehabt, und alsdann, von einem Geiste geleitet,
vielerlei abgöttische Gräuel im Tempel erblickt, worauf Gottes
Stimme die Strafer der Stadt herangerufen habe, und alsbald
seien sechs Männer gekommen, Jeder mit einer Zerstörungswaffe,
mit ihnen auch Einer in Leinengewand und mit einem Schreib=
zeuge im Gurt: Letzterem habe sie befohlen, durch die Stadt zu
gehen und allen Besseren darin die Stirn zu zeichnen, sodann den
Uebrigen geheißen, Diesem zu folgen und jeden nicht Gezeichneten
niederzuschlagen. Ferner habe der Mann im Leinengewand den
Befehl erhalten, von dem Feuer unter dem Gotteswagen die Hände
voll Kohlen zu nehmen und auf die gottlose Stadt zu werfen: es
sei geschehen, indem ein Kerub hineingriff und ihm die Hände mit

Kohlen füllte. In eine Darstellung der Engelslehre gehören auch Visionen, insofern sie gewiß dem jeweiligen Engelsglauben wenigstens theilweise entlehnt waren und auf seine Fortbildung einwirkten. Jecheskel kannte hiernach schon Engel mit Strafämtern, ihre Siebenzahl aber hatte wohl keinen tieferen Grund. Endlich 40, 3 u. w. erzählt er noch von einer Vision, in welcher ein Mann, wie Erz aussehend, die Dimensionen des künftigen Tempels ihm vormißt.

Etwas später sehen wir den exilischen Ueberarbeiter des Buches Jehoschua von einem „Fürsten des Heeres Gottes" reden, welcher in Menschengestalt und mit gezogenem Schwerte dem Jehoschua erschienen sei. Dieser neue Begriff erklärt sich erst aus der Hinzunahme eines anderen. Kurz darauf nämlich (Jes. 63, 9) sprach man von einem „Engel seines (Gottes) Angesichtes", der wiederholentlich Israel aus seinen Nöthen errettet habe, wonach außer dem Himmelsheere noch eine Anzahl höherer Engel angenommen wurde, welche stets vor Gottes Angesicht erscheinen dürften, gleichwie dies bei weltlichen Königen den höchsten Würdenträgern gestattet war. Von sieben solchen Erzengeln ist freilich erst Tob. 12, 15 die Rede, allein sowohl ihrer Stellung wie ihrer Zahl nach werden wir sogleich viel älteren Spuren von ihnen begegnen, und waren sie entweder den sieben Amschaspands, oder wie diese selbst dem Zabaismus nachgebildet, welcher aus den Gestirnen Sonne, Mond und fünf Planeten so stark hervorhob. Es scheint, daß man die alte Ansicht, wonach die Gotteserscheinungen vermittelst unpersönlicher Manifestationen erfolgt seien, allmälig mit der vertauscht habe, daß in ihnen einer von diesen Erzengeln die Gottheit vertreten habe, und zwar vermuthlich der erste, welcher auf diese Weise schon ziemlich zum Schutzengel Israel's wurde. Deutlich zeigt sich dies bei Secharja, der überhaupt für die Lehre von den Engeln sehr ergiebig ist. In seiner ersten Vision habe er einen Mann auf rothem Rosse halten sehen, hinter ihm rothe, fuchsige und weiße Rosse; der Prophet habe einen Engel gefragt, wer diese wären, worauf jener „Mann" ihm mit der Belehrung zuvorgekommen wäre: Jahweh habe sie ausgeschickt, die Erde zu durchwandern; jetzt hätten Diese dem ebenfalls dort stehenden „Engel des Jahweh" berichtet, daß überall Frieden sei, und Letzterer sich mit einer Bitte für das allein noch friedlose jüdische Land an Gott gewendet,

worauf Gott dem zuerst befragten Engel Tröstliches verkündigt und
Dieser es dem Propheten wiedereröffnet habe. Hier empfing also
der „Engel des Jahweh" den Bericht untergeordneter Himmelswesen, wonach wohl dieser Ausdruck nunmehr den ersten Erzengel
bedeutete, wozu seine selbstwillige Theilnahme an Israel gut stimmt.
In einer späteren Vision sah Secharja den hohen Priester Jehoschua
vor diesem Engel des Jahweh stehen, und Satan zu seiner Rechten,
um auf dessen Sündhaftigkeit hinzuweisen; aber der Herr habe
Satan abgewiesen und durch himmlische Wesen Jehoschua Pracht-
kleider anlegen lassen, hierauf aber der Engel des Jahweh ihm verheißen, daß, wenn er in Gottes Wegen wandele, dieser ihm „Zutritt
zwischen diesen Stehenden" geben wolle. In dieser Versammlung
des Himmelsheeres durfte mithin sogar ein menschliches Wesen
erscheinen: vermuthlich stammte dieser Zug aus der magischen Lehre
von den Fervers, deren jedes irdische Wesen einen habe; aber
Jehoschua ist sündenbeschwert, und neben seinem himmlischen Urbilde
erscheinet Satan, dieses geltend zu machen, hinter ihm der Engel
des Jahweh als sein Patron und in einer Weise, die nicht verkennen läßt, daß er der erste Erzengel war. Daß Jehoschua, wenn
er in Gottes Wegen wandele, Zutritt zwischen den Engeln erhalten
solle, betrachten wir später; „Stehende" heißen aber hier und
Dan. 7, 16 die Engel als dienstthuende. — Ein anderes Mal
hat Secharja ein Gesicht von vier Hörnern und vier Schmieden,
und sein Engel belehrt ihn: die vier Hörner hätten Israel von
allen Seiten gestoßen, nun aber würden vier Schmiede kommen, den
Völkern die Hörner abzuschlagen. Mit dieser Vision ist seine letzte
zusammenzustellen: er habe vier Wagen, gezogen von rothen, schwarzen,
weißen und scheckigen Rossen, gesehen zwischen zwei ehernen Bergen
hervorstürzen mit dem Befehle von Gott, über alle Weltgegenden Strafe zu tragen; und ehe noch das Gesicht verschwand,
habe Gott den Engel ihm zurufen lassen, die nach Norden (Babylonien) entsendeten hätten schon seinen Befehl vollzogen. Wir
müssen natürlich diese zum Strafen ausgeschickten Wagen uns
von Engeln geführt denken, sowie solche in jenen vier Schmieden
erblicken, deren Zahl wohl bloß den Weltgegenden entsprechen sollte,
aus welchen die Ungethüme gekommen wären, deren Horn nunmehr
abgeschlagen werden sollte. So gut aber wie hier die Feinde einer
ganzen Weltgegend durch ein Ungethüm symbolisirt sind, konnte auch,

und im Grunde noch leichter, ein einzelnes feindliches Volk so ange=
schauet werden; und so kam es später ganz von selbst, daß man
von überirdischen „Fürsten" einzelner Völker redete, denn es lag gar
zu nahe, solchen dämonischen Vertretern derselben eine Aehnlichkeit
mit dem Schutzengel Israels zuzuschreiben. — Endlich ist bei
Secharja viel von einem Engel die Rede, der in oder mit ihm
rede, und offenbar verstehet er unter ihm das, was wir heutzutage
eine innere Stimme nennen; allein er muß diese anders sich
vorgestellt haben als wir, schon weil er sie Engel nannte, und es scheint
vielmehr, daß er seinen prophetischen Geist für ein gottentsendetes
himmlisches Wesen hielt, das zu Zeiten in ihn komme und in ihm
wirke, dann aber wieder ihn verlasse. Uebrigens begegnet uns diese
Anschauung 1 Kön. 22 schon in den Worten eines Propheten unter
König Achab. — Secharja's jüngerer Zeitgenosse Malachi sagt
3, 1 — 3 im Namen des Herrn: „Siehe, ich schicke meinen Boten,
welcher den Weg vor mir bahnet, und plötzlich wird in seinen Palast
kommen der Herr, den ihr suchet, und der Bundesengel erscheinen,
den ihr begehret; wer aber kann aushalten den Tag seiner
Ankunft" u. s. w. Von dem hier in Aussicht gestellten Weltgerichte
reden wir später ausführlich, hier sei daraus nur dies hervor=
gehoben, daß Malachi es nicht mehr durch Gott selbst erfolgen läßt,
wie die bisherigen Verkünder desselben, sondern annimmt, daß der
Herr zur Herbeiführung jener neuen Weltordnung, in welcher
Israel die ihm verheißene Herrlichkeit erlangen solle, dessen Schutz=
engel verwenden werde.

Unerheblich ist, daß der Chronist den Engel, welcher wegen der
Volkszählung des Dawid ein Strafgericht ausführen sollte, viel
anschaulicher als ein älterer Berichterstatter ausmalt. Dagegen in
der Nachricht 2 Macc. 3, 24 — 33 von der überirdischen Erscheinung,
welche den Tempelraub des Heliodor verhinderte (S. 228), sehen
wir den schon vor dem Exil allmälig geschwundenen Glauben, daß
auch noch die späteren Geschlechter solcher Erscheinungen gewürdigt
würden, von Neuem aufgelebt; und möglich wäre es, daß hierzu
griechische Sagen mitgewirkt hätten, ja manche von den sogleich
noch mitzutheilenden Visionen erinnern lebhaft an die Dioskuren,
welche zuweilen als zwei Jünglinge von seltener Schönheit auf
weißen Rossen erschienen. So wurde früher aus 2 Macc. berichtet,
daß in einer meteorischen Erscheinung die aufgeschreckten Gemüther

Schaaren in Gold gekleideter Reiter mit Lanzen, geschwungene Schilde, gezogene Schwerter, fliegende Pfeile erblickten; sowie daß man etwas später annahm, auf einem Zuge gegen die Feinde sei ein himmlischer Reiter in weißem Gewande erschienen und goldene Waffen schwingend vorangezogen; nachmals aber sich bekannt trug, daß in einer früheren Schlacht jenes Kriegers den Feinden vom Himmel herab auf goldgezäumten Rossen fünf glänzende Männer erschienen seien, von welchen sich zwei an die Spitze der Juden stellten, indem sie den Maccabäer in ihre Mitte nahmen und mit ihren Rüstungen deckten, auf die Feinde aber Geschosse und Blitze schleuderten. Weniger gehört hierher, daß Nebuchadnezar neben den drei in den Kalkofen Geworfenen einen Vierten gesehen haben soll, der wie ein Göttersohn aussah, oder was ich von einer Erscheinung des Engels Rafaël später aus dem Buche Tobija mittheilen werde: dieses wird von den Erzählern in viel frühere Jahrhunderte verlegt, der Vorzeit aber erkannte man stets bereitwillig den Empfang solcher Gnadenzeichen zu. — Ferner war man jetzt entschieden dazu fort-geschritten, Schutzengel der einzelnen Völker anzunehmen: denn wäre es auch noch zweifelhaft, in welchem Sinne Sirach 17, 17 sagte: „jedem Volke hat Gott seinen Führer aufgestellt", so liegt doch in dem nur wenig späteren Buche Danijel diese Annahme klar vor. Ueberhaupt liefert uns das Buch Danijel noch eine reiche Aus-beute für die Erkenntniß der damaligen Engellehre. Nach 4, 10, 14 soll Nebuchadnezar eine Vision gehabt haben, worin „ein Ir und Heiliger" vom Himmel herabgekommen sei und parabolisch seinen Irrsinn vorausverkündigt habe mit dem Zusatze, daß dies nach dem Beschlusse der Irin feststehe und ein Spruch der Heiligen sei. Wahr-scheinlich war ursprünglich die Bezeichnung „Ir und Heiliger" voll-ständig dem Ausdrucke Amschaspand (amescha-çpenta, nicht die Augen schließend — heilig) nachgebildet, aber nachmals den Mitgliedern eines schon viel früher angenommenen himmlischen Senates beigelegt worden, der unter dem Vorsitze des Herrn die göttlichen Maßregeln berathe und über die Menschen ihre Schicksale verhänge; die Gesammtzahl seiner Mitglieder machte man der des Tempelsenates gleich, und nahm also deren 70 an. Was die Namenertheilung an Engel betrifft, so begegnen uns zuerst im Danijel die Engel-namen Gabriel und Michael, in dem nicht viel jüngeren Buche Tobija der Name Rafaël, und später eine große Anzahl derselben.

Nach talmudischer Ansicht hätte man die Engelnamen aus Baby=
lonien mitgebracht, und man könnte in der That schon im Exil
angefangen haben, wenigstens den Erzengeln Eigennamen zu geben,
als man sah, daß in der magischen Religion viele Himmelswesen
solche hatten. Allein diese Namengebung läßt sich auch aus der
begonnenen Individualisation dieser himmlischen Wesen erklären:
vermöge ihrer wurden auch nach Analogie der magischen Jzeds
gewisse Engel zu Vorstehern je eines Elements oder himmlischen,
kosmischen, tellurischen Geschäfts erhoben, jedoch ohne hierbei immer
die magische Religion zu copiren. Zuweilen nun wurden Engeln
vorhandene Namen beigelegt, und zwar theils ohne durch sie ihr
Wesen bezeichnen zu wollen, theils solche, welche das concipirte
individuelle Wesen eines Engels ausdrücken; häufig aber wurden
ganz neue bezeichnende Namen geschaffen, und mitunter erhielten
Engel selbst auswärtige Namen, so z. B. finden wir den Engel
des Hagels Jurkamo benamt. Scharf und fest ausgeprägte Gestal=
ten waren jedoch diese jüdischen Jzeds nicht, nicht nur erlaubte man
sich, die Vorsteherschaft des Einzelnen über verwandte Dinge
auszudehnen, sondern auch durch Umdeutung seines Namens Man=
chem einen ganz anderen Wirkungskreis anzuweisen. Noch sei
erwähnt, daß, weil 1 Mos. 10 siebenzig Völker und nunmehr gleich=
viele Schutzengel derselben angenommen wurden, Manche diese 70
Schutzengel und jene 70 des himmlischen Senats identificirten.
Kehren wir aber zum Buche Danijel zurück. Offenbar einem Engel,
der unsichtbar blieb, soll die Hand angehört haben, welche an die Wand
von Belschazar's Speisesaal die räthselhaften Worte schrieb. Hier=
auf wird in K. 7 dem Danijel zugeschrieben, er habe zunächst die
vier Thiere gesehen, welche die Weltreiche vorstellten, dann „daß
man Throne hinstellte und der Alte der Tage sich setzte, sein Gewand
weiß wie Schnee, das Haar seines Hauptes wie reine Wolle, sein
Thron Feuerflammen, die Räder daran brennend Feuer, ein Feuer=
strom ging aus von ihm, Tausendmaltausend dienten ihm und
Myriaden von Myriaden standen vor ihm, das Gericht setzte sich
und die Bücher wurden geöffnet." Also die Engel des himmlischen
Senats sitzen auf thronartigen Erhöhungen, die himmlischen Bücher
aber, welche geöffnet wurden, sind die, worein die guten und schlechten
Werke der einzelnen Menschen und der Völker geschrieben würden,
desgleichen was über sie theils schon vor ihrer Geburt, theils nach

ihren Werken vorausbeschlossen worden sei; und die Bezeichnung
Gottes durch „Alten der Tage" kann aus dem einheimischen Begriffe
seiner Ewigkeit hervorgegangen sein, doch wäre es auch möglich, daß
die als Urwesen aufgefaßte „Zeit ohne Grenzen" der magischen
Religion dazu mitgewirkt hat. — In der Vision K. 8, welche die
Leiden unter Antiochus Epiphanes betraf, „hört" Danijel einen
Heiligen (Engel) reden und einen anderen Heiligen an diesen
„Mächtigen" die Frage richten, wie lange diese Leiden dauern würden,
worauf Dieser dem Danijel eine dunkele Antwort ertheilt habe. Als
Danijel nach ihrem Sinne suchte, habe er plötzlich wie die Gestalt
eines Mannes vor sich gesehen, und eine Menschenstimme zwischen
dem Flusse Ulaj, neben welchem er diese Vision gehabt, rufen hören:
Gabriel, verständige Diesem die Erscheinung! worauf Gabriel sie
ihm erklärt habe. Da die Vision unverkennbar in gesprochene
Worte ausläuft, so ist wahrscheinlich, daß als der Sprecher derselben
der zuerst erwähnte Heilige zu betrachten ist; und der ihn fragt, wie
lange die verkündigten Leiden dauern würden, erscheint ganz wie
bloß eingeschoben, um an des zu schüchternen Danijel's Stelle zu
fragen, daher auch der Verfasser den großen Engel dem Danijel
selbst antworten läßt. Ferner, die „Menschenstimme zwischen dem
Ulaj" scheint ein scheuer Ausdruck für die Stimme Gottes selbst zu
sein, denn von redenden Engeln sprach der Verfasser oft, ohne
jemals diese ehrfurchtsvolle Wendung zu gebrauchen; auch ließ er
überall von bloßen Engeln nicht allein die Stimme, sondern auch
die Gestalt wahrgenommen werden. Daß er aber diese und seine
letzte Vision an einen Fluß versetzt, kam ohne Zweifel daher, daß
man einsame Oertlichkeiten für besonders geeignet zu Visionen hielt,
was auch Jecheskel und Secharja zeigen. — In einer dritten Vision
des Danijel ist einfacher erzählt, „der Mann Gabriel, in Glanz
gehüllt, habe ihn berührt" und .... ihm die siebzig Jahre des
Jirmeja gedeutet. — Endlich in einer vierten Vision habe Danijel
sich an den Tigris versetzt gesehen und einen Mann erblickt in
Byssus gekleidet und dessen Lenden ein Gürtel von geläutertem
Golde umschloß, sein Leib war wie Chrysolith, sein Gesicht anzusehen wie der Blitz, seine Augen wie Fackeln, seine Arme und Beine
wie geglättetes Erz, und der Schall seiner Worte wie der einer
Volksmenge. Diese Erscheinung habe er allein gesehen, nicht auch
die Männer bei ihm, doch war auf diese ein großer Schrecken

gefallen, so daß sie eilig sich verbargen. Auch in Danijel blieb keine Kraft, eine Hand berührte ihn aber, ließ ihn sich aufrichten auf die Kniee und Hände, ... und Jener sprach: „Fürchte dich nicht, Danijel, vom ersten Tage an, daß du forschtest und vor Gott fastetest, sind deine Worte erhört worden, und ich bin gekommen auf deine Worte; der „Fürst" des persischen Reiches stand mir gegenüber ein-undzwanzig Tage, und Michael, einer der ersten Fürsten, kam mich zu unterstützen, und ich wäre noch dort geblieben bei (dem Fürsten) der Könige von Persien, allein ich komme nur dich zu lehren, was deinem Volke dereinst begegnen wird. .... Ich muß gleich wieder zurück, zu kämpfen mit dem Fürsten von Persien, und bin ich damit fertig, so kommt der Fürst von Jawan, ... kein Einziger stehet mir gegen Diese bei, als euer Fürst Michael, ... aber jetzt will ich dir Wahrheit verkünden." Und nun enthüllt er die „künftige" Geschichte bis zu den ersten Siegen der Mackabäer, knüpft daran noch Einiges, wie der Verfasser sich seine nächste Zukunft dachte, dann sagt er: In jener Zeit wird der große Fürst Michael auf-treten, welcher den Söhnen deines Volkes vorstehet u. s. w. Jetzt aber habe Danijel noch zwei andere Engel erblickt, auf jeder Seite des Flusses einen: einer von diesen fragte den in Byssus Gekleideten, wie lange das Ende aller dieser wunderbaren Dinge noch verziehe? worauf Dieser beide Hände zum Himmel erhob und bei dem Ewig-lebenden schwor, daß dies nach 3½ „Zeiten" vollendet sein werde. •Den hier dem Danijel zugeschickten Engel sollen wir wohl wieder für Gabriel halten, denn er erscheint ganz in der früheren Bot-schafterrolle; daß er aber dem Danijel einen fertigen Schicksals-beschluß verkündigen sollte, und nach seiner Rückkehr hiervon gleich-wohl der Fürst von Persien noch plaidirt, läßt sich bloß durch die Annahme erklären, daß man die schon gefaßten Beschlüsse noch für abänderlich hielt, wonach freilich besagte Enthüllungen der Zukunft nur auf der Ueberzeugung beruhen sollten, daß die ferneren Einwände des persischen „Fürsten" nichts vermögen würden. — Was das Buch Tobija vom Engel Rafael berichtet, davon ist hier nur hervor-zuheben, daß man damals aus seinem Namen schloß, er sei den Heilungen vorgesetzt, sowie daß er selbst sich für einen der sieben Engel erklärte, welche die Gebete der heiligen Menschen vor Gott brächten und vor dessen Herrlichkeit (allezeit) erscheinen dürften, sein dortiges Essen und Trinken vor Menschenaugen aber für einen bloßen Scheingenuß ausgab. Letzteres war vermuthlich schon die Ansicht der ältesten Zeiten; und der Glaube, daß die sieben Erz= engel die Gebete der Frommen vor Gott brächten, wurde wohl durch die manchen Engeln zugeschriebene Fürbitterrolle erzeugt, doch wurde niemals im Judenthum der Abweg betreten, an Engel selbst ein Gebet zu richten.

Wir haben jetzt noch die Entstehung der Lehre von jenem Engel zu betrachten, den die alexandrinischen Juden zum höchsten Logos umgestaltet haben. Spr. 8, 22—31 sagt die Weisheit: „Jahweh besaß mich, als er seinen Weg antrat, ehe er seine Werke begann, von jeher; .... als er den Himmel bereitete, war ich dabei .... (und) als er die Säulen der Erde feststellte. Ich bin bei ihm ein Pflegekind und (seine) Wonne Tag für Tag, spielend vor ihm jeder Zeit, spielend auf seiner Erde Kreis, und habe meine Wonne mit den Menschen." Schon hier erscheint die Weisheit als etwas von Gott Unterschiedenes, ja man würde sagen müssen: schon als etwas Persönliches, wenn nicht wahrscheinlicher wäre, daß diese Personi= fication vorläufig noch bloß eine dichterische, nicht ernstlich gemeinte war. Und ganz ebenso sagt Ijob 28, 20—27: „Woher aber kommt die Weisheit? .... sie ist verborgen vor den Augen alles Leben= digen, ... Gott kennet ihren Weg, er weiß ihren Ort .... Um dem Winde das Gewicht zu bestimmen und als er die Wasser ver= theilte nach dem Maß, als er dem Regen ein Gesetz gab und einen Pfad dem Donnerpfeil: da sah er auf sie und musterte sie, ergrün= dete und erforschte sie." Im Ijob erscheint also die Weisheit als unerschaffen, als eine von Gott nicht erfundene, sondern vorgefundene Regelnsammlung, und wie in den Sprüchen vornehmlich als sein Normativ bei dem Weltbau. Anders spricht aber Sirach von ihr, er sagt 1, 1—9: „Alle Weisheit ist von dem Herrn und ist bei ihm in Ewigkeit ...; vor allen Dingen wurde sie geschaffen .... er hat sie erschaffen und erkannt und zu Ende gezählt und ausgegossen über alle seine Werke." Dann 24, 1—23 läßt er sie sich selbst preisen: Ich ging aus dem Munde des Höchsten hervor und hüllte die Erde ein wie Nebel; ich schlug mein Zelt in den Höhen auf, und mein Thron war in der Wolkensäule; den Himmelskreis umzog ich allein, und schritt umher in der Tiefe des Abgrundes; in den Wellen des Meeres und auf der ganzen Erde und in jedem Volke und Geschlechte hatte ich Eigenthum. Doch suchte ich einen Ruheort und in wessen

Eigenthum ich bleiben sollte, da gebot mir der Schöpfer von Allem
...: in Jakob sollst du wohnen .... Im heiligen Zelte diente ich
vor ihm, und hatte ebenso in Zijon feste Stelle .... Wer auf
mich hört, wird nicht zu Schanden, und die in mir handeln, werden
nicht fehlgehen: alles dieses (gewährt) das Buch des Bundes des
höchsten Gottes." Die Weisheit erscheint hier als erschaffen, als
hervorgegangen aus dem Munde des Höchsten wie ein wesenhafter
Hauch, der nebelartig das uranfängliche Chaos einhüllte und Antheil an allen geschaffenen Dingen erhielt, in sofern durch ihn die
Sonderung jenes und die Gestaltung von diesen erfolgte. Ohne
Zweifel faßte Sirach die Worte 1 Mos. 1, 2, daß im Anfange ein
Geist Gottes webte auf den Wassern, dahin auf, daß Gott neben
dem Chaos einen Geist geschaffen, der es durchdrang und zu unserer
wohlgegliederten Schöpfung ausbildete; als nebelartig schilderte er
ihn, weil er ihn in der Wolkensäule in der Wüste anwesend glaubte,
diese Art von Manifestation aber für keine nur für die Wüstenzeit
gewählte, sondern für die ihm adäquate ansah: dieser Geist habe
schon uranfänglich in einer Wolkensäule gethront, die in der Wüste
sich zeitweilig und ebenso in Zijon herabließ. Ihn aber nannte
Sirach die Weisheit, weil von ihr die Sprüche und Job Verwandtes
ausgesagt hatten, vielleicht auch weil er dem Ausdrucke amon
Spr. 8, 30 nicht den Sinn von „Pflegekind", sondern schon den von
„Werkmeister" gab; auch wir können die göttliche Weisheit als die
das Chaos gestaltende Kraft ansehen. Daß er die Weisheit und
also jenen mit ihr identificirten Geist Gottes für erschaffen hielt,
konnte schon von einem geschärften jüdischen Bewußtsein aus, welches
schlechterdings keinen Dualismus duldete, erfolgen; allein es könnte
auch sein, daß er den Ausdruck Jahweh kanani ib. V. 22 in dem
Sinne von „Jahweh schuf mich" nahm; man mußte damals schon
angefangen haben, darüber nachzudenken, ob die himmlischen Wesen
erschaffen oder ewig wie Gott wären. Dieser Geist Gottes aber,
meint Sirach weiter, habe noch intensiver wirken wollen als durch
die weise Bildung der Welt und durch die Weisheitslehren, welche
aus einer sinnigen Betrachtung derselben flössen, er habe nach einem
Volke gesucht, in dessen Mitte er sich ganz besonders bethätigen
könne: da habe Gott ihm hierzu Israel angewiesen, wonach der
weltbildende Geist Gottes mit jenem identisch sei, der die Gottesmänner erfasse, der im heiligen Zelte zu Moscheh gesprochen habe

und in dem Tempel Zion's als „heiliger Geist" allezeit zu finden war. Ich werde später zeigen, daß die Alexandriner Aristobul und der Verfasser des Buches der Weisheit hierüber noch ziemlich ebenso dachten, und erst bei Philo sich ein Schwanken zwischen dieser und der abweichenden platonischen Logoslehre kundgiebt; auch die Gnostiker, welche einen unter Gott dem Schöpfer stehenden Demiurgen annahmen, waren ihnen hierin verwandt. Wir werden aber nun wohl begreifen, wie Abot 3, 14 R. Akiba sagen konnte, daß durch das köstliche Werkzeug der Tora die Welt erschaffen worden sei, oder wer der „Fürst der Welt" sei, der mehrmals im Talmud von Gott unterschieden wird.

Wir haben nunmehr die nachexilische Dämonologie zu betrachten. Bei Secharja erscheint Satan noch wie im Ijob. Auch wäre es nicht neu, wenn 1 Chron. 21, 1 die Anreizung zu jener „sündhaften" Volkszählung dem Satan zugeschrieben wird; vielleicht bezeichnet „Satan" dort aber nach alter Weise nur einen Menschen, der Unheil erzeugt, diesmal durch einen sündhaften Rath. Dem Satan muß man freilich die Anreizung zur Sünde damals wirklich zugeschrieben haben, denn Sirach polemisirte hiergegen wie ein Rationalist in den Worten 21, 27: „wenn der Gottlose den Satan verflucht, so flucht er bloß seiner eigenen Seele"; und in dem nicht sehr viel späteren Buche der Weisheit lesen wir 2, 24: „durch den Neid des Widersachers kam der Tod in die Welt." — Dem Geschlechte der Dämonen finden wir aber um jene Zeit eine viel größere Ausdehnung gegeben. So wird in dem Buche Tobija erzählt, daß ein Dämon Asmodäos die Sara geliebt und nach einander sieben Männer derselben in der Brautnacht getödtet habe, aber als der jüngere Tobija, auf den Rath des Engels Rafael, in seiner Brautnacht das Herz und die Leber eines gewissen Fisches verbrannte, vor dem Dampfe hiervon an das Ende von Oberägypten entflohen sei. Obgleich Aschmedaj später für den König der Dämonen galt, möchte der Name doch nicht aus dem persischen asmudan (Versucher), sondern daraus zu erklären sein, daß eshem deo als ein Hauptdew vorkommt; das Volk freilich dachte bei dem Namen ohne Zweifel an eine semitische Wurzel desselben, wonach er einen „Verderber" bezeichnen würde, gleichwie masikin (Beschädiger) später die gewöhnlichste Bezeichnung der Dämonen war. Eine wollüstige Natur wurde diesen vielleicht darum zugeschrieben, weil Manche die erste Entstehung derselben

von dem 1 Mof. 6, 2 berichteten Umgange von Engeln mit Menschen-
töchtern herleiteten. Ihre Vertreibung durch Räucherungen möchte
aus der magischen Religion entlehnt sein, welche Räucherungen zu
diesem Zwecke vorschrieb. Man kannte aber damals gewiß auch
schon jene Dämonenbannungen, von welchen Josephus ant. 8, 2, 5
berichtet, daß sie von König Schlomo herrührten und noch sehr üblich
seien. Einige andere Punkte der späteren Dämonologie reichen gewiß
ebenfalls in unsere Zeit hinauf, namentlich daß es eine ungeheure
Menge von Dämonen gäbe, männliche und weibliche, und daß sie sich
unter einander begatten: die magische Religion lehrt das Nämliche,
und wenn es aus ihr nicht schon während der Perserherrschaft in
Judäa Eingang fand, so geschah dies doch nicht viel später durch
Vermittelung babylonischer Juden, welche fleißig dahin wanderten.
Auch der Glauben an Dämonen hat also in unserer Periode einige
wichtige Erweiterungen erhalten, jedoch zeigen diese noch stärker den
fremden Ursprung und dabei keine solche organische Gliederungen,
wie das Engelreich sie erfuhr.

Zweites Kapitel.

Von der Unsterblichkeit der Seele [1]).

Bekanntlich wird darüber gestritten, ob von ihr schon im Pentateuch Etwas vorkomme: einige gute Präsumtionen hiefür ergeben
sich aber daraus, erstens daß gleich 1 Mof. 2, 7 die Lebenskraft
als grundverschieden von dem Körper, nämlich als ein Hauch Gottes
dargestellt ist, den schwerlich die Jbräer als etwas jemals der Vernichtung Anheimfallendes ansahen, zweitens daß ihnen von den
Aegyptern her die Lehre von der Unsterblichkeit bekannt sein mußte.
Es fehlt aber auch nicht an positiven Fingerzeigen hiefür: Chanoch
wurde in den Himmel aufgenommen, später auch Elija, wonach man

---

[1]) Eine Exegese der schwierigeren von den in dieser Darstellung benutzten
oder von der Benutzung ausgeschlossenen Bibelstellen wurde 3, 346 — 351 des
größeren Werkes gegeben.

ter menschlichen Seele wenigstens die Fähigkeit fortzuleben zuerkannt haben muß. Ferner ist sehr oft die Rede von dem „Eingethanwerden zu seinen Völkern", was voraussetzt, daß man sich einen Ort dachte, wo die Seelen der Verstorbenen beisammen fortlebten, vielleicht nach Völkern geschieden. Auch ergiebt sich der Glauben an eine Fort= dauer aus Scha'uls Verlangen, die Seele des verstorbenen Schmuël heraufbeschwören zu lassen, und aus dem mosaischen Verbote, bei den Todten die Zukunft zu erforschen. Ferner werden wir sogleich sehen, von welcher Art man unter Scheol sich eine Unterwelt gedacht hatte, und obwohl dieses Wort ursprünglich bloß „Höhle" bedeutete und selbst später noch zuweilen für „Grab" gebraucht wurde, so hat es doch schon 1 Mos. 37, 35. 5 Mos. 32, 22 unzweifelhaft jene abgeleitete Bedeutung, welche die Annahme einer Schattenwelt voraus= setzt. Man hat von dem Umstande, daß im Pentateuch von Lohn und Strafe im Jenseits niemals die Rede ist, zuweilen sich verleiten lassen, die angeführten ältesten Spuren des Glaubens an eine Fort= dauer wegzudeuteln. Allein dies kann ohne die ärgste Willkühr nicht geschehen, und die Sache liegt vielmehr so: von einem Eingehen der gestorbenen Frommen zu Gott wußte man wirklich bis zum Exil nichts, man sah vielmehr den Scheol als den unerfreulichen Aufenthalt der frommen wie der schlechten Abgeschiedenen an, und von dem Glauben an eine Auferstehung findet sich ebenfalls bis zum Exil herab keine Spur: welche Anwendung, unsere sittliche Selbstbestimmung zu unterstützen, hätte also der Pentateuch von der Vorhaltung des Scheol machen können? Nach diesem Vorwort will ich die vorexilischen Ansichten von dem Zustande nach dem Tode zusammenstellen.

Man dachte sich den Scheol als ein finsteres Land tief unter der Erde oder unter des Meeres Grund, und es werden „Kammern des Todes" erwähnt, vielleicht weil man in jenem Abtheilungen ange= nommen; wie es in der Unterwelt der Aegypter und Hellenen rauschende Flüsse gab, so redeten auch die Ibräer von Strömen des Scheol; er sei „ohne Ordnungen", ohne jene schöne Vertheilung der Dinge, wegen deren anderwärts die Oberwelt Kosmos genannt worden ist, doch vor dem Auge des Herrn lägen alle seine Geheim= nisse offen; in ihn müsse hinabsteigen Alles was lebt, und wen er aufgenommen, lasse er nicht wieder hinauf, weshalb man ihm Pforten, Bande und Riegel zuschrieb. Die Bewohner desselben sind häufig

Refaim genannt: mit diesem Namen eines Riesenvolkes, der aber an rasch (schwach) anklingt, bezeichnete man wohl früher bloß die Gewaltigen der Erde, wie sie nunmehr in der Unterwelt zu völliger Ohnmacht verurtheilt worden seien, und dehnte erst später ihn auf alle Abgeschiedenen aus als Kraftlose insgesammt. Man ließ sie dort nicht frei herumstreifen, sondern in Schattengräbern den „ewigen Schlaf schlafen bei ihren Vätern"; der Scheol hieß hiervon das „Reich des Schweigens", ihr Schlaf galt aber nicht für einen Zustand der Bewußtlosigkeit, wir lesen Ijob 14, 22 von dem Abgeschiedenen: „sein Fleisch an ihm fühlet Weh und seine Seele in ihm trauert," vermuthlich wegen des unerfreulichen Aufenthaltes im Scheol, von welchem man deshalb sehr häufig zur Bezeichnung der traurigsten irdischen Lage die Tropen entlehnte. Selbst Erinnerung ihrer Vergangenheit scheint man denselben zugeschrieben zu haben, und daß einmal ihr Aufenthalt „das Land der Vergessenheit" genannt wird, haben wir darauf zu beziehen, daß „Gott ihrer nicht mehr gedenke": wegen dieser ihrer Verlassenheit von Gott und der Unmöglichkeit, jemals wieder auf die Oberwelt zu gelangen, hätten sie keinerlei Hoffnung mehr auf ihn. Ob sie Kenntniß dessen hätten, was nach ihrem Tode auf der Oberwelt vorgehet, ist in einzelnen Bibelstellen bald verneint, bald bejahet. Auch Kenntniß der Zukunft wurde diesen Schatten zugeschrieben, weshalb die Beschwörung der Todten Eingang fand, und das pentateuchische Verbot derselben war wohl nicht gegen diesen Glauben gerichtet. Zufolge der Angabe, daß der heraufbeschworene Schmuel wie ein göttliches Wesen, aber als Greis und im Talar erschien, hat man sich wohl die Schläfer im Scheol größer als im Leben, im Uebrigen jedoch so vorgestellt, wie sie im Leben erschienen. Obwohl aber von einem guten Loose der verstorbenen Frommen vor dem Exil keine Ahnung vorkommt, nahm man doch mit der Zeit für die Bösesten ein härteres Loos im Scheol an: schon Jes. 30, 33 läßt das verruchte Aschur nach einem wunderbaren Gottesgericht auf Erden hinabfahren zu einer „längst fertigen Brandstätte tief und breit, von Feuer und Holz in Menge, wo der Odem Gottes brenne wie ein Schwefelstrom"; nur müssen wir bei dieser ersten Spur von angenommenen Höllenstrafen es beachten, daß sie anscheinend nichts für sich Bestehendes, sondern bloß der letzte Akt des auf Erden begonnenen Gottesgerichtes sein sollten, wogegen das. 33, 14 schon von „Bränden der Ewigkeit" die

Rede ist. Auch Jech. 32, 18—32 enthält noch lauter vorexilische Anschauungen. Danach dachte man sich die im Scheol nach Völkern geschieden, und zwar so, daß die Könige und Edelsten eines Volkes die mittelsten Gräber innehatten, das Volk aber um sie herum gebettet war; auch erscheint da der Scheol schon etwas belebter, indem die mächtigsten Helden darin aus ihren Gräbern hervor rufen, man solle auch Pharao hinabschicken zu gleichem Loose mit dem ihrigen. Einen größeren Fortschritt bekundet diese Stelle durch die Ansicht, daß die Könige und Völker, welche auf Erden Schrecken verbreitet hätten, in eine andere Abtheilung des Scheol kämen als die friedlichen, vermuthlich in eine finsterere, und daß sie dort ihrer irdischen Gewaltthaten sich schämten. Ferner, da hierbei einerseits ihre unterirdische Schmach in zahlreichen Wendungen auch daraus abgeleitet wird, daß sie unbeschnitten seien und unter Unbeschnittenen ruhen müßten, andererseits auf Aschur, Elam, Meschech, Tubal, Edom, Sidon, Mizrajim und alle Fürsten des Nordens, nur nicht auf Israel als Bewohner des Scheol hingewiesen ist, so scheint es, daß man schon angefangen hatte, Israel eine freundlichere unterirdische Stätte anzuweisen; doch fehlt uns jede Angabe hierüber.

· Hierauf etwa beschränken sich die Ansichten von dem Zustande nach dem Tode bis zum Exil. In diesem zeigt schon Jecheskel Bekanntschaft mit der magischen Lehre von der Auferstehung, die ich später beleuchten werde. Stärker jedoch als bei ihm ist bei einem späteren exilischen Propheten die Unterwelt belebt, er apostrophirt Jes. 14, 9. 10 den König von Babylonien: „der Scheol unten kommt in Aufruhr bei deiner Ankunft, er erweckt dir die Refaim und läßt alle Herdenführer der Erde, alle Könige der Völker von ihren Thronen aufstehen, sie alle rufen dir zu: auch du bist hinfällig geworden wie wir" u. s. w., wonach den hinabgefahrenen Königen auch statt der Lager ein noch unheimlicheres Thronen auf Prachtsesseln zugeschrieben wird. Und zu Ende des Exils ist von Strafe nach dem Tode Jes. 66, 24 sehr eigenthümlich gesagt, man würde in dem neuen Gottesreiche „an den Aesern der von Gott Abtrünnigen schauen, wie ihr Wurm nicht sterbe und ihr Feuer nicht erlösche", wovon der Sinn wohl ist, daß man alsdann werde überall, wo in dem vorhergegangenen Gottesgerichte eine Sünderschaar umgekommen sei, an ihren Gebeinen unablässig den Wurm nagen und ein aus der Unterwelt aufschlagendes Feuer herumzüngeln sehen, Beides ihnen noch fühlbar, wenn auch ihre Schatten im Scheol wären. Lange konnte es auch nicht ausbleiben, den Guten einen jenseitigen Lohn zuzuschreiben, und wirklich finden wir von Secharja sowie in zwei jungen Psalmen diese Hoffnung ausgesprochen. Sech. 3, 7 wird dem hohen Priester Jehoschua verheißen, wenn er seines heiligen Amtes mit aller Hingebung warte so solle er einst „zugelassen werden zwischen den Engeln“. In Ps. 49 ist gesagt, der Weltmenschen Wohnung bleibe der Scheol, jedoch den Frommen erlöse von (oder: aus) diesem der Herr, denn er nehme ihn zu sich; Jene müßten dahin, wo ihre Väter wohnen, die nie das Licht erblicken werden, den Frommen aber werde man preisen, daß er den besseren Theil erwählt habe. Und in Ps. 73 lautet es hierüber: Wenn bei dem Wohlergehen des Gottlosen der Fromme es beklagte, daß er umsonst sein Herz rein erhalten, so würde er die Wohnung von Gottes Kindern (das dereinstige Leben bei Gott) verscherzen; nein, Gottes Rath leite ihn, und der nehme dann zu Ehren ihn auf. Aehnlich wollte nach 2 Macc. 15 Jehuda Macabäus in einem Traume gesehen haben, wie der längst verstorbene hohe Priester Onias die Hände ausstreckte im Gebet für Israel, und hierauf als ein Greis von wunderbarem Glanze der Prophet Jirmeja erschien, der ebenfalls viel bete für das Volk und die heilige Stadt. — Eine abweichende Ansicht von dem Zustande nach dem Tode finden wir gegen das Ende des persischen Reiches in Kohelet. Dahin gehört zwar nicht der Ausspruch in ihm, „die Todten wüßten gar nichts und erhielten keinen Lohn mehr, im Scheol gebe es nicht That und Berechnung, Kenntniß und Weisheit“: denn Zweifler gab es zu allen Zeiten. Allein 3, 21 ist gesagt: „wer weiß es, ob der Geist des Menschen aufsteigt nach oben,“ und abschließend 12, 7, daß „der Staub zur Erde kehret, woraus er ward, der Geist aber zurückkehret zu Gott, der ihn gegeben,“ wonach Manche damals die Idee des Scheol ganz aufgegeben und dafür ein „Aufsteigen“ aller Menschengeister angenommen zu haben scheinen. Ebensowenig aber wie diese Ansicht hat die vorhererwähnte, daß bloß die Frommen nach ihrem Tode zu Gott eingehen, in Judäa viele Anhänger gefunden; Einzelne jedoch scheinen sich ihr zugewendet zu haben, wie der Paraphrast Jonatan zu Sech. 3, 7 und noch mehr Josephus, der bell. Jud. 3, 8, 5 sagt, daß „die reinen Seelen in den heiligsten Ort des Himmels kommen, bis sie (was

freilich schon wieder aus einer anderen Ansicht eingemischt ist) na
Aeonen wieder in reinen Leibern ihre Wohnung erhalten", die der
Gottlosen aber ein finsterer Hades aufnehme. Die gewöhnlichste
Meinung ward wohl die, welche Sirach davon vorträgt. Der
Scheol erscheint ihm noch so düster wie den Alten, und Gute wie
Böse müssen in ihn hinab, nur daß in ihm die Frommen einen
ruhigen Todesschlaf haben, die Strafe des Gottlosen aber Feuer
und Wurm ist; und daß in unbestimmbarer Zukunft eine Auf=
erstehung der Guten sein werde. Wir müssen hier auf die
Entstehung dieses Dogma's zurückgehen.

Die meisten Propheten hatten verkündigt, daß das Reich des
Maschiach erst nach einem Völkergerichte übernatürlicher Art erfolgen
und voll übernatürlichen Segens sein werde. Wer ihre Schilderungen
dieser neuen wunderbaren Weltordnung liest, und sich dessen erinnert,
was oben S. 69 u. w. als Lehre der Magier von einem jüngsten
Gericht und einer darauf folgenden neuen Weltordnung mitgetheilt
wurde, wird zugeben, daß, als die von jenen Schilderungen erfüllten
jüdischen Gemüther diese Lehre der Magier kennen lernten, in
ihnen eine Verschmelzung der beiden so überaus verwandten Ideen=
kreise unmöglich ausbleiben konnte. Die Magier lehrten aber weiter,
daß in der neuen Weltordnung auch die Gestorbenen auferstanden
ihren Platz finden sollten: und da dies den innigsten menschlichen
Empfindungen schmeichelte, wie hätten da die Juden widerstehen
sollen, ihre nationalen Hoffnungen mit diesem Zuge zu bereichern,
sobald nur überwunden war, was seiner Aufnahme einstweilen noch
entgegenstand? Sehen wir aber jetzt uns danach um, wo bei ihnen
zuerst von der Auferstehung die Rede ist, so dürfen wir zwar nicht
die Vision Jech. 37 übergehen, in welcher Jecheskel eine ganze
Ebene voll Gebeine gesehen haben will, die auf ein Gebot des
Herrn Sehnen, Fleisch, Haut und Odem bekamen und zu einem
großen Heere sich aufrichteten, und woran er die Worte knüpft, daß
diese Gebeine das Haus Israel seien, welches Gott auf den Boden
der Väter zurückführen werde; desgleichen nicht die exilischen Worte
Jes. 26, 19: „Deine Todten werden aufleben, deine Gefallenen
auferstehen, erwachet und singet, ihr Schläfer im Staube, denn ein
Thau auf Gräser ist euer Thau, und die Erde giebt die Schatten
wieder zurück." Allein weder aus ihnen, noch aus jener Vision
gehet mehr als eine gewonnene Bekanntschaft mit dieser magischen

Lehre hervor; von dem Glauben der Juden an eine Auferstehung
findet sich bis zu Sirach keine Spur, nicht einmal in Kohelet,
trotzdem daß in ihm über den Zustand nach dem Tode hin und her
geredet ist, und wir müssen hiernach annehmen, daß dieser Glauben
durchaus keine Ausbreitung in Judäa vor dem letzten Jahrhundert
unserer Periode gefunden hat. Fragt man aber, woher trotz der
längsterlangten Bekanntschaft mit ihm dies gekommen sein, und auf
welchem Wege er nachmals Eingang gefunden haben möge: so läßt
sich antworten, daß unter den bisherigen jüdischen Anschauungen
keine war, an die er sich als eine bloße Fortspinnung derselben
hätte anschmiegen können, was um so nöthiger gewesen wäre, als
ein Auferstehen der Todten der natürlichen Anschauung so schroff
entgegentrat; daß aber bei den im Exil Zurückgebliebenen, die wie
in einer mit diesem Dogma ganz angefüllten Atmosphäre lebten, im
Laufe der Zeit dasselbe solchen Eingang finden konnte, daß es am
Ende von den östlichen Juden als ein jüdisches zu den Judäern
überging. Von da an aber erlangte dieser Glauben große Ver=
breitung, weil er die alten Vorstellungen vom Scheol wenigstens für
die Zeit bis zum jüngsten Gericht ganz unangetastet ließ, auch
vermöge seines Zusammenhanges mit den messianischen Hoffnungen
eine ganze nationale Gestaltung erlaubte und erhielt. Nämlich wie
Malachi macht Sirach 48, 10 den Propheten Elija zu einem Vor=
läufer des Gottesreiches, sodann fügt er hinzu: „Selig sind, die
dich (Elija) sehen werden, und die in Liebe Entschlafenen, denn wir
werden wieder leben!" und 46, 12 sagt er von den alten Richtern
sowie 49, 10 von den zwölf kleinen Propheten: „ihre Gebeine mögen
aufblühen von ihrem Orte!" — eine Formel, die grade als Formel
die damalige Verbreitung des Auferstehungsglaubens bezeugt. Kurz
nach ihm ist Dan. 12, 1. 2 prophezeiet, daß noch während der
syrischen Verfolgungen das Weltgericht hereinbrechen und die Auf=
erstehung erfolgen werde: „Viele von den Schläfern im Erdenstaube
werden erwachen, die Einen zu ewigem Leben, die Anderen zur
Schmach und zum ewigen Abscheu," wonach es scheint, daß hier nur
eine Auferstehung der Besten und Schlechtesten angenommen ist,
Jener zu Theilnehmern des Gottesreiches, und Dieser zu exempla=
rischen Strafen; wie der Schreiber sich das Loos der „Mittleren"
gedacht habe, ist nicht zu errathen, nur eine theilweise Auferstehung
ist aber auch von Jonatan zu Jes. 4, 3 und in dem septuagintischen

Zusätze zum Job* angenommen. Aus dem 2. Buche der Mackabäer will ich hier bloß anführen, daß der heldenmüthige Rhazis,
auf den Tod verwundet, seinem Leben ein Ende machte, indem
er „den Herrn des Lebens und des Geistes anflehte, dieses
ihm wiederzugeben"; andere für die fragliche Lehre wichtige
Stellen dieses Buches scheinen erst von seinem ägyptischen
Bearbeiter herzurühren und sollen bei Besprechung der ägyptischen
Juden angeführt werden, doch hebe ich daraus schon hier die Ansicht
hervor, daß die Bösen nach ihrer Auferweckung ihre Strafen
empfangen, weil in diesem Sinne Jonatan mehrmals von einem
„zweiten Tode" derselben redet. Endlich nach bell. Jud. 2, 8, 14
glaubten die Pharisäer, „jede Seele sei unvergänglich, die der
Guten allein aber gehe in einen anderen Leib über, die der Bösen
erhalte ewige Strafe," wofür ihnen ant. 18, 1, 3 der Glauben
zugeschrieben ist, daß in den Seelen eine unsterbliche Kraft sei, und
unter der Erde den Schlechten ewige Einsperrung, den tugendhaften
aber der Trost wieder aufzuleben beschieden sei. Sie scheinen hiernach ein Gericht über jeden Gestorbenen unmittelbar nach seinem
Tode, und für den schlechtbefundenen eine sofortige, nach Umständen
ewige Strafe in der Unterwelt, als Lohn des Guten aber eine dereinstige Auferstehung unter Empfang eines anderen Leibes, jedoch
für die Zeit bis zu derselben einen schlafähnlichen Zustand, in
welchen die Hoffnung der Auferstehung traumähnlich hineinspiele,
angenommen zu haben. Diese Anschauung stimmt mit den älteren
so sehr überein, daß kein Grund vorhanden ist, sie erst den Peruschim
zu Josephus' Zeit zuzuschreiben. Die etwas abweichenden Ansichten
der Essäer hiervon betrachten wir später. Jüngere Ansichten darf
ich hier nicht mittheilen. Was eher hieher gehörte, die auftauchenden
Ansichten von der Beschaffenheit des nach der Auferstehung erwarteten
Lebens, findet eine passendere Stelle unter den Vorstellungen vom
Messiasreiche, welches man damals fast insgemein mit ihm ganz
zusammenfallen ließ.

Drittes Kapitel.
Vom Messiasreiche.

Auch von diesem Dogma läßt sich die Fortbildung, welche während unserer Periode ihm zu Theil geworden, nur darstellen, indem vorausgeschickt wird, wie weit dasselbe bis zum Eintritt des Exils sich bereits entwickelt habe; um deutlich zu werden, muß ich aber hiefür, seiner Natur nach, etwas mehr Raum in Anspruch nehmen. Mit Unrecht hat man eine messianische Idee schon in den Ver= heißungen an die Patriarchen finden wollen, daß durch ihren Samen alle Völker der Erde Segen empfangen würden: diese Verheißungen besagen vielmehr bloß, daß die Völker mit ihnen und ihren Nach= kommen sich segnen d. h. ein ähnliches Loos für den höchsten Segen ansehen und sich wünschen würden. Ebenso ist in den sehr alten Psalmen 2, 18 und 110 bloß in Hyperbeln dem Könige hohe Herrlichkeit zugeschrieben oder verheißen; in mehreren anderen Psalmen kommt allerdings einiges Messianische vor, doch reicht keiner von diesen über die ältesten der uns erhaltenen Propheten hinauf: über die frühere Zeit sind wir daher in diesem Punkte nur auf einige Vermuthungen beschränkt. An sich nämlich war das Auftauchen solcher Ideen in den Besseren des Volkes beinahe eine psychologische Nothwendigkeit. Sie waren von der Nichtigkeit alles Heidenthums durchdrungen, und darum war ihnen klar, daß einst auf der ganzen Erde der Götzendienst aufhören müsse, sei es durch Untergang oder durch Bekehrung der Götzendiener; in beiden Fällen aber mußte, wegen der zugesagten Ewigkeit des göttlichen Bundes mit Israel, die Zukunft ihres Volkes ihnen glanzvoll erscheinen. Ferner war durch Propheten und Psalmisten in Dawid's Zeit das Niemals= erlöschen der Königsherrschaft in seinem Geschlechte als eine gött= liche Verheißung hingestellt worden. Von diesen wenigen Ideen gingen Alle aus, welche uns messianische Schilderungen hinterließen; ihre Verschiedenheit besteht bloß darin, daß sie bald die eine, bald die andere dieser Ideen etwas anders faßten, auch wohl in den Vordergrund rückten oder übergingen, und phantasievoller als Andere darstellten, endlich den wechselnden Lagen ihres Volkes und der Welt sowie im Exil den verwandten Anschauungen der Fremde einzelne Züge ihres Gemäldes entlehnten. Noch zwei andere Punkte sind hier voranzuschicken. Erstens sind manche messianische Schilderungen auf Rechnung der dichterischen Redeweise zu setzen, die bekanntlich im Morgenlande noch viel kühner als bei uns ist; und andere erklären sich theils aus der großen Verschiedenheit der alten und der modernen Ansichten von Gottes Thätigkeit auf Erden, theils daraus, daß spätere Propheten gern älteren folgten, hierbei aber nicht selten den dichterischen Ausdruck derselben für mehr nahmen und demgemäß selber schrieben, ein Verfahren, das in den nachmaligen Zeiten der Schriftdeutung zu der abenteuerlichen Gestaltung dieses Dogmas wie anderer mitgewirkt hat. Der zweite Punkt betrifft die von mehreren Propheten in Aussicht gestellte Bekehrung der heidnischen Völker. Eine aus Belehrung und gewonnenen helleren Anschauungen hervorgegangene Bekehrung aller heidnischen Völker wäre das Werk von Jahrtausenden: die Propheten aber hielten fast insgesammt die messianische Zeit für sehr nahe, und wenn sie gleichwohl für diese Zeit die allgemeine Anerkennung Jahweh's verkündigten, so verstanden sie offenbar darunter bloß eine solche jähe und einstweilen oberflächliche Bekehrung, wie deren so viele in der Geschichte Israel's selbst vorkommen, hervorgerufen diesmal durch die über die Heiden hereinbrechenden Strafgerichte und die an Israel augenscheinlich sich bethätigende Gnade oder doch Waltung Gottes.

Nach diesen nöthig erschienenen Vorbemerkungen führe ich zuerst aus Joel an: Einst werde der Herr alle Völker, die Israel Leides gethan hätten, zu einem gemeinsamen Feldzuge gegen dasselbe anregen, um sie insgesammt in dem Thale Jehoschafat (des Gottesgerichtes) zu Grunde gehen zu lassen; Zeichen am Himmel und auf Erden würden dem vorangehen, Blut und Feuer und Dampfwirbel, die Sonne werde sich in Finsterniß verwandeln, der Mond in Blut, und die Sterne ihr Licht einziehen; dann werde der Herr aus Jerusalem seine Stimme erschallen lassen, daß davon erbeben Himmel und Erde, und nur gerettet werde, wer seinen Namen bekenne. Fürder werde kein Fremder mehr die heilige Stadt betreten, in Judäa aber alle Berge Most träufeln, die Hügel Milch strömen, alle Quellen überfließen. In dieser glückseligen Zeit werde der Herr auch seinen Geist über alles Fleisch ausgießen, über Söhne und Töchter, Alt und Jung, selbst über Knechte und Mägde. — Hoschea verhieß: die Macht des abtrünnigen Reiches Israel werde bald gebrochen werden, das Haus Jehuda aber bei Gott Erbarmen und Hilfe finden, beide Reiche würden dann wieder vereint und ihre Bewohner zahllos werden, der Herr schließe ihnen einen Bund mit den Thieren des Feldes und Vögeln des Himmels, kein Bogen oder Schwert solle wieder in ihr Land kommen, sondern verlobt mit ihnen auf ewig, werde er Himmel und Erde auf dieses Volk alle Gaben ausstreuen lassen, denn Alle würden fortan Gott aufsuchen und ihren König Dawid (d. h. den rechtmäßigen König aus Dawid's Stamm, und der fromm sein werde wie dieser). — Aehnlich sagt Amos: Das von allen Sünden belastete Reich Israel werde untergehen, dann aber der Herr die verfallene Hütte Dawid's wieder aufrichten zu altem Glanze, und Israel in erweiterten Grenzen eines üppigen Natursegens und jeder Blüthe sich erfreuen. — Der wenig jüngere Verfasser von Secharja 9—14 kündigt Zijon einen König an, der gerecht und von Gott unterstützt, dabei aber demüthig sein und auf einem Esel (wie nur im Frieden geschah) einherreiten werde; aus Efrajim und Jehuda werde der Herr Wagen und Roß und Bogen tilgen, jener König aber Frieden lehren den Völkern und herrschen bis zu den Enden der Erde; unter ihm sollten auf Gottes Wink alle gefangenen oder verdrängten Söhne Israel's heimkehren. Auch er .läßt dereinst alle Völker ringsum zum Kampf gegen Jeru= schalem heranziehen, von den Fürsten Jehuda's aber aufgerieben werden: in jener Zeit werde der Schwächste in Israel ein Held wie Dawid sein, das Haus Dawid's aber wie ein Engel Gottes vor ihnen herziehen; von einem Geiste der Gnade und des Mit= leids würden dann Alle beseelt sein, alle Götzen, alle falsche Propheten, alle Unreinheit würden dann aus dem Lande schwinden, zuvor jedoch würden (wegen ihrer gegenwärtigen Schlechtigkeit) zwei Drittel von ihnen zu Grunde gehen, und das letzte Drittel geläutert werden wie Gold und Silber. Zuletzt kommt er noch einmal auf jenen Zug der Völker gegen Jerusalem zurück: wenn die Stadt werde schon eingenommen und die halbe Bevölkerung gefangen fortgeführt sein, werde Gott mit allen Heiligen (Engeln) auf den Oelberg hintreten, der hiervon sich spalte, nach Nord und Süd zurückweichend: an dem Tage werde kein Licht sein, wohl aber Kälte und Erstarrung, nicht Tag und nicht Nacht, doch gegen Abend werde es helle werden. An dem Tage werde ein lebendiges Wasser aus Jerusalem aus= strömen, und fortan nicht wieder versiegen; Gott werde dann König sein über die ganze Erde, alles Land um Jerusalem aber zur Ebene werden, und in ihr diese Stadt anwachsen und sicher liegen. Die herangezogenen feindlichen Völker würden durch einander selbst fallen, die reichste Beute zurücklassend, und die übrigen Völker dann Jahr für Jahr heranwallfahrten, den Herrn Zebaot anzubeten, oder daheimbleibend heimgesucht werden von Dürre und Pest. — Micha siehet viele Völker (vermuthlich die Assyrer und ihre Verbündeten) gegen Israel versammelt und über Zijon's Fall schon frohlocken, glaubt aber fast wie Joel, daß der Herr sie zusammengebracht habe wie Garben in die Tenne, um von der Tochter Zijon's gedroschen zu werden; ferner daß aus dem kleinen Betlechem (aus dem Geschlechte des Betlechemiten Dawid) bald ein Herrscher aufstehen werde, der durch die Kraft des Herrn groß sein und Aschur züchtigen werde, wenn es wieder das Land betrete; der Ueberrest Jakob's werde dann inmitten der Völker dastehen wie das Kraut, das von dem Herrn Thau und Regen empfängt, von Menschen aber nichts erwartet, oder wie der Löwe unter den Thieren des Feldes. In jener Zeit werde auch aller Götzendienst geschwunden sein, und der Berg des Gotteshauses hervorragen unter den Bergen der Erde, indem alle Völker, durch den Anblick solcher Herrlichkeit von Israel's besserem Glauben überzeugt, dahin strömen würden, sich belehren zu lassen über den Weg des Herrn, und dort die friedliche Entscheidung ihrer Zwiste annehmend, nicht mehr einander bekriegen oder den Krieg nur lernen würden. Auch würden dann alle wie das nachhinkende Schaf von Israel Getrennten wie in einen „Herdenthurm" nach Zijon zurückkehren, und dieses die alte Herrlichkeit wiedererlangen. — Jeschaja verkündet, daß einst der Herr ein Strafgericht ergehen lasse über Hoch und Niedrig, so daß vor seinen Schrecken Alles sich beuge, Alles sich verkrieche, und seine Götterbilder von sich werfe. Wenn solchermaßen Gott alle Schuld Israel's werde weggefegt haben mit dem Sturm der Gerechtigkeit und der Tilgung, wolle er die übriggebliebenen Guten verherrlichen und über Zijon und dessen Heiligthümer des Tages eine Wolke, Nachts einen Feuerglanz breiten (wie in alter Zeit). Den Anbruch dieses Gottesreiches hält er für sehr nahe, so sagt er einmal: Ein Kind ist uns geboren, auf dessen Schulter die Herrschaft sein wird, man wird ihn nennen den Wunderbaren, Rath des mächtigen Gottes, Vater der Ewigkeit (einer neuen Zeit von ewiger Dauer), Fürst des Friedens, indem

er die Herrschaft mehren und Dawid's Thron durch Gebühr und
Recht stützen wird bis in Ewigkeit. Später verheißt er: Ein Reis
werde ausgehen aus Jischaj's Stamm und auf ihm ruhen der Geist
des Herrn, der Geist der Weisheit und Einsicht, des Rathes und
der Stärke, der Erkenntniß und der Furcht Gottes; er werde streng
gerecht sein gegen den Armen und den Bösewicht, unter ihm Wolf
und Lamm friedlich beisammen wohnen und das Kind spielen können
auf dem Loche der Natter, Niemand werde Böses thun, Niemand
Verderben anrichten, denn voll werde dann das Land von Erkenntniß
des Herrn sein, wie Wasser die Meerestiefe bedecken. Zu Jischaj's
Sproß, der dastehe als Panier der Völker, würden dann diese sich
wenden, und er in Herrlichkeit ruhig wohnen; alle Verstoßenen
Israel's würden zurückkehren, Efrajim und Jehuda aber wieder
vereinigt werden und alle kleinen Nachbarländer sich unterwerfen.
Ein anderes Mal prophezeiet er die Bekehrung Aegypten's und
Assyrien's zu Jahweh, welcher dann sagen werde: gesegnet sei mein
Volk Mizrajim und meiner Hände Werk Aschur und mein Erbtheil
Israel. Vermuthlich erwartete der Prophet die Bekehrung beider
von dem Nachdenken über den Grund der dem so unvergleichlich
schwächeren Israel zu Theil gewordenen Rettung aus Sancherib's
Hand. Später sagt er: Nur noch kurze Frist, und ..... der Libanon
wird zu einem Fruchtgefilde, das Fruchtgefilde für einen Wald geachtet
werden; hören werden dann die Tauben, und die Blinden sehend werden,
und die Gebeugten wieder Freude haben an dem Herrn, denn geschwun=
den werden alsdann die Uebermüthigen, die Spötter und Alle sein, die
auf Unrecht sinnen. Sowie: auf jedem Berge und Hügel werden
dann Wasserbäche entstehen, am Tage des großen Würgens (des
Völkergerichts), wenn die Thürme fallen; das Licht des Mondes
wird dann (so hell) sein wie das der Sonne, und das Licht der
Sonne siebenfach, wenn der Ewige den Schaden seines Volkes ver=
bindet ..... Israel wird dann singen wie in der Festnacht, wie
die Wallfahrer unter Flötenton, der Herr aber läßt erschallen die
Majestät seiner Stimme und schauen, wie sein Arm niederfährt mit
Zorn und flammendem Feuer, mit Sturm und Regenguß und
Hagelstein. Endlich sagt er: die verschuldeten Leiden Israel's würden
währen, bis über uns ein Geist aus der Höhe sich ergießt, und
Gebühr und Recht in jeder Einöde wohnet. — Nur kurze Zeit nach
ihm ist in Pf. 68 gerufen: „Vornehme werden kommen aus Aegypten,

Aethiopien wird die Hände ausstrecken zu Gott; Reiche der Erde, lobsinget Gott!" Und in Pf. 67: „Gott segne uns und sei freundlich mit uns, damit man auf Erden kenne deinen Weg, unter allen Völkern deine Hilfe." — Zefanja, ein Menschenalter vor dem Exil, sagt: Ich raffe Alles hinweg von der Erde, spricht der Herr, Menschen und Thiere, und die Aergernisse sammt den Argen, auch über Jehuda und Jerusalem strecke ich meine Hand, und rette von dort alle Abtrünnigen aus. Nahe ist dieser große Tag des Herrn u. s. w. Und später: Harret mein, spricht der Herr, denn mein Gericht kommt, zu versammeln die Völker, um über sie auszugießen meine Zornesgluth, von dem Feuer meines Eifers wird verzehrt die ganze Erde. Dann aber wandele ich die Lippe der Völker in eine lautere, daß sie alle den Namen des Jahweh anrufen und ihm dienen einmüthiglich. Von den Strömen Aethiopien's her bringen dann meine Verehrer (die bekehrten Völker) mein zersplittertes Volk als Geschenk zurück; ich aber thue ab aus deiner Mitte deine hochmüthigen Jubeler, und du wirst nicht ferner dich auf meinem heiligen Berge überheben, ich lasse in dir ein demüthiges und armes Volk, das auf Gott vertrauet: dieser Ueberrest Israel's wird kein Unrecht thun u. s. w. — Jirmeja sagt: Kehret um, abtrünnige Kinder! ich bringe euch dann nach Zijon zurück, und gebe euch Hirten nach meinem Herzen; man wird dann nicht mehr von der Lade des Bundes reden, sondern Jerusalem den Thron Gottes nennen, dahin alle Völker sich versammeln, nicht mehr folgend der Härte ihres Herzens. Ein anderes Mal prophezeiet er ein Gericht Gottes, welches durch die Babylonier hereinbrechen werde über Israel und über alle Reiche der Erde, zuletzt aber, nach einer siebenzigjährigen Gewaltherrschaft, über Babylonien selbst. Und erst auf dieses allgemeine Gericht läßt er die Herstellung Israels folgen, von ihr sagt er: Ich sammele einst den Rest meiner Schafe aus allen Ländern, bringe sie in ihre Wohnungen zurück, und..... stelle von Dawid einen gerechten Sprößling auf, der sie mit Einsicht beherrscht und Gerechtigkeit übt im Lande. Diesem scheint er 30, 21 sogar ein ähnliches [1]) Mittleramt zwischen Gott und dem Volke zuerkannt zu haben, wie Moscheh's war, und später sagt er: Es werden Tage kommen, spricht der Herr, da ich mit den Häusern Israel und Jehuda einen neuen Bund

---

[1]) vgl. die Afg. zu 3, 318 des größeren Werkes.

schließe, daß ich meine Lehre in ihr Herz schreibe, und Alle mich kennen werden, von Klein bis Groß. Niemals aber soll der Saame Israel's als Volk vor mir erlöschen, Jerusalem vielmehr einst noch sehr erweitert sein und nie wieder eingerissen werden. Bei einer Wiederholung dieser Anschauungen ist noch hinzugefügt, es werde, so lange die Gesetze des Himmels und der Erde bestehen, allezeit ein Nachkomme des Dawid den Thron Israel's innehaben. Jirmeja verkündigt übrigens auch eine dereinstige Wiederherstellung von Aegypten, Moab, Ammon und Elam, und hatte schon früher allen „bösen Nachbarn" verheißen, daß wenn sie von Israel die Verehrung des Jahweh lernen würden, sie auferbauet werden sollten mit ihm; und im Geiste siehet er schon Völker von den Enden der Erde mit dem Bekenntniß kommen, daß ihre Väter ihnen Lüge vererbt hätten. — Sein Zeitgenosse Chabackuk wiederholt, die Erde werde einst voll sein von Erkenntniß der Herrlichkeit Gottes, wie Wasser den Meeresgrund bedecken.

Diese Entwickelung hatte die messianische Idee bis zum Exil gefunden, und als nun dasselbe eintrat, verhieß zunächst Jecheskel, daß Gott Israel aus allen Ländern wieder einsammeln und auf den eigenen Boden zurückführen werde, dort wolle er ihnen ein anderes Herz und einen neuen Geist, des Gehorsams gegen seine Vorschriften, geben; sowie daß er von dem Wipfel der hohen Zeder ein zartes Reis abbrechen und auf dem höchsten Berge Israel's einpflanzen werde, wo es Zweige treiben und Frucht tragen und zur mächtigen Zeder werden solle, unter deren Schatten alle Vögel ruhen würden. Der Herr werde seinen Schafen helfen und einen guten Hirten aufstellen, seinen Knecht Dawid, einen Bund des Friedens werde er ihnen schließen und jedes wilde Thier aus dem Lande bannen, auch auf sie und um seinen Hügel (Zion) den Segen geben, und sie sollten dann niemals wieder den Völkern zur Beute werden oder ihre Schmach zu tragen haben, diese vielmehr dann erkennen, daß Gott Israel geheiligt habe. Seiner Vision von den auferstandenen Gebeinen mit ihrer messianischen Nutzanwendung ist oben bereits Erwähnung geschehen. Bekanntlich malt er auch den künftigen Tempel und Cultus breit aus, wobei er dem künftigen Tempelberge eine viel größere Höhe und Breite zuschreibt, desgleichen geschauet haben will, wie aus dem Tempel ein Wässerchen hervorriesele nach Osten, welches im Laufe immer anwachse, und ein Engel habe ihm gesagt: dasselbe strömt in das (todte) Meer und heilet dessen Wasser; auf beiden Ufern dieses Stromes aber wird jederlei Fruchtbaum gedeihen, und dessen Frucht jeden Monat reifen, denn sein Wasser kommt aus dem Heiligthum. Vielleicht hing mit dieser verheißenen Heilung des todten Meeres schon seine Anschauung zusammen, daß auch Sodom und ihre Tochterstädte einst wiederhergestellt und zu Israel geschlagen werden sollten. Endlich vermißt er auch noch das heilige Land an seine künftigen Besitzer, und weist hierbei den verschollenen Stämmen des Reiches Israel ganz ebenso wie den judäischen ihre Sitze an. — Eigenthümlich ist Jecheskel's Prophetie über Gog. Dieser, ein Fürst in dem Lande Magog (am Kaukasus), werde in später Zeit mit vielen anderen Völkern gegen das hergestellte Israel heran= ziehen, um ihm die reichste Beute abzunehmen. Aber dort werde der Herr über Gog Erdbeben und Pest bringen, sowie Feuer und Schwefel regnen lassen auf ihn und die ihm folgten, auf den Bergen Israel's sollten sie insgesammt fallen, daß die Völker erkännten, daß er der Heilige in Israel sei. Einen Zug vieler Völker gegen Israel hatten, wie wir sahen, auch mehrere vor= exilische Propheten angenommen und durch sein Umschlagen in ein Völkergericht die messianische Zeit passend einleiten können. Zu Jecheskel's Zeit war aber schon ganz Israel im Exil, und er mußte daher den traditionell gewordenen Völkerzug gegen dasselbe in die Zeiten seiner Wiederherstellung hinausschieben: es liegt wohl hierin die erste Veranlassung zu der nachmaligen Ansicht nicht Weniger, daß das Weltgericht erst hereinbrechen werde, wenn das messianische Reich schon lange Zeit bestanden habe. — Kurze Zeit nach Jecheskel sagte Obadja: Nahe ist der Tag des Herrn über alle Völker, auf dem Berge Zion aber wird eine Zuflucht sein, das Haus Jakob's wird seinen alten Boden erweitert wiedererhalten, seine Abgeführten würden zurückkehren und dann Gottes die Herrschaft sein. — Vielleicht gleichzeitig ist in Ps. 22 verkündigt, daß wenn Gott wieder Israel geholfen haben werde, alle Völkerschaften ihn anbeten würden.

Als aber nicht viel später die Perser ihren Siegeslauf antraten, sagte der unbekannte Verfasser von Jes. 13, 2 u. w.: Der Herr hat aufgeboten seine Geweiheten, ... zu zerstören die ganze Erde. Heulet, denn nahe ist der Tag des Herrn, zu wandeln die

Erde in Wüstenei, und ihre Sünder wegzutilgen von ihr. Seltener
als gediegenes Gold mache ich die Menschen, ... aber Jakob's
erbarmt sich der Herr, und setzt es wieder in sein Land ein, und
Fremdlinge schließen sich ihm an; Völker geleiten es zurück und
und werden seine Knechte und Mägde auf dem Boden des Herrn.
— Ein Anderer sagte in Jes. K. 34. 35: Der Herr zürnt auf alle
Völker und giebt sie zum Schlachten hin; das ganze Himmelsheer
vergehet, wie ein Buch werden die Himmel zusammengerollt ....
es bricht an ein Tag der Rache des Herrn für das an Zijon Verübte,
Idumäa's Bäche wandeln sich in Pech, sein Staub in Schwefel.....
Aber über Israel wird frohlocken die Wüste, ... rächend wird der
Herr kommen und ihm helfen, dann werden sich öffnen die Augen
der Blinden und die Ohren der Tauben, es wird hüpfen der Lahme
wie ein Hirsch und jubeln die Zunge des Stummen, denn in der
Wüste brechen Wasser hervor, und es wird dort eine Bahn sein,
die man den heiligen Weg nennet, auf ihr werden die Erlösten
heimkehren voll Sanges nach Zijon, und nie wieder wird über sie
kommen Kummer und Seufzen. — Von den messianischen Schilderungen in Jes. 40 — 66, aus den letzten Jahren des Exils, war
schon oben (S. 53 u. w.) ein Auszug zu geben, doch ist hier Einiges
nachzutragen. Der Prophet erblickt in Cyrus den Boten Gottes
zur Vollstreckung seines Strafgerichtes an den Völkern und zur
Erlösung Israel's: aus beiden würden die Völker sehen, daß es
keinen Gott gebe als welchen Israel verehre, und hinfort zu dem
heiligen Berge wallfahrten, in dem Tempel auf ihm zu opfern und
zu beten. Von einem großen Nachkommen Dawid's hatte nach
Jecheskel kein exilischer Prophet gesprochen, auch Dieser kommt in
allen seinen umfangreichen Reden nur ein einziges Mal auf ihn
in den wenigen Worten: „ich (spricht der Herr) schließe mit euch
einen ewigen Bund auf die dauernden Gnaden an einen Dawid;
sehet, als Verwarner (Lehrer) für die Völker bestelle ich ihn, zum
Fürsten und Gebieter der Völker.' Vermuthlich that dem Verherrlichen des künftigen „Gesalbten" jetzt folgender Umstand großen
Abbruch. Die meisten älteren Propheten ließen das Weltgericht zu
einem gewaltigen zwar, aber doch nur äußerlichen Anstoße für die
Bekehrung der Heiden werden; eine Belehrung derselben über den
Weg des Herrn erwarteten sie erst von dem nachkommenden Gesalbten,
dem sie alle Tugenden zuschrieben. Aber Deuterojeschaja, welchen

mehr als irgend einen anderen Propheten diese Idee der Bekehrung
der Heiden beschäftigte, sah ein, daß eine prophetische Thätigkeit,
wie er selbst und ihm ähnliche Gottesmänner für Israel entfalteten,
auch in Bezug auf die Heiden zweckdienlicher als der Einfluß eines
Maschiach sein müsse: wenn nämlich durch das Völkergericht und
Israel's demnächstige Herrlichkeit die Bekehrung der Heiden bewirkt
werden sollte, so mußten ihnen doch von Gottesmännern diese
Erscheinungen im jahwistischen Sinne gedeutet werden, und sogar
eine apostolische Wirksamkeit der Propheten kann hiernach nicht ganz
außer seinem Gesichtskreise gelegen haben. Obwohl er nun einen
Lehrer der Völker auch in dem künftigen Dawiden siehet, so schweigt
er doch von Diesem gleich wieder, weil er hiefür viel mehr von jenen
Männern erwartet, die er wiederholendlich „Knecht Gottes" nennt.
So sagt er einmal: Siehe da meinen Knecht, den ich stütze, meinen
Geist habe ich auf ihn gelegt, er soll das Recht den Völkern aus-
tragen, seiner Lehre harren die fernsten Lande. Ich der Herr habe
dich bestimmt zum Lichte der Nationen, blinde Augen zu öffnen
und zu befreien, die im finsteren Kerker sitzen. Und wieder: Es ist
zu wenig, daß du mir ein Knecht seiest, aufzurichten die Stämme
Jakob's, ich stelle dich zum Licht der Völker auf, daß mein Heil
gelange an das Ende der Erde. So spricht der Herr zu dem von
Jedem Verachteten . . . . . : Könige werden aufstehen und sich bücken
vor dir um des Ewigen willen, der dich erwählt hat. Ferner in
der berühmten Stelle 52, 13 u. w.: „Siehe, mein Knecht wird
glücklich sein und hochgestellt, ... vor ihm werden viele Völker
in Ehrfurcht aufstehen und Könige den Mund verschließen. Denn
das Unerhörte sehen sie, wie gleich einem Reis aus Steppenboden
er aufschießt, der nicht Gestalt und nicht Schönheit hatte, verachtet
und gemieden, ein Mann der Schmerzen und der Krankheit: für
uns trug er Krankheit und Schmerzen . . . . ., an ihm suchte Gott
heim unser aller Schuld; gedrängt und gemißhandelt öffnet er nicht
den Mund, ohne Urtheil und Gericht wurde er hinweggerafft . . . . .:
stellte seine Seele das Sündopfer (d. h. gäbe er sich zum Sündopfer her), so sollte er Samen schauen und lange leben, und das
Werk des Herrn gelingen durch ihn. Durch seine Erkenntniß macht
mein Knecht Viele gerecht und trägt ihre Sünden, darum will ich
ihm seinen Theil geben unter den Großen" u. s. w. In diesen
Schilderungen sind wie Ps. 105, 15 die Begriffe „Propheten" und

„Israel" nicht streng auseinander gehalten, weil der Redner unter den Propheten den Kern Israel's verstand, und die weltgeschicht= liche Bestimmung des letzteren in seiner prophetischen Sendung an die Völker erblickte. Da aber die hier dem „Knecht Gottes" zuge= schriebene Bekehrung der Heiden von vielen vorexilischen Propheten dem Maschiach zugeschrieben wurde, so hat man später zuweilen Beide identificirt und namentlich den künftigen Maschiach erst nach Leiden verherrlicht werden lassen; doch geschah dies vielleicht erst lange nach unserer Periode. — In Jes. 25—27, vermuthlich ganz kurz vor dem Ende des Exils verfaßt, lesen wir: Nur noch kurze Zeit, und der Ewige erscheinet, die Schuld der Erdenbewohner an ihnen zu ahnden. . . . (Die dann folgenden bildlichen Ausdrücke haben den Sinn, daß alsdann das Böse jeder Art überwunden werden solle.) An jenem Tage wird in die große Posaune gestoßen, und herbei kommen die Verlorenen im Lande Aschur und die Ver= stoßenen im Lande Mizrajim, und bücken sich vor dem Herrn auf dem heiligen Berge in Jeruschalem. Schon vorher ist dort gesagt: er (Gott) läßt schwinden den Tod auf ewig (ganz wie nach dem Bundeschesch die Menschen in der vierten Weltperiode unsterblich sein sollten), er löscht die Thräne von jedem Angesicht, und thut die Schmach seines Volkes von der ganzen Erde ab. Dann singt man im Lande Jehuda: eine mächtige Stadt haben wir, er läßt sein Heil dienen zu Mauern und Zwinger! Den übrigen, verschonten Völkern aber ist dort eine reinere Gotteserkenntniß und bescheidener Antheil an dem Glücke des Gottesreiches verheißen, der Herr „mache verschwinden auf diesem Berge die Hülle, welche um alle Völker gehüllt ist." — Unmittelbar nach dem Exil wird in Ps. 102 die Hoffnung ausgesprochen, daß wenn Gott Zion ganz wieder hergestellt hätte, die Völker seinen Namen fürchten und sich versammeln würden, ihm zu dienen.

Indessen war die Wiederherstellung des Volkes durch Cyrus in so kleinem Maßstabe erfolgt und so ärmliche Verhältnisse folgten ihr nach, daß Niemand sie für die Erfüllung der überschwänglichen prophetischen Verheißungen ansehen konnte; andererseits wurde die im Exil abgeblaßte Hoffnung auf einen Dawiden wieder dadurch angefrischt, daß ein Solcher in Serubabel an die Spitze der Colonie gestellt war. Beides lieh den messianischen Erwartungen des Chaggaj und Secharja die Farbe. Chaggaj sagte: „So spricht der Herr: Noch eine kleine Weile, und ich erschüttere Himmel und Erde, Meer und Trockniß, ich erschüttere alle Völker, und es kommen ihre Kostbarkeiten, und ich fülle diesen Tempel mit Herrlichkeit, ... nehme aber an dem Tage dich, meinen Knecht Serubabel, und lege dich an wie einen Siegelring." Jene wunderbare Umwandelung der Welt glaubte er also ganz nahe, und es wäre möglich, daß ihm die gleichzeitigen vielen Aufstände in Persien den Anstoß zu dieser kühnen Erwartung gegeben hatten. Secharja erwartet ebenfalls ein Weltgericht, wir haben schon oben gesehen, wie er dies in Visionen versinnbildlicht. Und nach diesem Gericht solle nicht bloß weltlicher Segen jeder Art Israel zu Theil werden, sondern auch es geschehen, daß die Völker einander zurufen, den Herrn aufzusuchen und in Jerusalem anzubeten. Noch ehe aber dieses eintrete, wolle Gott seinen Knecht (Serubabel), der "Spröß= ling" heißen solle, den Tempel erbauen, seinen Thron besteigen und mit dem hohen Priester als zwei einträchtige Söhne des Oels (Gesalbte) vor sich, dem Herrn der Erde, stehen lassen. Als jedoch auch die auf Serubabel gesetzten Hoffnungen unerfüllt blieben, und nach ihm nicht einmal ein Nachkomme Dawid's sein Amt erhielt, war es sehr verzeihlich, daß Malachi in seinen Schilderungen der Zukunft einen Dawiden wieder gar nicht erwähnte. Seine Anschau= ungen von derselben verrathen aber den Einfluß seiner Zeit noch stärker darin, daß manche davon mit Ansichten der magischen Religion innig verschmolzen sind, diese z. B. hat ihm für seine Ankündigung des Weltgerichts nicht bloß mehrere Bilder hergegeben, sondern wohl auch den Zug, daß vor diesem Gerichte der Prophet Elija erscheinen solle, das Herz der Väter den Kindern und der Kinder den Vätern zuzuwenden, also insbesondere Frieden, gewiß aber auch Buße zu predigen: in der magischen Religion thut dies Sosiosch, ein Jude aber konnte es allerdings kaum Jemandem passender als jenem in den Himmel aufgenommenen eifrigsten Bekehrer des Volkes zuweisen. Daß Derselbe dort an die Juden allein gesendet erscheint, unterscheidet bedauerlicherweise diese seine Mission von der des Knechtes Gottes im Deuterojeschaja, dafür aber liegt seiner Sendung stärker die Idee zu Grunde, daß Gottes Barmherzigkeit die jüdischen Opfer des Weltgerichts möglichst an Zahl verringert haben wollte. Ferner sahen wir schon, daß Malachi das dann herein= brechende Gericht durch den Bundesengel vollzogen werden läßt:

dieser werde wie Feuer und Walkerlauge den Stamm Levi, dann
ganz Israel, dann bis zu einem gewissen Grade auch die ganze
Menschheit läutern. Zufolge seines Zusatzes: „euch Gottesfürchtigen
aber soll eine Sonne des Heils leuchten, und ihr werdet an jenem
Tage die Frevler zertreten, daß sie Staub unter euren Füßen sind"
dachte sich Malachi vermuthlich, daß wenn jenes Strafgericht die
Schlechten in Israel vertilgt hätte, die von ihm verschonten und
ermuthigten Frommen, geführt von jenem Engel, im Verein mit
dem fortschreitenden himmlischen Strafgerichte alle Bösen der Erde
austilgen, über die Besseren aber eine weithinreichende Herrschaft
begründen würden. Desgleichen ist von dem erwarteten Weltgerichte
in den jungen Psalmen 96. 97. 98 und 99 die Rede. Nach dem
ersten und dritten von ihnen werde die leblose Natur dem Herrn
lobsingen, wenn er komme, die Erde zu richten, und nur von einer
solchen Zukunft läßt es sich verstehen, daß im letzten gesagt ist:
„es werden zittern die Völker und schwanken die Erde, Gott (wird
sich zeigen) groß in Zion und erhaben über alle Völker, sie preisen
deinen Namen: groß und furchtbar ist der Heilige!" Auch in diese
psalmistischen Hindeutungen auf die „kommende Welt" ist kein Wort
von einem Dawiden eingestreuet, doch die Nachkommen Dawid's
selbst hatten damals ihre Hoffnungen noch nicht aufgegeben, und
nicht Wenige im Volke hielten zu ihnen hierin; auch haben wir
früher gesehen, wie um 204 v. Chr. der Dawide Hyrkan den Ver=
such wagte, „die Prophezeiung in Erfüllung zu bringen", jedoch
vermuthlich im Widerstreit mit seinem besonneneren Verwandten
Schimon dem Gerechten, und jedenfalls ohne Erfolg.

Aber inzwischen war die Auferstehungslehre in Aufnahme
gekommen und mit den messianischen Hoffnungen in Verbindung
gesetzt worden. Wir sehen das zuerst bei S i r a ch. Dieser betete
nämlich in K. 33: . . . . . „erhebe deine Hand über die Heiden,
. . . . . in dem Grimm des Feuers laß verzehrt werden', wer sich
retten will, und die dein Volk mißhandeln, Untergang finden; . . . . .
sammle alle Stämme Jakob's." Und in K. 48 sagte er, Elija sei
bestimmt, „den Zorn (Gottes) im Voraus zu besänftigen und das
Herz des Vaters dem Sohne zuzuwenden und die Stämme Jakob's
herzustellen; (mit dem schon oben erwähnten Zusatze:) selig sind, die
dich (Elija) sehen werden, und die in Liebe Entschlafenen, denn wir
werden wieder leben." Die Worte „das Herz des Vaters dem

Sohne zuzuwenden" brauchen hier nicht denselben Sinn zu haben
wie bei Malachi, aus welchem sie genommen oder geflossen sind, es
könnte vielmehr wohl sein, daß sie Elija die Bestimmung zuschreiben,
das Herz des himmlischen Vaters Israel zuzuwenden. In den
aus Jes. 49, 6 entlehnten Worten „die Stämme Jakob's herzustellen"
wollte Sirach vermuthlich ausdrücken, daß Elija die zerstreueten
Stämme sammeln werde; wenigstens reicht diese Auffassung der=
selben in Sirach's Zeit hinauf (vgl. Edujot 8, 7). — Kurz nach
ihm wurde das Buch Danijel geschrieben, und obwohl wir schon
früher auf die messianischen Anschauungen in ihm einzugehen hatten,
dürfen einige Worte über sie doch auch hier nicht fehlen. Bereits
hatte man wohl darüber gegrübelt, welches Volk in der messianischen
Stelle des Bileam unter den Kittim zu verstehen sein möchte, und
in diesem „letzten Weltvolk vor dem Gottesreiche" die Makedonier
erblicken zu dürfen geglaubt. Um so leichter erzeugten die schreck=
lichen Verfolgungen unter Antiochus Epiphanes und die wunder=
baren Siege eines frommen Häufleins der Juden über seine zahl=
reichen und kriegsgeübten Schaaren in dem schwärmerischen Verfasser
die Hoffnung und bald auch die Ueberzeugung, daß die neue Welt=
ordnung ganz nahe bevorstehe; erst als diese Ueberzeugung ihm
feststand, bewogen ihn die Heiligkeit der Siebenzahl und die
Beobachtung, daß seit Jirmeja Manches in der jüdischen Geschichte aus
einem verhängnißvollen Walten dieser Zahl erklärt werden könne, zu
der Annahme, daß Jirmeja unter den siebenzig Jahren, nach welchen
die Wiederherstellung des Volkes erfolgen solle, Jahrsiebende gemeint
habe, sowie zu der geschichtswidrigen Behauptung, daß von ihm bis
zu den Makkabäern wirklich siebenzig Jahrsiebende wären, und zu
dem phantastischen Versuche, den Anbruch des Gottesreiches auf
Jahr und Tag zu bestimmen. Er läßt zuerst 2, 44 Danijel sagen: „In
den Tagen dieser (der makedonischen) Könige wird der Gott des
Himmels ein Reich errichten, dessen Herrschaft er keinem anderen
Volke überlassen wird; es wird zermalmen alle jene Reiche, selbst
aber bestehen in Ewigkeit." Und nach 7, 11 soll Danijel geschauet
haben, wie das diese Reiche symbolisirende vierte Thier getödtet
und dem Brande des Feuers übergeben werde, desgleichen sollte
Antiochus „ohne Menschenhand zerbrochen werden". Der Verfasser
dachte sich wohl die Völker dem vereinigten Angriffe der Juden und
entfesselter Naturkräfte erliegen, und daß sie (nach älterer Anschau=

ung) dann in ein unterirdisches Feuer hinabsinken. Auch läßt er
wie Malachi das Weltgericht von dem Bundesengel vollziehen, er
sagt: „In jener Zeit wird der große Engel Michael auftreten, der
den Söhnen deines Volkes vorstehet, und es wird eine Zeit der
Noth sein, wie sie noch nie war, dann wird errettet werden dein
Volk, Jeglicher, der befunden wird aufgeschrieben im Buche." Jene
große Noth sollte wahrscheinlich darin bestehen, daß einerseits die
Gegner in blinder Wuth ihre äußersten Kräfte anstrengen würden,
Israel zu vernichten, andererseits alle Schrecken der Natur, von
dem Engel befehligt, und die wunderbar ermuthigten Juden auf
Jene einstürmen würden. Doch sollten in diesem Gericht auch die
Bösen in Israel hingerafft werden, und von ihm als Theilhaber
des Gottesreiches nur die übrig bleiben, welche wegen ihrer Frömmig-
keit in dem himmlischen Buche des Lebens aufgezeichnet seien. Ihre
Zahl werde indessen von einer anderen Seite her vermehrt werden,
nämlich hinzugefügt ist: „und Viele von den Schläfern im Erdenstaube werden erwachen" u. s. w.; der Verfasser erkannte diesen
Auferstandenen, vermuthlich aber auch den übrigen Gliedern des
Gottesreiches ein ewiges Leben zu, wie schon Jes. 25, 8 verheißen
ist, daß Gott einst den Tod ganz abthun werde. Ferner, wenn
Danijel auch geschauet haben soll, daß mit den Wolken des Himmels
wie ein Menschensohn herankam und bis zu dem Alten der Tage
(Gott) gelangte, und ihm gegeben wurde Herrschaft und Würde
daß alle Völker ihm dienen sollten, seine Herrschaft aber eine ewige
sei: so ist zwar unter diesem künftigen Herrscher weder ein
Dawide noch ein Engel, sondern vermuthlich Israel selbst
gemeint, welches gegenüber den durch Thiere symbolisirten
früheren Reichen recht gut als Menschensohn bezeichnet werden
konnte; allein ohne Dawiden hat der Verfasser in dieser schon ganz
bibelgläubigen Zeit sich das künftige Reich schwerlich gedacht. Seine
Verheißung 9, 24 „daß dann das Allerheiligste gesalbt werde"
schielt dahin, daß das heilige Salböl und was sonst dem zweiten
Tempel fehlte, dann wieder da sein werde. Von einer Bekehrung der
Völker erwähnt der Verfasser nichts, vermuthlich nahm er an, daß
sobald nur erst die besonders gottlosen vernichtet wären, alle anderen
sich den Juden unterwerfen, aber keine Abänderung ihres Wesens
erleiden würden, ja es scheint sogar, daß wie Jechesel dem Gog,
so er den Römern die Rolle zugedacht habe, in späten Zeiten das

längst constituirte Gottesreich anzugreifen und dabei unterzugehen, indem er, abweichend von seinen Zeitgenossen, sie 11, 30 Kittim nennt. — Eine messianische Hoffnung ist auch nicht in den Worten 1 Macc. 2, 57 zu verkennen, daß David den Thron für alle Ewigkeiten bekommen] habe. Ferner lesen wir Tobija 14, 5. 6: „Und Gott wird sich ihrer wieder erbarmen und sie in das Land zurückführen, den Tempel aufzubauen, nicht wie den früheren, (sondern) für alle Ewigkeit; . . . . . . und alle Völker werden umkehren, in Wahrheit zu fürchten Gott den Herrn, und ihre Götzenbilder vergraben." Auch bei der nach Maccot 5 b, damals üblichen Betheuerungsformel „so wahr möge ich den Trost erleben!" hatte man bloß diese Zukunft Israel's im Auge.

Schließlich sei verstattet, auch diese zwei Kapitel zu resümiren. Also die Ansichten von dem Zustande nach dem Tode und von einem Maschiach = Reiche waren ursprünglich ganz von einander getrennt. Nachdem die düsteren Vorstellungen vom Scheol viele Jahrhunderte geherrscht hatten, arbeitete sich zuerst die Annahme hervor, daß die Bösesten in ihm eine Feuerstrafe erlitten, dann der entsprechende Glauben, daß die Besten unmittelbar nach ihrem Tode zu Gott eingingen zu seligen Freuden; durchgreifender als sie, jedoch von ungewisserem Sinne, war jene Ansicht Anderer, die wir aus Kohelet's Zweifeln kennen lernten, daß alle menschlichen Seelen „aufsteigen", vermuthlich um in einer oberen Region die Vergeltung ihrer Werke zu empfangen. Daneben erhielten sich die Hoffnungen auf eine unter Wundern erfolgende und wunderbar herrliche Wiederherstellung eines jüdischen Reiches; und daß an der Spitze desselben ein Nachkomme David's stehen werde, glaubte man beharrlich, wenn auch die äußeren Umstände diesen Glauben zuweilen etwas abschwächten. Welches Loos alsdann die übrigen Völker haben würden, darüber blieben die Ansichten getheilt: in einem vorherigen Weltgerichte sollten nach Manchen alle Völker, nach Anderen nur die ärgsten untergehen, und wiederum die Verschonten sollten nach der gewöhnlichsten Meinung insgesammt, nach Einigen jedoch nur theilweise sich zu den Hauptlehren des Jahwehthums bekehren und demgemäß einigen Theil an den Segnungen der Zukunft haben. Als aber der Auferstehungsglauben eindrang, wurden beide erwähnte Dogmenkreise zu der Annahme verbunden, daß bei Anbruch des Gottesreiches alle Besseren von den Gestorbenen Israel's zur

Mittheilnahme an demselben auferstehen würden; Manche erwarteten
dann auch eine Wiederauferstehung der Schlechtesten von Israel
und von den Heiden, um erst in dem allgemeinen Strafgerichte die
Unthaten ihres Lebens vergolten zu erhalten; auch entstand jetzt
eine Meinungsverschiedenheit über das Loos, welches den Guten für
die Zeit zwischen ihrem Tode und der Auferstehung zu Theil werde,
indem von Manchen angenommen wurde, daß sie bis dahin voll
Seligkeit bei Gott wohnen, von Anderen dagegen, daß sie inzwischen
im Scheol schlafen.

Die Fortbildung bez. Bildung anderer religiöser Ideen in
dieser Periode will ich aber hier nicht vorführen, einige fanden
schon in den bisherigen Erörterungen eine beiläufige Besprechung,
und auf die übrigen irgend wichtigen werden wir noch gelegentlich
im Verfolge dieses Werkes kommen.

Berichtigungen.

Auch wolle der Leser es nicht auf meine Rechnung setzen, daß in den ersten 12 Bogen häufig Absätze an ungehörigen Stellen vorkommen.

f

Druck von Oskar Leiner in Leipzig.

Zehnter Abschnitt.
Die Fortbildung des Cultus in dieser Periode.

~~~~~~~~

Erstes Kapitel.
Die Fortbildung des Tempeldienstes.

Im Allgemeinen ist hierbei vorweg festzuhalten, daß wegen der unbedingten Geltung, in welcher seit Esra der Pentateuch stand, das Opferritual jetzt streng nach den ausführlichen Vorschriften desselben eingeführt wurde, und Abänderungen darin später zwar vielfach vorkamen, jedoch meistens nur solche, zu welchen neue Auffassungen und Deutungen der pentateuchischen Vorschriften drängten. Die zu den Opfern erforderlichen Thiere und sonstigen Dinge wurden von Leviten aus der Kasse des Tempels eingekauft und in den Vorhöfen in Ställen, beziehentlich in Niederlagezellen bis zu ihrer Verwendung aufbewahrt; die Opfergegenstände mußten von besonderer Güte sein, weshalb es sich mit der Zeit festsetzte, die meisten von ihnen nur aus bestimmten Gegenden zu beziehen; das nöthige Holz wurde vom ganzen Volke und von einzelnen Familien insbesondere unentgeldlich gespendet. Nun war an gewöhnlichen Tagen die damalige Opferordnung etwa folgende: Die Nacht vorher schon verbrachte die Priesterabtheilung, welche den Dienst haben sollte, in einem geräumigen Gewölbe des verschlossenen inneren Vorhofes; wer in demselben schlafen wollte, mußte sich auf die Erde legen, die Wachenden konnten, wenn es sie fror, sich an einem wohlunterhaltenen Feuer erwärmen. Da Jeder, der einen Opferdienst verrichtete, sich zuvor gebadet haben mußte, so suchten sie sehr früh das Badehaus auf, um zu Allem bereit zu sein, sobald der Sagan oder Memunneh genannte Oberpriester, welcher die Leitung des ganzen Opferdienstes als ständiges Amt erhalten, erschienen war und sich hatte den Vorhof aufschließen lassen, was zwei Priester mit einigen Trompetenstößen begleiteten. Jener Sagan machte nun mit den Priestern eine Runde durch die Hallen, sich zu überzeugen, daß Alles in gewohnter Ordnung sei, und hieß dann zuerst an die Bereitung des Backwerkes gehen, welches der hohe Priester täglich in zwei Rationen opfern ließ. Dann wurde der Altar von Asche gereinigt, sowie dem Feuer darauf, das Tag und Nacht erhalten werden mußte, neue Nahrung gegeben, und hierauf Jedem seine Verrichtung bei den folgenden Opferhandlungen angewiesen. Sodann holte man aus ihrem Verschluß die zahlreichen silbernen und goldenen Geräthe hervor, welche bei dem Opfern gebraucht wurden, und während ein männliches Lamm herbeigebracht, getränkt, nochmals untersucht und an die Nordseite des Altars geführt wurde, öffneten zwei Priester den Hechal, der Eine um den Räucheraltar zu reinigen, der Andere um die siebenarmige Lampe für den kommenden Abend in Bereit= schaft zu setzen, warfen sich dann zur Anbetung nieder, und zogen sich zurück. Sowie aber das Geräusch von dem Oeffnen der Hechal= pforte vernommen wurde, schlachtete ein Priester das Lamm, ein Anderer sprengte von dem Blute auf zwei Ecken des Altars; wenn das Opfer zubereitet und zerlegt war, wurden sämmtliche Stücke desselben unter die dafür bereitstehenden Priester vertheilt; diesen schlossen sich drei andere an, der Eine mit etwas Teig aus Weizen= mehl und Oel, mit Weihrauch bestreuet, ein zweiter mit dem Back= werkopfer für den hohen Priester, der Dritte mit einem Kelch Weines, worauf sie sämmtlich den Altar hinanzogen und was sie trugen, auf den brennenden Holzstoß legten, bloß der Wein wurde in eine tiefhinabreichende Altaröffnung gegossen. Inzwischen holte ein Priester vom Altar eine Pfanne voll Kohlen, trug sie in den Hechal, schichtete sie auf dem goldbelegten kleinen Altar darin auf, und trat wieder heraus; ihm folgte ein anderer Priester ¦mit einem Ge= fäß voll kostbaren Räucherwerkes, (nach 2 Mos. 30, 34 aus vier, in unserer Periode aus elf Spezereien gemischt), streute es lang= sam auf die Kohlen, warf sich zur Anbetung nieder wie sein Vor= gänger, und zog sich zurück. Während das Opfer auf den Holzstoß gelegt wurde, erfolgte von den levitischen Musikern auf ihrer Estrade und von einigen Priestern mit Trompeten in ihrer Nähe eine Art Tusch, wobei an feierlichen Tagen alles anwesende Volk zur An= betung niederfiel. Und nun trugen die levitischen Sänger unter Begleitung von Instrumenten einige Psalmen vor, und zwar zuerst all= morgens den von 1 Chron. 16, 8—36; unter den ferneren wurde erſt ſpäter für jeden Tag der Woche ein beſonderer fixirt, in unſerer Periode wohl nur der 92. für Sabbat. Von der Muſik hierbei läßt ſich nur ſagen, daß die jüdiſchen Inſtrumente ſämmtlich von ſehr einfacher Conſtruction geweſen zu ſein ſcheinen, was natür= lich einen kleinen Umfang von Tönen zur Folge hatte, ſowie daß in der Regel das Summen und Tremuliren der zahlreichen Zithern vorherrſchte, bald unterbrochen von zuſammengeſchlagenen Becken oder von hineinſchmetternden Trompeten der Prieſter, bald ganz von anderen ſtarktönenden Inſtrumenten aufgenommen. Uebrigens kannte der ganze Orient und ſelbſt das alte Hellas keine harmo= niſchere Muſik; andererſeits ſtand ihrer Umgeſtaltung durch einen muſikaliſchen Genius die eingeführte Erblichkeit der Tempelmuſiker und die Vorliebe für die alte Weiſe in allen Tempeleinrichtungen hemmend entgegen, während freilich wegen der niedrigen Stufe, auf welcher die jüdiſche Muſik ſich befand, die erbliche Beſchäftigung mit ihr wieder eine größere Fertigkeit der Mehrzahl erzeugte. Nach dem Geſange ſprachen die Prieſter von der Treppe des Ulam herab den Segen in einer einfachen, aber feierlichen Cantilene: ihn früher zu ertheilen wurde wohl erſt nach unſerer Periode eingeführt. Der hohe Prieſter konnte, ſo oft er wollte, jede prieſterliche Function übernehmen; und hatte dies ihn auf den Altar geführt, ſo blieb er auch wohl während des Geſanges auf ihm ſtehen und ertheilte allein, nachdem er hinabgeſtiegen war, dem niederknieenden Volke den Segen. Hiermit war der gewöhnliche Morgengottesdienſt zu Ende. Der ſogenannte Mincha=Gottesdienſt begann damals noch erſt bei Sonnenuntergang, und wich von dem morgentlichen nur in wenigen Punkten ab. An der Lampe im Hechal wurden die Lichter vermuth= lich unmittelbar vor dem Räuchern angezündet, um während der ganzen Nacht zu brennen; zweifelhaft iſt, ob auch nach dem Abend= opfer regelmäßig der Prieſterſegen ertheilt wurde, an den Tagen jedoch, wo vor Mincha ſolenne Holzſpenden gebracht wurden, kann er nicht wohl gefehlt haben. Nach Beendigung dieſes Opfers zog die Prieſterabtheilung auf, welche am folgenden Tage den Dienſt haben ſollte, und die des abgelaufenen zog ab, die Tempelthore wurden geſchloſſen, die levitiſchen und prieſterlichen Wachen nahmen ihre Poſten ein, und im Tempel war Alles ſtill, bloß daß auf dem Altar das Feuer während der ganzen Nacht unterhalten wurde, was übrigens auch am Tage geſchah. — Die Opfer von Privaten wurden zwischen dem Morgen= und Abendopfer dargebracht, mochten es freiwillige oder vorgeschriebene sein, und hinsichtlich ihrer wurden in späterer Zeit folgende Einrichtungen getroffen: wer ein Opfer= thier brachte, welchem ein Mehl= und Trankopfer beizugeben war, konnte gegen Erlegung des Kostenbetrages eine Marke und für sie diese Beigaben im Tempel selbst erhalten; die aber, welche ein Taubenopfer zu bringen hatten, brauchten bloß den normirten Betrag dafür in einen schofarförmigen Kasten zu werfen, worauf ein Priester aus dem Tempelvorrath das Opfer brachte, und ein gleicher Kasten war für Jene angebracht, welche freiwillig ein Taubenopfer dar= bringen wollten.

Die Tempelordnung für den Sabbat war damals folgende: Wenn es am Freitage Nacht wurde, erfolgten bloß einige Trompeten= stöße, um den Beginn desselben anzuzeigen. Am Sabbatmorgen wurde zuerst das Morgenopfer ganz wie an jedem Wochentage voll= zogen; hierauf trugen einige Priester die seit dem vorigen Sabbat im Hechal aufgestellten Schaubrode fort und andere Priester stellten frische auf; dann wurden zwei Lämmer geopfert, unter Zugabe eines Mehl= und Weinopfers, worauf von den Leviten wieder ein Gesang angestimmt, und von den Priestern dem anwesenden Volke der Segen ertheilt wurde. Hiermit war zugleich die Priesterwoche um, die Priester der abgelaufenen theilten nur erst noch mit denen der kommenden Woche, welche schon erschienen waren, die fortgenommenen Schaubrode und zogen dann ab.

Der Neumond behielt auch jetzt noch einen halbfestlichen Cha= rakter, und im Tempel wurde er durch ein sehr ansehnliches Mussaf= Opfer begangen, begleitet von einem Gesange, zu welchem mit der Zeit der herrliche 104. Psalm sich festsetzte. Wir erhalten aber keinen passenderen Ort als diesen, Einiges über die damalige Be= schaffenheit des Kalenders mitzutheilen. Durch die uralte Ein= führung, das Jahr nach Mondumläufen zu berechnen, war es aufgekommen, mit dem Sichtbarwerden des Mondes, also mit an= brechender Nacht die Tage anzufangen. Durch einen Sonnenzeiger die Tageszeit genauer zu erkennen, war schon vor dem Exil nach Judäa gelangt und im Exil den Juden noch bekannter geworden; vielleicht lernten sie dort auch schon oder spätestens von den Griechen, die helle Tageshälfte in zwölf Stunden zu theilen, nur waren ihre Stunden von ungleicher Dauer, da sie den kürzesten Tag wie den

längsten in zwölf Stunden theilten: es ging dies freilich in Palästina
leichter als bei uns, weil es dort selbst am längsten Tage erst kurz
vor 5 Uhr Morgens hell und schon kurz nach 7 Uhr Abends wieder
dunkel wird. Die Wochentage haben niemals bei den Juden besondere Namen erhalten, dagegen nahm man für die Monate, mit
Aufgebung ihrer alten Namen, in oder nach dem Exil die im
übrigen Vorderasien gebräuchlichen an, deren wir uns noch bedienen,
fuhr aber daneben noch lange fort, sie durch Ordinalzahlen zu unterscheiden. Den Monat begann man aber, und noch Jahrhunderte
über unsere Periode herab, nicht mit astronomischer Strenge, sondern
erst von dem Zeitpunkte, daß der Mond nach seiner mehrtägigen
Unsichtbarkeit zum ersten Male wieder in der Abenddämmerung
erblickt wurde. Es hing dies natürlich vom Wetter ab; und weil
man gern den Neumond an dem richtigen Tage feiern wollte, so
war bei ungünstigem Wetter Jeder, der am Vorabend des 30. Monats-
tages den Neumond erblickt hatte, dies alsogleich einer hiefür versammelten Commission des hohen Rathes anzuzeigen verpflichtet;
um ihr diese Anzeige zu machen, kam man Meilen weit her, auch
am Sabbat, und wurde zur Belohnung auf öffentliche Kosten bewirthet. War bis zur Zeit des Mussaf-Opfers das Wieder-
erscheinen des Mondes noch nicht constatirt, so wurde der folgende
Tag als Neumond begangen, und ebenso wurde es mit dem Feste
am 1. Tischri gehalten. Der Provinz wurde, so oft schon der 30.
Tag als Neumond proclamirt worden war, dies den Abend darauf
durch ein auf dem Oelberge bei Jeruschalem angezündetes Feuer
angezeigt: die es sahen, zündeten gleichfalls auf Höhen solche Signal-
feuer an, und so wurde diese Nachricht nicht nur in wenigen Minuten
durch ganz Judäa verbreitet, sondern auch zu den Juden östlich vom
Jarden und von da aus in nordöstlicher Richtung zu den babylonischen Juden getragen; als später die Samaritaner aus Bosheit
an unrichtigen Abenden solche Feuer auf ihren Höhen anzündeten
wurde dafür eingeführt, gleich nach Proclamirung des Neumondes
am 30. Tage Boten mit der Anzeige hiervon nach allen Richtungen
abzusenden, doch geschah dies bloß, so oft in den angefangenen
Monat Feste fielen. Indessen mag es sehr lange gedauert haben,
ehe die ausländischen Juden, welche Jahrhunderte lang ihre Neumonde und Feste hatten auf eigene Hand feststellen müssen, sich hierin dem hohen Rath in Jeruschalem unterwarfen; vorher mögen wohl

die auswärtigen Juden jedes Ortes den 30. Monatstag, an dessen
Vorabende der Mond ihnen nicht sichtbar wurde, zu dem abgelaufenen
Monat geschlagen und danach ihre Feste gefeiert haben; die Sitte
der Gola, jeden Festtag zu verdoppeln, kann nur da entstanden
sein, wo man zwar die Prärogative Jeruschalem's anerkannte, der
ganzen Judenheit den Neumond zu bestimmen, aber zu entfernt
davon oder zu isolirt wohnte, um dorther die desfallsigen Nachrichten
rechtzeitig zu empfangen. — Endlich wurde, so oft es dem hohen
Rathe nöthig erschien, dem Jahre ein Monat angehängt resp. ein=
geschaltet: zum Hauptregulator dafür ward, daß am zweiten Tage
Peßach von der neuen Gerste ein Maß geopfert werden könnte, und sah
man voraus, daß sie bis dahin noch nicht reif sein konnte, so wurde
ein zweiter Monat Adar hinzugefügt, doch mögen auch manche von
den ferneren Gründen zum Einschalten, welche in späterer Zeit
berücksichtigt wurden, schon damals einige Beachtung gefunden haben.
Einen Schaltcyclus hatte man ein halbes Jahrtausend später
noch nicht.

Wir kommen nunmehr zu den Festtagen. Bekanntlich sollten
alle erwachsenen Männer im Lande zu den „drei Festen" in die
Tempelstadt kommen, doch konnten sie schon am Morgen nach dem
ersten Festtage wieder heimkehren. Es war daher pentateuchische
Vorschrift, außer dem Zehnten an die Leviten noch einen zweiten
Zehnten abzuscheiden und diesen oder seinen Geldbetrag mit nach
der Tempelstadt zu bringen, um während des Aufenthaltes in ihr
davon zu leben; was von ihm dann noch übrig war, konnte man
zu dem zweiten Zehnten des folgenden Jahres schlagen, allein am
Schlusse des 3. und 6. Jahres jeder Schmitta=Periode sollte der
Rest an die Armen vertheilt werden. Den Bedarf für die Feste
des Erlaßjahres hatten demnach die Wallfahrer anderweitig zu be=
streiten. Später aber erlitt diese Vorschrift zwei abweichende Auf=
fassungen: Manche nahmen an, daß der zweite Zehnte alljährlich
angegebenermaßen verwendet, im 3. und 6. Jahre jeder Schmitta-
Periode aber ein dritter Zehnte den Armen gegeben werden sollte,
Andere nahmen an, daß in diesen beiden Jahren der ganze zweite
Zehnte den Armen gehöre. War die Menge der Festbesucher nicht
zu groß, so fanden sie in Jeruschalem gastliche Aufnahme, und ließen
dafür ihren Wirthen die Häute ihrer Festopfer zurück; war aber ihre
Zahl zu groß, so schlugen sich Viele in und bei der Stadt Zelte auf.

Wenden wir uns nun zuerst zu der Peßachfeier. Schon vor dem
Schlachten des Peßachlammes mußte alles gesäuerte Brod aus den
Häusern fortgeschafft sein. Es wurde alsdann (am 14. Nissan)
das Abendopfer mehrere Stunden früher als sonst dargebracht,
hierauf aber von Priestern oder Leviten, nöthigenfalls auch von
dem Hausvater selbst das Peßachopfer, ein männliches Schaf= oder
Ziegenlamm, im Vorhofe des Tempels geschlachtet und, nachdem
von seinem Blute gesprengt sowie der Altarantheil einem Priester
übergeben worden war, schnell fortgebracht, um den Uebrigen zu der
gleichen Verrichtung Platz zu machen; auch wurden alle irgend dazu
brauchbaren Oertlichkeiten innerhalb der Tempelmauer an diesem
Nachmittage hierzu hergegeben, und gleichwohl hätte dies wenig
geholfen, wenn jeder einzelne Hausvater ein Peßachlamm geopfert
hätte: allein es traten immer deren Mehrere zu einem Opfer zu=
sammen [1]. Während der ganzen Zeit aber, daß dieses im Tempel
vor sich ging, standen levitische Sänger auf ihrem Duchan und
trugen unter Begleitung von Flöten, welche Einige aus dem Volke
spielten, die am Fuße des Altars aufgestellt waren, die Psalmen
113—118 wiederholenblich vor; einige Priester leiteten den Anfang
und jede Wiederholung dieses Gesanges durch drei Trompetenstöße
ein. Das Peßachlamm wurde zu Hause unzerstückt gebraten, und
Abends mit ungesäuerten Kuchen und bitteren Kräutern verzehrt;
mit der Zeit kam es auf, dabei Hallel zu wiederholen. Den
Morgen darauf versammelte sich wie an jedem Hauptfeste das Volk
sehr früh in den Tempel. Nach dem täglichen Opfer und Gesange
wurde zuerst Hallel wieder gesungen, und dabei begonnen, jene
Privatopfer zu besorgen, welche Schlamim hießen; alsdann wurde
das Fest=Mussaf dargebracht ganz von der Zusammensetzung und
dem Umfange wie am Neumond: bei allen Opfern aber, welche
des Festes wegen gebracht wurden, konnten nicht bloß die Priester
der laufenden Woche, sondern auch alle zum Feste in Jerusalem
erschienenen den Dienst versehen. Gesang der Leviten und Priester=
segen schloßen dieses wie jedes Mussaf; vielleicht schon am Sabbat,
jedenfalls aber an Festtagen war zum Mussaf das Duchan stärker

---

[1] Später hatten nicht weniger als zehn Männer je ein Peßachlamm: viel=
leicht hatte die aufkommende Sitte des „Minjan zu jeder heiligen Sache" hier=
auf eingewirkt.

beſetzt und die Muſik kunſtvoller als an gewöhnlichen Tagen. An allen ſechs folgenden Tagen des Feſtes wurde ein ganz gleiches Muſſaf dargebracht. — Um Peßach begann die Ernte, zuerſt die der Gerſte; und ſobald man dieſe zu ſchneiden angefangen hatte, ſollte von der neuen Frucht ein kleines Maß mit Opferbeigaben auf dem Altar dargebracht, vor dieſer Erſtlingsſpende aber nicht von der neuen Frucht genoſſen werden. Wahrſcheinlich [1]) beſtimmte der Pentateuch den Tag für dieſes Opfer nicht genauer, als daß es an dem erſten Sonntage nach Eröffnung der Ernte gebracht werden ſollte; nach unſerer Periode finden wir aber die betreffende Bibelſtelle von den Phariſäern auf den zweiten Tag Peßach, und von einer Sekte, über welche wir Vieles mitzutheilen haben werden, auf den erſten Sonntag nach dem erſten Tage Peßach bezogen. Welche von dieſen drei verſchiedenen Deutungen in unſerer Periode ſich empfohlen habe, muß unentſchieden bleiben; doch war von ihnen auch die Feier des Pfingſtfeſtes abhängig, indem dieſes am 50. Tage des Omer=Opfers begangen werden ſollte. Daſſelbe ſollte ein Dankfeſt für das glückliche Einbringen des Getreides ſein, und nachdem an ihm zuerſt das Morgenopfer gebracht, ſodann Hallel geſungen worden war, wurde das Feſt-Muſſaf dargebracht, ver= mehrt durch zwei Brode von dem neuen Weizenmehl und zwei Lämmer, welche in ſymboliſcher Schwingung der Gottheit überreicht und dann den Prieſtern als den Gäſten derſelben gegeben wurden. Von der Annahme, daß an dieſem Tage die Offenbarung am Sinaj ſtattgefunden habe, iſt ſelbſt zu Ende unſerer Periode noch keine Spur zu entdecken.

Das „Feſt des Blaſens“ wurde am erſten Tage des 7. Monats begangen, doch ohne Wallfahrten. Die urſprüngliche Bedeutung dieſes Feſtes war wohl, durch Blaſen der Prieſter auf Hörnern und durch Fortſetzung deſſelben durchs ganze Land allem Volke anzuzeigen, daß der Monat eingetreten ſei, in welchen der Verſöhnungstag und das Hauptfeſt der Laubhütten falle. Im Laufe der Jahrhunderte hatte zwar Peßach beinahe eben ſo große Beach= tung wie das Laubhüttenfeſt gewonnen, und auch Pfingſten war etwas mehr aus ſeiner früheren Unſcheinbarkeit herausgetreten, doch erlangten beide es niemals, in gleicher feierlicher Weiſe ange=

---

[1]) vgl. 3, 175. 176 des größeren Werkes.

kündigt zu werden, indem den späteren Jahrhunderten vermuthlich die Bedeutung jenes Blasens entschwunden war; doch rührte wohl von ihr noch es her, daß während und nach unserer Periode dieses Blasen auch, und vermuthlich mit besonderer Feierlichkeit, vor dem in einer Halle des inneren Tempelhofes versammelten hohen Rathe stattfand. Allmälig wurde indessen der 1. Tischri zum Neujahrsfeste erhoben, nachdem man unter der Herrschaft der Makedonier sich daran gewöhnt hatte, wie diese das bürgerliche Jahr im Herbste anzufangen; doch ist es durchaus unwahrscheinlich, daß Jenes schon vor den Mackabäern erfolgt sei. Zu arbeiten war an ihm wie an jedem Festtage verboten, und im Tempel wurde er durch ein doppeltes Muffaf ausgezeichnet, durch das neumondliche und durch ein kleineres für das Fest, mit einem besonderen Gesange für jedes, wie an allen Tagen eines doppelten Muffaf, z. B. wenn Sabbat und Festtag zusammenfielen.

Der in der nachmaligen Fortentwickelung zu so hoher Bedeutung gelangte Versöhnungstag am 10. Tischri war auch noch in unserer Periode für das Volk eigentlich bloß durch Fasten und Einstellung aller Arbeit ausgezeichnet, doch strömte es schon früh am Tage aus Jeruschalem und dessen naher Umgegend herbei, um der Tempelfeier beizuwohnen. Der hohe Priester mußte schon sieben Tage vorher eine Wohnung im Tempelgebäude beziehen, um besser jede Gefahr der Verunreinigung zu vermeiden, und war das Morgenopfer gebracht, so badete er sich, legte anstatt seiner prachtvollen hohenpriesterlichen Kleidung, die für den Stellvertreter des buße=thuenden Volkes sich nicht ziemte, die Amtstracht der gewöhnlichen Priester an, nur daß sie von feinster weißer Leinwand war, und vollzog dann die Opfer= und Sühneordnung dieses Tages ganz nach pentateuchischer Angabe. Bekanntlich gehörte hierzu, einen Bock, auf welchen die Strafen aller begangenen Sünden herabgeflehet worden, in eine Wüste zu schicken, um auf mystische Weise alles Unheil dorthin zu bannen, wo keines Menschen Fuß hinkäme: Den Führer geleiteten jetzt die angesehensten Männer von Jeruschalem eine Strecke weit. Die Sitte, an dem Kopfe dieses Bockes oder früher an der Pforte des Ulam einen rothen Faden zu befestigen, der weiß werde, wenn Jisrael's Sünden Vergebung gefunden hätten, wird schon für die Zeit Schimon des Gerechten erwähnt. Hierauf legte der hohe Priester nach einem Bade seine goldstrotzende Amts=

kleidung wieder an, auch erhielt der Rest des Tages den Charakter
beinahe eines Festes: nämlich jetzt wurde noch das kleinere Fest-
Mussaf dargebracht, sodann geleitete alles anwesende Volk, an seiner
Spitze die Häupter des hohen Rathes, den hohen Priester jubelnd
nach Hause, die Mädchen von Jerusalem zogen dann weißgekleidet
in die nahen Weinberge zu fröhlichem Tanz, wobei es an freimüthigen
Angriffen auf das Herz der unverheiratheten Männer nicht gefehlt
haben soll, ganz wie an dem Volksfeste am 15. Ab, und Abends
veranstaltete der hohe Priester seinen Freunden ein Gastmahl. Die
letzten Stunden des Tages wurden wohl überall im Lande in fröh-
licher Festlichkeit hingebracht.

Von den jüdischen Festen das letzte im Jahre und auch damals
noch größte war aber das der Laubhütten am 15. Tischri. Die
landwirthschaftlichen Arbeiten waren nach nun auch vollendeter Obst-
und Weinernte zu einem Abschluß gelangt; ferner, nach der Ent-
sagung am Versöhnungstage begehrte ebensowohl der irdische Sinn
eine Festlichkeit, wie der höhere nach erlangter Reinigung aufgelegter
war, sich dem Religiösen von heiterem Anstrich zuzuwenden; auch
die Aussicht auf die melancholische Regenzeit, welche bald eintreten
werde, mußte das Verlangen steigern, noch einmal zuvor recht
fröhlich zu sein, und der schon vor dem Exil entstandene Glauben
wird wohl noch lebendig gewesen sein, daß Die keinen Regen erhalten sollten, welche dieses Fest nicht feierten: alles dies trug bei,
die Laubhüttenwallfahrt zur besuchtesten von allen zu machen und
dem Feste einen so fröhlichen Charakter zu verleihen, daß man es
schlechthin das Freudenfest nannte. Seine religiöse Bedeutung
war aber eine mehrfache: zunächst sollte die Einsammlung aller
Baumfrucht gefeiert werden, und man zum Zeichen dessen bei dem
Gottesdienste mit einem Palmzweige und irgend einer schönen Frucht
in der Hand erscheinen. Ferner, an jene Zeit zu erinnern, welche
das ganze Volk unter Zelten und in Hütten in den arabischen Wüsten
verlebt hatte, wurde anbefohlen, mit dem Palmzweige noch einen
dickbelaubten Zweig zu verbinden, um auf den göttlichen Schutz
hinzudeuten, der ihnen darin zu Theil wurde, sowie schlechthin
dieses Fest in Lauben und Hütten zuzubringen, wodurch selbst für
die Daheimgebliebenen eine festliche Ceremonie gewonnen wurde.
Zugleich aber ging man wie schon gesagt der Regenzeit entgegen, und es
ist so natürlich, an einem Erntefeste auch dieser Grundbedingung der

nächsten Ernte zu gedenken, daß in der Bachweide, von der eben=
falls einige Zweige hinzugefügt werden sollten, das Symbol des
Wassers nicht zu verkennen ist. Man siehet diesen Festgebräuchen
an, daß in Palästina die Blumensprache heimisch war. Nach dem
Exil wohl erst kam es auf, zu der erwähnten Festfrucht jene Citronen=
gattung zu nehmen, welche man Paradiesapfel nennt; und statt
eines dickbelaubten Zweiges einen Myrthenzweig zu nehmen, möchte
gar erst spät eingeführt worden sein. Man feierte aber dieses
Fest noch mit mehreren Zusätzen, nämlich sobald es am 15. Tischri
Tag wurde, holte ein Priester unter zahlreicher Begleitung in einem
goldenen Kruge Wasser aus dem Schiloach, der westlich vom Tempel=
berge durch die Stadt floß, und suchte damit im Tempel so anzu=
kommen, daß er sich sogleich den Amtsbrüdern anschließen konnte,
welche das Morgenopfer auf den Altar trugen; bewillkommnet von
einigen Trompetenstößen, und hinter jenen ziehend, leerte er gleich=
zeitig mit der Weinspende den Wasserkelch in eine besondere Altar=
öffnung. Dasselbe geschah sieben Tage lang, und die ihm zu
Grunde liegende Idee war schwerlich eine andere, als daß auch
dadurch um reichlichen Regen geflehet werden sollte. Andere wieder
gingen an jedem dieser sieben Tage noch vor Tag hinaus an einen
Ort vor Jerusalem, der reich an Weiden war, holten sich von da
hohe Weidenäste, brachten sie in den Tempel und stellten sie, unter
einigen Trompetenstößen der Priester, so um den Altar auf, daß
die Spitzen überhingen. Wahrscheinlich erhielt der Altar diesen
grünen Schmuck schon während des Morgenopfers, nach diesem
aber wurde zuerst Hallel gesungen, wobei man den Lulaw mit
Zubehör in den Händen hatte. Wieder während des Hallel und
nach ihm wurden die Schlamim der Privaten geopfert, hierauf
kam noch ein großartiges Mussaf, und nach dem Mussafgesange
zogen die Priester einmal um den Altar, wobei sie aus dem zum Hallel
gehörigen Pf. 118 den Vers wiederholten: „o Herr, hilf doch,
o Herr, beglücke doch!" und Andere hierfür riefen: „ani weho, hilf
doch [1])!" Das Volk zerstreute sich dann unter dem wiederholten Rufe:
„wie schön bist du, Altar!" oder „Gott und dir Altar (lobsingen
wir)!" — In der Nacht nach dem ersten Festtage aber und in den

[1]) Ueber den Sinn und Ursprung von ani weho vgl. 3, 180 des größeren
Werkes.

fünf folgenden Nächten fand in dem äußeren Vorhofe des Tempels eine Festlichkeit Statt, der wir einen fremden Ursprung zuschreiben müssen, nur daß man nachmals mit vielem Glück sie zu judaisiren verstand. Sobald es nämlich Nacht war, versammelten sich Männer und Frauen in großer Menge in diesem Vorhofe, der durch hoch= angebrachte Lampen so glänzend erleuchtet wurde, daß alle Gehöfte in Jerusalem davon erhellt waren, auch brachten sehr Viele brennende Fackeln mit; und nun wurde in diesem Tempelraume die Nacht mit Fackeltänzen und religiösem Gesang hingebracht, doch verhinderte dies so wenig wie der heilige Schauplatz der Feier, daß es dabei zu mancherlei Unfug kam, weshalb später die beiden Ge= schlechter getrennt wurden, indem dieser Tempelvorhof von drei Seiten Emporbühnen erhielt, zu welchen alle ankommenden Frauen hinaufsteigen mußten. Die Gesänge wurden von Leviten in großer Zahl, die sich auf der Treppe vom inneren Vorhofe in den äußeren aufgestellt hatten, mit Begleitung von Instrumenten aller Art vor= getragen, und vermuthlich dienten dazu später die Psalmen 120—134, welche die Ueberschrift „Stufengesänge" haben. Die Tänze dagegen scheinen bloß von Flöten begleitet worden zu sein, und die ehrwür= digsten Männer verschmäheten es nicht, an ihnen theilzunehmen. Uns sind aus der späteren Zeit noch einige Einzelnheiten aufbewahrt, welche auf die frühere Art dieser Feier einen Rückschluß gestatten. So sang einmal Hillel bei dieser Gelegenheit: „Wo mein Herz gern ist, dahin führen mich meine Füße; wenn du in mein Haus kommst (spricht der Herr), so komme ich in das deinige, wenn du nicht in mein Haus kommst, so bleibe ich aus deinem weg." Einst führten viele fromme Männer einen Fackeltanz aus unter dem Gesange: „Heil dem, der nicht gesündigt hat! und wer gesündigt hat, dem möge Er es vergeben!" Einige von ihnen, Männer von stets un= sträflicher Aufführung, sangen noch: „Heil meiner Jugend, daß sie nicht mein Alter beschämt!" und Andere, welche dies nicht von sich rühmen konnten, sangen dafür: „Heil meinem Alter, das über meine Jugend versöhnt." Der Urenkel jenes Hillel, der Patriarch Schimon, soll es verstanden haben, hierbei mit acht Fackeln zu tanzen, die er abwechselnd in die Höhe warf und auffing. Da diese Feier bis zum Morgen währte, so wurde natürlich auch dabei geschmaust, was aber im äußeren Tempelvorhofe um so weniger anstößig erschien, als ja Opfermahlzeiten im Heiligthum sehr gewöhnlich waren; im

Ganzen aber sagte man von dieser Nachtfeier später, daß wer sie
nicht gesehen, niemals eine rechte Freude gesehen hätte. War aber
endlich die Nacht vorüber, und der solenne Ruf erschollen, daß es
Tag geworden sei, so stießen zwei Priester dreimal in die Trompete
und geleiteten Diejenigen, welche nicht schon früher sich zurückgezogen
hatten, in der Weise zum Tempel hinaus, daß sie auf der zehnten
Treppenstufe zum zweiten, und in den äußeren Vorhof herabgelangt
zum dritten Male drei Trompetenstöße hören ließen, dann fortblasend
bis zu dessen östlichem Thore schritten, und hier sich zum Heiligthume umwendend riefen: „Unsere Väter haben einst an diesem
Orte den Rücken dem Hechal zugewandt und, das Gesicht ostwärts
gekehrt, die Sonne angebetet, wir aber haben auf Jah unsere
Augen," worauf sie in den Tempel zurückgingen. Endlich der
siebente Tag, als eigentlich der letzte dieses Festes, da der achte
einen ganz anderen Charakter hatte, erhielt noch die Auszeichnung,
daß an ihm nach dem Mussafopfer der Altar siebenmal umzogen
wurde, worauf man die um ihn aufgestellten Weidenäste so abschlug,
daß die Blätter den Boden bedecken: vielleicht wollte man hierdurch
ausdrücken, daß nachdem das letzte Grün des Jahres zum Schmuck
des Altars gedient habe, die Bäume nun immerhin ihre Blätter
abwerfen möchten; und sobald das geschehen war, pflegten die Kinder,
welche anwesend waren und auch den Feststrauß trugen, diesen weg-
zuwerfen und ihren Paradiesapfel zu verspeisen. Hiermit war die
eigentliche Feier dieses Festes zu Ende. Griechen, welche sie begehen
sahen, hielten sie für eine Dionysosfeier, mit welcher sie in der
That nicht bloß vielfache Aehnlichkeit, sondern auch eine innere
Verwandschaft hatte[1]). Der achte Tag endlich wurde, gleichsam zur
Sammlung des Geistes von den lauten Freuden dieses Festes,
bloß mit Hallel und dem kleinen Fest-Mussaf begangen. — Noch
ist hier zu erwähnen, daß vorschriftsgemäß am Laubhüttenfeste jedes
Erlaßjahres die Tora vor allem Volk vorgelesen werden sollte.
Dies geschah auch wahrscheinlich regelmäßig seit Esra, nur daß man
dafür das Laubhüttenfest des e rsten Schmitta-Jahres wählte. Man
verwendete dazu die letzten Vormittagsstunden aller acht Tage des
Festes, war aber genöthigt, sich auf die lehrreicheren Abschnitte zu
beschränken; der Vortrag fand im äußeren Vorhofe des Tempels

---

[1]) vgl. nochmals 3, 125. 180 des größeren Werkes.

Statt. Als später überall Synagogen auftauchten, in welchen jahr=
aus jahrein die Tora vorgelesen und erklärt wurde, war diese
große Vorlesung weniger nöthig, und wurde deshalb auf einen
einzigen Tag des Festes und auf eine Auswahl aus dem 5. Buche
Moscheh's reducirt; in der spätesten Zeit hielt sie der jüdische
König selbst.

Die Festwallfahrten sammt den Vorbereitungen dazu und bis
alle Wallfahrer wieder heimgekehrt waren, nahmen natürlich eine
längere Reihe von Tagen hin, und es mußte daher oft Einspruch
von den Juden erhoben werden, wenn sie von ihren heidnischen
Oberen zu Frohndiensten in diesen Tagen aufgefordert wurden;
von der Humanität dieser Dränger hing es ab, ob sie hierauf Rück=
sicht nehmen wollten, doch finden wir, daß am Schlusse unserer
Periode einmal von einem syrischen Könige, der ihres Wohlwollens
bedurfte, ausdrücklich diese billige Forderung ihnen zugestanden
wurde.

Endlich ist hier auch noch einiger kleineren Feste jener Zeit
Erwähnung zu thun. So war eingeführt worden, daß Jeder, der
nicht zu den Geschlechtern gehörte, welche unter Nechemja angelobt
hatten, an bestimmten Tagen des Jahres Holz zu spenden, oder
wer gar nicht wisse, zu welchem Geschlecht er gehöre, aber ebenfalls
Holz in den Tempel zu spenden wünschte, dies am 15. Ab thun
sollte; und allmälig wurde dieser Tag allgemeiner Holzspende zu
einem Feste, welches namentlich die Mädchen von Jerusalem wieder
weißgekleidet zu Tänzen in den Weinbergen benutzt haben sollen.
Indessen auch die Tage, welche für die erwähnten Geschlechter zum
Holzspenden feststanden, wurden je von dem betreffenden Geschlechte
festlich begangen. — Die Feier des Purim am 14. Adar fand
in denjenigen Ländern des persischen Reiches, in welchen die Juden
ernstlich von Hamans Anschlage bedrohet gewesen waren, gewiß von
Anfang an Statt, wenn auch wohl nur sporadisch. In Judäa, das
vermuthlich an den blutigen Vorgängen jenes 13. Adar gar nicht
betheiligt war, fand gleichwohl eine zweitägige Feier des Ereignisses
sehr früh Eingang, da sie in dem Büchlein Ester schon allgemein
verbreitet erscheint. Vorgelesen in den Synagogen wurde jetzt aber
dieses Büchlein am Purim noch nicht, die Feier bestand bloß in
Schmausereien, gegenseitigen Beschenkungen und milthätigen Spenden.
— Endlich wurde seit der Tempelweihe durch Jehuda Makkabäus

das Andenken derselben vom 25. Kislew an acht Tage lang fröhlich
begangen; im Tempel wurde nach dem Morgenopfer Hallel gesungen, doch ohne die übliche Flötenbegleitung. Die zahlreichen
Tage, welche ferner wegen glücklicher Ereignisse roth angeschrieben
waren, kann ich wohl übergehen. Dagegen möge hier noch eine
Darstellung der Festlichkeit folgen, mit welcher damals die Erstlinge dargebracht wurden. Schon Nechemja hatte in diesem Betreff Anordnungen gemacht, welche vermuthlich nur wenig verschieden
von jenen waren, die später hierin galten. Diese waren die folgenden: Man brachte von Pfingsten an bis zum Laubhüttenfeste die
Erstlinge aller edleren Erd- und Baumfrüchte im Tempel dar, und
zwar so oft eine neue Fruchtgattung gereift war, versammelten sich
alle Diejenigen eines Kreises, welche davon die Erstlinge darbringen
wollten, mit einem Körbchen derselben an einem bestimmten Tage
in der Kreishauptstadt, und traten, wenn sie zusammen auf dem
Marktplatze übernachtet hatten, am anderen Morgen unter Flöten-
spiel die Wallfahrt an; vor ihnen her ging ein zu gemeinsamem
Opfermahle bestimmter Stier mit vergoldeten Hörnern und einem
Kranz aus Olivenblättern. Sobald sie Jeruschalem sich näherten,
schickten sie einen Boten in den Tempel mit der Anzeige ihrer Ankunft, worauf die angesehensten Tempelbeamten ihnen entgegengingen,
und in allen Straßen, durch welche der Zug kam, erhoben sich die
Handwerker von ihren Werktischen vor den Häusern und begrüßten
ihn. Sowie sie den Tempelberg erstiegen hatten, hörte das Flöten-
spiel auf, Jeder schritt mit seinem Körbchen in den inneren Vorhof
des Tempels, wo die Leviten den 30. Psalm anstimmten; die ein
Taubenopfer mitgebracht hatten, lieferten es ab, und ein Priester
sagte ihnen dann 5 Mos. 26, 5—10 vor, wonach sie die Körbchen
neben dem Altar niederstellten und sich verneigend abgingen, um
etwas später wieder zu ihrem gemeinschaftlichen Freudenopfer zu
erscheinen. Die Erstlinge fielen den Priestern der jedesmaligen
Wochenabtheilung zu. — Als Tage des Unglücks und der Buße
waren im Exil der 10. Tebet, der 9. Tammus, ein nicht sicher
mehr zu ermittelnder Tag im Ab und der 3. Tischri begangen
worden; im 4. Jahre des Darius Hystaspis aber, als der Tempelbau endlich ohne weitere Hemmung vorwärtsrückte und unter dem
Sonnenscheine der königlichen Gunst Judäa aufzublühen begann,
war an den Propheten Sacharja die Frage gestellt worden, ob man

auch jetzt noch diese Bußtage feiern müsse, und er hatte in einem
schönen Vortrage geantwortet: sie könnten diese Tage in Wonne
und Freude begehen, nur sollten sie die Wahrheit und den Frieden
lieben. Ohne Zweifel unterblieb seitdem alle Bußfeier derselben,
allein nach Est. 9, 31 scheint es, daß sie von frommen Patrioten
allmälig wieder eingeführt wurde, als die Aussichten dauernd sich
verdüsterten und deshalb die Meinung Eingang fand, daß die Zeit
des zweiten Tempels nur eine Fortsetzung des Exils sei.

Zweites Kapitel.
Die weitere Entwickelung der Synagoge.

Früher haben wir gesehen, daß noch kein Jahrhundert nach
Esra schon in allen ansehnlicheren Städten von Judäa eine be=
stimmte Räumlichkeit zu Versammlungen geweihet war, in welchen
ein Schriftgelehrter allsabbatlich einen Abschnitt aus dem Pentateuch
vorlas und erklärte oder auch zum Ausgangspunkte eines religiösen
Vortrages machte. War aber auch Anfangs die Wahl des Ab=
schnittes ganz dem Belieben des Sofer überlassen, so drängte es doch,
sobald diese Vorlesungen allsabbatlich stattfanden, zu einer allmäligen
Durchlesung des ganzen Pentateuch's; und schließlich kam es dahin,
daß dafür ein dreijähriger Cyclus eingeführt und derselbe an dem
ersten Sabbat nach dem Laubhüttenfeste eröffnet wurde. Für die
Festtage nahm man solche Abschnitte, in welchen von dem jedes=
maligen Feste die Rede war, und mit der Zeit wurden hieraus
stehende Festperikopen; auch las man an einem Sabbat kurz vor
Peßach den Abschnitt von dem Reinigungswasser sowie an einem
Sabbat darauf den Abschnitt von dem Peßachlamme, um das Volk
an das nahe Peßachopfer und an die levitische Reinigung zu erinnern,
welche in gewissen Fällen ihm vorangehen mußte. Früh aber schon
mußte sehr oft der Fall eintreten, daß eine Perikope zur Vorlesung
gelangte, welche keinen Anlaß zu Belehrungen und religiösen Be=
trachtungen bot; auch begehrte der Sofer wohl zu Zeiten, zu der
Versammlung von Dingen zu reden, für welche es im Pentateuch
an ungezwungenen Anknüpfungspunkten fehlte, z. B. von messianischen
Verheißungen und nach mosaischen Erlebnissen des Volkes, die ja
eben so fruchtbare Nutzanwendungen zuließen. Unter diesen Im=

pulfen geschah es wohl, daß man sich entschloß, wenn auch Anfangs erst selten, hinter der pentateuchischen Perikope noch ein freigewähltes Stück aus jenen Büchern vorzulesen, die wir die ersteren und späteren Propheten benennen; dies muß übrigens schon damals statt= gefunden haben, als die hagiographische Abtheilung unseres Kanons noch nicht der Tempelbibliothek einverleibt war, da sonst wohl die= selbe nicht so gänzlich hiervon ausgeschlossen worden wäre. Regel= mäßig jedoch hinter jeder pentateuchischen Vorlesung ein Stück aus den Propheten zu geben, wurde wohl erst sehr langsam zur all= gemeinen Sitte; und das prophetische Stück für seinen homiletischen Zweck frei zu wählen, blieb noch Jahrhunderte länger dem Sofer überlassen.

Ehe wir aber die weitere Entwickelung dieses Instituts der Synagoge betrachten, haben wir den ihm so günstigen Umstand hervorzuheben, daß sich innerhalb des Tempels selbst eine Synagoge bildete, welche den entschiedensten Einfluß auf die im Lande zer= streuten gewann. Schon die Propheten waren in den Vorhöfen und Säulengängen des Tempels aufgetreten, auch jene feierliche Versammlung unter Nechemja, in welcher nach Toravorlesung und Gebet ein neuer Bund mit Gott geschlossen wurde, fand im Tempel= vorhofe Statt, und ebendaselbst wurde alle sieben Jahr am Laub= hüttenfeste vor dem versammelten Volke aus der Tora vorgelesen, sowie denn später auch der Gottesdienst an den Regenfasten im äußeren Vorhofe abgehalten wurde. Die genannten gottesdienstlichen Feierlichkeiten waren sehr zahlreich besucht und verlangten daher eine große Räumlichkeit: sie mußten deshalb unter freiem Himmel stattfinden, und wegen ihrer großen Seltenheit störte dies auch weniger. Als aber die Toravorlesungen häufiger und am Ende regelmäßig wurden, brauchte man dafür in Jeruschalem ebensosehr wie in den übrigen Städten ein bestimmtes, geschütztes Local, und die Jeruschalemer Soferim wählten hierzu die sogenannte Halle der behauenen Steine im Südosten des inneren Tempelvorhofes, welche vermuthlich schon geraume Zeit zu den amtlichen Sitzungen des hohen Rathes gedient hatte, dessen Mitglieder sie waren, wie denn auch zu den Synagogen im Lande gewöhnlich das Sessionszimmer der Ortsverordneten verwendet wurde, da deren Thätigkeit nach jüdischen Begriffen für eine Art Gottesdienstes galt. Der hohe Rath hielt seine Sitzungen im westlichen Theile jener Halle, die

Vorlesungen der Tora aber fanden in ihrem östlichen Theile Statt:
beiderlei Verwendungen derselben störten einander nicht, da an
Sabbaten und Festtagen keine Rathssitzungen waren. Natürlich nun
waren diejenigen Schriftgelehrten, welche im hohen Rathe Sitz
hatten, die eigentlichen Soferim dieser Synagoge; und indem also
dieselben Personen einerseits auf alle Cultusangelegenheiten, welche
im Schooße des Senates zur Sprache kamen, vermöge ihrer Schriftgelehrsamkeit vorwiegenden Einfluß hatten, andererseits die dort
ergangenen Entscheidungen in der angesehensten und an Festtagen
auch von zahlreichen Auswärtigen besuchten Synagoge dem Volke
zugleich mit der Tora und als deren tieferen Inhalt vortrugen,
erlangte diese Tempelsynagoge eine außerordentliche Wichtigkeit für
die einheitliche Entwickelung des Ceremonialdienstes, wiewohl es auch
nicht an Riten fehlte, welche in die Tempelsynagoge erst aus den
Provincialsynagogen übergingen [1]). — Ferner wurde es schon ziemlich früh Sitte, eine zweite, kleinere Toravorlesung am Nachmittage
des Sabbats zu geben; etwas später, aber doch wohl noch vor dem
Ende unserer Periode, wurden auch die kleinen Vorlesungen am
Montag und Donnerstag Morgen eingeführt: sie hatten zum Zwecke,
die Landleute, welche nur an diesen Tagen zahlreich in die Stadt
kamen, theils zu Markte, theils weil dies die Gerichtstage waren,
ebenfalls ein Wenig mit Gottes Wort bekannt zu machen, und wir
dürfen hierbei nicht übersehen, daß eben das Gerichtslocal in der
Regel zugleich die Synagoge war.

Aber auch zum Bethause war schon damals die Synagoge
erhoben worden; und obgleich über den Inhalt der Synagogen-
gebete in jener Periode Bestimmtes nicht angegeben werden kann,
so ist doch sehr wahrscheinlich, daß schon geraume Zeit vor den
Maccabäern der spätere Typus dafür ziemlich gefunden war, und
man also Kriat-schma und eine Tefilla der Toravorlesung voran-
schickte. Jene scheint bloß noch nicht den pentateuchischen Abschnitt
Wajomer und die Nachbenediction enthalten, im Uebrigen aber
ziemlich so wie unsere alltägliche Kriat-schma gelautet zu haben;
auch die Tefilla begann und schloß wohl schon mit je drei fest-
stehenden Benedictionen, zwischen denen eine sich befand, welche
für die Festtage anders als für den Sabbat formulirt war. Nach

---

[1]) vgl. 3, 132 des größeren Werkes.

Vorlesung und Besprechung des pentateuchischen und prophetischen Abschnittes folgte aber damals noch nicht ein besonderes Mussaf-Gebet. Dagegen möchte es nicht zweifelhaft sein, daß man schon angefangen hatte, das für den 1. Tischri vorgeschriebene Schofar-blasen in. die Synagogen zu verlegen und mit dem Festgebete zu verbinden, wie im Lande so im Jerusalemer Tempel. An Unter-schieden zwischen der Tempelsynagoge und den sonstigen im Lande kann es übrigens damals noch weniger als später gefehlt haben. Während z. B. in den übrigen Synagogen außer den allsabbatlichen Versammlungen auch solche an den Festtagen sowie am 1. Tischri und am Versöhnungstage waren, und vermuthlich in ihnen an den Festtagen vor der Toravorlesung Hallel abgesungen wurde am 1. Laubhüttentage mit dem Feststrauße in der Hand: fand wohl am Versöhnungstage, dessen Opferordnung so reichen Stoff für die Theilnahme der Tempelbesucher bot, in der Tempelsynagoge damals noch kein Gottesdienst Statt, und noch unwahrscheinlicher ist, daß jemals in ihr das schon mit dem Opfercultus verbundene Hallel wiederholt worden wäre: die Tempelsynagoge konnte nicht den dicht neben ihr begangenen älteren Dienst ignoriren, wenn auch die Ver-treter von diesem allem Anscheine nach nur sehr langsam sich her-beiließen, jenes jüngere Institut mit ihm in Verbindung zu setzen, die auch nie eine enge wurde. Uebrigens erlitt wohl durch die Einrichtung einer Tempelsynagoge die alte Sitte, daß Einzelne ihr dankerfülltes oder beschwertes Herz in ein freies Gebet ergossen, vorläufig erst geringen Abbruch und zwar schon aus dem Grunde, daß die Tempelsynagoge ja nur einen sehr kleinen Theil der an Festtagen Versammelten fassen konnte. In allen Synagogen wurden die Gebete nicht von der Versammlung gesprochen, diese vielmehr hörte bloß einem Vorbeter zu.

Es scheint, daß bis zu Ende der behandelten Periode das In-stitut der Synagoge keine weitere Entwickelung gefunden hat, doch war die damalige Entfaltung des Cultus hiermit noch keineswegs abgeschlossen. Zuerst nämlich gab es noch gottesdienstliche Ver-sammlungen an den Regenfasten. Wenn die Herbstregen lange über ihre Zeit ausblieben, so suchten Einzelne die göttliche Barm-herzigkeit durch Fasten und Gebet zu erwecken; blieb dies aber frucht-los, so wurden an bestimmten Tagen, die vermuthlich der hohe Rath ausschrieb, Fasten durch das ganze Land veranstaltet und an ihnen im äußeren Vorhofe des Tempels, in den übrigen Städten auf einem freien Platze gottesdienstliche Zusammenkünfte gehalten. Daß in diesen alle Erschienenen das Haupt mit Asche bestreueten sowie 3. Mos. 26, 2—46 vorgelesen und von einem ehrwürdigen Manne zu einer Bußpredigt benutzt wurde, mag sehr alt sein, allein die übrige uns tradirte Agende für diese Versammlungen hat sich wohl erst nach unserer Periode ausgebildet; dagegen kam es wohl früh auf, daß an solchen Tagen gegen Abend ein kleinerer Gottesdienst in den Synagogen gehalten wurde. — Ferner wurden, wenn auch vielleicht erst im letzten Jahrhundert dieser Periode, für die Privatandacht Gebete und gottesdienstliche Gebräuche in immer zunehmender Menge geschaffen. Hiervon ist das Morgen- und Abendgebet obenan zustellen. Die Frömmeren im Volke hatten längst die Sitte angenommen, täglich zu diesen beiden Zeiten ein freies Gebet zu verrichten, sei es in Folge des schlichten religiösen Bedürfnisses, oder daß man die Zeiten, in welchen für ganz Israel im Tempel geopfert wurde, für besondes begnadigt hielt. Diese Sitte nun bewog die Soferim im hohen Rathe, ein passendes Morgen- und Abendgebet zu verfassen, von welchen vermuthlich jenes aus Kriat-schma in dem angegebenen älteren Umfange und einer Tefilla, die von unserer alltäglichen nicht zu sehr verschieden war, das Abend- gebet aber wieder aus Kriat-schma mit Vorbenedictionen und einem Schlusse von abendlichem Charakter bestand. Einzelne Fromme in Jerusalem mögen wohl schon zu Zeiten bald ihr Morgen- bald ihr Abendgebet im Tempel verrichtet haben, doch betheiligten sich an diesem Gebete noch nicht die dienstthuenden Priester, hiefür wurde erst später eine Fuge in der Opferordnung gefunden. Besonders fromme Leute beteten aber damals noch ein Mittagsgebet [1], welche Sitte vermuthlich aus der Fremde stammt, denn auch die ägyptische und indische Religion schrieben vor, die aufgehende, culminirende und untergehende Sonne anzubeten; über den damaligen Inhalt dieses Gebetes lassen sich jedoch nicht einmal Vermuthungen aufstellen. — Auch scheint im letzten Jahrhundert dieser Periode die Sitte auf- gekommen zu sein, während des Gebetes die sogenannten Gebet- riemen anzulegen. Daß die mehrmalige pentateuchische Vorschrift, das Wort Gottes „zum Zeichen an der Hand und wie ein Stirn-

---

[1] vgl. 3, 188 u. w. des größeren Werkes.

ſchmuck zwiſchen den Augen" zu tragen, bloß bildlich aufzufaſſen ſei,
iſt gegenüber ſo vielen anderen Symbolen unſerer Religion eine
grundloſe Behauptung; daß aber nach langer Mißachtung dieſes
Symbol jetzt von einzelnen Frommen hervorgezogen wurde, rührt
aus der ganzen Richtung dieſer Zeit, noch mehr aber vielleicht davon
her, daß es grade in den beiden pentateuchiſchen Abſchnitten vor=
geſchrieben iſt, welche in das tägliche Morgen = und Abendgebet
Aufnahme gefunden hatten. Das verwandte Symbol der S ch a u =
f ä d e n hatte vermuthlich ſchon früher Beachtung gefunden, da man
in der magiſchen Religion ein ganz ähnliches wahrnahm, es finden
ſich noch auf den Ruinen von Perſepolis mehrere Figuren, deren
Obergewänder in den Ecken mit Quaſten verſehen ſind; wann es
aber aufgekommen ſei, hierzu ſtatt einer einfachen himmelblauen
Schnur eine ſo vielfabige zu nehmen, läßt ſich nicht beſtimmen. — Auch
kam es wohl ſchon in dieſer Zeit auf, den E i n t r i t t v o n S a b b a t
u n d F e ſ t t a g dadurch zu feiern, daß man dem Nachtmahle einen
Segenſpruch bei einem Kelche Wein voranſchickte, ſowie bei dem
Ausgange des Sabbats einen Scheideſegen zu ſprechen; dem Segen=
ſpruche am Vorabend des Peßach ſchloß ſich der gemeinſchaftliche
Genuß des Peßachlammes an, und vielleicht wurde dabei ſchon das
Hallel wiederholt. Auch die beiden erſten Benedictionen unſeres
T i ſ ch g e b e t e s ſcheinen, von Varianten abgeſehen, in dieſe Zeit
hinaufzureichen, desgleichen die Anfänge des ſpäteren Trauformulars
und manche von unſeren Segenſprüchen bei ſonſtigen religiöſen
Vornahmen, z. B. der bei der Beſchneidung und der n a ch der Vor=
leſung aus der Tora, wogegen der Segenſpruch vor derſelben viel
jünger iſt.

—

Drittes Kapitel.
Die damalige Fortbildung des übrigen Ceremonialdienſtes.

Eine ausführliche Begründung dieſes eben ſo ſchwierigen wie
umfaſſenden Punktes iſt 3, 138—140 und 226—263 des größeren
Werkes verſucht worden; um aber gleichwohl bei ihm die Sub=
jectivität des Urtheils möglichſt zu beſchränken, werde ich hier nur
jene Ceremonien berühren, über welche in Bezug auf dieſen Zeit=
raum ſich brauchbare Nachrichten erhalten haben oder aus irgend
etwas Poſitivem ſich ſpecielle Schlüſſe ziehen ließen, weshalb freilich

die folgende Darstellung eigentlich bloß eine musivische Zusammen=
setzung von zufällig uns erhaltenen Nachrichten und Andeutungen
über diesen Punkt, also nothwendig lückenhaft ist.

Es möge in diesem Betreff von der Beschneidung wegen
ihrer Geltung als „Bundeszeichen" zuerst die Rede sein. Sie war
schon vor dem Exil in allgemeinem Gebrauch, und blieb es daher
natürlich auch nach demselben. Wir sahen, daß als Antiochus
Epiphanes die Beschneidung bei Todesstrafe verboten hatte, Frauen
mit Gefahr ihres Lebens sie an ihren Knäbchen vollzogen, und
der alte Mattisjahu nach seinem Siege im Lande umherzog, um
an den inzwischen unbeschnitten gebliebenen Kindern dieselbe nach=
holen zu lassen. Auch erlaubte Jochanan Hyrkanus den besiegten
Idumäern, sein Sohn Aristobul den besiegten Ituräern in ihren
Wohnsitzen zu bleiben nur unter der Bedingung, daß sie die Be=
schneidung und die jüdische Religion annähmen.

Unsere nächste Betrachtung betrifft die Sabbatfeier. Oben
wurde erzählt, daß zu Nechemja's Zeit in Judäa und selbst in
Jeruschalem am Sabbat gearbeitet und Handel getrieben wurde,
sowie welche Gewalt er anwendete, um dieses abzustellen. Doch nach
hundert Jahren finden wir den Sabbat mit solcher Strenge beobachtet,
daß man sich nicht einmal wehrte, als die Krieger des Ptolemäus
Lagi an einem solchen Tage Jeruschalem stürmten; und später gingen
Die, welche vor den Schergen des Antiochus Epiphanes sich in
Höhlen geflüchtet hatten, hierin so weit, daß sie selbst einem wüthen=
den Angriffe auf ihr Leben, der zufällig am Sabbat stattfand,
keinerlei Widerstand entgegensetzten und tausend Seelen stark den
Tod erlitten. Erst nach dieser schauerlichen Selbstaufopferung wurde
auf die Vorstellung des Mattisjahu, daß der Feind jedesmal den
Sabbat zu seinen Angriffen abwarten und so sie völlig aufreiben
würde, der Beschluß gefaßt, am Sabbat zwar nicht anzugreifen,
angegriffen aber sich zu vertheidigen. Nachmals soll dafür als Gesetz
gegolten haben, daß man am Ruhetage den unmittelbaren Angriff
zurückschlagen, die Feinde aber in ihren Belagerungsarbeiten nicht
stören dürfe: allein Josephus, der dies berichtet, scheint hierin Un=
recht zu haben, indem eine zweimalige Eroberung Jeruschalem's am
Sabbat, durch Pompejus und wieder durch Herodes [1]), vermuthen läßt,

---

[1]) vgl. 3, 160 des größeren Werkes.

daß man damals auch bloß den förmlichen Angriff abzuwehren wieder für eine Entweihung des Ruhetages hielt. Später kam man indessen von dieser übertriebenen Strenge wieder sehr zurück. Einige Worte in der apokryphischen Erzählung von jenen unter Antiochus Epiphanes am Sabbat Umgekommenen führen ferner darauf, daß sie es auch für eine Entweihung des Sabbats hielten, an demselben ihren Zufluchts= ort zu verlassen: daher der syrische König Demetrius (152 v. Chr.) unter den Bewilligungen, durch welche er die Juden für sich gewinnen wollte, auch die aufzählte, daß Die von ihnen, welche bei ihm Krieges= dienste nehmen würden, nach ihren Gesetzen marschiren könnten, und zwanzig Jahr später Antiochus Sidetes auf seinem Zuge gegen die Parther, wobei ihn Jochanan Hyrkanus mit einer jüdischen Hilfstruppe begleitete, auf dessen Bitte einmal eigens zwei Tage Rast hielt, weil Sabbat und Tag's darauf das Pfingstfest war. Doch war alle am Sabbat zulässige Entfernung damals noch nicht auf 2000 Ellen eingeschränkt. Dagegen scheint man wohl schon vor den Makkabäern damit begonnen zu haben, mikrologisch die verschiedenen Arbeiten aufzuzählen, welche unter dem pentateuchischen Verbote der Arbeit am Sabbat befaßt seien, und überhaupt das Ruhegesetz phantasiereich auszuspinnen [1]. Es mag hier noch angeführt werden, daß man nachmals es für eine Anordnung des Esra hielt, an jedem Donnerstag zu waschen, um am Sabbat reine Wäsche zu haben.

Der Trauer von sieben Tagen, die wohl aus 1 Mos. 50, 10 entnommen ist, geschieht schon Sir. 22, 12 Erwähnung.

Ich gehe zu der damaligen Entwickelung der geschlechtlichen Satzungen über. Mit welchem Nachdruck Esra und Nechemja die Verschwägerungen mit Heiden bekämpften, haben wir früher gesehen, und bei einem Vorgange um 225 v. Chr. finden wir das Verbot alles näheren Umganges mit einer Nichtjüdin in unangefochtener Geltung; ein makkabäischer Gerichtshof soll sogar erklärt haben, daß jede Fremde für eine publica anzusehen wäre. Desgleichen verbot man in dieser Periode die Verschwägerung mit den Tempelknechten, und verlangte, daß sorgfältig auf reines Blut gesehen werde, nicht bloß von den Priestern, sondern auch von allen übrigen Juden, denn wenn auch die Angabe nicht annehmbar ist, daß schon die

---

[1] Einzelne Beispiele hiervon und Beweise für diese Annahme wurden ib. 3, 142 gegeben.

aus dem Exil Zurückkehrenden sich in acht bis zehn Klassen verschie=
denen Blutes getheilt hätten, so erscheint doch die Nachricht völlig
geschichtlich, daß Hillel zehn solche Klassen aufgezählt habe. Auch
der uneheliche Umgang mit Jüdinnen galt, vermuthlich seit uralter
Zeit, mindestens aber schon in dieser Periode für verpönt. Die
des Ehebruches verdächtige Frau bekam noch die „Fluchwasser" zu
trinken, ein gutes Sittenzeugniß! übrigens war auch die Ehe voll=
kommen in ihrer sittlichen Bedeutung anerkannt (vgl. Sir. 26), und
man glaubte nicht bloß, daß die Wahl durch göttliche Fügung
geleitet werde, sondern auch, daß Jedem seine Genossin von Ewig=
keit her vorausbestimmt sei. Fälle von Polygamie scheinen sehr
selten gewesen zu sein, was auch gar nicht anders sein konnte,
sobald man nichtjüdische Frauen mied, denn die ziemlich gleiche
Zahl der männlichen und weiblichen Geburten ist ein bekanntes
Naturgesetz, und Ehelosigkeit der Männer war bei den Juden
äußerst selten. Wenn die Frau eine Mitgift erhielt, so wurde diese
mitunter vor der Eheschließung dem Manne schriftlich zugesichert:
in jedem Falle aber hatte er seiner jungen Frau eine Summe zu
verschreiben für den Fall, daß er sterben= oder ohne ein schweres
Vergehen von ihrer Seite sie entlassen würde. Ferner, die Aus=
dehnung auf entferntere Verwandte, welche die Leviratsehe im höheren
Alterthum erfahren hatte, wurde entweder schon vor dem Exil oder
spätestens in dieser Periode aufgegeben. Aus einem naheliegenden
löblichen Grunde wurde die Leviratsehe überhaupt nicht gern gesehen,
und deshalb wurde gegen den Buchstaben der Schrift von ihr
dispensirt oder sie vielmehr verpönt, sobald auch nur eine Tochter
erster Ehe da war. Desgleichen gehört unserer Periode das Verbot
an, gewisse Verwandte „zweiten Grades" zu heirathen. Einige
damals getroffene Bestimmungen über Menstruation und Reinigungs
bad wolle man 3,144 des größeren Werkes nachlesen.

Hiervon aber auf den Punkt von Reinheit und Unrein=
heit hinübergeführt, fahre ich in demselben fort, nur muß ich seiner
Natur nach etwas mehr Raum dafür in Anspruch nehmen. Im Penta=
teuch ist erklärt, daß eine Pollution oder der Coitus bis zum nächsten
Abend verunreinige, und für beide Fälle ein Bad vorgeschrieben:
die Vorschrift des Bades mag nun wohl bis auf die Soferim
herab überaus wenig befolgt worden sein, jetzt aber wurde eingeschärft,
es wenigstens dann zu nehmen, wenn man den Tempel betreten

ober von heiligen Speisen essen wollte; den Beschluß, daß in diesen
Fällen auch vor dem Lesen in der heiligen Schrift ein solches Bad
erforderlich sei, schrieben Manche dem Esra zu, doch ist er wohl viel
jüngeren Ursprunges. Daß die pentateuchischen Vorschriften wegen
der übrigen Arten von Unreinheit im Allgemeinen bald nach dem
Exil Beachtung finden mußten, war schon dadurch sehr natürlich,
daß die magische Religion, deren eifrige Bekenner über die Juden
herrschten und unter ihnen lebten, sehr ähnliche Gesetze enthielt;
und wirklich sehen wir bei dem Verfasser der Chronik die Reinheitsvorschriften in unvordenklicher Beobachtung der Priester und Lewiten.
Zur Lustration von Menschen und Dingen, welche eine Leiche berührt hatten, gehörte bekanntlich eine zweimalige Besprengung mit
Lauge aus der Asche „der rothen Kuh“, und wenn nun Para 3, 5
behauptet wurde, daß nach dem Exil die erste rothe Kuh von Esra,
die zweite erst von Schimon dem Gerechten zubereitet worden sei,
so war wohl hierbei von der irrigen Meinung ausgegangen worden,
daß Esra kurz vor Schimon dem Gerechten gelebt habe. Glaubhafter ist der Zusatz, daß dieser Schimon zwei rothe Kühe zubereitet
habe. Was von der Asche der zweiten etwa noch übrig war, als
die syrischen Verfolgungen anfingen, muß in diesen zerstreuet oder
entheiligt worden sein: aber wieder eine solche Kuh zuzubereiten,
unterblieb in jenen wilden Zeiten, vielleicht weil in ihnen die Verunreinigung an Leichen so überaus häufig war, daß an die gesetzliche Lustration nicht gedacht werden konnte, und erst als die syrischen
Kriege ganz vorüber waren, bereitete zuerst Jochanan Hyrkanus
wieder eine solche Kuh. Von der Art und Weise, wie man damit
verfuhr, verdient ein Zug hier Erwähnung. Nämlich es war
natürlich, daß man sie, deren Asche zu künftiger Reinigung verwendet
werden sollte, selber vor Verunreinigung sorgfältig bewahrte, und
man baute daher vom Tempelberge bis zum Oelberge, auf welchem
sie geschlachtet und verbrannt wurde, eine Brücke, über welche sie
und die für ihre Zubereitung nöthigen Personen gehen mußten,
um nicht auf dem gewöhnlichen Wege dahin möglicherweise über ein
unkenntliches Grab zu kommen. Eine solche Brücke soll schon
Schimon der Gerechte haben führen lassen, und für die zweite seiner
beiden Kühe wieder eine neue, vermuthlich weil die erstere wieder
abgebrochen worden war. Man hielt damals auch schon das Betreten
eines Feldes, in welchem ein Grab durch Einsinken „verloren ge-

gangen" war, für verunreinigend, und bald nachher wurde aus
diesem Grunde alles Land der Heiden für unrein erklärt. Eine
ähnliche Furcht vor Verunreinigung lag dem oben berichteten, natür=
lich von jüdischen Frommen hervorgerufenen Befehle Antiochus des
Großen zu Grunde, daß bei großer Strafe kein Fremder Fleisch
oder Häute von Thieren, welche die Juden nicht essen dürften, nach
Jerufchalem bringen oder solche Thiere darin aufziehen solle; und
die Ptolemäer wiesen den Juden in Alexandrien sogar einen eigenen
Stadttheil an, „damit sie reiner leben könnten". In jenem selben
Befehl stehet aber vorher auch, daß kein Fremder denjenigen Um=
kreis des Tempels betreten solle, welcher den Juden selbst nur nach
Reinigungen und auch dann nur jenen offenstehe, welchen es nach
vaterländischem Brauche zukomme: hieraus dürfen wir wohl schließen,
daß schon damals die Reinheitsbestimmungen von Kelim 1, 8
theilweise galten. Ja in Verbindung damit, daß Aristeas (um 80
v. Chr.) die zahlreichen Viaducte in Jerufchalem zum Theil freilich
aus seiner bergigen Lage, zum Theil aber auch aus dem Bestreben
erklärt, durch Anlegung von solchen über lebhafte Straßen hin „die
in Reinigungen Begriffenen" besser vor der Berührung von Un=
reinen zu schützen, führen mancherlei Spuren darauf, daß gegen das
Ende dieser Periode auch schon jene Theorie aufgetaucht war, welcher
zufolge es fünf Reinheitsgrade gab, den geringsten für alles Pro=
fane, welches man rein bewahren wollte, einen höheren für den
Zehnten, einen dritten für die Hebe, den folgenden für Opferfleisch,
und den höchsten für die Reinigungslauge; nämlich alle Dinge,
welchen nach der Darstellung des Pentateuchs eine ursprüngliche
Unreinheit innwohnte, nannte man „Väter der Unreinheit", das
von ihnen Berührte dagegen „Kind der Unreinheit" oder „Erstes
zur Unreinheit", das wieder von diesem Berührte „Zweites zur
Unreinheit" u. s. w., und nahm nun an, daß die Hebe noch durch
die dritte Berührung unrein werde, das Opferfleisch noch durch die
vierte, die Reinigungslauge noch durch die fünfte. Zahlreiche fernere
Beispiele von damaliger Schärfung der Reinheitsgesetze hier über=
gehend, hebe ich nur noch als ziemlich alt auch die Anordnungen
heraus, daß ein rituelles Bad wenigstens vierzig Maß Wasser
enthalten, und das Wasser anders als durch Schöpfen hineingelangt
sein müsse. — Anhangsweise mag noch erwähnt werden, daß vor
den Maccabäern auch schon die Sitte verbreitet war, allmorgens

gleich nach dem Aufstehen sich die Hände zu waschen, besonders
wenn man ein Morgengebet verrichten wollte; doch kann es sehr
wohl sein, daß weniger die Besorgniß empfangener Verunreinigung
im gewöhnlichen Sinne als die aus der magischen Religion entlehnte Ansicht, daß ein Geist der Unreinheit sich auf den Schlafen-
den herablasse, Anlaß dazu gegeben hat.

Unsere Musterung lenke ich jetzt auf die Speisegesetze. In
dem erwähnten Befehle Antiochus des Großen ist von den verbotenen
Thieren derart die Rede, daß damals eine ziemlich allgemeine Enthaltung vom Genusse derselben stattgefunden haben muß; wir sahen
daher auch, daß als die syrischen Verfolgungen losbrachen, Viele
lieber starben, als daß sie von verbotenen Speisen genössen, und
wie Antiochus Sidetes gegen die Juden aufgehetzt wurde, weil sie
mit keinem anderen Volke Gemeinsamkeit des Tisches haben wollten;
ja die ägyptischen Juden sollen schon unter Philopator dafür angefeindet worden sein, daß sie im Heere durch ihre Speisegesetze alle
Kameradschaft erschwerten, und jedenfalls erließ um 44 v. Chr. ein
römischer Statthalter von Syrien „wie die Hegemonen vor ihm“
den Juden den Kriegsdienst, weil ihre Sabbat- und Speisegesetze
sie daran hinderten. Auch galt natürlich die Zucht verbotener Thiere
für unerlaubt, wenn Antiochus der Große sie selbst den Fremden
untersagte, die in Jerusalem sich aufhielten. — Von dem rituellen
Schlachten fanden die meisten Einzelnheiten schon vor dem Exil,
andere in unserer Periode Eingang. Gleichwie nämlich bei anderen
Völkern eine bestimmte Art, die Opfer zu schlachten, desgleichen eine
Anzahl von Regeln sich ausbildete, wie das Innere der Opferthiere
beschaffen sein müsse, so geschah dies auch bei unseren Vorfahren
schon in uralter Zeit, ja es wurde schon 5 Mos. 12, 21 auch auf
das Schlachten von profanem Vieh ausgedehnt. Und sowie Opferthiere nicht auf den Altar gebracht werden durften, wenn bei ihrer
Schlachtung gegen diese Bestimmungen gefehlt worden war, ebenso
möchte wohl die Uebertragung derselben auf profanes Vieh bald
bewirkt haben, daß alle Strengeren auch dieses nicht aßen, wenn
es nicht rite geschlachtet worden war. Opfergeflügel wurde in der
vom Pentateuch angegebenen Weise geschlachtet, wogegen dieser für
das Schlachten von profanem Geflügel und Wildpret nichts vor-
schreibt, schon weil beides in den meisten Fällen auf der Jagd erlegt
werden mußte. In der soferischen Zeit aber erhielt der Schlachtritus

wahrscheinlich erst seine volle Ausbildung, desgleichen trug man ihn
mit einer unwesentlichen Milderung jetzt auch auf Wildpret und Geflügel
über: nur mußte diese Uebertragung für jeden Beobachter der Satzungen
den Reichthum des Landes an Wildpret und wildem Geflügel halb
verloren gehen lassen oder die Jagd darauf wesentlich umgestalten.
Ferner sind im Pentateuch mehrere äußerliche Fehler angegeben,
welche ein Opferthier nicht haben dürfe, und es konnte nicht ausbleiben, daß auch allmälig von einer Anzahl innerlicher Beschaffen-
heiten seine Altarfähigkeit abhängig gemacht wurde; daß im Talmud
bald achtzehn einzelne innerliche Schäden, bald acht Klassen von
Schäden aufgezählt sind, die Moscheh auf dem Sinai als solche
offenbart worden seien, durch welche ein Vierfüßler trefa werde,
spricht wohl dafür, daß schon in ältester Zeit manche von den aufgezählten achtzehn ein Thier, in welchem sie entdeckt wurden, altar-
unfähig machten, aber ihre anfänglich kleine Zahl mit der Zeit
vermehrt wurde. Der leitende Gedanke in ihrer Auswahl sticht
vortheilhaft von den Grillen ab, welche bei der meistens zur Erforschung der Zukunft angestellten Opferschau anderer Völker
herrschten: es sollten nämlich bloß diejenigen inneren Schäden, an
welchen ein Thier ohnehin hätte über kurz oder lang sterben müssen,
es zum Opfer unpassend machen, obwohl allerdings die heutige
Veterinärkunde in jener Aufzählung manche nichttödtliche Schäden
entdeckt und manche tödtliche vermißt. Doch waren es vielleicht
erst die Soferim, die auch profanes Vieh, in welchem einer dieser
Schäden sich fände, zu essen untersagten; und von ihnen rührt gewiß
auch erst die Erhebung ihrer Zahl auf 18 her. Noch eine Uebertragung des Opferritus auf den Privatgebrauch geschah, und vermuthlich schon jetzt, mit dem sogenannten Salzen. Von ihm ist
in Bezug auf Opferthiere schon in Jecheskel die Rede, und hierzu
wurde auch wohl das viele Salz gebraucht, welches Darius und
Artaxerxes in den Tempel unentgeltlich liefern ließen: die Uebertragung des Salzens auf profanes Vieh schien aber um so mehr
gerechtfertigt, als hierdurch dem Fleisch das zu genießen verbotene
Blut entzogen wurde. — Für das pentateuchische Verbot, das Lamm
in der Milch seiner Mutter zu kochen, wurden bekanntlich vielerlei
Gründe angegeben, der ansprechendste von ihnen ist immer noch der
von Philo aufgestellte, daß dies das Gefühl verletze: doch muß schon
bei 5 Mos. 14, 21 dieser Grund nicht vorgeschwebt haben, da es

dort den Schluß vieler Speisegesetze von durchaus anderer Grund=
lage bildet; zugleich wird hieraus sehr wahrscheinlich, daß es schon
früh, spätestens aber in der soferischen Zeit, dahin aufgefaßt wurde,
daß es alles Fleisch von Vieh in Milch zu kochen oder so gekocht
zu essen untersage. Die pentateuchische Ansicht, daß Geschirr nicht
gebraucht werden dürfe, in welchem verbotene Speisen gekocht waren,
scheint von Seiten der Frömmeren nach Jes. 65, 4 schon im Exil
einige Beobachtung gefunden zu haben. Der Wein von Heiden
galt, weil von ihm den Götzen libirt wurde, bereits vor den Makka=
bäern für unerlaubt.

Steigende Beobachtung und Entfaltung fanden in dieser Periode
auch die agrarischen und die mit ihnen verwandten Gesetze. So
sollte man bekanntlich eine Ecke des Ackers für die Armen stehen
lassen, sowie ihnen jede vergessene Garbe und alle Nachlese über=
lassen: und einige angeblich sinaitische nähere Bestimmungen über
die beiden ersten Punkte scheinen vielmehr soferischen Ursprungs zu
sein. — Welche Anwendung und Umgestaltung die Vorschriften über
die Zehnten in dieser Periode erfuhren, haben wir schon oben
gesehen. — Das Sabbatjahr wurde von den ersten Zeiten des
Nechemja an beobachtet: nach unverwerflichen Spuren muß aber
dann früh die Erschwerung hinzugefügt worden sein, auch gegen das
Ende des sechsten Jahres in Aeckern, Baumpflanzungen und Wein=
bergen keinerlei Arbeit vorzunehmen, welche das Wachsthum im
siebenten befördert hätte. Der Zweifel, ob im Pentateuch für das
Sabbatjahr ein bloßer Aufschub oder der gänzliche Erlaß aller
Schulden vorgeschrieben sei, ist für die nachexilische Zeit ohne Be=
deutung: in ihr wurde der betreffende Ausdruck auf gänzlichen Er=
laß gedeutet. Der pentateuchischen Vorschrift gemäß hätte nun jedes
fünfzigste oder Jobel=Jahr durch eine nochmalige Brache sowie durch
unentgeltliche Zurückgabe der veräußerten Grundstücke und durch
Freilassung jedes jüdischen Sklaven gefeiert werden sollen: allein
schon die allgemeine Brache in jedem siebenten Jahre verursachte
fühlbaren Mangel und zuweilen Hungersnoth, weshalb man sich
nach dem Exil von Anfang an die Freiheit nahm, von der Vor=
schrift der Brache im Jobeljahre abzugehen und nur die anderen
beiden Jobelgesetze zu beobachten, danach aber das Jobeljahr zugleich
als das erste Jahr der folgenden Schmitta=Periode zu betrachten.
Es wäre für das Judenthum sehr gut gewesen, wenn man häufig

in dieser Weise die alte Form des Gesetzes nach Umständen auf=
gegeben, den humanen Sinn desselben aber gewahrt hätte. Die
Bestimmungen im Pentateuch, welche die Wiedereinlösung veräußerter
Grundstücke so sehr begünstigten, fanden ebenfalls wieder Beobach=
tung; doch die eine derselben, daß ein Haus in einer mit Mauern
umgebenen Stadt das ganze erste Jahr nach dem Verkaufe solle
wiedereingelöst werden können, dann aber dem Käufer verfalle,
wurde jetzt auf Häuser in solchen Städten eingeschränkt, welche
schon „seit Jehoschua“ mit Mauern umgeben seien, um möglichst
vielen armen Verkäufern die Wohlthat angedeihen zu lassen, ihre
veräußerten Häuser auch später noch einlösen zu können oder im
Jobel gar unentgeltlich zurückzuerhalten. — Das Gesetz, welchem
zufolge eine Erbtochter nur einen Mann ihres eigenen Stammes
heirathen durfte, trat schwerlich nach dem Exil wieder in's Leben;
es scheint aber, daß man dafür nachmals es der Erbtochter zu einer
heiligen Pflicht machte, einen Verwandten zu heirathen. — Man
sah auch in unserem Zeitraume sich vielfach die Frage nahe gelegt,
inwieweit die religiösen Satzungen über den Landbau außerhalb
Judäas gälten. Daß von einem neugepflanzten Baume die Früchte
der drei ersten Jahre nicht gegessen werden dürften, wurde jetzt
auf alle Länder ausgedehnt; den Zehnten den Lewiten und vermuth=
lich auch die Hebe den Priestern zu geben, sollen den babylonischen
Juden schon die exilischen Propheten, den in Aegypten, in Ammon
und Moab wohnenden die Soferim zur Pflicht gemacht haben, was
durchaus nicht unwahrscheinlich ist; auch möchte es wohl eine ver=
mackabäische Anordnung sein, daß die Juden in Ammon und Moab
im Sabbatjahre den zweiten Zehnten den Armen gäben wie im 3.
und 6. Jahre jeder Schmitta: sie sollte zu Gunsten der judäischen
Armen sein, welche im Sabbatjahre oft Noth litten. Wer übrigens
in den genannten Ländern der Verpflichtung zu diesen Abgaben
nachkommen wollte, entrichtete sie den Priestern und Lewiten in
seiner Nähe, und fanden sich dort Solche nicht, so behielt man den
Zehnten, sendete aber die Hebe oder deren Werth in Gelde nach
Jeruschalem; mit der Zeit thaten dies auch Juden anderer Länder.
Auch mögen jetzt wie später einzelne Fromme jenseits des Jarden
und in Syrien Erstlinge in den Tempel gebracht haben. — Anhangs=
weise erwähne ich noch, daß von den ziemlich zahlreichen Anordnungen,
welche man nachmals auf Jehoschua zurückführte, und in welchen

theils zu Gunsten der Mitbürger das Eigenthumsrecht des Einzelnen geschmälert wurde, theils überhaupt für das Leben in der bürgerlichen Gesellschaft einige Grundregeln specialisirt erscheinen, die meisten wohl in diesem Zeitraume getroffen wurden; sehr verzeihlich ist übrigens, daß man sie jenem ersten Vertheiler des Landes zugeschrieben hat.

Erwägen wir nunmehr, daß in dieser Zusammenstellung und in der entsprechenden noch viel detailreicheren meines größeren Werkes die Mittheilungen fast alle aus ursprünglich nur beiläufigen alten Angaben stammen, desgleichen daß ich viele Rückschlüsse aus dem Ceremonienwesen der folgenden Periode ferngehalten habe, um nicht die sicheren durch zweifelhafte abzuschwächen, aber die gefundene reiche Entfaltung so vieler Ceremonien schon in diesem Zeitraume immerhin auf gleichzeitige Fortbildung anderer Satzungen schließen läßt: so ist zuzugeben, daß nicht bloß von und seit Esra ein ganz entschiedener Anlauf genommen wurde, die Ceremonien in der bekannten späteren Weise auszubauen, sondern auch ein sehr ansehnlicher Theil ihrer Entwickelung beim Auftreten der Maccabäer schon durchgemacht war.

Aebergang der geistigen Führerschaft von den Propheten auf die Schriftgelehrten.

Erstes Kapitel.
Von dem Untergange des Prophetenthums.

Schon oben (S. 132) war hiervon flüchtig die Rede, aber es muß ausführlicher geschehen; und um die Nothwendigkeit des damaligen Unterganges der Prophetie, sowie was alsdann ihre Stelle einnahm, besser begreifen zu können, haben wir ein Wenig ihr Wesen in's Auge zu fassen. Nämlich in dem alten Jisrcal erhoben sich wohl Manche, aber nur äußerst Wenige zu der Ueberzeugung, daß das Göttliche dem Menschengeiste innewohne und, ehrlich gesucht, ihn über alles Nöthige bescheide. Dies verursachte, daß für Alles, was die Gottheit dem Menschen zu sagen habe, eine besondere Offenbarung nöthig erschien, mochte nun diese in einer Vision, im Traume, oder durch bloße Eingebung erfolgen. Die meisten Propheten glaubten ohne Zweifel selbst, daß Gott zu bestimmten Aussagen sie erst eigens inspirirt habe; die Wenigen aber, welche mit kühnem Bewußtsein ihre Worte aus dem eigenen gotterfüllten Inneren schöpften, mußten der Menge gegenüber ebenfalls für bloße Empfänger sich geben. Ein fernerer wesentlicher Punkt der Prophetie war die Eröffnung der göttlichen Willensmeinung an einen Dritten, mochte dieser ein einzelner Mensch oder eine Gesammtheit sein, das selbstständige Handeln auf göttliche Eingebung machte noch nicht zum Propheten, wie denn von allen gottbegeisterten Helden der Richterzeit kein einziger diesen Titel erhielt. Doch trat mit Schmuël das Prophetenthum in ein weiteres Stadium. Er stiftete eine Prophetenschule, in welcher er Jünglingen die reine Gottesidee und die vaterländische Geschichte vortrug, auch sie in einer volksthümlichen Bered-

samkeit und Musik unterwies, um die Mehrzahl von ihnen vielleicht
bloß zu erleuchteten Jahwehbekennern, welche ihren heimischen Kreisen
zurückgegeben sehr heilsam auf sie einwirken würden, die Begabtesten
darunter aber zu wirklichen Propheten auszubilden: offenbar war
in ihm die höhere Ueberzeugung zum Durchbruch gekommen, daß
die Prophetengabe entwickelt werden könne. Solchen Prophetenschulen begegnen wir noch an zweihundert Jahr später, einer Spur
von ihnen selbst noch unter Amos, und sie mögen wohl zu jener
höchsten Phase des Prophetenthums mitgewirkt haben, welche man
erst von diesem Amos oder von Joël nur darum anheben läßt,
weil von ihren Vorgängern sich nichts erhalten hat. Doch bot für
prophetische Wirksamkeit auch die Zeit den reichsten Stoff dar.
Denn die größere Gefahr für die Religion, als der Einfluß der
Könige den Götzendienst oder das gestiegene Ansehen der Priester
den Formendienst begünstigte; ferner die Theilung des Reiches und
in ihrem Gefolge Bruderkriege sowie vom Reiche Israel her eine
grundsätzliche Bekämpfung des jüdischen Cultus; dazu in beiden
Staaten Tyrannei, Beamtenwillkür und zunehmende Sittenverderbniß; endlich das Vordringen der Assyrer und später der Chaldäer
an das Mittelmeer, ihre Absichten auf Aegypten und die Gefahren
hieraus für das zwischen ihnen eingeklemmte Palästina: alles
dieses forderte die geeigneten Männer zu begeisterten Strafreden
heraus, auch das, was in den angegebenen Dingen politischer Natur
war, denn natürlich nur mit dem Bestande eines Staates ist die
Möglichkeit gewahrt, daß er sein höheres Ziel erreiche. Wir sehen
daher in dieser Periode die Propheten nicht bloß wie früher gegen
die Abgötterei auftreten und hier zu einer patriotischen That auffordern, dort von einer verderblichen abrathen, sondern auch bald
den Reichthum der Jahwehidee mehr auseinanderfalten, bald mit
scharfem Wort die Sittenlosigkeit und Werkheiligkeit ihres Volkes,
die Feilheit der Richter und die Habsucht der Großen, die Einseitig-
keit oder Schlaffheit der Priester, die Ueppigkeit, den Blutdurst und
die untheokratische oder gar thörichte Politik der Könige geißeln,
und dafür göttliche Strafgerichte verkünden oder hereingebrochene
Leiden als solche deuten. Auf ihr Verkündigen der Zukunft müssen
wir aber hier näher eingehen. Erforderlich zum reinen Prophetenthum ist dasselbe nicht, und unzählige vortreffliche Prophetien in
der heiligen Schrift sind ganz frei davon. Zwar sahen die Pro-

pheten zuweilen sich genöthigt, ihren Zuhörern einen Blick in die Zukunft zu eröffnen, aber dies geschah in der Regel ohne den Anspruch, daß selbige ihnen in einem höheren Grade offen läge als Jedem, der ohne Leidenschaft die Dinge sub specieaeterni ansehe und darum ihre fernere Gestaltung besser als die blind in die Interessen des Augenblicks Versunkenen errathe. Während sie daher fast insgesammt an das „Ende der Tage" den Sieg des Göttlichen und alle Segnungen verlegen, welche ein solcher Sieg im Gefolge haben muß, weil einem religiösen Auge nicht entgehen kann, daß am Ende stets das Göttliche siegt: ließen sie dagegen der nächsten Zukunft, als der nothwendigen Entwickelung der Gegenwart, jedesmal diejenige Farbe, in welche für ihr unparteiisches Auge die Gegenwart gekleidet war. Im Großen und Ganzen irrten sie auch nicht hierin, und auf das Nichteintreffen zufälliger Einzelnheiten, welche sie einfließen ließen, legten sie selbst keinen Werth [1]). Wenn 5 Mos. 18, 22 das Eintreffen einer Wahrsagung als Kriterium des echten Prophetenthums angegeben und hierbei befohlen ist, im Falle ihres Nichteintreffens den Verkündiger mit dem Tode zu bestrafen: so wollte der Gesetzgeber hierdurch vermuthlich vom Wahrsagen ganz abschrecken, denn daf. 13, 3. 4 wird das Eintreffen für gar kein untrügliches Zeichen der Wahrhaftigkeit erklärt; und daß Jirmeja 28, 9 für die Wahrhaftigkeit eines Propheten das Eintreffen seiner Verkündigungen einen Beweis sein läßt, erklärt sich genügend daraus, daß die sogenannten falschen Propheten untheokratischen Grundsätzen in der Politik und die schlechtesten von ihnen selbst zuweilen dem Polytheismus und Lastern des Tages huldigten, natürlich aber in Folge davon auch die Zukunft in einem täuschenden Lichte sahen und also von dem Ausgange der Dinge widerlegt werden mußten. Jene Ansicht, daß in den Aussprüchen der Propheten die Verkündigung der Zukunft überhaupt nur etwas sehr Beiläufiges sei und das Eintreffen von Einzelnheiten gar nicht verbürge, hätten aber nur die Erleuchtetsten im Volke, wogegen die Menge glaubte, daß diese Vertrauten der Gottheit die nächste Zukunft offenbart erhielten oder von ihr zu erforschen fähig seien.

Aber schon während des Exils erlitt das Prophetenthum eine wesentliche Umänderung. Wir haben nämlich soeben die Fäden

---

[1]) vgl. hierüber 3, 5 des größeren Werkes.

betrachtet, welche die Prophetie mit dem Wahrsagen verbanden: die Propheten hatten sie nicht ganz abgerissen, aber doch für die Verkündigungen der Zukunft in ihren Reden bloß eine nüchterne Würdigung verlangt. Nun aber waren die bisherigen düsteren Prophezeiungen vollständig eingetroffen, und schon dies begünstigte den Glauben, daß die Propheten denn doch einen nur ihnen vergönnten klaren Blick in die Zukunft hätten; vollends aber, als die mitgenommenen und von exilischen Gottesmännern erneuerten Verkündigungen einer nicht allzufernen Erlösung vermittelst der eingetretenen politischen Ereignisse ihrer Erfüllung immer näher rückten, wurde es zu einer fast allgemeinen Ueberzeugung, daß den Propheten auf übernatürliche Weise die Zukunft erschlossen sei: im Deuterojeschaja wird dies in zahllosen Wendungen gesagt, und natürlich mit dem vollen Glauben des Redenden selbst. Durch ihre endliche Erfüllung durch Cyrus wurde diese Ueberzeugung mehr befestigt, als durch die Armseligkeit des neuen Gemeinwesens erschüttert, denn Chaggaj und Secharja schilderten letzteres als den bloßen Anfang künftiger Größe. Schon durch diese einzige Ansicht aber war das Prophetenthum auf einen anderen Boden versetzt, es konnte nicht mehr recht als naturwüchsig erscheinen, und der Prophetischbegabte selber mußte, wenn er ehrlicherweise einen solchen übernatürlichen Blick in die Zukunft in sich vermißte, an seinem Prophetenberufe irre werden und ihm zu folgen sich scheuen. Aber noch ganz andere Umstände kamen nunmehr hinzu, den Propheten im alten Sinne des Wortes aus der Wirklichkeit hinauszudrängen. Die Wirksamkeit der alten Propheten erstreckte sich nämlich, wie wir sahen, auf das Religiöse und Politische. Unter der Herrschaft der Perser und später der Griechen aber konnte von Uebung politischen Einflusses auf das Volk oder auf die Maßregeln seiner Beherrscher nur noch in höchst seltenen Fällen die Rede sein. Und in noch höherem Maße wurde die religiöse Thätigkeit der alten Propheten durch die aufgetauchte und immer allgemeiner werdende soferische Richtung unmöglich gemacht, wie zum Theil früher schon erörtert wurde: der Götzendienst und die vorexilische Ueppigkeit waren aus Judäa geschwunden und mit ihnen die reichhaltigsten Themata der alten Propheten. Auf diesem geebneten Boden hätte sich freilich, gerade mit Hilfe von Propheten, ein Gottesreich aufbauen lassen, allein man zog es vor, die pentateuchischen Gesetze ohne Sichtung,

und selbst ohne sie den veränderten Zuständen anzupassen, in das
Leben einzuführen: hierzu bedurfte man nüchterner, auf alle geistige
Selbstständigkeit verzichtender Schriftgelehrten, es war kein Raum
mehr für schwunghafte und schöpferische Prophetie; letztere hatte
zwar an mosaischen Ideen sich genährt, und entsagte niemals den
mosaischen Grundlagen, aber niemals auch entsagte sie dem Rechte,
diese nach individuellen Anschauungen fortzubilden, niemals ward sie
zur Sklavin des Buchstaben, und verstummte daher, als dieser auf
den Thron gesetzt wurde, noch entschiedener als aus den beiden
ersten Gründen. In dem Sinne, welchen wir vorhin der echten
Prophetie zuschrieben, mag Israel ungemein viele Propheten gehabt
haben; doch haben sich in unserer heiligen Schrift nur die Namen von
37 Männern und 3 Frauen erhalten, welche hierher zu ziehen sind [1]).

Das Aufhören der Prophetie erfolgte aber allmälig, und wurde
auch nicht sogleich bemerkt, theils weil das Vorhandensein von Pro=
pheten überhaupt niemals ein stetiges war, theils weil in Folge
einer Umbiegung, welche der Begriff der Prophetie jetzt nach mehreren
Seiten hin erfuhr, noch einzelne Männer der nächsten Zeit bei
ihren Zeitgenossen für Propheten gegolten zu haben scheinen. Nach=
dem nämlich seit dem Beginne des Exils selbst bei den echten Pro=
pheten auf das Verkündigen der Zukunft ein ungebührlich großer
Werth gelegt worden war, führte dieser Abweg dahin, daß nach
Nech. 6, 7—14 in Nechemja's Tagen Männer und Frauen Pro=
pheten genannt wurden, welche sich vermaßen, auf angebliche Ein=
gebung Gottes in ganz kurzen vereinzelten Aussprüchen die aller=
nächsten Ereignisse vorherzusagen. Daß solche Propheten, kaum
verschieden von gewöhnlichen Wahrsagern, noch lange nachher sich
gefunden und Anerkennung erlangt haben, wird daraus zweifellos,
daß Josephus noch dem Jochanan Hyrkanus die Gabe der Prophetie
zuschrieb, weil er die kurze Herrschaft seiner zwei ältesten Söhne
richtig vorausverkündigt habe, und von einer besonderen Ausbildung
der Essener hiefür berichtet. Diese späte Auffassung, daß der Prophet
übernatürlich klar in die Zukunft schaue, aber keinerlei theokratische
Einwirkung auf seine Umgebung auszuüben brauche, hat auch erst
die Conception möglich gemacht, daß dem Danijel auf Jahrhunderte
hinaus die Zukunft detaillirt offenbart worden sei.

---

[1]) Sie sind 3, 16 des größeren Werkes zusammengestellt.

Aber auch das Wesen der alten Prophetie faßte man jetzt nicht streng genug auf. Man übersah es, daß der Prophet wesentlich ein Dolmetscher des göttlichen Willens, ein Ueberbringer der ihm gewordenen Offenbarung an Andere war, und hielt daher für einen Propheten auch den schon, welcher ergriffen vom göttlichen Geiste selbstwirkend aufgetreten war, z. B. den Jehoschua[1]). In Folge dieser Verwechselung des göttlichen Geistes mit dem prophetischen begann man ferner, letzteren auch den religiösen Dichtern zuzuschreiben, indem zwar schon das israelitische Alterthum gleich dem profanen den Dichter an sich als gottbegeistert ansah, jetzt aber der Unterschied außer Acht blieb, daß der Prophet „gesandt" war, mit seinen religiösen Reden Einfluß auf die angeredeten Zuhörer auszuüben, der religiöse Dichter aber nicht als gesandt erscheinen konnte und seine Wirkung bloß von dem zufälligen Lesen oder dem gelegentlichen Vortrage seiner Dichtung abhängig sein ließ. Der Chronist nennt daher auch die alten Psalmendichter Asaf, Heman und Jedutun Propheten, und ebenso wurden Dawid, die Korchiten, Schlomo, Asaf und Etan später dafür erklärt. Hiernach dürfte es kaum zweifelhaft sein, daß auch die Psalmendichter nach Malachi bei ihren Zeitgenossen einigermaßen noch für Propheten galten. Dasselbe ist noch entschiedener von Esra und überhaupt von den erstern Soferim anzunehmen, da ihr Auftreten vor dem Volke mit Gebet und Strafrede wirklich noch echtprophetisch war, weßhalb auch umgekehrt Jonatan das biblische nabi so oft durch sofar umschreibt, und selbst noch im „N. T." Männer, welche ganz wie die ersten Soferim auftraten, Propheten genannt sind. Allein es war natürlich, daß alle die Männer, welche nach Malachi noch für Propheten gegolten haben mögen, gleichwohl nur als matte Epigonen angesehen wurden. Schon die damals immer steigende Verehrung des Alterthums empfahl die Annahme eines Unterschiedes zwischen ihnen und den früheren Propheten, und da dieser Unterschied wirklich vorhanden war, so wird man ihn auch bald genug gefühlt haben; die Wahrsager aber, an welchen es nicht gefehlt haben wird, konnten schon deshalb nicht für volle Propheten gelten, weil die damalige Lage des jüdischen Gemeinwesens ihnen ziemlich die

---

[1]) Die Citate für diese und die folgenden Angaben wurden 3, 9 u. w. des größeren Werkes gegeben.

Gelegenheit abschnitt, ihre Verkündigungen theokratischen Zwecken dienstbar zu machen. Fühlte man aber, daß das keine rechte Propheten mehr seien, und waren zugleich die jüdischen Zustände unter den späteren persischen sowie unter den makedonischen Königen solche, daß man sich ziemlich von Gott verlassen glaubte, in zahllosen Wendungen klagen dies die nachexilischen Psalmen: so ist es kaum ein fernerer Schritt zu nennen, daß ein makkabäischer Psalmode Pf. 74, 9 es aussprach, es „gebe keinen Propheten mehr," oder daß der Verfasser des Buches Danijel für seine Prophetien einen alten Namen borgte, und nicht viel später gesagt wurde, daß „durch Bakchides über Israel eine Drangsal kam, wie sie nicht gewesen seit der Zeit, da kein Prophet mehr erschien". — Später versuchte man, den Zeitpunkt näher zu bestimmen, in welchem die Prophetie erloschen sei, ließ sich aber hierbei theilweise von einer ferneren unberechtigten Ausbreitung ihres Begriffes leiten. Nämlich man hatte allmälig angefangen, die Propheten für Träger der Tradition, und zunächst der geschichtlichen anzusehen. In der Vorrede zum Sirach erscheinen unter der Bezeichnung Propheten ohne Zweifel auch unsere sogenannten „ersten Propheten" (die Bücher Jehoschua, der Richter, Schmuöl und der Könige) umfaßt, und diese Bezeichnung scheint daraus entstanden zu sein, daß man die Geschichtschreibung gern Propheten vindicirte, sowohl weil eine große Anzahl vorexilischer Propheten Geschichte oder doch Geschichtliches schrieb, als auch weil man diesen alten Schriften volle objective Wahrheit zuerkannte und annahm, daß die unverfälschte Ueberlieferung ihres Inhaltes und dessen vollkommen getreue Darstellung nur durch Männer von prophetischem Geiste möglich war, wie denn Abot 1, 1 die Propheten auch für die Träger der Gesetzestradition von den Aeltesten nach Jehoschua an bis zur großen Synagoge ausgegeben sind. Hiervon nun ausgehend machte Josephus contra Ap. 1, 8 auch die Verfasser der geschichtlichen Hagiographen zu Propheten, und da er das Büchlein Ester für das jüngste in der Bibel und für geschrieben unter Artaxerxes I hielt, so nahm er an, daß zur Zeit dieses persischen Königs die alte echte Prophetie erloschen sei. Einfacher erklärten Andere Chaggaj, Secharja und Malachi für die letzten Propheten; und Seder-olam K. 30 verlegte gar das Aufhören der Prophetengabe unter Alexander den Großen, indem es dem persischen Reiche

nur eine Dauer von im Ganzen 52 Jahren zuschrieb: weder ihm
aber noch Jenen wollte die talmudische Behauptung entgegentreten,
daß während des zweiten Tempels der heilige Geist gefehlt habe:
in ihr ist bloß die Zeit bis zu diesen verschiedenen Terminen nicht
in Abzug gebracht, weil man dieselbe irrthümlich für eine sehr
kurze hielt.

Als man aber nach Malachi noch eine Zeitlang matteren
Geistern die prophetische Ehre zuerkannt hatte und am Ende sich
doch eingestehen mußte, daß die Prophetie aufgehört habe, schlich sich
wie zu einigem Ersatze der Glauben ein, daß seit dem Schwinden
des heiligen Geistes Gott die Zukunft zuweilen durch eine bat-kol
(Tochter der Stimme) offenbare. So lesen wir, der hohe Priester
Jochanan (Hyrkanus) habe einst aus dem Allerheiligsten heraus eine
Stimme erschallen hören: „die jungen Leute, welche ausgezogen
sind, Antiochien zu bekämpfen, haben gesiegt!" man schrieb Tag und
Stunde dieser Offenbarung auf, und fand sie nachher selbst hin=
sichtlich der Zeit vollkommen bestätigt; ferner, Schimon dem Gerechten
sei einst aus dem Allerheiligsten eine Stimme erschollen: „Cajus
Caligula ist umgekommen, und seine Verordnungen" (unter welchen
auch die war, daß die Juden seine Bildsäule im Tempel aufstellen
sollten) „haben keine Geltung mehr!" Und nicht bloß im Tempel
sollen solche Tochterstimmen vernommen worden sein, denn uns
wird z. B. erzählt: Einst waren die Weisen in Jericho versammelt,
da erscholl eine Stimme vom Himmel: „unter euch ist Einer würdig
des heiligen Geistes, nur verdient dies seine Mitwelt nicht!" ein
anderes Mal waren sie in Jabneh versammelt, da erschollen die
nämlichen Worte; das erste Mal hielten sie Hillel, das andere Mal
Schmuël den Kleinen für diesen einen Würdigen [1]. Es versteht
sich von selbst, daß solche Stimmen erst von den gläubigen Hörern
zu Worten formulirt und diese auf dem Wege der Tradition noch
ausgeschmückt wurden. Zur Entstehung des Glaubens daran scheint
aber Mehreres zusammengewirkt zu haben. Der heilige Geist,
welchen Moscheh in der Einsamkeit des Tempelzeltes aufsuchte, wird
schon 4 Mos. 7, 89 sehr treffend eine Stimme genannt, welche zu
ihm sprach: hiernach und wegen der Heiligkeit des Ortes lag es
ganz nahe, ein im Tempel vernommenes ungewöhnliches Geräusch,

---

[1] Fernere Beispiele derselben siehe 3, 13. 14 des größeren Werkes.

besonders in einer entscheidenden Stunde, als eine Gottesstimme aufzufassen. Zu einer eben solchen Deutung lud aber auch das Echo [1]), dessen Entstehung so schlichte Menschen sich nicht erklären konnten, und jeder unerklärliche Laut ein. Hierzu kommt in Bezug auf Palästina noch ein besonderer Umstand. Gfrörer erwähnt nämlich eine Sammlung von zahlreichen Zeugnissen glaubwürdiger Reisenden, daß auf der ganzen Erde die sogenannten Stimmen aus der Höhe nirgend häufiger als in Ceylon und in Palästina vorkommen, und sagt dann: „Sie werden nur in den Ländern gehört, wo der sogenannte Horn= oder Klangporphyr häufig ist. Diese Steinart verklüftet sich leicht, und der Wind soll dann auf frei= liegenden Platten ¡des Gesteins spielen wie auf einer Aeolsharfe, nur viel stärker. Wirklich steht die Stadt Jeruschalem auf einem Gebirge solchen Porphyrs. Der Ton ist meist wehklagend, und durchschneidet dann Mark und Bein des Menschen". In einer Zeit aber, welche klagte, daß es keinen Propheten mehr gebe, und ein so geringes Maß von Naturkenntniß besaß, war es sehr natürlich sogar, daß in zweifelhaften Lagen auf solche räthselhafte Stimmen gelauscht wurde. Später ging man noch weiter, nämlich man nahm sogar unabsichtlich gefallene Worte für Omina und nannte zuweilen auch sie Tochterstimmen, desgleichen hielt man für beachtenswerth in dieser Beziehung die Aussprüche von Kindern und Narren, viel= leicht in der Meinung, daß Gott, um das Zukünftige zu offenbaren, sich Derjenigen bedienen werde, welche keine eigene Einsicht besäßen und daher die göttliche Eingebung unverfälscht wiedergäben.

Zweites Kapitel.
Von den Trägern und dem Wesen der damaligen Schriftgelehrsamkeit.

Durch was für eine Klasse von Männern der im vorigen Abschnitt vorgeführte Fortbau hauptsächlich erfolgt sei, ist zwar im Allgemeinen schon früher angegeben worden: doch ist hier noch ein

---

[1]) Daß das Echo bat-kol genannt wurde, zeigt Schmot-rabba K. 29; Jebamot 16, 6 bedeutet bat-kol ein Gerücht, dessen Urheber nicht zu erforschen ist.

Mehreres darüber zu sagen. Wir hatten schon neben Esra eine kleine Anzahl von Schriftgelehrten gefunden, er aber hat ohne Zweifel bis an seinen Tod nicht bloß in religiösen Versammlungen Schrift=kenntniß zu verbreiten, sondern auch befähigte Jünglinge zu Volks=lehrern heranzubilden gesucht. Die weniger Ausgezeichneten unter Diesen verbreiteten sich über Judäa, und brachten an vielen Orten ähnliche Versammlungen in Gang, die allmälig zu Synagogen wurden. Den Hervorragenden aber verschaffte er Eintritt in das von ihm wieder eingesetzte Obergericht, und in diesem war auch später die Schriftgelehrsamkeit als solche stets vertreten. Da aber bei dem zunehmenden Ansehen derselben auch die im Obergericht sitzenden Priester und Leviten ihr Rechnung tragen mußten, so konnte es nicht ausbleiben, daß die Ergebnisse der damaligen Schrift=gelehrsamkeit für die Entscheidungen dieses hohen Tribunals in allen theologischen Dingen zur Norm wurden. Dahin gehörten zunächst Fragen über den Opferdienst, über den Tempel im All=gemeinen, über die makellose Abstammung der Priester, Anordnungen über die Einkünfte und Ausgaben des Tempels, über Einlieferung und Vertheilung alles dessen, wovon die Priester und Leviten leben sollten, die Entscheidungen über Rein und Unrein für die Betretung des Tempels, das Kalenderwesen und Aehnliches. Fernere Folgen davon, daß Schriftgelehrte in dieser Oberbehörde saßen, waren: daß Selbige zum großen Vortheil auch ihrer anderweitigen Wirk=samkeit einer höheren Autorität genossen, und daß es ihnen leicht wurde, religiöse Anordnungen sonstiger Art vermittelst dieses Colle=giums gewissermaßen zu Landesgesetzen zu erheben, denn seine Autorität und der Umstand, daß alle Soferim in Judäa ihre Aus=bildung von Mitgliedern desselben erlangten, wie wir sogleich sehen werden, mußten eine Conformität in solchen Dingen außerordentlich begünstigen. Manches von dem, was in Betreff dieses Senates später üblich war, mag schon geraume Zeit vor den Makabäern zur Sitte geworden sein, so namentlich daß um den Präses desselben die Senatoren in einem Halbkreise saßen, obenan der sogenannte Aw-bet-din (Vater des Gerichtshofes), einer der ehrwürdigsten oder schriftgelehrtesten von ihnen, und daß zwei Schreiber ihre Verhande=lungen zu Protokoll nahmen; daß ohne den Präses die Zahl der Mitglieder 70 betragen sollte und in der später sogenannten Lisch-chat hagazit, einer geräumigen Halle im Südosten des inneren

Tempelvorhofes, ihre Sitzungen stattfänden, hatte wohl schon Esra
eingeführt. Nach diesem scheinen die Hohenpriester das Präsidium
des Senats bekleidet zu haben; doch die Verfolgungen des Antiochus
Epiphanes sprengten ihn auseinander, und als er sich nach der
Tempelweihe wieder zusammenfand, erhielt er in Ermangelung eines
anerkannten hohen Priesters den wegen seiner großen Frömmigkeit
hochbelebten und schriftgelehrten Priester Jose ben Joëser zum Vor-
sitzenden, und seitdem blieb das Präsidium fast immer in den Händen
von bloßen Schriftgelehrten. — Die fernerweitige Wirksamkeit der
senatorischen Schriftgelehrten war, an passenden Tagen dem Volke
die heilige Schrift zu erklären sowie eigenem Forschen im Gesetz
und der Ausstellung von Schülern obzuliegen. Wer daher Beruf
zu soferischer Thätigkeit in sich fühlte, suchte sie zu seiner Ausbildung auf. Zuweilen mochten sie ihren Unterricht einzeln ertheilen,
indessen trugen sie gewiß schon früh dafür Sorge, daß ihre Schüler
den Sitzungen des Senats beiwohnen durften, sowohl um von den
gelegentlich schriftgelehrten Erörterungen desselben Nutzen zu ziehen,
als auch um, wenn aus diesen schriftgelehrten Schülern der Senat
rekrutirt werden mußte, würdig hierzu vorbereitet zu sein; um so
näher aber lag es hierdurch, und war überdies ganz im Geiste des
Morgenlandes, daß die Lehrer häufig zusammenkamen, durch gemeinsame Erörterung der Schrift sich selbst fortzubilden wie ihre zu-
hörenden Schüler zu fördern, und natürlich wählten sie zu diesen
Zusammenkünften gern das Local ihrer amtlichen Sitzungen, da sie
und ihre Schüler dort heimisch waren. Mit der Zeit kam hierzu
noch, daß diese Halle, in der Regel von denselben Lehrern, zu den
regelmäßiger werdenden Sabbatvorträgen benutzt ward und am Ende
zur Tempelsynagoge wurde, welche wie jede andere Synagoge in
den ersten Jahrhunderten einen überwiegenden Schulcharakter hatte.
In dieser Lischchat-hagasit hielt auf ihrer Westseite der Senat
seine Sitzungen, die Ostseite aber wurde zu den Loosungen der
Priester und zu Gebetsversammlungen benutzt; und die auffällige
Anordnung, daß die den Synedralsitzungen anwohnenden Schüler
vor den Synedrin saßen, scheint davon herzurühren, daß bei den
viel häufigeren Sitzungen zu bloßem Gesetzesstudium die Schüler
passend so saßen. Unter diesen „Weisenschülern" haben wir uns
übrigens reife Jünglinge und theilweise schon Männer zu denken,
die ihren eigenen Hausstand hatten; und da Viele derselben unbe-

mittelt waren, so wurde eingeführt, daß man ein Drittel des Zehnten
den Armen und darunter namentlich diesen bedürftigen wie erwerb-
losen Studiosen geben sollte, gleich wie erlaubt war, alle heilige
Gaben, welche nicht in den Tempel gebracht werden mußten, jedem
beliebigen Studiosen zu reichen; auch wurde ihnen gewiß schon früh
der Verdienst zugewendet, daß man bei ihnen die angehenden Priester
mancherlei Opfermanipulationen lernen ließ, wie die jedesmaligen
Schriftgelehrten diese haben wollten, und sie dafür aus der Tempelkasse honorirte. Auf dieselbe Weise erhielten die unbemittelten
Synedrin ihren Lebensunterhalt, und zuweilen, wie z. B. von
Antiochus dem Großen, wurden gleich den Priestern und Leviten
der Senat und jene Weisenschüler für frei von allen Abgaben
erklärt. Wahrscheinlich wurden auch die Soferim in den Landstädten,
wenn sie kein sonstiges Gewerbe hatten oder dasselbe sie nicht ausreichend nährte, mit von dem Zehnten und von milden Gaben
erhalten; sie wandten sich von Jerusalem dahin, wenn ihre Fortschritte in den Studien so mäßig waren, daß sie auf einstige Beförderung in den Senat nicht hoffen durften. — Auch mag hier
erwähnt werden, wie die Vorkenntnisse erlangt wurden, welche ein
solcher Weisenschüler mitbringen mußte. Nämlich in den entstandenen
Synagogen erhielten die Männer eine ziemlich gute Kenntniß des
Pentateuchs und nachmals auch einige Kenntniß der Propheten, was
ihnen bedeutend dadurch erleichtert ward, daß die ibräische Sprache
Anfangs noch gesprochen und später wenigstens immer noch einigermaßen verstanden wurde; zugleich gewannen sie hier eine hinlängliche Bekanntschaft mit der älteren jüdischen Geschichte und mit dem
Ceremoniale, was durch sie der ganzen Familie zu Gute kam. Viel
trauriger sah es natürlich da aus, wo kein Sofer wirkte, und dies
war bis über die Maccabäerzeiten herab in allen kleineren Ortschaften
der Fall: die Bezeichnung „Landvolk" (am haarez) erhielt jetzt
den Nebensinn von „bar aller religiösen Bildung", denn was ihm
hiervon durch die Festwallfahrten zu Theil ward, war an sich gering,
und erschien der in den Städten zunehmenden soferischen Bildung
gegenüber noch geringer. Da es nun vorläufig noch keine Elementar-
schulen gab [1]), so lernten in solchen Städten manche Knaben lesen

---

[1]) Es gehörte einer späteren Zeit an, daß den Kindern Rollen in die Hand
gegeben wurden, auf welchen das Schma oder Hallel, die Schöpfungsgeschichte
bis zur Fluth, die ersten acht Kapitel des Leviticus verzeichnet waren.

bei ihrem eigenen Vater, andere auf besonderen Wunsch bei dem Sofer, das Weitere vernahmen sie in der Synagoge. Wurde hierdurch Einer dieser jungen Zuhörer lernbegieriger, so suchte er den Sofer auf, meistens erst im sechzehnten oder siebzehnten Jahre; und erwachte durch dessen Unterricht in ihm die Neigung zu eigenem soferischen Wirken, so begab er sich nach Jerufchalem, um entweder sogleich unter die Weisenschüler einzutreten oder erforderlichen Falls erst eine weitere Vorbereitung auf diesen Eintritt von ihnen zu erhalten.

Ueber den Charakter der damaligen Schriftgelehrsamkeit lassen sich bloß einige Vermuthungen aufstellen. In der ersten Zeit suchte man den Inhalt jeder pentateuchischen Vorschrift möglichst zu ergründen, und an hinlänglicher Sprachkenntniß hierzu fehlte es noch nicht, wohl aber mitunter an der nöthigen Alterthumskunde und durchweg an der Fähigkeit, schwierige Stellen grammatisch und syntaktisch sich zurechtzulegen, welche dem ganzen Alterthume abging. Der Glaube, daß nicht bloß der Geist der Schrift, sondern auch dessen Einkleidung bis auf die einzelnen Wörter und Buchstaben göttlichen Ursprunges sei, trieb aber dazu, im Pentateuch in jeder ungewöhnlichen Wendung, in jeder unnöthigen Wiederholung, selbst in jeder Auslassung eine genauere Bestimmung des Gesetzes zu erblicken, welche ergründet werden müsse, sowie wenn zwei Stellen sich widersprachen, unbedenklich jede von ihnen auf einen besonderen Fall zu beziehen oder so zu deuten, daß der Widerspruch weg fiel. Hierzu kam, erstens daß sich aus der vorexilischen Zeit manche Gebräuche erhalten hatten, die mit den pentateuchischen Vorschriften in ihrer jetzigen Auffassung in Verbindung zu bringen waren, und dieses geschah natürlich auch mit jenen Gebräuchen, die erst nach dem Exil Eingang fanden; ferner, daß man es für nöthig hielt, „einen Zaun um die Tora zu ziehen" und demzufolge mit Bewußtsein den pentateuchischen Vorschriften eine größere Anwendungssphäre zu geben, sowie durch Hinzufügung ihnen ähnlicher Bestimmungen sie zu steigern. Mit der Zeit erhielt aber diese soferische Thätigkeit noch einen weiteren scharf ausgeprägten Charakterzug. Nämlich vermöge der damaligen großen Verehrung für alles Ueberlieferte wagten, wenn eine Deutung nur ein oder zwei Menschenalter sich in Ansehen erhalten hatte, die Späteren nicht leicht mehr, sie wieder umzustoßen, und noch zwei andere Umstände erschwerten dies außerordentlich. Erstens wurde damals sehr wenig aufgeschrieben, und eine stehend gewordene Deutung oder eine etwas ältere An= ordnung der Soferim konnte darum sehr leicht für noch viel älter gelten, als sie in der That war: um so sicherer war sie dann, nicht wieder angetastet zu werden. Vermuthlich erstreckte sich dies schon vor den Makkabäern über die Deutungen an sich hinaus auf manches Methodische in der Schriftdeutung, namentlich daß frühere Deutungen maßgebend für die Auffassung von verwandten pentateuchischen Wendungen wurden. Hierzu kam zweitens jenes allen Religionen gemeinsame Bestreben, Jüngeres in das Alterthum hinaufzusetzen: aus ihm ist des Chronisten Zurückführung so vieler zum Theil sehr jungen Tempeleinrichtungen auf Dawid hervorgegangen, und ebenso wird wohl zeitig damit angefangen worden sein, späte Satzungen und Satzungsmodalitäten auf Moscheh und andere Heroen der Vorzeit zurückzuführen. Es mag wohl vorgekommen sein, vor wie nach den Makkabäern, daß die Schriftgelehrten Satzungen, deren Jugend sie kannten, auf alte Urheber zurückführten, um sie dadurch dem Volke als beobachtungswerther darzustellen, aber vermuthlich noch öfter die ihnen überlieferten außerpentateuchischen Satzungen und näheren Bestimmungen von pentateuchischen wirklich für sehr alt hielten und demgemäß Denjenigen zuschrieben, welche ihnen auf die betreffenden Dinge das meiste Anrecht zu haben schienen (die näheren Bestimmungen vieler in der „Lehre Moscheh's" vorkommen= den Gesetze dem Moscheh, die Anordnungen für das bürgerliche Leben dem Jehoschua, manches die Toravorlesungen Betreffende dem Esra, Anderes Anderen), oder für deren Anspruch auf die Urheberschaft einer Satzung sie in irgend einem biblischen Ausdrucke einen Fingerzeig zu finden glaubten. Die Zurückführung vieler Dinge auf Moscheh hatte aber das gegen sich, daß sie nicht in seinen Büchern mit aufgeführt seien: deshalb kam man darauf, was nun einmal als mosaisches Gut erschien, theils in pentateuchischen Aus= drücken angedeutet zu finden, theils für „mündlich dem Moscheh auf dem Sinai überliefert" anzusehen. Diese Zurückführung der vorgefundenen religiösen Gebräuche auf die Schrift haben wir wohl unter dem midrasch hahalachot zu verstehen, dessen erste Ein= führung der „großen Versammlung" zugeschrieben ist. Vieles aber aus der Zeit nach Esra kam, weil es größtentheils in gemeinsamer Erörterung bald des vollen Senats, bald bloß seiner soferischen

Mitglieder beschlossen oder entwickelt worden war, mit Recht als „Worte der Soferim" oder „der Sekenim" (Senatoren) auf die Nachwelt.

Diese soferischen Synedristen hatten aber noch manche andere Thätigkeiten, und zwar zunächst solche, für deren Ergebnisse sie die Sanction der „großen Versammlung" einzuholen hatten, wie vor den Maccabäern der Senat officiell hieß. Hierher gehören jene Sammlung biblischer Schriften, welche unter Nechemja's Auspicien zu Stande kam, und die nachmaligen wiederholten Ergänzungen der Tempelbibliothek mit den hierzu nöthigen literarischen Vor- oder Nacharbeiten; dann die ersten Formulirungen mancher von unseren Gebeten und Benedictionen; endlich zahlreiche Vorschriften für die Anfertigung von Torarollen, Tefillin und Mesusot, sowie einige Sorge dafür, daß Abschriften des Pentateuchs und anderer biblischer Schriften zu haben waren, während ihre Anfertigung vermuthlich ein Nebengeschäft der ärmeren Soferim war. — Ferner fanden wir schon früher es wahrscheinlich, daß manche schriftgelehrte Synedristen die eigentlichen Soferim der Tempelsynagoge waren, und also all-sabbatlich dem Volke von Jerusalem sowie an Festtagen den vom Lande Zusammengeströmten das Wort Gottes erklärten. Natürlich enthielten ihre Vorträge mehr als eine bloße Erklärung und An-empfehlung der pentateuchischen Vorschriften, und wir dürfen daher der Nachricht Schekalim jer. 5, 1 vollen Glauben schenken, daß die große Synagoge die sogenannte Haggada geschaffen habe. Es fragt sich hierbei nur, von welcher Art diese ältere Haggada gewesen sein möge, und nothdürftig läßt sich diese Frage noch beantworten, obwohl wir davon keine Ueberreste besitzen. Nämlich nach mehrfachen Spuren läßt sich nicht daran zweifeln, daß man jetzt schon den Ceremonial-gesetzen sittliche Zwecke und gelegentlich auch eine symbolische Be-deutung unterlegte, sowie daß es schon geläufig geworden war, für jeden weisen Spruch, der umlief, und ſür jede höhere Anschauung eine Andeutung in der Tora zu suchen und zu finden. Auch muß die allsabbatliche Zugabe aus den Propheten oft den Sofer auf die alten messianischen Verheißungen geführt haben, und wie diese aufzufassen wären, wurde schwerlich gelehrt ohne Naheliegendes hinzuzufügen. Ferner läßt Sirach 38, 34 u. w. vermuthen, daß von den Soferim zu moralischen Zwecken die Sprüche des Schlomo und Anderer nicht bloß benutzt, sondern auch parabolisch, namentlich durch Fabeln aus der Thier- und Pflanzenwelt erläutert wurden, was ja überhaupt im Geschmacke des Morgenlandes war, und wobei man noch in Anschlag bringe, daß von der späteren Sage dem Schlomo die vielseitigste Fabeldichtung zugeschrieben wurde. Ein anderer Bestandtheil der soferischen Vorträge muß historischer Art gewesen sein; noch weniger konnte es fehlen, daß bei dem Bedürfnisse der Soferim, ihre Vorträge ansprechend zu machen, und zum Theil um die Heroen der Vorzeit zu Trägern neuer Religionsanschauungen zu gewinnen, alte Persönlichkeiten und Zeiträume, die zu kahl erschienen, mit anziehenden Dichtungen umsponnen und ausgefüllt wurden. Die neue Zuthat war wohl selten mit völliger Freiheit erdacht, sondern häufig bloß die Ausführung einer überlieferten Situation je nach der bald freien bald von einem biblischen Ausdrucke geleiteten oder verleiteten Auffassung ihres Concipienten. Im Ganzen scheint es, daß die Haggada schon früh der späteren sehr ähnlich war, und Vieles in dieser, auch wenn es jüngere Namen an seiner Stirn trägt, aus der älteren Zeit sogar stammt.

Zwölfter Abschnitt.

Von den Sekten, welche gegen das Ende des behandelten Zeitraumes entstanden.

Zu Ende unserer Periode finden wir in Judäa drei Sekten: die Peruschim, die Zedukim, die Essäer, und dann noch das Substrat aller drei, das Volk; sie sollen hier der Reihe nach besprochen werden, nur müssen wir voranschicken, welche wenn auch weniger ausgeprägte Gegensätze die Jahrhunderte vorher erzeugt hatten. Wir haben früher gesehen, was im Exil für das Jahwethum gethan wurde, und daß gerade aus den für dieses Gewonnenen die große Mehrzahl der Zurückgekehrten bestand, daß aber ihre Begeisterung in Folge der Armseligkeit des neuen Gemeinwesens und wiederholter Leiden bald wieder erlosch, und wegen Vorenthaltung dessen, wovon die Priester und Leviten leben mußten, selbst der Tempelcultus heilles darniederlag; sowie daß aus diesen vereinigten Gründen damals in der Religionspflege wieder ein augenscheinlicher Rückschritt geschah, der besonders in ehelichen Verbindungen mit den benachbarten Heiden und in einer hiervon begünstigten Wiederannäherung an heidnische Lebensweise sich offenbarte. Auch haben wir gesehen, welche Aenderung hierin Esra und die von ihm in's Leben gerufene Institution der Soferim herbeiführten. Doch wurde durch diese Männer immer nur eine kleine Schicht des Volkes herangezogen, und dazu fast nur in den größeren Ortschaften, welche einen Sofer durch milde Gaben zu erhalten sich entschlossen: das Landvolk blieb davon fast ganz unberührt, außer daß die Festwallfahrten ein Wenig auf dasselbe eingewirkt haben müssen. In dieser Zeit, ungefähr bis zum Anfange der Ptolemäerherrschaft, lassen sich daher in religiöser Beziehung vier Fractionen unterscheiden: die erste bildeten die Priester und Leviten, die zweite die Soferim und ihre dünnverbreiteten Anhänger:

die dritte bestand aus Jenen, welche aus Unluft, ihre Neigungen
zu beschränken, dem soferischen Einflusse sich entzogen und fast völlig
unjüdisch lebten; die vierte endlich, zahlreicher als diese drei zusammen,
bestand aus dem den jüdischen Satzungen nicht grundsätzlich wider=
strebenden, auch mit manchen derselben vertraut gewordenen, im
Ganzen aber rohen und nur hinsichtlich das Monotheismus streng=
jüdischen Landvolke. Die religiöse Beschaffenheit des letzteren
mochte schon in dieser Zeit dem Ausdrucke Am-haarez seinen
bekannten Nebensinn mitzutheilen angefangen haben, dagegen die
anderen Fractionen hatten noch keine besondern Namen erlangt,
sondern gelegentlich wurden die beiden ersten vermuthlich noch,
wie in den älteren Psalmen, als zaddikim, chasidim. jereïm,
jescharim (Gerechte, Fromme, Gottesfürchtige, Redliche) u. s. w.
sowie ihre Gesinnungsgegner als reschaim, chattaïm, sorerim,
lezim, sedim (Bösewichter, Sünder, Abfällige, Spötter, Ueber=
müthige) u. s. w. bezeichnet. Unter den Ptolemäern aber schon muß
dies anders geworden sein. Erstens wurden allmälig mehr und
mehr kleine Ortschaften in den Wirkungskreis der Soferim hinein=
gezogen; und die gleichzeitige Zunahme ihres Wirkens an Stetig=
keit hätte ebenfalls ihre Anhänger vermehrt, wenn nicht das jetzt
nahe gerückte Griechenthum durch die doppelte Lockung, an sich
einschmeichelnd und zugleich die Lebensweise der Herrschenden zu
sein, wieder Andere abwendig gemacht hätte. Zweitens war es
ganz natürlich, daß die oben vorgeführte Fortentwickelung der reli=
giösen Satzungen und Dogmen nur theilweise Beifall fand. Die
Schriftgelehrten, welche den von ihnen weit ausgesponnenen Satzungen
strenge nachlebten, und ihre wenigen Nachahmer hierin erhielten
von dem Volke den Beinamen der Chasidim, der Frommen. Es
gab aber auch Solche, welche der väterlichen Religion zugethan
waren, ohne diese Uebertreibungen für nöthig zu halten und ihre
Lebensweise danach einengen zu wollen: diese mußten sich davon
verletzt fühlen, daß sie, ihrer Ueberzeugung nachlebend, nicht für
religiös angesehen wurden. Auch machte es sie unmuthig, daß die
Chasidim das große Ansehen, welches sie im Volke genossen, als
Menschen weiter ausbeuteten und die gelegentlichen Volksbeschlüsse
leiteten. Und es gab noch einen dritten Grund ihrer Unzufrieden=
heit mit den Chasidim. Diese nämlich enthielten sich alles Umgangs
mit Denjenigen, welche ihren Satzungen nicht nachlebten: die ihre

Reinheitsgesetze nicht beobachteten, mit Denen aßen sie nicht zu=
sammen, und mieden selbst ihre Berührung; bei Denen, welche die
Hebe und den Zehnten nicht pünktlich entrichteten, wollten sie eben=
falls nicht essen, weil es unerlaubt sei, unverzehntetes Brod zu
genießen. Augenscheinlich lagen in anderen Satzungen, wenn aus
ihnen in solchem Grade Ernst gemacht wurde, ähnliche Veranlassungen
zur unseligsten Trennung, jene beiden wurden bloß hervorgehoben,
weil nachmals vor allen ihre Beobachtung angeloben mußte, wer
unter dem Namen eines Chabér (Genossen) zu dem näheren Um=
gange mit diesen Peruschim zugelassen sein wollte. Denn diesen
Namen der Abgesonderten gaben ihnen nunmehr jene Anders=
denkenden, und nahmen für sich, als die bloß alles Unnöthige und
Uebertriebene verwürfen, die Bezeichnung Zaddikim, der Gerechten,
in Anspruch; später, als sie als Sektenname stehend wurde, erfuhr
sie, um der Benennung Peruschim analoger zu lauten, die leichte
Umbildung in Zedukim, die Peruschim aber nahmen diesen ihren
ursprünglichen Spitznamen allmälig wirklich an.

Wir müssen aber diese beiden Hauptsekten jetzt eingehender
betrachten. Die Peruschim bestanden vorläufig größtentheils aus
Schriftgelehrten, und zwar bildeten sie jederzeit den größten Theil
derselben; natürlich verblieben ihnen daher alle von Esra an durch
die schriftgelehrte Entwickelung zu Tage geförderten Satzungen, Ein=
richtungen und Ansichten, und da diese früher ausführlich dargestellt
worden sind, so ist über die Peruschim nur noch Weniges hinzu=
zufügen. Daß sie nach Josephus sich für die Genauesten in Deu=
tung der heiligen Schrift hielten, hätte Derselbe wohl ebensogut
von den Zedukim anführen können. Werkheiligkeit war ein Fehler
ihrer ganzen Richtung, nicht Scheinheiligkeit; doch scheint es[1], daß
schon Jechanan Hyrkanus gegen allzuinbrünstige Beter und Geißel=
brüder einschritt, und wir diese in den Reihen der damaligen
Peruschim zu suchen haben. Ihre Ansichten von dem Zustande nach
dem Tode haben wir schon kennen gelernt. Vom Schicksal hatten
sie eine Ansicht, die verständlicher wird, wenn wir wie Josephus die
abweichenden Ansichten der Zedukim und Essäer davon gleich hier
mitbesprechen. Nach ihm hätten die Zedukim den Rathschluß Gottes
insoweit geläugnet, daß der Mensch volle sittliche Freiheit habe und

---

[1] nach 3, 249 des größeren Werkes.

durch seine gute oder schlechte Handlungsweise sein irdisches Glück
oder Unglück selbst bereite: sie hielten demzufolge, hier wie überall
auf altjüdischer Ansicht starr verharrend, Glück und Unglück für
Beweise der moralischen Würdig= und Unwürdigkeit. Doch hatte
bekanntlich schon Jirmeja gefragt, warum es den Schlechten gut
gehe, sowie Ijob aus seinem Bewußtsein heraus es bestritten, daß
dem Unglück stets Sündhaftigkeit vorangehe, und Kohelet in der
Tugend keine Bürgschaft irdischen Glückes anerkannt: von denselben
Argumenten bewogen, behaupteten die Peruschim, man könne
nicht immer durch gute Handlungen sein Wohlergehen begründen,
zuweilen auch verhänge Gott Glück oder Unglück nicht nach mensch=
lichem Verdienst; und vielleicht um die hierin liegende Härte zu
mildern, nahmen sie ferner an, daß zu jeder sittlichen Handlung des
Menschen dieser und Gott concurriren, des Menschen sei die freie
Entschließung dazu, Gottes aber, aus höheren Gründen zur Aus=
führung zu helfen oder seine Hilfe zu versagen. Endlich die Essäer
sprachen dem Menschen jede Einwirkung auf sein irdisches Glück
oder Unglück ab, sein Loos und überhaupt Alles erfolge vielmehr
ohne Einfluß von seiner Seite und selbst ohne Rücksicht auf seinen
Werth oder Unwerth, ausschließlich nach göttlichem Rathschluß; ihre
Annahme nach Philo, daß Gott der Urheber aller Güter, aber keines
Uebels sei, bildet hiermit insofern keinen Widerspruch, als sie die
physischen Uebel nicht scheinen als Uebel anerkannt zu haben. (Die
Behauptung einiger Neueren, daß Josephus den Unterschieden der
jüdischen Sekten in dem besprochenen Punkte einen fremdartigen,
aus den griechischen Philosophenschulen entlehnten Zuschnitt gegeben
habe, ist unerwiesen und auch grundlos, denn es wurde vor und
nach dieser Zeit unter den Juden über die Schicksalsidee philosophirt.)
Von den Peruschim aber ist noch aus Josephus zu erwähnen, daß
sie sehr einfach lebten und im Gebrauche der Lebensgüter streng
den Geboten der Vernunft folgten; jeden Aelteren ehrten sie, und
wagten nicht, entschieden ihm zu widersprechen; gegen einander
waren sie liebevoll, und im Bestrafen waren sie mild. Ihr bedeu=
tender politischer Einfluß läßt sich erst dann, wenn die Zedukim
genauer gezeichnet sein werden, in volles Licht setzen.

Nämlich wie schon gesagt bestanden Letztere ursprünglich aus
Denjenigen, welche die Erschwerungen der Soferim mißbilligten, und
um sich hierbei auf ein Princip stützen zu können, verwarfen sie

später die sogenannte mündliche Lehre, die Tradition. Wir haben früher gesehen, daß die Schriftgelehrten ihre Bestimmungen und Auffassungen in Betreff der religiösen Gebräuche größtentheils auf Mosche, welcher neben der Schrift auch eine mündliche Erläuterung derselben überliefert habe, zum Theil aber auch auf nachmosaische Heroen zurückführten, meistens in dem guten Glauben an die Richtigkeit dieser Zurückführungen, gelegentlich aber wenigstens in der guten Absicht, durch diesen den Satzungen ertheilten höheren Nimbus zu einer sorgfältigeren Beachtung derselben anzuspornen. Und ähnlich erging es mit den Dogmen und Anschauungen. Manche von ihnen hatten aus früheren Keimen sich entwickelt, andere waren im Laufe der Zeiten umgebildet worden, andere von selbst entstanden, auch ausländische hatten sich allmälig eingebürgert, hier in ziemlich ursprünglicher Gestalt, dort stark judaisirt: von allen diesen hatten wir oben Beispiele. Allein von einer solchen Geschichte ihrer Dogmen hatten die wenigsten damaligen Schriftgelehrten eine Ahnung, und gar einen fremden Einfluß auf sie anzuerkennen, hätten sie für Sünde gehalten: ihre ganze Ideenwelt erschien ihnen so alt wie Mosche, und da es selbst ihren Midraschkünsten nicht gelang, für alle ihre Anschauungen Andeutungen in der Schrift zu entdecken, so behaupteten sie, auch diese seien zum Theil mündlich überliefert worden. Hierdurch nun war den Zedukim Gelegenheit zur Einsprache gegeben. Der ganze Zug jener Zeit war auf erschwerende Auffassung der alten Gebräuche und auf Vermehrung derselben durch neue gerichtet, und Beides war den Zedukim zuwider: wie aber sollten sie dagegen ankämpfen? vermittelst einer anderen Exegese? Einwürfe dieser Art mochten früher zuweilen erhoben worden und wirkungslos verhallt sein, in diesem späteren Stadium waren sie noch nutzloser, denn sie wären jedesmal durch den Machtspruch niederzuschlagen gewesen, daß so überliefert worden sei; oder hätten die Zedukim die Echtheit der einzelnen Traditionen anfechten sollen? das wäre über ihre geschichtlichen Fähigkeiten gegangen. Sie wählten daher den leichteren Weg, die Annahme eines „mündlichen Gesetzes" ganz zu verwerfen und dem, was etwa doch aus den verschiedenen Vorzeiten auf die Nachwelt gekommen sei, die Verbindlichkeit abzusprechen. Mit ihrem Gewissen konnten sie dies sehr wohl vereinigen, denn theils konnte damals jeder Unbefangene sehen, wie unter seinen Augen „mosaische Tradition" gemacht wurde, theils war die

ewige Verbindlichkeit deſſen, was die Schriftgelehrten auf nachmoſaiſche
Perſönlichkeiten zurückgeführt hatten, eine völlig unbegründete. Ferner
haben wir ſchon geſehen, inwiefern ſie das Schickſal läugneten; des=
gleichen verwarfen ſie den Glauben an Lohn und Strafe nach dem
Tode und an eine dereinſtige Wiederauferſtehung, auch die neuere
Entwickelung der Engellehre¹). Wie ſie in Betreff des Ceremonial=
geſetzes der neueren Entwickelung gegenüber den alten Standpunkt
behaupteten, geſchah das von ihnen auch hinſichtlich dieſer und
wahrſcheinlich noch anderer Dogmen und Anſchauungen: mit Einem
Wort, die Zedukim waren damals die Altgläubigen, die Soferim
und Peruſchim Neologen. Die Nachricht des Hieronymus zu Matth.
22, daß die früheren Zedukim an die Wiederauferſtehung und „die
Engel" geglaubt, und erſt die ſpäteren dieſen Glauben verworfen
hätten, ſcheint wie die verwandte Berachot 54, a („als die Zedukim
in den Irrglauben verfielen, daß es nur Eine Welt gebe" u. ſ. w.,
bloß aus der irrigen Meinung der Peruſchim hervorgegangen zu
ſein, daß vielmehr ſie die Altgläubigen wären. Die ſtarre Ver=
tretung des Alten und das hiervon unzertrennliche Sichſteifen auf
dem Buchſtaben führte übrigens die Zedukim zuweilen zu noch
größerer Strenge, als die Peruſchim wollten walten laſſen, in
Ceremonien wie in anderen Dingen²). Auch ſind uns mehrere
Angaben erhalten³), nach welchen ſie in beiderlei Dingen von den
Peruſchim ſelbſt da abwichen, wo in ihrer bisher geſchilderten
Richtung gar kein Grund dafür lag, ſodaß wohl anzunehmen iſt, daß
ſie ſpäter, zu einer eigenen Schule geworden, auch abgeſehen von
ihrer Parteirichtung die Schrift ſelbſtſtändig deuteten. Vermuthlich
hielten ſie auch hierbei ſtrenger auf den Buchſtaben, und erſcheinen
daher ſchon in der Miſchna gelegentlich unter der Bezeichnung
Karaim. Daß ſie in unſerer patriſtiſchen Literatur häufig überaus
ungelehrt und einfältig dargeſtellt werden', haben ſie ſchwerlich
verdient; auch werden von Joſephus Lehrer ihrer Weisheit, ſowie
Synedrin 100, b Schriften ihrer Sekte erwähnt. Trotzdem braucht
es indeſſen nicht Verläumdung zu ſein, wenn in Megillat-taanit
erzählt iſt, daß ſie von Schimon ben Schatach aus dem Synedrio

---

¹) nicht auch die vorexiliſche, vgl. hierüber die Anmerkung zu 3, 363 des
größeren Werkes.

² Beiſpiele hiervon ſind dort 3, 364 und 365 geliefert worden.

³) vgl. daſelbſt S. 385 u. w.

verdrängt worden wären, als sie für ihre Behauptungen keine Beweise aus der Schrift hätten bringen können, und daß sie alle Capitalverbrechen in einem Criminalcodex zusammengestellt gehabt, aber später selten vermocht hätten, den Rechtsgrund für die Strafe aus der Schrift abzuleiten: denn stets gab es unter ihnen allerdings nur wenige Schriftgelehrte, ihre Mehrzahl bestand aus reichen und vornehmen Männern.

Der letztere Umstand führt uns auf das politische Element der beiden geschilderten Sekten. Nämlich zunächst bis zum Pontificat des dritten Onias herab nahmen die Soferim zahlreiche Stellen im Senate ein, und siegten bei Beschlüssen desselben gewöhnlich, da seine Mitglieder aus dem Priester- und Lewitenstande wahrscheinlich sich derselben Richtung anschlossen, indem selbst der hohe Priester, obwohl zugleich weltlicher Volksvorstand, wenigstens in allen religiösen Dingen keine abweichenden Interessen hatte. — Die nun, welche die breite Entwickelung der Satzungen mißbilligten, und das waren naturgemäß die Reichen und Vornehmeren, welche nicht so eingeengt leben wollten, waren also von Anfang an in eine machtlose Opposition hineingedrängt, und es mußte daher schon früh so kommen, wie aus späterer Zeit berichtet wird, daß der Cultus ganz nach den Ansichten der Peruschim eingerichtet wurde. Außerhalb der religiösen Sphäre mußte zwischen diesen beiden Parteien noch ein anderes Widerspiel stattfinden: die Zedukim waren eine Art von Aristokraten, die Peruschim aber gehörten größtentheils dem unbemittelten Volke an, waren als Soferim zum Theil von dessen Milbthätigkeit abhängig, und können daher nicht verfehlt haben, die Volksinteressen gegen Jene zu vertreten, mit weniger Glück vielleicht im Senat, in welchem auch Zedukim sowie viele höhere Priester und Lewiten saßen, die wohl selber den aristokratischen Interessen nicht werden fern gestanden haben, desto erfolgreicher aber in zeitweiligen Versammlungen des Volkes, dem sie durch ihre religiösen Uebungen imponirten, und welches zu führen die Peruschim daher sehr geschickt waren. In jener Zeit mag es nicht selten vorgekommen sein, daß in weltlichen Dingen die Zedukim Verstärkung in den Hellenisten fanden, welche ebenfalls meistens aus Reichen und sonst Hochgestellten bestanden zu haben scheinen. Nachmals, unter Jason und Menelaos, vereinigte deren Gottlosigkeit alle Schichten des Volkes, mit alleiniger Ausnahme dieser Hellenisten, gegen sie; und in dem beharrlichen Widerstande gegen die Syrer standen ebenfalls wohl Peruschim und Zedukim vereinigt, wir würden den Letzteren Unrecht thun, ihren vollen Antheil hieran in Zweifel zu ziehen, wenn auch der Eifer der Peruschim vielleicht ungestümer war. Als jedoch die Zeiten ruhiger wurden, wich das frühere Verhältniß beider Parteien zu einander allmälig einem vielfach anderen. Als nämlich die Makabäer ihre weltliche Macht selbst bei Entscheidung religiöser Fragen mit in die Wagschale werfen konnten, namentlich im Tempelcultus, weil sie zugleich die hohen Priester waren: da erschloß sich den Zedukim die Aussicht, durch Gewinnung bloß des Fürsten für sich den Ansichten ihrer Sekte zur Herrschaft zu verhelfen, und der erste Versuch hierzu fiel noch glänzender aus, als sie erwarten durften. Der Makabäer Jochanan Hyrkanus hatte einst die angesehensten Peruschim bewirthet und hierbei sie gebeten, ihn zurechtzuweisen, wenn er irgend worin Unrecht thäte. Während sie hierauf ihm ihre volle Zufriedenheit bezeugten, sagte in blindem Religionseifer Einer derselben zu ihm: wenn du vollkommen recht thun willst, so lege dein Priesteramt nieder, und begnüge dich mit der Herrschaft! und als Hyrkan nach dem Grunde hiefür fragte, antwortete er: weil man sagt, daß unter Antiochus Epiphanes deine Mutter in Gefangenschaft gerathen sei (in welchem Falle er allerdings als Sohn einer Bescholtenen untauglich zum Priesterthum gewesen wäre). Ein Zeduki aber, den augenblicklichen Vortheil benutzend, redete dem hierüber Aufgebrachten ein, dies sei ein von den Peruschim aus geheimer Abneigung gegen ihn ersonnenes Mährchen, und bewirkte dadurch, daß Hyrkan zur Sekte der Zedukim übertrat und sogar dem Volke bei Strafe verbot, den Satzungen der Peruschim zu folgen. Ein hierüber ausgebrochener Aufstand des Volkes wurde gewaltsam unterdrückt, und das politische Element beider Parteien trat von nun an viel stärker hervor: war nämlich ein Machthaber da, welcher den Zedukim zum Siege ihrer religiösen wie aristokratischen Ansichten verhelfen konnte, so suchten sie ihn für sich zu gewinnen, und es gelang ihnen, so oft dieser Machthaber von den lästigen Riten der Peruschim oder von ihrer noch lästigeren Bevormundung sich eingeengt fühlte, und es wagen wollte, mit Diesen, welche das Volk hinter sich hatten, sich zu verfeinden; auch das Synedrium füllte sich dann mit Zedukim. War kein solcher jüdischer Machthaber da, so trat das vormakabäische Verhältniß wieder ein, die Peruschim hatten die Oberhand, und die

Zedukim verhielten sich meistens ruhig. Jene wollten aber auch in Zeiten jüdischer Fürsten ihre religiöse Herrschaft behaupten, und suchten daher diejenigen derselben, welche sich für die Zedukim bereits erklärt hatten, durch Volksaufwiegelungen entweder zu einer Sinnes= änderung zu zwingen oder ganz zu verdrängen. Diese größere Rührigkeit der Peruschim war meistens von Erfolg, hat ihnen aber auch mehrmals die blutigsten Verfolgungen zugezogen. Die Zedukim warteten mehr die ihnen günstigen Zeitpunkte ab, die aber später fast gar nicht mehr eintraten: von dieser späteren Zeit vornehmlich gilt die Nachricht, daß von ihnen fast gar nichts geschah, indem sie nur ungern und gezwungen ein Amt übernahmen, und in demselben aus Furcht vor dem Volke sich den Ansichten ihrer Gegner fügten; sie mußten sogar erleben, daß nicht selten ihre eigenen Frauen aus Gewissensscheu sich nach den Satzungen der Peruschim richteten. Dies alles, verbunden mit dem nothwendigen Unmuth von Leuten, die auch als Aristokraten den Strom der Zeit gegen sich hatten, erklärt es vollkommen, daß die späteren Zedukim nicht bloß gegen Andersgläubige, sondern sogar unter einander rauh und unfreund= lich, sowie auch an Zahl sehr gering waren.

Die Essäer, zu welchen wir nunmehr überzugehen haben, waren im Grunde nicht sowohl eine Sekte als ein Orden, welcher vermuthlich von einem aus Judäa nach Alexandrien gewanderten und mit vielen dort erworbenen Kenntnissen heimgekehrten Juden um 220 v. Chr. gegründet wurde. Die damalige Richtung und Thätigkeit des Geistes bei den Juden von Alexandrien werden später dargestellt werden: hier mag zu bemerken genügen, daß unter ihnen eine allegorische Bibeldeutung aufgekommen war, welche der Stifter des Essäismus liebgewann, sowie daß Dieser von den ägyp= tischen Priestern Manches erfahren und von den dortigen griechischen Philosophen oder aus Schriften eine ungefähre Kenntniß des einstigen pythagoreischen Bundes erlangt haben muß. Von letzteren begeistert, faßte und vollführte er nach vielen einsamen Meditationen den Plan, in seiner judäischen Heimath, wo Nasiräer und manche An= hänger der pharisäischen Richtung schon einer überspannten Askese huldigten, einen ähnlichen Bund zu stiften und ihm Regeln vorzu= schreiben, in welchen ein Judenthum den ganz eigenthümlich ver= schmolzenen ultra=pharisäischen und alexandrinischen Anschauungen mit dem Pythagoreismus und manchen Riten der ägyptischen Priester verschwistert erscheint. Nämlich die Essäer lebten wie in einem Kloster fast überall in einem gemeinschaftlichen Hause beisammen, und wählten hierzu gern Dörfer, weil das Stadtleben der Gesundheit der Seele wie des Körpers schade; doch flohen sie die Städte nicht unbedingt, und die Erwähnung eines Essenerthores auf der Westseite Jerusalems läßt vermuthen, daß in seiner Nähe ein Essäerhaus sich befand. Daß es in Samarien und selbst in Syrien Essäer gegeben, desgleichen daß Plinius sie auf die Westseite des todten Meeres oberhalb von Engedi einschränkte, gehört späteren und offenbar verschiedenen Zeiten an. Die Meisten von ihnen oblagen dem Feldbau, Andere waren Hirten oder trieben Bienenzucht und fast jede sonst zum Leben erforderliche Thätig= keit mit Arbeitslust und Ausdauer, indem sie die Arbeit an sich als heilsam für Leib und Seele ansahen, flohen aber Handel und Schiff= fahrt, weil diese Beschäftigungen zur Habsucht führten; auch Waffen anzufertigen und selbst was im Frieden leicht zu Schaden führe, mieden sie sorgfältig. Den Verdienst legten sie in eine gemeinschaft= liche Kasse; in diese mußte auch jeder in ihren Orden Eintretende sein bisheriges Vermögen geben, und diese Gütergemeinschaft erstreckte sich nicht bloß auf die Mitglieder desselben Essäerhauses, sondern auf alle Angehörige des Ordens, sodaß auswärtige in jedem Essäer= hause wie in ihrem eigenen aufgenommen wurden, und für sie gab es darin einen eigenen Pfleger, der ihnen nöthigenfalls auch Kleider und jeden Bedarf reichen mußte. Da alle Bewohner eines solchen Hauses zusammen speisten und überhaupt Alles gemeinschaftlich hatten, so war in jedem ein von ihnen gewählter Verwalter, der allen Er= werb an Naturalien und Geld abgeliefert erhielt, und von diesem die nöthigen Einkäufe besorgte, sowie über die Verwendung von jenen verfügte, aber auch alles Uebrige unter sich hatte. — Die Wochentage brachten sie folgendermaßen zu: Vor Aufgang der Sonne redeten sie kein weltliches Wort, sondern verrichteten nach Osten gewendet einige ibräische Gebete. Hierauf wurde von dem Ver= walter Jeder zu seinem Tagewerk entlassen, und hatten sie bis zur fünften Stunde (gegen 11 Uhr) angestrengt gearbeitet. so versam= melten sie sich wieder, nahmen ein Bad, bei welchem sie einen leinenen Schurz umgegürtet haben mußten, und legten dann ein weißes Gewand an; hierauf gingen sie in einen Speisesaal, welchen kein Fremder dann betreten durfte, und hatten sie sich in ihm nieder= gesetzt, so legte Jedem von ihnen der Reihe nach der Bäcker ein kleines Brod, der Koch ein Gefäß mit nur Einem Gerichte vor. Vor dem Essen verrichtete der zum Vorbeten Ausersehene ein Gebet, ein zweites nach dem Essen. Sodann legten sie das heilige Gewand ab, und gingen wieder an ihre Arbeit bis zum Abend, wo sie ganz auf dieselbe Weise eine zweite Mahlzeit hielten. Kein Geschrei oder Lärm erscholl hierbei jemals, und selbst für das ruhige Gespräch fand eine Reihenfolge Statt. Auch ihre Kleidung war höchst bescheiden: für den Sommer ein Unterkleid ohne Aermel nebst Sandalen und einer Kopfbedeckung, für den Winter noch ein grober Mantel, und diese Kleidungsstücke wechselten sie nicht eher, als bis sie zerrissen oder mit der Zeit aufgerieben waren. Sie waren der Ansicht, Aufwand mache Leib und Seele krank, dagegen sei Selbstbeherrschung die vorzüglichste Tugend: in diesem Sinne hielten sie die Vergnügungen für etwas Böses, und verachteten den Reichthum sowie jedes Ueberflüssige, schön sei es, weißgekleidet, im Uebrigen aber ohne alle Sorgfalt auf das Aeußere einherzugehen. Zum Theil hing es mit dieser Anschauung zusammen, daß sie ehelos lebten: nach Josephus hätten sie die Ehe an sich nicht verurtheilt, sondern ihrer sich wegen der Ueppigkeit der Frauen und in der Ueberzeugung enthalten, daß keine einzige die Treue bewahre; Philo aber erklärt ihre Ehelosigkeit aus ihrem Gefallen an großer Enthaltsamkeit und aus der Einsicht, daß unter Verheiratheten ihr Zusammenleben bald hätte aufhören müssen, theils, weil das Weib selbstsüchtig sei und den Mann durch fortwährenden Zauber oder Schmeichelreden verführe, theils weil wer für Kinder zu sorgen habe, gegen Andere nicht mehr der Frühere, sondern unvermerkt ein Sklav sei. — Die Essäer waren aber auch gegen Andersgesinnte bieder und wohlwollend. Ihre Gerechtigkeit gegen jeden Tugendhaften sei wahrhaft bewundernswerth gewesen, jede Aufwallung des Zornes suchten sie zu bemeistern, stifteten gern Frieden, hielten ungemein auf Treue und Wahrhaftigkeit, schworen aber niemals. Während sie in allem Uebrigen ihrem Verwalter zu gehorchen hatten, wären zwei Dinge ihnen selbst überlassen gewesen: jedem Würdigen beizustehen, der hierum bat, und Dürftigen Speise zu reichen; bloß Verwandten hätten sie ohne des Verwalters Erlaubniß nichts geben dürfen. Ihre Menschenfreundlichkeit bethätigten sie vermuthlich auch vielfach durch ärztlichen Beistand, denn wir werden noch sehen, daß sie sich mit Arzneikunde beschäftigten, und es scheint sogar, daß sie

ihren Namen Essäer (Aerzte) deshalb vom Volke erhielten, nur
spielten in der damaligen Heilkunst mystische Beschwörungen der
Krankheit und der Dämonen, welchen man häufig ihre Erregung
zuschrieb, sowie Anrufungen gewisser Engel eine große Rolle. Ein
fernerer Ausfluß ihrer Humanität war ihre entschiedene Verwerfung
der Sklaverei. Endlich hatten sie eine ganz besondere Ehrfurcht vor
dem Alter sowie vor der Mehrzahl; und wenn ihrer zehn oder noch
mehr beisammensaßen, wagte Keiner von ihnen zu reden, ohne sich
dazu die Erlaubniß zu erbitten. Daß sie auch niemals zur rechten
Seite hin ausspieen, kam daher, daß sie vermöge einer weit verbreiteten Anschauung diese Seite für heiliger als die linke hielten. Eine
andere höchst seltsame Sitte derselben war, daß sie, so oft sie ihre
Nothdurft verrichten wollten, an einem abgelegenen Orte mit einem
Spaten, den Jeder bei seinem Eintritt in den Orden erhielt, eine
Grube machten und über diese sich setzten, indem sie sich mit ihrem
Gewande möglichst verhüllten, „um die Augen Gottes nicht zu verletzen", hinterher aber die Grube jedesmal wieder zuwarfen und
dann ein Bad nahmen; am Sabbat, als an welchem Tage sie nicht
graben durften, sollen sie es ganz vermieden haben, ihre Nothdurft
zu verrichten. Sie badeten aber überhaupt oft, nicht bloß auch wie
schon gesagt vor jeder Mahlzeit, sondern selbst des Nachts: vermuthlich hatten sie dies aus Aegypten, wo die Priester zweimal jeden
Tag und zweimal in jeder Nacht sich badeten; desgleichen badeten sie
nach jeder Berührung eines nicht zu ihrem Orden Gehörenden und
selbst eines Novizen, sowie die Novizen, von welchen es drei Grade
gab, wenn ein Fremder oder Jemand aus einem tieferen Grade
sie berührt hatte. Es ist hiernach unzweifelhaft, daß sie auch die
pentateuchischen Reinheitsvorschriften und selbst mit Steigerungen
beobachteten; auch geschah es hauptsächlich in Folge von strengen
Ansichten über Reinheit, daß sie von Keinem, der nicht selbst Essäer
war, Nahrungsmittel annahmen. Wie strenge sie den Sabbat
beobachteten, haben wir schon gesehen; auch wagten sie nicht einmal,
an ihm ein Gefäß zu bewegen oder zu spazieren. Den größten
Theil des Sabbats brachten sie in einer Synagoge zu: dort setzten
sie sich nach ihrem Alter nieder, Einer las ihnen aus der Bibel vor,
und ein Anderer, von den ihrer Lehrweise Kundigsten, erklärte den
verlesenen Abschnitt. Die Essäer faßten nämlich wie ein Theil der
alexandrinischen Juden die Bibel allegorisch auf, indem sie nament-

lich die pentateuchischen Gesetze nicht für Vorschriften an sich, sondern für Symbole sittlicher und religiöser Begriffe hielten, für diese Aus= legung aber keine volle Freiheit zugestanden, weil der menschliche Geist nur vermöge göttlicher Eingebung den biblischen Sinn ergrün= den könne, sondern ihr die Dogmen und hermeneutischen Regeln zu Grunde legten, welche ihr Stifter und dessen erste Jünger in hinterlassenen Schriften sanctionirt hatten. Andere Gegenstände ihres Forschens waren das Dasein Gottes und die Entstehung der Welt, nur wird uns hierüber nichts Näheres angegeben. Unter den alten Schriften, welche sie besaßen und fleißig studirten, waren auf solche, welche Vorschriften zum Heile des Körpers enthielten, mehr wohl sittliche und diätetische als eigentlich ärztliche, doch sollen von ihnen die Essäer darauf geführt worden sein, die Heilkräfte der Pflanzen und Steine zu erforschen; desgleichen eine unter dem Titel „Prophetensprüche", deren Studium ihnen aber vermuthlich nicht bloß den sachlichen Inhalt dieser Sprüche einprägen, sondern zugleich zu einer Anleitung im Weissagen dienen sollte, denn Jo= sephus sagt, daß manche Essäer Weissagung trieben, und erwähnt sogar aus dem Jahre 105 v. Chr. einen Solchen, der förmlich im Weissagen unterrichtete. Diesen verschiedenartigen Studien oblagen sie den größten Theil des Sabbats sowie einen Theil jeder Nacht, und ihre Tischgespräche dreheten sich um dieselben Gegenstände. — Die allegorische Auffassung der pentateuchischen Vorschriften führte sie aber nothwendig zu einer Geringachtung ihres buchstäblichen Sinnes, und das war der Hauptgrund, weshalb die Essäer allmälig für Ketzer galten, denn sie verstand man ursprünglich unter den Baitusim [1]. Welche biblische Satzungen sie hierdurch sich verflüch= tigten, ist unbekannt, da sie ihre Lehren geheim hielten, doch gehörten jedenfalls die Tempelopfer hierher, denn sie enthielten sich aller Theilnahme an diesen; der von Josephus angegebene Grund hiefür, daß sie andere Reinigungen als die im Tempel eingeführten für erforderlich hielten, siehet einem bloß vorgeschützten sehr ähnlich, und Philo sagt dafür glaubhafter, daß sie nichts Lebendiges opfern, sondern ihre Gedanken heilig machen wollten. Pfingsten feierten sie nicht einmal gleichzeitig mit den Peruschim, sondern auf die Behauptung hin, daß das Erstlingsopfer von Gerste für den

---

[1] Die Begründung dieser vielleicht auffälligen Behauptung wurde 3, 374 und 397 des größeren Werkes versucht.

nächsten Sonntag nach dem ersten Peßachtage vorgeschrieben sei,
jedesmal an dem siebenten Sonntage nach ihm. Sie waren aber
so entfernt davon, durch ihre Allegorisirung der mosaischen Vorschriften eine geringere Achtung vor dem alten Gesetzgeber an den
Tag legen zu wollen, daß sie diesen vielmehr nächst Gott am meisten
verehrten und einen Lästerer desselben mit dem Tode bestraften.
Zu einem solchen oder sonstigen Urtheilsspruche, z. B. wenn sie für
nöthig fanden, Jemanden aus ihrem Orden auszustoßen, mußten
hundert Mitglieder zusammentreten, deren Wahrspruch aber galt
für unabänderlich. — Ihre Ansicht vom Schicksale wurde schon mitgetheilt, ihre Ansicht von einem zweiten Leben ging dahin, daß die
Seelen, aus dem feinsten Aether kommend, in die Körper wie im
Gefängnisse verflochten seien, und wenn sie aus den Fesseln des
Fleisches entlassen würden, wie aus langer Knechtschaft befreiet
freudig in die Höhe stiegen; den Guten sei dann ein Aufenthalt
jenseits des Oceans in einer Gegend, die von einem allezeit sanften
Zephyr abgekühlt werde, den Bösen aber ein dunkeler und winter-
licher Raum, voll von unaufhörlichen Strafen, beschieden. Dieser
Glauben machte die Essäer, so oft es nöthig ward, zu freudigen
Märthrern ihrer religiösen Ueberzeugung. Doch entsprach dieser
hohen Gesinnung und ihrer Freiheitsliebe ihre äußere Erscheinung
nicht, diese soll vielmehr der von Knaben, welche unter einem über-
strengen Zuchtmeister stehen, sehr ähnlich gewesen sein, und mußte
um so unangenehmer auffallen, als in Folge ihrer nüchternen Lebensweise die meisten derselben ein sehr hohes Alter erreichten. In
ihren Orden eintreten konnte man ziemlich in jedem Lebensalter,
und nur nicht, wenn man schon die Beschwerden des Alters empfand.
— Das essäische Noviziat dauerte drei Jahr. Wer sich nämlich
dazu meldete oder von Essäern dafür gewonnen war, wurde zunächst
mit der strengen essäischen Lebensweise bekannt gemacht und auf
sie verpflichtet, aber zur vollen Gemeinschaft noch lange nicht
zugelassen. Hatte er in dem ersten Jahre durch seinen Wandel
befriedigt, so trat er in die zweite Vorstufe, in welcher schon ein
etwas näheres Zusammenleben mit den Adepten gestattet war;
und legte er auch dieses Jahr zur Zufriedenheit derselben zurück,
so durfte er ihnen noch näher treten, jedoch immer noch nicht
mit ihnen speisen oder nur sie anrühren. War aber auch das
letzte Probejahr gut überstanden, so erfolgte die vollständige Auf-

nahme, bei welcher er unter schauerlichen Schwüren zu geloben
hatte: „vor Allem Gottesfurcht, sodann Gerechtigkeit gegen die
Menschen, und Niemandem zu schaden, stets die Ungerechten zu
hassen und den Gerechten beizustehen, stets die Treue Allen zu
bewahren, besonders den Herrschern (denn ohne Gott werde Nie=
mandem die Herrschaft zu Theil), und falls er selbst einst ein
hohes Amt erhalte, niemals sich darin Uebermuth zu erlauben oder
sich über die Untergebenen zu erheben; ferner stets die Wahrheit
zu lieben und zur Ueberführung von Lügnern entschlossen zu sein,
sowie die Hände von Diebstahl, die Seele von unheiligem Gewinne
rein zu erhalten; vor keinem Amtsbruder ein Geheimniß zu haben
und kein Geheimniß desselben einem Fremden zu entdecken, wenn
er auch dafür sterben müßte; endlich Niemandem die essäischen
Dogmen anders zu überliefern, als er sie empfangen hätte, nichts
zu essen, was aus der Hand eines dem Orden Fremden komme,
und die Bücher der Sekte sowie die Namen der Engel sorgfältig
zu bewahren". Der Schwur, kein Dogma abzuändern, griff auf
das Tiefste in das Wesen des Essäismus ein, indem er jede erheb=
liche Fortbildung desselben abschnitt. Erst nach der feierlichen An=
gelobung aller dieser Dinge durfte der Aufgenomme an den gemein=
samen Mahlen theilnehmen. Wurde aber ein Mitglied des Ordens
später eines erheblichen Vergehens überführt, so stieß man ihn
wieder aus, nahm jedoch nicht selten, wenn er hierdurch in's Elend
gerathen war und sein Vergehen abgebüßt zu haben schien, aus
Mitleid ihn wieder auf.

Außerdem gab es von den Essäern noch eine Abart Solcher,
welche sich verheiratheten, in allem Uebrigen aber den anderen gleich
waren, soweit dies dann noch ging. Sie waren der Meinung,
daß wer sich nicht verheirathe, denn doch einen Hauptpunkt des
Lebens verabsäume, die Erhaltung des Geschlechts: demgemäß nahmen
sie nur solche Frauen, über welche ihnen versichert worden war, daß
sie ihre Regel hätten und hierdurch dafür bürgten, daß sie zum
Kinderzeugen tauglich wären; auch hatten sie mit einer Schwanger=
gewordenen keinen weiteren Umgang, um es zu bethätigen, daß sie
bloß der Kinder wegen geheirathet hätten. Ihre Frauen mußten
beim Bade einen Schurz umhaben, wie die männlichen Essäer.

Später werden wir das Verhältniß der schon erwähnten
samaritanischen Essäer zu den judäischen zu ergründen versuchen.

Die Zahl aller Mitglieder dieses Ordens aber geben Philo und
Josephus übereinstimmend auf mehr als 4000 an. Auf die Politik
hatten auch sie Einfluß, aber fast bloß in der Weise, daß zuweilen
ein Essäer mit einer inhaltreichen Weissagung hervortrat, welche
wegen der ganzen Art, wie diese Brüderschaft sich hingestellt hatte,
bei Fürst und Volk selten auf unfruchtbaren Boden fiel.

Von allen drei vorgeführten Sekten das Substrat war natürlich das Volk, wir müssen aber hinsichtlich desselben das Landvolk
von dem in den Städten, auf welches Soferim unausgesetzt Einfluß übten, und zumal von dem jeruschalemischen sorgfältig unterscheiden. In den Städten fand zwar ebenfalls die pharisäische
Entwickelung bei der Masse vielfachen Widerstand an ihrer Unbereitwilligkeit, sich das Leben durch Satzungen zu erschweren: allein
gleichwohl gewann sie dort allmälig immer mehr Anhänger, und
in Jeruschalem konnte es daher schon zu einem förmlichen Aufruhr
kommen, als Jochanan Hyrkanus die Religionsübung der Zedukim
einführen wollte. Aber Jeruschalem und die übrigen Brennpunkte
soferischer Wirksamkeit lagen wie Oasen in einer Wüste zerstreuet,
welche von einer indolenten und unbildsamen Menge, dem „Landvolke", bewohnt war: da dieses außer den Festwallfahrten kaum
einmal Gelegenheit hatte, etwas Religiöses zu vernehmen, so blieb
es in seiner Lebensweise und in seinen Anschauungen ziemlich
unjüdisch und roh, und auf seine Beschaffenheit in unserer Periode
läßt sich daraus schließen, daß selbst noch im Talmud die härtesten
Urtheile über dasselbe ausgesprochen wurden. — Von den Hellenisirenden in Judäa war schon an den geeigneten Orten die Rede;
ihr Auftauchen war nur eine vorübergehende Erscheinung, welche
neben dem gestifteten Unheil keinerlei entschädigende Blüthen trieb,
und wieder schwand, als die Maccabäerkämpfe zum vollständigen
Siege der nationalen Partei führten. Schon gleich darauf erscheint
in der Vorrede zum Sirach die hellenische Bildung den Judäern
wieder ganz fremd, und ich wenigstens habe von hellenischer oder
hellenistischer Einwirkung auf die Judäer jener Zeit weiter keine
Spuren als die wenigen in dem größeren Werke gelegentlich angegebenen entdecken können; auch daß der erste Aristobul sich Phil-
hellene nennen ließ, führt nicht auf Weiteres, zumal da er nur ein
einziges Jahr herrschte und keinerlei Spuren geübten geistigen
Einflusses hinterließ.

Dreizehnter Abschnitt.

Von den damaligen Vorgängen auf dem Gebiete der Literatur.

~~~~~~~~

Erstes Kapitel.
Von der nachexilischen Literatur.

Diese nachexilische Literatur hat zwar von uns schon mehrere Streifblicke erhalten, wir haben sie aber von verschiedenen Seiten zu betrachten: uns beschäftige jetzt ihr Umfang, ihr Werth, ihr Einfluß während unserer Periode, und — soweit sich dies noch ergründen läßt — welchen Zeiten, Verfassern und Veranlassungen die einzelnen Schriften ihr Dasein verdanken. Die erste Stelle gebührt den Propheten. Wir haben schon früher gesehen, wann und in welcher Absicht Chaggaj und Secharja auftraten. Chaggaj ist ohne Kraft, dabei so arm an Erfindung und überhaupt so dürftig, daß die Meinung auftauchen konnte, wir besäßen nur die Summarien seiner gehaltenen Reden; wenn er nicht noch den Rhythmus versuchte, könnte seine Redeweise für Prosa gelten. — Secharja gab seine Ermahnungen, Ermunterungen und Verheißungen in einer Reihe von symbolischen Gesichten, welche von dem Einflusse Babyloniens auf seinen jugendlichen Geist zeugen und etwas manierirt sind, jedoch mehr Durchsichtigkeit und theilweise größeren dichterischen Werth haben, als ihnen gewöhnlich nachgesagt wird. Matter und fast ohne Rhythmus ist seine Anwendung dieser Visionen, sowie von gleich geringem ästhetischen Werthe, jedoch von echtprophetischem Inhalt eine angehängte Rede, in welcher er die Anfrage beantwortet, ob die im Exil aufgekommenen Fasttage ferner noch zu beobachten seien [1]. — Malachi lebte wahrscheinlich kurz nach Secharja, und

---

[1] Daß Sech. 9 — 14 einem gleichnamigen vorexilischen Propheten angehören, wurde 1, 280 — 283 des größeren Werkes gezeigt.

ertheilte Rügen der herrschenden Fehler, als deren Strafe er
die vorhandenen Leiden schildert, sowie messianische Verheißungen
in einer Redeweise, welche hinter den alten Vorbildern nicht allzu-
weit zurückbleibt; zugleich zeichnen ihn ein hoher sittlicher Ernst und
selbstständige Anschauungen aus, die wir schon kennen gelernt haben;
bei manchem ungelenkigen Ausdrucke desselben ist man zweifelhaft,
ob ihn ein springender Gedankengang, wie der des Hoschea, oder
der nicht mehr recht zeugungsfähige Sprachgenius eingegeben habe.
Der prophetische Genius dagegen zeigt sich in ihm und Secharja
noch keineswegs stark gealtert, und wir sahen, daß das nunmehr
eingetretene Aufhören der Prophetie vielmehr von äußeren Umständen
veranlaßt wurde.

Es mag hier nachträglich noch ein Wort über das Buch
Danijel gesagt werden. Ueber die Zeit und die Veranlassung
zu seiner Abfassung, sowie über seinen Inhalt war schon bei Darstellung der Makabäerkämpfe die Rede, weil durch dasselbe versucht
wurde, kühn in die damalige Geschichte Isräel's einzugreifen; aber
es verdient auch als literarisches Erzeugniß unsere ganze Aufmerksamkeit. Unter dem Namen von berühmten Männern der Vorzeit
zu schreiben war früher schon versucht worden, z. B. von dem Verfasser des Kohelet, doch scheint es beim Lesen dieser letzteren Schrift,
als hätte er nicht ernstlich beabsichtigt, sie dem geborgten Namen
unterzuschieben, sondern nur für seine Ideen eine historische Grundlage zu gewinnen, und daß bloß die unkritische spätere Zeit ihm
das Unrecht angethan habe, der Einkleidung vollen Glauben zu
schenken. Anders war es mit dem Verfasser des Buches Danijel:
ihm war es voller Ernst, daß dasselbe für ein Werk des exilischen
Danijel gelte, denn hierauf sollte der Glauben an die Prophetien
beruhen, welche er theils einschaltete, theils anhing; daß er nicht
selbstständig mit diesen hervortrat, zeigt nur, wie allgemein damals
schon die Ueberzeugung war, daß die Prophetie erloschen sei. Die
Anlage des Buches ist keine durchweg gelungene, denn wenn es
auch ein glücklicher Gedanke war, durch Mittheilungen aus Danijel's
Leben, welche die ganze erste Hälfte desselben ausfüllen, und durch
das geschichtliche Detail im letzten Gesichte für die Glaubwürdigkeit
seiner Prophetien einzunehmen, so ist doch in den vier Visionen der
zweiten Hälfte kein rechter Fortschritt zu erkennen, weder in stufen-
weiser Erweiterung des Gesichtskreises, noch an apokalyptischer Klar-

heit, da gleich die erste bis zu dem verheißenen Untergange des Antiochus herabführt, und in den folgenden zwar einige neue Punkte, aber ohne Plan und gleichsam nachträglich den Wiederholungen eingeflochten sind. Die Darstellung hat sehr verschiedenen Werth. Die Einleitung ist außerordentlich mager, dagegen zeigen die Mittheilungen aus dem Leben Danijel's und seiner drei Freunde eine epische Meisterschaft, welche dem Verfasser nicht ganz abzusprechen ist, wenn auch die benutzten Sagen schon im Munde des Volkes einige Rundung erhalten zu haben scheinen; in den Prophetien aber herrscht dicht neben Visionen voll lebhafter Phantasie, denen manche magische Anschauungen zu Grunde liegen, eine auffallend dürre Prosa, welche in der chronikenartigen Apokalypse des 11. Kapitels vielleicht gar unschön ist. Endlich der Ausdruck ist in diesem zweiten Theile höchst unbeholfen und oft undeutlich, man siehet ihm das mühsame Ringen mit der fast ausgestorbenen ibräischen Sprache an; der Verfasser hatte in dieser angefangen zu schreiben, schlüpfte aber schon im 2. Kapitel in die ihm geläufige aramäische hinüber, und kehrte ungern, aber gedrängt von dem Gefühl, daß in den Prophetien die heilige Sprache herrschen müsse, nach dem 7. Kapitel wieder zur ibräischen zurück; dem besser geschriebenen Gebet 9, 3—20 ist es gleichsam anzuhören, daß er in demselben ausnahmsweise sich auf bekannterem Boden bewegte. Auffallend könnte es erscheinen, daß keinerlei Ermahnungen oder Wendungen von sittlicher Art eingestreut sind, wie solche in allen älteren Propheten sich finden: allein dieser Mangel kam wohl daher, daß der Verfasser bloß seine unmittelbare Gegenwart im Auge hatte und die Absicht, zu trösten, zu ermuthigen, und zum Ausharren zu bewegen, wogegen das sittliche Element unter den blutigen Kämpfen mit den Syrern in den Hintergrund für ihn trat.

Ich lasse die Psalmen folgen, deren während unserer ganzen Periode gedichtet wurden. Schon für die Lage und geistige Verfassung, in welcher während des Exils die Juden waren, gab es keine geeignetere Dichtungsart als eben diese, noch mehr aber gilt dies von den dürren Jahrhunderten, welche die Zurückgekehrten durchleben mußten: alle Empfindungen des Schmerzes über erlittene Kränkungen, das Bewußtsein, besser als ihre Unterdrücker zu sein und deshalb ein besseres Loos zu verdienen, auch bei dem Gefühle der eigenen Schwäche die Ueberzeugung, daß nur Gott ihnen helfen könne, also .

das innerste Fühlen und Denken konnte Ausdruck in einem solchen kurzen Ergusse erhalten, welcher in Gebet auslaufend und die alten Verheißungen hereinziehend den Dichter beruhigte, zugleich ihm aber Gelegenheit bot, durch den Mund der lewitischen Sänger sein ganzes Volk zu trösten. Die Sage schreibt den Propheten Chaggaj und Secharja sowie dem Esra Psalmen zu, doch verdient sie in dergleichen Dingen keinen Glauben, obwohl an sich nichts dagegen spricht; eher läßt sich behaupten, daß viele Psalmen unserer Periode von befähigten lewitischen Sängern selbst gedichtet wurden, und von ihnen die dem Asaf zugeschriebenen Psalmen 74 und 77 nachexilischen Abkömmlingen dieses alten Barden angehören, ebenso Pf. 85 einem Sänger dieser Periode aus der Korchischen Familie. Ich würde übrigens auf zu schlüpfrigen Boden gerathen, wollte ich hier anzugeben versuchen, welche Psalmen in unserer Sammlung derselben nach dem Exil verfaßt wurden; doch von einigen ist dies wohl außer Zweifel, so von den drei erwähnten, desgleichen von Pf. 44. 49. 73. 102. 106. 107. 118. 119. 126. 129. 137. 147. 149, ja von den meisten dieser genannten läßt sich ohne Wagniß die Abfassungszeit noch genauer angeben: Pf. 85. 102. 126. 137. 147 wurden wahrscheinlich kurz nach der Rückkehr aus Babylonien gedichtet, Pf. 44 kurz vor Nechemja's Ankunft, Pf. 74 während der Tempelverwüstung unter Antiochus Epiphanes, Pf. 149 zur Zeit der makabäischen Siege, Pf. 118 wahrscheinlich für den Tag, an welchem der Makabäer Jonatan den Pontificat antrat, Pf. 119 noch später. Im Uebrigen aber läßt sich nur im Allgemeinen sagen, daß von den 78 Psalmen, welche die drei letzten Bücher des Psalters ausmachen, bei weitem die meisten erst nach dem Exil verfaßt wurden, während von den Psalmen des ersten Buches außer dem ersten, welcher vermuthlich der jüngste im ganzen Psalter oder vielmehr bloß eine späte Einleitung desselben ist, nur ganz wenige auf die exilische Zeit, und von denen des zweiten Buches ebenfalls nicht viele auf die exilische oder nachexilische Zeit hinweisen. Manche nun von den Psalmen unserer Periode, selbst einige anscheinend sehr junge darunter, sind noch klassisch zu nennen, sowohl wegen ihrer guten, theilweise selbst kunstvollen Anlage und ihrer lebendigen Empfindung, wenn auch diese nur selten noch bis zum lyrischen Schwunge sich erhebt, als auch wegen ihrer blühenden Sprache: recht viele aber allerdings sind ohne künstlerische Anlage, ohne Verbin-

27*

rung reihet Vers sich an Vers, in einigen nach der Folge des
Alphabets, solche Erzeugnisse aber sind natürlich matt, flach, eintönig,
und letzteres umsomehr, als in diesen späteren Theilen unserer
Sammlung so viele Psalmen gleichen Inhaltes sind. Dieser aber
ist gleichwohl keinesweges immer Klage und Bitte um Erlösung,
in ihnen wird wie früher zuweilen auch die göttliche Gerechtigkeit
ventilirt, fast niemals indessen ohne schließlichen Durchbruch zur
Anerkennung derselben, wobei das gewaltsame Niederschlagen aller
entgegenstehenden Zweifel Angesichts der drückenden Gegenwart nur
um so rührender ist; in anderen wurde direct religiöse Nahrung
gereicht, z. B. der Blick auf das göttliche Walten in der Natur
und in der Geschichte sowohl Israel's wie der Völker insgesammt,
oder auf den hohen Inhalt der göttlichen Lehre gelenkt, auch nicht
selten für die reinmenschlichen Güter, welche der Druck von außen
ihnen ließ, oder für gelegentlich eingetretene Erlösung aus irgend
einer Noth des Volkes warmer Dank ausgesprochen. Auch darf
bei einer ästhetischen Würdigung dieser Psalmen nicht unberücksichtigt
bleiben, daß die meisten von ihnen gedichtet wurden, um im Tempel
unter Gesang und Instrumentalmusik vorgetragen zu werden: an
sie ist der Maßstab von Liedertexten zu legen, und einzelne, welche
uns wie bloße Litaneien vorkommen, mögen gleichwohl im Zusam-
menklange von vortrefflicher Wirkung gewesen sein. Im Ganzen
dürfen wir annehmen, daß die Psalmendichtung die Prophetie nicht
sowohl überlebte, als vielmehr in einem gewissen Sinne fortsetzte,
indem sie die noch vorhandenen prophetischen Kräfte an sich zog
und ihnen, die sich nicht mehr im öffentlichen Leben bethätigen
konnten, jene mehr innerliche und einer Entfaltung des frommen
Gedankens fast noch günstigere Wirksamkeit des Duchan anbot.
Uebrigens haben nicht alle damals geschriebenen Psalmen Aufnahme
in die biblische Sammlung gefunden, nur wird vermuthlich bloß
die von geringem Werthe dieses Loos betroffen haben.

Wieder eine andere Gattung nachexilischer Schriften besitzen
wir in Jona und Kohelet. Das Büchlein Jona erfordert und
verdient eine Vorbemerkung [1]. Nämlich bis kurz vor dem Exil
war Assyrien der Hauptfeind Israel's gewesen, was bewirkte, daß

---

[1] Was darüber hier gesagt wird, ist 1, 278 — 280 und 3, 57 des größeren
Werkes näher begründet.

Rache an ihm zu sehen ein erblicher Wunsch des jüdischen Volkes
wurde, und die Propheten wiederholendlich verkündigten, Niniveh
solle „eine Einöde, eine Lagerstätte für wilde Thiere" werden. Auf
einmal aber lernte man im Exil dieses Niniveh als eine große
und angesehene Stadt kennen; daß·es bei Auflösung des assyrischen
Reiches stark verwüstet worden war und seitdem fortwährend sank,
bemerkten entweder die Exulanten nicht, oder dieses konnte ihnen
doch nicht für die Erfüllung der alten Prophetien gelten. Dieser
Beweis gegen ihre Untrüglichkeit mag im Exil oft durchgesprochen
worden sein. Man lernte dort aber auch diese verrufenen Assyrer
näher kennen und fand sie viel menschlicher, gesitteter, als man sie
sich zu denken in Judäa gewohnt war, und die „assyrischen" Exu=
lanten, deren Bekanntschaft man machte, konnten dies bestätigen; es
lag daher die Annahme sehr nahe, daß die Assyrer sich gebessert
hätten, und gerade ihre Besserung der Grund sei, weshalb Gott
Niniveh nicht habe untergehen lassen. Die Assyrer fabelten aber
von einem Mannweibe Semiramis, welches, einer Fischgöttin
entsprossen und „Taube" zubenamt, von der syrischen Küste zu
ihnen gekommen sei und unter ihnen Cultur verbreitet habe. Unter
den Juden nun, welche in manchem Betracht nicht Unrecht hatten,
die asiatischen Völker als Barbaren anzusehen, mochten im Exil
Manche auf den Gedanken gerathen, daß diese assyrische Gesittung,
welche sie überrascht hatte, jüdischen Ursprunges, und die Taube,
welche sie vom Mittelmeere her gebracht haben sollte, Niemand
gewesen sei als ihr alter Prophet Jona, dessen Name „Taube"
bedeute; nur konnten sie ihm natürlich nicht die Herkunft von einem
fischartigen Wesen zugestehen, und sie mögen vielfach versucht haben,
diesen Punkt der jüdischen Anschauung zusagender zu gestalten.
Die Sage wanderte hierauf mit nach Judäa, und fand dort bald
einen Bearbeiter, indem die in seiner Nachbarschaft heimische Sage
von einer Jungfrau, welche bei Joppe gefesselt einem Seeun=
geheuer ausgesetzt, aber von einem Heroen befreiet wurde, der in
den Rachen des Ungeheuers sprang und nach dreitägigem Ver=
weilen in dem Bauche desselben es tödtete — zu der Ver=
muthung führte, daß die assyrische Erzählung von einer fischgeborenen
Taube daraus entstanden sein dürfte, daß der Prophet Jona, ehe
er seine Mission antrat, drei Tage in dem Bauche eines Fisches
verweilt habe. Doch war dem Bearbeiter jenes mythische Element

nur Mittel zu seinem höheren Zwecke, einige religiöse Wahrheiten lebhaft vorzuführen. Eine Haupttendenz seiner Darstellung war ihm die Entlastung der prophetischen Untrüglichkeit von dem Einwande, daß Niniveh nicht untergegangen sei, und zu dem Ende stellt er geschickt Jona als einen Propheten dar, der selber auf die Untrüglichkeit seiner Verkündigung bis zum Sterben eifersüchtig war, ja aus Furcht davor, daß Gott seine Worte nicht in Erfüllung gehen lasse, sogar vor demselben entfloh, und zwar auf das Meer! verlangte einmal die Sage, daß Jona irgendwie mit einem Fische in einer außergewöhnlichen Verbindung erscheine, ehe er als Sittenprediger auftrat, so war die biblische Wendung hiefür eine ziemlich glückliche. Er muß aber gehorchen und tritt in Niniveh auf: doch dieses zeigte Reue und Besserung, und Jona muß die Ansicht vertreten, als genüge das nicht zur Abwendung des einmal verdienten Unterganges, um Gott selbst erklären lassen zu können, daß der Gebesserte wieder vollen Anspruch auf seine Allbarmherzigkeit habe. Nebenbei wird der Gedanke, daß der Prophet reden müsse, selbst wenn er nicht wolle, sowie die Unmöglichkeit, Gott zu entfliehen, und seine Herrschaft über alle Elemente ausgeführt. Das Büchlein zeigt hiernach reichen Stoff in kleinem Raume, doch seinen Hauptwerth erblicke ich in dem Beweise, welchen es uns liefert, daß die Juden von ausländischen Mythen Kenntniß nahmen und Geschicklichkeit besaßen, sie vaterländisch zu gestalten, wie man es gewöhnlich nur den Griechen zuschreibt; vom ästhetischen Standpunkte aus ist es daher nur zu bedauern, daß sie nicht öfter sich solcher Stoffe bemächtigten. Auch verdient die schmucklose und doch eindrucksvolle Sprache, in welcher uns Anfangs das stürmende Meer, am Ende das Aufblühen und Verwelken des Wunderbaumes vor die Augen geführt wird, sowie der väterliche Ton in den Worten des Herrn alles Lob; für die jung iträischen Ausdrücke ist nicht der Verfasser, sondern seine Zeit verantwortlich; dagegen ist zu rügen, daß er dem Jona einen Psalm in den Mund legte, der seiner augenblicklichen Situation nicht entspricht und bloß wegen einiger auf sie beziehbarer Ausdrücke anderswoher entlehnt war: es kam dies vielleicht von der schon im Exil aufgekommenen Gewohnheit, in älteren Psalmen zu beten, obwohl sie gleichfalls nur stellenweise der Lage und den Gefühlen des Betenden entsprechen konnten.

Das Büchlein Kohelet will uns beweisen[1]), daß Alles nichtig und der Mensch unfähig sei, auch nur ein solches nichtiges Erdenglück sich zu begründen. Zu diesem Ende legte der Verfasser seine Betrachtungen dem Schlomo in den Mund, weil königliche Macht und hohe Weisheit bei ihm vereinigt waren: der Ruf von letzterer würde seinen Worten großen Nachdruck verleihen, und nur wer jene besessen und vermittelst ihrer alle Genüsse sich verschafft habe, berechtigt zu dem umfassenden Ausspruche erscheinen, daß sie alle eitel seien. Demgemäß erklärt Schlomo zunächst, daß alle seine Herrlichkeiten ihm kein Glück gewährt hätten; unzulänglich hierzu finde er aber auch alles menschliche Wissen, sowohl wegen seines beschränkten Umfanges, als auch weil es unmöglich sei, mit Hilfe seiner die subsolarischen Dinge zu unseren Gunsten zu gestalten, da sie insgesammt unter göttlichem Verhängnisse ständen; endlich unzulänglich selbst die Tugend, da das Erdenglück offenbar nicht immer nach moralischer Würdigkeit ausgetheilt, sondern lediglich ein Geschenk Gottes sei. Der letzte Punkt hat nichts Erschreckendes für den, welcher ein zweites Leben annimmt, in welchem der hienieden zu kurz gekommene Tugendhafte entschädigt wird; doch in dem Verfasser rang diese damals noch junge Annahme mit so mächtigen Zweifeln, daß sie oft für ihn wie geschwunden war. Nun hätte er, gegenüber der Vertheilung von Glück und Unglück ohne Rücksicht auf die Würdigkeit des Empfängers, Gott für ungerecht halten müssen: allein hiergegen sträubte sich sein frommer Sinn, und er nahm lieber an, daß Gott die Welt nach einem uns unerforschlichen Plane regiere, demzuliebe er in einzelnen Fällen unverdiente Loose austheile, ohne aber ungerecht zu sein, wo es jener höhere Plan nicht erfordert. Dem Menschen könne mithin auf zweierlei Weise von Gott Gutes kommen, als Lohn der Tugend, so oft jener Plan es gestatte, und als freies Geschenk, vermuthlich um jenen Plan zu fördern; aber ebenfalls auf zweierlei Weise könne der Mensch es hintertreiben, im ersteren Falle durch einen lasterhaften Wandel, im zweiten durch verkehrte Einrichtung seiner Zustände. Obwohl wir daher nicht mit Sicherheit unser Glück durch eigenes Verhalten schaffen könnten, blieben doch immer noch Fälle

---

[1]) Der folgenden Analyse ist die Einleitung zu dem 1838 von mir erschienenen „Kohelet" soweit zu Grunde gelegt, als meine Ansichten von ihm die alten geblieben sind.

übrig, in welchen dieses von Einfluß auf unser Wohl und Wehe
werden könne; und es ist daher nicht im Widerspruche mit seinem
Thema, wenn der Verfasser in die Behandlung desselben, besonders
gegen das Ende hin, eine Reihe von Regeln der Sittlichkeit und
Klugheit verwebt, von denen die Ermahnung einerseits zum Genuß
alles Erlaubten, das sich darbiete, andererseits zu männlicher Ent-
sagung im Unglück und zum stummen Aushalten alles Unabwend-
baren die eigenthümlichste sein dürfte, da in ihr eine epikuräische und
eine stoische Anschauung gründlich versöhnt erscheinen. Doch waren
die eingestreuten Lebensregeln dem Verfasser nur Nebensache, oft nur
unwillkürliche Abschweifungen: sein Hauptzweck war, die Nichtigkeit
alles Menschlichen zu predigen, und indem er seine Beweisführung
völlig frei von aller volksthümlichen Färbung hielt, wollte er, der vermuthlich um das Ende der Perserherrschaft schrieb, seinem gedrückten
Volke vielleicht auch zeigen, daß kein anderes Volk viel besser als es
selbst daran sei. — Fragen wir nun nach dem Werthe dieser Schrift,
so ist ihr ein nicht geringes Verdienst schon insofern zuzugestehen, als
in ihr ein fast ganz neues Feld betreten ist, das philosophische; einzelne höhere Fragen findet man in den Propheten und Psalmen aufgeworfen, aber nicht erörtert, nicht dialektisch verfolgt, und nicht
gedankenmäßig, sondern mit einem prophetischen oder lyrischen Macht-
spruche beantwortet. Ein größerer Anlauf hierzu ist im Buche Ijob
genommen, die Untersuchung: warum und ob es oft dem Guten
schlecht, dem Schlechten gut ergehe, erhielt schon verschiedene Phasen,
aber wiederum die Reden schlugen fast durchweg in's Lyrische um
und mit der Lyrik ging der Gedanke durch, und der am Schlusse
erschienene Gott beantwortet nicht die aufgeworfene Frage, sondern
schneidet sie ab und legt den Klüglern Schweigen auf. Erst im
Kohelet kommt es zur Prosa, der einzig abäquaten Form philosophi-
scher Erörterung, und des Verfassers Schuld ist es nicht, daß die
von ihm eröffnete Bahn später sehr lange Zeit unbetreten blieb.
Ferner sind die Selbstständigkeit und der Freimuth seines Denkens
höchlich anzuerkennen, er ist in beidem dem Philo und den Männern
unserer arabischen Schule überlegen. Auch hat er, wenigstens für
seinen Standpunkt, die übernommene Aufgabe befriedigend gelöst;
zu bedauern ist hierbei nur, daß er der Tugend nicht einen von
ihrem Lohne unabhängigen Werth zugestand, da doch seine Untersuchung ihn dicht vor diese Anerkennung geführt hatte. Die Dar-

stellung ist ungleich: daß er Schlomo fast ganz fallen ließ, sobald er ihn hatte ausführen lassen, daß alle seine Herrlichkeiten ihn nicht beglückt hätten, ist wohl daraus zu erklären, daß zur Aussprache des Folgenden kein königlicher Mund erforderlich, und, wie oben schon einmal bemerkt wurde, das Schriftchen ihm unterzuschieben nicht ernstlich beabsichtigt war. In der Anlegung desselben herrschte Plan, doch ist dieser nicht überall festgehalten, und wir müssen uns mehrmals mit der besser bewahrten Einheit des Themas begnügen. In den discursiven Partien ist die Schreibart meistens plan, doch einigemal breit und unbeholfen, weil der Verfasser eine philoso= phische Sprache sich erst hat schaffen müssen; die hierzu neugeschaffenen oder neuangewendeten Wörter zeugen von Geschick. Die eingestreuten Beobachtungen und Ermahnungen erhielten die gnomische Form, zeigen aber keine sonderliche Meisterschaft in ihr; endlich die Schil= derung des Alters und Todes am Schlusse leidet zwar an morgen= ländischer Ueberladung, hat aber großen Reiz in ihrem Schwanken zwischen Lyrik und Elegie.

Höher haben wir in der Kunst der Spruchdichtung Jeschua Sohn des Serach (Sirach) zu stellen. Dieser, gebürtig aus Jeru= schalem, schrieb kurz vor den syrischen Verfolgungen ein Buch der „Sprüche“, in welchem dieselbe auf den Vergeltungsglauben gegrün= dete Ansicht von der Welt und dem Leben wie in dem gleichnamigen des Schlomo herrscht, auch wie in diesem als die Quelle aller Tugend und Gottseligkeit die Weisheit dargestellt ist. Der Ver= fasser zeigt nicht immer gleiche Geistesfrische, und seinen Gnomen fehlt häufig die reizend zugespitzte Form jener älteren; doch liegt ihnen eine vielseitigere Beobachtung der menschlichen Sitten zu Grunde, und verführt von diesem Reichthum behandelt er einzelne Materien ausführlicher, als eigentlich der gnomische Stil verstattet. Nach vielen Spuren in ihm wurde vor und in seiner Zeit die Spruchdichtung stark angebaut, und Vieles hiervon mag wohl von ihm aufgenommen worden sein. Umsomehr aber ist es zu bedauern daß wir dieses Buch nicht mehr in der ibräischen Ursprache besitzen, in dieser ist bloß eine kleine Anzahl von Sentenzen daraus in den Talmuden und Midraschim uns erhalten worden; die griechische Uebersetzung desselben ist von einem Enkel des Verfassers, wie dieser in einem Vorworte selbst angiebt.

Desgleichen wurde in dieser nachexilischen Periode die Ge=
schichtschreibung angebaut. Den ersten Platz in ihr verdienen
die Mittheilungen, welche Esra und später Nechemja über ihre
eigene Wirksamkeit uns hinterlassen haben. Wir dürfen beide nicht
mit den gleichnamigen biblischen Büchern verwechseln, und besonders
gilt dies vom Buche Esra, welches eine spätere Compilation ist,
in der bloß 7, 12—9, 15 (doch nicht 8, 35. 36) einst den authen=
tischen Mittheilungen des Esra angehört hat. Dieses Stück ent=
hält ein in seiner aramäischen Ursprache beibehaltenes Schreiben
des Artaxerxes an Esra, sodann die Darstellung des Letzteren von
dem Zuge, den er nach Judäa geleitete, von seiner Ankunft in
Jerusalem, von seiner leidenschaftlichen Trauer über die Nachricht,
daß so viele Ehen mit Heiden eingegangen worden seien, und ein
hierauf bezügliches Gebet. Es ist aber gar nicht zu bezweifeln, daß
Esra seine Mittheilungen nicht mit jenem Briefe ohne Einleitung
eröffnet, und auch dieselben weiter herabgeführt haben wird. Was
von seiner Hand uns noch vorliegt, zeigt in dem geschichtlichen Theile
einen außerordentlich dürren Stil und eine Sprache von später
Färbung; lebhafter ist sein Gebet, und in diesem ist selbst der Aus=
druck viel besser: man behielt mehr Gewandtheit darin, weil die
jüdische Geistesrichtung dem religiösen Ausdruck größere Pflege
angedeihen ließ, außerdem aber im Gebet ein passender Ort für
Reminiscenzen aus alten heiligen Schriften war. — Mehr ist uns von
Nechemja erhalten worden, denn von ihm ist in dem Buche seines
Namens 1, 1—7, 66. 12, 28—42. 13, 4—31. Wozu er in K. 7
ein altes Verzeichniß der unter Serubabel Heimgekehrten mitgetheilt
hat, läßt sich nicht bestimmt sagen, da Einiges, was unmittelbar
dahinter stand und ohne Zweifel Licht darauf geworfen hätte, früh
verloren gegangen ist; desgleichen nach seiner Beschreibung der
Mauerweihe ist Mehreres ausgefallen. Geschrieben oder wenigstens
geschlossen hat Nechemja seine Denkwürdigkeiten erst spät, da er
einige seiner Anordnungen aus der Zeit noch mittheilt, als er nach
seiner Rückkehr an den königlichen Hof zum zweiten Male nach
Judäa gekommen war. Wieviel in den beiden erwähnten Lücken
jetzt uns fehlt, läßt sich natürlich nicht abschätzen, doch scheint es,
daß an der Stelle der zweiten sehr Vieles stand; und von seinem
eigenthümlichen Schlusse sagt Ewald treffend: „seine Denkschrift
schloß mit kürzerer und ganz zusammenhangsloser Aufzählung noch

mehrerer Verdienste, die der Verfasser sich um Jerusalem erworben habe, als ob Nechemja schließlich nicht mehr Lust gehabt habe, alles Uebrige aus der Fülle seiner Erinnerungen so ausführlich, als er gekonnt hätte, schriftlich auseinanderzusetzen". Seine Sprache ist nicht viel besser als die des Esra, doch ist seine Darstellung kräftig und lebendig, und die Selbstgefälligkeit darin kann einem Selbst= biographen, der zwölf Jahre Pascha war, wohl nachgesehen werden. Noch ist auf einige einzelne Verzeichnisse einzugehen, wie das von Nechemja eingerückte war, obgleich man sie nicht wohl zu den Erzeugnissen der Geschichtschreibung zählen kann; auch sind ihrer nur wenige aus jener Zeit auf die Nachwelt gekommen, und dies nur zugleich mit den Schriftwerken, in welche sie aufgenommen wurden, so in Esr. 10, 18—43 eine Aufzählung Derer, welche ihre ausländischen Frauen entließen, und in Nech. 3, 1—32, also von Nechemja selbst eingerückt, eine Aufzählung Derjenigen, welche an dem Mauerbau sich betheiligt hatten, nebst Angabe der Mauerstrecke, welche von jedem Einzelnen herrühre; ferner Nech. 11, 3—24 eine statistische Tabelle der Bewohner Jerusalems in Nechemja's erster Zeit, und eine kaum zwanzig Jahr jüngere in 1 Chron. 9, 2—22. Einem Verzeichnisse der Häupter der Priester und Leviten während der zwei ersten Menschenalter nach dem Exil finden wir Nech. 12, 23 die wichtige Glosse eingefügt, daß diese Häupter bis zu Jochanan den Eljaschib herab im Buche der Dibrê-hajamim ver= zeichnet waren: das gleichnamige Buch in der Bibel kann hier nicht gemeint sein, sondern wohl nur eine Tempelchronik, in welche nach und nach alles Denkwürdigerscheinende eingetragen wurde; ihr mögen die erwähnten Verzeichnisse und die in Nech. 10, 2—40 uns erhaltene Akte, desgleichen die Nachrichten entnommen sein, welche die noch anzugebenden Historiker dieser Periode liefern. Natürlich wurde eine solche Tempelchronik auch später fortgesetzt, wie denn Josephus contra Ap. 1, 7 behauptet, daß die hohen Priester seit 2000 Jahren alle mit Namen in den Schriften aufgeführt seien, desgleichen daselbst § 8, daß auch nach dem Aufhören der Propheten bis auf seine Zeit herab Alles aufgeschrieben worden sei. Ihr waren wohl auch der 1 Macc. 12, 6—18 mitgetheilte Brief an die Spar= taner und die daselbst 14, 27—49 befindliche Akte, sowie überhaupt viele Nachrichten dieses Geschichtschreibers entlehnt. Der Umstand, daß Jedes, was in ihr verzeichnet werden sollte, eine ziemlich gleich=

zeitige Darstellung fand, sichert den ihr entlehnten Nachrichten eine
bedeutende Glaubwürdigkeit; doch kann sie, wie jede Chronik, keine
fortlaufende Erzählung enthalten haben, da schwerlich ein Fortsetzer
derselben stilistisch oder selbst nur sachlich an die Mittheilung seines
Vorgängers anknüpfte. Natürlich war die Darstellung in ihr sehr
ungleich, indem von so vielen Schreibern Jeder nicht nur seinen
eigenen Stil hatte, sondern auch nach eigenen Ansichten seinen
Gegenstand ausführlich oder kurz behandelte; und selbst von Wider=
sprüchen kann eine Sammlung dieser Art nicht frei geblieben sein,
denn Mancher von diesen Schreibern mußte gelegentlich ältere
Begebenheiten berühren, that dies aber gewiß in den meisten Fällen
bloß nach eigener Kenntniß von ihnen und ohne erst die früheren
Aufzeichnungen zu vergleichen. Es wird uns hieraus klar, wieso
trotz dem Vorhandensein einer solchen Tempelchronik die späteren
Historiker diese Zeit nur lückenhaft und in manchen Punkten ein=
ander widersprechend darstellten. Was aus derselben wortgetreu
uns erhalten zu sein scheint, giebt uns in literarischer Beziehung
einige gute Aufschlüsse. Wo nämlich in den erwähnten Verzeichnissen
neben den Namen und Zahlen noch eine kleine Bemerkung sich
findet, ist ihr Ausdruck unbeholfen und in schlechtgebildete Worte
gekleidet, so daß zur Zeit ihrer Abfassung der officielle Stil durch=
weg noch unter jenem der gleichzeitigen Schriftsteller erscheint. Die
wahrscheinlich von einem Sofer Zidkija angefertigte Akte Nech. 10,
2—40 zeigt eine leibliche Sprache, und der erwähnte Brief an die
Spartaner ist sogar sehr gut und mit edlem Selbstgefühl geschrieben,
während die Akte, in welcher der Maккabäer Schimon zum erblichen
hohen Priester und Fürsten erklärt ward, wegen ihrer Weitschwei=
figkeit und Zerfahrenheit ihrem Verfasser wenig Ehre macht. Wie
nach 1 Macc. 14, 49 diese Akte, wurden vermuthlich alle wichtigeren
Schreiben und die besprochene Chronik im Schatzhause auf=
bewahrt, zu welchem eines der äußeren Tempelgebäude eingerichtet
worden war.

Betrachten wir jetzt auch einige compilatorische Geschichtschreiber
jener Periode. Von Jemandem, der in der späteren Zeit des
Nechemja oder doch nicht lange nach ihm lebte, ist (bis auf einige spätere
Einschiebsel) der einst selbstständige Aufsatz Nech. 7, 70—12, 26. Der
Anfang desselben fehlt, und sein Schlußvers läßt vermuthen, daß
die Mittheilungen des Verfassers wenigstens von Esra's Ankunft

angehoben hatten; der uns erhaltene Theil derselben ist für unsere Geschichte von bedeutendem Werthe, würde aber, da fast drei Viertel davon nur lose verbundene Stücke von fremder Hand sind, von großer Geistesarmuth seines Urhebers zeugen, wenn es nicht schiene, daß man damals mit dem Einschieben authentischer Stücke einen übermäßigen Prunk trieb; der Rest spiegelt die Denk= und Sprech= weise eines damaligen Sofer ab. — Später lebte wohl Derjenige, aus dessen Feder Esr. 4, 8—6, 18 herrührt: dafür spricht sowohl der Umstand, daß er zu seiner Darstellung die aramäische Sprache wählte, als auch seine Unkenntniß hinsichtlich der älteren persischen Könige. Indem er nämlich die Geschichte des Tempelbaues liefern wollte, ließ er sich verleiten, zwei vorgefundene Schreiben an und von Artaxerxes auf den Tempelbau zu beziehen und demgemäß mitzutheilen, ehe er berichtete, wie derselbe unter Darius angefochten, zuletzt aber doch glücklich vollendet wurde. Durch die Ungunst jener Zeiten ist auch von seiner Darstellung der erste Theil früh verloren gegangen, und sie beginnt für uns in Folge davon gleich mit jenem Mißgriffe. In die weitere Erzählung finden wir auch einen Brief an Darius und dessen Antwort eingerückt, und begegnen mithin schon wieder der eben erwähnten damaligen Neigung, viele authen= tische Urkunden einzurücken, denn auch von diesem Fragment gehört nur ein gutes Viertel dem Compilator selbst an. Das Aramäische schrieb er rein und nicht ungeschickt; doch soll später besonders dar= gestellt werden, in welcher Art und Weise diese Sprache bei den nachexilischen Juden Eingang fand.

Einen bedeutend größeren Werth haben wir dem biblischen Buche der Chronik zuzugestehen, nicht bloß wegen des großen Umfanges dieser Arbeit, sondern auch weil der Verfasser, freilich nach einer einseitigen Anschauung, das überlieferte Material selbst= ständig redigirt hat. Er schrieb wahrscheinlich nach der Mitte des dritten Jahrhunderts v. Chr., und war wohl ein levitischer Musiker aus dem Geschlechte des Asaf. Vermöge dieser Stellung von großer Vorliebe für den Tempelcultus erfüllt, und den irrigen Glauben seiner Zeit theilend, daß die damals vorhandenen Cultuseinrich= tungen größtentheils von David herrührten, unternimmt er es, eine Geschichte Israels von diesem Könige an bis herab auf Nechemja in der Art abzufassen, daß Alles, was den Cultus betrifft, den Vordergrund und den breitesten Raum einnimmt. Jedoch giebt er

zuvörderst eine genealogische Uebersicht von Adam bis auf die Söhne
Jakobs, sodann eine Fülle genealogischer und geographischer Nach=
richten von den zwölf Stämmen und besonders von den Stämmen
Jehuda und Lewi, welche ihn am meisten interessirten; und nach=
dem er hierbei die Stammbäume aller bedeutenderen Familien in
Israel meistens bis in die Zeit der Könige, die Geschlechtsfolge
der erwähnenswerthesten Nachkommen Dawids sogar bis in die
Zeit nach Esra, und die hohen Priester wenigstens bis zum Exil
herab aufgeführt hatte, schließt er diese lange Einleitung mit einem
Verzeichnisse der Bevölkerung Jeruschalem's aus Nechemja's späterer
Zeit und darein verwebten statistischen Nachrichten von dem damaligen
Tempeldienst. Nun erst zu seinem eigentlichen Thema übergehend,
berichtet er kurz König Schaul's Abkunft und Tod, weitläufiger
hierauf Dawid's Thronbesteigung, aber seine Thaten nur theilweise
und flüchtig, soweit sie den Cultus nicht betrafen, wogegen er die
Abholung der Bundeslade nach Jeruschalem sowie Dawids Absicht,
einen Tempel zu erbauen, ausführlich beschreibt; und obwohl er aus
Pietät von dessen Vergehen mit Batscheba und gegen Urija sowie
von den Schändlichkeiten seiner Söhne schweigt, berichtet er doch
dessen mißfällige Volkszählung, weil er hierdurch Gelegenheit erhielt,
den Berg Morija zu verherrlichen, sodann seine Vorbereitungen für
den Tempelbau und alle seine angeblichen Cultuseinrichtungen.
Nun zu Schlomo übergehend, berichtet er dessen großes Opfer in
Gibon nebst der ihm daselbst gewordenen Vision, hierauf ausführ=
lich den Bau und die Einweihung des Tempels, auch ziemlich voll=
ständig was von Schlomo's Pracht und Weisheit sich sagen ließ,
während sein nachmaliger Götzendienst übergangen und über die
unglücksschwangere Prophetie des Achija hinweggeschlüpft ist. Hier=
auf erzählt er die Theilung des Reiches und die Geschichte des
judäischen bis herab zum Exil, indem er überall die Gelegenheit
benutzt, Tempelfeierlichkeiten und ihnen Verwandtes einzuweben:
vom Reiche Israel schweigt er gänzlich, nachdem er einen einzigen
Kampf der beiden Reiche mit einander vermuthlich bloß mitgetheilt
hatte, um vor der Schlacht dem Könige von Jehuda die Erklärung
in den Mund zu legen, sein Siegesmuth beruhe auf dem Gegen=
satze des jahwistischen Cultus in Jeruschalem und des heidnischen
im Reiche des Gegners. Von der Abführung ins Exil geht er
alsdann gleich auf Cyrus über, erzählt die Rückkehr in die Heimath,

den Wiederaufbau des Tempels, die Ankunft und das erste Auf=
treten des Esra, und hängt endlich diesem weitläufigen Werke die
lückenhaft gewordenen, aber von ihm theilweise wiederergänzten
Denkwürdigkeiten des Nechemja an. — Ueber seine Quellen für
den vorexilischen Theil seiner Mittheilungen muß ich auf 1, 300—302
des größeren Werkes verweisen, zu den dort genannten sind aber
noch die mündliche Sage und der Mythus von Dawid's Cultus=
anordnungen zu zählen, denn ohne Zweifel war es herrschende Ansicht
seiner Zeit, daß die damaligen Institutionen dieser Gattung
dawidischen Ursprunges seien, und der Chronist hat nur den ferneren
Schritt gethan, entsprechend die Geschichte des Dawid und manches
spätere Ereigniß auszumalen; zuweilen allerdings mag seine Vor=
liebe für den Cultus ihn zu freien Dichtungen hingerissen haben,
doch sie bestimmte ihn auch wohl, die in seinen Quellen erwähnten
religiösen Feierlichkeiten viel häufiger mitzutheilen, als der Verfasser
der „Könige" gethan hat, und freilich dann auszuschmücken. Ueber=
haupt hat man keinen vollen Grund, ihm Wahrheitsliebe abzusprechen:
seine Uebertreibungen in Zahlen beruhen meistens auf Schreibfehlern,
welche theils in seine Quellen, theils später in sein eigenes Werk
einschlichen; und was sonst noch in seinen Berichten zu beanstanden
ist, hat sein Mangel an Kritik verschuldet, oder er unterlag darin
wieder den Ansichten seiner Zeit; mir ergab sich aus vielen einzelnen
Untersuchungen, daß er bei nicht wenigen Nachrichten, welche die
neueren Gelehrten für erdichtet erklären, älteren Quellen gewissen=
haft gefolgt ist, und es ist deshalb wahrhaft zu bedauern, daß er
Vieles uns vorenthalten hat, was ihm bloß wegen seiner einseitigen
Richtung als nicht überliefernswerth erschien. Was den literarischen
Werth seiner Arbeit betrifft, so hat auch er die ihm zugänglichen
Quellen weit öfter ausgeschrieben und lose an einander gereihet als
künstlerisch verarbeitet. Denn in dem vorexilischen Theile nimmt
das allein, was er aus der Genesis sowie aus unseren Büchern
Schmuël und der Könige wörtlich aufgenommen hat, beinahe ein
Drittel ein, und schwerlich dürfte hiernach von kleinerem Umfange
sein, was er aus seinen übrigen, für uns verloren gegangenen
zahlreichen Quellen wörtlich entlehnt haben mag. Noch stärker aber
hat er in dem nachexilischen Theile seines Werkes, welcher nachmals
als Buch Esra davon abgetrennt wurde, seine Quellen ausgeschrieben,
indem er nämlich in 2, 1—69 ein altes Verzeichniß gab, in 4, 8—

6, 18 ein Fragment der zuvorgenannten aramäischen Erzählung,
sowie in 7, 12—9, 15 ein Stück von Esra's Denkwürdigkeiten ein=
rückte[1]), und in 10, 18 —33 mit einem ebenfalls überkommenen
Verzeichnisse schloß. Vollends in dem lose angehängten Buche
Nechemja hat er bloß von zwei in ihm vorgefundenen Lücken die
erste durch 7, 67—12, 27 (und zwar von 7, 70 an durch ein Bruch=
stück des S. 426. erwähnten Werkes), die zweite durch 12, 43—13, 3
ausgefüllt. Wo er in dem vorexilischen Theile in einzelnen Aus=
drücken von seinen Quellen abwich, geschah dies augenscheinlich oft
bloß, um leichtere an die Stelle von schwierigen zu setzen, doch traf
er hierin nicht immer das Richtige. Ein solches Werk aber muß
natürlich eine sehr ungleiche Sprache zeigen: von den verschieden=
artigen wörtlich aufgenommenen Stücken behielt jedes die seinige,
und wo der Zusammensteller alte Nachrichten umarbeitete, ist seine
Darstellung von Allem, was nicht den Cultus betrifft, ohne Mark
und Fleisch; dagegen kam seiner Darstellung von Cultusangelegen=
heiten nicht nur seine Vorliebe für sie, sondern auch sozusagen ein
sprachlicher Schematismus zu Hilfe, sein Ausdruck ist dann ziemlich
fließend, jedoch breit, und der eingetretene Verfall der Sprache wird
dadurch sehr bemerklich, daß seine eigenen Wendungen unbeholfen,
seine Wortbildungen unglücklich, viele aber von seinen Wörtern und
grammatischen Fügungen schon halb rabbinisch sind. — Uebrigens
war dieser Chronist nicht der Erste nach dem Exil, welcher seine
Thätigkeit noch einmal der vorexilischen Geschichte zuwandte: er
verweist 2, 24, 27 auf ein Midrasch des Buches der Könige, worin
Jemand Manches aus der Zeit des Königthums, was in jenes
Buch nicht aufgenommen worden war, zusammengestellt zu haben
scheint.

Jedenfalls erst nach dem Chronisten, aber wohl doch noch vor
der Maccabäerzeit kam die Compilation zu Stande, welche als erstes
Buch Esra nur noch in griechischer Uebersetzung vorhanden ist.
Ihr Veranstalter hat es über sich gewinnen können, bloß fremdes
Material an einander zu reihen, ohne fast ein einziges eigenes
Wort hinzuzufügen, wenigstens in dem uns erhaltenen Theile, denn
seine Erzählung bricht plötzlich so ab, daß ihr Schluß verloren

---

[1]) Daß er Esr. 8, 35 36 einschob, war hiernach im Grunde keine Inter=
polation.

gegangen sein muß. Nämlich zuerst giebt sie unverändert die zwei
letzten Kapitel der Chronik und Esr. 1, 1—11. 4, 7—24, sodann
ein neues Stück, von welchem sogleich die Rede sein soll, hierauf
das Esr. 2, 1—69 befindliche Verzeichniß in abweichender Recen=
sion, endlich Esr. 2, 70—4, 5. 5, 1—10, 44 und Nech. 7, 73—
8, 13. Klar ist, daß diese durchgreifende Umstellung nur in der
irrigen Meinung, die Stücke hierdurch richtiger zu ordnen, vor=
genommen sein kann. Das besagte neue Stück aber, beruhend auf
dem damals vielfach verbreiteten Irrthum, daß Serubabel erst unter
Darius Hystaspis aus dem Exil zurückgekehrt wäre, beschreibt einen
Streit zwischen drei Leibwächtern dieses Königs darüber, was das
Allermächtigste sei: der Eine habe den Wein, der Zweite den König,
und der Dritte, welcher eben Serubabel gewesen sei, zuerst die
Frauen dafür erklärt, dann jedoch als noch mächtiger die Wahrheit
so begeistert gepriesen, daß ihm von dem dabei anwesenden Könige
der Sieg zuerkannt und seine Bitte um die Erlaubniß, mit seinen
Glaubensgenossen nach Judäa zurückkehren zu dürfen, unter vielen
Huldbezeigungen gewährt worden sei. Mag nun hierin der Ver=
fasser frei gedichtet oder eine schon vorhandene Sage bearbeitet
haben, jedenfalls erscheinen in seiner Darstellung Poesie und jüdisch=
sittliche Anschauung anziehend verschwistert, und es scheint nicht,
daß sie ursprünglich dazu geschaffen wurde, einer dürren Compilation
einverleibt zu werden. — Es wurde damals noch mancher andere
Punkt der jüdischen Geschichte durch Dichtung ausgesponnen, wenn
auch nicht eben dichterisch, so in einer 2 Macc. 2, 1. 4 erwähnten
Schrift, desgleichen soll es nach ib. V. 13 Denkwürdigkeiten über
Nechemja (nicht zu verwechseln mit denen von ihm selbst) gegeben
haben, aus welchen die Sage ib. 1, 19—36 genommen zu sein
scheint. Diese Art, die Geschichte auszuschmücken, gleicht noch einiger=
maßen derjenigen, wie vor dem Exil vielfach unsere Urgeschichte be=
handelt wurde, nämlich daß die meisten Zusätze und Ausschmückungen
aus Volkssagen und Deutungen überlieferter Namen hervorgingen,
wogegen nachmals die Ausschmückungen des Midrasch bloß zur
Erbauung dienen oder eine überlieferte geschichtliche Situation mit
psychologischer Folgerichtigkeit ausspinnend den Leser ergötzen sollten.

Auch ist das Buch Ester hier zu erwähnen. Vieles darin
scheint sein Verfasser, der wohl dem dritten vorchristlichen Jahr=
hundert angehört hat, aus einem Sendschreiben des Mordechaj an

die Juden in Jerujchalem, welches im Tempelarchiv aufbewahrt
blieb, genommen zu haben; Anderes in diesem Büchlein muß aber
der schöpferischen Volkssage entlehnt oder von dem Verfasser selbst
hinzugedichtet worden sein. Die Darstellung ist weitläufig und
nüchtern, und auffallend frei von allem Lobe des Mordechaj wie
seiner Nichte; noch merkwürdiger ist in Betracht ihres jüdischen
Verfassers, daß darin alles Religiöse nicht bloß mangelt, sondern
ängstlich vermieden ist. Die Sprache ist noch ziemlich fließend und
correct. — Endlich wurde in der Maccabäerzeit von einem Jason
aus Kyrene eine Geschichte seiner Zeit geschrieben, welche zwar
verloren gegangen, aber ihrem Hauptinhalte nach uns erhalten
worden ist, indem das 2. Buch der Maccabäer ein Auszug derselben
ist. Nach ib. 2, 23 hatte sie mit diesem die nämlichen geschichtlichen
Grenzen, reichte also von dem Versuche des Heliodor, den Tempel
zu plündern, ungefähr 178 v. Chr., bis zur Niederlage des Nikanor
160, und bestand aus fünf Büchern. Vermuthlich war ihr Verfasser
der Jason ben Elasar, welcher 1 Macc. 8, 17 als Gesandter des
Jehuda Maccabäus an die Römer erscheint, und auch von jenem
Jehuda nicht verschieden, der 124 v. Chr. den Brief 2 Macc.
1, 1—2, 18 an die ägyptischen Juden geschrieben hat. Das viele
Mährchenhafte in diesem Briefe betraf die Vorzeit, und berechtigt
daher nicht zu dem Schlusse, daß er auch die Geschichte seiner Zeit
phantastisch dargestellt habe, und wirklich fanden wir den erwähnten
Auszug aus seinem Werke vielfach dem ersten Maccabäerbuche vor-
zuziehen. Daß er nach jenem Briefe in Judäa schrieb, macht es
ziemlich wahrscheinlich, daß sein Geschichtswerk in ibräischer oder
aramäischer Sprache verfaßt wurde.

Die gegebene Aufzählung der literarischen Erzeugnisse dieser
nachexilischen Periode dürfte wohl das Urtheil begründen, daß die
damalige Literatur in Judäa keineswegs arm und vielmehr so viel-
seitig war, als überhaupt Seiten des jüdischen Geistes sich ausgebildet hatten. Doch erhielt sie nur selten Originalwerke, indem die
betretene soferische Richtung fast alle Frische und Ursprünglichkeit im
Denken und Schreiben verbannte; überdies hatte das Vehikel aller
Schriftstellerei, die Sprache, in dieser Periode mit einem Feinde zu
kämpfen, welchem sie mit der Zeit fast gänzlich erlag, wie sogleich
ausgeführt werden soll.

Zweites Kapitel.

Von der Verdrängung der ibräischen Sprache durch die aramäische und der altibräischen Schrift durch die „assyrische".

Der am Schlusse des vorigen Kapitels erwähnte Feind der ibräischen Sprache war das hereinbringende aramäische Idiom. Denn jemehr eine Sprache allmälig aus dem Leben schwindet, desto weniger können Schriftsteller sie mit Originalität und Freiheit gebrauchen, sondern gern werden sie den herkömmlichen Phrasen= schatz ausbeuten und sorgfältig vermeiden, ihren Lesern das sprach= liche Verständniß zu erschweren; die literarischen Produkte dieser Periode sind daher zwar durchweg leichter und meistens auch fließen= der geschrieben als selbst die in und kurz vor dem Exil verfaßten [1]), zeigen aber auch ziemlich allgemein, wie schwer auf den Geist ihrer Verfasser eine solche Sprachnoth gedrückt habe. Wir müssen die Verdrängung des ibräischen Idioms durch das aramäische wenigstens durch ihre Hauptstadien begleiten. Nämlich wie wir schon gesehen, beschränkten die geringen Fortschritte des letzteren bis zu der Zeit der Heimkehr unter Serubabel sich darauf, daß die Meisten der Heim= kehrenden die aramäische Sprache verstanden, und von dieser ihr Ibräisch eine schwache Färbung angenommen hatte. Nun stand Judäa zwar unter persischer Herrschaft, allein der aramäische Ein= fluß auf dasselbe wurde dadurch nur wenig geschmälert, denn die königlichen Befehle an dieses zur syrischen Satrapie geschlagene Ländchen wurden in aramäischer Sprache erlassen, ebenso die Erlasse der Satrapen und der sonstigen syrischen Oberbehörden, welche häufig geborene Aramäer waren, in ihr waren entsprechend alle jüdischen Berichte und Bittgesuche abzufassen, und ihrer bedienten sich alle dahin gesetzten königlichen Beamten, nicht der persischen, welche kein Judäer und überhaupt nicht leicht ein Syrer verstanden hätte. Ferner kamen noch fortwährend bald einzelne Familien bald mehrere zusammen aus den exilischen Landen nach Judäa, und je später das geschah, desto vollständiger hatten sie die aramäische Sprache gegen die ibräische eingetauscht; Esra aber gar brachte auf

---

[1]) mit alleiniger Ausnahme von Danijel, dessen Verfasser lebte, als das Ibräische in der That schon ausgestorben war.

einmal an zehntausend Seelen mit, welche in Folge davon, daß
ihre Vorfahren nun schon seit 130 Jahren unter Aramäern gelebt
hatten, gewiß sämmtlich aramäisch redeten. Desgleichen wurde aller
schriftliche Gedankenaustausch mit den aramäischen Nachbarn in
deren Sprache geführt; und wie oft mögen aramäischredende Truppen
längere Zeit in Judäa stationirt gewesen sein. Alle diese Umstände
vereinigten sich vorläufig dahin, daß einerseits Jeder, der in den
Fall kommen konnte, mit den persischen Behörden oder mit den
nördlichen Nachbaren zu verkehren, die aramäische Sprache sich
aneignete, was um so leichter ging, als man die Kenntniß derselben
schon aus dem Exil mitgebracht hatte und ihre Verwandtschaft mit
der ibräischen so groß war; andererseits Diejenigen, welche später
mit der aramäischen Sprache aus dem Exil kamen, keine Lust haben
mochten, sie in Judäa mit der ibräischen zu vertauschen. Wir sahen
ferner, daß in dem ersten Jahrhundert nach dem Exil häufig Ehen
mit Frauen aus den umwohnenden Volksstämmen geschlossen wurden,
und Nechemja es bitter beklagte, daß die Kinder aus diesen Misch=
ehen halb Aschdodisch, Ammonitisch und Moabitisch redeten, was
natürlich beitrug, die ibräische Sprache zu entstellen; und an Ehen
mit den Colonisten in Samarien, welche größtentheils wegen ihrer
Abstammung Aramäisch gesprochen haben müssen, mag es auch nicht
gefehlt haben. In Folge von dem allen mußte schon zu Ende der
Perserherrschaft die ibräische Sprache in dem Munde des Volkes
viel verdorbener gewesen sein, !als sie in den gleichzeitigen schrift=
stellerischen Erzeugnissen erscheint; wie verbreitet aber damals der
Gebrauch des Aramäischen bereits war, zeigt die Erscheinung, daß
in ihm jetzt schon jüdische Geschichte geschrieben wurde, vgl. oben
S. 427. Allmälig war auch die religiöse Verbindung der zahllosen
Juden unter syrischer Herrschaft mit Jerusalem viel enger geworden:
hier fand aus Babylonien, Syrien, Kleinasien jetzt schon an allen
Festen ein großer Zusammenfluß aramäischredender Juden statt,
und selbst die Einwanderungen aus diesen Ländern nach Judäa
nahmen ohne Zweifel zu, als dieses unter der milden Herrschaft
der Ptolemäer stand. Auf diese Weise erhielt wahrscheinlich schon
vor Antiochus dem Großen das aramäische Element das Uebergewicht:
und als durch diesen König Judäa zu Syrien geschlagen wurde und
Besatzungen wie Beamten von meistens Aramäischredenden erhielt,
mußte das Aramäische gar zur Alleinherrschaft gelangen.

In der irrigen Meinung, daß die Juden diese ihre spätere
Sprache allgemein im Exil angenommen hätten, hat man dieselbe
die chaldäische genannt; etwas richtiger war ihre Bezeichnung
als syrochaldäische, insofern das Syrische und Babylonische,
als Dialecte des Aramäischen, ihre Grundlage bildeten; am treffendsten
aber wäre sie wohl als ibräo=aramäische zu bezeichnen, indem
ihr das Ibräische sowohl vor seinem Aussterben als Volkssprache
wie später durch seine Erhaltung als heilige Sprache eine schwache
Färbung gab. Dieses Fortleben der ibräischen Sprache als heilige
bestand aber darin, daß nicht bloß die Schriftgelehrten ihr Ver=
ständniß bewahrten und in ihr gern schrieben, was sich auf Religion
bezog, sondern auch vom Volke alle Religiösgesinnten durch Familien=
tradition, angelegte Schulen und fleißigen Besuch der sabbatlichen
Synagogenvorträge die Fähigkeit bewahrten, die heiligen Schriften
und Gebete zu verstehen. In die sabbatlichen Vorträge gelegentlich
reinsprachliche Erklärungen einzuschieben, könnte man wohl schon
vor dem Schlusse unserer Periode gedrängt worden sein; dagegen
die Einrichtung, der ibräischen Vorlesung Vers für Vers die
Uebersetzung folgen zu lassen, wurde vermuthlich erst durch das
Bedürfniß des folgenden Jahrhunderts ins Leben gerufen, und
die erste [1]) Uebersetzung von heiligen Schriften (der „ersten und
letzten Propheten") ins Aramäische lieferte Hillel's Schüler Jonatan
ben Usiel.

Wie die ibräische Sprache durch die aramäische, wurde aber
ungefähr gleichzeitig auch die altibräische Schrift durch die
sogenannte assyrische verdrängt. Die talmudischen Aussagen
hierüber, inwieweit sie nicht aus religiöser Scheu die ganze Thatsache
abzuläugnen gemodelt sind, laufen darauf hinaus, daß man die
assyrische Schrift aus dem Exil mitgebracht habe, und namentlich
Esra bei ihrer Einführung thätig gewesen sei. Wahrscheinlich aber
hatte es mit den beiden Schriftarten folgende Bewandtniß. Die
altibräische Schrift, wie sie auf den uns erhaltenen makkabäischen
Münzen wenig verändert sich zeigt, scheint aus Babylonien zu
stammen, und auch die Phönicier hatten sie. Aber im Gebiete des
Euphrat und Tigris ging im Laufe der Zeit aus ihr eine etwas

---

[1]) Unsichere Spuren einer geraume Zeit früheren aramäischen Uebersetzung
des Buches Ester weiset 3, 216 und 556 des größeren Werkes nach.

abweichende Schrift hervor, welche die aramäische genannt wurde
und auch über Syrien sich ausbreitete: einige Ueberreste derselben
haben sich bis auf uns erhalten; eine Abart von ihr, in neuerer
Zeit die palmyrenische Schrift genannt, weil fast Alles, was von
derselben noch vorhanden ist, auf Denkmälern des in Trümmern
liegenden Palmyra sich findet, blühete im nordöstlichen Syrien.
Von diesen beiden jüngeren Schriftarten nun, die für gewöhnlich
als assyrische Schrift zusammengefaßt wurden, weil man ihr
Ländergebiet nach älterem Sprachgebrauche Assyrien nannte, lernten
die Juden die erstere schon im Exil, die zweite später kennen, und
schrieben sogar in ihnen eine Zeitlang. Aus beiden aber bildeten
die Soferim zum Gebrauch der heiligen Urkunden und zunächst
des Pentateuchs, wahrscheinlich sowohl um die hierbei eingerissene
Willkühr zu bannen wie aus Gründen der Kalligraphie, eine Schrift,
auf welche der Name der assyrischen überging; sie ist bis auf
geringe später vorgenommene Abänderungen noch unsere heutige,
und hat in neuerer Zeit wegen ihrer größtentheils viereckigen
Formen den Namen der Quadratschrift erhalten. Neben ihr jedoch
erhielt sich die altibräische Schrift noch lange im weltlichen Gebrauch,
und die benachbarten Samaritaner gaben sogar niemals diese auf,
nur daß sie nachgerade und zum Theil ebenfalls aus kalligraphischen
Gründen einige Abänderungen auch bei Diesen erfuhr.

Drittes Kapitel.
Die Entstehung eines Kanons der heiligen Schriften.

Die alexandrinischen Grammatiker verstanden unter einem
Kanon dieser oder jener Gattung von Schriften alle mustergiltig
erfundenen Werke einer bestimmten Gattung; unter den nicht in
ihn aufgenommenen waren mitunter mehrere von höherem Werth
als die übrigen ausgeschlossenen, und wurden deshalb von ihnen
zu einer zweiten Klasse zusammengestellt. Die Bezeichnung der
biblischen Schriften als Kanon ist daher nicht ganz treffend, denn
keinerlei schriftstellerische Mustergiltigkeit entschied über ihre Aufnahme,
und die Auswahl geschah nicht einmal mit Rücksicht darauf, daß
durchweg nach ihnen das jüdisch religiöse Leben zu gestalten sei.

Doch werden wir wenigstens bei dem Abschluß der biblischen Sammlung über Aufnahme in dieselbe und Ausschluß von ihr Ideen entscheiden sehen, welche es rechtfertigen dürften, die so überaus verbreitete Bezeichnung derselben als Kanon hier beizubehalten.

Vor dem Exil muß der Pentateuch durch Zeiten von unbekannter Länge neben der heiligen Lade aufbewahrt gewesen sein und dann unter der Herrschaft des Götzendienstes unbeachtet gelegen haben, als er unter König Joschija in einem Winkel des Tempels gefunden wurde. Nun haben wir S. 25 und 26 gesehen, welche Schriften mit in das Exil genommen wurden, nicht schon als Sammlung, sondern vereinzelt, von Jedem die Schrift, welche zufällig in seinem Besitze war, soweit die hereingebrochene Katastrophe ihm Sinn dafür und Gelegenheit dazu ließ. Im Exil aber war man (nach Jes. 34, 16) bereits gewohnt, die beglaubigten Prophetien bei dem Pentateuch zu finden, was sich nur daraus erklären läßt, daß die Gottesmänner jener Zeit sich Abschriften sowohl der Tora wie alter Propheten und Psalmen zu verschaffen suchten, um in den veranstalteten religiösen Zusammenkünften von ihnen zur Erbauung und Ermuthigung der Exulanten Gebrauch zu machen. Und als man aus dem Exil zurückkehrte, wurde alles literarische Eigenthum, das alte und was (nach S. 81—83) im Exil hinzugekommen war, ohne Zweifel vollständig mit in die Heimath genommen, jedoch wiederum das Einzelne in einzelnen Händen. In dem neuen Tempel wurde gewiß gleich Anfangs eine Abschrift der Tora wieder niedergelegt wie vor dem Exil, jedoch natürlich nicht neben der Lade, welche es im zweiten Tempel gar nicht gab, sondern in einer Zelle des Vorhofes, in späterer Zeit wahrscheinlich in der sogenannten Zelle von gehauenem Stein, welche zugleich zur Synagoge diente. Zu dieser Tempeltora fügte zuerst Nechemja [1] eine ansehnliche Zahl unserer heutigen biblischen Schriften, nämlich erstens jene im Exil entstandene Compilation, welche die Bücher Jehoschua, der Richter, Rut, Schmuel und der Könige umfaßte, damals aber wahrscheinlich von dem überwiegend größeren Theile ihres Inhaltes das „Buch der Könige" hieß, denn ihre Zerlegung in die genannten Bücher geschah erst viel später; ferner Jeschaja bis K. 39, Jirmeja, nebst den Klageliedern, Jecheskel und die 12 kleinen

---

[1] vgl. 3, 92 — 94 des größeren Werkes.

Propheten, doch könnte auch sein, daß das Büchlein Jona erst
später hinzukam; endlich eine Sammlung von Psalmen, nämlich
Ps. 2—41, lauter angeblich dawidische, und Ps. 42—50. Diese
sämmlichen Werke legte Nechemja im Heiligthum nieder. Es war
aber damals noch eine ziemliche Anzahl anderer Schriften vorhanden,
Deuterojeschoja, die Sprüche des Schlomo, das hohe Lied, Ijob;
auch solche, deren damaliges Nochvorhandensein die Citate der
später erst abgefaßten Chronik bezeugen, ferner ein Sendschreiben
des Mordechaj, und des Ezra oder auch schon des Nechemja eigene
Denkwürdigkeiten. Nun mag allerdings von dem Letzteren nicht
alles Erwähnte aufzutreiben gewesen sein; allein es ist unwahrscheinlich, das dies mit allen von ihm nicht mitaufgenommenen
Schriften der Fall war, und es ist hiernach klar, daß er hierbei
eine Auswahl getroffen hat, wenn auch seine Gesichtspunkte bei
ihr nicht durchweg zu erkennen sind. Durch die getroffene Auswahl
und durch Niederlegung der bevorzugten Schriften im Tempel
erhielten diese ein immer steigendes Ansehen, doch verging noch
lange Zeit, ehe in ihnen jedes Wort für untrüglich galt, weshalb
noch der Chronist, gestützt auf ältere Quellen, von unserem Buche
der Könige so häufig abwich.

Nothwendig aber fiel mit dieser Sammlung des Nechemja
ein großer Theil der redactorischen Thätigkeit zusammen, welche
wir in jener Zeit anzunehmen haben. So war die Sage vorhanden,
wie Jes. 39 zeigt, daß Jeschaja schon auf Babylonien prophezeiet
hätte, und in unkritischer Zeit konnte es daher leicht kommen, daß
man namenlos vorgefundene Prophetien auf Babel und die exilische
Zeit ihm zuschrieb. Von solchen wurden wohl unter Nechemja
Jes. 13, 2—14, 23 und 21, 1—10 sowie die Kapitel 23—27.
34. 35 in seinen Nachlaß eingefügt, das Nähere hierüber siehe
3, 52 meines größeren Werkes; dagegen vermuthlich erst ein etwas
Späterer hing in K. 40—66 eine zusammenhängende Reihe von
exilischen Aufsätzen an, welche ihm wegen einiger Verwandtschaft
im Ausdruck gleichfalls aus Jeschaja's Feder gekommen schienen.
Jirmeja dagegen muß schon vor Nechemja abgeschlossen gewesen
sein: die Tröstungen dieses Propheten standen vorzugsweise in
Ansehen während des Exils, dies mag dazu beigetragen haben,
daß seine Hinterlassenschaft früher als die der übrigen Propheten
gesammelt wurde. Wie der Sammler hierbei verfahren haben

möge, wurde dort 3, 52. 53 ausgeführt; hier sei davon nur erwähnt, daß auch er in 50, 1—51, 58 eine Prophetie auf Babel folgen ließ, die nicht von Jirmeja und erst während des Exils verfaßt ist, dann aber, um die Begebenheiten jener Zeit zu vervollständigen, in K. 52 noch den Schluß des Buches der Könige anhing. Zweifelhaft ist, ob er schon oder erst Nechemja mit dieser Sammlung die Klagelieder verbunden hat, welche insgesammt dem Jirmeja zugeschrieben wurden, obwohl das letzte derselben exilischen Ursprunges zu sein scheint. Ebenso wurden jetzt zu den Prophetien des Secharja (K. 1—8) irrthümlich in K. 9—14 einige um mehrere Jahrhunderte ältere Prophetien geschlagen, vermuthlich weil deren Verfasser gleichfalls Secharja hieß. — Natürlich aber war mit dem Ordnen alles jetzt Gesammelten eine kritische Thätigkeit verbunden, wenn wir auch ihren Ergebnissen selten beipflichten können; desgleichen muß wegen der Beschaffenheit, in welcher der Sachlage nach die Texte sich vorgefunden haben müssen, gleich jetzt oder bald darauf das Bedürfniß gefühlt worden sein, vorhandene Abschriften zu vergleichen, Lücken auszufüllen oder zu verdecken, eingeschlichene Fehler zu verbessern oder durch ein kritisches Zeichen (ittur soferim) anzudeuten und dergleichen mehr. Daß Nechemja selbst hierzu befähigt gewesen sei, dürfen wir bezweifeln, und es empfiehlt sich daher die Annahme, daß unter seinen Auspicien die fähigsten Soferim dieses ganze Geschäft besorgten; insofern diese aber ohne Zweifel auch Sitz im Synedrio hatten, gewinnen wir hieran eine Bestätigung der talmudischen Sage, daß „die große Synagoge" an dem Zustandekommen unseres Kanons betheiligt war, und freilich in noch höherem Maße als unter Nechemja haben wir die spätere allmälige Vermehrung dieser Sammlung und die natürlich auch bei ihr wieder erforderlich gewesene literarische Thätigkeit den soferischen Synedristen zuzuschreiben. Diese nämlich nahmen, außer Jes. 40—66 und vielleicht Jona, zunächst in Ps. 51—72 noch eine Nachlese von angeblich lauter dawidischen Psalmen, sodann die Sprüche des Schlomo auf, und es wäre möglich, daß mit diesen jetzt erst ihre drei Nachträge K. 30 und 31 verbunden wurden; später Ijob, Kohelet und das hohe Lied, letzteres nachdem es vielleicht erst kurz vorher gesammelt und in seine heutige Gestalt gebracht worden war. Den Aufnehmenden mögen die von Späteren beanstandeten Stellen in Kohelet minder verfänglich erschienen sein, zumal da in ihrer Zeit die Ansichten vom Jenseits unter den Juden überhaupt noch wenig ausgebildet waren, wie wir früher sahen. Und daß der erotische Inhalt des hohen Liedes sie nicht abhielt, dasselbe der Tempelliteratur einzuverleiben, ist nicht sowohl daraus zu erklären, daß sie es schon für eine allegorische Einkleidung des innigen Verhältnisses zwischen Gott und Israel genommen hätten: zu dieser Deutung scheint vielmehr erst sein Befinden im Kanon die Späteren gedrängt zu haben, sondern daraus, daß selbst in seinen üppigsten Schilderungen im Grunde nichts vorkommt, was dem unverdorbenen Sinne, zumal von Morgenländern, hätte Anstoß geben müssen; solchen nahm an ihnen erst der mönchische Geist, welchen nachmals die Essäer und Peruschim den Juden einflößten. Es scheint, daß man die Gesichtspunkte des Jahwistischreligiösen und Theokratisch= geschichtlichen, welche Nechemja bei seiner Sammlung festgehalten hatte, mit der Zeit zu einseitig fand, und anerkennend, daß Lehren der Gottesfurcht, Sittlichkeit und Lebensweisheit von hohem Werthe seien, auch wenn sie nicht gerade einen specifischjüdischen Zuschnitt hätten, zuerst nach und nach die Sprüche, Ijob und Kohelet aufnahm, nachdem aber hierdurch die Tempelliteratur schon ihren strengen Charakter verloren hatte, auch mit dem hohen Liede sie vermehrte, theils weil sein angeblicher Verfasser so hoch gefeiert war, auch schon zwei Schriften desselben im Kanon sich befänden, theils wegen seiner Vortrefflichkeit als Dichtung, welche so stark empfunden wurde, daß man es „das Lied der Lieder" nannte. Die Aufnahme dieser Schriften in den Kanon bewirkte aber, daß man erstens die Psalmen zu ihnen zog, welche mit ihnen allerdings nach Inhalt und Form größere Verwandtschaft als mit den prophetischen hatten; zweitens nach dieser Ausscheidung der Psalmen die Sammlung des Nechemja schlechthin „die Propheten" nannte, und ihr ein etwas höheres Ansehen als der folgenden Abtheilung zuerkannte, die man in Folge dessen bloß als „die übrigen Schriften" bezeichnete. Diese neue Klassificirung des Kanons war anscheinend schon dem jüngeren Sirach bekannt, und trug dazu bei, daß man bald die prophetische Abtheilung für geschlossen hielt und daher, als man später noch Ester, Daniel und die Chronik (mit Esra und Nechemja) in die heilige Sammlung aufnahm, diese Bücher nicht zu den ihnen verwandten stellte, Daniel zu den Propheten, die beiden anderen hinter das Buch der Könige, sondern insgesammt der Abtheilung

der „übrigen Schriften" anhing; ihre Aufnahme muß spätestens
150 Jahre vor Josephus erfolgt sein, da dieser von unserem Kanon
in seiner heutigen Vollständigkeit schon wie von einer vor fünfhundert
Jahren geschlossenen Sammlung redet. Noch ist indessen hier von
einer weiteren allmäligen Vervollständigung des Psalters zu reden.
Es scheint nämlich, daß die weiteren Psalmen 73—106 noch vor
300 v. Ch., und 107—149 innerhalb der nächsten zwei Jahrhunderte
Aufnahme fanden, und zwar bald einzeln bald häufchenweise, letzteres
wenn ihrer mehrere schon im Tempelgebrauche als ein Ganzes
zusammengefaßt, oder wenn wiederholte Nachlesen von Liedern des
David, des Asaf, der Korchiten zuweilen noch ergiebig ausgefallen
waren. Nachdem aber hierauf längere Zeit hindurch kein Nachtrag
stattgefunden hatte und sozusagen die Quelle versiegt erschien, wurde
diese ganze Hymnensammlung in 5 Bücher zerlegt, gleichsam zum
Pentateuch ein Seitenstück zu bilden, und ihr einleitend Ps. 1 vorgesetzt sowie als ein volltönender Abschluß Ps. 150 angehängt.
Eine ähnliche solenne Abschließung des ganzen Kanons aber hat
niemals stattgefunden, sondern als nach langen Jahren keine fernere
Schrift mehr in diese heilige Sammlung aufgenommen worden
war, erschien dieselbe den Jüngeren von selbst als abgeschlossen.
Von einigen Veränderungen, welche sie auch dann noch erlitt,
erwähne ich hier bloß die Zerlegung „des Buches der Könige" in
die Bücher der „ersten Propheten", die Abtrennung des „Buches
Esra" von der Chronik, die Verweisung von Rut und der Klagelieder in die dritte Abtheilung.

***

Da aber im Bisherigen ausführlich von den Geistesrichtungen
der Judäer während unserer Periode gesprochen worden ist, so
dürfen wir nicht unterlassen, anhangsweise auch anzugeben, wie es
in Wissenschaft und Kunst damals unter ihnen aussah. Leider
aber müssen wir die erstere beinahe ganz und von den Gebieten
der Kunst die meisten ihnen absprechen. Denn in Wissenschaft
beschränkte sich bei ihnen Alles darauf, daß erstens im Dienste
der Medicin von den Essäern die Kräfte mancher Pflanzen und
Mineralien erforscht sowie von den Priestern eine traditionelle
Kenntniß der Hauptkrankheiten bewahrt wurde; dann daß, wenn
auch nur zum Behufe des Opferdienstes, der thierische Körper in

seinem normalen und pathologischen Zustande einigermaßen studirt
wurde; endlich daß bei der auftauchenden Erkenntniß, wie unzulänglich
die bisherige Feststellung des Kalenders sei, ein leiser Anfang gemacht
wurde, den Lauf des Mondes und der Sonne zu beobachten, sowie
über letztere manche von Alexandrien her zu ihnen gelangte Ansicht
sich zu merken. In Kunst aber unterschied sich diese Periode wenig
von der früheren und späteren Zeit: der Sinn für das Schöne
fehlte zwar den Juden keineswegs, wurde aber, da er vor allen
Dingen Begrenztheit liebt, bei ihnen dadurch wesentlich beeinträchtigt,
daß sie damals noch wie alle Morgenländer vielmehr eine Richtung
auf das Grenzenlose hatten, und von ihrer abstracten Auffassung
des Göttlichen diese Richtung noch bedeutend erhöhet wurde; der
Drang aber, das Schöne rein als solches darzustellen, entwickelt
sich immer erst aus einer hohen Kunstfertigkeit in Schöpfungen zu
anderen Zwecken, und weil die alten Juden diese auf keinem anderen
Gebiete als in der Poesie erreichten, dürfen wir bei ihnen auf
jedem sonstigen Kunstgebiete nach Darstellungen des Schönen 'gar
nicht suchen. Dazu kam, daß von der Religion selbst, aus Furcht
vor götzendienerischem Mißbrauch, die Plastik fast geradezu verboten
und die Malerei wenigstens nicht wohl gelitten war. Außerdem
wurde diese vielfache Ungunst für Kunstentfaltung noch durch die
andauernde Dürftigkeit und Gedrücktheit des Volkes vermehrt.
Mustern wir die einzelnen Kunstgebiete, welche ihnen hiernach noch
offen standen, so war von der damaligen Musik im Dienste der
Religion schon S. 353 die Rede, und schwerlich war die weltliche
wesentlich von ihr verschieden, nur jedenfalls viel unentwickelter
und einfacher. Auch von der jüdischen Poesie ist schon früher
gelegentlich gesprochen worden: hier erwähne ich nur, daß die
Geistesbeschaffenheit, welche vor dem Exil den jüdischen Genius
nur selten zu objectiver Dichtung kommen ließ, jetzt noch andauerte
— ein episches Element ist im Buche Danijel vorhanden, aber
zu embryonisch und jedenfalls dort ganz allein —, ihr früherer
Ersatz aber, ein lyrischer Sinn von großer Tiefe, unter dem Drucke
der schriftgelehrten Richtung ebenfalls mehr und mehr ausstarb,
sodaß am Ende auch nur ein guter Psalm nur selten noch gedichtet
wurde. Was sodann die Baukunst betrifft, so hätte bei der
Rückkehr aus dem Exil ein Tempel von jenem Stile erstehen können,
welchen die Exulanten in Babylon kennen gelernt haben müssen:

allein statt deſſen führte man ihn aus Pietät ganz nach ſalomoniſchem
Muſter auf. Andere Tempel aber als den in Jeruſchalem gab es
in Judäa nicht, und zu den Synagogen, welche allmälig auffamen,
nahm man vorläufig bloß geräumige Privatlofale. Sonſtige öffentliche
Gebäude errichtete man ebenſowenig, und die Privatwohnungen
waren durchaus kunſtlos. Etwas mehr ſcheint, beſonders unter
perſiſchem Einfluſſe, die Kunſt landſchaftlicher Anlagen gepflegt
worden zu ſein. Endlich in ſonſtigen Kunſtfertigkeiten wurde
eine erheblich höhere Stufe, als die S. 103 für das erſte Jahrhundert nach dem Exil angegebene, gewiß in dieſer ganzen Periode
nicht erſtiegen, denn befanntlich wurden noch viel ſpäter für alles
Schwerere Künſtler aus Alexandrien verſchrieben. Ausführlicheres
über dieſes alles findet ſich in meinem Schriftchen „über die Kunſt-
leiſtungen der Hebräer und alten Juden.“

Von den auswärtigen Juden während dieser Periode.

Ueber die Juden, welche ringsum in der Nachbarschaft von Judäa damals ansässig waren, ist zu dem Wenigen, was von ihnen bei Darstellung der Makkabäerkämpfe oder sonst gelegentlich berichtet wurde, leider nichts hinzuzufügen. Dagegen haben wir über die östlichen Juden noch Einiges nachzutragen, von solcher Kärglichkeit freilich, daß der dafür bestimmte nächste Abschnitt überaus kurz ausfallen wird, wogegen von den ägyptischen ausführlich berichtet werden kann.

Vierzehnter Abschnitt.

Noch Einiges von den östlichen Juden und von ihrer Verbreitung über zahlreiche Länder.

Als das Exil zu Ende ging, befanden sich die östlichen Israeliten noch fast ausschließlich innerhalb einer Linie, welche vom persischen Meerbusen aufsteigend den Osten von Susiana und Großmedien streifen würde, dann mit der südwestlichen Küste des Kaspischen Meeres zusammenfiele, von da zu den südlichen Abhängen von Armenien umböge und auf dem westlichen Ufer des Euphrat, allen seinen Krümmungen in der Entfernung etwa einer Tagereise folgend, wieder in den persischen Meerbusen ausliefe. Hierbei erinnere ich daran, daß die assyrischen Exulanten ziemlich ganz in der nord-östlichen, die babylonischen in der südwestlichen Hälfte des bezeichneten Ländergebietes angesiedelt waren, ihre religiöse Verschiedenheit aber noch lange nach unserer Periode sich erhielt, indem die Häuschen oder gar Einzelnen, welche zu Zeiten von Jenen zu Diesen und von Diesen zu Jenen kamen, bald in die überwiegende Mehrheit aufgehen mußten. Doch war dies allerdings nur im Allgemeinen der Fall, einzelne Oasen des Judaismus erhielten sich wegen seiner viel größeren Lebensfähigkeit mitten zwischen den Sitzen der assyrischen Gola [1]); indessen rechne ich hierzu nicht, daß im Jahre 349 der persische König Ochus einen ansehnlichen Haufen aus Judäa nach Hyrkanien verwies, denn dieser blieb von dem Mutterlande zusehr abgeschnitten, um nicht bald geistig zu verkümmern. Und ebensowenig wurde für jetzt das angegebene Verhältniß dadurch verändert, daß die Nachkommen der einst nach Chalach und Chabor Abgeführten später, von den kriegerischen Karduchen gedrängt, sich mehr südwärts in den Erdwinkel zogen, welchen der Tigris und der große Zab bilden: denn daß sie trotzdem außer Verkehr mit den babylonischen Juden blieben, bezeugt die Sambatjonsage, welche an ihre Sitze geknüpft wurde. Von einer Ausbreitung oder Auswanderung der assyrischen Gola nach dem ferneren Osten ist aus unserer Periode sehr wenig zu berichten. Nämlich nach den Annalen der Juden in Cochinchina soll ein Salmanassar III. 460 „jüdische" Familien dem Könige von Theman geschenkt, und nach der Chronik von Malabar sollen im Jahre 1415 nach dem Auszuge aus Aegypten die Juden sich von Theman über die Mongolei verbreitet haben. Sicherer ist nach Jes. 49, 12, daß schon vor dem Ende des Exils ein Haufen von Israeliten nach Hinterindien gewandert ist, und ebenso in den Jahrhunderten darauf bald Einzelne, bald kleine Schaaren derselben in die verschiedensten Gegenden des Ostens vorgedrungen sein mögen, wie denn die Nachricht sich erhalten hat, daß selbst nach China schon unter der dortigen Dynastie des Tscheou, welche 249 v. Chr. ihr Ende erreichte, Einzelne unseres Stammes wanderten und lange umherirrten, ehe sie einen festen Wohnsitz nahmen; nicht unwahrscheinlich ist auch die Vermuthung, daß sehr früh Auswanderungen von Nachkommen der älteren Exulanten nach dem höheren Norden bis zum Kaukasus hin stattfanden. — Kenntlicher sind die Spuren von früher Verbreitung der Gola nach dem Westen. Schon Joel erwähnt Söhne von Jehuda, welche durch Phönicier und Philistäer zu Sklaven an die Jewanim verkauft worden seien, und verkündigt ihre einstige Rückkehr; ebenso bildet einen Zug in dem messianischen Gemälde des Jeschaja die Heimkehr der aus Israel nach Chamat

---

[1]) vgl. 1, 360 des größeren Werkes.

(einer bedeutenden Stadt in Syrien) und den Meeresküsten Ver-
schlagenen. Unter den Letzteren dürften eben Jene gemeint sein,
welche nach Jonien verkauft wurden, aber sie waren dann ohne
Zweifel nicht von bedeutender Anzahl, und wurden auch als Sklaven
vereinzelt, was beides ihre längere Erhaltung als Glieder ihres
Volkes beinahe unmöglich machen mußte; eher konnten die nach
Chamat Gelangten noch später einen von den Eingeborenen unter-
schiedlichen ·Volkshaufen bilden, gleich wie die Sage, daß ein Theil
der von Nebuchadnezar Exilirten in Daphne bei Antiochien verblieben
wäre, wenigstens auf sehr alte Ansiedelungen von Juden in Syrien
schließen läßt. Ferner ist Jes. 66, 19. 20 der in Tarses, Pamphylien,
Lydien, unter den Tibarenern (am Pontus) und Joniern Zerstreuten
gedacht, und schon etwas früher erwähnte Obadja Jerusalemiten
in Sefarad, worunter vielleicht die Inselgruppe der Sporaden an
der südwestlichen Küste von Kleinasien zu verstehen ist. Wir haben
wohl anzunehmen, daß noch während des babylonischen Exils von
den judäischen Exulanten im nördlichen Mesopotamien größere und
kleinere Haufen sich nach allen Richtungen hin über Kleinasien und
die vorliegenden Inseln ausgebreitet haben; wohin sie kamen, blieb
ihnen kaum etwas Anderes übrig, als sich dem Handel zuzuwenden,
und dieser führte sie in immer größere Fernen, begünstigte aber
auch später das Anknüpfen eines 'halb patriotischen halb religiösen
Verhältnisses zu dem wieder bevölkerten Mutterlande. Interessant
ist eine Nachricht des Aristoteles, daß er (etwa um 346 v. Chr.)
in den griechischen Städten von Kleinasien einen Juden kennen
gelernt habe, der von den oberen Gegenden herabgekommen war,
und daß derselbe, da er jetzt griechisch sprach, mit ihm und
einigen anderen wissenschaftlichen Männern eine Zeitlang zusammen
gelebt, hierbei aber mehr Weisheit mitgetheilt als empfangen habe.
Wie nach Kleinasien werden aber ohne Zweifel judäische Exulanten
auch nach dem oberen Syrien gewandert sein, welches ihnen noch
näher lag, und über Mittelsyrien hatten sich schon in den drangvollen Zeiten vor dem Exil viele Juden ausgebreitet, aus Noth
dem Krämergeschäft ergeben, wie Obadja klagt, nicht ahnend, daß
seinem Volke ein unerbittliches Geschick in späteren Jahrhunderten
ganz allgemein diesen Erwerbszweig aufdrängen sollte. — Aus der
persischen Periode wissen wir von Juden in Vorderasien bloß das
was von ihnen früher bei Gelegenheit der gegen sie beabsichtigten

Verfolgung unter Achaschwerosch und der Einwanderung des Esra
mitgetheilt wurde: über ihre ferneren Schicksale unter den Persern
herrscht ein tiefes Schweigen, aus welchem jedoch zu schließen sein
dürfte, daß in dieser Zeit große und geräuschvolle Veränderungen
ihrer Lage nicht stattfanden; sie werden in der Regel das Loos der
Provinzen, in welchen sie lebten, getheilt, zuweilen auch wohl von
der bald freundlichen bald feindlichen Stimmung der persischen
Könige gegen Judäa Einwirkungen empfunden, und im Allgemeinen
ihre alten Sitze behalten haben, während durch Einzelne von ihnen
eine stetige Verbreitung ihres Stammes über immer mehr Punkte
jener Weltgegend vor sich ging. Erst aus der Zeit der Seleukiden,
deren Zepter sich geraume Zeit über die allermeisten Länder der
asiatischen Gola erstreckte, tauchen wieder vereinzelte Nachrichten
über sie auf. Nach Josephus sollen diese Herrscher ihnen für
geleistete Kriegsdienste mancherlei Ehren und Belohnungen ertheilt
haben. Gleich der Erste derselben, Seleukus Nikator, habe in den
von ihm erbaueten Städten und sogar in der Hauptstadt Antiochien
ihnen das Bürgerrecht verliehen; dasselbe sollen dessen Nachfolger
ihnen in ganz Jonien bewilligt haben. Es mag wohl sein, daß
sie ihnen diese gütige Behandelung in der Absicht angedeihen ließen,
hierdurch auch ihre Stammesgenossen in Judäa zu gewinnen, die
ihren Plänen auf Cölesyrien sehr förderlich werden konnten: indessen
die Juden im Reiche der Seleukiden waren gegen Diese dankerfüllt,
wie die aufopfernde Tapferkeit bezeugt, mit welcher um das Jahr
241 achttausend derselben im Heere des Kallinikos, die beisammen=
gestellt waren, sich mit Erfolg der Uebermacht seines feindlichen
Bruders entgegenwarfen; ein noch umfassenderes Zeugniß ihres
guten Verhältnisses zu den Seleukiden ist uns in einem Briefe
aufbewahrt, der von Antiochus dem Großen an einen seiner Feldherrn
gerichtet wurde und nach den Eingangsworten, welche wegbleiben
können, so lautete:

„. . . . . nach einer mit den Freunden gepflogenen Berathung will
ich, daß in die Festungen und nöthigsten Orte 2000 Familien der
mesopotamischen und babylonischen Juden mit ihrem Zubehör über=
gesiedelt werden, denn ich bin überzeugt, daß sie wohlwollende Wächter
unseres Vortheils sein werden, sowohl wegen ihrer Frömmigkeit gegen
Gott, als auch weil ich weiß, daß sie schon von meinen Vorfahren das
Zeugniß der Treue und eines willigen Gehorsams erhalten haben. Ich
will daher, obwohl es schwierig ist, Diese abführen lassen unter dem

Versprechen, daß sie nach eigenen Gesetzen leben können. Wenn du sie in die besagten Orte führest, so gieb Jedem einen Platz zum Bau eines Hauses, sowie Land zum Acker- und Weinbau, und laß sie zehn Jahre lang frei von Abgaben von den Erbfrüchten sein; auch soll, bis sie selbst ernten können, ihnen Getreide für die Erhaltung ihrer Dienerschaft, desgleichen Denen von ihnen, welche zu irgend einem Dienst verwendet werden, alles Nöthige geliefert werden, damit sie, gut von uns behandelt, desto bereitwilliger für uns sind. Auch nimm dich möglichst des (ganzen) Volkes an, daß es von Niemandem belästigt werde."

Das oben beschriebene vorzüglich gute Verhältniß zwischen diesem Könige und Judäa, sobald letzteres unter sein Zepter gekommen war, kam natürlich den übrigen Juden in seinem Reiche noch weiter zu Gute. Jedoch die Feindseligkeiten des Antiochus Epiphanes gegen die Judäer scheinen in einem gewissen Grade auf alle ihm unterworfenen Juden ausgedehnt worden zu sein; indessen befolgten seine Nachfolger bald wieder eine vernünftigere Politik, und die Juden in Antiochien erhielten sogar von den Heiligthümern, welche jener Antiochus hatte aus dem Tempel zu Jerusalem rauben lassen, alle ehernen in ihre Synagoge geschenkt.

Endlich finden sich 1 Macc. 15, zwar erst unter dem Makkabäer Schimon, doch mit zulässiger Beziehung auf frühere Zeiten, jüdische Colonien erwähnt im Reiche der Parther, in Syrien, auf der phönicischen Insel Arados, auf Kypros, in Kappadocien, in dem nicht sicher nachweislichen Sampsame, ferner in Pamphylien und noch besonders in der pamphylischen Stadt Side, in Lycien und noch besonders in der lycischen Stadt Phaselis, in Karien, in den dorischen Küstenstädten Myndos, Halikarnassos und Knidos, nördlich in dem Reiche von Pergamum, dann auf den kleinasiatischen Inseln Samos, Kos und Rhodos, auf Delos, im Gebiet von Sparta, in Sikyon am korinthischen Meerbusen und in Gortyne auf der Insel Kreta. In den meisten der genannten Gegenden hatten wir zuvor schon für viel frühere Zeit Juden nachgewiesen; zu ihrer ferneren Ausbreitung, über mehrere Inseln des ägäischen Meeres und selbst nach einigen Punkten des Peloponnes[1]), trug wiederum ohne

---

[1]) Ueber das frühe Vorhandensein einer jüdischen Gemeinde auch in Rom vgl. die Abg. auf 3, 431 des größeren Werkes.

Zweifel der Handel bei, welcher auf den Küsten und Inseln von Kleinasien in ungemeiner Blüthe war. Indessen stammten nicht alle diese jüdischen Colonien von den babylonischen Exulanten, sondern manche ganz oder theilweise gewiß auch von Solchen ab, die in unfreundlichen Zeitläufen die jubäische Heimath verlassen hatten. Die Schicksale dieser Colonien sind, bei allem Schweigen der Geschichte über sie, im Ganzen uns nicht zweifelhaft: die jüdischen Eigenthümlichkeiten mußten ihnen den Umgang mit den Eingeborenen erschweren, waren aber wohl noch nicht so ausgebildet, daß wir hierbei schon an jenen peinlichen Verkehr zu denken hätten, auf welchen in späteren Jahrhunderten die Juden hingewiesen waren; um ihr Verhältniß zu den Eingeborenen zu verbessern, hatten sie, wie wir schon sahen, den Lakoniern eingeredet, sie seien mit ihnen von gleicher Abstammung, und den Pergamenern mußten sie die Fabel glaubhaft zu machen, daß sie schon in den Zeiten ihres Ahnherrn Abraham ihnen befreundet gewesen wären. Constituirt waren diese Colonien jede für sich, in der Regel unter ihren „Aeltesten", zuweilen auch wohl noch unter einem Archon, wie namentlich in Antiochien; mit Judäa aber knüpften oder unterhielten sie eine schwache Verbindung rein religiöser Natur. Ihren religiösen Standpunkt dürfen wir für ungefähr folgenden halten: sie waren streng mono= theistisch, vermieden auch wohl mit der Zeit mehr und mehr die Ehen und das Tafeln mit Heiden, hatten aber schwerlich schon Synagogen, da es in solcher Ferne von Judäa ihnen an Soferim fehlen mußte, und brachten daher den Sabbat bloß in Ruhe, die Hauptfeste auch mit den Ceremonien derselben hin; in den Tempel zu Jerusalem mochten sie bald die jährliche Spende von einem Drittel= oder halben Schekel senden, ein beglaubigter Bote brachte dorthin die zusammengelegten Scherflein einer Gemeinde oder auch mehrerer, die unfern von einander wohnten, fromme Seelen legten noch ein Uebriges zu Opfern bei, die für sie gebracht werden sollten, und nicht allzuselten pilgerten dahin auch Solche, welche das eine oder andere Fest einmal in der heiligen Stadt begehen wollten. Es kann nicht gefehlt haben, daß hierdurch in den jüdischen Colonien auch eine patriotische Theilnahme an dem Wohl und Wehe von Judäa sich erhielt oder erzeugt wurde, doch begegnen wir in diesem Zeitraume keiner einzigen kräftigen Aeußerung derselben, und ebensowenig der geringsten geistigen Rückwirkung der hier betrachteten Colonien auf

das Heimathland: sie waren zu geringfügig hiefür, und auch ohne
eigene geistige Entwickelung.

Bloß die Juden in Babylonien machten hiervon eine Aus=
nahme, befähigt hierzu durch ihre Masse und durch die Geistesrichtung,
welche sie nahmen, und wir müssen sie deshalb ausführlicher besprechen.
Früher wurde angegeben, in welche Landschaften seines Reiches
Nebuchadnezar habe die Judäer abführen lassen: im Laufe der
Zeiten aber erhielten von ihnen aus auch die benachbarten Gegenden
eine dünne jüdische Bevölkerung, und wir haben daher später als
den Boden der „babylonischen“ Juden alles Land anzusehen, welches
vom masischen Gebirge bis zum persischen Meerbusen und von dem
östlichen Saum des wüsten Arabien's oben bis zum Tigris, südlicher
bis zur Grenze von Elymais und Persis reichte. Ihre Zahl dürfen
wir für sehr groß halten, da die Abzüge unter Serubabel, Esra
und sonst, nach Obersyrien und Kleinasien wie nach Judäa, durch
natürliche Vermehrung in einigen hundert Jahren wie durch Ein=
wanderungen und Judaisirung von altassyrischen Exulanten hinlänglich
ersetzt sein mußten, wie denn Philo berichtet, daß seiner Zeit Baby=
lonien und die angrenzenden Satrapien vorwiegend von Juden
bewohnt waren. Sie scheinen immer noch nicht wie später einen
Nachkommen Dawid's als allgemeines „Haupt der Gola“ anerkannt
zu haben, doch vieles Sonstige mußte dazu beitragen, ihre Entwicke=
lung gleichförmig zu machen. Der allgemeine Sieg des Monotheismus
war unter ihnen schon am Ende des Exils nicht mehr zweifelhaft,
und Mischehen, die ihn wieder hätten beeinträchtigen können, müssen
dort schon in Esra's Zeit nicht mehr vorgekommen sein, da Dieser
über die Nachricht von solchen in Judäa ganz entsetzt war. Ein
kräftiges Zeichen ihrer religiösen Erstarkung war, daß als Alexander
der Große den verwüsteten Beltempel zu Babylon wiederherstellen
wollte und zu dem Ende befahl, die Trümmer aufzuräumen, die
dortigen Juden ihre Hilfe hierzu verweigerten und lieber Strafen
erduldeten, bis Alexander, von dem religiösen Grunde ihrer Weigerung
unterrichtet, die Mitarbeit ihnen erließ. Ferner sahen wir früher,
daß die gottesdienstlichen Versammlungen an Sabbaten und Fest=
tagen, aus welchen unsere Synagogen hervorgingen grade unter
den babylonischen Juden aufgekommen waren; und vermuthlich
waren unter ihnen die Synagogen noch vor dem Schlusse unserer
Periode ziemlich allgemein. Für die Vorlesung und Erklärung eines

Abſchnittes aus dem Pentateuch konnte es dort nicht an kundigen Soferim fehlen, da deren Inſtitut ebenfalls babyloniſchen Urſprunges war und Eſra ſeine epochemachende Kenntniß des moſaiſchen Geſetzes aus dem Exil mitbrachte; durch den Einfluß ihrer Soferim aber mußte die Lebensweiſe dieſer Juden mehr und mehr nach penta-teuchiſchen Normen geſtaltet werden. Doch waren in Auffaſſung der Satzungen die babyloniſchen Soferim wohl unter ſich getheilter als ihre judäiſchen Collegen, welchen die „große Synagoge" eine ziemliche Gleichheit der Auffaſſungen vermittelte; auch läßt ſich vermuthen, daß ſie nicht den Opfercultus ventilirten, und nicht unberührt davon blieben, daß auf die babyloniſchen Juden die magiſche Religion einen viel größeren Einfluß ausübte. Im Allgemeinen ſtand die babyloniſche Schriftgelehrſamkeit dieſer Zeit der judäiſchen mindeſtens nicht nach, wenn ein Rückſchluß auf ſie aus den ſpäteren Zeiten erlaubt iſt, woran ich nicht zweifle; und an frühem Einfluſſe der einen auf die andere kann es nicht gefehlt haben, wenigſtens einerſeits verbürgen dies die Spuren parſiſchen Einfluſſes auf manche judäiſche Gebräuche und Anſichten. — Beiläufig ſei hier noch erwähnt, daß dieſe öſtlichen Juden auch nicht ohne allen Einfluß auf das geiſtige Eigenthum der Völker-ſchaften blieben, unter welchen ſie lebten, denn auf ihn ſind manche Anſchauungen von auffallend monotheiſtiſchem Gepräge in den Zendſchriften und in dem älteren Gnoſticismus zurückzuführen; auch verrathen die Babylonier Beroſus und Abydenus, welche im 3. Jahrhundert v. Chr. ſchrieben, einige Bekanntſchaft mit jüdiſchen Sagen.

Fünfzehnter Abschnitt.
Von den ägyptischen Juden.

~~~~~~

Erstes Kapitel.
Ihre Niederlassung, Erlebnisse, Lage und Verfassung.

Von Juden, die schon vor dem Exil zu verschiedenen Zeiten nach Aegypten gekommen seien, sowie von den mit Jirmeja dahin Geflüchteten und ihren muthmaßlichen dortigen Schicksalen war schon S. 28 u. w. die Rede. Daß die Letzteren von Nebuchadnezar nach seinem Einfalle in Aegypten wieder nach Babylonien abgeführt worden wären, ist so unbegründet wie die Nachricht von jenem Einfalle selbst. Glaublicher berichtet Aristeas, daß die Perser Einwohner von Judäa nach Aegypten verpflanzt hätten; auch von den östlichen Juden, welche des Handels wegen sich überallhin zogen, mögen damals nicht Wenige in dieses reiche Land gewandert sein. Die materielle Lage dieser während der Perserherrschaft nach Aegypten gelangten Juden muß eine ganz leibliche gewesen, und dies auch den Nachkommen der mit Jirmeja dorthin Geflohenen zu Gute gekommen sein. Noch mehr wohl war dies in religiöser Beziehung der Fall. Wie traurig es hierin bei den Letzteren aussah, bezeugt die Schrift; und aus ihren palästinischen Erinnerungen konnte nicht viel mehr hervorgehen, als wozu sie schon das Wesen der Aegypter drängte, nämlich mit Diesen nicht zu verschmelzen und an nachkommende Stammesgenossen gern sich anzuschließen; zu erheblichem religiösen Vortheil für sie konnte dies erst ausschlagen, als die unter den Persern Nachgekommenen ihnen einen intensiveren und zum Theil schon entwickelten Judaismus zubrachten. Zu jeder weiteren Vermuthung über Beide fehlt uns aller Anhalt, die von Syncellus uns erhaltene Nachricht von einer jüdischen Philosophin Maria, welche Demokrit (um 400) dort kennen gelernt habe, ist unzuverlässig, und wir müssen daher sogleich zu den ägyptischen Juden in der makedonischen Zeit übergehen. Nämlich als Alexander der Große in Jerusalem war, fragte er, ob Manche geneigt wären, seine ferneren Feldzüge mitzumachen, und versprach Diesen, nach ihren väterlichen Sitten leben zu dürfen, worauf Viele sich ihm angeschlossen haben sollen. Diese aber blieben wohl größtentheils in Aegypten, denn Josephus erwähnt, daß er Denen, welche mit ihm gegen die Aegypter zogen, verliehen habe, in Alexandrien unter gleichem Recht wie die Hellenen wohnen zu dürfen, und daß noch ihre Nachkommen ein Schreiben des Alexander hierüber besaßen. Ebenso seien dem Alexander 8000 Samaritaner nach Aegypten gefolgt, denen er Land dort anzuweisen versprochen, und dieses hätten sie auch kurz darauf in der Gegend von Theben erhalten, welche zu bewachen er ihnen aufgetragen. Als darauf 320 v. Chr. Ptolemäus Lagi sich Palästina's bemächtigte, habe auch er viele Judäer und Samaritaner kriegsgefangen mit sich nach Aegypten geführt. Nach Aristeas wären damals gegen hunderttausend Juden dorthin gekommen, und von Diesen hätte der König, welcher durch Ausländer den Eingebornen das Gleichgewicht halten wollte, 30,000 auserlesen und bewaffnet, denen er die Bewachung vieler festen Plätze anvertraute, die Alten, Kinder und Frauen aber seinen Soldaten zu Leibeigenen überlassen. Letzteres erklärt sich daraus, daß dort die makedonischen Krieger für die Friedenszeiten völlig angesiedelt und häuslich eingerichtet waren, indem Jedem von ihnen außer seinem Solde eine Parzelle Landes und die darauf Ansässigen zu Frohndiensten zugewiesen waren; zu dieser Art von Leibeigenschaft scheinen sowohl die in Aegypten vorgefundenen Juden gleich den Aegyptern herangezogen, als auch diese jüdischen Kriegsgefangenen durch's Land vertheilt worden zu sein, und es zeugt von großem Vertrauen zu dem Fahneneide, welchen die jüdischen Krieger ablegen mußten, daß der König ihr Mitleid mit den Stammesgenossen nicht fürchtete [1]).

---

[1]) Auch dürfen wir wohl einer uns erhaltenen Anekdote von einem jüdischen Krieger des Ptolemäus Lagi hier ein Plätzchen gönnen, Hekatäus erzählt nämlich: „Als ich nach dem rothen Meere wanderte, folgte uns nebst anderen jüdischen Reitern ein gewisser Mosollam, ein Mensch von tüchtigem Geiste, und von Allen als der beste Bogenschütze anerkannt. Als nun auf dem Marsche ein Wahrsager den Flug eines Vogels beobachtete und Allen zu halten befahl,

Später folgten viele Judäer (nach Hekatäus „nicht wenige Myriaden")
freiwillig dahin, angelockt von der Güte des ägyptischen Landes
und der Gunst dieses Königs; und von ihnen müssen gleichfalls
Manche sich nach dem aufblühenden Alexandrien gewendet haben,
wie denn auch von diesem Könige und von seinen Nachfolgern nachmals die dortigen Juden Briefe aufzuweisen hatten, in welchen ihnen
gleiches Recht mit den Makedoniern zugesichert war, zu deren Klasse
sie auch, gegenüber den tief herabgedrückten Eingeborenen, ausdrücklich
gerechnet wurden. Zu jenem Rechte der Makedonier gehörte die
Freiheit von manchen Abgaben und Leistungen sowie die ausschließliche
Fähigkeit zu Staatsämtern; und letztere wurden in Menge den
dortigen Juden früh anvertrauet, namentlich finden wir sie als Hof-
beamte sowie als öffentliche Kornverwalter und Nilwächter erwähnt.
Einen Theil seiner Juden schickte übrigens dieser König wieder als
Colonisten nach Kyrene und anderen in Libyen ihm unterworfenen
Städten, weil ihre Anhänglichkeit ihm dort nützlicher erschien;
überhaupt galten die Juden damals in Aegypten schon für, so
beachtenswerth, daß der erwähnte Hekatäus, ein Freund des Königs,
ein eigenes Buch über sie schrieb. — Der zweite Ptolemäer,
Philadelphus, soll eine Ablösung der Frohnpflichten aller jüdischen
Leibeigenen in Aegypten (mit den Kindern über elf Myriaden) aus
eigenen Mitteln bestritten haben: vermuthlich um sowohl die Juden
in Aegypten, wo man durch sie das makedonische Element zu verstärken bemühet war, als auch die von Judäa fester an sich zu
ketten. Jedenfalls standen bei ihm und seinem Sohne Euergetes
die Juden in Gunst, wie wir bereits S. 214 gesehen. Das Jahrhundert, welches die Herrschaft dieser drei Ptolemäer ausfüllte,
durften die ägyptischen Juden ihr goldenes nennen, denn zwar
waren die Eingeborenen ihnen feind, weil sie das Fremde überhaupt
haßten und nun gar Dieselben zu einem Werkzeuge der Fremb-

fragte jener Mann, weshalb man warte. Der Wahrsager zeigte ihm den Vogel
und sagte: wenn er an seinem Orte bleibt, so ist es gut, daß wir alle still
stehen, sowie daß wir weiter ziehen, wenn er vorwärts, und zurückgehen, wenn
er rückwärts fliegt. Jener aber spannte schweigend seinen Bogen und erschoß
den Vogel, und als darüber der Wahrsager ihn verwünschte, sagte er: Was
wüthet ihr und haltet den Vogel da für den ärgsten Unglücksverkündiger? Hätte
er die Zukunft voraussehen können, so wäre er nicht an diesen Ort gekommen,
aus Furcht, daß ihn der Jude Mosollam erschieße".

herrschaft dienen sahen, daher schon unter Philadelphus der ägyptische Priester Manetho auf schriftstellerischem Wege, nämlich durch die ehrenrührigsten Entstellungen ihrer Urgeschichte, sich an ihnen zu rächen suchte: allein nicht bloß die Gunst der Könige entschädigte sie dafür, sondern ihnen waren auch die Makedonier überhaupt in dieser Zeit noch zugethan, und [Diesen konnten ihre eigenthümlichen religiösen Satzungen nicht sehr anstößig in einem Laude erscheinen, dessen übrige Einwohner noch viel auffallendere Gebräuche hatten. Ihre spätere Geschichte zeigt, daß sie in diesem Jahrhundert auch, auf gewöhnlichem Wege und durch Zuzüge von außen, sich sehr bedeutend vermehrt haben müssen.

Zwei Ungewitter aber stiegen unter dem vierten Ptolemäer, Philopator, über die ägyptischen Juden auf, das erste verzog sich wieder, das zweite ward ihnen verderblich. Wir haben nämlich in der Geschichte von Judäa gesehen, daß dieser König, nach seinem Siege über Antiochus den Großen, Jerusalem besuchte und das Innere des Tempels sehen wollte, aber auf eine halb wunderbare Weise hieran 'verhindert wurde und deshalb einen großen Haß gegen die Juden faßte. Als er nun kurz darauf nach Aegypten zurückkehrte, wollte er diesen an den dortigen Juden kühlen. Ich erzähle den Vorgang fast ganz nach der Darstellung davon im 3. Buche der Makabäer, indem diese zwar nicht frei von Ausschmückungen ist, jedoch im Ganzen glaubwürdig erscheint. Philopator soll nämlich eine Säule haben errichten lassen mit der Inschrift: „daß alle Juden in die Klasse des leibeigenen Volkes versetzt und am Leibe ein Epheublatt, das Zeichen des Dionysos, sich einbrennen lassen sollten; die aber von ihnen sich entschlössen, in die Mysterien sich aufnehmen zu lassen, sollten gleiche Bürgerrechte wie die Alexandriner haben." Dieses erklärt sich daraus, daß nach alten Nachrichten Philopator trotz seiner Grausamkeit und Völlerei religiöse Schwärmerei besaß, in seinem Palaste den geräuschvollen Dienst der Cybele und des Dionysos beging, und aus diesem Grunde sich selber ein Epheublatt hatte einbrennen lassen. Manche nun ließen sich zum Abfall verleiten, die Meisten aber blieben ihrem Glauben treu, verabscheueten die Abgefallenen wie Feinde ihres Volkes und versagten ihnen jeden Dienst. Als Philopator dies 'erfuhr, ergrimmte er und befahl, Die, welche sich durch Widersetzlichkeit bemerklich gemacht hatten, aus dem ganzen Laude mit Frauen und Kindern schleunig an einen Ort zusammenzubringen und auf die schrecklichste Weise zu tödten. Angestachelt hierzu wurde er wohl besonders von den ägyptischen Eingeborenen, welche bei diesem Könige zufällig jetzt viel galten, weil er im vorigen Jahre, von Antiochus bedrängt, ihnen wieder Waffen anvertrauet und mit ihrer Hilfe gesiegt hatte; namentlich hoben sie hervor, daß den Juden ihr Gesetz selbst bei dem Könige und mit den Truppen zu essen verbiete, und stellten sie überhaupt als Feinde der Regierung dar. Auch rottete in der Hauptstadt sich der ägyptische Pöbel, von der Gesinnung des Königs ermuthigt, mehrmals gegen die dortigen Juden zusammen; und als dies die Makedonier sahen, welche mit den Juden im besten Einvernehmen standen, wagten sie zwar nicht, offen auf ihre Seite zu treten, doch waren sie ungehalten über diese Vorgänge und Manche von ihnen schworen den Juden gegen Alles, was kommen könne, den thätigsten Beistand zu. Wohin nun im Lande die königlichen Schreiben kamen, wurden überall die zu Opfern Auserseheuen mit soviel Unbarmherzigkeit fortgeschleppt und eingeschifft, daß selbst manche Eingeborene darüber weinten; als sie aber, unter Mißhandlungen aller Art, nach Alexandrien gebracht waren, ließ der König sie vorläufig in eine vor der Stadt befindliche große Rennbahn sperren; und als ihre dortigen Stammgenossen heimlich hinausgingen, mit ihnen ihr Schicksal zu beklagen, verhängte der hiervon benachrichtigte Tyrann über sie und alle Juden im Lande das gleiche Loos und befahl, sie sämmtlich hiefür aufzuzeichnen: doch scheiterte dieser Befehl an ihrer ungeheueren Menge. Hierauf gebot er seinem Elephantenaufseher, den 500 Thieren unter seinem Befehl Weihrauch und ungemischten Wein geben zu lassen und, wenn sie hiervon in Wuth wären, sie auf die eingesperrten Juden loszulassen. Die Ausführung hiervon sollen Zwischenfälle bis zum dritten Tage verzögert haben, und an diesem ließ sich der König zu dem Schauspiele abholen, in der Rennbahn aber standen hier Zuschauer ohne Zahl, dort die Juden um einen angesehenen Priester Elasar zusammengedrängt, der ein angstvolles Gebet sprach. Als jedoch Philopator mit seinen Schaaren und den Elephanten in die Rennbahn einrückte, schrien die Juden so laut auf, daß die Thiere scheu wurden und sich umwendend die Truppen hinter ihnen in wilder Wuth zertraten [1]). Dem apokryphischen Berichterstatter sei es verziehen, daß er diesen natürlichen Zusammenhang übersah und dafür erzählte, es wären bei jenem Aufschrei zwei Engel von furcht= barer Gestalt erschienen und hätten den unerwarteten Ausgang bewirkt. Jedenfalls betrachtete diesen der König als eine göttliche Fügung, und deshalb seinen Sinn gegen die Juden ändernd, befahl er, ihnen alles Nöthige zu einem 7tägigen Gastmahl zu liefern, daß sie in der Rennbahn selbst halten sollten, wobei sie beschlossen, für ewige Zeiten diese drei Schreckenstage festlich zu begehen; auch gewährte er ihnen die Bitte, die Abtrünnigen töbten zu dürfen, und leider machten sie hiervon vollsten Gebrauch; endlich entließ er sie in ihre Heimath, wo sie ihr Eigenthum von Jedem, der schon danach gegriffen hatte, schleunig wieder erhielten. Die aus südlicheren Gegenden waren, hielten, noch ehe sie in ihre Wohnsitze sich zer= streueten, in dem „rosentragenden“ Ptolemais in Mittelägypten ein zweites Dankfest, dessen Andenken sie durch eine dort errichtete Säule zu bewahren suchten. — Das zweite, nicht so gnädig an den ägyptischen Juden vorübergezogene Ungewitter war: Die Ein= geborenen empörten sich kurz darauf gegen Philopator, vielleicht gerade wegen seiner plötzlichen Judenfreundlichkeit; die Juden aber, jetzt von ihm begünstigt und der feindseligen Gesinnung der Eingeborenen gegen sie eingedenk, stellten sich hierbei auf seine Seite, und erst nachdem an 40,000, nach einer anderen Lesart sogar 60,000 jüdische Krieger umgekommen waren, wurden diese Unruhen gedämpft. — So furchtbar aber dieser Verlust war, erholten sich doch die ägyptischen Juden von ihm bald wieder. Unter Philometor (um 180 bis 145 v. Chr.) wurde von Diesem und seiner Gemahlin Kleopatra das ganze Reich den jüdischen Feldherren Onias und Dositheus anvertraut. In einem Aufstande der Alexandiner gegen die Letztere, vielleicht als um 162 Philometor auf Betreiben seines Bruders Physkon hatte land= flüchtig werden müssen, brachten es diese beiden Juden zu einem Vergleich, welcher dem Bürgerkriege ein Ende machte; und als etwas später die Einwohner von Alexandrien vom Neuen aufgestanden waren, finden wir Onias an der Spitze eines kleinen Heeres dahin ziehen, ohne aber daß uns der Ausgang berichtet wird. Nach

---

[1]) Nach Josephus wäre etwas Aehnliches erst unter Physkon vorgefallen, doch vgl. die 3. Anmkg. auf 3, 443 des größeren Werkes.

Philometor's Tode wurde Physkon König, der Aergste auf dem Throne der Ptolemäer, und als er nach einer ebenso wechselvollen wie grausamen Regierung 116 starb, erhielten die jüngere Kleopatra (seine Tochter und zugleich Gemahlin!) und ihr gemeinschaftlicher ältester Sohn Lathuros sein Reich; bald indessen verdrängte sie Diesen wieder, zuerst aus Aegypten, dann selbst aus Kypros, Letzteres mit Hilfe der Juden in ihrem Heere, an deren Spitze Chilkija und Chananja, die Söhne des schon erwähnten Onias, jetzt standen. Hier aber abbrechend, wollen wir nur noch hinzufügen, daß die Juden in Alexandrien Ruhe fanden, so lange die Griechen und Makedonier darin die Oberhand hatten, dagegen seit dem Anwachs des ägyptischen Pöbels in ihm fortwährend angefeindet wurden.

Daß sie in dieser Sadt schon in jener Zeit ungemein zahlreich gewesen sein müssen, gehet auch aus späteren Nachrichten hervor. Alexandrien hatte einen solchen Umfang, daß Eine Straße darin über eine deutsche Meile lang war, und zu Philo's Zeit hatte es 300,000 freie Einwohner, welche im Alterthum bekanntlich selten die Mehrzahl bildeten; von den fünf Quartieren aber, aus welchen diese Stadt bestand, waren zwei größtentheils, die übrigen sparsamer von Juden bewohnt[1]. Es möchte wohl hiermit nicht unvereinbar sein, daß nach anderen Berichten die Juden ein besonderes Quartier, das Delta, dort inne hatten, von den Ptolemäern ihnen angewiesen, um ungestörter nach ihren Gebräuchen leben zu können; doch dürfen wir hierbei nicht an mittelalterliche Judengassen denken, denn danach waren die alexandrinischen Juden nicht gestellt, und ihr Hauptsitz soll nicht fern vom Meere gewesen sein, wo das königliche Schloß stand und am angenehmsten zu wohnen war. Daß so viele Juden sich nach Alexandrien zogen, dazu hatte ohne Zweifel der großartige dortige Handel stark mitgewirkt, und wirklich redet Philo von kleineren und größeren Kaufleuten sowie von Schiffsherren unter den dortigen Juden, doch trieben sie auch viele Handwerke, und es werden uns die Innungen jüdischer Gold- und Silberarbeiter, jüdischer Schmiede, Panzerschmiede und Weber in Alexandrien namhaft gemacht; ihrer Geschicklichkeit wegen ließ man nach Jerusalem mehrmals Kunst-

[1] Daher die Uebertreibungen im Talmud, daß in der großen Synagoge daselbst zuweilen 2mal „60 Myriaden" Andächtiger sich einfanden, oder daß eine gleich große Anzahl dortiger Juden durch Hadrian umgekommen wäre.

handwerker, ohne Zweifel jüdische, aus Alexandrien kommen. — Die ägyptischen Juden standen unter einem Ethnarchen aus den edelsten und reichsten jüdischen Familien von Alexandrien, der vermuthlich von ihnen selbst gewählt wurde, aber von der Regierung bestätigt werden mußte: ihr gegenüber vertrat Derselbe alle seine Stammgenossen im Lande, hatte auch entweder die Einziehung oder die Pacht aller ihrer Steuern, und erhielt vielleicht hiervon auch den Titel Alabarch; daneben hat er eine ausgedehnte Macht über seine ägyptischen Glaubensgenossen, „er regierte sie, schlichtete ihre Streitigkeiten, überwachte ihre übernommenen Verbindlichkeiten und die geltenden Anordnungen wie der Regent eines selbstständigen Gemeinwesens." Doch stand ihm ein Synedrium zur Seite, welches gleichfalls seinen Sitz in Alexandrien hatte und wie das Jeruschalemer, auch religiöse Angelegenheiten in seine Competenz zog, wie die Bestimmung der Festtage und das gesammte Kalenderwesen, auch die Entscheidung über die makellose Abstammung der Priester; später wurde dasselbe dem in Jeruschalem sogar darin nachgebildet, daß es 70 oder 71 Mitglieder erhielt.

In den letzten Zeilen wurde die religiöse Sphäre der ägyptischen Juden bereits gestreift, wir müssen dieselbe aber, soweit sie noch innerhalb unserer Periode fällt, ausführlich besprechen, weil sie schon an sich höchst interessant ist und das Verständniß der an Interesse noch reicheren nachmaligen Phase des ägyptischen Judenthums aufschließt. Nur bedarf ihre Darstellung sozusagen eines Vorwortes über die allgemeine geistige Sphäre, welche die damaligen ägyptischen Juden umgab.

Zweites Kapitel.
Die geistige Atmosphäre, in welcher die ägyptischen Juden lebten.

Aegypten war, als Alexander der Große es eroberte, in geistiger Beziehung fast noch ganz so beschaffen wie unter den Pharaonen. Die Perser hatten gleich Anfangs die Bewohner dieses Landes in ihren religiösen Ueberzeugungen auf das Tiefste verletzt, und dies war nicht bloß die Quelle der fortwährenden dortigen Aufstände gegen sie, sondern auch ein Grund mit, weshalb unter ihnen keinerlei

Einfluß parsischer Ideen auf die ägyptischen statthatte, besonders da
die Hauptträger der letzteren, die zahlreichen Priestercollegien, am
meisten verletzt und verfolgt wurden. Die Griechen, welche in jener
Zeit nach Aegypten kamen, des Handels wegen oder als Hilfs=
truppen, waren natürlich nicht geeignet, auf das abgeschlossene
ägyptische Wesen Einfluß auszuüben; und ebensowenig vermochten
dies die damals des Handels wegen nach Aegypten gekommenen
Juden. Aber Alexander schmeichelte den ägyptischen Priestern, und
von dem gleich nach seinem Tode dahin gekommenen Ptolemäus
haben wir schon gesehen, mit welcher Weisheit er dort insbesondere
gegen die ägyptischen Priesterschaften und Heiligthümer auftrat:
hierdurch auf einmal fiel der Riegel, welcher bisher die ägyptischen
Geister gegen fremde Einwirkungen verschlossen hatte, sie kamen den
Hellenen mit ziemlichem Vertrauen entgegen, es entstand Raum zu
einer gegenseitigen Durchdringung beider Elemente, und diese
erfolgte wirklich bis zu einem gewissen Grade, als die nachfolgenden
Ptolemäer in diesem Sinne zu herrschen fortfuhren. Wir kommen
später hierauf zurück, zuvor aber muß dargestellt werden, wie für
sich das griechische Geistesleben in Aegypten jetzt beschaffen war.

Im Grunde beschränkte sich dasselbe freilich bloß auf Alexan=
brien und dessen nächste Umgebung: schon in Memphis scheint
wenig davon zur Entfaltung gelangt zu sein, obwohl die Erhebung
desselben zur zweiten Residenz viele Griechen dahin zog, und noch
viel weniger in den Städten, worin nur einzelne Griechen sich
niederließen, wie in den zerstreueten Cantonnements der Anfangs
größtentheils makedonischen, bald aber sehr gemischten Miethstruppen.
Allein Alexandrien für sich war eine kleine Welt. Von seiner Größe
und Menschenmenge war schon die Rede. Es lag aber nicht fern
von der kanobischen Nilmündung und war eine überaus schöne
Stadt; außer der königlichen Residenz, der geschmackvollsten der alten
Welt, besaß es viele Tempel und andere öffentliche Gebäude von
großer Schönheit sowie sonstige Kunstwerke in Menge. Unweit der
Stadt lag das Inselchen Pharos mit dem von Philadelphus been=
digten Leuchtthurme, welchen man bekanntlich im Alterthum zu den
sieben Wunderwerken zählte: er war von weißem Marmor, ziemlich
ein Stadium hoch, und bestand aus acht mit Gallerien umgebenen
Stockwerken; ein sieben Stadien langer Damm führte von der
Stadt dahin. Ferner war, vielleicht schon unter Philadelphus und

später unzweifelhaft, Alexandrien der größte Handelsplatz der damaligen Welt. Die Erzeugnisse Indien's wurden zwar unter den ersten Ptolemäern noch großentheils auf arabischen Märkten eingekauft, allmälig aber trieb man Schifffahrt nach der ganzen westlichen Halbinsel von Indien und der großen Insel Taprobane (Ceylon). Was man von diesen und arabischen Produkten nicht in Aegypten selbst brauchte, wollte Philadelphus anfänglich gleich über Suez an das Mittelmeer führen lassen, und ließ deshalb den schon von Darius Hystaspis vollendeten, aber längst wieder verfallenen Kanal zwischen jenem und dem rothen Meere wiederherstellen. Allein der nordwestliche Busen des rothen Meeres war der Schifffahrt ungünstig, sowie dieser Kanal trotz seiner künstlichen Schleuseneinrichtung nicht zu jeder Jahreszeit schiffbar: Philadelphus ließ daher etwas oberhalb Aegypten's von der Seestadt Berenike eine Kunststraße von zwölf Tagereisen nach Koptos führen, das unterhalb Theben's am Nil lag; und da das nördlicher gelegene Myoshormos einen viel vorzüglicheren Hafen hatte, so wurde auch von da später eine bedeutend kürzere Straße nach Koptos geführt, so daß dieses zum Hauptstapelplatze aller indischen, arabischen und derjenigen äthiopischen Waaren wurde, welche auf dem Seewege nordwärts gingen. Von Koptos aber kamen diese den Nil herab nach Alexandrien, die direkt aus Aethiopien eingeführten wurden ebendahin gebracht, desgleichen vom Südwesten her die Produkte des inneren Afrika's, und was nicht von diesen Schätzen so vieler Länder in Alexandrien blieb oder von da nach allen Punkten Unterägypten's verführt wurde, ging nebst dem Ueberschusse von Aegypten's eigenem Produktenreichthum aus vier Häfen, welche die Stadt besaß, nach allen Seestädten Kleinasien's, Syrien's und des südlichen Europa's. Auch schickten die Ptolemäer mehrmals Reisende nach Aethiopien, Arabien und Indien, um Kunde dieser Länder zu holen. — Vielleicht noch mehr aber zeichnete sich unter den Ptolemäern Alexandrien durch Cultur der Wissenschaften aus. Schon der Erste von ihnen, ein Freund der Wissenschaften und selber Schriftsteller, legte hierzu festen Grund, und seine Nachfolger eiferten ihm hierin nach, wenn auch zum Theil nur um als Mäcenaten zu glänzen. Von überall her rief Jener Gelehrte, Dichter und Künstler an seinen Hof. Ferner wurde schon unter ihm an der nachmals weltberühmt gewordenen alexandrinischen Bibliothek zu sammeln angefangen, und die nachfolgenden Ptolemäer fuhren hierin fort, Philadelphus sogar mit einer wahren Leidenschaft; die Zahl der zusammengebrachten Bücher soll mit der Zeit auf 7—800,000 gestiegen sein, wobei freilich in Anschlag zu bringen ist, daß im Alterthum oft jede umfangreichere Abhandlung schon für ein Buch galt. Eine weitere Schöpfung schon des ersten Ptolemäus, und die noch geeigneter als diese Bücherschätze war, die verschiedensten Geistes= richtungen wohlthätig zu fördern, war das sogenannte Museum, daß nämlich in einer Seitenabtheilung des königlichen Schlosses eine bedeutende Anzahl von Gelehrten, die wie unsere heutigen Akademiker dazu erwählt wurden, zwar ihre besonderen Wohnungen hatte, um nicht dem Familienleben entsagen zu müssen, aber auf Kosten des Staates zusammen speiste und einen Sprechsaal sowie eine zum Spazieren passende Halle hatte, um bei jeder Witterung gelehrter Unterhaltung pflegen zu können; auch für die sonstigen Bedürfnisse der Mitglieder waren vom Staate Einnahmen ange= wiesen,·und ein vom Könige aus ihrer Mitte Erwählter war Vor= steher der ganzen Anstalt. Jedes Mitglied konnte sich ganz nach Belieben seinen besonderen Studien und Arbeiten hingeben, und zunächst ihrem Gebrauche war die großartige Bibliothek überlassen, jedoch war diese auch sonstigen Gelehrten zugänglich, und außerdem gab es in Alexandrien einen besonderen Büchermarkt.

Ueberblicken wir alles hier Erwähnte, eine glänzende Haupt= stadt, die zugleich Mittelpunkt des Welthandels war, den ungeheueren Reichthum, welchen letzterer hierherzog, Könige, welche die Wissen= schaft liebten und zum Theil selber pflegten, die von ihnen ange= legten großartigen Bücherschätze, die behagliche Muße, welche den vorzüglichsten Gelehrten geschaffen war, sowie was zur Erweiterung der Länderkenntniß geschah, und erwägen wir hierbei, wieviel An= regendes, nicht zum Studium der Völkerkunde allein, in dem Zusammenströmen von Fremden jedes Volkes nach dieser Stadt offenbar lag: so wird uns klar, daß in Alexandrien ein bis dahin noch nie dagewesenes Geistesleben sich entfalten mußte. Es gab in dieser Stadt, außer den wechselnden Schaaren zügelloser Mieths= truppen, Aegypter voll glühender Sinnlichkeit, aber von düsterem Gemüth, an Fremdenhaß gewöhnt, und nur gegen die Makedonier für jetzt etwas zutraulicher; daneben diese schwerfälligen Makedonier und beweglichen Griechen, die auf einander und noch mehr auf

jeden Sonstigen stolz herabsahen; dann die zahlreichen Juden, voll
von der Ueberzeugung, das auserwählte Volk Gottes zu sein, und
doch zugleich von ihrer schon erwachten ewigen Ungewißheit, ob sie
in ihrer Heimath oder in der Fremde seien; endlich einzelne Ansässige
aus allen Weltgegenden. Diese grundverschiedenen Elemente konnten
selbst durch das Zusammenleben in einer solchen Stadt nicht zu
einer gleichartigen Masse verschmelzen, aber dieses war doch mächtig
genug, allen Schichten der alexandrinischen Bevölkerung das Gepräge
des Lebenslustigen, Geschäftigen und Geistreichen aufzudrücken. Indessen interessirt uns hier weniger die Entwickelung des alexandrinischen Volksgeistes als die Richtung, welche daselbst die höheren
Geister nahmen. Diese waren meistens aus Griechenland ein-
gewandert oder herbeigezogen worden, wo jetzt, durch den noch nicht
erloschenen mächtigen Einfluß des Aristoteles, das empirische Wissen
am geschätztesten war, und letzteres behielt auch in Alexandrien auf
lange hin die Herrschaft. Man trieb dort Mathematik, Mechanik,
Astronomie, und Hipparch, der größte Astronom des Alterthums,
entdeckte unter Physkon schon das Vorrücken der Nachtgleichen; nicht
weniger baute man die Geographie an, und bereits unter Philopator wurden Gradmessungen zwischen Syene und Alexandrien vorgenommen; noch früher glänzten dort selbstständige Forscher in
Medicin und Anatomie, obwohl daneben mit der Heilkunde Magie
wie mit der Astronomie Sterndeutung verbunden wurde; auch schon
die Gesetze der Tonkunst wurden erforscht, und noch manches Aehnliche. Daß diese und die noch zu nennenden Studien unter den
schlechten Ptolemäern nicht litten, bezeugt die eben geschehene Erwähnung der beiden ärgsten von ihnen: auch sie waren Freunde
der Wissenschaften, und soll man es ein Glück oder ein Unglück
nennen, wir finden öfter in der Geschichte, daß unter Despoten die
Blüthen des Geistes nicht abwelken. Indessen auch nachtheiligen
Einfluß übten die Ptolemäer auf diese Entwickelung aus. Mit
Ausnahme des ersten suchten sie in den Wissenschaften weniger
ernstliche Belehrung als Befriedigung einer müßigen Neugier und
Unterhaltung: und die Einrichtung des Museums, dessen Mitglieder
auf ihren wissenschaftlichen Specialgebieten die Tonangeber waren,
machte selbige von den königlichen Grillen mehr als gut war
abhängig: oft waren bei ihren gelehrten Gesprächen die Ptolemäer
zugegen, legten ihnen alberne Fragen vor oder spielten die Kenner,

und waren auch nicht alle Akademiker Schmeichler, so trachteten sie doch alle nach Hofgunst. Von gleich bedenklichem Werthe für echte Wissenschaft waren selbst die ohne Auswahl zusammengebrachten Bibliotheken, denn sie luden zur Vielwisserei ein, welche ohnehin durch die aristotelische Richtung auf Realien schon begünstigt war. So kam es, daß der Geschmack erkrankte, Wahrheit, Tiefe und Einfachheit flohen, und eine nüchterne Gelehrsamkeit Platz griff, die fast alles Geistes bar war. Weniger offenbarten sich diese Gebrechen natürlich in den zuvorgenannten exacten Wissenschaften als in „Grammatik", Dichtkunst und Philosophie. Die zahlreichste Klasse der alexandrinischen Gelehrten waren die sogenannten Grammatiker, eine Art von Encyclopädisten, welche mit vereinter Kraft die vorhandenen Denkmäler der Literatur prüften, erklärten und beurtheilten: namentlich war dies eine Hauptbeschäftigung im Museum, dessen Mitglieder unter sich die Rollen von Fragenden und Antwortenden hierbei austheilten. Jene mußten in dem durchzunehmenden Schriftsteller Schwierigkeiten entdecken, und Diese sie lösen. Sie gingen von dem Axiom aus, daß alles Schöne und Hohe in den Alten enthalten sei. und kehrten dasselbe auch häufig um, daß nämlich fast alles Alte schön und erhaben sei, namentlich galten ihnen Homer und Hesiod für die Quellen jeder Vollkommenheit und Erkenntniß. Ganz eigenthümlich aber war, daß sie trotzdem gegen diese und andere verehrte Schriftsteller eine schrankenlose Willkür sich erlaubten: nicht nach ihnen bildeten sie sich ihren Begriff des grammatisch und ästhetisch Vollkommenen, sondern gewannen sich diesen aus ungeregelter Lectüre oder aus dem eigenen Geiste, und erklärten nun alles in den Alten nicht mit ihm Uebereinstimmende für — unecht, ja begnügten sich nicht einmal hiermit, Zenodotos z. B. strich die trefflichsten Verse der Ilias, änderte auch Stellen darin ab, zog andere zusammen, fügte sogar manche hinzu, und nicht zurückhaltender verfuhr später Aristarch. Dadurch aber, daß das „grammatische" Studium in Alexandrien vorherrschte, konnten alle übrigen Studien sich nicht ganz seinem Einflusse entziehen, und empfingen davon etwas Kleinliches und sozusagen Gemaßregeltes. Am verderblichsten wurde dies der Dichtkunst, indem die Grammatiker die Entscheidung an sich rissen, welche Dichterwerke alter und neuer Zeit die klassischen ihres Faches seien, und für jedes Dichtungsfach einen Kanon der Besten, auch wohl einen zweiten

Kanon der nach ihnen Besten aufstellend, den selbstständigen Auf=
schwung des Geistes lähmten. Ohnehin hatte die Blüthe der
griechischen Dichtkunst schon zu welken begonnen, jetzt sollten Kunst
und Nachahmung ersetzen, was die Natur nicht mehr freiwillig bot,
überbildete und von königlichen Launen abhängige Kritiker wählten
die Muster und richteten die Nachbildungen: so wurden denn die
Compositionen künstlich, regelrecht, correct, selbst elegant, aber nüch=
tern, steif und geschraubt, ohne Seele wie ohne Leben; aus Mangel
an guten Stoffen überarbeitete man alte, und suchte durch seltsame
Zuthaten sie neu erscheinen zu lassen, oder griff nach naturwissen=
schaftlichen, welche einer dichterischen Behandelung gar nicht fähig
sind, sowie jetzt den Mangel an eigener Fülle eingestreute Gelehr=
samkeit und Schwulst verdecken sollten. Gleichwohl war die Muse
nicht ganz entwichen, einzelnen schönen Stellen begegnet man bei
den Alexandrinern in jedem Dichtungsfache, das ihrem Wesen ange=
messenere Epigramm wurde mit Glück bearbeitet, und die Idylle
von Theokrit zur Klassicität ausgebildet. Die schönwissenschaftliche
Prosa lag in diesen ersten Jahrhunderten fast ganz brach in
Alexandrien, zur Beredsamkeit fehlte der äußere Anlaß, und die
Zeitgeschichte zu schreiben hatte seine Gefahren, ältere Geschichte
aber, die schon ihren Beschreiber gefunden hatte, nach eigener Auf=
fassung umzuschreiben war noch nicht üblich.

Dafür wurde hier desto emsiger die Philosophie angebauet,
und auf diesen Punkt haben wir ausführlicher einzugehen. Thales,
Pythagoras, Demokrit, Plato hatten einen Theil ihrer Weisheit
aus Aegypten geholt, jetzt kehrten ihre Lehren dorthin zurück, um
einen neuen Prozeß mit der ägyptischen Weisheit einzugehen.
Wenige Anhänger fanden daselbst die Lehren der Stoa, ihre Sitten=
strenge sagte den Alexandrinern nicht zu; aus demselben Grunde
wurden die Lehren der Pythagoräer, so vielen Beifall sie auch fanden,
nicht befolgt; einigen Anklang fanden die Cyniker, natürlich nicht
wegen ihrer Verachtung der Wissenschaften oder wegen ihrer Gleich=
giltigkeit gegen die Genüsse des Lebens, sondern weil das Satyrische
ein Grundzug der alexandrinischen Anschauung war. Aber die
geschätztesten Philosophien waren dort früher die lebemännische
des älteren und jüngeren Aristipp, die hierin verwandte des Epikur,
und die ihrer empirischen Richtung zusagende aristotelische, später
die phantasiereiche platonische, nachdem unter Einflüssen, die sogleich

skizzirt werden sollen, die alexandrinische Nüchternheit einer wirren
Ueberschwenglichkeit gewichen war. Allein die Reinerhaltung dieser
philosophischen Systeme war daselbst nur im Geschmacke Weniger,
und so schön wie richtig sagt von den Gelehrten des Museums
ein Forscher der neueren Zeit: „sie waren Platoniker, Peripatetiker,
Epikuräer und Stoiker, nur nicht Philosophen." Den Fehler, daß
sie von ihrem eigenen Standpunkte aus die überkommenen Denk-
gebäude commentirten und weiterspannen, theilten sie mit Unzähligen,
ziemlich eigenthümlich aber war ihnen, daß sie dies mit Parteigeist
thaten, der auch auf dem ästhetischen und jedem anderen Gebiete
sie beherrschte. Noch unwissenschaftlicher war ihr Synkretismus,
welches Verfahren nicht mit Eklekticismus verwechselt werden darf:
der Eklektiker wählt vernünftig aus verschiedenen Systemen aus, was
zu einem neuen, ihm gefälligeren Systeme sich fügt; dagegen der
Synkretiker flickt die heterogensten Ansichten zusammen, nach bloßem
Gefallen an ihnen und unbekümmert darum, daß sie ein abenteuer-
liches, mit inneren Widersprüchen behaftetes System oder auch gar
keins bilden. In der letzteren Weise verfuhren die allermeisten
alexandrinischen Philosophen, und zwar mengten sie nicht bloß die
aufgeführten und sonstigen griechischen Systeme unter einander,
sondern mischten auch diesen Gebräuden noch viel fremdartigere
Ingredienzien bei. Am verzeihlichsten noch waren die Zuthaten
aus dem Altägyptischen. Wie nämlich schon erinnert wurde,
hatten einige der geachtetsten griechischen Denker grade aus Aegypten
Weisheit geholt; außerdem hat jede Philosophie Berührungspunkte
mit dem theologischen Gebiet, und eine Abstammung der griechischen
Religion von der ägyptischen wurde allgemein angenommen. Erschlossen aber wurde allmälig den Griechen die ägyptische Ideenwelt
nicht bloß durch mündliche Mittheilungen, wobei die Priester sie
ihnen vermuthlich stark hellenisirten, um dem herrschenden Stamme
verwandter zu erscheinen, sondern selbst durch Uebersetzungen ihrer
heiligen Schriften. Es lag also den alexandrinischen Gelehrten
sehr nahe, altägyptische Ansichten in ihren Gedankenkreis aufzunehmen,
und sie thaten dies fleißig, sowohl weil dieselben den Reiz des
Mysteriösen hatten, als auch weil das griechische Denken längst schon
den griechischen Glauben angefressen hatte und man dieserhalb
seine Mythen theils allegorisch erklärte, theils gar umzugestalten
anfing. Ersteres war längst geläufig, seit Plato war das Bestreben

erwacht, den Mythen und selbst den Symbolen der Volksreligion eine höhere Bedeutung unterzulegen; allein in Alexandrien nahm dies noch gewaltig zu, weil die näher getretene ägyptische Religion voll von Allegorien, die Hieroglyphenschrift, welche man tiefer im Lande überall erblickte, eine vorwiegend allegorische, und aus beiden Gründen jeder ägyptische Priester ein Allegoriendeuter war. Was aber lag dann näher als in vielen griechischen Mythen ägyptische Gedanken dargestellt zu finden? Und griechische Mythen nach ägyptischen zuzustutzen mußte man umsomehr versucht sein, als diesen eine größere Ursprünglichkeit zuzukommen schien; allerdings wurden daneben auch ägyptische hellenisirt, aber auch dies mußte unter den alexandrinischen Griechen ägyptische Anschauungen geläufig machen. — Viel ferner lag ihnen das jüdische Element, aber gleichwohl, als unsere heiligen Schriften ins Griechische übersetzt waren, wurden sie auch gelesen, und die Art von Philosophie, zu welcher die alexandrinischen Juden unter dem Zusammenstoß der dortigen Wissenschaften mit ihren religiösen Anschauungen bald gelangten, konnte nicht verfehlen, jüdisches Gut, unverfälschtes und schon hel= lenisirtes, dem allgemeinen Gedankenprozesse zuzuführen; natürlich spiegelte sich dieses jüdische Gut abermals ganz anders in einer heidnischen als in einer bloß hellenisirten jüdischen Reflexion, war aber nicht bloß ein Ingrediens mehr, sondern wegen seiner voll= ständigen Verschiedenheit und seiner unwiderstehlichen inneren Wahr= heit ein Gährstoff ohne Gleichen in diesem Prozesse. — Lange nicht so drastisch, aber immerhin noch merklich, wirkten ferner auf ihn einige asiatische Elemente ein. Die parsische Religion war schon vor Alexander ein Gegenstand der Wißbegierde den Griechen gewesen, und auf seinen Zügen war sie den ihn begleitenden Gelehrten hin= länglich bekannt geworden; auch konnte es später in dieser Weltstadt niemals an Fremden fehlen, von welchen eine Kenntniß der zeroastrischen Anschauungen zu gewinnen war. Ungefähr auf die nämliche Weise kam die Kenntniß der babylonischen Religion und Weisheit nach Alexan= drien, und außerdem drangen die griechisch verfaßten Mittheilungen über sie von Berosus und Abydenus gewiß bald dahin. Selbst von der Religion und Weisheit Indiens war den Begleitern Alexander's Manches bekannt geworden, und Ergänzungen hierzu mußten ver= mittelst der mit diesem Lande angeknüpften Handelsverbindungen nach Alexandrien gelangen. Es waren also den dortigen Forschern fünf ver=

schiedene, Schachte erschlossen außer dem eigenen, und ihre Ausbeutung bewirkte formell jene merkwürdige Umwandelung des früher so nüchternen und fast pedantischen alexandrinischen Geistes in den nachmals so phantastischen und schwunghaften, daß ihm von allen griechischen Systemen am meisten das platonische zusagte, sowie sachlich jene barocke, aber tiefsinnige und an neuen Intuitionen überreiche Ideenverschmelzung, welche Diejenigen Neuplatonismus benannt haben, denen die platonischen Elemente darin erkennbarer als die übrigen erwähnten waren. Es wird aber gut sein, neben dieser eigenthümlichsten Geistesblüthe noch einige genetischverwandte zu mustern, wodurch zugleich der richtige Platz zwischen denselben ihr erst zugewiesen werden kann.

Nach dem Auseinanderfallen von Alexander's Weltreich besaß nämlich der es überlebende hellenische Geist, bei aller Abnahme seiner Schöpferkraft, doch noch die Fähigkeit, Zweierlei zu erzeugen, erstens eine ganz andere Weltanschauung, freilich von vielen Abstufungen: in den Griechen aller Länder, welche zu jenem Reiche gehört hatten, blieb sie wesentlich die griechische, erhielt aber in jedem Hauptlande noch einen Beisatz von dessen Eigenthümlichkeiten, so daß z. B. das alexandrinische Griechenthum denn doch verschieden von dem antiochischen und von dem jungmakedonischen war; dagegen die Eingeborenen dieser verschiedenen Länder sowie die verschiedenen Volksschichten selbst des nämlichen Landes waren in sehr ungleichem Grade für die griechischen und anderweitigen Einwirkungen dieser neuen Weltlage empfänglich, und in demselben Maße erlitt ihre Weltanschauung eine Umwandelung, die jedoch ganz von selbst, im Leben, auf dem Markte, und unvermerkt erfolgte. Zweitens, auf ähnliche Weise und in ähnlichen Abstufungen erfolgte dort eine Verschmelzung der ausgebildeteren Denksysteme, nur mit mehr Bewußtsein davon in den sie Vollziehenden und mit dem ferneren Unterschiede, daß ganze Gedankenreihen eine viel schwerfälligere und darum keine so große Verbreitung finden wie einzelne Anschauungen. Ich rede hier indessen nur von religiösen Systemen und den religiösen Theilen der griechischen Denksysteme, jedoch mit Einschluß mancher psychologischen Theoreme sowie des Kosmologischen und überhaupt alles Naturphilosophischen, welches im ganzen Alterthum einen integrirenden Bestandtheil der religiösen Speculation bildete; denn was sonst die griechische Speculation noch umfaßte, lag von den jetzt erschlossenen fremden Geistesgebieten zu fern ab, um mit ihnen einen Verbindungsproceß einzugehen. So kam es denn zu den verschiedensten Systembildungen, zumal da der Hellenismus, der Parsismus, der Judaismus u. s. w. keine geschlossenen Systeme waren, jeder für sich eine undurchbrechliche Phalanx, sondern unwillkürliche Ausstrahlungen je einer eigenthümlichen Geistesanschauung, die von den Nachkommenden nicht ergänzt, sondern nur vermehrt wurden, darum aber sehr geeignet waren, ziemlich Heterogenes, wenn nur metamorphosirt, in die noch leeren Stellen einzulassen. Entsprechend jener neuen Weltanschauung, welche in den Griechen und annähernd in den ihnen zugänglichsten Volksschichten aller am Mittelmeer gelegenen Reichsländer sich hervorgebildet hatte, erhielt die allgemeinste Verbreitung ein religiöses System, welches ich das Orphische nennen möchte: seine Grundlage waren die speculativen Ideen der griechischen Mysterien, und seine Ausbildung erlangte es durch Hinzunahme von zoroastrischen [1]) und jüdischen Elementen; zu seiner Förderung wurden auf die Namen des Linos, des Musäos und insbesondere des Orpheus sowie mehrerer Sibyllen Poesien geschmiedet, und seine Anhänger waren die aufgeklärten Griechen und Griechlinge aller Orten unter den Philosophen neigten sich die Stoiker und Platoniker ihm zu. Die übrigen jetzt entstandenen Systeme blieben weit mehr an ihrer Geburtsstätte haften. Von ihnen ist das neuägyptische und phönizische nur sehr uneigentlich hieher zu zählen, denn daß in jenem die altägyptische Religion überaus stark hellenisirt erscheint, erhärtet noch nicht die Annahme einer wirklich erfolgten Alteration derselben, sondern es scheint, daß bloß griechische Mythologen sie so aufgefaßt haben, verleitet von ägyptischen Priestern, welche ihnen ihre Religion möglichst der griechischen verwandt darstellten, ohne für sich und ihre Gläubigen von den alten Anschauungen zu lassen; und Aehnliches gilt von dem phönizischen System in den uns erhaltenen Bruchstücken des Herennius Philo, jeder aufmerksame Leser derselben muß finden, daß wir auch in ihnen nicht die getreue Darstellung eines in solcher Verschmelzung jemals lebendig dagewesenen Systems vor uns haben, sondern Fragmente des phönizischen Glaubens von einem Uebersetzer, der sein Original Sanchuniathon sprachlich und sachlich nicht ganz

---

[1]) vgl. 3, 528 des größeren Werkes.

verstand, und dadurch verräth, daß die von ihm mitgetheilten Gräcisirungen unwillführliche und willführliche Combinationen auf eigene Hand waren. Indessen scheint die der phönizischen sehr verwandte syrische Religion unter den Seleukiden wirklich bis zu einem gewissen Grade hellenisirt worden zu sein, indem die Syrer hiergegen ihrer Natur nach nicht so spröde waren. Desgleichen gehört hierher der ältere Gnosticismus, welcher hauptsächlich aus den Einwirkungen zweier Potenzen auf die mit den Parthern wieder westlicher gebrachte parsische Lehre hervorgegangen zu sein scheint: der griechischen Speculation, die von Alexandrien und Antiochien aus in Seleucia am Tigris eine Stätte fand, und des Judaismus, nur nicht des ursprünglichen, sondern wie derselbe unter parsischem Einflusse in manchen Theosophen sich gestaltet haben muß; der jüngere Gnosticismus scheint sich von dem älteren nur durch innere Fortentwickelung und eine Beimischung christlicher Anschauungen unterschieden zu haben, beide aber blieben ziemlich auf die Länder zwischen dem Tigris und dem Mittelmeere eingeschränkt. Stärker trug den Stempel von Alexander's Weltreich die religiöse Entwickelung der alexandrinischen Juden an sich, und von ihr soll sogleich ausführlich die Rede sein. Am stärksten aber war dessen sozusagen kosmopolitischer Charakter in dem schon berührten „Neuplatonismus" ausgeprägt, an ihm hatten alle oben aufgezählten Religionen mitgearbeitet, wenn auch in ungleichem Maße, und die Ineinanderarbeitung so grundverschiedener Anschauungen sowie die dabei nothwendig gewordene Abschleifung ihrer unfügsamen individuellen Ecken wurden mit soviel Kühnheit und Glück, ja mit soviel Genius vollzogen, daß dieses Verfahren fast ein künstlerisches zu nennen ist, wie wenn ein Maler gegebene Figuren, über welche er jedoch frei schalten darf, zu einer kolossalen Arabeske verarbeitet. Wann diese Richtung in Alexandrien aufkam, ist nicht genau zu bestimmen, doch entwickelte sich Philo offenbar schon unter ihrem Einflusse, und ihre Prämissen waren lange vor ihm vorhanden.

Drittes Kapitel.

Gestaltung und Entwickelung des Judenthums in Aegypten bis ungefähr ein Jahrhundert vor Philo.

Ehe das im vorigen Kapitel geschilderte alexandrinische Geistesleben auch die zahlreichen dortigen Juden ergriff und in verwandte
Bahnen trieb, standen sie in jeder geistigen Beziehung auf dem
judäischen Standpunkte jener Zeit, denn obgleich auch von den
früher nach Aegypten gelangten Juden nicht Wenige sich in das
erblühende Alexandrien übergesiedelt haben mögen, so waren doch
die Meisten unmittelbar aus Judäa dahin gekommen. Nur darin
mögen Anfangs die alexandrinischen und überhaupt die ägyptischen
Juden von den judäischen verschieden gewesen sein, daß es unter
ihnen wenig Soferim und Peruschim gab, da in dem, was unter
den ersten Ptolemäern Juden nach Aegypten zog, nichts enthalten
war, was Jene reizen konnte, auf fremde Erde zu wandern. Es
scheint, daß unter Ptolemäus Lagi die jüdische Gemeinde in
Alexandrien noch nicht groß war und, nach den mitgebrachten Riten
lebend, Jerusalem aber als ihre religiöse Heimath betrachtend,
zu ihrer örtlichen Einigung eine schlichte Presbyterialverfassung
und eine Synagoge errichtete. Ganz ebenso muß es Anfangs in
allen übrigen Judengemeinden Aegypten's gewesen, und in diesen
auch geblieben sein, nur daß ihre Soferim, die wohl durchweg aus
Judäa waren, sie der fortschreitenden judäischen Entwickelung nachzubilden trachteten, während die alexandrinische Gemeinde bald ihren
eigenen Weg nahm. Denn als diese unter und seit Philadelphus
ungemein anschwoll, änderte sich, noch vom bisherigen Standpunkte
aus, Manches in ihrer Mitte. Der Umstand nämlich, daß alle
Juden in Aegypten einem zum Ethnarchen erhobenen Mitgliede
dieser Gemeinde in den wesentlichsten Dingen untergeordnet waren,
noch mehr aber der zunehmende Wohlstand der alexandrinischen
Gemeinde, ihre große Volkszahl, ihr Sitz in der Hauptstadt des
Reiches, ihre zunehmende griechische Bildung: alles dies mußte ihr
ein stolzes Selbstgefühl und den Glauben einflößen, daß sie, ohne
mit Jerusalem zu brechen, in manchen Beziehungen mit ihm in
die Schranken treten dürfe. Folgen hiervon waren, daß sie sich ein
Synedrium errichtete, wie außer Jerusalem noch keine jüdische

Gemeinde auf Erden weiter eins hatte, und ebenso neben vielen
kleinen Synagogen eine erbaute, welche es dreist mit dem
Jeruschalemer Tempel aufnehmen konnte. Mit welchem Auge die
Jeruschalemer dies ansahen, ersiehet man aus den Worten: „Von
Jeruschalem der Großen an Alexandria die Kleine!", womit sie um
100 vor der christlichen Zeitrechnung ein Sendschreiben dahin
eröffneten; aber sie zeigen zugleich, wie früh die Alexandriner zu
dieser Eifersucht Anlaß gegeben haben müssen. Von jener Synagoge
wurde später mährchenhaft übertreibend erzählt: „Wer nicht die
Doppelhalle von Alexandrien gesehen hat, hat niemals die Ehre
Israel's gesehen. Sie war wie eine große Basilica, eine Halle
hinter einer Halle; zuweilen waren darin zweimal soviel als aus
Mizrajim kamen, und sie hatte 70 goldene Sitze für die Senatoren,
davon jeder 250,000 Denare gekostet hat; in der Mitte war eine
Erhöhung von Holz, auf welcher ein Synagogendiener nach jeder
Benediction mit einem Tuche in der Hand (der unermeßlichen Versammlung) ein Zeichen gab, Amen zu sagen; es saßen dort die Goldarbeiter
beisammen, die Silberarbeiter beisammen, ebenso die Schmiede, die
Panzerschmiede, die Weber und jede Innung besonders." Letzteres
sei geschehen, damit der arme oder fremde Handwerker sogleich seine
Handwerksgenossen auffinden könne. Mit Ausnahme der Vorlesungen aus der Tora und der Erklärungen dazu scheint der Gottes
dienst in dieser Synagoge dem in den judäischen nachgebildet gewesen
zu sein, ebenso der in den übrigen ägyptischen Synagogen, nur der
in dem Oniastempel wich in merkwürdigster Weise hiervon ab.

Nämlich des von Jason verdrängten und im Jahre 170 auf
Anstiften des Menelaos ermordeten hohen Priesters Onias Sohn,
ebenfalls Onias genannt, hatte — als später Menelaos seinen
verdienten Lohn fand und dessen Amt gleichwohl nicht auf ihn,
dem es erblich zukam, sondern auf Alkimos überging — sich nach
Aegypten gewendet, dort Eintritt in das königliche Heer erlangt
und in dieser Stellung Gelegenheit gefunden, um das Königspaar
wiederholendlich sich verdient zu machen: er war derselbe Onias,
von welchem S. 457 die Rede war. Dies aber genügte ihm
nicht, und da seine Ansprüche auf den Pontificat in Jeruschalem
jemals wieder geltend zu machen die großen Verdienste des
Chaschmonäers Jonatan nicht litten, faßte Onias den Plan,
einen dem Jeruschalemer ähnlichen Opferdienst in Aegypten für die

dortigen Juden herzustellen und dessen Oberpriester zu werden, ohne Zweifel in der weiteren Hoffnung, alsdann allmälig über die ägyptischen Juden ein ähnliches Ansehen zu erlangen, wie seine Vorfahren über die judäischen hatten. Eine eigenthümliche Unter=stützung dieses Planes erhielt er an einer Verkündigung des Jeschaja, daß einst ein Altar des höchsten Gottes werde in Aegypten erbauet werden. Er wandte sich daher an seinen Gönner Philo=metor mit der Bitte, in dem Bezirk von Heliopolis einen Tempel mit Opferdienst einrichten zu dürfen. Es wäre möglich, daß er diese Gegend wählte, weil ihr einheimischer Name On wegen der Aehnlichkeit mit seinem eigenen Namen Onias als ein gutes Omen für seinen Plan erscheinen konnte. Daß er in diesem Bezirke einen verfallenen Tempel der Bubastis sich dazu ausgebeten, und daß dieser in Leontopolis gestanden habe, scheint eine grundlose Sage zu sein. Onias unterstützte sein Ansuchen durch Hinweisung auf jene alte Prophetie, welche dem frommen und durch einen jüdischen Lehrer Aristobul für unsere heiligen Schriften eingenommenen Philo=meter imponiren mußte, aber auch durch Gründe aus der Gegen=wart: der König werde hierdurch die ägyptischen Juden enge an sich ketten, sowie andererseits davon abziehen, das nicht mehr unter ägyptischer Botmäßigkeit stehende Jerusalem für ihren Central=punkt anzusehen und alljährlich Gelder dahin zu senden. Der König ertheilte ihm die nachgesuchte Erlaubniß, und wies ihm außerdem Ländereien an, von deren Einkünften die Priester leben und die Bedürfnisse des Tempels bestreiten könnten. So errichtete denn Onias, um 150 v. Chr., in dem besagten Bezirk, neun Wegestunden nordöstlich von Memphis, einen Tempel folgender Art: das Hauptgebäude war einer Burg ähnlich, 60 Ellen hoch und von großen Quadersteinen; ein Allerheiligstes wie in dem Jerusalemischen wurde darin wohl nicht angelegt, jedoch die Einrichtung des Hechal in letzterem wurde ganz beibehalten, nur daß nicht ein siebenarmiger Leuchter aufgestellt wurde, sondern dafür ein goldener Kronleuchter herabhing; vor diesem Gebäude stand der Altar, ebenfalls dem in Jerusalem ganz nachgebildet, und den es umgebenden Hof schloß eine Mauer mit Pforten ein. Im Ganzen war er kleiner und dürftiger als sein Vorbild. Auch fand Onias Priester und Leviten, welche in ihm den Dienst übernahmen, und da Diese sich in der Nähe desselben ansiedelten, sowie viele andere Juden sich dahin zogen, so entstand mit der Zeit hier eine kleine Stadt, welche die des Onias hieß, und sogar die Umgegend wurde später der Bezirk des Onias genannt. Wieder= holentlich werden später die Juden aus der Onias=Stadt oder Gegend als treuausharrende Krieger erwähnt, was vermuthen läßt, daß Philometor mit der Erlaubniß zum Tempelbau den Auftrag verband, unter vortheilhaften Bedingungen zahlreiche Juden in jene wichtige Gegend zu ziehen, und aus ihnen eine Art Militärcolonie zu stiften, ähnlich denen, welche aus makedonischen und jüdischen Kriegern schon in anderen Gegenden Aegypten's waren. Onias' Nachkommen verbanden wohl gleich ihm den Pontificat in jenem Tempel mit einem solchen militärischen Befehl: die Verbindung von zwei so verschiedenartigen Aemtern erschien den Alten nicht so abnorm wie uns, ein Blick auf die gleichzeitigen makkabäischen Oberpriester zeigt dies. Der Cultus im Oniastempel wurde wohl ganz wie der in Jerufalem eingerichtet, die Anhänger desselben empfanden keinerlei Abneigung gegen Jerufalem, doch wurde dies ihnen von den Judäern nicht vergolten. Denn zwar sollen einmal, als während des Bruderkrieges zwischen Hyrkan und dem zweiten Aristobul Jerufalem belagert wurde und Peßach herannahete, die angesehensten Juden nach Aegypten gegangen sein, vermuthlich um in dem Oniastempel das Festlamm zu bereiten. Allein aus späterer Zeit lesen wir von einem Streite des R. Meïr und R. Jehuda, ob dieser Tempel den Götzen oder Jahweh errichtet worden sei, sowie die nicht viel milderen Ansichten, daß wenn man ein Opfer in den Oniastempel gelobt habe, die Darbringung desselben nach R. Schimon ganz unnöthig sei, oder daß Priester, die einmal im Oniastempel fungirt hätten, zu dem Dienste im Jerufalemer nicht wieder zuzulassen seien: und in der Natur der Sache liegt es, daß solche Ansichten nicht erst damals aufgetaucht sind, wo beide Tempel gar nicht mehr bestanden. In Aegypten selbst hat derselbe unter den Juden, welche nicht in dem Oniasdistricte wohnten, ebenfalls nicht viel Anhänger gefunden, und nicht wenige Anzeichen [1] verbürgen, daß die ägyptischen Juden lieber nach Jerufalem als zu dem Oniastempel wallfahrteten.

---

[1] zusammengestellt 3, 463 des größeren Werkes.

Auf einem geistigeren Grunde ruhete es, daß die alexandrinischen Juden sich von Jeruschalem schieden. Als nämlich unter Philadelphus die jüdische Bevölkerung von Alexandrien immermehr anschwoll, wirkten ihr Wohnen in einer griechischen Stadt, ihre erwachte Neigung für Handel und Gewerbe, auch die Wohlhabenheit, welche jener erzeugte, ihr gutes Einvernehmen mit dem Makedoniern und die Gunst des Königs vereinigt dahin, daß die dortigen Juden sich schnell und enge an ihre griechischen Mitbürger anschlossen, ihre Sprache annahmen, in ihre Denkweise eingingen, nach ihren Genüssen hinüberschielten und von ihrer höheren Geistesbildung zu kosten verlangten. Mit der Zeit mußte dies alles noch zunehmen, so lange ihre Lage eine so vortheilhafte blieb, und mit vorübergehenden Ausnahmen blieb sie es an zwei Jahrhunderte hindurch. Zudem war, wie wir sahen, in Alexandrien das wissenschaftliche Treiben ein so reges und die Gelegenheit zur Erwerbung von Kenntnissen so leicht gemacht, daß es auch unter den Juden daselbst nicht an Männern fehlen konnte, welche sich in die Tiefen der Wissenschaft versenkten. Die Spuren hiervon aus der älteren Zeit sind zwar nur spärlich, sie beschränken sich vielleicht darauf, daß Aristobul mit Homer, Hesiod, Aratos und den Orphicis sowie mit der aristotelischen Philosophie vertraut erscheint, daß die Stifter des essäischen und therapeutischen Ordens den Pythagoreismus kannten, daß die hellenistischen Dichtungen ohne gute Kenntniß der griechischen Dichter gar nicht hätten entstehen können, und daß im Buche der Weisheit sich Bekanntschaft mit Plato zeigt. Allein diese Spärlichkeit der Spuren ist nur eine zufällige, da von den Schriften der allermeisten älteren Hellenisten kaum Bruchstückchen sich erhalten haben, und auch sie nur durch Solche, welche bloß zum Behuf der jüdischen Geschichte und Religion Stellen aus ihnen mittheilen wollten, von Juden aber, die auf anderen Geistesgebieten sich ausgezeichnet haben mögen, nicht einmal die Namen uns zu bewahren Lust hatten. Umsomehr dürfen wir aus der staunenswerth umfassenden Wissenschaft des Philo auf eine hohe wissenschaftliche Stufe mancher früheren Hellenisten schließen, wenn auch zuzugeben ist, daß er sie hierin weit überflügelt haben mag.

Indem nunmehr vorzuführen ist, welche Blüthen und freilich auch Afterblüthen dieser Umschwung nach und nach hervortrieb, wollen

wir uns zuerst zu der Ueberſetzung der bibliſchen Schriften
ins Griechiſche wenden. Wie ſie zu Stande gekommen ſei, iſt
bekanntlich ſpäter ſehr ausgeſponnen worden, die Sagen hierüber
dürften aber auf Folgendes zu reduciren ſein. Die erſten Ueber=
ſetzungen wurden nicht von einem religiöſen Bedürfniſſe hervor=
gerufen. Schon unter Ptolemäus Lagi war die Aufmerkſamkeit der
Griechen und dieſes wißbegierigen Königs ſelbſt auf die geiſtigen
Eigenthümlichkeiten der Juden gelenkt worden, welchen eine ſo
wichtige Stellung in Aegypten einzuräumen die Staatskunſt ihm
geboten hatte. Auch kam bald eine griechiſche Ueberſetzung ihrer
heiligen Schriften zu Stande, von welcher der noch vielfach zu
erwähnende Ariſtobul anſcheinend nach eigener Anſchauung berichtet,
daß ſie „den Auszug der Ibräer aus Aegypten, das Wunderbare
alles ihnen Geſchehenen, die Eroberung des Landes und die Dar=
ſtellung der ganzen Geſetzgebung“ enthielt. Offenbar war ſie es
und nicht die unter Philadelphus zu Stande gekommene, zu welcher
Demetrius Phalereus, der gelehrte Freund des Ptolemäus Lagi,
den Anſtoß gegeben haben ſoll, und nach jener Angabe ihres Inhaltes
zu urtheilen, ſcheint ſie nicht den ganzen Pentateuch, dafür aber
noch Einiges aus dem Buche Jehoſchua umfaßt zu haben und über=
haupt weniger eine Ueberſetzung als eine auszügliche Bearbeitung
geweſen zu ſein. Gut ſtimmt hierzu, daß auch Ariſteas von einem
ſchon vor Philadelphus erfolgten, aber nicht gut ausgefallenen
Ueberſetzungsverſuche ſpricht, ſowie die Nachricht in Soferim, daß
die erſte, von fünf Männern für Ptolemäus unternommene griechiſche
Ueberſetzung mißlungen ſei; und obwohl ſie es geweſen ſein muß,
welche den bei Ptolemäus Lagi angeſehenen Hekatäus bewog, in
den heiligen Schriften der Juden „eine heilige und ehrwürdige
Anſchauungsweiſe“ anzuerkennen, ſo macht es doch ihre erwähnte
Beſchaffenheit vollkommen erklärlich, daß der hiervon benachrichtigte
Philadelphus einen ſolchen Verſuch erneuern ließ. Dieſer König
nämlich ſchenkte den Juden noch mehr Aufmerkſamkeit als ſein
Vater, und weil er ein leidenſchaftlicher Bücherſammler ſowie wiß=
begierig war, begehrte er eines Tages, das jüdiſche Geſetzbuch voll=
ſtändiger und beſſer überſetzt zu haben. Vermuthlich wandte ſich
hiefür auf ſeinen Antrieb Jemand an die jüdiſche Gemeinde zu
Alexandrien, welche ſich davon geſchmeichelt fühlte und das Werk
ihren beſten Schriftgelehrten übertrug. Dieſe ſcheinen Beſprechungen

über Manches gepflogen, aber nicht gemeinschaftlich gearbeitet, sondern zu gleichzeitiger Uebertragung die einzelnen Bücher des Pentateuchs unter sich vertheilt zu haben, und die hieraus hervorgegangene Ueberseßung wurde dem Könige überreicht sowie auf dessen Befehl in der alexandrinischen Bibliothek aufbewahrt. Abschriften derselben müssen die alexandrinischen Soferim zurückbehalten oder später sich verschafft haben, und verwendeten sie an Sabbaten und Festtagen zuerst bei ihren Belehrungen, allmälig aber auch zu ihren Vorlesungen, als die Kenntniß des Ibräischen dem Volke dort ganz entschwand. Unter ihren Händen scheint sie in der nächsten Zeit noch manche kleine Abänderung erfahren zu haben, jedoch in Kurzem erlangte sie daselbst kanonisches Ansehen und wurde wahrscheinlich „die Version nach den LXX" in dem Sinne genannt, daß ihr der authentische, von dem Ierusalemer Synedrio unverfälscht und unverderbt erhaltene Urtext zu Grunde gelegt sei; nachmals aber gab diese Benennung den Anlaß zu der Sage, daß 70 oder 72 Senioren sie angefertigt hätten. Vermuthlich schon in dem nächsten Jahrhundert nach ihrer Aufnahme in die Synagoge wurden auch, zunächst für die Verwendung zu Haftaren, alle prophetischen Bücher ins Griechische übertragen, dann unter dem einmal ergangenen Impulse die meisten übrigen biblischen Bücher.

Betrachten wir nun zunächst die Ueberseßung des Pentateuchs. Offenbar lag ihr ein ibräischer Text zu Grunde, der von unserem heutigen vielfältig abwich und sich enger an die samaritanische Recension des Pentateuch's anschloß, auch Abbreviaturen und noch keine Finalbuchstaben, noch keine Abtheilung der Verse, ja sogar eine vielfach fehlerhafte Wortabtheilung hatte: das Manuscript stammte aus einer Zeit, in welcher die Bemühungen der „großen Synagoge" um den Bibeltext noch lange nicht beendigt waren. Und die Ueberseßer waren auch diesmal ihrer Aufgabe nicht gewachsen. Zuweilen allerdings überseßten sie gut und umsichtig, mitunter sogar recht fein, allein sie waren des Ibräischen nicht mehr durchweg kundig, und verrathen fast gar keinen Sinn für Etymologie und Grammatik, wofür freilich dem ganzen Alterthum der Sinn verschlossen war. Wo über die Bedeutung eines Wortes die Ueberlieferung ihnen fehlte, erklärten sie sich dasselbe entweder vermittelst ungereimter Etymologien oder aus dem Aramäischen, seltener aus dem Arabischen, auch zuweilen bloß aus dem Zusammenhange, bekundeten

aber hierbei eine sehr geringe Auffindungsgabe, oder sie ließen das
Wort ganz unübersetzt. Ferner lösten sie die vorgefundenen Abbreviaturen oft unrichtig auf, nahmen Appellativa für Eigennamen und
umgekehrt, verwechselten ähnlich lautende Wurzeln unter einander,
und faßten wohl gar Präpositionen vor Eigennamen mit diesen zu
abnormen Klängen zusammen. Doch herrscht nicht die gleiche Un-
kunde überall, und manchmal erfuhr ein Wort in verschiedenen
Stellen eine verschiedene Auffassung, eben weil es Mehrere waren,
welche ziemlich unabhängig von einander die einzelnen Bücher des
Pentateuchs übersetzten. — Die zur Uebersetzung verwendete Sprache
war jenes Junggriechische, das seit Alexander „allgemein" geworden
war, versetzt jedoch mit manchem ägyptischen und manchem in ihrer
Umgangssprache beibehaltenen ibräischen Ausdruck. Der Stil ist
sehr ungleich, denn im Allgemeinen beflissen sich die Uebersetzer
großer Wörtlichkeit, und ihr zuliebe erlaubten sie sich die ungelenkesten
Wortstellungen, ja selbst völlig sprachwidrige Verbindungen; wo aber
ihre Unkenntniß sie zu bloßen Umschreibungen drängte, ist ihre
Sprache etwas freier und selbst nicht ohne eine gewisse Eleganz:
sie unterscheiden sich hierin vortheilhaft von den nachmaligen Ueber-
setzern der übrigen biblischen Schriften, welche in ihren freieren Abweichungen vom Texte schon Etwas von dem Schwulst der Apokryphen besitzen. — Der Text, welchen diese Uebersetzer aller übrigen
biblischen Schriften lieferten, weicht ebenfalls an unzähligen Stellen
von unserem ibräischen ab: schuld waren hieran manchmal die Uebersetzer selbst durch eine freiere Behandelung des Textes, wie namentlich beim Buche Daniel, öfter aber wirkliche Textesabweichungen,
aufsteigend von Varianten zu Glossen und Zusätzen oder Aus-
lassungen; ja, das 1. Buch der Könige enthält in vielen, zum Theil
längeren Stellen statt einer Uebersetzung geradezu eine Bearbeitung,
welche danach, daß sie eine vielfach andere Aufeinanderfolge und
gelegentlich sogar Neues hat, einst selbstständig gewesen sein muß.
Der Version des Jirmeja lag eine Textesrecension zu Grunde, welche
umgekehrt ziemlich frei von den vielen Zusätzen seines ibräischen
Textes war und auch viele Prophetien in ganz anderer Aufeinanderfolge enthielt: es könnte wohl sein, daß dieses Buch, das einzige
vermuthlich, welches mit seinem Verfasser nach Aegypten gelangt ist,
dort von jenen Zusätzen verschont blieb und eine andere Aufeinanderfolge bewahrte, der Uebersetzer aber diese ägyptische Recension des-

selben als sozusagen vaterländisches Gut der judäischen vorzog. Das Buch Ester enthält sehr umfangreiche Einschaltungen, und wurde vielleicht aus einer bereits so bereicherten aramäischen Version des= selben übersetzt, welche von Jerusalem dahin gelangte. (Beiläufig sei hier noch bemerkt, daß unter dem nämlichen Impulse das Buch Sirach von dem nach Aegypten gelangten Enkel seines Verfassers in's Griechische übertragen worden ist.) Einen erlittenen specifisch alexandrinischen Einfluß beurkunden diese Uebersetzer, außer in dem Formellen ihrer Arbeit, nur etwa darin, daß sie in Folge ihrer zu= nehmenden Bekanntschaft mit griechischen Mythen die jüdische Dämonologie ein Wenig hellenisirten, wie wir noch sehen werden, sowie auch schon, obwohl nicht durchgehends, das Anthropomorphische und Anthropopathische in der Schrift durch Umschreibungen wegzu= schaffen suchten. Diese Scheu, der Gottheit Menschliches zuzu= schreiben, setzt ein erwachtes Nachdenken über das Wesen Gottes voraus, wie es unter den eröffneten Berührungen mit griechischen Philosophen gar nicht ausbleiben konnte, doch ist es möglich, daß diese Scheu schon von Judäa miteingewandert ist gleich dem Bestreben, alle obscönen Ausdrücke der Schrift mildernd zu um= schreiben, welches vermuthlich von der „großen Synagoge" ausging; und jedenfalls in allem Uebrigen standen, was Dogmen betrifft, die Uebersetzer noch ganz auf judäischem Standpunkte. Noch ziemlich auf diesem Standpunkte standen wohl die Pentateuchübersetzer auch in Auffassung der Ceremonialgesetze. Sie verrathen dies freilich nur in fünf bis sechs Stellen [1]), allein als sie ihre religiöse Bil= dung empfingen, war für die alexandrinischen Juden noch zu wenig Zeit für Verfolgung einer selbstständigen Richtung auf diesem Gebiete verflossen, und in Judäa selbst hatte damals die Halacha noch nicht sehr viel vom Buchstaben der Schrift sich entfernt. Jene Uebereinstimmung kann aber allerdings nicht lange angedauert haben, denn damals nahm in Judäa die soferische Deutung und Ausspinnung dieser Gesetze immer mehr zu, von ihren einzelnen Ergebnissen aber drang gewiß nur eine sehr lückenhafte Kunde zu den alexandrinischen Juden, und die zu ihrer Kenntniß gelangten fanden auch nicht alle hier Anerkennung, schon wegen der ab= weichenden Auffassung, welche von diesen Gesetzen im Ganzen und

---

[1]) vgl. 3, 548 u. w. des größeren Werkes.

Herzfeld, Geschichte.

31

im Einzelnen in Alexandrien selbst auftam: unter diesen vereinigten Umständen konnte es gar nicht anders kommen, als daß in der jüdischen Lebensweise eine immer wachsende Kluft zwischen den Judäern und Alexandrinern entstand.

Rücksichtlich der Verwendung dieser Version in den hellenistischen Synagogen ist wohl außer Zweifel, daß wenn Anfangs die ibräische Perikope ihrer Uebersetzung vorangeschickt wurde, dies doch nachmals unterblieb, dem verlesenen Abschnitte aber eine ausführliche Erklärung beigegeben wurde. Die Uebersetzung trat hier ganz an die Stelle des ibräischen Textes, das Unrichtige wie das Richtige in ihr wurde zur Grundlage dieser Erklärungen und aller alexandrinischen Reli= gionsphilosophie genommen, und mit der Zeit galt sie in Folge von weiteren Dichtungen selbst für inspirirt: auf diesem Wege hat sie die spätere Entwickelung, nicht bloß des alexandrinischen Juden= thums, gewaltig mitgestalten helfen, indem nicht wenige Anschau= ungen der späteren Zeit bloß in unrichtigen oder schielenden und mißverstandenen Ausdrücken dieser Uebersetzung wurzeln. Daß übrigens hier auch aus den sonstigen biblischen Büchern vorgelesen wurde, ist sehr wahrscheinlich; die Aufnahme noch anderer (apokry= phischer) Schriften in den hellenistischen Kanon spricht sogar dafür, daß auch von ihnen in den hellenistischen Synagogen Gebrauch gemacht wurde. Noch sei hier bemerkt, daß die griechische Sprache vermuthlich auch zu den Gebeten in den hellenistischen Synagogen nunmehr herangezogen wurde.

Was nun die eigenthümliche Behandelung anbelangt, welche von den alexandrinischen Juden die Bibel erfuhr, so finden sich die ältesten Proben davon in zwei uns erhaltenen Bruchstücken des Aristobulos, der aus Paneas unsern der Jardenquellen gewesen sein soll, in diesem Falle aber frühzeitig nach Alexandrien gelangt sein muß, dort sich den Wissenschaften, besonders der aristotelischen Philosophie mit Erfolg hingab, und von dem lernbegierigen Philo= metor zu Mittheilungen aus dem jüdischen Gesetze ausersehen wurde, später aber in einfacher, gefälliger Sprache eine aus mehreren Büchern bestehende „Erläuterung der heiligen Gesetze" verfaßte, die er diesem Könige widmete. Aus ihr eben, aus dem ersten Buche derselben, sind die uns erhaltenen Bruchstücke, und sie mögen im Auszuge hier eine Stelle finden, weil dadurch die damalige Weise anschaulicher wird, als durch eine Beschreibung derselben. In

Aristobul's Fragmenten erscheinen durchweg seine Worte an den König selbst gerichtet, und sie besagen:

Platon sei unserer Gesetzgebung gefolgt, denn schon vor der Herrschaft der Perser sei ihre erste Uebersetzung erfolgt; ebenso habe Pythagoras viel Jüdisches in sein System aufgenommen. — Man müsse aber die göttlichen Worte nicht für gesprochen, sondern für Thaten ansehen, gleich wie Moses die ganze Erschaffung der Welt für (erfolgt durch) Worte Gottes erklärt, indem er stets gesagt habe: „Gott sprach, und es ward." Diesem schienen auch Pythagoras, Sokrates und Platon gefolgt zu sein, und ähnlich habe Orpheus darüber gesprochen (von den dann als Orphische mitgetheilten 41 Hexametern will ich bloß diese wenigen hersetzen):

Niemals vermochte der Sterblichen Einer den Herrn zu erschauen,
nur ein Einziger durft' es, ein Sprößling aus der Chaldäer
altem Geschlecht, denn kundig war er des Laufes der Sonne
u. s. w.

Denn Gott webet in Allem, in Anfang, Mitte und Ende,
wie uns die Alten gelehrt und der Staubgeborene, der auf
doppelter Tafel von Gott das Gesetz für den Geist hat empfangen.

Ebenso habe Aratos gesagt; denn was in Gedichten vom Zeus ausgesagt ist, beziehe sich auf Gott. Alle Philosophen stimmten überein darin, daß man von Gott heilige Vorstellungen haben müsse, dies aber werde am schönsten in unserem Glauben empfohlen. — Das Erste sei, daß Gott die Welt geschaffen und zum Ausruhen von den Mühseligkeiten des Lebens den siebenten Tag gegeben habe, der aber auch heißen könne das erste Werden jenes Lichtes, in welchem Alles erschauet werde. Dies lasse sich auch auf die Weisheit beziehen, da von ihr jedes Licht komme, weshalb einige Peripatetiker sie mit einer Leuchte verglichen hätten, schöner jedoch habe Solomon dafür gesagt, sie sei vor Himmel und Erde gewesen. Daß aber im Gesetze gesagt sei, Gott habe an diesem Tage geruhet, heiße nicht, daß er nichts weiter gemacht, sondern daß er die Dinge für alle Zeit in ihrer ersten Ordnung belassen habe; denn daß er in sechs Tagen Himmel und Erde und Alles darin geschaffen, sei bloß gesagt um anzugeben, in welcher Aufeinanderfolge sie geschaffen seien: nachdem er aber sie geordnet habe, erhalte er sie so und ändere nicht daran. Er habe uns diesen Tag für heilig erklärt zum Symbol der über uns zu walten eingesetzten Siebenzahl, als in welcher wir Kenntniß der menschlichen und göttlichen Dinge erlangten: denn in der Siebenzahl bewege sich die ganze Welt der Thiere und alles Gewordenen. Auch aus Homer und Hesiod, die aus unseren Büchern geschöpft, sowie aus Linos gehe hervor, daß er heilig sei: und dies zu erweisen rückt Aristobul aus ihnen abgerissene Versteilchen ein. — Der König habe gefragt, in welchem Sinne in der Schrift Gott Hände, Arm, Gesicht, Füße, Gang zugeschrieben würden. Er nun ersuche ihn, diese Ausdrücke in einem der göttlichen Natur angemessenen Sinne zu nehmen.

Denn auf vielerlei Art schildere Moses Offenbarungen wie ganz natür=
liche Dinge, und die Weisheit und der göttliche Geist, welche er hierbei
bethätigt, würden von den Einsichtsvollen bewundert, zu denen die
vorhergenannten und andere Philosophen und Dichter zu zählen seien,
welche daraus große Stoffe genommen hätten, wogegen Derselbe den Un=
verständigen, die sich bloß an dem Buchstaben halten, nichts Großes
gesagt zu haben scheine. Er wolle nun solche Ausdrücke einzeln durch=
gehen. Die Hand Gottes bedeute seine Macht oder das Vollbringen.
Das göttliche Stehen sei gesagt für die Erschaffung der Welt, denn
Alles habe von Gott seinen Stand, nämlich die Eigenschaft, sich nicht
in ein anderes Ding zu verwandeln. Das Herabsteigen Gottes bei
der Gesetzgebung aber habe bloß seine Wirksamkeit hierbei Allen offen=
baren sollen, denn man müsse die Ausdrücke danach deuten, daß von
Gott die Rede ist . . . . . . Jenes Herabsteigen könne kein örtliches
gewesen sein, denn Gott sei überall. Ein so großes Feuer, wie dabei
gesehen worden, hätte auch nicht ohne Nahrung bestehen können, wenn
nicht eine Gotteskraft ihm beigewohnt hätte, während hier von ihm
nichts verzehrt worden und alles Grün unberührt geblieben sei; ebenso
seien die damals unter Blitzen erfolgten Trompetentöne nicht von In=
strumenten und nicht von einem Blasenden ausgegangen, sondern von
Gott veranstaltet worden.

Zu diesen Mittheilungen aus Aristobul seien einige Bemer=
kungen verstattet. Ebenso nämlich, wie er behauptet, daß die
genannten Griechen aus dem Judenthum geschöpft, sowie daß manche
Dichter große Stoffe aus dem jüdischen Gesetz entlehnt hätten,
behaupteten andere alexandrinische Juden jener Zeit, Abraham habe
die Sternkunde erfunden und in ihr die Phönicier wie Aegypter
unterrichtet, oder Moscheh habe die Buchstaben erfunden, von ihm
hätten die Phönicier sie erhalten, und Aehnliches. Schwerlich
thaten sie dies aus eitler Ruhmredigkeit, mit dem Bewußtsein
seiner Unwahrheit, sondern weil sie nicht begreifen konnten, wie der
menschliche Geist in kindischen Religionsansichten befangen sein und
gleichwohl auf anderen Gebieten herrliche Blüthen treiben könne,
und sie alles Hohe daher, was sie bei Heiden entdeckten, für jüdischen
Ursprunges hielten, indem gerade wegen ihrer Unfähigkeit, die
Geistesgebiete auseinanderzuhalten, der Nimbus, in welchem die
Heroen ihrer Urzeit ihnen auf religiösem Gebiete erschienen, sie ver=
leitete, auf Diese es zurückzuführen. Wenn daher, jetzt zwar noch
selten, später aber bis zum Uebermaße, unjüdische und besonders
griechische Philosopheme in die Bibel hineingedeutet oder biblischen
Personen zugeschrieben wurden, so that man unrecht, deshalb zu

behaupten, daß das alexandrinische Judenthum in einer erheuchelten
Verbindung mit dem Mosaismus gestanden habe: sicherlich vielmehr
hielten die alexandrinischen Juden alle diejenigen philosophischen
Ansichten, welche ihnen richtiger schienen, für altjüdisches Gut; und
war hiefür die Annahme nöthig, daß das jüdische Gesetz schon „vor
der Herrschaft der Perser" in's Griechische übersetzt worden sei, so
nahmen sie dies unbedenklich an, die Gegenargumente der Kritik
konnten nicht Männern fühlbar werden, welche gelegentlich auch den
alten Jbräern und Aegyptern die griechische Sprache zuschrieben.
Zu dieser Befangenheit gesellte sich freilich der Wunsch, ihren Mit=
bürgern die jüdischen Ansichten als zum Theil schon den gefeiertesten
Heiden der Vorzeit bekannt und von ihnen gepriesen darzustellen.
Bei dem Nachweise hiervon mochten sie nicht immer ganz ehrlich
verfahren, wie z. B. Aristobul für seine Behauptung, daß schon
Homer und Hesiod den siebenten Tag für heilig erklärt hätten,
Verse aus ihnen anführt, deren Nichtbezüglichkeit hierauf ihm nicht
entgehen konnte, und ein Anonymus in das von Aristobul mit=
getheilte Pseudo=Orphische Stück Hinweise auf Abraham und Moscheh
eingeschoben hatte. Allein manche dieser Unehrlichkeiten waren zu
entschuldigen, so namentlich die hier dem Aristobul aufgebürdete damit,
daß diese Verse ganz und gar wie in späteren Jahrhunderten die
midraschischen Beweise aus der Schrift hingestellt erscheinen, nicht
als wirkliche Beweise, sondern als Anklänge. Ferner, die „Hand"
Gottes erklärt Aristobul nüchtern richtig, sein „Stehen" und „Aus=
ruhen" wenigstens geistvoll, da er nicht zugeben wollte, daß unab=
sichtliche Anthropopathien in der Schrift sich finden, und dessen
Herabsteigen auf den Sinai für die Herabsendung einer Gotteskraft,
was auch noch unverfänglich erscheinen kann. Doch seine Worte bei
dieser Gelegenheit: „man müsse solche Ausdrücke in einem der gött=
lichen Natur angemessenen Sinne nehmen, man müsse sie danach
deuten, daß von Gott die Rede sei", offenbaren schon die volle
Hinneigung zu der nachmaligen Willkürlichkeit der alexandrinischen
Exegese; er bescheidet sich nicht, nach geistiger ausgedrückten Bibel=
stellen die anthropopathischen zu deuten, in welchem Falle doch immer
noch die Bibel selbst die Auffassung beherrschte, sondern in Bezug
auf Gott will er das Bibelwort danach aufgefaßt haben, wie dieser
Begriff schon vorher in dem Auffassenden gestaltet war. Natürlich
hat er somit dem menschlichen Dafürhalten den Gehalt des Bibel=

wortes preisgegeben, wenn auch erst des reintheologischen; allein die
nachmalige Ausdehnung dieser halben Willkühr auf Anderes in der
Schrift, namentlich auf den Sinn ihrer rituellen Vorschriften, war
hiermit angebahnt. — Dem Sabbat giebt er eine etwas mystische
Färbung. Derselbe war längst, seiner Anlage gemäß, aus einem
bloßen Ruhetage zu einem Tage der Schriftforschung und der
Seelenpflege geworden, und Aristobul sagt dafür, als ein echt=
alexandrinischer Darschan mit Versen des Homer wie mit biblischen
spielend, dieses Dichters Worte: „am siebenten verließen wir die
Strömung des Acheron" bezögen sich darauf, daß wir am Sabbat
die Vergeßlichkeit und Schlechtigkeit der Seele fahren ließen, indem
wir an ihm Kenntniß der Wahrheit erhielten — wobei ihm ver=
ziehen werden mag, daß er jenen Strom der griechischen Unterwelt
mit dem Letheflusse verwechselt hat. Ja er erblickt bereits in dieser
Bestimmung des Sabbats den höheren Zweck der ganzen Schöpfung,
er sagt: diesen Tag könne man auch nennen das erste Werden jenes
Lichtes, in welchem Alles erschauet werde. Dann läßt er uns er=
sehen, daß über die Sabbatfeier an jedem siebenten Tage damals
schon viel geträumt worden war. Man hatte längst Sonne, Mond
und fünf Planeten von allen übrigen Sternen ausgeschieden und
nahm wegen ihrer eine siebentägige Woche an, begann aber auch in
Folge dessen, über die Siebenzahl nachzusinnen, und wußte am Ende
unendlich viel Hohes von ihr auszusagen. Die Pythagorer ver=
glichen sie mit dem Führer des Alls; man legte Gewicht darauf,
daß die menschliche Lebenszeit von Solon in zehn Jahrsiebente, von
Hippokrates in sieben Perioden getheilt worden war, und nament=
lich Philo ist überschwenglich im Lobe der Siebenzahl, doch ist auch
bei Plutarch gesagt, alle Kräfte der Sieben durchzugehen würde
mehr als einen Tag erfordern. Vieles hiervon mochte erst spät
zusammengesucht worden sein, doch die Verse, welche Aristobul dem
mythischen Linos zuschrieb, und die jedenfalls aus einer alexan=
drinischen Feder sind, zeigen klar, daß diese seltsame Präconisirung
der Siebenzahl schon vor Aristobul im Schwange war. Natürlich
aber mußten in sie die Juden gern einstimmen, da in ihrem Gesetz
diese Zahl wirklich eine sehr große Rolle spielt, und die bereits
mitgetheilte ideale Auffassung des Sabbats dies ihnen sehr empfahl.
Einerseits erhielt hieraus die Siebenzahl noch eine fernere Glorie
bei den Juden von Alexandrien, andererseits trugen Dieselben viel

Hohes, was dieser Zahl angedichtet war, nunmehr auf den Sabbat
über. Beides zeigt schon Aristobul, er sagte, die ganze Welt der
Thiere und alles Gewordenen bewege sich in dieser Zahl, und Gott
habe uns den siebenten Tag für heilig erklärt zum Symbol der
über uns zu walten eingesetzten Siebenzahl (ἑβδόμου λόγου), in
welcher wir Kenntniß der menschlichen und göttlichen Dinge erlang=
ten. Der Gebrauch des Wortes Logos hier verbreitet zugleich
einiges Licht über die allmälige Entwickelung der Logoslehre, diese
nämlich erscheint hier zwar noch weit von ihrer Vollendung entfernt,
aber doch schon über ihre ersten Stadien hinaus. „Der siebente
Logos" — eigentlich: das siebente Verhältniß, insofern die Sieben=
zahl in einer Menge von Dingen wiederkehrt wie in anderen
Dingen die Zweizahl, die Dreizahl u. s. w. — ist hier nicht mehr
eine bloße Zahlenschablone, sondern fast schon mit der Energie aus=
gestattet, uns „die Kenntniß der menschlichen und göttlichen Dinge"
zu erschließen. Schon Pythagoras hatte manche Zahlen für wirkende
Principien erklärt, und ein Alexandriner konnte, wenn er die
Siebenzahl so überdiemaßen preisen hörte, diese für das vornehmste
jener wirkenden Principien halten; allein darum zu sagen, daß „wir
in ihr die Kenntniß der menschlichen und göttlichen Dinge erlangen",
bliebe gleichwohl ein Sprung, wenn nicht anzunehmen wäre, daß
zugleich Aristobul, wie früher Sirach, die „Weisheit" für etwas
Wesenhaftes und Weltgestaltendes gehalten hat, wie er denn schon
vorher gesagt hatte, jenes höhere Licht, dessen erstes Werden der
siebente Tag heißen könne, lasse sich auch auf die Weisheit beziehen,
welche nach Schlomo schon vor Himmel und Erde war. Die Logos=
lehre erscheint hiernach bei Aristobul nicht bloß jüdisch gewendet,
sondern selbst judäisch gefärbt. Aehnlich noch ist es im Buche
der Weisheit. Wenn in diesem die Weisheit „ein Hauch der Kraft
Gottes", „ein Beisitzer des Thrones Gottes" genannt wird, sowie
wenn dort von ihr gesagt ist, „sie rettete die überschwemmte Erde,
in einem geringen Holze den Gerechten (Noach) steuernd, und daß
sie auch Lot gerettet, den fliehenden Jakob geführt, Israel aus
Aegypten befreiet, durch das Meer geführt, in der Wüste geleitet
habe, und ihm am Tage zur Decke, Nachts zu sterngleichem Lichte
geworden sei: so sind das im Wesentlichen nicht specifisch alexan=
drinische, wie oft behauptet wird, sondern reinpaläftinische, aus der
heiligen Schrift geflossene oder abgeleitete Anschauungen. Ein

Schwanken zwischen der längst nach Aegypten gelangten paläſtiniſchen und der platoniſchen Logoslehre findet ſich erſt bei Philo.

Anderweitige Weiſen, wie damals in Aegypten die Bibel ver⸗ werthet wurde, laſſen ſich aus den auch von folgenden jüdiſchen Schriftſtellern uns erhaltenen Fragmenten erkennen. Eupolemos, vielleicht noch derſelbe der griechiſchen Sprache kundige, welchen der Mackabäer Jehuda als Geſandten nach Rom geſchickt, verfaßte um 140 v. Chr. ein Buch über die Juden Syriens (Paläſtina's), ein anderes „über die Könige in Judäa", ein drittes über die Pro⸗ phetengabe des Elija, in welchem aber ſehr heterogene Dinge zu⸗ ſammengeſtellt waren. Ein Anderer, Artapanus, ſchrieb ein Werk, welches unter den Titeln „Jüdiſches" und „über die Juden" erwähnt wird. Und ein Demetrius verfaßte 149 oder 147 v. Chr. ein Buch („über die Könige in Judäa"?), nach deſſen Ueberreſten zu urtheilen er zwar nicht ganz und gar, aber gewiſſenhafter als alle übrigen alexandriniſchen Juden ſich an die Bibel anſchloß; auch zeigen ſeine Worte, daß mit ein Hauptzweck ſeiner Darſtellung war, die bibliſche Chronologie zu rechtfertigen; und da er zugleich mehr Midraschim im paläſtiniſchen Geſchmacke als alle übrigen alexandriniſchen Juden jener Zeit, ſowie von ihnen allen allein eine paläſtiniſche Halacha mittheilt [1]), ſo hatte er wohl einen paläſtiniſchen Lehrer gehabt oder in dieſem Lande ſeine Schriftkenntniß erlangt. Endlich ein Ariſtäas ſchrieb über die Juden ein Werk, aus welchem uns bloß über Ijob eine Stelle erhalten iſt; und Mehreres ſpricht dafür, daß er auch das bekannte Schriftchen über die LXXII Dolmetſcher ſpäter verfaßt und beide einem gleichnamigen Hofmanne des Philadelphus untergeſchoben hat: nur kann dann jenes erſte Werk erſt um 90 v. Chr. geſchrieben worden ſein. — Wie von den alexandriniſchen Juden dieſer älteren Zeit die Bibel aufgefaßt oder ausgeſponnen wurde, zeigen auch einige geringfügige Ueberreſte, die zwar von heidniſcher Hand ſind, aber einen jüdiſchen Urſprung verrathen: nämlich des Melon, welcher gegen die Juden ein Werk ſchrieb; dann des Kleodemos, mit dem Beinamen Prophet, der über die Juden ein Geſchichtswerk verfaßte; und des Polyhiſtor Alexander, der um 90 oder 80 v. Chr. über die Juden ein Werk compilirte, in welchem die erwähnten Bruchſtücke des Eupolemos

---

[1]) vgl. 3, 488 des größeren Werkes.

u. j. w., desgleichen die später noch anzuführenden des Philo und Ezekiel einen Platz gefunden haben, wodurch nicht bloß diese Bruch= stücke uns erhalten wurden, sondern zugleich klar ist, daß ihre Verfasser sämmtlich älter sind.

Aus den Fragmenten aller nach Aristobul erwähnten Schrift= steller ebenfalls instructive Auszüge zu geben[1]), gehet hier nicht wohl an: doch werden einige Bemerkungen sie ziemlich ersetzen. Also die Fragmente zeigen uns zuvörderst, daß die hellenistischen Juden schon jener Zeit die LXX stark benutzten, Aristäas und der noch vorzuführende Ezekiel sogar buchstäblich, und Demetrius selbst in ihren abweichenden chronoloischen Angaben; doch weisen auf fernerweitige Quellen sowohl manche sonstige Einzelnheiten als auch die eingestreuten Midraschim hin, da nämlich von diesen einige als nicht ursprünglich Denen angehörig erscheinen, bei welchen wir sie finden[2]). Hervorgegangen waren diese Midraschim bald aus jener überhaupt ersten Quelle des Midrasch, dem Verlangen, eine abgerissene geschichtliche Angabe der Schrift zu einem erzählbaren Ereignisse zu ergänzen, oder biblische Schwierigkeiten zu ebnen, bald aus dem Wunsche, Auffallendes oder gar Anstößiges zu entfernen; und von dem verwandten Verlangen allein, die Altvordern zu verherrlichen, möchte auch wohl Melon's offenbar von Juden ausgegangene abenteuerliche Erklärung des Namens Abraham durch „Freund des Vaters" (Gottes) abzuleiten sein, denn die Bibel erklärt ja diesen Namen anders. Im Allgemeinen nun erscheint bei allen hinter Aristobul aufgeführten Alexandrinern das Midrasch= Element nach Inhalt und Form kaum von dem palästinischen verschieden, und es kam dies theils von den hier wie da gleichen inneren Antrieben zur Midraschbildung, theils gewiß auch von palästinischen Einwirkungen auf sie her, wie bei Demetrius schon bemerkt wurde. Einiges Eigenthümliche bietet aber bei diesen Alexandrinern die geschichtliche Haggada. Häufig zwar zeigt auch diese sich nur in kleinen, halb unwillkührlichen Ausschmückungen, und daß dagegen in Eupolemos' Darstellung des salomonischen Tempelbaues eine umfängliche Erdichtung mit vier eingeschalteten

---

[1]) wie in dem größeren Werke 3, 481—490 geschehen ist, worauf ich für ein besseres Verständniß des Folgenden angelegentlichst verweise.

[2]) Belege zu beiderlei Arten älterer Spuren und zu den meisten Punkten der folgenden Darstellung sind dort S. 490 u. w. mitgetheilt.

Schreiben, oder bei Ezekiel vieles Biblische mit Dichterfreiheit ausgesponnen sowie selbst eine Anzahl völlig erdichteter Episoden sich findet, hierzu fehlt es ebenfalls nicht ganz an späteren paläſtiniſchen oder ſonſt jüdiſchen Parallelen. Aber nirgend wohl finden wir Aehnliches dem, wie bei Artapan Moſcheh's Geſchichte faſt zu einem Roman geworden ist, oder zu ſeiner halbunjüdiſchen Darstellung, als habe Moſcheh den Aegyptern empfohlen, gewiſſe wohlthätige Thiere heilig zu halten, oder zu der ſo wenig bibelgetreuen Weiſe, in welcher das Buch der Weisheit Vieles ausmalt. Es hängt dies nicht entfernt damit zuſammen, daß bei den alexandriniſchen Juden hie und da Abweichungen von geſchichtlichen Angaben der Schrift vorkommen, wie daß Eupolemos David für einen Sohn des Schaul hielt: Genauigkeit in der alten Geſchichte war allerdings nicht ihre ſtärkſte Seite[1]). Zu einem freieren Schalten mit ihr gelangten ſie vielmehr wohl daher, daß ſie viel weniger Sinn für den geſchichtlichen als für den Ideengehalt der Bibel beſaßen. Eine noch mäßige Willkür war es, daß ſie demzufolge manche bibliſche Erzählung ihren überkommenden wie ſelbſtgeſaßten Ideen entſprechender geſtalteten, und vielleicht iſt Letzteres ſchon von frühen bibliſchen Erzählern geſchehen, jedenfalls aber ſind in manchen Pſalmen die ägyptiſchen Plagen, der Auszug, der Aufenthalt in der Wüſte ſchon eben ſo frei dargeſtellt, wie jene Plagen bei Artapan und mit ihnen die anderen erwähnten Begebenheiten im Buche der Weisheit. Den Unterſchied zwiſchen dieſen helleniſtiſchen Darſtellungen und jenen bibliſchen bildet jedoch nicht bloß die Verſchiedenheit ihrer Ideenkreiſe, ſondern auch noch Manches in der Umbildung der Geſchichte nach dieſen. Nämlich die paläſtiniſche Haggada behielt faſt durchweg den bibliſchen Buchſtaben zum Correctiv ihres Fluges, während von den Helleniſten dieſe Grenze ſelten innegehalten wurde, und von da bis zu jener noch größeren Ungebundenheit des Artapan war nur ein Schritt; ein weiterer Schritt war die Auffaſſung ganzer Erzählungen in der Bibel als bloße Einkleidungen von Ideen, von ihr rede ich ſpäter noch.

---

[1]) Welche fabelhafte Unkenntniß von dem nahen Judäa mancher alexandri=niſche Jude hatte, zeigen die Angaben des Ariſteas, daß in dem alten Paläſtina Jeder „der 600,000 Mann" 100 Aruren Landes bekam (was über 4000 □.=M. ausmachte), und daß der Jarden in einen anderen Fluß falle, der in's Meer münde!

Eigenthümlich sind dieser hellenischen Haggada ferner solche Iden-
tificationen und Erdichtungen, wie daß Chanoch Atlas sei, Moscheh
Musäus, oder daß zwei Söhne Abraham's mit Herakles gegen
Libyen gezogen wären, oder wie ein Theodotus singt, den wir
noch bekommen werden, daß Sichem von einem Sohne des Hermes
erbauet worden sei, und vor ihm schon ein Jude, dessen Verse in
das 3. Buch der Sibyllinen aufgenommen worden sind, die Mythe
vom Kronos mit der Genesis in Verbindung gesetzt hat. (Die
verwandte Erscheinung, daß in der LXX von dem Horne der
Amalthäa, von Sirenen, Giganten und dgl., die Rede ist, erfolgte
wohl dagegen aus dem Einbringen solcher Ausdrücke zuerst bloß in
die Sprache, allmälig aber von da auch in die Anschauungen der
alexandrinischen Juden.) Freilich waren begreiflicherweise diese
jüdischen Schriftsteller nicht immer ganz vertrauet mit der griechischen
Mythologie, und wie wir schon sahen, daß Aristobul den Acheron
mit dem Lethestrome verwechselt hat, so macht Artapan seinen
Moyses = Musäus zum Lehrer des Orpheus, während umgekehrt
Dieser in den Orphicis als Lehrer von Jenem erscheint, und nimmt
etwas später trotzdem nicht Anstand zu erzählen, den Moyses hätten
die ägyptischen Priester Hermes genannt wegen seiner Meisterschaft
in der ἑρμηνεία (Auslegung) der heiligen Schriften! er schrieb also
nebenbei jenen altägyptischen Priestern die griechische Sprache zu,
gerade wie Eupolemos in einer komischen Erklärung des Namens
Hierosolyma sie den alten Ibräern zuschrieb.

Für die Kenntniß der älteren alexandrinischen Weise, die Bibel
auszulegen, sind auch das Buch der Weisheit und das des Aristeas
von Interesse, da sie beide noch aus dem ersten Jahrhundert v. Chr.
und also alt genug sind, zu einem vorsichtigen Rückschlusse zu
berechtigen. Die zahllosen Midraschim im Buche der Weisheit
bestätigen aufs Stärkste die obige Behauptung eines Einflusses
der palästinischen Exegese auf viele Alexandriner, denn die meisten
sind im Geschmacke der Palästiner concipirt und finden sich bei
Diesen wieder: das Umgekehrte, daß die hellenistische Exegese so
stark auf die palästinische eingewirkt hätte, hat gegen sich, daß
jedenfalls die ersten alexandrinischen Bibelforscher abhängig von
den palästinischen Soferim waren, und daß von unzweifelhaft alexandrinischen Anschauungen sich in Palästina außer bei den Essäern
fast keine Spur findet. Echt alexandrinisch dafür ist es, daß der

Verfasser griechische Philosopheme sich angeeignet und mit dem
biblischen Gehalt seiner Ermahnungen verschmolzen hat. Er zählt
uns in ihnen die vier Cardinaltugenden des Platon auf: Mäßigkeit,
Weisheit, Gerechtigkeit und Tapferkeit; er nimmt mit Pythagoras
und Platon eine Präexistenz der Seele an; platonisch sind seine
Aussprüche, daß der verwesliche Körper die Seele beschwere, und
daß Gott die Welt aus formlosem Stoffe geschaffen habe; zweifelhafter
ist, ob er in seiner Polemik gegen die Ansicht, daß wir planlos
entstanden seien und deshalb der sinnliche Genuß das Beste wäre,
gerade habe Epikur bekämpfen wollen. — In dem untergeschobenen
Büchlein über die LXX fragt Aristeas den hohen Priester Elasar,
warum doch den Juden einige Dinge zum Essen, andere sogar zum
Berühren für unrein gälten, und erhält von ihm eine sehr umfangreiche Antwort, in welcher die Sätze vorkommen: Der Gesetzgeber
hätte uns wie mit eisernen Mauern umgeben, damit wir uns nicht
mit den übrigen (abgöttischen und sittenlosen) Völkern mischten,
doch hätten jene Vorschriften noch weitere Gründe. Die Vögel,
welche wir essen dürften, seien alle zahm sowie von ausnehmender
Reinheit, und nährten sich bloß von Weizen oder Hülsenfrüchten,
die uns verbotenen dagegen seien wild, fleischfressend, gewaltthätig,
sie lebten von den zahmen, und fielen lebendige wie todte Menschen
an. Der Gesetzgeber hätte diese deshalb unrein genannt, und
durch ihr Verbot angedeutet, daß wir nicht gewaltthätig wie sie,
sondern sanft und gerecht wie jene sein sollten. Auch die er von
vierfüßigen Thieren erlaubt, habe er wie Sinnbilder hingestellt.
Denn in zwei Theile gespaltene Klauen seien ein Zeichen, daß alle
Handlungen eingerichtet werden sollen, wie es schön ist: da nämlich
die Fähigkeit, sich kräftig zu stemmen, in den Schultern und Schenkeln
liege, so nöthige uns dieses Symbol, Alles wohl zu scheiden und
nach Gerechtigkeit einzurichten (!). Das Wiederkäuen aber symbolisire
die Erinnerung, daß wir nämlich der göttlichen Anordnungen eingedenk sein sollten. Ferner habe er Wiesel, Mäuse und ähnliche
Thiere verboten, weil sie so schädlich seien, das Wiesel aber außerdem die Natur habe, mit den Ohren zu empfangen und durch den
Mund zu gebären: sein Verbot sollte andeuten, daß es unrein sei,
Worte mit den Ohren anzunehmen und vergrößert wieder auf
verläumderische Weise von sich zu geben. Etwas später sagte
Elasar: auch würden nur zahme Thiere geopfert, damit die Opfern-

den nichts Uebermüthiges in sich duldeten, denn die ganze Weise seiner Seele lege der Opfernde in seiner Gabe dar. Die allegorische Bibelexegese, von welcher hier Aristeas einige mäßige Proben gegeben hat, finden wir bei Philo und in einigen von ihm beschriebenen Schulen viel weiter ausgedehnt, dürfen sie aber keinesweges für eine erst der späteren Entwickelung entsprossene ansehen. Denn nicht bloß kann eine so allseitig durchgearbeitete allegorische Bibeldeutung wie die des Philo nicht von diesem einzelnen Manne herrühren oder auch nur die Frucht weniger Jahrzehnte sein, und Philo selbst versichert zuweilen, daß er ziemlich Alles von früheren gottgeweiheten Männern empfangen habe, worunter er wohl Therapeuten verstand; sondern auch, wenn wir in ihm lesen, daß diese Therapeuten „Schriften von Männern der Vorzeit besaßen, Stiftern ihrer Sekte, welche viele Denkmale des allegorischen Verfahrens hinterließen,“ und hierzu erwägen, daß nicht bloß schon Aristeas vollständig, sondern selbst Aristobul bereits unverkennbar dieser Richtung gehuldigt hat: so können wir ein frühes Auftauchen derselben in Alexandrien nicht bezweifeln. Da sie zu den vorzüglichsten Eigenthümlichkeiten des jüdischen Hellenismus gehört, so verdient sie eine etwas ausführlichere Darstellung.

Natürlich müßte nämlich, wer allegorisch deuten d. h. den Sinn einer allegorischen Darstellung angeben will, zuvörderst Gewißheit darüber haben, daß überhaupt eine Allegorie vorliege, dann aber aus ihr grade den Gedanken, zu dessen Einkleidung sie geschaffen wurde, herauszuschälen suchen. Auch wir nun erkennen in der Schrift viel Allegorisches, Metaphorisches, Mythisches und Symbolisches an, und es wäre nicht auffallend gewesen, wenn die jüdischen Alexandriner bloß hierin etwas weiter gegangen sowie in Erforschung des eingehüllten Gedankens bloß unglücklich gewesen, aber doch objectiv verfahren wären. Allein sie legten so nicht bloß auch Vieles aus, dessen allegorische Natur zweifelhaft erscheint, sondern selbst Alles, was buchstäblich genommen einen Widerspruch mit anderen Bibelstellen oder doch keinen so tiefen Sinn zu enthalten schien, als sie durchweg in der Bibel voraussetzten: Philo sagt zuweilen, der Wortsinn einer Stelle sei „recht treuherzig“ oder „offenbar fabelhaft“, sucht dies auch nachzuweisen, und gehet dann zu allegorischer Deutung derselben über. Es leuchtet ein, wie oft diese Fährte trügen mußte, die ärgste Abirrung aber war, daß man sogar schlichte geschichtliche Darstellungen, welche zu geringfügig für die Bibel oder überflüssig seien, und alle hervorragenden biblischen Namen allegorisch auffaßte. Eine andere unberechtigte Ausdehnung dieser Exegese betraf die Ceremonialgesetze. Daß viele derselben einen symbolischen Sinn haben, ist unzweifelhaft; allein andere sind offenbar diätetischer Art, viele wieder sollten den Umgang mit Heiden erschweren, oder dem Götzendienst entgegenarbeiten. Die alexandrinischen Juden aber erkannten die letzten Gründe der wenigsten von diesen Gesetzen, und legten allen nicht begriffenen einen symbolischen Sinn bei. Und wie sie hiernach die Grenzen des Allegorischen in der Bibel viel zu weit steckten, ebenso fehlten sie in ihrer Weise zu allegorisiren, indem es ihnen nicht entfernt einfiel, den Sinn mit Ruhe zu ergründen, sondern es für sie vollkommen hinreichend war, daß in der wirklichen wie vermeintlichen Allegorie ein gebrauchter Ausdruck an irgend eine religiöse oder sittliche Wahrheit anklang, um sogleich diese in jenem zu finden; beide einander adäquater zu machen, wurde dann auf doppelte Weise nachgeholfen: man modificirte die hineingetragene Wahrheit nach der betreffenden Bibelstelle, und deutete in dieser alle Ausdrücke nach jener um. Noch leichter ward ihnen ihre Symbolik. Deuteten sie nämlich nach solchen flüchtigen Aehnlichkeiten eine biblische Vorschrift, aber eine secundäre Bestimmung in derselben paßte nicht dazu, so wurde dieser ein besonderer symbolischer Sinn zugeschrieben, denn es ging ja an, durch eine zwei- oder dreigliederige Ceremonie mehrere Wahrheiten zugleich anzudeuten. Nicht anders verfuhren sie bei der Auslegung eines Mythus, obwohl in ihm noch entschiedener eine Einheit des Gedankens vorauszusetzen war. Ob der hineinzulegende allegorische Sinn alten oder jungen, jüdischen oder fremden Ursprunges war, kümmerte sie nicht, da sie keine Ahnung davon hatten, daß Ideen eine Entwickelung durchmachen müssen, und jede von Heiden empfangene Wahrheit für entlehnt aus alten jüdischen Schriften hielten. Ferner, bisher sahen wir nur, wie Stellen oder Ausdrücke in der Bibel, welche ihnen eine allegorische Deutung zu fordern schienen, sie erst zu einer solchen anregten: fast eben so oft aber nahm bei ihnen diese Exegese den umgekehrten Weg. Nämlich davon ausgehend, daß jede höhere Anschauung in der Bibel ausgesprochen oder angedeutet sein müsse, suchten sie nach einer Stelle oder einem Ausdrucke, worein sich, wenn auch mit größtem

Zwange, jene Anschauung hineintragen ließ, und stutzten letztere erforderlichen Falls soviel zu, als der biblische Ausdruck verlangte. Wenn hierdurch manche Anschauung ziemlich alterirt wurde, so hielt man die neugewonnene Form derselben für die ursprüngliche, altbiblische und wiederentdeckte, die vulgäre dagegen für eine entstellte. Zuweilen auch fand sich für eine gebilligte Idee kein irgend leidlicher Träger in der Schrift: dann wurden in der klarsten Stelle so viele eingebildete Schwierigkeiten nachgewiesen, bis das Urtheil gerechtfertigt erschien, daß sie nicht könne wörtlich genommen werden, daß also ein geheimer Sinn in ihr liegen müsse, und nun war es so gewandten Allegoristen ein Leichtes, grade diese Idee ihr einzumipfen — ein Verfahren, das auch der rabbinischen Schulen geläufig war. Eine fernere Aehnlichkeit mit dieser war, daß, als das Anfangs völlig ungebundene Allegorisiren unvermerkt in wiederkehrenden Formen geschah, bald diese Formen das Prins wurden, und man nun vermittelst ihrer, wie die Talmudisten mit Hilfe ihrer Middot, so Manches aus der Schrift ableitete, woran man ohne sie nicht gedacht hätte: es sind dies die von Philo erwähnten „Kanones" oder „Gesetze der Allegorie". Verwandt hiermit war, daß man allmälig zu stehenden allegorischen Figuren gelangte und z. B. annahm, daß in der Schrift Ahron die Rede bezeichne, Channa die Gnade, Aegypten den irdischen Leib, Aethiopien die Erniedrigung, das Erz die Mäßigkeit u. s. w. Das viele Bodenlose in der jüdisch-alexandrinischen Allegorik darf aber nicht den Schein auf sie werfen, als sei in ihr mit der heiligen Schrift ein frevelhaftes Spiel getrieben worden: denn vor solcher Anschuldigung sollte diese Männer schon die Erhabenheit der von ihnen in die Bibel hineingetragenen Gedanken und der hohe sittliche Ernst schützen, welcher durch alle ihre Betrachtungen wehet. Wir sagten schon, daß sie ehrlich glaubten, alle jüngere Weisheit der Juden und alles Stichhaltige der Heiden sei aus den alten biblischen Schriften geflossen: in diesen mußte also das alles liegen, und da es nicht offen dalag, mußte es in allegorischer Hülle in ihnen enthalten sein; wie sehr sie von außenher hierin bestärkt wurden, werden wir noch sehen. Desgleichen wurde schon ihre irrige freilich, aber ehrliche Voraussetzung erwähnt, daß die Bibel nichts Geringfügiges mittheile, und wo dennoch dies geschah, mußten sie in aller Unschuld ihre allegorische Wünschelruthe anschlagen. Ferner, des hierbei nothwendigen möglichst objectiven

Verfahrens waren sie unfähig, wie das ganze Alterthum; diesem
wird überall mehr Sinn für das Objective als der neueren Zeit
zugeschrieben, in allem Wissenschaftlichen sicherlich mit dem größten
Unrecht. Hierzu kam noch der so niedrige Standpunkt der Exegese
im ganzen Alterthum, sowie daß der biblische Urtext gar bald nicht
recht mehr verstanden wurde, die griechische Uebersetzung aber unge=
nügend und vielfach unverständlich war. Endlich erwuchs manche
allegorische Deutung daraus, daß ursprünglich für eine Idee ein
biblischer Ausdruck in Midraschweise nur als anklingend herange=
zogen, von Späteren aber dies verkannt wurde. Unter diesen ver=
einigten Umständen mußten nothwendig viele Anknüpfungen, die
uns jetzt höchst gewagt, willkürlich, abenteuerlich vorkommen, ganz
zuläsig erscheinen. — Gleichwohl konnten diese Allegoristen in den
meisten Fällen nicht verkennen, daß der Wortsinn ein ganz anderer
sei; und hätten sie wegen ihrer Allegorumena den Wortsinn ganz
aufgeben wollen, auch der von ihnen allegorisirten Geschichtserzäh=
lungen, so wäre für sie die historische Unterlage des Judenthums
untergraben gewesen: Philo aber beruft sich oft auf die Geschichte, spricht
auch von dem Wortsinn nicht geschichtlicher Stellen meistens mit
Achtung, und stellt dann bloß seine allegorische Deutung dahinter.
Offenbar nahm man an, daß zwar die Bibel viele reine Mythen
enthalte, bloß zur Einkleidung eines Gedankens erfundene Geschichten,
daß aber ihre meisten Erzählungen völlig historisch seien, nur daß
in ihnen viel Typisches wäre, von Gott eigens dazu gestaltet, daß
Mit= und Nachwelt besondere göttliche Ideen daraus entnähmen.
Es seien aber diese Ideen zu erhaben für die gewöhnlichen Menschen
gewesen, und ihre Anwendung auf das Leben hätte, wenn von der
Masse vollzogen, kein geordnetes bürgerliches Leben aufkommen lassen:
deshalb seien sie in der Bibel so versteckt angedeutet worden, der
Menge unzugänglich, nicht den Berufenen, welche ehrlich nach ihnen
suchen. Freilich welcher Kern in einer solchen Schale enthalten sei,
finde selbst der Forscher nicht immer, und ihm gelinge auch nicht einmal
immer die Stellen zu erkennen, welche einen verborgenen Sinn ein=
schlössen, weshalb man zum glücklichen Allegorisiren göttlicher Eingebung
bedürfe, wie denn Philo sich wirklich für inspirirt hielt. So gut aber
wie mit einem unverwerflichen Wortsinn und noch einem geheimen
Sinn hingestellt, könne eine Bibelstelle auch zur Trägerin von zwei und
drei geheimen Sinnen ausersehen worden sein, daher sie mehrere alle=

gorische Deutungen zulasse, die alle zugleich richtig sein könnten. Ich hatte aber noch angeben wollen, welchen Vorschub dieses ganze Verfahren von außen her erhielt. Zu ihm führte schon das Verlangen, den Griechen, welche jetzt die heilige Schrift kennen lernten und auch bei den lebenden Juden so viele auffallende Gebräuche sahen, in jener wie in diesen tiefe Weisheit nachzuweisen. Auch gab es unter den alexandrinischen Juden viele Freunde der griechischen Speculation, welche bloß durch Belehrungen solcher Art der jüdischen Religion erhalten werden konnten. Mehr indessen noch wirkte hierzu mit, erstens daß auch die Griechen in Alexandrien ganz ebenso allegorisirten: sie behandelten ihren Homer und Hesiod kaum anders als jene Männer die Bibel; zweitens daß in Aegypten Allegorien von allen Wänden redeten, und damals jeder ägyptische Priester geschwätzig sie deutete. Wir haben daher auch anzunehmen, daß diese jüdische Allegorik in Aegypten und nicht in Judäa entstanden ist, wo die Geister in der soferischen Thätigkeit ein anderes Feld gefunden hatten, das alle ihre Kräfte in Anspruch nahm; und wirklich findet sich in den nächsten Jahrhunderten nichts von speculativer Allegorik in Judäa, als bloß bei den Essäern, die überhaupt große Abhängigkeit von Alexandrien zeigen. — Von der allegorischen Exegese der alexandrinischen Juden kann jedoch nicht angegeben werden, welchen realen Inhalt sie in ihrer ersten Periode hatte, da aus dieser nicht einmal Proben derselben uns erhalten sind. Vieles davon ist in Philo übergegangen, er selbst gestehet das ein: allein es fehlt zum Ausscheiden dieses älteren Gutes in ihm an allen Kriterien.

Viertes Kapitel.

(Fortsetzung)

Einige Dogmen der älteren alexandrinischen Juden,

mit besonderer Rücksicht darauf,

inwiefern sie mit den palästinischen übereinstimmten oder von ihnen abwichen.

Die Engellehre der alexandrinischen Juden war Anfangs ganz die jüdische. Die LXX haben alle Bibelstellen, in welchen von Engeln die Rede ist, unverändert wiedergegeben, und ihre Umschreibung von 5 Mos. 32, 8 zeigt, daß sie wie die damaligen Judäer

Schutzengel der Völker annahmen; auch läßt Eupolemos Chanoch seine Weisheit von Engeln empfangen haben, und sogar in den zwei späteren Schriften des 2. und 3. Buches der Makkabäer erscheint hier die Engellehre noch ganz jüdäisch, in dem letzteren mit der eigenthümlichen Wendung, daß die beiden dort eingeführten Engel Allen sichtbar geworden wären, nur nicht den Juden. Bei Philo jedoch erscheint die Engellehre bedeutend modificirt, und Spuren hiervon begegnen uns schon früher. So nimmt Philo an, Gott habe an der Erschaffung des Menschen die Engel theilnehmen lassen; und ein anderes Mal sagt er: denn es war nicht schicklich, daß Gott die chaotische Hyle berühre, sondern der körperlosen Dynameis, die auch Ideen heißen, bediente er sich dazu, daß jede Art die passende Gestalt annehme. Die Theilnahme der Engel an der Erschaffung der Welt und insbesondere der Menschen scheint aus den Schriftworten „wir wollen Menschen machen" und aus der jüdäischen Annahme von Izeb=ähnlichen Engeln abstrahirt zu sein. Danach aber, daß schon Aristobul vom siebenten Logos wie von einem weltgestaltenden Wesen und das Buch der Weisheit von bestimmten „Kräften der Geister" redete, können dort die aus 1 Mos. 1, 26 angeführten Worte nicht lange unbezogen auf Engel geblieben sein; auch wurde schon aus dem Buche der Weisheit mitgetheilt, daß Gott die Welt aus einer formlosen Hyle geschaffen habe, und Philo hat gezeigt, wiesehr diese Annahme eine Herbeiziehung der Engel empfahl. — Wie die Dämonenlehre der älteren alexandrinischen Juden beschaffen war, läßt sich nur ungenügend nachweisen. Wir finden bloß, daß auch sie die Götter der Heiden für Dämonen hielten, während Philo sie als Elementargeister auffaßte; ferner daß sie die Wüsten nicht nur wie die älteren Judäer mit Dämonen, sondern auch mit Sirenen und Eselcentauren, die Unterwelt aber zum Theil mit Giganten und „Erdgeborenen" bevölkerten; endlich im Buche der Weisheit den Glauben, daß durch den Neid des Satan der Tod in die Welt gebracht worden sei.

Ferner herrschten von dem Zustande der Seele nach dem Tode auch unter diesen alexandrinischen Juden verschiedene Ansichten. Viele theilten den jüdäischen Glauben an Auferstehung, wie die LXX, deutlicher aber und eingehender das 2. Buch der Makkabäer und das der Weisheit zeigen. Der ägyptische Verfasser von jenem erzählt nicht bloß, wie Rhazis, von diesem Glauben erfüllt,

sich heldenmüthig in den Tod gestürzt habe, sondern leihet auch in
St. 7 die Worte zu jener Legende, in welcher der eine junge Märtyrer
sagt: „der König der Welt wird uns zum ewigen Leben wieder
erwecken," ein anderer: „vom Himmel habe ich diese Glieder, und
von ihm hoffe ich sie wieder zu empfangen," die übrigen ähnlich.
Beachtung verdient auch, daß er die Mutter zu dem Jüngsten Worte
sagen läßt, nach welchen er ein jenseitiges Wiedererkennen und Zu=
sammenleben der hier Befreundeten annahm. Endlich daß einst einige
Juden umgekommen seien, welche gegen die Gesetzesvorschrift heid=
nische Amulette sich angeeignet hatten, und der Mackabäer zur
Sühne dieses Vergehens ein Opfer veranstaltet habe, erzählt er mit
dem Hinzufügen, Letzterer hätte hierbei die Auferstehung im Auge
gehabt, denn wenn er nicht erwartet hätte, daß die .Gefallenen
wieder auferstehen könnten, so wäre es thöricht gewesen, für Gestorbene
zu beten. Ohne Zweifel wurde hierin dem Mackabäer zuviel
untergeschoben, sein Opfer sollte nicht die Gefallenen sühnen, sondern
das übrige Israel: allein der Verfasser zeigt hier schon die Aufer=
stehungslehre weiter gesponnen. — Im Buche der Weisheit ist recht
häufig vom Jenseits die Rede, zum Theil in sehr eigenthümlicher
Weise, z. B. 3, 7. 8: „zur Zeit ihrer (der Gerechten) Heimsuchung
werden sie aufleuchten und wie Funken durch Stoppeln laufen, sie
werden Völker richten und über Nationen herrschen; 3, 13: „die
Unbefleckte .... wird Lohn empfangen bei der Untersuchung der
Seelen"; nach 4, 2 zieht in der Ewigkeit die Tugend kranztragend
einher, und nach 5, 3—5 sprechen im Jenseits die der Strafe
anheimgefallenen Gottlosen unter sich voll Reue: „Dieser (der
Gerechte) war es ja, den wir einst zum Gelächter hatten .... wir
Thoren hielten sein Leben für Wahnsinn und sein Ende für ehrlos,
wie wird er nun zu den Kindern Gottes gezählt, und hat sein Loos
unter den Heiligen;" später ist dort gesagt: „die Gerechten aber
leben ewig, ihr Lohn ist in dem Herrn, aus seiner Hand werden
sie das Reich der Herrlichkeit und das Diadem der Schönheit
empfangen." Manche von des Verfassers Aussprüchen begünstigen
die Auffassung, daß einst der Herr, wenn er über die Lebenden ein
Weltgericht ergehen lasse, zu gleicher Zeit die Todten auferwecken
und richten, und die Bösen unter ihnen sammt den von dem Welt=
gerichte Hingerafften ewigen Strafen überantworten, die Guten
aber sammt den von dem Weltgerichte Verschonten mit dem Gottes=

reiche erfreuen werde; andere dagegen von seinen Aussprüchen scheinen
zu besagen, daß Gott die Seelen gleich nach dem Tode richte und
die Bösen sofort ihre Strafen antreten, die Guten aber schon
vor der Auferstehung himmlische Freuden genießen lasse in Gesell=
schaft der Engel: der Verfasser selbst war wohl schwankend hierüber.
Die ägyptische Finsterniß nennt er einmal aus den Höhlen des
unerträglichen Hades heraufgekommen, und ein Bild der in Zukunft
sie (die Aegypter) aufnehmenden Finsterniß: daß ihm hierbei der
Scheol vorschwebte, ist ganz klar. Neben diesem jüdischen Aufer=
stehungsglauben muß aber auch jene hellenisirende Ansicht vom
Jenseits, welche wir bei den Essäern fanden, unter den alexandri=
nischen Juden Anhänger gehabt haben und erst von ihnen zu den
Essäern gelangt sein. Dagegen ist zweifelhaft, ob die Therapeuten,
welche sich aller thierischen Nahrung enthielten, dies wie die
Pythagoreer wegen angenommener Wanderung der Seelen in
Thierkörper thaten.

Endlich erscheint bei den alexandrinischen Juden auch die
messianische Lehre nur wenig abweichend von der jüdäischen.
Die LXX übersetzen die zweite Hälfte von 1 Mos. 49, 10: „bis
kommt, dem's beschieden ist, und er ist die Erwartung der Völker";
und 4 Mos. 24, 7 abweichend vom Urtexte: „es wird ein Mensch
hervorgehen aus seinem Samen und viele Völker beherrschen, und
höher als des Gog wird sein Reich sein[1]." Da aber selbst in
Judäa, wie wir sahen, das Hervor= oder Zurücktreten der Erwartung
eines persönlichen Maschiach so stark von der jedesmaligen Stellung
der Dawidischen Nachkommen abhing, so können wir uns nicht
wundern, daß in Alexandrien, wo von diesen keine Spur sich findet,
auch nicht weiter von einem persönlichen oder gar Dawidischen
Maschiach gesprochen wurde. Zunächst nun weiter enthalten die
aus älteren und jüngeren Weissagungen spät erst zusammengewebten
sibyllinischen Bücher manche kleinere und größere Stücke messianischen
Inhaltes, die offenbar von Juden herrühren. So lesen wir im
3. Buche derselben, der Herr werde über alle Sterblichen schweres
Verderben verhängen,

---

[1] Daß nicht die LXX zu Ps. 110, 3 und Jes. 9, 5 von einem „himmlischen"
Maschiach reden, wurde 3, 355 des größeren Werkes gezeigt.

weil sie den ewigen Vater der Menschen nicht wollten verehren
heiligen Sinnes, dagegen vor todten Idolen sich beugten,
die ihre eigenen Hände gemacht, ihre eigenen Hände
aber vor Scham auch werden in Felsenklüften verstecken.
Einst wenn der siebente König Aegypten's wird herrschen, ein Jüngling,
eingeboren und doch entstammt dem Geschlecht der Hellenen
u. w.

dann wird Gotte sich beugen, dem großen und ewigen König,
jegliches weiße Knie auf der Allernährerin Erde,
und die Flamme des Feuers verzehren die hölzernen Götter.
Felder und Bäume sowie die lieblichen Herden der Schafe
werden dann geben die Frucht, die allein den Sterblichen frommet
u. s. w.

Unter dem siebenten hellenischen Könige (dem Philometor oder
dem Physkon) gingen diese messianischen Hoffnungen nicht in
Erfüllung, weshalb diese Verse in die Zeit der Maccabäerkämpfe
hinaufzureichen und den Beweis zu liefern scheinen, daß damals
Erwartungen wie die im Buche Danijel unter dem Eindrucke der
judäischen Begebenheiten auch mancher Juden in Aegypten sich
bemächtigt hatten, hier aber einer Sibylle oder ursprünglich einem
altgriechischen Seher in den Mund gelegt wurden, weil man auf
heidnische Leser rechnete, welchen jüdische Ideen und Hoffnungen
auf keine Weise stärker empfohlen werden konnten. Vermuthlich
gehören auch die messianischen Verse 260—285 des 5. sibyllinischen
Buches einem kaum dreißig Jahr späteren jüdisch = alexandrinischen
Dichter an. — Und daß im Buche der Weisheit fast ganz die
judäischen Ansichten von der Zukunft zu finden sind, haben wir
bereits gesehen, hier ist nur nachzutragen, daß sein Ausdruck, die
Gerechten würden zur Zeit ihrer Heimsuchung aufleuchten und wie
Funken durch Stoppeln laufen, der Verheißung Obadja V. 18
nachgebildet ist, zufolge deren beim Anbruch der neuen Weltordnung
das Haus Jakob's Feuer, das Haus Esaw's gleich Stoppeln sein
und jenes dieses verzehren werde. Selbst noch Philo hat die Zukunft ziemlich judäisch aufgefaßt, nur daß er von einer Auferstehung
der Todten nichts einmischte.

Fünftes Kapitel.
Einige Nachträge über die religiösen Fractionen der ägyptischen Juden.

In diesem Betreff ist zunächst von den Therapeuten zu reden, bei welchen die bisher geschilderte religiöse Richtung in einer ganz eigenthümlichen Phase erscheint. Ich gebe über sie Philo's eigene Worte, nur verkürzt, er sagt: „Nachdem ich über die Essäer gesprochen, welche sich eines thätigen Lebens befleißigen, will ich auch über die Freunde der Beschaulichkeit reden. Ihre Denkungsart zeigt schon ihre Benennung, denn sie heißen Therapeuten, entweder weil sie Arzneikunde ($\vartheta\varepsilon\varrho\alpha\pi\varepsilon\iota\alpha\nu$) treiben, nur eine höhere als die gewöhnliche, oder weil sie (vorzugsweise) gelernt haben, Gott zu verehren ($\vartheta\varepsilon\varrho\alpha\pi\varepsilon\iota\varepsilon\iota\nu$). Von einer himmlischen Sehnsucht ergriffen, überlassen sie ihren Kindern oder sonstigen Verwandten, und die keine Verwandte haben, Bekannten und Freunden ihre Habe [1]), und von keinem Köder mehr zurückgehalten, verlassen sie alle Ihrigen, auch ihren Geburtsort, und begeben sich in Gärten außerhalb der Mauern und in einsame Landwohnungen, nicht aus Menschenhaß, sondern weil sie wissen, daß der Umgang mit Andersgesinnten ihnen unnütze und schädlich ist. An vielen Orten der Erde findet sich dieses Geschlecht (von Beschaulichen), auch in Hellas und dem Barbaren= lande, zahlreich aber ist es in Aegypten und besonders um Alexandrien. Von überallher begeben sich da die Besten an einen Ort, welcher am See Maria (Mareia) auf einer sanften Anhöhe liegt, durch ringsum befindliche Gehöfte und Dörfer Sicherheit gewährt, und wegen der Nähe des Meeres eine sehr gesunde Luft hat. Die Häuser der so Zusammengekommenen sind sehr einfach, und stehen nicht so nahe beisammen wie in den Städten, weil Freunden der Einsamkeit Nachbarschaften lästig sind, jedoch auch nicht zu fern von einander, sowohl wegen der beabsichtigten Gemeinschaft als auch zu gegenseitigem Schutze gegen Räuber. In jedem dieser Häuser ist ein Heiligthum, genannt Semneion (Tempel) und Monasterion (Mönchssitz), in welchem Jeder für sich allein die Mysterien eines geweihten Lebens übt: da hinein bringen sie weder

---

[1]) wonach sie von der Mildthätigkeit ihrer Umwohner gelebt haben müssen.

Trank noch Speise noch sonst von dem, was zur Nothdurft des Leibes gehört, sondern bloß das Gesetz und die prophetischen Reden und die Psalmen wie Sonstiges, wodurch Kenntniß und Frömmigkeit vermehrt werden (die dreitheilige Bibel und Apokryphen). Zweimal jeden Tag pflegen sie zu beten, früh Morgens und Abends: wenn die Sonne aufgehet, flehen sie um wahrhaft guten Tag, daß nämlich ihr Geist von himmlischem Lichte erfüllt werde, und wenn sie untergehet darum, daß von der Last der Sinneneindrücke gänzlich befreiet und in ihr innerstes Heiligthum eingekehrt, die Seele Wahrheit finden möge. Die ganze Zeit dazwischen aber bringen sie damit zu, daß sie in den heiligen Schriften Weisheit suchen, indem sie die väterliche Philosophie (die Bibelworte) anders deuten und die wirklich gesprochenen Ausdrücke derselben für Sinnbilder verborgener Dinge halten. Sie besitzen auch Schriften von Männern der Vorzeit, Stiftern ihrer Sekte, welche viele Denkmale des allegorischen Verfahrens hinterlassen haben, und diese zum Muster nehmend, ahmen sie ʼdie Weise ihrer Schule nach, nicht bloß im Nachsinnen, sondern auch indem sie auf Gott Gesänge und Hymnen von mannigfachen Versmaßen und Sangweisen machen. So sind sie die sechs Wochentage Jeder für sich beschäftigt, ohne die Schwelle zu überschreiten oder nur in die Ferne zu blicken. An den siebenten Tagen aber kommen sie zusammen, und wenn sie nach dem Alter sich in ehrbarer Haltung niedergesetzt haben, tritt der Aelteste und ihrer Ansichten Kundigste auf, und spricht mit Ruhe in Blick und Stimme, aber nicht auf Wohlredenheit bedacht, sondern auf die Ergründung und genaue Wiedergabe des Sinnes (in der von ihm gewählten Schriftstelle); alle Uebrigen hören ruhig zu, und geben ihren Beifall bloß mit den Augen oder durch ein Kopfnicken zu erkennen. Der Tempel, worin sie da zusammenkommen, bestehet aus zwei abgesonderten Räumen, für die Männer, und für die Frauen, denn auch Frauen derselben Lebensweise und Gesinnung pflegen zuzuhören; dazwischen ist einige Ellen hoch eine Mauer aufgeführt, das Uebrige aber bis zur Decke offen gelassen, damit die Frauen den Redner vernehmen können [1]. — Die Ent=

---

[1] Es scheint, daß in den Synagogen von Alexandrien für die Frauen kein Raum reservirt war und diese also gar nicht zum öffentlichen Gottesdienst kamen; auch spricht hierfür die Beschreibung der dortigen großen Synagoge und Philo's Forderung, daß die Frauen nur bei ziemlich leeren Straßen in den

haltsamkeit legen sie zuerst in die Seele wie einen Grund, auf
welchem sie die übrigen Tugenden aufbauen. Speise oder Trank
nähme Keiner von ihnen vor Sonnenuntergang zu sich; Manche
von ihnen aber denken in drei Tagen nicht an Speise, und Manche
sogar halten es noch einmal so lange aus. Sie essen bloß Brod
mit Salz, die Weichlichen nehmen dazu noch Ysop, und ihr
Trank ist Wasser. Wie aber ihre Wohnungen schmuck- und kunst-
los sind, ebenso ist ihre Kleidung bloß zur Abwehr von Kälte und
Hitze, ein dickes Oberkleid von zottigem Fell im Winter, im Sommer
ein Unterkleid oder ein leinenes Hemde. — (Zu einer besonderen
Feier) versammeln sie sich alle[1]) sieben Wochen, indem sie nicht
allein die einfache Sieben, sondern auch deren Quadrat verehren:
es ist dies eine Vorfeier des großen Festes (Pfingsten), welches die
Funfzigzahl erlangt hat. Wenn sie hierzu beisammen sind, weißgekleidet und heiter, doch in höchster Feierlichkeit, stellen sie auf
ein gegebenes Zeichen sich vor ihren Plätzen der Reihe nach hin,
erheben Augen und Hände zum Himmel, und flehen zu Gott, daß
ihr Mahl ihm wohlgefällig sein möge. Hierauf lassen sie sich nach
der Reihenfolge nieder, in welcher sie in die Gesellschaft eingetreten
sind; es speisen aber auch Frauen mit, von denen die meisten alte
Jungfrauen sind, welche aus Verlangen nach Weisheit die Ehe
gemieden haben. Das Lager zum Mahle ist gesondert, die rechte
Seite nehmen die Männer ein, die linke die Frauen, und es bestehet
aus Unterlagen von Holz, von welchen sehr schlichte Decken aus
Papyrus herabhängen, zur Seite ein Wenig erhöhet zum Aufstützen
der Ellenbogen. Bedient werden sie bei diesem heiligen Mahle nicht
von Sklaven, indem sie glauben, daß deren Besitz ganz gegen die
Natur sei, welche Alle frei geschaffen habe, sondern von Freien,
welche aus den Jüngeren der Gesellschaft wegen ihrer Trefflichkeit
hierzu ausgewählt wurden; diese sind hierbei auch nicht aufgeschürzt,
sondern in langen Gewändern, um nicht das Ansehen von Sklaven
zu gewähren. Wein wird auch an diesen Tagen nicht hereingebracht,
sondern sehr klares Wasser, für die Meisten kaltes, warmes nur für
die Aeltesten; und die Kost ist wieder Brod mit Salz und etwas

Tempel gehen sollen zu einsamem Opfer und Gebet. Dasselbe freilich scheint
auch in Judäa der Fall gewesen zu sein, und wenigstens in der Tempelsynagoge
in der Quaderhalle war den Frauen kein Platz zugewiesen worden.
[1]) vgl. 3, 409 des größeren Werkes.

Ӱſop. Wenn ſie ſich niedergelaſſen haben, dann, während von
den Uebrigen Keiner zu flüſtern wagt, unterſucht Einer Etwas
aus der heiligen Schrift oder löſt eine aufgeworfene Frage,
und bedient ſich hierbei einer ſchlichten, langſamen Lehrweiſe, läßt
ſich auch zu Wiederholungen herab, um den Seelen die Gedanken
recht einzuprägen. Die Anderen aber hören auf ihn in ruhiger
Haltung und drücken ihr Verſtändniß durch ein Nicken, ihren Beifall
durch Heiterkeit, ihren Zweifel durch ein leiſes Kopfſchütteln und
mit einer Fingerſpitze der rechten Hand aus. Nicht weniger aber
als die Gelagerten geben die zum Dienſt herumſtehenden Jünglinge
Acht. Die Erklärungen der heiligen Schrift ſind (wieder) allegoriſcher
Art. Wenn aber der Vorſitzende dafür hält, daß genug geſprochen
worden ſei, ſo klatſchen Alle zum Zeichen ihrer Befriedigung.
Sodann ſtehet er auf und ſingt einen Hymnus auf Gott, einen
von ihm ſelbſt neuverfertigten oder einen der alten Dichter, denn
Dieſe haben viele Metra und Sangweiſen hinterlaſſen; nach
ihm ſingen die Uebrigen der Reihe nach, während alle Anderen
ſchweigen, außer wenn die letzten Verſe und Anhänge zu ſingen
ſind, denn dann erheben alle Männer und Frauen ihre Stimme.
Alsdann bringen die Jünglinge den Tiſch herein, auf welchem das
hochheilige Mahl iſt, geſäuertes Brod mit Salz, welchem Ӱſop
beigemiſcht iſt, aus Scheu vor dem heiligen Tiſche im Vorſaale
des (Jeruſchalemer) Tempels, denn auf dieſem ſind Brode und Salz
ohne Zuthat, die Brode ungeſäuert, das Salz ungemiſcht. Nach
dem Mahle ſtehen Alle auf und bilden zwei Reihen, die eine
die Männer, die andere die Frauen; auf jeder Seite wird das
geehrteſte und ſangeskundigſte Mitglied zum Anführer erwählt.
Hierauf ſingen ſie unter Händebewegungen und Tanz Hymnen
auf Gott in vielerlei Silbenmaßen und Weiſen, bald im allgemeinen,
bald im Wechſelgeſang, und wenn die Männer für ſich ſowie die
Frauen für ſich dies zur Genüge gethan haben, vereinigen ſie, zur
Nachahmung des einſt am rothen Meere Geſchehenen, ſich zu Einem
Chor aus zweien, wobei die tiefe Stimme der Männer und die
helle der Frauen harmoniſch verſchmelzen: ſehr ſchön ſind dabei
die Gedanken, ſehr ſchön die Worte, ehrwürdig die Theilnehmer.
Wenn ſie bis zum Morgen dies fortgeſetzt haben, wenden ſie ſich
oſtwärts, und ſehen ſie die Sonne aufgehen, ſo erheben ſie die
Hände zum Himmel und flehen um guten Tag und Wahrheit und

Schärfe des Geistes; sodann kehrt ein Jeder von ihnen in sein eigenes Tempelchen zurück, um wieder die gewohnte Philosophie aufzusuchen." — Dieses Klosterthum der Therapeuten muß ziemlich früh entstanden sein, da Philo die Stifter desselben Männer der Vorzeit nannte, doch ist es jünger als der essäische Orden, von welchem es nicht bloß mehrere Eigenthümlichkeiten, sondern vermuthlich selbst den Namen der „Aerzte" angenommen hat. Es scheint, daß seinen Stiftern die essäische Askese noch nicht genügt habe, und die Therapeuten deshalb diese strengere Regel erhielten. Andere Eigenthümlichkeiten und Anschauungen erhielten sie aus dem Pythagoreismus; auch von den Aegyptern hatten sie Einiges, und die allegorische Auslegung der Bibel kannten sie als alexandrinische Juden von Hause aus genugsam. Von ihren religiösen Dichtungen soll später gesprochen werden.

Nach Philo sollen andere alexandrinische Juden, indem sie die Satzungen für Symbole von Ideen hielten, die letzteren sorgfältig erforscht, jene aber geringgeschätzt haben. Seine ferneren Worte scheinen zu bezeugen, daß sie auf diesem Wege die Sabbathruhe, die Festtage und die Beschneidung sich verflüchtigten, und natürlich scheuten sie dann vor einer solchen Behandlung der unwichtigeren Satzungen noch weniger zurück. Aehnliches haben wir auch an den Essäern wahrgenommen und auf ihren alexandrinischen Ursprung zurückführen müssen; doch scheint diese Richtung erst allmälig den vollen Muth erlangt zu haben, und in ihr konnte, bei dem Aufgeben der jüdischen Satzungen für die Ideen derselben und bei einer so schrankenlos subjectiven Weise, diese Ideen zu ermitteln, von einem positiven Judenthum kaum noch die Rede sein. Es gab aber damals in Aegypten noch einen viel schlimmeren Weg aus dem Judenthum hinaus, den des Anschlusses an die griechische oder ägyptische Religion, und danach zu urtheilen, daß der hier abgefaßte sogenannte Brief des Jirmeja und das Buch der Weisheit noch in alter Weise die Thorheit des Götzendienstes geißeln, scheint es hier an solchen Abtrünnigen auch jetzt noch nicht gefehlt zu haben. Und daß es unter den alexandrinischen Juden Hellenisirende aller Abstufungen gegeben haben muß, verstehet sich von selbst.

Sämmtliche bisher gezeichneten Richtungen hatten aber allem Anscheine nach nur eine kleine Zahl von Anhängern: die Mehrzahl der alexandrinischen Juden scheint der allegorischen und der soferischen

Schule angehört zu haben. Von diesen beobachtete die erstere that=
sächlich ein Judenthum, zu welchem die aus Judäa mitgebrachten
Auffassungen und die eigenen alexandrinischen ineinanderwirkten,
hing aber theoretisch den Ideen an, welche die Allegoristen aus
der Schrift entwickelten. Die dortige soferische Schule dagegen
vermehrte die alten Auffassungen durch eigene und nahm überdies
die jüngeren Ergebnisse der judäischen Schriftgelehrsamkeit bereit=
willig auf; ein Theil derselben scheint nachmals sogar stark in die
Fußtapfen der judäischen Peruschim eingetreten zu sein, denn Philo
sagt einmal: „Jenen wollen wir keine heiligen (allegorischen)
Deutungen geben, welche an dem unheilbaren Uebel des Worte=
dunstes und der Buchstabenklauberei und der Gaukelei in Sitten
leiden"; indessen die miterwähnte „Gaukelei in Sitten," welche den
judäischen Peruschim im Allgemeinen nicht nachgesagt werden kann,
muß ihr besonderes Eigenthum gewesen sein. Uebrigens gewährt
es einen eigenthümlich lehrreichen Einblick in die dortigen religiösen
Zustände, daß derselbe Schriftsteller bei Besprechung jener Cere=
monienverflüchtiger hinzufügte, durch die Beobachtung der biblischen
Satzungen entgehe man auch dem Tadel der Menge. Nach einigen
Andeutungen des Philo scheint es unter den alexandrinischen Juden
endlich auch Solche gegeben zu haben, die zwar nicht wie die späteren
Zedukim in Judäa eine Sekte bildeten, aber gleich ihnen, aus sich
heraus, die soferischen Traditionen und Satzungen, welche hier
Eingang gefunden hatten, grundsätzlich verwarfen.

Die Juden im übrigen Aegypten, welche fast gar nicht in den
alexandrinischen Ideenproceß hineingerissen wurden, scheinen, wie
damals noch in den meisten Ländern der Gola, ein ziemlich rohes
und lückenhaftes Judenthum gehabt zu haben, das nur gelegentlich
von Judäa aus, und freilich je näher diesem desto häufiger, soferische
Einwirkungen erfuhr; ob die Anhänger des Oniastempels gegen
letztere noch etwas unzugänglicher waren, ist nicht zu bestimmen.

Sechstes Kapitel.

Noch zwei fernere Erscheinungen auf dem religiösen Gebiete der älteren alexandrinischen Juden.

Die eine derselben sind ihre religiösen Dichtungen. Von ihnen zugehörigen Stücken in den nachmals zusammengestellten sibyllinischen Büchern, und von einem noch etwas älteren jüdischen Einschiebsel in ein auf den Namen des Orpheus umlaufendes Gedicht war oben schon die Rede; hier sei nur noch dazu bemerkt, daß beide aus griechischen Hexametern bestehen, welche nach Form und Inhalt meisterhaft sind, und daß der leichte Fluß in den sibyllinischen Stücken selbst von einer erlangten bedeutenden Versgewandtheit zeugt. — Ganz anderer Art waren die Dichtungen eines Ezekiel. Dieser nämlich, im 2. Jahrhundert v. Chr., hat in griechischer Sprache „jüdische Tragödien" geschrieben, die aber, nach der einen von ihnen zu urtheilen, von welcher uns ansehnliche Fragmente erhalten sind, keine eigentlichen Dramen und noch weniger Tragödien, sondern bloß dichterische Ueberarbeitungen einzelner Abschnitte der israelitischen Urzeit waren, ähnlich den Schiré-tiferet von Wessely. Jene theilweise uns noch erhaltene hieß Exagoge (Auszug, nämlich aus Aegypten), und war, wie ohne Zweifel auch die übrigen, in senarischen Versen abgefaßt, deren 269 im Ganzen, aber aus verschiedenen Theilen des Stückes, der Polyhistor Alexander uns bewahrt hat. Der ästhetische Werth dieser Verse und wohl aller seiner „Tragödien" war höchst unbedeutend, wobei indessen zu berücksichtigen ist, daß die Scheu, mit dem biblischen Stoffe frei zu schalten, an sich schon unfähig zu künstlerischen Dramen macht. Man hat behauptet, diese Tragödien wären geschrieben worden, um den Griechen die jüdischen Geschichten in einer beliebten Form dar=zustellen und sie auf diese Weise mit dem Anblick unserer Religions=gebräuche auszusöhnen. Allein wenn dies auch von dem Dichter zugleich mit beabsichtigt worden sein mag, so scheint doch vielmehr seine Hauptabsicht gewesen zu sein, für diejenigen dortigen Juden, welche in Folge erlangter höherer Bildung sich von der unbeholfenen Bibelübersetzung abgestoßen fühlten, die jüdische Geschichte in eine klassische Form zu kleiden. — Wieder eine ganz andere Gattung baute ein älterer Philo an: er schrieb „über Hierosolyma" ein

hexametrisches Gedicht, das wenigstens 14 Bücher oder Gesänge
enthielt, von welchen aber nur einige höchst geringfügige Bruchstücke,
in ziemlich unklarer und überaus schwülstiger Sprache, uns durch
denselben Polyhistor erhalten worden sind.

Beiderlei Werke, des Philo und des Ezekiel, können freilich,
streng genommen, nicht für religiöse Dichtungen gelten, doch be=
handelten sie Stoffe und verfolgten dabei Zwecke, welche der religiösen
Sphäre angehören. Im vollen Sinne religiöse Dichtungen waren
aber jene therapeutischen, welche Philo in seiner Schilderung
dieses Ordens erwähnte. Nach ihm hätten die Therapeuten viele
sorgfältig abgemessene Metra und Sangweisen, von „Trimetern,
Prosodien, Hymnen, Parasponbeien, Parabomien, Stasimen und
Chorgesängen" gehabt. Das besondere Wesen aller dieser Dichtungen
zu ergründen, möchte wohl nicht mehr möglich sein; auch scheint
es fast, daß er hierin zur Verherrlichung der Therapeuten die
Ausdrücke gehäuft hat[1]. Die Nachahmung zahlreicher griechischer
Formen in ihren Dichtungen kann uns bei alexandrinischen Juden
nicht befremden, und viele von diesen verschiedenartigen Gesängen
der Therapeuten sollen schon von alten Dichtern derselben abgefaßt
gewesen sein. — Auch gehört dieser Sphäre eine kleine Schrift an,
welche unter der Benennung „Nuthetikon" (Ermahnungsgedicht)
von Alters her einem Phokylides, der um 480 v. Chr. geblühet,
zugeschrieben worden ist, in Wahrheit aber ihm nicht angehören
und auch nicht von einem Christen herrühren kann, wie in neuerer
Zeit behauptet wurde, sondern[2] von jüdischer Hand verfaßt sein
muß, nur daß bei ihrem Mangel an historischen Anhaltspunkten
zweifelhaft bleibt, ob sie in so frühe Zeit, wie die übrigen hier
vorgeführten Schriften, hinaufreicht. An den Pentateuch, gelegentlich
auch an die Psalmen und Sprüche sich anschließend, ermahnt der
Verfasser in 230 Hexametern von mittelmäßigem Werth gnomologisch

---

[1] Trimeter waren Verse von drei jambischen Doppelfüßen; Prosodien
Processions=, auch feierliche Danklieder; unter den Parasponbeien Lieder bei
einer Weinspende (also etwa zum Kiddusch) zu verstehen, widerräth die Ent=
haltsamkeit dieses Ordens von allem Wein, und eher könnten es sozusagen
Bundeslieder gewesen sein; Parabomien bezeichnet Altargesänge, vielleicht hielten
die Therapeuten den Tisch zu ihren gemeinsamen Mahlen für einen Altar;
endlich Stasimon war bei den Griechen ein Chorlied, über dessen Beschaffenheit
Ungewißheit herrscht.

[2] nach der zureichenden Beweisführung von J. Bernays.

zu einem sittlichen Wandel im Privat- und öffentlichen Leben. — Endlich mag hier auch der Dichter Theodotus angeführt werden, obwohl er wahrscheinlich ein Samaritaner war, der in Alexandrien lebte. Aus einer Dichtung desselben hat uns Eusebius theils auszüglich theils wörtlich, letzteres in mehreren Brocken fließender Hexameter, ein Stück mitgetheilt, welches die Geschichte von der Flucht Jakobs nach Mesopotamien bis zur Ausrottung der Sichemiten behandelt. Dasselbe weicht, soviel wir noch sehen können, bloß darin von der Bibel ab, daß in ihm gesagt ist, Sichem sei von einem Sohne des Hermes erbaut worden, und Laban sei Alleinherrscher von Syrien gewesen. Was er mehr als die Bibel giebt, sind bloße Ausführungen und dichterische Ausschmückungen; und daß die übrigen Söhne Jakob's dem Schimon und Lewi gegen die Sichemiten zu Hilfe gekommen seien, dichtete er wohl bloß hinzu, weil er zwei Menschen zu deren Ausrottung für unzulänglich hielt. Daß in diesen kleinen Ueberresten Sichem „die heilige Sikimon" und wieder „die heilige Stadt" genannt ist, verräth wohl zur Genüge den Verfasser als Samaritaner.

Schließlich ist noch von den älteren alexandrinischen Juden ein Streit derselben mit den dortigen Samaritanern hier mitzutheilen. Schon Alexander der Große soll 8000 Mann Samaritaner sich haben nach Aegypten folgen lassen, und ihnen dort in der Landschaft von Theben Sitze angewiesen haben, um die Eingeborenen dieser Gegend zu überwachen. Auch sahen wir eben schon, daß Ptolemäus Lagi im Jahre 320 eine Menge Samaritaner kriegesgefangen nach Aegypten führen ließ. Vermuthlich kamen später ihrer noch Viele dahin, auch ein Ezekias aus dem Geschlecht ihrer hohen Priester, welcher dem bei jenem Ptolemäus angesehenen Schriftsteller Hekatäus über den Unterschied zwischen ihnen und den Juden Aufschluß gab; und es muß namentlich in Alexandrien allmälig eine ansehnliche Gemeinde Derselben entstanden sein. Unter Philometor aber brach zwischen dieser und den dortigen Juden ein Streit aus, den uns Josephus so erzählt: Die Juden hätten behauptet, daß der Tempel in Jerusalem, die Samaritaner dagegen, daß vielmehr der auf dem Gerisim den mosaischen Gesetzen gemäß erbauet sei, und beide Parteien hätten am Ende den König gebeten, ihre Gründe anzuhören. Als Philometor hierauf einging, hätten die Samaritaner zwei Männer, die Juden aber bloß einen Andronikus

gewählt, ihre Sache zu vertreten, und beiderseits geschworen, nur
schriftgetreue Beweise zu geben, mit der Aufforderung, den zu tödten,
welchen er diesem Eide zuwiderhandeln fände. Der König habe hierauf
viele Freunde zu sich beschieden, und mit ihnen sich niedergelassen, die
Männer anzuhören. Da nun die beiden Samaritaner es dem
Andronikus überließen, zuerst zu reden, habe Dieser die Beweise
aus der Schrift vorgetragen, und auch hervorgehoben, daß alle
Könige Asien's dieses Heiligthum durch Weihgeschenke geehrt hätten,
Niemand von ihnen aber die geringste Aufmerksamkeit für den
Tempel auf dem Gerisim bezeigt habe. Durch diese und ähnliche
Worte hätte Andronikus den König bewogen, sich für den Tempel
in Jerusalem zu entscheiden und die samaritanischen Vertreter
tödten zu lassen. Diese Nachricht[1] enthält nichts, was uns verböte,
ihr wenigstens einen geschichtlichen Kern zuzugestehen. Vermuthlich
war der Streit zwischen den Juden und Samaritanern bis zu
förmlichen Tumulten gediehen, welche die Einmischung des Königs
erheischten; und die hierbei dem Philometor zugeschriebene Rolle
kann recht wohl dieser König gespielt haben, der ein Judenfreund
war und vermittelst seines Lehrers Aristobul sich für das Judenthum
interessirte. Nur ist es unglaublich, daß die samaritanischen Ver=
treter gar nicht zu Worte gekommen wären; vielmehr haben Diese
wohl auch gesprochen, aber mit Einmischung vieler geschichtlichen
Unwahrheiten, worin diese Sekte eine große Fertigkeit besaß, und
ihre Ueberführung dessen durch den jüdischen Wortführer mag ihnen
empfindliche Strafe zugezogen haben.

Unsere Darstellung der ältern ägyptischen Juden müssen wir
hier schließen, denn obwohl es unzweifelhaft ist, daß von den alexan=
drinischen Manche auch auf anderen Geistesgebieten sich bewegten,
so fehlt es doch hierüber an Nachrichten und weiteren Spuren, als
die oben schon mitgetheilt wurden; höchstens sind hier noch aus dem
B. d. Weisheit die Worte anzuführen, König Schlomo habe
empfangen „zu verstehen die Zusammensetzung der Welt und die
Thätigkeit der Elemente, Anfang, Ende und Mitte der Zeiten, die
Wechsel der Sonnenwenden und Jahreszeiten, die Kreise der Jahre
und Stellungen der Sterne, die Naturen der zahmen und wilden

---

[1] Die ähnliche Sage Megillat-taanit K. 3 macht sie weder als Parallele
glaublicher, noch vermöge ihrer eigenen Unglaubwürdigkeit verdächtiger.

Thiere, die Kräfte der Geister und Gedanken der Menschen, die Unterschiede der Gewächse und die Kräfte der Wurzeln," aus welchen wir die damaligen Richtungen der forschenden Geister noch etwas näher erkennen.

Dafür wollen wir uns jetzt noch flüchtig zu den damaligen Juden einiger Nachbarländer wenden, zuerst zu den Kyrenäischen. Um Kyrene und andere Städte in Libyen besser im Gehorsam zu erhalten, hatte schon Ptolemäus Lagi jüdische Colonisten dahin ab= geschickt. Diese müssen sich mit der Zeit sehr vermehrt haben, denn um 87 v. Chr. wurde Lucullus nach Kyrene geschickt, dort einen Aufstand der Juden zu dämpfen, welche von den Ptolemäern zwar volle Gleichstellung mit den Griechen erlangt hatten, später aber von Letzteren oft angefeindet und als eine vierte Klasse hinter den dortigen Bürgern, Bauern und Schutzgenossen aufgeführt wurden. Sie sollen nach ihren eigenen vaterländischen Gesetzen gelebt haben, sonst aber wird uns nichts weiter von ihnen berichtet bis herab zu dem schrecklichen Aufstande derselben 116 n. Chr. Kyrene war übrigens fast völlig griechisch, und die Juden daselbst scheinen früh sich wie in Alexandrien der griechischen Sprache und Bildung zu= gewendet zu haben. Einer von ihnen war jener Jason, von dessen Beschreibung der ersten maccabäischen Kriege das 2. Maccabäerbuch ein Auszug ist.

Einige dürftige, aber unverwerfliche Spuren [1]) haben sich auch von Juden erhalten, welche bereits in jener frühen Zeit in Aethio= pien wohnten. Sehr unwahrscheinlich ist zwar die Angabe der heutigen Juden und judaisirenden Christen Abyssinien's, daß ihre Vorfahren zur Zeit des Königs Schlomo aus Palästina gekommen seien, und ihr erster König Menilek ein Sohn von Jenem und der Königin Balkis von Saba gewesen wäre. Doch ist schon Jes. 11, 11 und vielleicht auch Jes. 3, 10 von Israeliten in Cusch die Rede, und es scheint, daß unter den Ptolemäern noch ägyptische Juden zu ihnen gekommen sind, auch wird hierdurch die Nachricht erklär= licher, daß nach dem erwähnten zweiten Aufstande der kyrenäischen Juden ein Theil von diesen sich nach Meroë gewendet hätte.

---

[1]) vgl. 3, 533 des größeren Werkes.

Anhangsweise

noch Einiges von den Samaritanern dieser Periode.

Wie dieses Mischvölkchen sich gebildet hat und zu seiner ursprünglichen Mischreligion gelangt war, haben wir früher gesehen. Daß es hierauf an dem Tempelbau unter Serubabel theilnehmen wollte, aber von Diesem zurückgewiesen wurde und deshalb jenen Bau zu hintertreiben versuchte, wiewohl am Ende ohne Erfolg; daß es sodann die Juden bei Xerxes verläumbete und später Esra's Mauerbau vereitelte; ferner Sanballat's Betheiligung an den weniger erfolgreichen Versuchen, auch Nechemja von der Befestigung Jeruschalem's abzuhalten, Menasche's Uebertritt zu den Samaritanern, ihr Auftreten und Loos unter Alexander dem Großen, ihre Schicksale unter Ptolemäus Lagi, ihre Feindseligkeiten unter Onias II., ihre feige Nachgiebigkeit gegen Antiochus Epiphanes' Zumuthungen und ihr Anschluß an seine Schergen, wurde ebenfalls oben an den geeigneten Stellen berichtet. Was die Samaritaner in den Zeiten zwischen allen diesen abgerissen uns überlieferten Begebenheiten gethan und erlitten haben mögen, ist nicht zu ermitteln, da die Juden nichts weiter aus dieser Periode von ihnen berichten, und ihre eigenen alten Nachrichten in einer Chronik zusammengestellt waren, welche nebst einigen anderen samaritanischen Schriften bei den Verfolgungen des Hadrian zu Grunde ging. Indessen hatten die Samaritaner gewiß in den allermeisten Fällen gleiches Loos mit den Juden. Grade zu Ende dieser Periode aber ereilte sie ein sehr böses Geschick. Da sie nämlich so zweideutig und zum Theil feindselig sich während der macabäischen Wirren benommen hatten, so trieb den Jochanan Hyrkanus nicht Eroberungslust allein an, mit anderen Städten auch Sichem und den Gerisim einzunehmen sowie den Tempel auf diesem zu zerstören und einen Theil der

Samaritaner sich zu unterwerfen; in seinen letzten Jahren belagerte er auch das starkbefestigte Samaria, nahm es nach einem Jahre ein und zerstörte es vollständig. Weit mehr indessen als durch seine unerheblichen Einwirkungen auf Judäa und als durch seine Schick= sale "interessirt uns dieses Völkchen durch seine eigenthümliche Religionsphase. Nur hat eine Darstellung, wie weit sich dieselbe bis zum Ende unserer Periode entwickelt habe, das Mißliche, bei dem fast gänzlichen Mangel an Nachrichten hierüber beinahe ganz auf vorsichtige Rückschlüsse aus ihrer späteren Beschaffenheit beschränkt zu sein.

Ueber die allmälige Bekehrung der Samaritaner zum Jahweh= thum wurde oben gesprochen, desgleichen berichtet, daß der von Nechemja ausgestoßene Menascheh einen dem Jeruschalemer ganz ähnlichen Tempel und Gottesdienst auf dem Berge Gerisim gründete, sowie mit Denen, welche sein Exil theilten, in dem ganz nahe ge= legenen Sichem sich niederließ. Balb aber erwachte in dieser Colonie das Verlangen nach einer heiligen Urkunde, und die eingeleitete Rivalität zwischen dem Gerisim und dem Morija mußte dasselbe noch verstärken; und es wurde befriedigt, als man um 370 eine Abschrift des Pentateuch's aus Judäa · erhielt, vermuthlich durch Einen der von dorther später zu ihnen Uebergetretenen. Auch geschah es nunmehr wohl balb, daß die Dissidenten, um ihrem Gerisim den Ruhm einer alten Opferstelle zuzuwenden, · in 5 Mos. 27, 4 für Ebal Gerisim setzten und also diesen Berg statt jenes für den ausgaben, auf welchem nach dem Einzuge in Chanaan das erste feierliche Opfer darzubringen war. Die übrigen heiligen Schriften der Juden ebenfalls allmälig herüberzunehmen, gestattete ihr Vor= geben nicht, daß sie das echte Israel seien, da in fast allen entweder Jeruschalem als religiöser Mittelpunkt erschien oder Dawid und sein Geschlecht gefeiert wurden oder Sonstiges vorkommt, was diesen Schismatikern entgegenstehen mußte: bloß Jehoschua und Job erscheinen frei hiervon, und das erstere Buch scheint wirklich etwas mehr Gnade gefunden zu haben. Es hat sich nämlich eine schwache Spur dafür erhalten, daß die Samaritaner es schon unter Ptol. Lagi besaßen, und verstärkt wird diese dadurch, daß in eine sama= ritanische Chronik viel jüngeren Ursprunges, den unpassend soge= nannten samaritanischen Josua, der größte Theil unseres Jehoschua wörtlich aufgenommen, und in ihm da, von wo an dies geschehen, sogar diese seine Quelle genannt ist. Diese Ausnahme wurde gemacht, sowohl weil man doch über die Niederlassung in Palästina Etwas haben mußte, als auch weil in diesem Buche die Feierlichkeit am Gerisim eine Stelle gefunden hatte, Jehoschua selbst auch wohl als Efrajimit und weil er durch seine Abschiedsfeierlichkeit Sichem verherrlicht hatte, ihnen besonders theuer war. Nur wurde unser Jehoschua von den Samaritanern im Laufe der Zeit mit phantastischen Zusätzen überladen[1]), und kanonisches Ansehen hat er bei ihnen wohl niemals erlangt.

Indem nunmehr versucht werden soll, wenigstens in Umrissen darzustellen, welche Gestalt der Samaritanismus allmälig annahm, unterliegt es zuvörderst keinem Zweifel, daß er rein monotheistisch geworden war, und die späte jüdische Sage, daß die Samaritaner eine Taube göttlich verehrt hätten, jedes Grundes entbehrte. Den Opfercultus hatte Menascheh vermuthlich genau dem in Jeruschalem nachgebildet, ohne jedoch Psalmen mitzunehmen, obwohl deren Vortrag längst ein integrirender Bestandtheil des Jeruschalemer Tempelcultus war; doch soll schon ein Chiskija, der zur Zeit Alexander's des Großen ihr hoher Priester war, diesem Mangel durch Dichtung heiliger Hymnen abgeholfen haben. Ebenso scheinen Menascheh und seine Begleiter die sonstige judäische Religionsübung, wie sie in ihrem damaligen Stadium beschaffen war, mit herübergenommen zu haben; und daß diese nach und nach vielfach abweichend vom Pentateuch geworden war, sah man schwerlich soweit ein, um sie wieder auf ihn zurückzuführen, selbst als man sich. klarer darüber wurde, nur auf dem Pentateuch fußen zu dürfen. Ja, da die Samaritaner nicht jede erfolgte Fortbildung der religiösen Satzungen zu bekämpfen Ursache hatten, sondern nur für die echten Israeliten gelten wollten, so nahmen sie von jenen soferischen Zusätzen und Modificationen, welche für mosaisch ausgegeben oder aus dem Pentateuch abgeleitet wurden, manche gelegentlich noch auf, weshalb ihnen nachmals von den Juden nicht bloß in Satzungen, welche der Pentateuch klar vorschrieb, sondern auch in vielen sonstigen cereme-

---

[1]) Aus diesem „samaritanischen Josua" ist 3, 593 u. w. des größeren Werkes mitgetheilt, wie die Samaritaner sich die älteste Geschichte construirt haben.

niellen Dingen volles Zutrauen geschenkt wurde; und sogar noch strenger als die Juden waren sie in manchen derselben [1]).

Was Dogmen betrifft, so war ihre Engel- und Dämonen- lehre gewiß Anfangs ganz die judäische, und deren Fortbildung geschah unter Einflüssen, denen auch die Samaritaner sich nicht entziehen konnten. Später erblicken wir bei ihnen die Engel mehr als „Kräfte" aufgefaßt, ungefähr wie von Philo, und die Sama- ritaner in Aegypten könnten wohl hierin auf die paläftinischen zurückgewirkt haben; noch später indessen gaben sie den Engeln wieder volle Perjönlichkeit. Die Auferstehungslehre, welche zur Zeit des Menasche) wohl bei den Juden selbst noch keinen Eingang gefunden hatte, erlangte diesen bei den Samaritanern erst nach unserer Periode und nicht allgemein. Doch folgt hieraus noch nicht, daß sie früher gar keine Vorstellung von einem künftigen Leben gehabt hätten, wie deren ja die Juden noch neben jener Lehre hatten. Der Erwartung eines Maschiach raubte ihre Ver- werfung der Propheten allen Boden; um aber doch etwas Analoges zu haben, bildeten sie sich das Dogma aus, daß einst Moscheh zurückkehren und zu seiner Lehre sowie zu der Anbetung auf dem Gerisim alle Völker bekehren werden. — Die Institution der Synagogen haben sie wohl schon früh von den Juden entlehnt; ohne Zweifel wurde in ihnen ebenfalls der Pentateuch vorgelesen und erklärt, und bei den Gebeten wandte man das Gesicht dem Gerisim zu. Natürlich gab es bei den Samaritanern auch Schrift- gelehrte. Hinsichtlich der Gaben an die Priester und Lewiten wichen sie aber mehrfach von den Juden ab. Den ersten Zehnten empfingen die Lewiten, und wieder den Zehnten hiervon sowie von neu- gepflanzten Bäumen die Früchte des vierten Jahres erhielt der hohe Priester, welcher hiernach sehr bedeutende Einkünfte hatte; den zweiten Zehnten erhielten die Priester und Armen, wogegen von einer besonderen „Hebe" (Teruma) nichts in ihren Schriften vorkommt.

Der Text des famaritanischen Pentateuchs ist in Lesarten von dem judäischen sehr verschieden, stimmt aber dafür überaus häufig mit der LXX überein; offenbar stammt er gleich der letzteren von einer judäischen Recension, die von unserer schließlich recipirten

---

[1]) Specielle Nachweise von Beidem sind 3, 583 u. w. des größeren Werkes geliefert.

noch sehr abwich. Allein auch später erfuhr der samaritanische Codex noch vielfache Verderbungen und Einschaltungen; einige derselben scheinen aus der LXX geflossen zu sein. Der Schriftcharakter ihres Pentateuchs war und blieb der altibräische: ihr Bestreben, für die echten Israeliten zu gelten, machte sie abgeneigt, den neuen Schrift= zügen der Juden bei sich Eingang zu gestatten; doch künstelten sie an den alten so viel herum, daß das Samaritanische für eine be= sondere Abart gelten kann. Die Sprache der Samaritaner hielt, wie ihre nachmalige Uebersetzung des Pentateuchs zeigt, die Mitte zwischen dem Ibräischen und Aramäischen, entsprechend ihrer geogra= phischen Lage, und zeichnete sich besonders durch Vermischung der Kehlbuchstaben aus, enthielt aber auch eine Anzahl nichtsemitischer Wörter, deren manche vermuthlich schon von jenen östlichen Colonisten mitgebracht waren, aus deren Verschmelzung mit den Eingeborenen die Hauptmasse dieses Völkchens hervorgegangen war.

Während sonst religiöse Schismen gewöhnlich mit der Zeit an Ausdehnung immer zunehmen, wird man gewahrt haben, daß umgekehrt die samaritanische Religion fortwährend der jüdischen näher rückte. Indessen die Weise, wie der Samaritanismus ent= standen ist, und seine Unfruchtbarkeit an fortentwickelnden Geistern erklären uns diese auffällige Convergenz zur Genüge. — Seinen Ur= und Stammsitz hatte er in Sichem, wie wir sahen. Dieses lag ungefähr dreizehn Stunden nördlich von Jeruschalem, in einem Thale zwischen dem Gerisim und Ebal, deren ersterer, fast 2500 Fuß über dem Meere, für den höchsten Berg Samarien's galt. Allmälig aber gewann diese Religion immer mehr Anhänger in der Bevölkerung dieser Provinz, und wenn des Josephus Nachricht wahr sein sollte, daß Jeder in Jeruschalem, der angeklagt war, die religiösen Satzungen übertreten zu haben, hierher floh, so mußte selbst dies beitragen, die Samaritaner mehr zu judaisiren, denn ganz bar von den religiösen Anschauungen ihrer Heimath konnten doch selbst solche Gesetzes= verächter nicht ankommen; indessen ist wahrscheinlicher, daß diese Einwanderer häufiger aus Solchen bestanden, deren Mischehen in der Heimath angefochten wurden, und Diese brachten noch eher als Jene Jüdischreligiöses mit hinüber. Cutäer aber wurden sie von den Juden genannt, sei es nun, daß von jenen alten Colonisten die Cutäer die zahlreichsten waren, oder nach Judäa hin die nächsten Sitze hatten, und für die in eine gemeinsame Entwickelung Hinein=

gezogenen bald ein Gesammtname anzunehmen war. Diese eigenthümliche Entwickelung beschränkte sich auf ein Ländchen von ungefähr 70 Q.-M.; und da dessen einstige Hauptstadt Schomron nach dem Exil die Residenz der persischen und griechischen Statthalter dieser Provinz war, theilte sie den Bewohnern derselben den Namen Samaritaner mit. Nach Josephus sollen sie einen Senat gehabt haben; doch scheint es, daß ihr hoher Priester größeren Einfluß besaß. — Von Samaritanern in Aegypten war schon die Rede. Vermuthlich fand unter Denjenigen von ihnen, welche in Alexandrien lebten, eine verwandte Geistesentwickelung wie unter den dortigen Juden Statt, und der oben vorgeführte hellenistische Dichter Theodotus scheint ihr entsprossen zu sein.

Schluß.

Am Ende des ziemlich langen und zuweilen verschlungenen Weges, welcher in diesem Werke zu durchschreiten war, ist noch in einige Sätze zusammenzufassen, welche Bedeutung die dargestellte Periode, von der Zerstörung des ersten Tempels bis ungefähr zu Jochanan Hyrkanus, sowohl an und für sich, als auch für das Judenthum und für die Menschheit gehabt habe. Blicken wir zuerst auf das politische Element derselben, welches freilich bei dem jüdischen Volke immerwährend schon mit dem religiösen verwachsen erscheint so zeigt sich uns: Das Volk ertrug die Leiden des babylonischen Exils mit Ergebung und Würde, und ließ sich von ihnen nicht niederbeugen, sondern vielmehr heben und bessern. Die meist unerfreulichen Jahrhunderte der Perser= und Makedonierherrschaft erschöpften nicht seine Gedulb, und tilgten nicht seine stillen Hoff= nungen auf ein Reich der Herrlichkeit, des Friedens und der Heiligkeit. Die ersten Maccabäerzeiten strahlen mit ewigem Glanze durch glühende Liebe zur Religion, durch beispiellosen Todesmuth und durch eine wahrhaft wunderbare Tapferkeit. Endlich, als sich nach und nach diese hochgehenden Wogen legten, trat unter Schimon und seinem Sohne Jochanan das Volk in ein immermehr sich ordnendes Gemeinwesen mit allen Bürgertugenden ein, und seine Schuld war es nicht, daß schon nach Kurzem die Chaschmonäer so ausarteten und die Römer herbeizogen, welche auf dämonischen Wegen seine Zerrüttung und am Ende seinen staatlichen Untergang bewirkten. Wie das Volk damals geartet und gesinnt war, singt gegen das Ende dieser Periode ein Dichter, dessen Worte in das dritte Buch der Sibyllinen aufgenommen sind. Er nennt es

. . . . ein Geschlecht der gerechtesten Menschen,
welchen nur edele Werke und Einsicht liegen am Herzen
    u. w.
Ueber Gerechtigkeit nur und Tugend sinnen sie immer,
frei von jederlei Habgier, welche den sterblichen Menschen

Krieg sowie Hunger erzeugt und zahllos andere Uebel; richtiges Maß ist bei ihnen in Städten wie auf dem Lande, und sie begehen nicht nächtlichen Diebstahl, treiben auch niemals Heerden einander sich fort der Rinder, Schafe und Ziegen; nicht verrückt dort der Nachbar dem Nachbar die Grenzen des Feldes, und es betrübt den Geringeren Niemand, gierig nach Reichthum, oder bedrücket die Wittwen, vielmehr ein Jeder im Volke steht ihnen bei, aushelfend mit Wein und mit Oel und mit Speise. Dort giebt immer der Glückliche Denen, welche nichts haben, mild einen Theil der Sommerfrucht ab, erfüllend des großen Gottes Geheiß u. s. w.

Auch im Danijel und im Tobija ist die Mildthätigkeit als eine Haupttugend hingestellt. — Allerdings nun war nicht das ganze Volk einer und derselben Farbe: wo käme das jemals vor? Aber wenn wir die Freunde der frivolen griechischen Lebensweise ausnehmen, welche eine ganz vorübergehende Erscheinung waren und nur einen überaus geringen Bruchtheil der Juden bildeten, so dürfen wir von allen übrigen damaligen Fractionen derselben theils mit Anerkennung, theils wenigstens mit Nachsicht sprechen. Wir haben gesehen, mit welchem Unrecht die Sadducäer verunglimpft werden: als die Altgläubigen waren sie in ihrer religiösen, als ein aristokratisches Element in ihrer politischen Opposition nicht unberechtigt; ein Volk wird niemals aus lauter Heiligen bestehen, aber unheilig waren ihre Sadducäer nicht, und ihre mäßigen Ausschreitungen sind einer vorwiegend politischen Partei wohl zu vergeben. Die Essäer und ihre ägyptischen Geistesverwandten, die Therapeuten, bildeten freilich einen ungesunden Auswuchs, aber an und für sich der edelsten Art; man könnte sagen: für die Welt, wie sie ist, waren sie zu gut. Endlich die Pharisäer und die aus dem Volke, welche mehr oder weniger ihrer Richtung huldigten (denn von dem übrigen allerdings rohen Haufen müssen wir hierbei umsomehr absehen, als leider noch kein Volk ohne solchen Bodensatz gefunden worden ist), waren zwar werkheilig, aber im Allgemeinen nicht scheinheilig und noch weniger sittenlos, sondern verbanden nur die Heilighaltung der Satzungen und der reinmenschlichen Pflichten; und wie schön sich in gewiß nicht Wenigen Beides verschwisterte, zeigt das kurz nach unserer Periode geschriebene Buch Tobija, während hierin noch weiter gehend Sirach fast nur das Reinmenschliche empfiehlt. Ueberhaupt waren damals die Ceremonien noch nicht so sehr vervielfältigt, um zuviel religiöses Gefühl zu absorbiren, auch noch nicht etwas so Aeußerliches geworden, um nicht noch, ihren ursprünglichen Ideen gemäß, den humanen Sinn zu schärfen. Was und wie aber damals das jüdische Volk war, wurde es zum größten Theile durch seine Schriftgelehrten aus Esra's Schule, von welchen mit Recht ein neuerer jüdischer Forscher gesagt hat, daß „sie aus einem sinnlichen und verderbten Volke ein gesittetes, enthaltsames, mäßiges, fleißiges, menschenfreundliches, im häuslichen Leben muster= haftes schufen." Auch durch einige andere Schöpfungen wirkten die Soferim unendlich weit über ihre Gegenwart hinaus, wie denn ihnen fast allein die hohe Bedeutung zu verdanken ist, welche diese Periode für den ferneren Gang des Judenthums erlangt hat. Die hervorragendsten dieser Schöpfungen waren: die Sammlung und im Ganzen glückliche Schlußredaction der heiligen Schriften; ferner die Institution der Synagoge mit regelmäßiger Lesung und Erklärung von Gottes Wort, eine erhabene Einrichtung, die keiner von allen dagewesenen und noch vorhandenen Religionen der Erde eigen ist, als allein der unserigen und jenen, die von ihr sie angenommen haben; dann die unschätzbare freie Selbstbestimmung zu Volkslehrern an Stelle eines erblichen Priester= und Lewitenthums; endlich der begonnene Aus= und Weiterbau des Ceremonialgesetzes. Hinsichtlich des letzten Punktes muß ich zwar dabei verharren, daß denn doch wohl eine etwas verschiedene Richtung hätte betreten und jedenfalls die betretene nicht so sehr bis zu ihren äußersten Consequenzen verfolgt werden sollen; doch ist anzuerkennen, daß die soferische Richtung auch berechtigt war, wenn einmal aus dem Mosaismus, wie er damals aufgefaßt wurde, voller Ernst gemacht werden sollte, und daß von dem retrospectiven geschichtlichen Standpunkte aus diese Richtung nach dem beurtheilend, was sie gewirkt hat, wir sie sogar wahrhaft providentiell nennen müssen, denn für das, was die Juden in den nächstfolgenden zwei Jahrtausenden durchzumachen und durch= zuleben hatten, machte die Ausdehnung des Ceremonialgesetzes sie fähiger, weil zäher und sozusagen durch stärkere Flügelschalen geschützt, ja wir dürfen behaupten, daß vorzugsweise ihr die Erhaltung des Judenthums in der „Wüste der Völker" zuzuschreiben ist. Und während die Soferim von Judäa und Babylonien ihrer Aufgabe mit jugendlichen Kräften oblagen, wurden in Alexandrien zum ersten Male Proben jener bewundernswürdigen Fähigkeit des Juden=

thums abgelegt, in fremde Geistesbahnen empfangend und befruchtend einzugehen; namentlich das dort theils schon entstandene theils vorbereitete Schriftenthum zeigt die besten Blüthen des griechischen Geistes willig herübergenommen, und vermittelte durch die angewendete Sprache das Hinausbringen der jüdischen Anschauungen von Gott und einer sittlichen Weltordnung in weite heidnische Kreise. Der letzte Punkt gehört schon der Betrachtung an, welche Bedeutung auch für die übrige Menschheit die dargestellte Periode habe. Ferner gehören hierher erstens unmittelbar jene zwei schon erwähnten Thaten der Soferim, die Sammlung der heiligen Schriften, dann die Bereicherung des Cultus mit Erklärung und Besprechung derselben: letztere sind auch außerhalb Israel's der Lichtpunkt des Gottesdienstes geworden, und was die Bibel dem Menschengeschlechte war und ist, braucht nicht geschildert zu werden. Sodann aber, wenn es begründet ist, daß der soferischen Pflege und Weiterbildung des Ceremonialgesetzes die Erhaltung des Judenthums zu danken sein möchte, so schuldet die Welt, gleichviel ob mit oder ohne Anerkennung, der Arbeit und dem Impulse dieser Periode ziemlich alle sowohl bereits erfolgten, als auch augenscheinlich noch der Zukunft vorbehaltenen Ausflüsse jüdischen Geistes in den Prozeß der menschheitlichen Entwickelung. Und so ist denn diese Periode für den Betrachter der religiösen Idee eine höchst anziehende, wegen der von ihr selbst durchgemachten Entwickelung wie wegen der reichen Keime, welche sie für eine noch jetzt unübersehliche Zukunft ausgestreuet hat.

Inhalt.

Berichtigungen.

Auch wolle der Leser es nicht auf meine Rechnung setzen, daß in den 12 Bogen häufig Absätze an ungehörigen Stellen vorkommen.